CORPVS CHRISTIANORVM

Series Apocryphorum

18

⟍CORPVS CHRISTIANORVM

Series Apocryphorum

⟍ 18

CVRANTE

ASSOCIATION POUR L'ÉTUDE DE LA
LITTÉRATURE APOCRYPHE CHRÉTIENNE

VITA LATINA ADAE ET EVAE

CVRA ET STVDIO
Jean-Pierre PETTORELLI

ADIVVANTE ET OPVS PERFICIENTE
Jean-Daniel KAESTLI

SYNOPSIS VITAE ADAE ET EVAE

LATINE, GRAECE, ARMENIACE ET IBERICE

CVRA
Albert FREY, Jean-Daniel KAESTLI,
Bernard OUTTIER et Jean-Pierre PETTORELLI

TURNHOUT
BREPOLS ☙ PUBLISHERS
2012

CORPVS CHRISTIANORVM

Series Apocryphorum

SVB AVSPICIIS:

INSTITUT ROMAND DES SCIENCES BIBLIQUES
ÉCOLE PRATIQUE DES HAUTES ÉTUDES (SCIENCES RELIGIEUSES)
CONFÉRENCE UNIVERSITAIRE DE SUISSE OCCIDENTALE
UNIVERSITÉ DE FRIBOURG
UNIVERSITÉ DE GENÈVE
UNIVERSITÉ DE LAUSANNE
UNIVERSITÉ DE NEUCHÂTEL
INSTITUT DES SOURCES CHRÉTIENNES
UNION ACADÉMIQUE INTERNATIONALE

Huic editioni curandae praefuerunt
et uolumini parando operam dederunt
Albert FREY & Jean-Daniel KAESTLI
adiuuante
François DOLBEAU

© 2012 BREPOLS 🕮 PUBLISHERS (Turnhout – Belgium)

PRÉFACE

L'auteur de ce livre, Jean-Pierre Pettorelli, après avoir lutté courageusement contre la maladie, nous a quittés le 9 juin 2009. Durant les mois précédents, il avait mis au point la présentation de son ouvrage, en accord avec la rédaction de la *Series apocryphorum* du *Corpus christianorum*, de sorte que son manuscrit se trouvait dans un état quasi définitif. Restait seulement à rédiger un court passage de l'introduction, pour lequel il n'avait laissé qu'une esquisse, à composer un apparat biblique et à prendre en charge la correction des épreuves. Le livre est donc tel que son auteur l'avait conçu, même si ce dernier n'a pu suivre l'étape ultime de mise en pages et d'impression.

Jean-Pierre Pettorelli naquit le 10 mai 1928 à Pleyben (Finistère). Son père, Jean-Vitus Pettorelli, était d'origine corse; après avoir servi dans l'armée et reçu en 1916 la légion d'honneur à titre militaire, il était devenu percepteur en Bretagne, où il avait épousé Ernestine Le Moal. Jean-Pierre, deuxième d'une famille de quatre enfants, fit ses études secondaires à Rennes, avant d'entrer en 1945 au séminaire de la Congrégation des Eudistes. Il se forma ensuite en théologie et en philosophie, qu'il enseigna tour à tour dans plusieurs établissements de France et de Côte d'Ivoire. Mais ses intérêts personnels le portaient plutôt vers l'étude du christianisme antique: ce fut ainsi qu'il participa à l'automne 1968 au colloque du XVIe centenaire de la mort d'Hilaire de Poitiers, où il donna une communication intitulée: « Le thème de Sion, expression de la théologie de la rédemption dans l'œuvre de saint Hilaire de Poitiers ».

Quelque temps après, Jean-Pierre Pettorelli fut amené, en raison d'une lente évolution intellectuelle et spirituelle, à quitter sa Congrégation. Il dut, de ce fait, renoncer à ses recherches et poursuivre une carrière toute différente en informatique, d'abord à Paris, puis à Orléans et Angoulême, jusqu'à sa retraite en 1990. Installé à partir de 1994 dans le Morbihan, à Port-Louis, il y renoua avec ses intérêts anciens. Sa première étude, qui parut dans *Recherches Augustiniennes* 30 (1997), fut

consacrée à l'iconographie d'Adam et Ève et le conduisit à
méditer sur leur légende, en grec comme en latin. Mais alors
que la *Vie grecque d'Adam et Ève* avait fait l'objet de travaux
récents, le dossier latin était resté en déshérence depuis 1935:
Jean-Pierre Pettorelli décida donc d'en proposer un texte
critique.

Esprit clair et méthodique, il possédait déjà de solides con-
naissances dans les langues anciennes et une grande expérience
en informatique. Sans se laisser décourager par l'ampleur de la
tradition, il entreprit de décrire systématiquement, puis de
collationner et classer tous les manuscrits latins de la *Vie
d'Adam et Ève* (au nombre de plus d'une centaine). Et comme
la fortune sourit aux audacieux, son enquête entraîna une découverte inattendue: la mise au jour, dans deux manuscrits de
Milan et Paris, d'une rédaction latine inconnue, sans modèle
repéré en grec, mais apparentée à d'anciennes traductions
géorgienne et arménienne, ce qui modifiait radicalement l'histoire du texte. La *Vie d'Adam et Ève* illustre ainsi un type
spécial de transmission: la disparition d'un texte archaïque
dans la zone centrale de sa diffusion (ici le monde grec), alors
qu'il s'est préservé dans des régions périphériques (milieux latin, géorgien et arménien).

Jean-Pierre Pettorelli était un chercheur d'exception, dont
on regrette qu'il n'ait pu consacrer tout son âge adulte aux
recherches qu'il aimait. Entre 1998 et 2002, j'ai eu le privilège
de publier quatre de ses articles préliminaires dans la revue
Archivum latinitatis medii aevi (t. 56 à 60); trois autres sont
parus respectivement dans *Apocrypha* (t. 10 et 14) et dans
Journal for the Study of Judaism (t. 33). Dans ce volume de la
Series apocryphorum, l'auteur révise et complète ses travaux
antérieurs, en les insérant dans une édition exhaustive des
rédactions latines, confrontées aux recensions grecques et
orientales.

François Dolbeau
Directeur d'études émérite
École Pratique des Hautes Études

AVANT-PROPOS

L'édition de la *Vita latina Adae et Evae* présentée dans ce volume de la *Series apocryphorum* est née d'une recherche d'un tout autre type, qui portait sur l'image des deux protoplastes, Adam et Ève de chaque côté de l'arbre. Frappé à la fois par la multiplicité et la permanence de cette image au long des dix-huit cents ans qui nous séparent de la première image connue, peinte à fresque sur le mur de la salle commune de la maison chrétienne de Doura-Europos, je souhaitais éclairer l'histoire de sa signification en la rapprochant des textes dont elle propose une interprétation, et dégager l'évolution de cette interprétation. Mais cette démarche n'a pu que constater la permanence d'une seule interprétation, fondée sur la théologie du péché originel.

En revanche, la recherche des textes m'avait fait découvrir l'écrit apocryphe connu sous le nom de *Vie d'Adam et Ève*, et j'ai alors conçu le projet d'en étudier la signification anthropologique, qui pouvait éclairer celle des images. Il m'a paru en effet que la vision de l'homme révélée par le récit de la *Vie d'Adam et Ève* sous-tendait le discours théologique sur l'histoire de nos premiers parents, sans que cette vision soit cependant clairement énoncée par les théologiens. Le grand nombre de copies manuscrites de l'apocryphe tout au long du Moyen Age donnait une justification sérieuse à une telle recherche: il était manifeste que le texte, malgré son caractère singulier et non canonique, avait nourri la méditation de nombreux religieux pendant la période qui va du xe au xve siècle.

Dans cette perspective je me suis heurté à un obstacle de taille: l'insuffisance des éditions de la *Vita Adae et Evae* parues jusqu'à ce jour; chacune d'elles s'appuyait en effet sur un nombre de témoins trop petit pour pouvoir assurer la validité du texte édité. De là est né le projet d'un autre travail: rassembler et collationner l'ensemble des manuscrits et en assurer la publication, sous une forme aussi complètement informée que le permettraient le nombre et la dispersion des témoins. C'est ce travail qui est à l'origine du volume de la *Series apocryphorum* présenté ici.

A propos des éditions précédentes et des analyses qu'elles ont engendrées, on relèvera un fait qui illustre ce que Hegel appelait une « ruse de la raison ». La *Vie latine d'Adam et Ève* a d'abord été étudiée dans une perspective de linguistique historique, et non pas dans un effort visant à en dégager le contenu théologique et spirituel. L'édition proposée par W. Meyer s'inscrivait dans une étude de la formation du vieil allemand, plus précisément dans une recherche sur l'origine d'un des textes fondateurs de cette langue, le poème « Adam und Eva » de Lutwin, que Meyer lui-même devait publier quelques années après la *Vita Adae et Evae* ([1]). Et cependant, sans des publications comme celles de Meyer, l'apocryphe latin serait resté inconnu, puisqu'il n'en existait alors aucune édition accessible — les seules éditions (très mal connues) étant des incunables publiés à Rome entre 1475 et 1500.

Ce travail n'aurait pu prendre forme sans l'appui décisif de M. François Dolbeau, professeur à l'École Pratique des Hautes Études (Sciences historiques et philologiques). Je le remercie très particulièrement de son soutien pendant toutes ces années consacrées à la collecte et à la collation des manuscrits, à l'édition du texte et à la composition de l'apparat critique des différentes familles.

Que soient également remerciés les membres de l'AELAC (Association pour l'étude de la littérature apocryphe chrétienne), et plus particulièrement Jean-Daniel Kaestli, son secrétaire général, qui m'ont accueilli parmi eux et aidé de leurs critiques et de leurs encouragements.

Que trouvent aussi l'expression de ma profonde gratitude les différents départements de l'Institut de Recherche et d'Histoire des Textes de Paris et Orléans, le Dr. Kudorfer et Mme Foohs du département des manuscrits de la Bayerische Staatsbibliothek de Munich, le Dr. Overgaauw, directeur du département des manuscrits de la Staatsbibliothek zu Berlin - Preußischer Kulturbesitz, le Père J. Brudney, directeur de la Hill Monastic

---

(1) K. HOFMANN – W. MEYER, *Lutwins Adam und Eva, zum ersten Mal herausgegeben* (*Bibliothek des litterarischen Vereins in Stuttgart* 153), Tübingen 1881. M. B. Halford, dans un courrier personnel, m'a confié que sa recherche des manuscrits, résumée dans l'article cité plus loin (p. 26, n. 1), avait été provoquée par son projet d'édition de ce même poème de Lutwin.

Manuscript Library à Collegeville (Minnesota) et le professeur Z. Izydorczyk, de l'Université de Winnipeg, Canada, qui ont apporté une aide précieuse à cette recherche. Que soient également remerciés les conservateurs qui ont bien voulu fournir microfilms ou photocopies des manuscrits de leur bibliothèque, avec souvent d'utiles remarques.

Je remercie très affectueusement ma sœur Anne-Marie de m'avoir aidé à relire de façon systématique tous les témoins de l'apocryphe. Grâce à elle, plusieurs fautes de lecture ont pu être corrigées.

Enfin, je dois reconnaître que sans la présence à mes côtés de mon épouse et sa permanente attention, je n'aurais sans doute pas eu le courage de poursuivre au long des jours l'austère travail qui trouve ici un aboutissement.

BIBLIOGRAPHIE, SIGLES ET ABRÉVIATIONS

En général, les abréviations adoptées sont celles de S. Schwert-ner, *Internationales Abkürzungsverzeichnis für Theologie und Grenzgebiete (= IATG)*, Berlin − New York 1992². Pour les livres bibliques, la littérature intertestamentaire, les écrits de Qumrân et les écrits apocryphes chrétiens, nous suivons celles du protocole de l'AELAC.

Alexandre = Alexandre (M.), *Le Commencement du Livre, Genèse I-V. La version grecque de la Septante et sa réception*, Paris 1988.

Anderson (G. A.), « The Original Form of the *Life of Adam and Eve*: A Proposal », dans G. A. Anderson − M. E. Stone − J. Tromp, éds, *Literature on Adam and Eve. Collected Essays* (*Studia in Veteris Testamenti Pseudepigrapha* 15), Leiden 2000, p. 215-231.

Anderson−Stone, *Synopsis* = Anderson (G. A.) − Stone (M. E.), *A Synopsis of the Books of Adam and Eve. Second Revised Edition* (*SBL Early Judaism and Its Literature* 17), Atlanta 1999 (1ère édition: [*SBL Early Judaism and Its Literature* 5] Atlanta 1994).

Bertrand = Bertrand (D. A.), *La Vie grecque d'Adam et Ève. Introduction, texte, traduction et commentaire* (*Recherches intertestamentaires* 1), Paris 1987.

Bertrand (D. A.), « Vie grecque d'Adam et Ève » dans *Écrits intertestamentaires*, p. 1765-1796.

Bovon (F.) − P. Geoltrain, éds., *Écrits apocryphes chrétiens*, vol. 1 (*Bibliothèque de la Pléiade* 442), Paris 1997.

CCLM = *Catalogus Codicum Latinorum Bibliothecae Regiae Monacensis*, 5 volumes en 7 parties, Munich 1868-1881.

Ceriani (A. M.), « Apocalypsis Moysi in medio mutila », dans idem, *Monumenta sacra et profana*, t. 5: *Opuscula et fragmenta miscella magnam partem apocrypha*, Milan 1868, p. 19-24.

De Jonge−Tromp = De Jonge (M.) − Tromp (J.), *The Life of Adam and Eve and Related Literature* (*Guides to Apocrypha and Pseudepigrapha*), Sheffield 1997.

Denis (A.-M.), *Concordance grecque des pseudépigraphes de l'Ancien Testament. Concordance. Corpus de Textes*, Louvain-la-Neuve 1987, p. 815-818.

Denis (A.-M.), *Concordance latine des pseudépigraphes d'Ancien Testament* (*Corpus christianorum, Thesaurus patrum latinorum, Supplementum*), Turnhout 1993.

Dochhorn = Dochhorn (J.), *Die Apokalypse des Mose. Text, Übersetzung. Kommentar* (*Texts and Studies in Ancient Judaism* 106), Tübingen 2005.

Dolbeau (F.) – Heinzelmann (M.) – Poulin (J.-C.), « Les sources hagiographiques narratives composées en Gaule avant l'an mil (SHG). Inventaire, examen critique, datation (avec Annexe) », *Francia* 15 (1987), p. 701-731.

Écrits intertestamentaires = Dupont-Sommer (A.) – Philonenko (M.), éds, *La Bible. Écrits intertestamentaires* (*Bibliothèque de la Pléiade* 337), Paris 1987.

Eis (G.), *Beiträge zur mittelhochdeutschen Legende und Mystik. Untersuchungen und Texte* (*Germanische Studien* 161), Berlin 1935 (reprint Nendeln [Liechtenstein], 1967), p. 241-255.

Eldridge = Eldridge (M. D.), *Dying Adam with his Multiethnic Family. Understanding the* Greek Life of Adam and Eve (*Studia in Veteris Testamenti Pseudepigrapha* 16), Leiden – Boston – Köln 2001.

Fabricius (J. A.), *Codex pseudepigraphus Veteris Testamenti*, Hambourg – Leipzig 1713.

Fabricius (J. A.), *Codicis pseudepigraphi Veteris Testamenti Volumen alterum. Accedit Josephi veteris Christiani auctoris Hypomnesticon*, Hambourg 1723.

Fernández Marcos = Fernández Marcos (N.), « Vida de Adán y Eva (Apocalipsis de Moisés) », dans A. Díez Macho, éd., *Apócrifos del Antiguo Testamento*, vol. 2, Madrid 1983, p. 317-352 (traduit l'édition de Mozley).

Förster (M.), « Adams Erschaffung und Namengebung. Ein lateinisches Fragment des s. g. slawischen Henoch », *Archiv für Religionswissenschaft* 11 (1908), p. 477-529.

Fuchs = Fuchs (C.), « Das Leben Adams und Evas », dans E. Kautzsch, éd., *Die Apokryphen und Pseudepigraphen des Alten Testaments*, vol. 2, Tübingen 1900, p. 506-528.

Geldner (F.), *Die Deutschen Inkunabeldrucker. Ein Handbuch der deutschen Buchdrucker des XV. Jahrhunderts nach Druckorten*, vol. 2: *Die fremden Sprachgebiete*, Stuttgart, 1970.

Genèse Rabba = *Midrach Rabba. Tome I: Genèse Rabba*, B. Maruani – A. Cohen-Arazi, trad., Lagrasse 1987.

Ginzberg, *Légendes* = Ginzberg, Louis, *Les légendes des Juifs*, 6 volumes, Paris 1997-2006.

Ginzberg, *Legends* = Ginzberg, Louis, *The Legends of the Jews*, 7 volumes, Philadephia 1909-1938.

Greene (D.) – Kelly (F.), *The Irish Adam and Eve Story from Saltair Na Rann, I. Text and Translation*, Dublin 1976.

Haelewyck (J.-C.), *Clavis Apocryphorum Veteris Testamenti* (*Corpus Christianorum*), Turnhout 1998.

Halford (E. B.), « The Apocryphal *Vita Adae et Evae*. Some Comments on the Manuscript Tradition », *Neuphilologische Mitteilungen* 82 (1981), p. 417-427.

HOFMANN (K.) − W. MEYER, *Lutwins Adam und Eva, zum ersten Mal herausgegeben* (*Bibliothek des litterarischen Vereins in Stuttgart* 153), Tübingen 1881.

HORSTMANN (C.), « Nachträge zu den Legenden. 10. Vita prothoplausti Ade. Ms. Queens Coll. Oxford 213, f. 1 (15. Jahrhundert) », *Archiv für das Studium der neueren Sprachen und Litteraturen* 79, Braunschweig 1887, p. 459-470 (Vita prothoplausti Ade, p. 459-465; De ligno see crucis, p. 465-469).

ISSAVERDENS (J.), *The Uncanonical Writings of the Old Testament Found in the Armenian MSS. of the Library of St. Lazarus*, Venise 1901 (2ᵉ éd. 1934).

JAGIĆ (V.), « Slavische Beiträge zu den biblischen Apocryphen. I. Die altkirchenslavischen Texte des Adambuches », dans *Denkschriften der kaiserlichen Akademie der Wissenschaften, philosophisch-historische Classe* 42, Vienne 1893, p. 1-104.

JOHNSON = JOHNSON (M. D.), « Life of Adam and Eve », dans J. H. CHARLESWORTH, éd., *The Old Testament Pseudepigrapha*, vol. 2, Londres 1985, p. 249-295.

KAESTLI, « Enchaînement » = KAESTLI (J.-D.), « La *Vie d'Adam et Ève*: un enchaînement d'intrigues épisodiques au service d'une intrigue unifiante », dans C. FOCANT − A. WÉNIN, éds, *Analyse narrative et Bible. Deuxième colloque international du RRENAB, Louvain-la Neuve, avril 2004* (*Bibliotheca Ephemeridum Theologicarum Lovaniensium* 191), Leuven 2005, p. 321-336.

KAESTLI (J.-D.), « Le mythe de la chute de Satan et la question du milieu d'origine de la *Vie d'Adam et Ève* », dans *Early Christian Voices in Texts, Traditions, and Symbols. Essays in Honor of François Bovon* (*Biblical Interpretation Series* 66), Boston − Leiden 2003, p. 342-354.

KATONA (L.), « A Teleki-Codex Legendái » dans *Értekezések a nyelv-és széptudományok köreböl, Magyar Tudomanyos Akadémia*, XVIII, 10 (1904), p. 1-80.

KNITTEL (Th.), *Das griechische « Leben Adams und Evas ». Studien zu einer narrativen Anthropologie im frühen Judentum* (*Texts and Studies in Ancient Judaism* 88), Tübingen 2002.

KURCIK'IDZE (C.), « Adamis ap'ok'ripuli cxovrebis kartuli versia » [La version géorgienne de la Vie apocryphe d'Adam], *P'ilologiuri Dziebiani* 1 (1964), p. 97-136; 2ᵉᵐᵉ édition: *Adamis ap'ok'ripuli cxovrebis kartuli versia* [La version géorgienne de la Vie apocryphe d'Adam], Tbilissi 2003.

LAPIDGE (M.), « Editing Hagiography », dans C. LEONARDI, éd. *La critica del testo mediolatino. Atti del Convegno (Firenze 6-8 dicembre 1990)* (*Biblioteca di medioevo latino* 5), Spoleto 1994, p. 239-258.

LECHNER-SCHMIDT (W.), *Wortindex der lateinisch erhaltenen Pseudepigraphen zum Alten Testament* (*Texte und Arbeiten zum neutestamentlichen Zeitalter*), Tübingen 1990.

LEONARDI (C.), éd. *La critica del testo mediolatino. Atti del Conve-gno (Firenze 6-8 dicembre 1990) (Biblioteca di medioevo latino* 5), Spoleto 1994.

Literature on Adam and Eve = ANDERSON (G. A.) – STONE (M. E.) – TROMP (J.), éds, *Literature on Adam and Eve. Collected Essays (Studia in Veteris Testamenti Pseudepigrapha* 15), Leiden 2000.

MAHÉ = MAHÉ (J.-P.), « Le Livre d'Adam géorgien », dans VAN DEN BROEK (R.) – VERMASEREN (M. J.), éds, *Studies in Gnosticism and Hellenistic Religions presented to Gilles Quispel on the Occasion of his 65ᵗʰ Birthday*, Leiden 1981, p. 227-260.

MAHÉ (J.-P.), « Notes philologiques sur la version géorgienne de la *Vita Adae* », *Bedi Kartlisa. Revue de kartvélologie* 41 (1983), p. 51-66.

MBKÖ = *Mittelalterliche Bibliothekskataloge Österreichs*, herausge-geben von der Österreichischen Akademie der Wissenschaften in Wien, 5 vol. Bd 1: *Niederösterreich*, bearbeitet von Theodor GOTTLIEB, Vienne 1915; Bd. 2: *Niederösterreich. Register zum 1. Band*, bearbeitet von Artur GOLDMANN, Vienne 1929 (ré-impr. des tomes 1 et 2: Aalen 1974); Bd. 3: *Steiermark*, bearbeitet von Gerlinde MÖSER-MERSKY, Graz 1961; Bd. 5: *Oberösterreich*, bearbeitet von Herbert PAULHART, Vienne 1971.

MERK (O.) – MEISER (M.), *Das Leben Adams und Evas (Jüdische Schriften aus hellenistisch-römischer Zeit* II, 5), Gütersloh 1998.

MEYER = MEYER (W.), « Vita Adae et Evae », *Abhandlungen der königlichen bayerischen Akademie der Wissenschaften, philo-sophisch-philologische Classe* 14, 3, Munich 1878, p. 185-250.

MEYER, 1882 = MEYER (W.), « Die Geschichte des Kreuzholzes vor Christus », *Abhandlungen der königlichen bayerischen Akademie der Wissenschaften, philosophisch-philologische Classe* 16, 2, Munich 1882, p. 101-166.

MIGNE (J.-P.), *Dictionnaire des apocryphes*, Paris 1856-1858.

MOZLEY = MOZLEY (J. H.), « The 'Vita Adae' », *The Journal of Theological Studies* 30 (1929), p. 121-149.

MURDOCH (B.), *The Irish Adam and Eve Story from Saltair Na Rann, II. Commentary*, Dublin 1976.

MURDOCH (B.), *The Medieval Popular Bible. Expansions of Genesis in the Middle Ages*, Oxford 2003.

MURDOCH (B.), *The Apocryphal Adam and Eve in Medieval Eu-rope. Vernacular Translations and Adaptations of the 'Vita Adae et Evae'*, Oxford 2009.

MUSSAFIA (A.), « Sulla Leggenda del legno della croce », *Sit-zungsberichte der Wiener Akademie, phil. hist. Classe* 63 (1869), p. 165-216.

NAGEL = NAGEL (M.), *La Vie grecque d'Adam et Ève. Apocalypse de Moïse* (thèse présentée devant l'Université de Strasbourg II, le 19 juin 1972), 3 tomes, Service de reproduction des thèses, Université de Lille III, 1974.

Orlandi (G.), « Pluralità di redazioni e testo critico », dans C. Leonardi, éd. *La critica del testo mediolatino. Atti del Convegno (Firenze 6-8 dicembre 1990) (Biblioteca di medioevo latino* 5), Spoleto 1994, p. 79-115.

Pettorelli, ALMA 1998 = Pettorelli (J.-P.), « La Vie latine d'Adam et Ève », *Archivum Latinitatis Medii Aevi* 56 (1998), p. 5-104 (« Introduction générale », p. 5-17; « Première partie: La rédaction d'Allemagne du Sud », p. 18-67; « Deuxième partie: Une rédaction inconnue de la *Vita Adae et Evae* originaire de l'Italie du Nord », p. 68-104).

Pettorelli, ALMA 1999 = Pettorelli (J.-P.), « Vie latine d'Adam et d'Ève. La recension de Paris, BnF, lat. 3832 », *Archivum Latinitatis Medii Aevi* 57 (1999), p. 5-52.

Pettorelli, ALMA 2001 = Pettorelli (J.-P.), « Vie latine d'Adam et Ève. Familles rhénanes (Première Partie) », *Archivum Latinitatis Medii Aevi* 59 (2001), p. 5-73.

Pettorelli, ALMA 2002 = Pettorelli (J.-P.), « Vie latine d'Adam et Ève. Familles rhénanes (Deuxième Partie) », *Archivum Latinitatis Medii Aevi* 60 (2002), p. 171-233.

Pettorelli, *Apocrypha* 1999 = Pettorelli (J.-P.), « La *Vie latine d'Adam et Ève.* Analyse de la tradition manuscrite », *Apocrypha* 10 (1999), p. 195-296.

Pettorelli, *Apocrypha* 2003 = Pettorelli (J.-P.), « Essai sur la structure primitive de la *Vie d'Adam et Ève* », *Apocrypha* 14 (2003), p. 237-256.

Pettorelli (J.-P.), « Deux témoins latins singuliers de la *Vie d'Adam et Ève*: Paris, BnF, lat. 3832 & Milan, B. Ambrosiana, O 35 sup. », *Journal for the Study of Judaism* 33 (2002), p. 1-41.

Pirqé de Rabbi Éliézer = *Pirqé de Rabbi Éliézer. Leçons de Rabbi Éliézer*, M.-A. Ouaknin − E. Smilévitch, trad., Lagrasse 1983.

Poncelet (A.), « De Magno Legendario Austriaco », *Analecta Bollandiana* 17 (1898), p. 24-96.

Rosso Ubigli = Rosso Ubigli (L.), « Apocalisse di Mosè e Vita di Adamo ed Eva », dans P. Sacchi, éd., *Apocrifi dell'Antico Testamento*, vol. 2, Turin 1989, p. 379-475 (traduit l'édition de Mozley).

Sallmann (K.), éd., *Handbuch der lateinischen Literatur der Antike*, vol. 4: *Die Literatur des Umbruchs, von der römischen zur christlichen Literatur, 117 bis 284 n. Chr.*, Munich 1997.

Schmidt (P. G.), « Zur Überlieferung mittellateinischer Dichtung », dans C. Leonardi, éd. *La critica del testo mediolatino. Atti del Convegno (Firenze 6-8 dicembre 1990) (Biblioteca di medioevo latino* 5), Spoleto 1994, p. 215-224.

Schulz (D. R.), « The Origin of Sin in Irenaeus and Jewish Pseudepigraphical Literature », *Vigiliae Christianae* 32 (1978), p. 161-190.

Selmer (C.), « The origin of Brandenburg (Prussia). The St. Brendan Legend and the Scoti of the Tenth Century », *Traditio* 7 (1949-1951), p. 416-433.

Selmer (C.), *Navigatio Sancti Brendani Abbatis from Early Latin Manuscripts* (*Publications in Mediaeval Studies* 16), Notre Dame, Ind., 1959.

Silverstein (Th.), *Visio Sancti Pauli. The History of the Apocalypse in Latin together with nine Texts* (*Studies and Documents* 4), Londres 1935.

Stone, *History* = Stone (M. E.), *A History of the Literature of Adam and Eve* (*Society of Biblical Literature. Early Judaism and its Literature* 3), Atlanta, Ga., 1992.

Stone, *Penitence* = Stone (M. E.), *The Penitence of Adam* (*Corpus scriptorum christianorum orientalium* 429: texte arménien; 430: introduction et traduction anglaise), Louvain 1981.

TCMV = *Tabulae codicum manuscriptorum praeter Graecos et Orientales in Bibliotheca Palatina Vindobonensi asservatorum*, 11 vol., Vienne 1864-1912 (réimpr. Graz 1965).

Thomson (S. H.), « A Fifth Recension of the Latin Vita Adae et Evae », *Studi Medievali*, ser. 3, vol. 6 (1933), p. 271-278.

Thurneysen (R.), « Review of *Saltair Na Rann*, ed. W. Stokes », *Revue celtique* 6 (1883-1885), p. 96-109 et 371-373.

Tischendorf (C.), *Apocalypses apocryphae Mosis, Esdrae, Pauli, Iohannis, item Mariae dormitio*, Leipzig 1866 (réimpr. Hildesheim 1966), p. X-XII et 1-23.

Tromp = Tromp (J.), *The Life of Adam and Eve in Greek. A Critical Edition* (*Pseudepigrapha Veteris Testamenti Graece* 6), Leiden – Boston 2005.

Tromp, 1997 = Tromp (J.), « Literary and Exegetical Issues in the Story of Adam's Death and Burial (*GLAE* 31-42) », dans L. van Rompay – J. Frishman, éds, *The Book of Genesis in Jewish and Oriental Christian Interpretation. A Collection of Essays* (*Traditio exegetica graeca* 5), Louvain 1997, p. 25-41.

Turdeanu (É.), « Apocryphes bogomiles et apocryphes pseudobogomiles », *RHR* 138 (1950), p. 22-52 et 76-218; pour la *Vie d'Adam et Ève*, p. 187-194.

Turdeanu (É.), « La *Vie d'Adam et d'Ève* en slave et en roumain », dans ID., *Apocryphes slaves et roumains de l'Ancien Testament* (*Studia in Veteris Testamenti Pseudepigrapha* 5), Leiden 1981, p. 75-144.

van der Straeten (J.), « Le 'Grand Légendier Autrichien' dans les manuscrits de Zwettl », *Analecta Bollandiana* 113 (1995), p. 321-348.

Wells (L. S. A.), « The Books of Adam and Eve », dans R. H. Charles, éd., *The Apocrypha and Pseudepigrapha of the Old Testament*, vol. 2, Oxford 1913, p. 123-154.

Yovsepʿianc̔ (S.), *Ankanon girkʿ hin ktakaranacʿ* [*Écrits non canoniques de l'Ancien Testament*], Venise 1896.

INTRODUCTION GÉNÉRALE

La découverte au milieu du XXe siècle des manuscrits de la Mer Morte et des textes de Nag Hammadi, datant des derniers siècles avant notre ère ou des premiers siècles de celle-ci, a réveillé l'intérêt des spécialistes de cette période pour les textes dits apocryphes, c'est-à-dire « secrets », « cachés », souvent considérés comme des documents d'authenticité douteuse, témoins de doctrines marginales, et écartés par les Églises du canon de leurs Écritures ([1]). Ces textes conservent cependant des traditions et des interprétations, juives ou chrétiennes, différentes de celles que nous ont transmises les Églises établies; ils enrichissent notre connaissance de la culture de communautés alors bien vivantes et aujourd'hui disparues.

Comme je l'ai indiqué dans l'avant-propos, c'est la recherche de documents susceptibles d'aider à l'interprétation des innombrables images d'Adam et Ève, sculptées ou peintes sur les monuments chrétiens, qui a attiré mon attention sur un de ces écrits apocryphes, connu sous le titre de *Vie d'Adam et Ève* (VAE). Comme on le verra, cet apocryphe possède une structure propre, commune aux diverses recensions dans lesquelles il est transmis. Le récit est conservé en plusieurs langues (grec, latin, arménien, géorgien, vieux slave) et en diverses formes qui, par suite des avatars de la transmission, sont parfois assez éloignées les unes des autres ([2]).

---

(1) Sur la nature de la littérature apocryphe, voir F. BOVON – P. GEOLTRAIN, éds., *Écrits apocryphes chrétiens*, vol. 1 (*Bibliothèque de la Pléiade* 442), Paris 1997, p. XVII-XXV.

(2) On trouvera les références aux éditions et traductions des différentes recensions de la *Vie d'Adam et Ève* dans J.-C. HAELEWYCK, *Clavis Apocryphorum Veteris Testamenti* (*Corpus Christianorum*), Turnhout 1998, p. 1-29, plus spécialement p. 1-7. Les textes et les traductions anglaises de ces recensions sont présentés de manière synoptique dans G. A. ANDERSON – M. E. STONE, éds, *A Synopsis of the Books of Adam and Eve. Second Revised Edition* (*SBL Early Judaism and Its Literature* 17), Atlanta 1999. L'ouvrage de M. E. STONE, *A History of the Literature of Adam and Eve*, Atlanta, Ga., 1992, constitue à ce jour l'étude la plus complète de l'histoire de la tradition textuelle de la *Vie d'Adam et Ève*, avec une bibliographie exhaustive jusqu'en 1992. L'essentiel de cette bibliographie est repris dans K. SALLMANN, éd.,

Nous commencerons par décrire brièvement l'histoire de l'édition de ces différentes recensions de la VAE; nous concentrerons ensuite notre attention sur les formes latines, restées jusqu'ici mal connues.

La Vie d'Adam et Ève: recensions et rédactions

Pour la clarté de l'exposé, je distinguerai dans la variété des formes de la *Vie d'Adam et Ève* deux niveaux de différenciation, la *recension* et la *rédaction*, dont le lecteur voudra bien accepter la dénomination, même si elle n'est pas totalement adéquate ([1]).

- J'appelle *recension* toute forme de la *Vie d'Adam et Ève* dans une langue donnée dont l'enchaînement des péricopes et le contenu narratif restent identiques, même s'il peut y avoir dans une même recension des variations parfois importantes dans le vocabulaire et des compléments différents d'une forme textuelle à l'autre.

- J'appelle *rédaction* chaque forme textuelle d'une même *recension* due à ces variations; les différentes *rédactions* ont eu une existence souvent longue et ont chacune donné naissance à une famille de manuscrits. L'origine de ces variations n'est pas toujours facile à préciser: elles peuvent résulter de révisions à partir d'autres rédactions, ou d'une recherche d'amélioration du style ou du vocabulaire ([2]).

Handbuch der lateinischen Literatur der Antike, vol. 4: *Die Literatur des Umbruchs, von der römischen zur christlichen Literatur, 117 bis 284 n. Chr.*, Munich 1997, § 469, 4: *Adam-Bücher*, p. 371-372, ainsi que dans les études récentes recensées dans la bibliographie de ce même ouvrage.

(1) Il est difficile de trouver les termes adéquats pour caractériser et classer les différentes formes de la VAE. La distinction entre *recension* et *rédaction* s'inspire à la fois du vocabulaire retenu par M. Nagel (NAGEL, 1, p. XXXVII et passim), par J.-P. Mahé dans sa description de la tradition manuscrite géorgienne (MAHÉ, p. 227) et de la distinction utilisée par Th. Silverstein dans ses études sur l'*Apocalypse de Paul* (Th. SILVERSTEIN, *Visio Sancti Pauli. The History of the Apocalypse in Latin together with nine Texts* [*Studies and Documents* 4], London 1935, passim).

(2) Le critère de distinction entre les différentes rédactions est très proche de celui qui est retenu par F. DOLBEAU – M. HEINZELMANN – J.-C. POULIN, « Les sources hagiographiques narratives composées en Gaule avant l'an mil (SHG). Inventaire, examen critique, datation (avec Annexe) », *Francia* 15

Une brève histoire de la découverte et de la publication des différentes recensions de la *Vie d'Adam et Ève* permettra de prendre connaissance de la multiplicité de ses formes et des relations qui les unissent.

(1987), p. 701-731 ; ils écrivent (p. 708) : « A partir de quelle amplitude d'écart par rapport à l'*exemplar* initial un texte mérite-t-il d'être considéré comme une version nouvelle, donc un être littéraire autonome à traiter séparément? ... Le critère qui sera adopté pour décider de l'opportunité de détacher une recension [N.B. j'ai retenu plutôt le terme de *rédaction*] de son rameau d'origine et lui reconnaître une personnalité propre, est celui de l'intentionnalité de l'auteur : à partir du moment où nous pouvons déceler l'intervention délibérée d'un scribe qui a cherché à être plus ou autre chose qu'un simple copiste, que ce soit pour amplifier, réduire ou modifier notablement la forme ou le contenu d'un document préexistant, il y a lieu de créer une case spéciale pour le produit de son intervention sur la tradition manuscrite [je dirais, « pour distinguer une nouvelle rédaction »]. »

LA VIE LATINE, UNE DES FORMES
DE LA *VIE D'ADAM ET ÈVE*

Histoire de l'édition de la *Vie d'Adam et Ève*

De l'invention de l'imprimerie au xixe siècle

D'anciens catalogues signalaient l'existence de témoins grecs de la *Vie d'Adam et Ève*. P. Lambeck, dans son catalogue de la Bibliothèque impériale de Vienne publié en 1665, révélait l'existence de deux manuscrits grecs contenant une *Narratio apocrypha et fabulosa de Vita & conversatione Adami & Evae*, mais cette annonce ne fut suivie d'aucune édition du contenu de ces manuscrits. Le signalement en 1784 par G.-A. Mingarelli d'un autre témoin du texte grec dans un manuscrit de la bibliothèque Saint-Marc de Venise n'eut pas davantage de résultat. Il faudra attendre le xixe siècle et l'*editio princeps* de C. Tischendorf (1866) pour que soit connu le contenu de la recension grecque ([1]).

La *Vie latine*, au contraire, a été publiée dès l'apparition de l'imprimerie. Abondamment copiée pendant tout le Moyen Age, puisqu'il nous en reste plus d'une centaine de témoins écrits entre le xe et le xve siècle, elle a connu au moins cinq éditions incunables entre 1475 et 1500 ([2]). Curieusement, toutes ces éditions ont été publiées à Rome, alors que nous ne connaissons que de très rares témoins manuscrits copiés en Italie. La multiplication des éditions de l'apocryphe dans un laps de temps aussi court confirme sa popularité jusqu'à cette période. Mais il en est allé autrement par la suite. La *Vie latine* ne semble pas avoir reçu d'autre édition dans les siècles postérieurs.

---

(1) Sur l'histoire du texte grec de la *Vie d'Adam et Ève* jusqu'à l'édition de Tischendorf, voir NAGEL, 1, p. XX-XXVI et 2, p. III-VI.

(2) On trouvera une présentation et une édition de la famille des Incunables dans le présent ouvrage, p. 129-131, 234-241 et 721-741.

J. A. Fabricius ne la connaît plus puisqu'il ne l'a pas repro-
duite dans son édition des pseudépigraphes de l'Ancien Testament ([1]).

1850–1929: premières éditions des différentes formes de la Vie d'Adam et Ève ([2])

L'*editio princeps* de la forme grecque de la *Vie d'Adam et Ève* a
été publiée en 1866 par C. Tischendorf, sous le titre d'*Apocalypse de Moïse*; elle se fonde essentiellement sur les trois
manuscrits recensés par P. Lambeck et G. A. Mingarelli, les
deux témoins de Vienne (*theol. gr. 247* et *hist. gr. 67*) et celui
de Venise (*Marc. gr. II 42*). En 1868, A. M. Ceriani, préfet de
la Bibliothèque Ambrosienne de Milan, édite le texte d'un
quatrième témoin, que Tischendorf connaissait mais avait in-
suffisamment utilisé; ce manuscrit de Milan (*Ambr. C 237 inf.*),
malheureusement incomplet, est aujourd'hui reconnu comme
un des meilleurs témoins de la *Vie grecque* ([3]).

---

(1) Voir J. A. FABRICIUS, *Codex pseudepigraphus Veteris Testamenti*,
Hambourg – Leipzig 1713, p. 1-95, et *Codicis pseudepigraphi Veteris
Testamenti Volumen alterum. Accedit Josephi veteris Christiani auctoris
Hypomnesticon*, Hambourg 1723, p. 1-43. Dans ces deux recueils, Fabricius
ignore la *Vita Adae et Evae*, à laquelle il ne fait aucune allusion. Il en va de
même de J.-P. MIGNE, *Dictionnaire des apocryphes*, Paris 1856-1858, qui
traduit ou présente en latin quelques-uns des textes édités par Fabricius.
STONE, *History*, p. 81-83, recense les traditions et textes apocryphes sur
Adam rassemblés par Fabricius et reproduits par Migne.

(2) Ce paragraphe donne un aperçu des éditions modernes de la *Vie
d'Adam et Ève*; il décrit les éditions des formes qui ne font pas l'objet de ce
volume de manière plus détaillée que les éditions de la *Vie latine*. Celles-ci
seront recensées avec davantage de précision dans la deuxième partie de
cette introduction, p. 20-31.

(3) C. Tischendorf, *Apocalypses apocryphae Mosis, Esdrae, Pauli, Iohannis, item Mariae dormitio*, Leipzig 1866 (réimpr. Hildesheim 1966), p. X-XII
et 1-23; A. M. CERIANI, « Apocalypsis Moysi in medio mutila », dans
Monumenta sacra et profana, t. 5: *Opuscula et fragmenta miscella magnam
partem apocrypha*, Milan 1868, p. 19-24. On trouvera une présentation de
l'histoire de la recherche sur le texte de la *Vie grecque d'Adam et Ève* dans
NAGEL, 1, p. XX-XXXIII, avec les notes, 2, p. III-IX; BERTRAND, p. 37-40;
STONE, *History*, p. 6-14 et TROMP, p. 3-16.

L'édition de la recension grecque est suivie en 1878 de la première édition critique de la *Vie latine* par W. Meyer, sous le titre *Vita Adae et Evae* (¹).

En 1893, V. Jagić fait connaître une recension slave de la *Vie d'Adam et Ève*, dans une étude très complète qu'il intitule « les textes en vieux slave ecclésiastique du livre d'Adam » (²). Après deux chapitres d'introduction sur les différentes formes de la tradition slave, Jagić consacre son chapitre III à l'édition du texte slavon, découpé en chapitres et accompagné d'une traduction allemande, qu'il fait suivre d'une comparaison systématique avec le grec de Tischendorf et le latin de Meyer. Dans les chapitres suivants, Jagić étudie l'origine de cette forme du texte (ch. IV), présente les variantes des rédactions en d'autres langues d'Europe centrale (Bohême) et orientale (ch. V et VI) et conclut son étude par une édition critique avec apparat de la recension slave qu'il a retenue, avec une traduction latine en bas de page (p. 83-103) (³). Il propose ainsi deux traductions parallèles, allemande et latine, mais à distance l'une de l'autre. La publication de V. Jagić est certainement l'édition la plus achevée d'une recension de la *Vie d'Adam et Ève*. Comme l'a bien établi Nagel, le texte slave a été traduit sur un modèle grec qui appartenait à la forme textuelle II, représentée par deux manuscrits du Vatican, *gr. 1192* (R) et de Patmos, Saint-Jean, *447* (M).

En 1896, S. Yovsepʻiancʻ publie un volume d'« Écrits non canoniques de l'Ancien Testament » en arménien, qui sera

---

(1) W. Meyer, « Vita Adae et Evae », *Abhandlungen der königlichen bayerischen Akademie der Wissenschaften, philosophisch-philologische Classe* 14, 3, Munich 1878, p. 185-250 (abrégé: Meyer).

(2) V. Jagić, « Slavische Beiträge zu den biblischen Apocryphen. I. Die altkirchenslavischen Texte des Adambuches », dans *Denkschriften der kaiserlichen Akademie der Wissenschaften, philosophisch-historische Classe* 42, Vienne 1893, p. 1-104.

(3) Par la suite, les études d'É. Turdeanu sont venues compléter les analyses de Jagić; cf. É. Turdeanu, « Apocryphes bogomiles et apocryphes pseudo-bogomiles », *RHR* 138 (1950), p. 22-52 et 76-218; pour la *Vie d'Adam et Ève*, p. 187-194. Voir surtout É. Turdeanu, « La *Vie d'Adam et d'Ève* en slave et en roumain », dans ID., *Apocryphes slaves et roumains de l'Ancien Testament* (*Studia in Veteris Testamenti Pseudepigrapha* 5), Leiden 1981, p. 75-144.

traduit en anglais par J. Issaverdens en 1901 (^{1}). Le premier de ces écrits, intitulé « Le Livre d'Adam », est une recension arménienne de la *Vie d'Adam et Ève*, et Nagel montrera qu'il est la traduction d'une fidélité « exceptionnelle » de la rédaction III de la *Vie grecque* (^{2}).

Enfin, en 1929, J. H. Mozley édite, à partir de manuscrits conservés dans les bibliothèques anglaises, une nouvelle rédaction de la *Vie latine*; elle se singularise par la présence de ce que Mozley appelle des « propositions additionnelles », mais dont il ignore l'origine (^{3}).

La situation en 1974 et l'apport de l'ouvrage de Marcel Nagel

Jusqu'en 1974, année de la publication de la thèse de Marcel Nagel sur la *Vie grecque d'Adam et Ève*, on ne connaissait en Occident que trois recensions du texte apocryphe :

---

(1) S. Yovsep'ianc', *Ankanon girk' hin ktakaranac* [*Écrits non canoniques de l'Ancien Testament*], Venise 1896; J. Issaverdens, *The Uncanonical Writings of the Old Testament Found in the Armenian Mss. of the Library of St. Lazarus*, Venise 1901 (2e éd. 1934). Outre la recension arménienne de la *Vie d'Adam et Ève* (p. 21-42), Issaverdens traduit plusieurs autres récits conservés en arménien concernant l'histoire des premiers hommes, Adam, Ève, Caïn et Abel, Seth : *History of the Creation and of the transgression of Adam*, p. 43-48; *History of the expulsion of Adam from the Garden*, p. 49-51; *The History of Cain and Abel, the sons of Adam*, p. 53-58; *Concerning the good tidings of Seth to which we must give ear*, p. 59-64; *History of the repentance of Adam and Eve*, p. 65-71; *Adam's Words unto Seth*, p. 73-74; *The death of Adam*, p. 75-78. Ces textes appartiennent à ce que M. Stone appelle « The secondary Adam literature » (Stone, *History*, p. 84-123, p. 101-110 pour l'arménien) et manifestent l'existence d'une transmission multiforme de récits concernant les premiers parents, dont il est difficile de déterminer la chronologie. Il sera nécessaire de prendre en considération les variantes qu'ils apportent au récit de la *Vie d'Adam et Ève*, mais ils n'ont qu'une valeur marginale dans la perspective de l'édition de la *Vie latine*.

(2) « L'étude de la *Vie arménienne* est évidemment facilitée ... par la fidélité, on peut dire exceptionnelle, avec laquelle la version s'en tient à son original grec », Nagel, 1, p. 243. Pour l'étude de cette forme de la vie arménienne, voir Nagel, 1, p. 237-254, avec les notes correspondantes, Nagel, 2, p. 242-265.

(3) J. H. Mozley, « The 'Vita Adae' », *The Journal of Theological Studies* 30 (1929), p. 121-149 (abrégé : Mozley). Sur la provenance de ces éléments additionnels, explicables par la recension latine lat-P récemment découverte, voir plus loin, p. 34-36.

- La recension grecque, communément intitulée *Apocalypse de Moïse*, à laquelle on pouvait rattacher une version slave et une version arménienne. Cette recension grecque, considérée par beaucoup comme la forme première de l'apocryphe, avait été l'objet d'une attention presque exclusive de la part des savants.
- La *Vita Adae et Eva*e, recension latine de l'apocryphe connue depuis l'édition de W. Meyer. Pendant toute cette période, elle n'a pas été étudiée avec la même attention que la recension grecque, puisque, depuis l'édition de Meyer, aucune publication spécifique ne lui a été consacrée ([1]).
- La *Vie slave* éditée par V. Jagić, mais peu étudiée après lui.

La thèse de Marcel Nagel, publiée en 1974, va apporter un profond changement de perspective ([2]). Elle enrichit d'abord la connaissance de la *Vie grecque* grâce à une étude exhaustive de la tradition manuscrite. Nagel fait porter son analyse sur une base beaucoup plus large que celle des éditeurs précédents, puisqu'il se fonde sur 23 témoins qu'il a répertoriés avec l'aide de la Section grecque de l'IRHT à Paris. A l'intérieur de cette tradition, il dégage l'existence de trois rédactions distinctes ([3]). Il découvre en particulier une forme textuelle qu'il identifie comme la rédaction II de la *Vie grecque* (grec II), représentée par deux témoins, certes assez tardifs, *R* et *M*. Ces manuscrits conservent une forme condensée des chapitres 1 à 10 de la *Vie latine*. Le récit de la pénitence des protoplastes, mis dans la

---

(1) C'est ainsi que le dernier travail sur le texte de la *Vita Adae et Evae*, préparé par W. Lechner-Schmidt pour la Synopse de G. Anderson et M. Stone, se réfère toujours à l'édition de Meyer (cf. ANDERSON–STONE, *Synopsis*, p. viii-ix). C'est cette même situation que reflète l'édition de la littérature intertestamentaire en traduction française, dirigé par A. Dupont-Sommer et M. Philonenko, *La Bible. Écrits intertestamentaires* (*Bibliothèque de la Pléiade* 337), Paris 1987 (cf. D. A. BERTRAND, « Vie grecque d'Adam et Ève » dans *Écrits intertestamentaires*, p. 1765-1796, ici p. 1767-1768).

(2) Marcel NAGEL, *La Vie grecque d'Adam et Ève. Apocalypse de Moïse* (thèse présentée devant l'Université de Strasbourg II, le 19 juin 1972), 3 tomes, Service de reproduction des thèses, Université de Lille III, 1974. S'agissant des sigles affectés aux manuscrits, nous suivrons les derniers éditeurs et traducteurs de la *Vie grecque*, qui préfèrent le système adopté par D. A. Bertrand (cf. BERTRAND, p. 40-43) à celui qu'avait introduit Nagel.

(3) Cet apport de Nagel est résumé par BERTRAND, p. 40-47.

bouche d'Ève et déplacé à la fin du récit de la chute et de l'expulsion du paradis (ch. 29 de la *Vie grecque*), transmet l'essentiel du texte latin correspondant, ce qui confirme que la tradition grecque connaissait elle aussi, partiellement au moins, la première partie du récit, portant sur la pénitence d'Adam et Ève.

Nagel a eu de plus le mérite de révéler aux savants occidentaux le contenu de la recension géorgienne ([1]). L'existence de cette recension était connue depuis le début du siècle, mais son texte, publié par C. Kurcik'idze en 1964, était resté pratiquement ignoré en Occident ([2]). Or elle présente une configuration encore inconnue : elle est constituée d'une première partie parallèle aux 24 premiers chapitres de la *Vie latine*, suivie d'une deuxième partie parallèle aux chapitres 5 à 43 de la *Vie grecque*, autant dire à la quasi-totalité de celle-ci. L'analyse de la recension géorgienne faite par Nagel restera cependant peu connue des études qui suivront, jusqu'à la publication en 1981 de la traduction française de J.-P. Mahé.

L'œuvre de Nagel a été publiée sous la forme confidentielle des éditions de thèses dactylographiées et n'a malheureusement pas eu le retentissement qu'elle méritait. Elle a non seulement connu une diffusion très discrète, mais elle demande un sérieux effort de lecture. En effet, Nagel poursuit parallèlement deux objectifs : d'un côté, il dégage les caractéristiques des trois rédactions susdites et décrit de façon très minutieuse chacun des témoins recensés ; de l'autre, il veut établir la primauté de la *Vie grecque* par rapport à toutes les autres formes connues. Dans ce but, il compare les rédactions grecques qu'il a identifiées avec les autres recensions, *Vie latine*, *Vie slave* et *Vie géorgienne* ([3]), et il s'efforce de montrer que les particularités qui distinguent ces recensions de la *Vie grecque* sont secondaires. Mais cet effort de comparaison ne s'appuie pas sur un

---

(1) Voir Nagel, 1, ch. 4, p. 113-211, avec les notes correspondantes, 2, p. 155-222.

(2) C. Kurcik'idze, « Adamis ap'ok'ripuli cxovrebis kartuli versia » [La version géorgienne de la Vie apocryphe d'Adam], *P'ilologiuri Dziebiani* 1 (1964), p. 97-136. Sur l'histoire de cette publication, voir Mahé, p. 227-228.

(3) La recension arménienne, qui est largement parallèle à la géorgienne, ne sera connue qu'en 1981, grâce à l'édition de M. Stone.

texte grec clairement établi, car Nagel, sans doute pressé par la maladie, a publié sa thèse avant d'avoir achevé la préparation d'une édition critique — il donne seulement, dans le tome 3 de son ouvrage, une présentation synoptique de toutes ses collations de manuscrits. Cela complique singulièrement la compréhension d'un exposé très minutieux. Et pourtant, par la précision de ses analyses, l'œuvre de Nagel reste essentielle pour l'étude de la *Vie d'Adam et Ève* et n'a pas encore été vraiment remplacée.

Éditions du texte grec

Depuis 1974, deux éditions du texte grec, fondées sur la synopse des témoins manuscrits rassemblés par M. Nagel, ont vu le jour: (1) le texte grec préparé par M. Nagel lui-même, sans apparat critique, communiqué à A.-M. Denis et destiné à la *Concordance* publiée par ce dernier ([1]); (2) l'édition de D. A. Bertrand, accompagnée d'un apparat « sélectif » et fondée pour l'essentiel sur les analyses de Nagel ([2]); plusieurs critiques ont regretté l'absence chez Bertrand d'un apparat complet des variantes ([3]).

En 2005, deux éditions critiques de la *Vie grecque d'Adam et Ève* ont vu le jour: celle de J. Tromp ([4]) et celle de J. Dochhorn ([5]), qui toutes deux ont repris à nouveaux frais l'analyse de la tradition manuscrite. Enfin, l'édition qui figure dans la synopse multilinque en fin de cet ouvrage, tout en tenant compte de l'apport de ces deux éditions, propose un texte qui

---

(1) A.-M. DENIS, *Concordance grecque des pseudépigraphes d'Ancien Testament. Concordance. Corpus de Textes*, Louvain-la-Neuve 1987, p. 815-818; ce texte a été repris dans ANDERSON–STONE, *Synopsis*. Dans les notes de la présente édition, c'est le texte de Nagel tel que publié dans la *Synopsis* que nous citons (= gr).

(2) D. A. BERTRAND, *La Vie grecque d'Adam et Ève. Introduction, texte, traduction et commentaire (Recherches intertestamentaires* 1), Paris 1987. D. A. Bertrand a repris sa traduction, avec un choix des notes de commentaire, dans *Écrits intertestamentaires*, p. 1765-1796.

(3) Voir notamment STONE, *History*, p. 8.

(4) J. TROMP, *The Life of Adam and Eve in Greek. A Critical Edition (Pseudepigrapha Veteris Testamenti Graece*, 6), Leiden – Boston 2005.

(5) J. DOCHHORN, *Die Apokalypse des Mose. Text, Übersetzung, Kommentar (Texts and Studies in Ancient Judaism* 106), Tübingen 2005.

s'en distingue. L'introduction à la synopse en détaille les raisons ([1]).

1981 : découverte des versions géorgienne et arménienne

La situation de la recherche en Occident a été profondément modifiée en 1981 par les publications simultanées, mais indépendantes l'une de l'autre, de deux formes moyen-orientales de la *Vie d'Adam et Ève* : la traduction française de la recension géorgienne par J.-P. Mahé (geo) ([2]); l'édition critique et la traduction anglaise par M. Stone d'un texte arménien (arm), parallèle au géorgien ([3]) et distinct du *Livre d'Adam* arménien édité à Venise en 1896 ([4]).

Même si le parallélisme entre la recension géorgienne et la recension arménienne n'est pas aussi parfait que pourrait le faire penser le tableau présenté plus bas — on notera en particulier que l'arménien ignore la première partie du récit des funérailles d'Adam (ch. 33-37) — leur accord est assuré presque partout ailleurs. Toutes deux présentent en effet une structure identique, qui combine la première partie de la *Vie latine* et la quasi-totalité de la *Vie grecque*. Leur texte comporte certes de nombreuses variantes et additions par rapport aux formes connues jusque-là, mais elles conservent pour l'essentiel la structure des parties qu'elles ont en commun avec le grec et avec le latin.

Découverte d'un texte latin de même structure que les recensions arménienne et géorgienne

Les publications de 1981 ont considérablement modifié notre perception des relations entre les différentes recensions de la

---

(1) Voir plus bas, p. 747-757.

(2) J.-P. MAHÉ, « Le Livre d'Adam géorgien », dans R. VAN DEN BROEK – M. J. VERMASEREN, éds, *Studies in Gnosticism and Hellenistic Religions presented to Gilles Quispel on the occasion of his 65th Birthday*, Leiden 1981, p. 227-260, traduction française de l'édition du texte géorgien par C. Kurcik'dze (citée plus haut p. 9, note 2).

(3) M. STONE, *The Penitence of Adam* (*Corpus scriptorum christianorum orientalium*, 429 : texte arménien ; 430 : introduction et traduction anglaise), Louvain 1981.

(4) Voir plus haut, p. 7 et note 1.

Vie d'Adam et Ève. L'analyse synoptique du contenu de ces nouvelles versions a révélé en particulier une relation inattendue entre elles et le texte de la rédaction anglaise éditée par Mozley. Les « propositions additionnelles » propres à cette rédaction, mentionnées plus haut, ont en effet toutes une correspondance dans l'arménien et le géorgien, et certaines d'entre elles se rencontrent aussi dans la rédaction II du grec. Il devenait ainsi probable que l'Occident avait connu une version latine du texte grec qui avait été traduit par ailleurs en arménien et en géorgien ([1]).

Cette probabilité a été confirmée par la découverte récente de deux manuscrits qui ont révélé l'existence d'une recension latine de même structure que les recensions moyen-orientales — recension latine qui sera désignée dans le présent ouvrage par le sigle lat-P. Le premier témoin découvert est le manuscrit de Milan, *Ambros. O 35 sup.* (sigle : *Ma*), daté du XIVe siècle ([2]). Il conserve les 23 premiers paragraphes du récit, communs au latin et aux recensions arménienne et géorgienne, sous une forme parallèle à ces dernières ; il contient non seulement les « propositions additionnelles » de Mozley, mais aussi plusieurs leçons propres à arm-geo et même à grec II. Comme ce témoin ne transmettait que la première partie du texte, il n'était pas possible de savoir s'il dépendait d'un modèle plus complet, parallèle à arm-geo au-delà du ch. 23. C'est grâce à la découverte ultérieure du manuscrit de Paris, BnF, *lat. 3832* (sigle : *Pr*), daté du XIIe siècle, que l'hypothèse a été définitivement confirmée ([3]). *Pr* transmet en effet la quasi-totalité de la *Vie d'Adam et Ève* selon la même structure que l'arménien et le géorgien ; il conserve en particulier la confession par Ève

---

(1) Dans l'introduction consacrée à lat-P, le lecteur trouvera une présentation des indices qui laissaient alors supposer l'existence d'une forme particulière du texte latin (voir plus bas, p. 33-38).

(2) Je dois à Zbigniew Izydorczyk, maître d'œuvre de l'édition de l'*Évangile de Nicodème* en latin, de m'avoir fait connaître ce témoin singulier. Je l'en remercie très sincèrement. Première édition du texte du manuscrit de Milan dans J.-P. PETTORELLI, « La Vie latine d'Adam et Ève. Deuxième partie : Une rédaction inconnue de la *Vita Adae et Evae* originaire de l'Italie du Nord », *Archivum Latinitatis Medii Aevi* 56 (1998), p. 68-104.

(3) Première édition du texte de ce manuscrit dans J.-P. PETTORELLI, « Vie latine d'Adam et d'Ève. La recension de Paris, BnF, lat. 3832 », *Archivum Latinitatis Medii Aevi* 57 (1999), p. 5-52.

du premier péché, soit l'équivalent des ch. 15-30 de la *Vie grecque*, qui semblait jusqu'alors totalement ignorée de la tradition latine ([1]).

Les différentes recensions et rédactions de la Vie d'Adam et Ève

Pour résumer ce bref parcours historique, nous dresserons un tableau des différentes recensions et rédactions de la *Vie d'Adam et Ève*.

En grec, nous ne connaissons aujourd'hui qu'*une seule recension* (gr) ([2]). Nagel a mis en évidence, grâce à une étude très détaillée de la tradition manuscrite, l'existence de *trois rédactions* de cette recension grecque.

La *recension slave* est une traduction de la rédaction II du grec (gr II), sous une forme restructurée et enrichie de plusieurs péricopes qui lui étaient étrangères: il existe *deux rédactions* de cette recension slave.

Deux recensions arméniennes ont été publiées: l'une est la traduction d'un original grec inconnu (arm), et l'autre est une traduction de la rédaction III du grec (gr III) ([3]).

On ne connaît qu'*une seule recension géorgienne* (geo), dont la structure est proche de celle de arm. A la suite de C. Kurcik'idze, J.-P. Mahé distingue *deux rédactions,* — c'est ainsi qu'il les appelle —, l'une représentée par quatre manuscrits (α), l'autre par un seul (β). La deuxième rédaction est généralement plus courte que la première ([4]).

---

(1) On trouvera une analyse plus précise des relations entre lat-P et arm-geo plus loin p. 47-51, ainsi que dans les notes qui accompagnent l'édition en parallèle de lat-P et lat-V. On peut cependant relever dès maintenant, grâce à la synopse publiée à la fin de l'ouvrage, que si la structure de lat-P est identique à celle d'arm-geo, le texte latin est souvent plus bref que celui des versions orientales, car ces dernières amplifient le discours sans qu'on puisse savoir si elles font appel à d'autres traditions, encore ignorées. Voir par exemple la synopse du chapitre 20.

(2) Les références aux éditions de la recension grecque sont indiquées *supra*, p. 5, n. 3 et p. 10, n. 1, 2, 4 et 5.

(3) Voir plus haut, p. 11, n. 3 et p. 7, n. 1.

(4) Cf. MAHÉ, p. 227. J.-P. MAHÉ a étudié les rapports entre les recensions arménienne et géorgienne dans « Notes philologiques sur la version géorgienne de la *Vita Adae* », *Bedi Kartlisa. Revue de kartvélologie* 41 (1983), p. 51-66. Il a introduit des corrections à sa traduction française dans la traduction

Enfin, nous pouvons dire que nous connaissons maintenant *deux recensions latines* de la *Vie d'Adam et Ève,* que nous désignons par les sigles lat-P et lat-V. La recension lat-P, traduction latine d'un original grec de structure analogue à arm-geo, n'est conservée de manière à peu près complète que dans le seul manuscrit de Paris, *lat. 3832* (*Pr*). En revanche, la recension lat-V est conservée dans plus de cent manuscrits, qui se regroupent en *plusieurs rédactions.* Comme le montrera l'édition des diverses rédactions dans ce volume ([1]), on retrouve partout la même séquence des péricopes, même si le vocabulaire est souvent assez différent et si les rédactions tardives introduisent des éléments ignorés des rédactions plus anciennes.

La présentation synoptique de la structure de ces diverses recensions permettra maintenant de faire ressortir les caractéristiques de chacune d'elles.

Les recensions latines de la *Vita Adae et Evae* et leur place parmi les autres recensions

Tableau synoptique des principales recensions de la Vie d'Adam et Ève

Le tableau synoptique qui suit présente sommairement le contenu des principales recensions de la *Vie d'Adam et Ève.* Pour faciliter la comparaison entre elles, nous avons introduit une nouvelle numérotation des chapitres dans la seconde partie des recensions arménienne, géorgienne et de la recension latine récemment découverte (lat-P). La numérotation de la *Vie grecque* (43 chapitres) et celle de la *Vie latine* traditionnelle, lat-V (51 chapitres) restent inchangées. Pour la première partie des trois autres recensions (arm, geo et lat-P), nous conservons la numérotation traditionnelle des chapitres du latin

---

anglaise qu'il a préparée pour la 2ᵉ édition de la Synopse de G. Anderson et M. E. Stone; voir les notes textuelles où Mahé s'en explique dans l'introduction de ANDERSON–STONE, *Synopsis,* p. XII-XVI.

(1) Cf. *infra,* p. 437-741. La rédaction d'Allemagne du Sud et les rédactions rhénanes ont déjà fait l'objet d'une première édition; voir PETTORELLI, *ALMA* 1998, *ALMA* 2001 et *ALMA* 2002.

(lat-V), qui va de 1 à 44 ([1]), En revanche, à partir du récit de la faute par Ève et jusqu'à la fin du texte, nous faisons coïncider la division en chapitres d'arm, geo et lat-P avec celle de la *Vie grecque* et nous adoptons une numérotation nouvelle, qui va de 45 à 73 et correspond aux chapitre 15 à 43 du grec. Il y a un écart constant de 30 unités entre les deux numérotations (ainsi, le ch. 63 de lat-P, arm, geo correspond au ch. 33 du grec).

Le tableau synoptique cherche à signaler aussi clairement que possible la présence des principales péricopes dans chacune des recensions et à visualiser ainsi les relations entre elles ([2]). Le découpage des péricopes reprend largement celui qu'ont retenu G. A. Anderson et M. E. Stone dans leur *Synopsis* de 1999. Les variantes entre les recensions à l'intérieur de chaque subdivision ne sont pas relevées. La colonne est blanche lorsque la recension n'a gardé aucune trace de la péricope ([3]).

Péricope	lat-V	lat-P	arm	geo	grec
Faim – Recherche de la nourriture	1-4	1-4	1-4	1-4	29,7a-9a (gr II)
Pénitence d'Ève dans le Tigre et d'Adam dans le Jourdain	5-8	5-8	5-8	5-8	29,9b-11 (gr II)
Deuxième transgression d'Ève, trompée par Satan	9-11	9-11	9-11	9-11	29,12-13 (gr II)
Satan raconte sa chute, due à son refus d'adorer Adam	12-17	12-17	12-17	12-17	
Ève part pour l'Occident – Douleurs de l'enfantement – Naissance de Caïn	18-21	18-21	18-21	18-21	
Caïn et Abel – Seth et les autres enfants d'Adam	22-24	22-24	22-24	22-24	1,1-5,1
Révélation d'Adam à Seth	25-29				

(1) Plus précisément, de 1 à 24 et de 30 à 44, puisque les chapitres 25-29 de la *Vie latine* traditionnelle (la révélation d'Adam à Seth) ne figurent pas dans arm, geo et lat-P.

(2) La structure de la *Vie slave* est très différente de celle des autres recensions; comme elle dépend de l'une des rédactions grecques, il ne nous a pas semblé utile de la faire rentrer dans ce tableau.

(3) Rappel des sigles: lat-V = *Vie latine* traditionnelle, selon la subdivision en chapitres en usage depuis l'édition de Meyer; lat-P = *Vie latine* de structure analogue à celle d'arm-geo; arm = *Vie arménienne* selon l'édition de M. Stone; geo = *Vie géorgienne* selon la traduction de J.-P. Mahé; gr = *Vie grecque* selon l'édition dans ANDERSON–STONE, *Synopsis*.

Péricope	lat-V	lat-P	arm	geo	grec
Maladie d'Adam – Réunion de ses fils	30-31	30-31	30-31	30-31	5,2-6,4
Récit de la chute par Adam	32-34	32-34	32-34	32-34	7-8
Ève et Seth en quête de l'huile du paradis – Rencontre avec la bête – Blessure de Seth	35-39	35-39	35-39	35-39	9-12
Réponse de Michel à la prière d'Ève et Seth – Retour – Reproche d'Adam à Ève	40-44	40-44	40-44	40-44	13-14
Récit de la chute par Ève: les trois tentations		45-51	45-51	45-51	15-21
Récit d'Ève: Jugement d'Adam		52-54	52-54	52-54	22-24
Récit d'Ève: Jugement d'Ève et du serpent			55-56	55-56	25-26
Récit d'Ève: Requêtes d'Adam avant l'expulsion – Exhortation finale		59-60	57-60	57-60	27-30
Mort d'Adam	45				
Dernières paroles d'Adam – Confession d'Ève		61-62	61-62	61-62	31-32
Prière des anges pour le pardon d'Adam		63		63	33
Vision d'Ève – Dialogue entre Ève et Seth	(cf. 46,1-2)			64-66	34-36
Pardon d'Adam – son sort jusqu'au jugement	46,1-47,3a	67		67	37
Descente de Dieu auprès du corps d'Adam – Promesse d'une intronisation future	47,3b		68-69	68-69	38-39
Sépulture d'Adam et Abel par Dieu et ses anges	48	70,1-70,4 (des.)	70,1-72,2	70,1-72,2	40,1-42,2
Testament d'Ève: les tablettes	49,1-50,2				
Dernière prière, mort et sépulture d'Ève	50,3-51,2		72,3-73,4	72,3-73,4	42,3-43,4
Histoire des tablettes	52-54				

La question de la structure originelle de la Vie d'Adam et Ève

Ce tableau pose la question fondamentale de la structure originelle de la *Vie d'Adam et Ève*. Incluait-elle ou non à l'origine le récit de la quête de nourriture, de la pénitence et de la naissance de Caïn, conservé en arménien, en géorgien et en latin, mais absent du grec?

Avant la découverte d'arm, geo et lat-P, la question ne pouvait être abordée que sur la base de la *Vie grecque* et de la *Vie latine* traditionnelle. Meyer, après une analyse attentive des deux textes, concluait que la forme originale — « das ursprüngliche Adamsbuch » — comprenait à la fois les récits de la *Vie grecque* et ceux de la *Vie latine*; il écrivait: « Le résultat de la recherche est le suivant: aussi bien le texte grec, appelé *Apocalypse de Moïse*, que le texte latin, la *Vita Adae et Evae*, nous ont conservé des éléments d'un seul et même texte original, que j'aimerais nommer 'le Livre hébreu d'Adam' (¹) ». C'est fort de cette conviction que Meyer a édité un texte qui combine la *Vie latine* avec des passages de la *Vie grecque* tirés de l'édition de Tischendorf (²).

Mais nombre de savants se sont opposés à la thèse de Meyer et ont défendu la priorité du texte court de la *Vie grecque*. Tel est le cas en particulier de M. Nagel, de M. de Jonge et J. Tromp, ainsi que de Th. Knittel (³).

Les versions moyen-orientales et la recension latine P viennent confirmer la valeur des analyses de Meyer et de son hypothèse selon laquelle les recensions latine et grecque connues alors conservaient des « morceaux » (Stücke) d'une *Vie d'Adam et Ève* originelle. Les textes récemment découverts transmettent en effet à la fois la section initiale propre à la *Vie latine* traditionnelle et la partie du récit qui n'était connue qu'en grec (ch. 15-30 de la *Vie grecque*). Ils présupposent l'existence d'un texte grec plus long que la *Vie grecque* qui nous est

---

(1) MEYER, p. 207: « Das Resultat der Untersuchung ist also folgendes: sowohl der griechische Text, die sogenannte Apokalypse des Moses, als der lateinische, die Vita Adae et Evae, haben uns Stücke ein und desselben Urtextes gerettet, den ich das hebräische Adamsbuch nennen möchte. »

(2) Les éléments du texte grec retenus par Meyer sont les suivants: gr 3, inséré entre lat-V 23,5 et 24,1; gr 13,2-3a, entre lat-V 40 et [41,1 − 42,5] (passage placé entre crochets parce que Meyer le considère comme une interpolation provenant de l'*Évangile de Nicodème*); et surtout gr 15-30, inséré entre lat-V 44 et 45.

(3) Voir NAGEL, 1, p. 132-137 et 175-197, avec les notes, 2, p. 165-167 et 188-213; DE JONGE-TROMP, p. 41-44; Th. KNITTEL, *Das griechische « Leben Adams und Evas ». Studien zu einer narrativen Anthropologie im frühen Judentum* (*Texts and Studies in Ancient Judaism* 88), Tübingen 2002, p. 35-46.

parvenue. Le texte court de cette dernière ne serait pas originel, mais conserverait une forme tronquée d'une *Vie d'Adam et Ève* plus complète, comprenant le récit de la pénitence des protoplastes et de la naissance de Caïn ([1]).

Questions posées par l'existence de lat-P et lat-V

Sur un autre plan, l'existence de deux recensions latines impose désormais de répondre à deux questions de nature différente.

D'une part, on doit se demander quel a été historiquement le rapport entre ces deux recensions. Faut-il supposer une dépendance de lat-V par rapport à lat-P? ou une dépendance de lat-P par rapport à lat-V? ou une dépendance commune de lat-V et lat-P par rapport à une forme textuelle plus ancienne? ou bien, autre hypothèse extrême, postuler que les deux recensions sont indépendantes l'une de l'autre et remontent à deux traductions différentes du grec? A priori, aucune de ces possibilités n'est exclue. Mais un examen, même rapide, de la synopse suffit à montrer que l'hypothèse de l'indépendance est à écarter. En effet, les deux textes latins présentent de nombreux accords verbaux, et souvent, qui plus est, des accords portant sur des passages où ils se distinguent ensemble des recensions moyen-orientales et du grec ([2]). Par ailleurs, on constate que des éléments du récit original sont conservés tantôt par lat-P et tantôt par lat-V, ce qui permet d'exclure une

---

(1) Cf. J.-P. PETTORELLI, « Essai sur la structure primitive de la *Vie d'Adam et Ève* », *Apocrypha* 14 (2003), p. 237-256. Dans cette étude, j'ai relevé une série d'indices qui tendent à prouver que la forme actuelle de la *Vie grecque* résulte de la décision d'un rédacteur qui a choisi d'ignorer la première partie de l'œuvre originelle. Cette décision pourrait obéir à deux motifs: d'une part, la volonté de réduire la taille du texte pour l'adapter au besoin de la lecture liturgique; d'autre part, le refus d'accepter une tradition selon laquelle ce serait la jalousie de Satan, chassé de sa place au ciel pour avoir refusé de vénérer Adam, qui l'aurait conduit à faire chasser les protoplastes du paradis — tradition qui était devenue théologiquement suspecte. J'ai précisé toutefois que cette analyse ne concernait que la structure actuelle de la *Vie grecque* et ne diminuait en aucune façon la valeur qu'on doit attribuer au texte grec qu'elle transmet. Dans le même sens, voir ELDRIDGE, p. 127-133; KAESTLI, « Enchaînement ».

(2) Voir plus loin, p. 38-40.

dépendance directe entre les deux textes, que ce soit dans un sens ou dans l'autre (^{1}).

Il faudra donc retenir l'hypothèse du rattachement commun à une même traduction latine pour expliquer la parenté qui unit les deux recensions (^{2}). Cette réponse s'impose pour les parties où elles sont très proches l'une de l'autre. Elle est bien moins évidente pour la section des funérailles d'Adam, où la question du rapport entre le récit concentré de lat-V et le récit plus développé des autres recensions et de lat-P doit faire l'objet d'un traitement particulier.

D'autre part, la découverte de lat-P pose avec une nouvelle acuité la question de la nature et de l'origine des sections propres à lat-V, à savoir:

(1) la vision d'Adam, qui décrit le voyage supra-céleste d'Adam (lat-V 25,1 − 29,1) (^{3}), et la révélation qu'il reçoit sur l'histoire du Temple (lat-V 29,2-10) (^{4});

(2) l'histoire des tablettes, qui explique comment le récit que l'on vient de lire s'est transmis jusqu'à ce jour et qui présente le Temple construit par Salomon comme une réplique de l'oratoire d'Adam (lat-V 49,1 − 50,2 et 52-54).

Comment, quand et à partir de quelles sources ces traditions, inconnues des autres recensions, ont-elles été insérées dans la *Vie latine* traditionnelle (lat-V)?

---

(1) Éléments originels omis dans lat-P et présents dans lat-V (lat-V ne peut pas dépendre de lat-P), voir par ex. 31,1; 32,1. Éléments originels omis dans lat-V et présents dans lat-P (lat-P ne peut pas dépendre de lat-V): parmi les nombreux exemples, voir 3,2; 4,1; 32,3b.

(2) Voir la conclusion formulée plus bas, p. 40; J. TROMP (« The Textual History of the *Life of Adam and Eve* in the light of a Newly Discovered Latin Text-Form », *JSJ* 33 (2002), p. 28-41) arrive à la même conclusion.

(3) Ce récit présente des analogies avec la tradition apocalyptique juive; voir *1 Hénoch* 17-19 (*Écrits intertestamentaires*, p. 490-493); *2 Hénoch* 39 (*ibid.*, p. 1196).

(4) On la rapprochera de *Jubilés* 1 (*Écrits intertestamentaires*, p. 636-638).

TRADITION MANUSCRITE ET ÉDITIONS
DE LA *VITA ADAE ET EVAE*

Les éditions de la Vie latine traditionnelle (lat–V)

La présente édition repose sur une recherche systématique et une collation exhaustive des manuscrits de la *Vita Adae et Evae*. Une telle étude de la tradition manuscrite dans son intégralité n'avait encore jamais été réalisée. Les éditions qui ont paru jusqu'ici ont été fondées sur les témoins disponibles dans le proche environnement de chaque éditeur.

Le nombre de témoins de la forme latine traditionnelle, désignée par le sigle lat-V, est révélateur de l'assiduité avec laquelle ce texte a été lu durant tout le Moyen Age et incite à éditer d'abord cette forme du texte. Si l'intérêt de la découverte du manuscrit de Paris, *lat. 3832*, seul témoin presque complet de l'autre recension latine, lat-P, est indéniable, on peut se demander si celle-ci n'a pas joué seulement un rôle épisodique dans la transmission du texte. Ce manuscrit isolé de lat-P a certes une grande importance historique, puisqu'il atteste la connaissance en Occident de la source grecque des recensions arménienne et géorgienne, et donc l'universalité de l'influence de cette forme du texte. Il n'en reste pas moins que c'est lat-V qui a alimenté la réflexion et le dynamisme spirituel des communautés monastiques occidentales, et plus précisément, comme on le verra, de celles de ces communautés qui avaient été nourries dès leur origine par la tradition des missionnaires irlandais.

Dans la première partie de cette introduction, il a brièvement été question des deux éditions de la *Vita Adae et Evae* qui ont permis de mettre en rapport cette forme latine de l'apocryphe avec ses formes non latines, les éditions de W. Meyer et de J. H. Mozley ([1]). Il convient de présenter maintenant de

---

([1]) Sur ces deux éditions, voir plus haut, p. 6, n. 1 et p. 7, n. 3. Leur vocabulaire est incorporé à l'ouvrage d'A.-M. Denis, *Concordance latine des*

manière plus détaillée les caractéristiques principales de chacune d'elles, ainsi que quelques autres publications qui ont fait
connaître des manuscrits particuliers de la *Vie latine* traditionnelle.

L'édition de W. Meyer ([1])

Bien que Meyer connaisse l'existence de manuscrits appartenant à des bibliothèques étrangères, il fonde son édition
uniquement sur des témoins appartenant à la Bibliothèque de
Munich. Dans le corps et les notes de son introduction, il
mentionne 28 témoins de la *Vita Adae et Evae*, à savoir 22 de
la Bibliothèque de Munich, 4 de la Bibliothèque nationale de
Vienne, 1 de la Bibliothèque universitaire de Graz et 1 de la
Bibliothèque nationale de France ; mais il n'en collationne que
11, tous de Munich, et il édite à part le manuscrit de Paris, *lat.
5327*, qu'il n'utilise pas dans son apparat critique.

Si Meyer cite plusieurs manuscrits de la Bibliothèque de
Vienne, c'est grâce à l'étude d'A. Mussafia sur la *Légende du*

---

pseudépigraphes d'Ancien Testament (*Corpus Christianorum, Thesaurus
patrum Latinorum, Supplementum*), Turnhout 1993, qui reproduit l'édition
de Meyer (p. 545-548), et celle de Mozley (p. 548-552). — Plusieurs
traductions, basées pour l'essentiel sur l'édition de Meyer, ont été publiées.
(1) En allemand : C. Fuchs, « Das Leben Adams und Evas », dans
E. Kautzsch, éd., *Die Apokryphen und Pseudepigraphen des Alten Testaments*,
vol. 2, Tübingen 1900, p. 506-528 ; O. Merk – M. Meiser, *Das Leben Adams
und Evas* (*Jüdische Schriften aus hellenistisch-römischer Zeit* II,5), Gütersloh
1998 ; (2) en anglais : L. S. A. Wells, « The Books of Adam and Eve », dans
R. H. Charles, éd., *The Apocrypha and Pseudepigrapha of the Old Testament*,
vol. 2, Oxford 1913, p. 123-154 ; M. D. Johnson, « Life of Adam and Eve »,
dans J. H. Charlesworth, éd., *The Old Testament Pseudepigrapha,* vol. 2,
Londres 1985, p. 249-295 ; (3) en italien : Liliana Rosso Ubigli, « Apocalisse
di Mosè e Vita di Adamo ed Eva », dans P. Sacchi, éd., *Apocrifi dell'Antico
Testamento.* vol. 2, Turin 1989, p. 379-475 (traduit l'édition de Mozley) ; (4) en
espagnol : N. Fernández Marcos, « Vida de Adán y Eva (Apocalipsis de
Moisés) » dans A. Díez Macho, éd., *Los Apócrifos del Antiguo Testamento*,
vol. 2, Madrid 1983, p. 317-352 (traduit l'édition de Mozley, p. 338-352). A
notre connaissance, il n'existe pas de traduction française de la *Vie latine*.
(1) W. Meyer, « Vita Adae et Evae », *Abhandlungen der königlichen
bayerischen Akademie der Wissenschaften, philosophisch-philologische Classe*
14, 3, Munich 1878, p. 185-250 (= Meyer).

Bois de la Croix (¹). Mussafia avait noté que le codex *1628* de
Vienne, témoin de la *Vita Adae et Evae*, transmettait aux ch.
43 à 48 des éléments empruntés à la *Légende* qu'il étudiait et il
avait recensé les autres témoins de la *Vita* conservés à Vienne.
Meyer en a ainsi connu l'existence, mais il ne les a pas pris en
compte dans l'apparat de son édition. Il a cependant reconnu
la forme textuelle du codex *1628* de Vienne dans plusieurs manuscrits munichois qui constituent la classe III de son édition.

Meyer répartit les manuscrits de la *Vie latine* en quatre
classes différentes. Mais sa classe IV ne comprend qu'un seul
manuscrit, le manuscrit de Paris, *lat. 5327*, qui est une réécriture singulière et sans descendance d'un témoin de la classe
II. Il ne distingue donc en réalité que trois classes regroupant
plusieurs témoins, trois pour la classe I, quatre pour la classe II
et quatre pour la classe III. Le recensement exhaustif des manuscrits de la *Vita* que nous avons effectué pour cette édition a
enrichi la classification de Meyer, mais ne l'a pas complètement invalidée (²).

Il convient encore de rappeler que l'intérêt de Meyer pour la
Vita Adae et Evae s'explique en partie par ses recherches sur
l'origine de la langue allemande ; il avait entrepris la publication d'un des plus ancien textes en vieil-allemand, le poème de

---

(1) A. MUSSAFIA, « Sulla Leggenda del legno della croce », *Sitzungsberichte
der Wiener Akademie, phil. hist. Classe* 63 (1869), p. 165-216 (cf. MEYER,
p. 210, n. 1 et p. 214, n. 1), première étude importante consacrée à l'*Histoire
du Bois de la Croix*. Mussafia ne se réfère que de façon oblique aux témoins de
la *Vita Adae et Evae* (voir par ex. p. 169) ; il relève que le *Codex 1628* de la
Bibliothèque nationale de Vienne utilise aux ch. 43 à 48 de la *Vita Adae et
Evae* des éléments empruntés à l'*Histoire du Bois de la Croix*. Il a cherché
alors à savoir si d'autres témoins de la *Vita Adae et Evae* conservés dans la
Bibliothèque nationale de Vienne les rapportaient aussi ; c'est ainsi qu'il en a
fait l'inventaire et c'est d'après l'étude de Mussafia que Meyer les cite. Sur
cette relation, cf. MEYER, p. 214, n. 1.

(2) La classe I correspond à notre rédaction d'Allemagne du Sud ; Meyer en
utilise 3 manuscrits (S, T et M) et en mentionne 4 autres (Di, In, Pn et Pg).
Trois des quatre représentants de sa classe II (Eb, Mf et Sc) se rattachent à
notre rédaction rhénane, alors que le quatrième (Sf) appartient à ce qui
constitue pour nous la rédaction de Bohème ; Meyer mentionne par ailleurs 3
autres témoins de la classe II (Au, Ws et Vf). Enfin, les 4 manuscrits de la
classe III de Meyer (Bb, Ri, Tg et Ap) font partie de ce que nous appelons la
rédaction tardive T2.

Lutwin sur Adam et Ève, qu'il publiera d'ailleurs quelques
années plus tard (¹). Ses recherches sur la *Vie latine* avaient
aussi pour but, semble-t-il, de déterminer la source de ce
poème.

L'édition de J. H. Mozley

En 1929, J. H. Mozley publie, sous le titre de *Vita Adae*, un
texte parallèle à celui de Meyer, à partir de huit des douze
manuscrits conservés dans des bibliothèques anglaises qu'il
avait recensés; ce texte, que nous appelons la rédaction
anglaise, se distingue par une série de « propositions additionnelles », dont Mozley ignorait l'origine (²). Ces mêmes témoins
anglais ajoutent aussi au texte de la *Vita* des compléments,
concernant le nom et les principales caractéristiques d'Adam,
qui sont connus par ailleurs mais n'appartiennent pas à la recension latine traditionnelle de la *Vita*.

L'édition de G. Eis

En 1935, Gerhard Eis édite un texte de la *Vita Adae et Evae*
très proche de celui de la classe I de Meyer, en se fondant sur
deux manuscrits du *Grand Légendier Autrichien* (³) conservés

---

(1) K. Hofmann – W. Meyer, *Lutwins Adam und Eva, zum ersten Mal
herausgegeben* (*Bibliothek des litterarischen Vereins in Stuttgart* 153), Tübingen
1881. Au bas de chaque page de l'édition du poème de Lutwin, Meyer cite les
passages correspondants de la *Vita Adae et Evae* d'après son édition (cf. sa
note à la fin de l'édition de Lutwin, p. 128-132).

(2) J. H. Mozley, « The 'Vita Adae' », *The Journal of Theological Studies*
30 (1929), p. 121-149 (= Mozley). Mozley recense les « additional phrases »
dans son introduction, p. 122-123.

(3) Le *Grand Légendier Autrichien* (*Magnum Legendarium Austriacum*
[MLA]) est une collection de récits hagiographiques rangés dans l'ordre de
l'année liturgique, auxquels ont été adjoints quelques récits de nature diverse
qu'on souhaitait conserver sans trop savoir à quel mois les incorporer, parmi
lesquels la *Vita Adae et Evae*. Cf. A. Poncelet, « De Magno Legendario
Austriaco », *Analecta Bollandiana* 17 (1898), p. 24-96, qui relève en particulier
la place de la *Vita Adae et Evae* à la fin du tome I (mois de janvier à mars) des
collections hagiographiques des abbayes d'Admont et de Zwettl (p. 53: « De
eiectione Adam »). L'étude plus récente de J. van der Straeten, « Le 'Grand
Légendier Autrichien' dans les manuscrits de Zwettl », *Analecta Bollandiana*
113 (1995), p. 321-348, ne s'intéresse pas à ces compléments.

dans les bibliothèques monastiques de Zwettl et d'Admont (*Zw* et *Ad*, appartenant au groupe A3 dans notre édition de la rédaction d'Allemagne du Sud). L'édition de Eis venait compléter son étude sur les origines du poème de Lutwin, « Adam und Eva » ([1]), qui figure dans la première partie de son ouvrage de 1935 ([2]).

Autres éditions de témoins isolés

Plusieurs témoins isolés de la *Vita Adae et Evae* ont été publiés au hasard de découvertes érudites. En 1887, Carl Horstmann faisait connaître le texte du manuscrit d'Oxford, Queen's College, *213* (notre témoin Q de la rédaction B) ([3]). En 1904, Lagos Katona reproduisait le texte de la *Vita Adae et Evae* du Codex Teleki, copié au xvie siècle à partir d'un imprimé ou

---

(1) Voir l'édition de W. Meyer, citée plus haut, p. 21, n. 1.

(2) G. Eis, *Beiträge zur mittelhochdeutschen Legende und Mystik. Untersuchungen und Texte* (*Germanische Studien* 161), Berlin 1935 (réimpr. Nendeln [Liechtenstein] 1967), p. 241-255. Dans ce volume, G. Eis regroupe plusieurs études consacrées à des légendes hagiographiques dont il recherche l'origine. Voici le détail de ces études: (1) « Heimat, Quellen und Entstehungszeit von Lutwins 'Adam und Eva' », p. 25-106, qu'accompagne l'édition de la *Vita Adae et Evae*, « Die Adamslegende des MLA, p. 241-255 »; (2) « Quellen, Alter und Heimat der Alexius Legende A », p. 107-155, qu'accompagnent les éditions de ce poème en vieil allemand, « Die Alexiuslegende A », p. 256-303, et du récit latin qu'il transcrit, « Die Alexiuslegende des MLA », p. 303-315; (3) « Die Magdalenenklage des Cod. 15225 der Wiener Nationalbibliothek », p. 156-237, qu'accompagnent les éditions du poème en vieil allemand, « Die Magdalenenklage des Cod. 12275 der Wiener Nationalbibliothek », p. 315-350, et de sa probable source latine, « Maria Magdalena im Windberger Legendar, Clm. 22242, Bl. 87-87v. », p. 350-352. G. Eis complète le volume par le recensement des rimes du poème « Adam und Eva » de Lutwin, et par les index des noms et des matières. Relevons que les études d'Eis sur le *Magnum Legendarium Austriacum* l'avaient convaincu que l'influence de la *Légende dorée* avait été fortement surévaluée (p. 16: « der Einfluss der *Legenda aurea* des Italieners Jakobus von Varago auf die deutsche Dichtung des Mittelalters scheint stark überschätzt worden zu sein. ... Alle diese Legenden müssen auf ihren Zusammenhang mit dem MLA untersucht werden. »).

(3) C. Horstmann, « Nachträge zu den Legenden. 10. Vita prothoplasti Ade. Ms. Queens Coll. Oxford 213, f. 1 (15. Jahrhundert) », *Archiv für das Studium der neueren Sprachen und Litteraturen* 79 (1887), p. 459-470.

d'un manuscrit de la famille des incunables (^{1}). En 1933, Samuel Harrison Thomson publiait ce qu'il présentait comme « une cinquième recension » de la *Vie latine*, tirée d'un autre manuscrit de la famille des incunables (notre témoin *Hm*) (^{2}).

Préparation et réalisation d'une nouvelle édition de la *Vita Adae et Evae*

Une tradition manuscrite abondante

On a considéré pendant un temps que les éditions existantes donnaient une connaissance satisfaisante du texte de la *Vita Adae et Evae*. En 1974, Nagel exprimait sans doute l'opinion de la majorité des savants lorsqu'il écrivait : « Heureusement la Vie latine est-elle bien éditée, grâce à Meyer, grâce à J.-H. Mozley aussi dont l'édition est venue apporter de précieux compléments. (...) on a le sentiment que nous disposons d'éditions déjà solides de la version latine. Elles rendent compte des développements successifs de l'écrit, elles laissent ainsi apparaître les liens qui rattachent la version au texte grec dont elle est issue » (^{3}). Mais il ajoutait aussitôt, dans la note correspondante : « le travail d'édition du texte latin devrait sans doute être poursuivi, tant les témoins semblent nombreux », et il dressait ensuite une liste de 69 manuscrits, connus des éditeurs précédents ou repérés par lui, « comportant tout ou partie de la *Vie latine* » (^{4}).

De fait, de nombreux manuscrits transmettent la *Vita Adae et Evae* (^{5}). E. B. Halford a effectué un premier travail de re-

---

(1) L. KATONA, *A Teleki-Codex Legendái* (*Értekezések a nyelv-és széptudományok köréből* XVIII, 10), Budapest 1904, p. 1-80, spéc. p. 17-23 (introduction) et 70-80 (texte latin). Je remercie très sincèrement M. Attila Jakab de m'avoir fourni une photocopie de cette publication et un résumé des données de l'introduction.

(2) S. Harrison THOMSON, « A Fifth Recension of the Latin Vita Adae et Evae », *Studi Medievali*, ser. 3, vol. 6 (1933), p. 271-278.

(3) NAGEL, 1, p. 116.

(4) NAGEL, 2, p. 155-158.

(5) Dans les manuscrits médiévaux, le titre *De Vita Adae et Evae*, ou un énoncé proche, n'est pas exclusivement réservé à la *Vie d'Adam et Ève*; il introduit aussi assez souvent la *Légende du Bois de la Croix*. Je traduis ainsi le

censement dans les catalogues des bibliothèques européennes et
a publié en 1981 une liste de 73 témoins ([1]). La consultation
d'autres catalogues anciens, la parution de nouveaux catalogues et l'aide apportée par de nombreux conservateurs m'ont
permis d'enrichir le travail de Halford et d'aboutir aujourd'hui
au recensement de 107 manuscrits, dont 105 conservent la
forme traditionnelle de la *Vie latine*, seule connue jusqu'à ces
dernières années.

Il ne fait aucun doute que ces 105 témoins ont une origine
commune, que manifeste la parenté non seulement de leur
structure ([2]), mais aussi d'une proportion importante de leur
texte. La comparaison entre les diverses rédactions fait certes
apparaître des manques ou des ajouts, mais ceux-ci se limitent
à un petit nombre de propositions ou à des différences textuelles mineures. Le fait que ces différences textuelles soient le
patrimoine commun de plusieurs manuscrits conduit à distinguer des groupes et à reconnaître à l'origine de chacun de
ces groupes un texte fondateur, qui n'est sans doute pas le résultat d'une défaillance dans la transmission du texte, mais
bien d'une correction volontaire apportée à une forme textuelle
antérieure. La collation des témoins permet de mesurer la fa-
cilité avec laquelle les rédacteurs, ou les copistes, corrigent ou
complètent leur modèle, mais sans qu'apparaissent toujours
clairement les motifs de ces modifications.

---

titre italien donné à ce récit par A. Mussafia dans l'étude citée ci-dessus,
p. 22, note 1 ; Meyer l'intitule *Die Geschichte des Kreuzholzes vor Christus* dans
son étude des *Abhandlungen der philosophisch-philologischen Classe der
königlichen bayerischen Akademie der Wissenschaften*, 16, 2, Munich 1882,
p. 103-166.

(1) E. B. HALFORD, « The Apocryphal *Vita Adae et Evae*. Some Comments
on the Manuscript Tradition », *Neuphilologische Mitteilungen* 82 (1981),
p. 417-427. Sa liste a été reprise par STONE, *History*, p. 25-30. Je tiens ici à
remercier E. B. Halford et à dire combien mon travail doit à sa propre
recherche, non seulement parce que son inventaire a servi de base au mien,
mais aussi parce que son existence même m'a beaucoup encouragé à poursuivre l'enquête.

(2) Exception faite de la rédaction éditée dans les incunables, dont la
structure s'écarte nettement de celle des autres rédactions (voir plus loin
p. 235-236).

But et organisation de la présente édition

Le but premier de notre édition est de présenter une vue d'ensemble de la tradition manuscrite de la *Vita Adae et Evae*, et non pas d'en reconstituer le texte originel. Notre projet est surtout de décrire avec toute la clarté possible les différentes formes que la *Vita Adae et Evae* a revêtues au cours du temps et de fournir ainsi un instrument de travail à ceux qui voudront étudier l'histoire du texte et son influence tout au long du Moyen Age.

Le but ainsi défini détermine à la fois le contenu et les limites de notre travail. Nous nous sommes d'abord attaché à relever de façon exhaustive les variantes attestées dans les différents témoins. Certains estimeront que cet objectif d'exhaustivité est hors de portée, car il concerne un ouvrage dont la transmission s'apparente d'assez près à celle des textes hagiographiques, caractérisés par ce qu'on appelle leur fluidité [1]. Mais l'édition séparée de certains secteurs de la tradition a montré qu'un tel objectif était réalisable [2], à condition de mettre préalablement en ordre les différentes familles de manuscrits.

La préparation de l'édition de deux de ces familles, dont la multiplicité des variantes rend déjà les apparats presque obèses, a apporté la preuve qu'il était impossible de publier un apparat critique unique réunissant les variantes de tous les

---

(1) Sur la notion de fluidité dans la transmission des textes, voir C. LEONARDI, éd., *La critica del testo mediolatino. Atti del Convegno (Firenze 6-8 dicembre 1990)* (*Biblioteca di medioevo latino* 5), Spoleto 1994, notamment les études de G. ORLANDI, « Pluralità di redazioni e testo critico », p. 79-115; P. G. SCHMIDT, « Zur Überlieferung mittellateinischer Dichtung », p. 215-224, spécialement p. 218; et M. LAPIDGE, « Editing Hagiography », p. 239-258, spécialement p. 242.

(2) J.-P. PETTORELLI, « La Vie latine d'Adam et Ève », *ALMA* 56 (1998), p. 18-67 (Première partie: La rédaction d'Allemagne du Sud) et p. 68-104 (Deuxième partie: Une rédaction inconnue de la *Vita Adae et Evae* originaire de l'Italie du Nord); ID., « Vie latine d'Adam et Ève. La recension de Paris, BnF, lat. 3832 », *ALMA* 57 (1999), p. 5-52; ID., « Vie latine d'Adam et Ève. Familles rhénanes (Première partie) », *ALMA* 59 (2001), p. 5-73; ID., « Vie latine d'Adam et Ève. Familles rhénanes (Deuxième partie) », *ALMA* 60 (2002), p. 171-233.

témoins de lat-V. En conséquence, nous avons adopté une démarche de travail en trois temps. D'abord, la collation systématique de l'ensemble des manuscrits recensés, grâce à l'informatique, a permis de regrouper progressivement dans un tableau, par une approche synoptique, tous les témoins d'une même famille et, à l'intérieur de chacun de ces tableaux, de rapprocher les témoins plus étroitement apparentés par des variantes communes. Nous avons ainsi défini des familles et des groupes de manuscrits à l'intérieur de chaque famille ([1]). Dans un deuxième temps, nous avons établi un texte critique des différentes familles — ou rédactions — et nous avons constitué pour chacune d'elles un apparat. Enfin, à partir de ces éditions partielles, nous avons pris le risque de proposer une édition du texte de lat-V, qui permette de comparer entre elles les diverses rédactions, en signalant dans un apparat les variantes présentées par chacune.

L'intention qui a présidé à la réalisation de cet ouvrage en définit aussi les limites. Le lecteur restera peut-être sur sa faim, car il ne trouvera pas ici deux types de développements qui font la richesse de certains autres volumes de la *Series apocryphorum*.

D'une part, nous n'offrons pas ici une étude systématique et approfondie des relations entre la tradition latine de la *Vie d'Adam et Ève* et les autres traditions linguistiques. Dans les notes qui accompagnent l'édition synoptique des deux recensions latines, nous nous appuyons certes sur ces autres traditions, mais seulement dans les cas où leur prise en considération permet d'éclairer les variantes du latin et parfois de choisir une leçon que son isolement ou son caractère singulier risquait d'exclure de l'édition ([2]). Entreprendre une analyse des rapports entre les différentes traditions supposerait un travail collectif de grande ampleur. Il nous a semblé préférable, dans un premier temps, de nous limiter à une présentation complète de la tradition manuscrite latine qui, malgré le rôle qu'elle a

---

(1) J.-P. Pettorelli, « La *Vie latine d'Adam et Ève*. Analyse de la tradition manuscrite », *Apocrypha* 10 (1999), p. 195-296.

(2) L'exemple le plus caractéristique est la prise en compte du mot *ira* dans l'édition de lat-P en 3,2b, dont *Ma* est le seul témoin latin.

joué dans la culture occidentale, était restée jusqu'ici la forme la moins étudiée de l'apocryphe.

D'autre part, nous ne donnons pas non plus un commentaire suivi des textes qui sont ici édités. Analyser le contenu du texte, rechercher l'origine de ses traditions, essayer d'en éclairer la signification pour les lecteurs médiévaux au cours des nombreux siècles où il a été copié, déterminer les motifs idéologiques des variantes sont autant de tâches qui demandent encore un travail de longue haleine. Vouloir incorporer dans ce volume les analyses exigées par ces deux types d'étude risquait de reporter l'édition du texte à une date indéterminée (¹). Les responsables de la *Series apocryphorum* ont admis que la mise à disposition de l'ensemble de la tradition manuscrite de la *Vita Adae et Evae* justifiait pleinement une édition ainsi limitée.

Plan de l'ouvrage

Le plan de l'ouvrage que nous publions découle des choix qui viennent d'être mentionnés. Il est divisé en trois parties.

La *première partie* présente la tradition manuscrite latine de la *Vie d'Adam et Ève*. Elle contient d'abord un inventaire et une description de l'ensemble des témoins, manuscrits et incunables, classés par familles et par groupes à l'intérieur d'une même famille. Elle expose ensuite les critères qui ont présidé au classement des témoins: chaque famille, ou rédaction, fait l'objet d'une introduction, présentant les caractéristiques qui la distinguent des autres et les variantes internes qui permettent d'identifier des groupes de manuscrits.

La *seconde partie* contient l'édition et la traduction des deux recensions latines de la *Vie d'Adam et Ève*, latin-P et latin-V.

(1) Recension du manuscrit de Paris *lat. 3832* (lat-P): édition du texte latin établi à partir des manuscrits *Pr* et *Ma* et des chapitres 1 à 12 de la famille anglaise (E), accompagné d'un apparat critique, et traduction française avec des notes qui expliquent les raisons de certains choix textuels.

---

(1) L'exemple de Marcel Nagel lui-même, auquel la vie n'a pas permis d'achever l'édition critique de la *Vie grecque* à laquelle tendaient tous ses efforts, a beaucoup pesé dans cette décision.

(2) Recension traditionnelle ou vulgate (lat-V): édition du texte latin établi à partir de l'édition des différentes rédactions de lat-V et traduction française, avec des notes qui expliquent ([1]) le texte retenu. L'apparat critique qui accompagne l'édition relève les leçons de huit textes différents (A, R1, R2, E, B, T1, T2 et Inc), qui renvoient aux diverses rédactions éditées dans la troisième partie. Cet apparat, plus facile à maîtriser, devrait rendre service au lecteur qui, sans vouloir mener une recherche spécifiquement centrée sur la *Vie latine*, souhaite se faire une idée de l'évolution du texte pendant les six siècles où il a été transmis sans discontinuer (x^e-xve) et identifier les sources des écrits vernaculaires et populaires qui en dépendent ([2]).

La présentation synoptique des deux recensions latines doit permettre au lecteur de remarquer aisément leurs correspondances et les singularités de chacune d'elles. Cette présentation est accompagnée de notes qui cherchent à éclairer le texte des deux formes latines en les rapprochant des recensions grecque, arménienne et géorgienne d'une part, et des traditions conservées dans la littérature juive, intertestamentaire et midrashique, et la littérature patristique d'autre part. Ces notes, relevées en cours de recherche, ne prétendent pas à l'exhaustivité, mais elles pourront aider à lire les textes édités. Chacun pourra les compléter au gré de ses propres lectures.

Cette annotation permettra aussi de prendre conscience de l'origine juive de nombreuses traditions reprises dans le texte apocryphe; elle ne prétend pas cependant trancher la question de savoir si le rédacteur initial de la *Vie d'Adam et Ève* était juif ou chrétien — question aujourd'hui débattue, qui ne pourra recevoir de réponse que grâce à de nouvelles études.

---

(1) Le verbe *expliquer* convient mieux que le verbe *justifier*. Pour lat-V comme pour lat-P, notre but est en effet de parvenir aussi près que possible du texte initial, en étant conscient de la part d'hypothèse que comporte cette démarche. Il est donc préférable d'exposer les raisons qui *expliquent* tel ou tel choix textuel, sans prétendre retrouver ainsi le texte premier.

(2) Sur la réception de la rédaction d'Allemagne du Sud (A), dans la littérature vernaculaire, voir en particulier le ch. 2 (« What Adam and Eve did Next ») de l'étude de B. MURDOCH, *The Medieval Popular Bible. Expansions of Genesis in the Middle Ages*, Oxford 2003.

La *troisième partie* contient l'édition des différentes familles de lat-V, à savoir dans l'ordre, les rédactions rhénanes (R1 et R2), d'Allemagne du Sud (A), anglaise (E), de Bohême (B), tardives (T1 et T2) et celle des incunables (Inc). Chacune de ces éditions est accompagnée d'un apparat critique signalant les variantes présentes dans les multiples témoins.

Enfin, les éditeurs ont souhaité enrichir cette édition d'une synopse qui met en regard le texte des cinq recensions principales de la *Vie d'Adam et Ève*, les deux recensions latines, lat-V et lat-P, la recension grecque et les deux recensions proche-orientales, arménienne et géorgienne. Cette synopse comprend six colonnes: latin-V, latin-P, grec, traductions françaises du grec, de l'arménien et du géorgien. Elle permettra au lecteur de les comparer les unes aux autres et de commencer l'étude critique qui, dans une étape ultérieure, devra s'efforcer de retracer leur filiation et leur histoire commune. Par rapport à la synopse publiée par G. A. Anderson et M. Stone, qui donne chaque recension en langue originale et en traduction anglaise, elle comprend en plus le texte de lat-P, mais laisse de côté la version slave ([1]).

---

(1) Cf. ANDERSON–STONE, *Synopsis*. 6 On trouvera plus bas, p. 743-760, une présentation détaillée de la nouvelle synopse et de ses caractéristiques par rapport à celle de G. A. Anderson et M. E. Stone.

LES DEUX RECENSIONS LATINES DE LA
VITA ADAE ET EVAE ET LEUR
TRADITION MANUSCRITE

INTRODUCTION

Indices de l'existence en Occident d'une recension autre que la *Vie latine* traditionnelle

Dans sa thèse sur la *Vie grecque d'Adam et Ève*, M. Nagel consacrait un long chapitre à l'étude de ce qu'il appelle « la recension représentée par les versions latine et géorgienne » de la *Vie d'Adam* (¹). Il y analysait avec une grande rigueur le parallélisme entre la version latine commune et la version géorgienne publiée en 1964 par C'. K'urc'ikidze (²). Cette analyse le conduisait à la conclusion suivante : « ce n'est pas que la version géorgienne a juxtaposé tardivement un texte emprunté à un modèle ayant appartenu à la famille de la *Vie latine* et d'autre part un texte qui aurait appartenu à la *Vie grecque*, mais c'est qu'initialement la recension avait en gros les traits de la *Vie géorgienne* et que la *Vie latine* en transmet un état ultérieur et remanié » (³).

Sans exclure que la *Vie latine* que nous connaissons ait trouvé sa source dans un texte grec déjà remanié, il n'était pas interdit d'espérer découvrir un témoin de la traduction latine de « la recension » antérieure au remaniement. Nous avions

---

(1) NAGEL, 1, p. 113-211 (chapitre IV), avec les notes correspondantes, 2, p. 155-222. On renverra plus particulièrement aux analyses des pages 124-132, 142-145, 160-64, 180-188 du tome 1.

(2) La référence à cette édition est donnée *supra*, p. 9, note 2.

(3) NAGEL, 1, p. 133. Dans son chapitre IV, Nagel désigne par l'expression « la recension » le texte grec à l'origine des formes géorgienne et latine de la *Vie d'Adam et Ève*. Nous savons aujourd'hui que ce texte grec est aussi la source de la version arménienne qui a été éditée en 1981 par M. Stone — et que Nagel ne connaissait donc pas. Dans la suite de cet exposé, je désignerai cette source grecque commune à l'arménien, au géorgien et au latin par l'expression « la recension », ce qui n'implique nullement qu'elle soit secondaire par rapport à la *Vie grecque* qui nous est parvenue.

d'ailleurs deux indices de l'existence d'un tel texte latin: les traces laissées dans les « propositions additionnelles » de la rédaction anglaise éditée par Mozley et la transcription lyrique qui en est conservée dans le *Saltair Na Rann* irlandais.

Les « propositions additionnelles » conservées dans la rédaction anglaise

J. H. Mozley a édité la *Vita Adae* à partir d'un groupe de manuscrits anglais et a constaté que tous ces témoins contenaient des phrases additionnelles, ignorées des autres témoins connus de la *Vie latine* ([1]). Or la plupart de ces « additions », présentes dans les 12 premiers paragraphes de la rédaction anglaise (E), trouvent une correspondance en arménien et en géorgien ([2]) et remontent donc manifestement à une source grecque.

Un bon exemple est fourni par le dialogue entre les protoplastes du ch. 3,2. Devant l'absence d'une nourriture digne d'eux, Ève supplie Adam de la faire mourir. Voici ce que dit le texte courant de la *Vie latine* (lat-V):

> 3,2   Et dixit Eua ad Adam: Domine mi, putasne moriemur fame? Vtinam ego morerer! forte introduceret te deus denuo in paradisum quia propter me iratus est tibi deus. Vis interficere me ut moriar? et forte introducet te dominus in paradisum quoniam causa mei expulsus es inde.

Ce texte donne l'impression d'un doublon: les deux souhaits d'Ève semblent répéter une même idée, sous deux formes à peine différentes (« Ah, si seulement j'étais morte! » et « Veux-tu me tuer pour que je meure? »). La rédaction anglaise (E)

---

(1) MOZLEY, p. 122-123 (« additional phrases, found ... in all MSS of this class »).

(2) Pour une analyse détaillée des relations entre les « propositions additionnelles » identifiées par Mozley et les versions proche-orientales, voir PETTORELLI, *ALMA* 1998, p. 78-93 (analyse suscitée alors par la découverte du manuscrit de Milan, *Ma*). C'est seulement en référence au vocabulaire de Mozley que ces propositions peuvent être dites « additionnelles »; leur attestation dans geo et arm montrent à l'évidence qu'elles appartenaient à la source grecque commune à lat-P et aux versions proche-orientales.

donne un texte plus long, qui introduit une réplique d'Adam entre les deux suppliques d'Ève et qui développe la deuxième ([1]):

> Dixit iterum Eua ad Adam: Domine mi, moriar fame. Vtinam ego moriar et forte interficerer a te, quia propter me iratus est tibi dominus deus. *Et dixit Adam: Magna est in caelo et in terra creatura eius. Aut propter te aut propter me nescio.* Et iterum dixit Eua ad Adam: Domine mi, interfice me ut moriar *et tollar a facie domini dei et a conspectu angelorum eius, ut obliviscatur irasci tibi dominus deus.* Ita forte ut introducat te in paradisum, quoniam causa mei expulsus es ab eo.

Or ces deux « propositions additionnelles » sont attestées à la fois par arm-geo et par les deux autres témoins de lat-P (*Pr* et *Ma*). La première (3,2b) apparaît sous les formes suivantes:

> arm   Adam dit: « Une grande colère est venue sur nous; je ne sais pas si c'est à cause de toi ou à cause de moi. »
>
> geo   Adam répondit à Ève et lui dit: « A cause de nous une grande colère est sur toutes les créatures. Je ne sais pas ceci: est-ce à cause de moi ou à cause de toi? »
>
> *Pr*   Et dixit Adam: Magna est in caelo et in terra creatura eius. Verum propter te an propter me hoc nescio factum est.
>
> *Ma*   Dixit Adam Eue: Mangna est ira in celo et in omne creatura propter nos.

Le parallèle est patent. Qui plus est, il permet de corriger le texte de la rédaction anglaise E et de *Pr*, qui a perdu l'idée importante de la colère de Dieu, attestée par *Ma* et arm-geo.

La seconde phrase supplémentaire (3,2c) est attestée par les mêmes témoins, ainsi que par le texte grec II, sous une forme très proche de E:

> arm   Ève lui dit: « Si tu veux, tue-moi, pour que la colère et le courroux [C: la colère de Dieu] s'apaisent devant toi − car cela est venu à cause de moi. »
>
> geo   Ève répondit à Adam: « Mon seigneur, si tu veux, tue-moi, pour que je sois retranchée de la face de

---

(1) Les deux propositions absentes du texte courant de lat-V sont mises en caractères italiques.

Dieu et de ses anges, afin que cesse la colère de Dieu contre toi, puisqu'elle est à cause de moi. »

Pr   Dixit autem Eua ad Adam: Domine meus uis interficere me ut moriar, et tollas me a facie domini dei et a conspectu angelorum eius, ut obliuiscatur irasci tibi dominus deus.

Ma   Et dixit Eua: Domine Adam interfice me ut moriar et tollar affacie domini mei et a spectu angelorum eius et obliuiscatur mei. Irascitur enim deus tibi pro me.

grec II   Prenant la parole, je dis à Adam: « Lève-toi, seigneur, et fais-moi périr afin que je repose loin de ta face, loin de la face de Dieu et loin des anges, afin qu'ils cessent d'être irrités contre toi à cause de moi. »

En terre latine, E, *Ma* et *Pr* sont les seuls témoins à avoir conservé l'idée que la première femme a souhaité disparaître loin de la face de Dieu. On notera aussi que le motif de l'oubli, commun aux trois témoins latins, n'est présent ni dans arm-geo ni dans grec II.

La synopse des cinq recensions principales de la *Vie d'Adam et Ève* permettra de vérifier que la plupart des « propositions additionnelles » recensées par Mozley sont transmises par lat-P et par les deux recensions proche-orientales.

La source du Saltair Na Rann

L'existence en Occident d'une traduction latine de la forme de la *Vie* que Nagel a appelée « la recension » était aussi confirmée par le témoignage du *Saltair Na Rann*. Ce poème gaélique, rédigé au plus tard au milieu du xe siècle ([1]), présente une histoire du monde, pour laquelle l'auteur utilise notamment la *Vie d'Adam et Ève*. Dès 1885, R. Thurneysen avait remarqué que la forme donnée à la vie des protoplastes dans le poème ne pouvait se comprendre sans supposer l'existence d'un

---

(1) Cf. D. GREENE – F. KELLY, *The Irish Adam and Eve Story from Saltair Na Rann, I. Text and Translation*, Dublin 1976; B. MURDOCH, *The Irish Adam and Eve Story from Saltair Na Rann, II. Commentary*, Dublin 1976. R. Thurneysen (art. cité à la note suivante, p. 98-99) datait le *Saltair Na Rann* de 988, hypothèse admise par les éditeurs de *The Irish Adam and Eve Story*, vol. 1, p. 7.

texte latin qui combinait des éléments de la *Vita Adae et Evae* et des éléments de l'*Apocalypse de Moïse* — nom sous lequel on désignait alors la recension grecque de la *Vie d'Adam et Ève* (¹). Il exposait ainsi sa découverte: « Le Psautier [Saltair] suit la *Vita* [*Vie latine*] dans le récit de la pénitence d'Adam et Ève. Mais à partir du moment où commence le récit de l'*Apocalypse* [*Vie grecque*], il s'y rattache étroitement; c'est ainsi que Gabriel annonce la naissance de Seth — mais dans ce cas *avant* la mort d'Abel — et que le récit de la mort d'Adam suit aussi de très près la version de l'*Apocalypse*. L'auteur n'a pas eu sous les yeux le texte de l'*Apocalypse* en grec ou dans une traduction irlandaise, mais en latin. C'est ce qui ressort clairement de certains mots latins qui ont été repris tels quels: *in tertio caelo* (v. 2205) et *ornamentum* (v. 2218). Il existait donc à l'époque en Irlande un texte latin qui unissait en lui les composantes de la *Vita* et celles de l'*Apocalypse*. Pourtant, ni Tischendorf ni Meyer ne parlent de remaniements latins de l'*Apocalypse* (²). »

---

(1) Cf. R. THURNEYSEN, « Review of *Saltair Na Rann*, ed. W. Stokes », *Revue celtique* 6 (1883-1885), p. 96-109 et 371-373.

(2) « Der Psalter folgt der *Vita* [= *Vie latine*] im Berichte von Adam und Eva's Busse. Aber von dem Punkte an, wo die Erzählung der Apocalypse [= *Vie grecque*] einsetzt, schliesst er sich eng an diese an; so verkündet Gabriel die Geburt Seth's — freilich hier *vor* dem Tode Abels — und auch Adams Tod liegt der Fassung der Apocalypse sehr nahe. Die Apocalypse hat nicht im griechischen Text oder in irischer Übersetzung dem Verfasser vorgelegen, sondern lateinisch. Diess geht deutlich aus einigen unverändert aufgenommenen lateinischen Wörtern hervor: *in tertio caelo* V. 2205 (ἕως τρίτου οὐρανοῦ, Apoc. p. 20, 37) und *ornamentum* V. 2218. Es gab also damals in Irland einen lateinischen Text, welcher die Bestandtheile der *Vita* und der Apocalypse in sich vereinigte. Von lateinischen Bearbeitungen der Apocalypse sprechen jedoch weder Tischendorf noch Meyer » (*art. cit.*, p. 104). On notera le parallélisme de cette analyse avec celle de M. Nagel citée plus haut. Cf. aussi B. MURDOCH, *The Irish Adam and Eve Story from Saltair Na Rann, II. Commentary*, Dublin 1976, p. 32-34: « The source of the SR Fall narrative », concernant la présence dans *Saltair Na Rann* de plusieurs passages de la *Vie d'Adam et Ève* dans une forme proche de la *Vie grecque* et absents sous cette forme de lat-V. B. Murdoch ne connaît pas encore la thèse de Nagel, ni l'édition de la recension géorgienne, qui a révélé pour la première fois une forme de la *Vie d'Adam et Ève* qui donne l'impression d'être une « synthèse » de la *Vita* traditionnelle et de l'*Apocalypse*.

Ces observations suggéraient la présence en Occident, en traduction latine plutôt qu'en langue originale, d'une recension de la *Vie d'Adam et Ève* de structure parallèle à celle des recensions proche-orientales. Grâce à la découverte de *Pr* et de *Ma*, nous connaissons désormais deux témoins de cette recension latine, à laquelle nous avons assigné le sigle lat-P. Ces deux témoins viennent s'ajouter aux « propositions additionnelles » de la rédaction anglaise E dans ses 12 premiers chapitres.

Dans les pages qui suivent, nous étudierons successivement l'apport de lat-P d'abord à la connaissance de la *Vie latine*, puis à la connaissance de la *Vie grecque*.

Les rapports entre lat–P et la recension latine traditionnelle (lat–V)

Notre analyse se fera en deux temps. Un premier moment portera sur la parenté qui unit lat-P et lat-V. Il fera ressortir la profonde ressemblance des deux recensions, dans leur structure et leur vocabulaire. Il montrera aussi que lat-P permet de mieux comprendre certains passages de lat-V, qu'il complète heureusement. Nous verrons que cet apport de lat-P à la compréhension de lat-V provient le plus souvent d'une forme textuelle que nous ne connaissions jusqu'ici que par les versions arménienne et géorgienne, et que ces dernières confirment et permettent parfois d'améliorer le texte de lat-P. Un deuxième moment aura pour objet les différences que présente lat-V par rapport à lat-P et cherchera à en expliquer l'origine.

La parenté entre lat–P et lat–V

Ressemblance de structure syntaxique et de vocabulaire

Le premier point à mettre en évidence est la ressemblance de structure et de vocabulaire entre lat-P et les rédactions latines connues jusqu'ici. La comparaison de lat-V avec les trois témoins de lat-P en 2,2 – 3,1 en donne un bon exemple :

lat-V	Pr	Ma	E
Dixit Eua ad Adam: Domine mi, esurio ualde.	*Tunc dixit Eua ad Adam: Domine mi esurio ualde.*	*Et dixit Eua ad Adam: Domine mi exurio ualde,*	*Dixit Eua ad Adam: Domine mi esurio ualde.*
Vade et quaere nobis quid manducemus,	*Quare non uadis et non queris nobis quid manducemus,*	*quere nobis quod manducemus,*	*Cur non uadis quaerere nobis quid manducemus,*
usque uideamus si forsitan respiciat et miserebitur nostri deus et reuocabit nos ad locum in quo eramus.	*quoadusque uideamus si forte miserebitur dominus deus nobis et reuocet nos in locum quo eramus.*	*quousque uideamus ne forte respicias [sic] et misereatur nostri deus et reuocet nos in locum quo eramus.*	*quousque uideamus si forte miserebitur nobis dominus deus et reuocet nos in loco ubi prius fueramus?*
Et surrexit Adam et perambulabat septem dies omnem terram illam et non inuenit escam qualem habebant in paradiso.	*Quo audito surrexit Adam, et per septem dies circuiuit omnem terram illam et non inuenit escam ullam qualem in paradiso habuerant.*	*Et surgens Adam per septem dies ambulabat per omnem terram illam et non inuenit escam qualem habebant in paradiso.*	*Et surrexit Adam post octo dies et perambulauit totam terram illam et non inuenit escam ullam qualem primitus habuerunt.*

Comme on le voit, les variantes qui distinguent le texte des trois témoins de lat-P et celui de lat-V sont très peu nombreuses (¹).

Variantes communes aux deux recensions latines et ignorées du grec et de arm-geo

On constate aussi que lat-P s'accorde avec lat-V pour transmettre des compléments ignorés des recensions grecque et proche-orientales. Ainsi au ch. 19, lat-P et lat-V placent dans le bouche d'Ève un *Miserere mei Domine* qui évoque le langage des Psaumes (²), mais qui est absent d'arm-geo.

Dans la deuxième partie de la *Vie*, c'est-à-dire dans les récits de la maladie d'Adam et de la recherche par Ève et Seth de l'huile du paradis, lat-P, qui n'est plus attesté ici que par *Pr*, se différencie souvent du grec et des rédactions orientales en s'accordant avec la recension latine commune.

---

(1) On notera cependant une particulière proximité de *Pr* avec E. Ces deux témoins sont les seuls à employer l'interrogatif *Cur* (ou *Quare*) *non uadis quaerere* au lieu de l'impératif *quaere* précédé de *uade* (ou *ualde*). Sur la parenté entre *Pr* et E, voir plus bas, p. 248-249.

(2) Cf. *Ps* 6,3 ; 9,14, 41,11 ; 86,3.

En 35,2, la prière d'Ève est dédoublée: elle supplie d'abord Dieu de faire passer en elle les douleurs de son mari, puis demande à Adam de lui donner la moitié de sa souffrance. Si le second élément est commun à toutes les recensions, il n'en va pas de même du premier, qui est ignoré de gr et arm-geo et n'est sans doute pas original.

En 37,1, lat-P et lat-V décrivent dans les mêmes termes la rencontre avec la bête: elle se lance à l'attaque et mord Seth (*impetus faciens ... momordit*). En revanche, la phrase *et filius pugnabat cum ea* de lat-P, absente de lat-V, est appuyée par les autres recensions.

En 40,1, lat-P et lat-V sont seuls à décrire en détail, et quasiment dans les mêmes termes, l'attitude de pénitence des protoplastes devant les portes du paradis: ils prennent de la poussière, la mettent sur leur tête et se prosternent face contre terre ([1]).

En 43,1, selon les deux recensions latines, Michel annonce qu'Adam a encore six jours à vivre, et non trois comme dans gr et arm-geo.

La proximité entre lat-P et lat-V trouve confirmation tout au long du texte qui leur est commun. Un tel degré de similitude permet d'exclure que ces deux recensions soient des traductions indépendantes d'une même source grecque, et encore moins de sources grecques distinctes. Une première conclusion s'impose donc: dans la partie qu'elles ont en commun, les deux recensions ont pour origine une seule et même traduction latine, qui a pu être corrigée, complétée ou progressivement altérée par chacune d'elles.

L'originalité de lat–V par rapport à lat–P

Les péricopes propres à lat–V

Le rattachement des deux recensions à un ancêtre commun explique leur parenté dans les sections du récit où elles sont étroitement parallèles. Mais cette conclusion ne doit pas

---

(1) *Tuleruntque puluerem et miserunt in capite suo et prosternauerunt se in facies suas* (lat-P); *tulerunt puluerem terrae et posuerunt super capita sua et prostrauerunt se in terram super faciem suam* (lat-V).

conduire à une lecture univoque de leurs rapports, au point de négliger les singularités de lat-V.

Il y a d'abord le cas des deux morceaux de la *Vie latine* traditionnelle qui n'ont de parallèle ni dans lat-P, ni dans les recensions grecque, arménienne et géorgienne: la vision d'Adam (lat-V 25-29) et l'histoire des tablettes (lat-V 49,1 − 50,2 et 52-54). On peut admettre sans difficulté que lat-V a incorporé ces épisodes à une forme du texte qui ne les connaissait pas. Mais la question de l'origine de ces traditions et du moment de leur insertion dans lat-V reste posée.

Les récits des funérailles des protoplastes

Le récit de la mort et des funérailles d'Adam et Ève dans la recension traditionnelle (lat-V 45-48 et 50,3 − 51,2) pose une question analogue, mais d'une autre portée. Ce récit est beaucoup plus concentré que celui de lat-P et des autres recensions. Sommes-nous en présence d'un résumé? Ou avons-nous affaire à deux traditions différentes? ([1]).

Nagel, dans la logique de son hypothèse selon laquelle la *Vie latine* a sa source dans ce qu'il appelle « la recension », a cherché à montrer que le récit latin de la mort d'Adam et d'Ève n'était qu'un « extrait fragmentaire », une « abréviation » du récit correspondant de la *Vie grecque* (ch. 31-43) ([2]). Sa thèse est généralement acceptée. Mais elle me semble difficile à soutenir. Les passages du récit de lat-V qui ont des parallèles dans celui de lat-P (et dont *Pr* est le seul témoin) sont trop peu nombreux pour qu'on puisse défendre l'idée que le premier est un résumé du deuxième. Alors que dans tous les exemples étudiés jusqu'ici, la parenté entre les recensions latines s'étend aux détails de la syntaxe et du vocabulaire, le récit des funérailles de lat-V ne manifeste pas une telle parenté avec celui de lat-P.

---

(1) Pour répondre à cette question, on se référera à la synopse des différentes recensions de la *Vie d'Adam et Ève* qui se trouve en fin de volume. Il nous a cependant paru nécessaire de regrouper ici les quelques rapprochements entre les deux traditions latines.

(2) Cf. NAGEL, 1, p. 142-148, avec les notes correspondantes, 2, p. 170-173.

La seule partie du récit où lat-V et lat-P sont vraiment parallèles est celle qui a pour objet la miséricorde octroyée à Adam, puis l'embaumement et l'enterrement d'Adam et Abel.

Miséricorde octroyée à Adam

lat-P 67 (37),1-2	lat-V 47,1
Sed angelus magnus tuba cecinit, et surrexerunt omnes angeli clamaueruntque uoce terribili dicentes:	*Et ecce omnes angeli canentes tubis dixerunt:*
Benedicimus te, omnium dominator domine deus, quoniam misertus es plasmati tuae.	*Benedictus es, domine deus, pro plasmate tuo, quia misertus es ei.*

Après cette introduction, lat-P est seul à décrire le baptême d'Adam dans le lac de l'Achéron. Puis les deux recensions s'accordent pour décrire le geste de Dieu qui étend la main pour remettre Adam à Michel :

lat-P 67 (37),4-5	lat-V 47,2-3a
Extendit ergo dominus deus manum suam sedens super thronum claritatis eius,	*Tunc uidit Seth manum domini extensam*
et eleuans Adam tradidit eum Michaeli archangelo dicens:	*tenentem Adam et tradidit Michaeli dicens:*
Pone eum in paradiso in tertio caelo usque in diem dispensationis, qui dicitur oeconomia,	*Sit in custodia tua usque in diem dispensationis in suppliciis,*
quando faciam omnibus misericordiam per dilectissimum filium meum.	*usque ad annos nouissimos...*

Mais cette scène se conclut de façon différente dans les deux textes latins :

lat-P 67 (37),5-6	lat-V 47,3a-b
quando faciam omnibus misericordiam per dilectissimum filium meum.	*usque ad annos nouissimos*
Tunc angeli omnes hymnum dixerunt laudesque mirabiles in remissionibus Adae cecinerunt.	*in quibus conuertam luctum eius in gaudium. Tunc sedebit in throno illius qui eum supplantauit.*

On notera que la promesse qui conclut lat-V 47,3 (« quand je changerai son affliction en joie. Alors il siégera sur le trône de celui qui l'a fait tomber ») se trouve aussi à la fin du récit de la deuxième liturgie des funérailles en grec (39,2) et en arm-geo (69,2).

Embaumement et enterrement d'Adam et Abel

A cette scène de la miséricorde octroyée à Adam succède dans les deux recensions la scène de l'embaumement et de l'enterrement d'Adam et Abel. Réduite à sa plus simple expression dans lat-V, la scène est malheureusement interrompue dans l'unique témoin conservé de lat-P, mais elle devait se poursuivre à l'origine comme le texte commun au grec (40,5 – 42,2) et à arm-geo (70,5 – 72,2)

lat-P 70 (40),1-4	lat-V 48,1
Ait autem dominus ad Michaelem archangelum in paradiso:	*Et dixit iterum dominus ad Michaelem et Vrielem angelos:*
Affer mihi tres sindones mirificos et fortissimos, expandensque sindones inuolue corpus Adae, eum perfondens de olei misericordiae odoramento. Quibus uero factis ait dominus ad archangelum:	*Afferte mihi tres sindones bissinas et expandite super corpus Adae,*
Afferte corpus Abel filii eius aliasque tres sindones ei praeparate,	*et aliis sindonibus uestite filium eius Abel,*
quoniam in sepulcro erit, ex quo exilibit corpus eius de terra.	*et sepelite Adam et filium eius.*

Passages du récit de grec-arm-geo qui ont des parallèles dans lat-V, mais qui manquent dans lat-P

A côté de ces passages communs aux deux recensions, on en retiendra deux autres où le récit de lat-V peut être mis en parallèle avec le grec et arm-geo, mais qui sont absents de lat-P (*Pr*). Ils ont donc pu appartenir à la forme originale de la traduction latine, sans doute écourtée dans *Pr*.

(a) Le premier passage se situe au début du récit de la mort d'Adam:

grec 34,1-2 (cf. geo 64,1-2)	lat-V 46,1-2
Et je vis encore, moi Ève, deux grands et terribles mystères qui se tenaient devant Dieu;	*Vnde obscuratus est sol et luna et stellae per dies septem. Et cum esset Seth amplectens corpus patris sui lugens super eum, et Eua cum esset respiciens super terram, intextans manus super caput et caput super genua ponens, et omnes filii eius flerent amarissimas lacrimas,*
et je pleurai de crainte et je criai vers mon fils Seth en disant:	*ecce Michael archangelus apparuit stans ad caput Adae et dixit ad Seth:*
Lève-toi, Seth, du corps de ton père, viens vers moi, et vois ce que jamais l'oeil de personne n'a vu, et comment ils prient pour ton père Adam.	*Exurge a corpore patris tui et ueni ad me, ut uideas patrem tuum, quid disposuit pro eo dominus deus, pro plasmate suo, quia misertus est eius.*

Il est important de noter que l'invitation adressée à Seth de se relever du corps de son père est attribuée à Ève dans le grec (et le géorgien), et à Michel dans lat-V. On pourrait être tenté de préférer la forme latine, car l'archange Michel est d'abord l'interlocuteur des protoplastes et de Seth. Mais il faut tenir compte du contexte assez différent des deux récits.

(b) Le deuxième passage parallèle porte sur la consigne finale donnée par Michel : il ne faut pas pleurer les morts plus de six jours parce que le septième est celui de la joie ou du repos :

grec 43,2-3 (cf. arm-geo 73,2-3)	lat-V 48,3b + 51,1-2
Après cela, Michel parla à Seth et dit : De cette manière, donne les soins funéraires à tout homme qui meurt, jusqu'au jour de la résurrection. Après lui avoir donné cette loi, il lui dit :	*Et dixerunt ad eos Michael et Vriel : Sicut uidistis, similiter sepelite mortuos uestros. [...]*
Au-delà de six jours, ne gardez pas le deuil, mais le septième jour mets-y fin et réjouis-toi parce qu'en ce jour-là Dieu et nous les anges nous nous réjouissons avec l'âme juste qui a émigré de la terre.	*Et cum essent lugentes [filii Euae] quattuor dies, apparuit eis Michael archangelus Seth dicens : Homo dei, non amplius quam sex dies lugeatis mortuos uestros, quia septimus dies signum resurrectionis est et futuri saeculi requies, et in die septimo requieuit dominus ab omnibus operibus suis.*

Si le récit des funérailles de lat-V possède certains éléments en commun avec celui de lat-P, il présente cependant une structure très différente (¹) :

– l'introduction du récit de la mort d'Adam en lat-V 45 n'a aucune relation reconnaissable avec celle de lat-P 61 (31),1 ;

– il n'y a dans lat-V aucune correspondance avec des éléments importants du récit conservé par lat-P (61,2 – 63,5 ; 67,3), ni avec d'autres que lat-P ne transmet pas mais qui se trouvent dans le grec (gr 35-36 ; 38,1 – 39,1 ; 39,3 ; 40,4 – 40,7 et 41,1 – 42,2) et ses parallèles en arménien et en géorgien ;

– le récit de la mort d'Ève de lat-V (49-50) et celui du grec (gr 42,3 – 43,1 et ses parallèles en arm-geo) que lat-P ne transmet pas non plus, sont indépendants l'un de l'autre.

---

(1) La manière dont ANDERSON–STONE (*Synopsis*, p. 78-94) mettent en regard dans les péricopes 30-35 lat-V et les autres textes empêche de percevoir clairement l'indépendance du premier par rapport aux seconds.

On pourrait supposer que les deux récits des funérailles remontent à un même « hyparchétype », qui aurait contenu à la fois le texte initial de lat-P, correspondant probablement à gr 31-43, et celui de lat-V 45-48; mais cette hypothèse reste sans fondement dans la tradition manuscrite. Il vaut mieux se contenter d'admettre l'existence de deux récits distincts.

Hypothèses possibles pour expliquer les rapports entre les deux recensions

Au terme de cette revue des ressemblances et des différences entre les deux recensions latines, la question de leur place respective dans l'histoire du texte de la *Vie d'Adam et Ève* reste posée. Nous sommes déjà parvenu à une première conclusion: la parenté de structure et de vocabulaire de lat-P et de lat-V ne peut s'expliquer qu'en admettant que les deux textes dépendent d'une même traduction latine dans les récits qu'ils ont en commun. Ces récits communs comprennent les chapitres 1-24, où les recensions latines vont de pair avec l'arménien et le géorgien, et les chapitres 30-44, où ces quatre recensions sont rejointes par la *Vie grecque*. Mais qu'en est-il de l'origine des parties qui sont propres à lat-V, entièrement inconnues des autres recensions (vision d'Adam et histoire des tablettes) ou conservées sous une forme très différente (récit des funérailles) ([1])?

Deux hypothèses s'offrent à nous. (1) Les parties propres à lat-V résultent d'un développement secondaire et lat-P est le meilleur témoin de la forme première de la *Vie latine*. (2) Les parties propres à lat-V appartiennent à la forme initiale de la *Vie latine* et lat-P est apparu après coup en Occident, alors que la recension traditionnelle existait déjà, et résulte de l'influence d'un modèle grec différent.

La première hypothèse est la plus séduisante et peut faire valoir de bons arguments. Elle s'inscrit dans le prolongement de l'analyse de Nagel, qui concluait à l'existence d'une recension,

---

(1) On ne peut exclure que des découvertes ultérieures nous fassent connaître la forme grecque de ces traditions aujourd'hui connues de la seule *Vie latine* traditionnelle. M. Nagel a cherché à en montrer l'origine grecque; cf. NAGEL, 1, p. 203-211 et les notes correspondantes, 2, p. 217-222.

représentée dans sa forme initiale par le géorgien, dont la *Vie latine* traditionnelle était un état « ultérieur et remanié ». Cette « recension » est maintenant attestée non seulement par le géorgien, mais aussi par l'arménien, ainsi que par lat-P, qui en conserve une forme latine antérieure au remaniement. L'hypothèse de la priorité de lat-P par rapport à lat-V est confirmée par la présence dans cette recension du récit fait par Ève du premier péché, qui figure dans toutes les autres versions de la *Vie d'Adam et Ève*. En effet, la suppression de ce récit dans une rédaction ultérieure paraît plus probable que son insertion dans un texte qui l'ignorait. Nagel a d'ailleurs mis en évidence les indices de sa présence dans la forme latine initiale ([1]). Dans cette première hypothèse, il va de soi que les deux péricopes de la vision d'Adam et de l'histoire des tablettes ont été ajoutées secondairement dans lat-V.

Cette hypothèse se heurte cependant à ce que je crois être l'impossibilité de faire dépendre le récit des funérailles des protoplastes de lat-V de celui de lat-P. Cela amène à énoncer une deuxième hypothèse, qui maintient la priorité de la recension latine traditionnelle par rapport à lat-P.

(a) Un récit grec de même structure que la source des traductions arménienne et géorgienne, mais qui ne transmettait qu'un bref récit de la mort d'Adam et était enrichi de quelques traditions complémentaires — la vision d'Adam et l'histoire des tablettes — a été traduit en Occident autour du viie siècle. Au cours de sa transmission, à partir de la Grande-Bretagne, cette première version latine s'est simplifiée et a notamment été amputée du récit du premier péché, qui paraissait faire double emploi avec le récit de Gen. 3.

(b) Un récit grec de structure analogue est parvenu plus tard en Occident et a permis de réviser et de compléter la première version latine. Les lecteurs de ce nouveau texte ont reconnu sa meilleure qualité par rapport à la recension qu'ils connaissaient — il avait conservé le texte originel des parties qu'il avait en commun avec le texte traditionnel et permettait

---

(1) Cf. Nagel, 1, p. 148-149. Le fait que lat-V ait conservé exactement la phrase qui précède le récit de la première tentation dans lat-P (*Eua cepit lacrimare et ingemiscere*) indique que ce récit faisait partie de la forme initiale du latin.

de retrouver le récit perdu de la première tentation —; ils ont apprécié un récit de la mort et des funérailles des deux protoplastes plus riche que le récit traditionnel et n'ont pas regretté l'absence des traditions complémentaires transmises par celui-ci. Ils l'ont alors traduit en latin, en tenant compte de la version traditionnelle. Mais cette nouvelle traduction n'a jamais réussi à remplacer le texte traditionnel et elle est restée marginale.

Latin-P comme témoin de la source grecque des versions arménienne et géorgienne

Lat-P est la traduction d'un texte étroitement apparenté à la source grecque de arm-geo. Son apport à la connaissance de cette source ne peut pas faire ici l'objet d'une analyse exhaustive. Je relèverai seulement quelques exemples des particularités de lat-P par rapport à arm-geo et à la *Vie grecque*, en m'interrogeant sur la valeur respective de leur témoignage [1].

Le tableau synoptique présenté plus haut permet de comparer l'étendue du texte des principales recensions de la *Vie d'Adam et Ève* [2]. Il montre qu'alors que lat-P s'accorde avec le grec et arm-geo dans le récit de la maladie d'Adam et du voyage d'Ève et de Seth pour chercher l'huile de miséricorde (chapitres 30-44), il se différencie des autres recensions en transmettant une forme plus brève de la confession par Ève du premier péché et du récit des funérailles d'Adam. On peut supposer que cette forme brève résulte d'un allègement du récit. Mais on peut aussi se demander si elle ne reflète pas un état plus ancien de la tradition grecque elle-même.

Une forme courte des condamnations et des requêtes dans la confession d'Ève

La confession par Ève du premier péché s'étend des chapitres 15 à 30 du grec, qui correspondent aux chapitres 45 à 60 dans

---

(1) Rappelons que, dans l'exposé qui suit, le sigle lat-P renvoie le plus souvent seulement à *Pr*, qui est notre unique témoin à partir du récit de la maladie et de la mort d'Adam; c'est pourquoi nous utilisons parfois le sigle *Pr* au lieu de lat-P.

(2) Voir plus haut, p. 15-16.

la numérotation nouvelle des autres recensions. *Pr* s'accorde avec celles-ci jusqu'au chapitre 52 (gr 22). Mais il écourte la dernière partie, 53-60 (gr 23-30), où sont rapportés le jugement divin et l'expulsion du paradis: il donne un texte différent de l'interrogatoire d'Adam par Dieu au chapitre 53 (gr 23); il ne conserve qu'une partie de la description des conséquences qu'entraînera pour Adam sa condamnation et la conclut par « Toi et tes fils, vous resterez dans l'enfer jusqu'au jour du jugement » ([1]) (54,2-4; gr 24,2-4); il ne transmet ni les condamnations d'Ève et du serpent (55-56; gr 25-26) ni les deux premières requêtes présentées par Adam pour éviter ou retarder son expulsion (57-58; gr 27-28). Le fait que les passages absents de *Pr* recouvrent quatre chapitres bien délimités permet d'exclure que cette absence soit due à la perte accidentelle d'un folio dans un modèle antérieur ([2]).

Une seule liturgie des funérailles d'Adam

A la suite de la confession d'Ève, le texte raconte les funérailles du premier homme ([3]). Il rapporte d'abord l'annonce par Adam de sa propre mort et la réaction d'Ève (61-62; gr 31-32). Le grec et et le géorgien décrivent ensuite deux moments successifs, comprenant chacun une liturgie angélique ([4]). Bertrand, à la suite de Nagel, propose d'y voir deux épisodes distincts: un premier récit, qu'il intitule « Assomption d'Adam », décrirait

---

(1) Cette mention d'une attente *in inferno* jusqu'au jour du jugement ne figure pas dans les autres recensions. Il faut sans doute y voir l'influence d'une théologie postérieure qui exclut un séjour des protoplastes au paradis et s'oppose à l'ordre donné par Dieu à Michel de déposer Adam « dans le paradis au troisième ciel » (lat-P et geo 67,5; gr 37,5).

(2) On notera que les parties absentes de *Pr* sont attestées par arm-geo et par la plupart des témoins grecs. Quelques-uns des 21 manuscrits de la *Vie grecque* inventoriés par M. Nagel omettent des éléments épars, mais aucun n'ignore précisément ces quatre chapitres; gr II ne conserve pas 23,4 – 26,3 et 28,1 – 29,1, mais ces coupures ne recouvrent pas celles de *Pr*.

(3) Nous désignons par le terme *funérailles* l'ensemble des cérémonies qui entourent le premier homme après sa mort. D. A. Bertrand l'emploie dans un sens plus limité, pour décrire la cérémonie qui concerne le corps d'Adam — nous préférons ici le terme plus précis d'*inhumation*. Le mot *funérailles* a l'avantage d'être assez extensif pour laisser ouverte la question de l'interprétation des différents moments du récit qui suivent la mort d'Adam.

(4) Voir gr 33,2-5 et 38,2-4

le devenir *post mortem* de l'âme d'Adam (gr 33-37) et un deuxième récit, qu'il appelle « Funérailles d'Adam », porterait sur
le sort de son corps (gr 38-42) ([1]).

Lat-P (*Pr*) s'accorde avec les autres recensions dans les
chapitres 61-62 (gr 31-32), mais il présente ensuite un récit
simplifié des funérailles. Il ne connaît que la première des deux
liturgies célébrées par les anges, « à l'endroit où était Adam »
(lat-P 63,3: *ad locum ubi erat Adam*); à l'intérieur de ce récit, il
ne rapporte pas le dialogue entre les deux spectateurs humains,
Ève et Seth (gr 34-36). Il ignore ensuite la deuxième liturgie
angélique (gr 38-39) ([2]) et passe directement au récit de l'inhumation des corps d'Adam et d'Abel, qu'il a en commun avec
les autres recensions (70; gr 40). A cet endroit, la copie de *Pr*
s'interrompt, peut-être par accident ([3]), mais il y a lieu de
penser que sa source contenait aussi la fin du récit de l'inhumation d'Adam et Abel et se terminait par le récit des
funérailles d'Ève. L'absence dans lat-P des chapitres 64-66 (gr
34-36) et 68-69 (gr 38-39) peut-elle refléter la structure originelle de la source grecque? La question rejoint celle que pose
la présence de deux liturgies des funérailles dans la *Vie grecque*
qui nous est parvenue.

En 67 (37),1, la proposition « Comme Seth disait cela à Ève
sa mère » du grec et du géorgien, ignorée de *Pr*, semble être
une cheville rédactionnelle et pourrait être l'indice que le dialogue entre Seth et sa mère constituait une unité indépendante
du reste du récit. D'autre part, rien ne permet de supposer que

---

(1) Cf. BERTRAND, p. 50-53. Son interprétation est critiquée par J. TROMP,
« Literary and Exegetical Issues in the Story of Adam's Death and Burial
(*GLAE* 31-42) », dans L. VAN ROMPAY – J. FRISHMAN, éds, *The Book of
Genesis in Jewish and Oriental Christian Interpretation. A Collection of Essays*
(*Traditio exegetica graeca* 5), Louvain 1997, p. 25-41, spéc. p. 27-31.

(2) Ces deux chapitres manquent aussi dans gr II.

(3) Après le dernier mot de la copie, *de terra*, on note une ponctuation
marquée par un *punctus eleuatus*, ponctuation faible, qui n'indique nullement
qu'il s'agit de la fin du document. Deux hypothèses sont possibles: ou bien le
copiste avait fini le travail de la journée, qui ne fut jamais repris, ou bien il a
interrompu son travail lorsqu'il s'est rendu compte que la suite du texte qu'il
était en train de copier (gr 40,6-8; arm-geo 70,6-8) contredisait ce qu'il avait
écrit plus haut, en 54 (24),3 (« Toi et aussi ton fils vous demeurerez dans
l'enfer jusqu'au jour du jugement »).

l'absence de la deuxième liturgie angélique dans *Pr* soit due à une omission, délibérée ou accidentelle. La forme différente de la formule de liaison entre les deux récits en grec et en géorgien (¹) n'indiquerait-elle pas que la deuxième liturgie a été insérée ultérieurement dans cette forme textuelle? Est-ce trop s'avancer que de supposer qu'à l'origine le récit grec ne connaissait qu'une seule liturgie des funérailles?

Une seule liturgie dans l'arménien ?

Pour sa part, la recension arménienne ignore la description de la première liturgie (gr 33-37). On pourrait dès lors être tenté de supposer qu'il avait existé à l'origine deux formes distinctes des funérailles d'Adam — l'une communiquée par la source de *Pr* et l'autre par arm — et que ces deux formes avaient ensuite été associées dans le modèle commun de gr et geo. Mais l'absence du récit de la première liturgie dans arm résulte en réalité d'une amputation secondaire de la source commune à arm et geo.

   Deux indices en faveur de cette conclusion sont fournis par la phrase qui introduit la description de la liturgie des funérailles dans arm: « Ève se leva, et tous les anges s'assemblèrent devant elle » (68,2). D'une part, l'expression « Ève se leva » correspond manifestement à celle qui sert d'introduction au récit de la première liturgie dans les trois autres recensions en 63,1 (gr 33,1): *Ève se leva* (gr, geo) (²), *quae surrexit* (lat-P). Sa présence à cet endroit indique que le rédacteur de arm connaissait la première liturgie, mais l'a abandonnée. D'autre part, « tous les anges s'assemblèrent devant elle [Ève] » est une correction de la leçon « tous les anges s'assemblèrent devant Dieu » des autres recensions (68,2; gr 38,2). Cette variante, en désaccord avec la *Vie d'Adam et Ève*, où les anges accompagnent toujours le char de Dieu, s'explique par le fait qu'on

---

(1) Comparer gr 38,1: « Après la joie d'Adam qui était advenue, l'archange Michel cria vers le Père à cause d'Adam » et geo 68,1: « Après quoi Michel cria vers Dieu ».

(2) Il est significatif qu'ANDERSON–STONE, *Synopsis*, p. 78 placent les mots *Ève arose* au début du chapitre 63 (gr 33), alors que STONE, *Pénitence*, p. 19, en 1981, les avait édités en tête du chapitre 68 (gr 38). Sur la construction de arm dans cette partie de la *Vie*, cf. aussi TROMP, 1997, p. 30-31.

vient de nommer Ève; elle sert de raccord entre la phrase de 63,1 et celle de 68,2, raccord rendu nécessaire par la suppression du récit de la première liturgie.

L'arménien ne permet donc pas de fonder l'hypothèse de l'existence d'une forme grecque de la *Vie d'Adam et Ève* qui aurait ignoré la première liturgie.

Les rapports de lat-P avec les recensions grecque et proche-orientales

L'étude comparative des cinq recensions, facilitée par la constitution d'une synopse, n'a pas permis d'identifier une relation privilégiée de lat-P avec l'une d'entre elles; elle montre plutôt que son texte s'apparente tantôt à l'une, tantôt à l'autre recension; elle fait aussi apparaître des variantes de lat-P qui n'ont de correspondance dans aucune d'entre elles.

Loin d'apporter une solution simple à la question des relations entre les diverses recensions, cette situation impose plutôt de procéder à des analyses précises, paragraphe après paragraphe, qui prendront du temps et exigeront l'intervention de spécialistes des langues concernées. Ce travail n'est encore qu'ébauché.

L'analyse qui précède permet cependant de dégager une première conclusion. La découverte de lat-P a confirmé la thèse de Nagel sur l'existence d'une recension grecque parallèle au géorgien. La recension en question, source des versions arménienne et géorgienne, a été traduite en latin — au plus tard dans le courant du xe siècle, puisque le *Saltair Na Rann*, qui en est une transcription poétique, est daté de 988. Cette traduction latine a aujourd'hui son témoin le plus complet dans *Pr*, le manuscrit de Paris, *lat. 3832*. Elle sous-tend la majeure partie de la *Vie latine* traditionnelle (lat-V); mais il est difficile d'admettre qu'elle en soit la source unique, car plusieurs récits propres à lat-V, en particulier le récit des funérailles des protoplastes, dépendent d'autres sources.

Les différentes rédactions et leur chronologie

La *Vie d'Adam et Ève* en langue latine, connue dans la tradition manuscrite sous de nombreux titres et pour laquelle nous garderons celui de *Vita Adae et Evae*, présente pour nous occidentaux un intérêt particulier dû à l'ampleur de sa diffusion, signe de l'importance que lui a accordée la méditation occidentale. Les 107 témoins manuscrits, auxquels sont jointes les 5 éditions incunables, conservés pour l'essentiel dans les bibliothèques monastiques et canoniales, confirme un succès qui ne s'est pas démenti du xe au xve siècle.

Malgré l'existence d'éditions déjà anciennes, la nécessité d'étudier aussi complètement que possible la tradition manuscrite de ce récit s'est imposée pour deux raisons différentes: d'une part, les éditions qui ont mis en œuvre cette tradition s'appuient sur un trop petit nombre de témoins pour assurer les bases d'une connaissance solide du texte lui-même et de son histoire; d'autre part, la recherche des significations diverses que la *Vita Adae et Evae* a pu prendre au cours des siècles suppose l'analyse des contextes dans lesquels elle était lue, et donc du contenu des manuscrits où elle était incorporée.

Dans son édition ([1]), Wilhelm Meyer avait proposé une distribution de ses témoins en quatre classes ([2]), mais la base de sa proposition était par trop étroite et cette division ne donne pas une image satisfaisante de l'état actuel de la tradition manuscrite. Déjà Mozley avait mis en évidence une rédaction, conservée par la majorité des témoins appartenant aux collections anglaises, qui affirmaient sa singularité par plusieurs « propositions additionnelles » au texte édité par Meyer ([3]). La collation de 105 des témoins recensés à ce jour a conduit à reconnaître l'existence d'autres rédactions et à une autre distribution des différents témoins. Les deux autres manuscrits — *Pr* et *Ma* — conservent une autre recension latine, désignée sous le sigle lat-P. Ils sont décrits et discutés plus bas, p. 56-58 et 247-256.

---

(1) MEYER; cf. *supra*, p. 21-23.
(2) Cf. MEYER, p. 209-220
(3) Cf. MOZLEY, p. 122-123.

Chacune des rédactions ou familles ici présentées se distingue par un ensemble de variantes communes. Or l'analyse a montré que cet ensemble de variantes communes à plusieurs témoins va très souvent de pair avec un incipit commun, qui peut ainsi devenir l'identifiant de chaque rédaction. Il ne faut cependant pas oublier que cette fonction accordée à l'incipit ne précède pas, mais découle de l'analyse des principales variantes de chaque rédaction.

Cette communauté d'origine entre plusieurs témoins, réunis la plupart du temps par un même incipit, n'interdit pas que se dégage, à l'intérieur de chacune des rédactions, un deuxième niveau de différenciation: des variantes communes à quelques témoins d'une même rédaction manifestent des parentés plus étroites entre eux. L'inventaire de ces groupes de témoins à l'intérieur d'une même rédaction fera l'objet d'un deuxième niveau d'analyse.

L'ordre de présentation des manuscrits dans les pages qui suivent se fonde sur la classification que nous avons élaborée. Après les deux témoins de la recension latine P (lat-P) sont successivement décrits les manuscrits des différentes rédactions ou familles de la recension latine commune (lat-V). Les rédactions sont présentées en fonction de leur importance pour la reconstitution du texte de latin-V et par ordre d'ancienneté: rédactions rhénanes (R), d'Allemagne du Sud (A), anglaise (E), de Bohême (B), tardives (T), incunables (Inc).

Relevons ici que la chronologie des différentes rédactions n'est pas facile à établir. Deux indices majeurs permettent de penser que des témoins des rédactions R et A de la *Vie d'Adam et Ève* circulaient déjà au xe siècle.

– D'une part, au moment où étaient copiés en Bavière deux des plus anciens témoins de la *Vita Adae et Evae* (*S* et *T*), appartenant à la rédaction d'Allemagne du Sud, un lettré, dans l'orbite de l'abbaye de Saint-Amand en Pévèle, composait un texte, conservé dans le manuscrit de Paris, BnF, *lat. 5327*, qui suppose l'existence, dès cette époque, de la rédaction rhénane dont ne sont aujourd'hui accessibles que des copies plus récentes ([1]).

---

(1) Cf. *infra*, p. 154-155 et 162-163.

– D'autre part, dès la fin du xe siècle, une longue paraphrase poétique de la *Vita Adae et Evae* fut incorporée au poème celtique *Saltair Na Rann*, écrit en moyen-irlandais ([1]). Or les variantes dont témoigne cette paraphrase renvoient à une rédaction singulière de l'apocryphe latin dont dépendent les deux témoins de lat-P mais aussi, pour partie, la rédaction anglaise éditée par Mozley.

Degré variable de fidélité des copistes à leur source

On voudrait préciser ici une remarque générale qui, si elle n'est pas inattendue, se manifeste avec constance dans les différentes familles. Les copistes, habituellement tenus au respect

---

(1) La partie du *Saltair Na Rann* qui transcrit la *Vita Adae et Evae* a été éditée dans D. GREENE – F. KELLY, *The Irish Adam and Eve Story from Saltair Na Rann, I. Text and Translation*, Dublin 1976. Le poème est daté de 988. Au cours de mes propres recherches, j'ai recensé deux traductions manuscrites en langue française de la *Vie latine*. Le manuscrit de Paris, ARS (Arsenal), MS 5092 contient une traduction par Colard Mansion (†1484) d'un traité « qui est de la pénitence de adam ». Après une introduction sur son utilité spirituelle, ce traité rapporte dans les cinq premiers chapitres le récit de la création d'Adam et Ève jusqu'à leur condamnation et, à partir du chapitre 6, traduit la *Vie latine* en suivant de très près, mais dans une traduction assez bavarde — beaucoup de mots latins sont remplacés par deux mots français —, le texte des familles tardives (T). Le chapitre 6 commence ainsi: « Aprez ce que adam et eue furent espulsez et bannis de paradis terrestre et de delices par la preuarication et transgression du commandement de dieu en mengant du fruit de science et de vie a eulz deffendu si comme dit est ilz firent et composerent au mieulz quilz peurent eulz venus en terre vng petit tabernacle ou ilz plourerent doloureusement et lamenterent par lespace de sept iours continuelz regardans lung laultre en tres grant tristresse et angoisse. Aprez lequel terme ilz commencerent auoir moult grant faim et queroient partout enuiron eulz aulcune chose dont ilz peussent mengier et assouuir leur faim mais riens ne trouuerent. » Le manuscrit de Paris, ARS, MS 2680 est une traduction littérale de la rédaction E, famille anglaise, ce que confirme la traduction des « propositions additionnelles » et du récit complémentaire de la détermination du nom d'Adam propres à cette famille. Il commence ainsi: « Apres ce que adam et eue furent deboutes de paradis sen allerent enuers occident et la firent ung tabernacle la ou il furent par vi jours plourans et lamentans en très grande tribulation après lesquels vi jours commencerent a avoir faim et queroient a mengier mais point nen trouvoient. »

de la littéralité des écrits, soit par la dignité du texte soit par la gloire des auteurs qu'ils copiaient, se sentaient plus libres vis-à-vis de textes de moindre réputation, comme l'était la *Vita Adae et Evae*. Les apparats critiques manifestent bien cette liberté, mais ils montrent aussi que le désir d'améliorer le texte se fait de moins en moins sentir à mesure que la copie avance : la complexité des apparats diminue au fur et à mesure de la progression du récit.

DESCRIPTION DES MANUSCRITS

Chacun des manuscrits a reçu un *sigle*, composé soit d'une majuscule seule, soit d'une majuscule et d'une minuscule. Dans le premier cas, nous avons conservé les sigles donnés par Meyer à ses trois principaux témoins (les sigles numériques attribués aux autres témoins ont été abandonnés mais sont rappelés dans la description ci-dessous) et les douze sigles utilisés par Mozley dans son édition. Pour tous les autres manuscrits, nous avons retenu un sigle composé d'une majuscule et d'une minuscule, qui rappelle le plus souvent le nom de son lieu de conservation ou de provenance.

La description des manuscrits comporte, dans la mesure du possible, les informations suivantes : sigle, ville, bibliothèque, cote, support, dimensions en millimètres (les mesures anglaises en inches ont été converties), nombre de folios ou de pages, nombre de colonnes, datation, indication des folios occupés par le texte de la *Vita Adae et Evae* dans le manuscrit. Lorsque le texte est complet, le sigle « Lat-V » figure seul ; lorsqu'il est incomplet, le sigle est suivi d'une précision sur l'ampleur des parties conservées ou manquantes. Les données fournies proviennent des catalogues ou des informations que nous avons obtenues par ailleurs. Les sigles utilisés pour certains catalogues de manuscrits — CCLM, MBKÖ, TCMV — sont explicités dans la bibliographie (*supra*, p. xi-xvi).

Dans les citations des titres, de l'incipit et de l'explicit, les crochets, < ... >, signalent un mot manquant, les parenthèses, (...), une lecture douteuse, les accolades, { ... }, un mot à supprimer, le plus souvent un doublon.

La recension latine P (lat–P)

Pr Paris, Bibliothèque nationale de France, *lat. 3832*, parchemin, 205 x 140, 196 p., 27/28 lignes, xiie s. Lat-P 1-22; 23-24 (gr 1,2 – 5,1); 30-44 (gr 5,2 – 15,1); 45-54 (gr 15-24); 59-63 (gr 29-33); 67 (gr 37); 70 (gr 40): p. 181-192 ([1]).

> *Bibliothèque nationale. Catalogue général des manuscrits latins*, vol. 7 (Homéliaires), Paris 1988, p. 457-460. Le catalogueur précise: « Une seule main. Initiales filigranées rouges et bleues. Rubriques. 12 cahiers de 8 f., sauf le 11ème de 12 f. (p. 161-184) et le 12ème de 6 f. (p. 185-196). » La numérotation indiquée porte sur les pages et non sur les folios. Dans la description de la copie de la *Vita Adae et Evae*, le catalogueur renvoie à l'édition de J. H. Mozley, « avec de nombreuses var. ».

Le manuscrit appartient à la collection Bigot. Il est d'origine normande, et son écriture incite à le dater du milieu du xiie siècle (vers 1160) ([2]).

---

(1) Sur la numérotation nouvelle des chapitres introduite dans les recensions latine P, arménienne et géorgienne de la *Vie d'Adam et Ève* à partir du récit fait par Ève de la faute originelle (ch. 15 de la *Vie* grecque), voir plus haut, p. 14-15.

(2) Je dois ces informations à Mme P. Stirnemann, chercheur au CNRS, que je remercie très vivement. Deux indices complémentaires peuvent aider à confirmer l'origine normande. (1) Le texte de l'*Expositio diuinorum officiorum*, aux pages 150-172, est très vraisemblablement la copie qu'on croyait perdue de l'œuvre de Jean d'Avranches, à partir de laquelle J.-B. Lebrun des Marettes a publié une deuxième édition de cet ouvrage à Paris en 1679. Dans l'introduction de cette édition, l'éditeur rapporte qu'il a trouvé dans un manuscrit que lui a procuré Emeric Bigot les passages perdus dans le témoin utilisé par J. Le Prévost pour la première édition de l'œuvre de Jean d'Avranches. Que le témoin en question soit bien le ms. de Paris, BnF, *lat. 3832* ressort à l'évidence de la note manuscrite insérée tout au début dans la reliure: « en cette page 168 et aux deux suivantes est ce qui manque au livre de Jean d'Avranches, et commence à *Amictus igitur primum est uestimentum* » — note qui correspond aux remarques faites par le même éditeur dans son introduction (cf. PL 147, col. 17 et 20). (2) M. François Avril, consulté par Mme M.-F. Damongeot au sujet de l'origine normande du

Contenu: p. 1: Geoffroy Babion, *Homélies*; p. 129: Yves de Chartres, *Sermons*; p. 135: Geoffroy Babion, *Homélies* (suite); p. 137: Amalaire de Metz, *Interprétation du Canon de la Messe*; p. 150: *Expositio divinorum officiorum*; p. 172: *De Baptisma, eucharistia et confirmatione*; p. 173: *Expositio in Symbolum apostolorum*; p. 175: Extraits patristiques; p. 177: Catalogue chronologique des papes jusqu'à Sergius III, mort en 911; p. 181: *Vita Adae et Evae*; p. 193: *Évangile de Nicodème*, Version A, ch. 18-19 (xiiie s.); p. 194: Sermon sur Luc 10,38; p. 196: Sentences exégétiques.

Incipit: *Factum est autem cum expulsus fuisset adam de paradyso et eua mulier eius, exeuntes de paradyso abierunt ad orientem et fecerunt sibi tabernaculum et ibi fuerunt diebus septem, lugentes et clamantes in magna tribulatione. Post autem vii*^tem *dies ceperunt exurire et querebant quid manducarent sed non invenerunt.*

Explicit: *Quibus uero factis ait dominus ad archangelum Afferte corpus abel filii eius aliasque tres sindones ei praeparate quoniam in sepulcro erit ex quo exilibit corpus eius de terra.*

Ma Milan, Biblioteca Ambrosiana, *O 35 sup.*, parchemin, 190 x 140, 145 f., 23 lignes, xiv^e s. Lat-P 1,1 – 23,3: f. 95^r-99^v.

> P. Revelli, *I Codici Ambrosiani di contenuto geografico (Fontes Ambrosiani I,1)*, Milan 1929, n° 287.

Contenu: f. 1: *Vita Alexandri*; f. 65: *Salvatoris gesta quae invenit Theodosius magnus in praetorio Pontii Pilati in codicibus publicis (Evangelium Nicodemi)*; f. 88: *Vindicta Salvatoris*; f. 95: *Vita Adae et Evae*; f. 99: *De Assumptione B. M. V.*; f. 103: *Resolutio fidei: Sermo*; f. 110: *Principium generationis sive Genesis*; f. 112: *De miraculis S. Georgii*; f. 117: *Aristotelis epistola ad Alexandrum*; f. 118: Description de plusieurs lieux de Terre Sainte; f. 119: Apocryphes divers concernant la Vierge Marie et les Apôtres.

Titre: *Penitentia ade.*

Incipit: *Factumque est cum expulsus fuisset Adam et Eua de paradiso, exientes de oriente permissi, fecerunt dies sibi septem lugentes et lamentantes mangna tristitia.*

Explicit: *Et dixit Eua ad adam: domine mi uidi dormiens uisionem sanguinem filii tui abel ingredi in os caim fratris sui et*

---

manuscrit, « accepte cette hypothèse, avec cette réserve que le style des initiales n'est pas caractéristique des abbayes bénédictines de cette région ». Je remercie très sincèrement Mme Damongeot, conservateur en chef au département des manuscrits de la BnF, de m'avoir aidé à préciser ces informations.

*degluctiuit eum sine ulla misericordia et cum degluctisset rogabat ille
ut indulgeret nec indulsit.* (^{1}).

La recension latine V (lat–V)

Rédaction rhénane (Familles R1 et R2)

Famille R1

Groupe R1a

Ws   Munich, Bayerische Staatsbibliothek, *clm 21534*, parchemin,
240 x 155, 164 f., 50 lignes, xiie s. Lat-V 1-15: 101^r-102^r.

Abbaye de Weihenstephan.

CCLM 2, 4, p. 4.

Les 15 premiers chapitres de la *Vita Adae et Euae* conservés dans
ce manuscrit constituent un sermon incorporé dans une copie du
Speculum Ecclesiae d'Honorius Augustodinensis, sermon inconnu

---

(1) C'est par suite d'une coupure dans sa source que le manuscrit se
termine par ces mots, au ch. 23. Il s'agit d'une coupure, car il est peu probable
que le copiste se soit arrêté au milieu du récit de la mort d'Abel, récit qui dans
toutes les recensions évoque les efforts d'Adam pour séparer les deux frères.
D'autre part, le fait que, à la suite et sur le même recto, commence un traité
De assumptione beatae Mariae Virginis montre que c'est la source de notre
texte qui avait perdu la suite. Le premier état de la copie de la *Vita Adae et
Evae* n'était pas impeccable et il a été révisé par des annotations marginales
qui le complètent — appelées par le signe //, elles sont écrites dans la marge
précédées du même signe — et par des corrections dans le texte, sans qu'on
puisse savoir si ces corrections ont été faites par le copiste lui-même ou par un
correcteur postérieur. Il semble que ces corrections avaient pour but de
reprendre le travail du copiste à partir de sa propre source plutôt que d'en
améliorer la rédaction à partir d'un témoin d'une autre rédaction; mais elles
ne semblent pas avoir toujours rétabli le texte initial, et il est souvent difficile
de le reconnaître sous la surcharge. Plusieurs mots, usés par le doigt des
lecteurs, ont été réécrits, mais cette réfection est souvent illisible. L'apparat
de l'édition signale ces différentes corrections. Le catalogue informatique des
manuscrits de l'Ambrosienne relève dans le manuscrit *A 266 inf.*, f. 229, r-v,
un texte intitulé *De expulsione Adae de paradiso, sermone poetico*; il ne s'agit
pas d'un extrait de la *Vita Ade et Evae* mais d'une copie des vers 1-33 du livre
II du *Carmen Pascale* de Sedulius; cf. J. HUEMER, *Sedulii opera omnia*, CSEL
10, p. 44-46. Le dernier vers, absent de l'édition et de l'apparat du CSEL, est
ainsi rédigé:« *a Evae magnificis dieta (?) o quam cernimus alma* ».

de l'édition de la *Patrologia latina* (t. 172). C'est la même partie du texte qui figure dans *Po* (*clm 11601*) (¹).

Titre: *Secunda temptacio Adam et Eve.*

Incipit: *Cum expulsi fuissent Adam et Eua de paradyso fecerunt tabernaculum et fuerunt ibi septem dies et lamentabantur in magna tristitia. Post septem dies ceperunt esurire et querebant escas ut manducarent et non inuenerunt.*

Explicit: *ponam sedem meam super sidera celi et similis ero altissimo* (15,3). *Tunc deiecit sedem et cecidit angelus et factus est diabolus et omnes consentientes cum eo et cecidit sicut fulgur de celo de hora prima usque ad horam nonam.*

Po   Munich, Bayerische Staatsbibliothek, *clm 11601*, papier, 315 x 215, 250 f., 2 col., 45 lignes, xiv⁰ s. Lat-V 1-15: f. 88rb-88vb.

Abbaye de Polling.

CCLM 2, 2, p. 30-31.

La *Vita Adae et Euae*, sous le titre *tractatus de adam et eua*, est incorporée à un récit, intitulé *Hystoria de Adam et de Eua*, qui est composé de trois éléments: la *Legenda S. Crucis* (f. 87va-88rb) (²); les quinze premiers chapitres de la *Vita Adae et Euae* (f. 88rb-88vb), dont le texte correspond à celui de *Ws*, à quelques très rares variantes près; un traité *De paradiso* (f. 88vb-89rb). On trouve aussi dans le manuscrit *clm 21534* (*Ws*), au f. 107^r, un sermon *De Paradyso* dont l'incipit est le même que celui de *Po*.

Contenu: f. 1: Vocabularius; f. 53: Sermones (flores apostolorum de tempore); f. 87: *Historia de Adam et Eva;* f. 89: Sermones cum miraculis; f. 102: Anshelmi *Dialogus de passione Christi;* f. 105: Sermones; f. 180: *Legenda de Maria Magdalena;* f. 195: *Confessio publica* (en allemand); f. 197: Tabulae calendarii; f. 201: Glosa super 'Pater noster'; f. 203: *Historia de Barlaam et Josaphat;* f. 207: Fragmentum ex Aristotelis *Analyticis prioribus;* f. 208: Seneca, *De IV virtutibus cardinalibus;* f. 210: Basilius, *De militia spirituali;* f. 213: Anselmi *Oratio pro peccatis;* f. 214: De prosodia et accentuatione; f. 218: *Speculum humanae salvationis;* f. 240: Ps.-Ovidius, *De arte procandi et de lupo monacho cucullato;*

---

(1) *Ws* atteste l'existence au xii⁰ siècle d'une copie de la seule première partie de la *Vita Adae et Evae*. Le cas analogue du manuscrit *O 35 sup.* de l'Ambrosienne de Milan (*Ma*) pose la question de savoir s'il a circulé une forme de la *Vie latine* ne comportant que les récits de la pénitence, de la chute de Satan et de la naissance des trois premiers fils (ch. 1-24).

(2) MEYER, 1882, p. 130. Meyer parle d'un extrait (*Auszug*) de la *Légende de la Croix;* en fait, le manuscrit en restitue pratiquement la totalité, avec quelques variantes.

f. 242: *Versus de XV signis ante judicium 'Antequam iudicii dies metuenda'*; f. 243: *Quare anima unita sit corpori.*

Titre: *Alius tractatus de adam et de eua.*

Incipit: *Cum expulsi fuissent adam et eua de paradiso fecerunt tabernaculum et fuerunt ibi septem dies et lamentabantur in magna tristitia. Post septem dies ceperunt esurire et querebant escas ut manducarent et non inuenerunt.*

Explicit: *ponam sedem meam super sidera celi et similis ero altissimo* (15,3). *Tunc deiecit sedem et cecidit angelus et factus est diabolus et omnes consentientes cum eo et cecidit sicut fulgur de celo de hora prima usque ad horam nonam. Et Adam factus est circa paradysum in ag.. damascena sed eua in paradyso de costis ade.*

Groupe R1b

Dr Dresde, Landesbibliothek, *A 182ᶠ*, papier, 6 f., 28 lignes, xivᵉ s. Lat-V: 1ʳ-6ᵛ.

Le fait que le texte donne par deux fois le nom de *Tibris* au fleuve dans lequel doit se plonger Ève (ch. 6 et 7) pourrait faire penser à une origine italienne du manuscrit.

> *Katalog der Handschriften der Sächsischen Landesbibliothek zu Dresden* (réédition, corrigée manuellement, de F. Schnorr von Carolsfeld — L. Schmidt, *Katalog der Handschriften der kgl. öffentlichen Bibliothek zu Dresden*, 4 vol., 1882-1923), vol. 1, Dresde 1979, p. 79.

Ce manuscrit contient seulement la *Vita Adae et Evae*. Son texte résume en quelques mots les ch. 30 à 34 et ignore plusieurs chapitres: la deuxième partie de l'« Apocalypse d'Adam » concernant l'histoire du Temple (lat-V 29.2-9), le récit de la rencontre de la bête (lat-V 35-39) et la prophétie d'Hénoch (lat-V 53). Il est marqué aussi par des améliorations stylistiques, empruntées parfois au texte canonique de la Genèse, comme *tabernaculum de ulna* (1,1), *et non inueniebant nisi spinas et tribulas* (2,2).

Titre: *Tractatus de expulsione Ade et Eue de paradiso.*

Incipit: *Cum expulsi fuissent de paradiso adam et eua fecerunt sibi thabernaculum de ulna et fuerunt ibi septem dies lugentes cum magna tristitia. Post hos autem dies ceperunt esurire et querebant sibi escam ut manducarent et non inueniebant nisi spinas et tribulas.*

Explicit: *Tunc incepit Salomon templum dei et edificauit hoc (...) vii annos et uocauit litteras archatas hoc est latine illibatas* (ch. 52).

Intitulé de fin: *expulsio ade de paradiso.*

Avant l'intitulé final, ce témoin cite une forme brève du traité sur la formation du corps d'Adam: *De creatione ade, ossa de lapi-*

dibus, carnem de terra, sanguinem de mare, cor de vento, mentem de nube, oculi de sole, sudorem de rore, crine de erbis.

Up Uppsala, Universitetsbiblioteket, *C 77*, papier, 210 x 145, 200 f., 29 lignes, entre 1398 et 1416. Lat-V: f. 83ʳ-91ʳ.

M. ANDERSSON-SCHMITT − M. HEDLUND, *Mittelalterliche Handschriften der Universitätsbibliothek Uppsala. Katalog über die C-Sammlung*, vol. 2: *Handschriften C 51–200*, Stockholm 1989, p. 90-96; M. HEDLUND, *Katalog der datierten Handschriften in lateinischer Schrift vor 1600 in Schweden*, vol. 1: *Die Handschriften der Universitätsbibliothek Uppsala (Bibliotheca Ekmaniana Universitatis Upsaliensis* 67), p. 27, Abb. 63 (¹).

Contenu: f. 5: J. Gerson, *De modo vivendi fidelium*; f. 9: Innocentius papa, *De miseria conditionis humanae* (sive *de contemptu mundi*); f. 35: Hermannus de Schildesche, *Speculum (manuale) sacerdotum*; f. 47: récits historiques; f. 48: *Definitiones virtutum et vitiorum*; f. 54: Versus: « Haec fert beda sciens trino sextoque calendas »; f. 55: Conrad de Brundelsheim / Jacques de Voragine, différents sermons; f. 70: J. Gerson, *De modo orandi ad fratrem suum Johannem celestinum*; f. 72ᵛ: idem, *De oratione et suo valore*; f. 83: *Vita adae et evae*; f. 91: *Visio Pauli*; f. 93ᵛ: Notes variées; f. 100: Theobaldus de Saxonia, *Pharetra fidei contra Iudaeos*; f. 116: Nomina paparum; f. 123ᵛ: *De decem praeceptis*; f. 127: *Tractatus contra papam et cardinales alios* (contre les papes d'Avignon en liaison avec le concile de Constance); f. 139: *Exempla metrica de BMV*; f. 147: Ps.-Bonaventura, *Stimulus amoris*; f. 153: *Questio utrum Christianus teneatur adversarios catholicae fidei persequi*; f. 161: Collection de documents concernant le monastère brigittin de Danzig.

Titre: *Expulsio de paradyso adam et eve.*

Incipit: *Cum expulsi fuissent de paradyso adam et Eua fecerunt sibi tabernaculum et fuerunt septem dies lugentes et lamentantes in magna tristitia. Post hos autem dies ceperunt esurire et querebant sibi escam ut manducarent et non inueniebant.*

---

(1) Au début du manuscrit on lit: *Nota quod anno domini Mcdxvi ego frater thorinus andree istum librum collegi per quaternos de diuersis uenditoribus librorum in constancia tempore generalis concilii qui quaterni constabant VIII et X grossis id est medium floreni sed excerpta de priuilegiis ordinis nostri scripsit scolaris meus.* La composition du manuscrit date donc du concile de Constance, et plus précisément de 1416; mais cette date ne détermine pas celle des différents quaternions qui le composent.

Explicit: *et in ipsis lapidibus inuenta sunt omnia que in isto libro geneseos inueniuntur. Tu autem domine miserere nostri amen.*

De nombreuses variantes rapprochent le texte de ce témoin de celui de *Dr.*

Groupe R1c

Bc Berlin, Staatsbibliothek zu Berlin - Preußischer Kulturbesitz, *Theol. lat. qu. 316*, papier, 210 x 145, 169 f., nombre de lignes variable, vers 1400. Lat-V: f. 104^r-108^r (37 lignes).

Allemagne du Sud (Ingolstadt).

G. ACHTEN, *Die theologischen lateinischen Handschriften in Quarto der Staatsbibliothek Preußischer Kulturbesitz Berlin, Teil 2*, Wiesbaden 1984, p. 103-106.

Contenu: quatre parties: A (vers 1390-1395): f. 1: *Lumen animae: registrum sermonum per totum annum*; B (vers 1400): f. 92: Sermones selecti; f. 100: Thomas Appolczhoffer, *Ars loquendi et tacendi*; f. 104: *De poenitentia Adae et Evae*; f. 108: *Evangelii Nicodemi excerptum*; f. 109^v: *De humanitate Christi*; f. 112: Sermones selecti; C-D (vers 1400 et fin du xive s.): f. 124-169: Divers (très abîmés par l'eau).

Titre: *Tractatus de penitentia Ade.*

Incipit: *Cum expulsi fuissent Adam et Eva de paradiso fecerunt sibi tabernaculum et fuerunt in septem diebus lugientes et lamentantes in magna tristitia. Post dies autem septem ceperunt esurire et querere sibi escam ut manducarent et non habebant.*

Explicit: *Ecce veniet dominus in sanctis milibus facere iudicium de operibus hominum et locutionibus quibus locuti sunt de eo peccatores et impii murmuratores et irreligiosi qui secundum concupiscentias suas ingrediuntur et os eorum locutum est superbiam etc.*

Mf Munich, Bayerische Staatsbibliothek, *clm 9022*, papier, 210 x 150, 371 f., 2 col., xve siècle (1411, f. 226). Lat-V: f. 311ra-318rb (^{1}) (MEYER: *9*; Klasse II)

Monastère franciscain de Munich.

CCLM 2, 1, p. 76.

(^{1}) Trois numérotations différentes sont portées à l'angle supérieur droit de chaque recto. On prêtera attention au fait que la numérotation retenue par le CCLM passe du folio 315 au folio 318 en sautant 316 et 317. Une autre numérotation va de 283 à 288.

Contenu: f. 1: Albertus (*sic*) Holkot, *De pugna spirituali*; f. 83: Marquardus de Lindau, *De perfectione humanitatis Christi*; f. 98: *De septem peccatis*; f. 110: Heinricus de Hassia, *De contractibus*; f. 182: *De decem praeceptis* « *Mandata eius vitam prolongant* »; f. 229: Jacobus de Cessolis, *Scacarium moraliter interpretatum*; f. 264: Nicolaus de Lyra et Anselmus, *Passio Christi*; f. 276: *Planctus Mariae* « *Facta est quasi vidua* »; f. 281: Franciscus de Maronis, *Sermo de passione domini*; f. 294: Quaedam ex *Nicodemi evangelio*; f. 301: *Testamentum Christi* « *Modo attende testamentum mirabile* »; f. 311: *De penitentia Ade et Eve*; f. 318: *Historia indulgentiae S. Mariae de Angelis iuxta Assisium*; f. 325: Sermones; f. 348: *De corpore Christi*; f. 363: Quaedam de Maria; f. 369: *De vestium coloribus*; f. 370: De *Christi facie*.

Titre: *uita de adam et eua.*

Incipit: *Cum expulsi fuissent adam et eua de paradiso fecerunt sibi thabernaculum et vii^{tem} dies lugentes et lamentantes in magna tristitia. Post uii uero dies ceperunt esurire et querebant sibi escam ut manducarent et non habebant.*

Explicit: *Ecce veniet dominus in sanctis milibus facere iudicium et arguere omnes impios de omnibus operibus suis quibus locuti sunt de eo peccatores et impii murmuratores et querulosi qui secundum concupiscentiam suam ingrediuntur et os eorum locutum est superbiam Adam post lx dies introiuit in paradisum anno vii.*

Groupe R1d

Mu   Munich, Universitätsbibliothek, *4° Cod. ms. 807*, papier, 210 x 150, 104 f., 32 lignes, xv^e s. Lat-V: f. 53^v-59^v.

Couvent franciscain de Landshut (?).

M. REUTER – G. SCHOTT, *Die lateinischen mittelalterlichen Handschriften der Universitätsbibliothek München. Die Handschriften aus der Quartreihe* (*Die Handschriften der Universitätsbibliothek München* 5), Wiesbaden 2000, p. 256-259.

Contenu: f. 1: Paulus de Hungaria, *Summa de poenitentia*; f. 10^v: Michael de Massa, *De Passione*; f. 53: *Vita de Adam et Eva*; f. 59^v: Legendae sanctorum (Laurentius, Catharina, Thomas); f. 66: *De corpore Christi*, f. 67: *De infantia Mariae*; f. 75^v: *De dignitate sacerdotali*; f. 77: Burchardus de monte Sion, *Descriptio terrae sanctae*; f. 97^v: Sermo « *Ascendit deus* »; f. 99: *Hii subsequentes dies ... sunt praecauendi, etc.*

Titre: *uita de adam et eua.*

Incipit: *Cum expulsi fuissent adam et eua de paradiso fecerunt sibi thabernaculum et vii^{tem} dies lugentes et lamentantes in magna tristitia. Post uii uero dies ceperunt esurire et querebant sibi escam ut manducarent et non habebant.*

Explicit: *Ecce veniet dominus in sanctis milibus facere iudicium et arguere omnes impios de omnibus operibus suis quibus locuti sunt de eo peccatores et impii murmuratores et querulosi qui secundum concupiscentiam suam ingrediuntur et os eorum locutum est superbiam Adam post lx dies introiuit in paradisum anno vii.*

Eb Munich, Bayerische Staatsbibliothek, *clm 5865*, papier, 300 x 215, 498 f., 38 lignes, 1472. Lat-V: 342^r-346^r (MEYER: 5; Klasse II).

Abbaye d'Ebersberg.

CCLM 1, 3, p. 48. Au f. 490, on lit: *Maiorem codicis partem scripsit Jeorius Schlyphaymer, Capellanus in Ried ad B.V. in parochia Ursenperg a. 1472; idem vicarius in Winhering Saltzburgensis dioecesis a. 1473.*

Contenu: f. 1: Engelschalk, *De passione domini;* f. 111: *Actus apostolorum*; f. 141: Magistri Jordani *De passione domini*; f. 207: *De sacerdotibus, de corpore Christi*; f. 259: *Commune de Sanctis*; f. 280: *Sermones de dominicis*; f. 342: *De expulsione Adam et Eva de paradiso*; f. 346: *Glosa super Pater noster*; f. 362: *De passione Domini*; f. 403: *Sermones Discipuli de Sanctis*; f. 424: *Sermones de resurrectione Domini*; f. 459: *Contra morbos*; f. 462: *Historia Troiana;* f. 490: *Quaedam Romanorum gesta.*

Titre: *de expulsione Adam et Eva de paradiso.*

Incipit: *Cum expulsi fuissent Adam et eua de paradyso fecerunt sibi tabernaculum et vii dies lugentes et lamentantes in magna tristitia. Post vii vero dies ceperunt esurire et comederunt sibi escam ut manducarent et non habebant.*

Explicit: *Ecce veniet dominus in sanctis nubibus facere iudicium de operibus hominum et locucionibus quibus locuti sunt de eo peccatores et impii murmuratores et querulosi qui secundum concupiscentiam suam ingrediuntur et os eorum locutum est superbiam de Adam post lx dies in paradisum anno vii° etc. Amen etc.*

Groupe R1e

Ko Cologne, Historisches Archiv, *GB 4° 113*, papier, 210 x 145, 133 f., 32 lignes, première moitié du xve s. Lat-V: f. 68^r-74^r.

Liber fratrum Sancte Crucis canonicorum regularium in Colonia.

J. VENNEBUSCH, *Die Theologischen Handschriften des Stadtarchivs Köln, Teil 2: Die Quart-Handschriften der Gymnasialbibliothek*, Cologne − Vienne 1980, p. 127-133.

Contenu: f. 2^v: *De ordine librorum Bibliae versus*; f. 3: *Capitula Bibliae*; f. 18: *De quadruplici expositione sacrae scripturae*; f. 19:

Alexander de Villa Dei, *Summarium bibliae metricum*; f. 27: Petrus de Rosenheim, *Roseum memoriale divinorum eloquiorum* (copié en 1451); f. 68: *Vita Ade et Eve*; f. 74: *De interfectione abel quare cayn ipsum interfecit*; f. 74: *De Adam et filiis suis*; f. 75: *De rege Salomone et regina austri*; f. 76ᵛ: *De Saracenis*; f. 81: *Expositio in Gen. 1,1 – 2,3*; f. 82: *Notabilia Bibliae cum connexione duorum testamentorum* (copié en 1433); f. 118ᵛ: Diversa de biblicis; f. 126: *Catalogus pontificum romanorum et imperatorum*.

Titre: *liber de penitencia Ade primi parentis nostri.*

Incipit: *Cum expulsi fuissent adam et eua de paradiso fecerunt sibi tabernaculum et fuerunt uij diebus lugentes et lamentantes in magna tristitia. Post uij autem dies ceperunt esurire et querebant sibi escam ut manducarent et non inueniebant.*

Explicit: *Ecce ueniet dominus in sanctis milibus suis facere iudicium et arguere omnes impios de malis operibus suis* (lat-V 53,3).

Wf Wolfenbüttel, Herzog-August-Bibliothek, *Cod. Guelf. 29.7 Aug. 4°* (*3329*), papier, 200 x 140, 192 f., 2 col., 38 lignes, du milieu du xvᵉ s. Lat-V: f. 189ʳᵃ-192ᵛᵇ.

A appartenu à la *Domus clericorum centiluminum beatae Mariae Virginis prope Hildensem* (Maison des Frères de la vie commune à Lüchtenhof, Hildesheim).

O. von Heinemann, *Die Augusteischen Handschriften*, vol. 4 (*Kataloge der Herzog-August-Bibliothek Wolfenbüttel 7*), Wolfenbüttel 1900 (réimpr. Frankfurt am Main 1966), p. 346-347.

Contenu: f. 1: Traités de Gerson; f. 19: *Regula canonicorum;* f. 32: *Oculus religiosorum* (1461); f. 86: *De arte moriendi* (1450); f. 96: Jacobus de Cartusia Erffordensis, *De arte bene moriendi* (1453); f. 118: idem, *Colloquium hominis ad animam suam*; f. 129: *Tractatus de arte bene moriendi*; f. 133: *De magis ex Oriente* secundum Matth. 2; f. 140ᵛ: *Historia passionis Iesu* (en vers); f. 143: Cirillus, *Tractatus quadripartitus de quatuor magnis vitiis*; f. 189: *De penitentia Ade.*

Titre: *liber de penitentia Ade.*

Incipit: *Cum expulsi fuissent adam et eua de paradiso fecerunt sibi thabernaculum et fugerunt uij diebus lugentes et lamentantes in magna tristitia. Post uij autem dies ceperunt esurire et querebant sibi escam ut manducarent et non inueniebant.*

Explicit: *Ecce ueniet dominus in sanctis milibus suis facere iudicium et arguere omnes impios de malis operibus suis et cetera.*

Intitulé de fin: *penitentia ade.*

Na Namur, Bibliothèque de la Société archéologique, *ms. 162*, papier, 210 x 150, 221 f., nombre de lignes variable, vers 1450. Lat-V: f. 128ʳ-131ʳ (46 lignes).

P. FAIDER, *Catalogue des manuscrits conservés à Namur (Musée archéologique, Évêché, Grand séminaire, Museum artium S. J., etc.)*, Gembloux 1934, p. 237-243: « Le volume a été formé au XVe s. par la réunion de huit livrets transcrits vers le milieu du même siècle par différentes mains. » Le livret D (= f. 128-131) a sans doute eu une existence indépendante, marquée par des « souillures caractéristiques ». Le livret C « se trouvait au Jardinet avant que le volume ait été relié ».

Contenu: livret A: f. 1: Hugo de S. Victore, *De claustro materiali*; f. 37: *Notabile de resignatione praelationis officii*; f. 40: Bernardus, *Sermones*. Livret B: f. 52: Bernardus, *Vita S. Malachiae* (BHL 5183); f. 59^v: *Miracula S. Malachiae*; f. 62: *Speculum caritatis*; f. 71: Bonaventura, *Soliloquium*; f. 107: *Excerpta de arte moriendi*; f. 114: *De adventu Antichristi*. Livret C: f. 118: *Vita Sti Georgii*. Livret D: f. 128: *De poenitentia Adae*. Livrets E-H: Tractatus varii.

Titre: *penitentia Ade*.

Incipit: *Cum expulsi fuissent Adam et Eua de paradiso fecerunt thabernaculum et fugerunt septem diebus lugentes et lamentantes in magna tristitia. Post septem autem dies ceperunt esurire et querebant sibi escam ut manducarent et non inueniebant.*

Explicit: *Ecce ueniet dominus in sanctis nubibus suis facere iudicium et omnes impios arguere de malis operibus suis. et cetera. Amen.*

Groupe R3

Sw Stuttgart, Württembergische Landesbibliothek, *HB XII 20*, papier, 295 x 205, 140 f., 2 col., 1397 et XVe s. Lat-V: 132ra-134vb.

Abbaye de Wiblingen.

M. S. BUHL – L. KURRAS, *Die Handschriften der ehemaligen Hofbibliothek Stuttgart*, vol. 4, 2 (*Die Handschriften der Württembergischen Landesbibliothek Stuttgart*, zweite Reihe 4, 2), Wiesbaden 1969, p. 69-70; H. SPILLING – W. IRTENKAUF, *Die datierten Handschriften der Württembergischen Landesbibliothek Stuttgart*, 1: *Die datierten Handschriften der ehemaligen Hofbibliothek Stuttgart* (*Datierte Handschriften in Bibliotheken der Bundesrepublik Deutschland 3, 1*), Stuttgart 1991, p. 64, Abb. 35.

Contenu: f. 1: *Gesta romanorum*; f. 66: *Historia de septem sapientibus*; f. 98: *De Gregorio quomodo factus fuit papa*; f. 102: *De arbore habens VII ramos;* f. 103: De BVM « *Beata virgo habet XII stellas in corona sua* »; f. 103^v: Vitae Sanctorum (Legenda aurea); f. 120: Exempla (moralia); f. 128^v: *De passione Christi et planctu Mariae*

V.; f. 132: *De Adam et Eva* (a. 1397); f. 134^v: *De indigne comunicantibus*; f. 135: *De S. Gertrudis Vita.*

Titre: *De Adam et Eva.*

Incipit: *Adam et Eva cum expulsi fuissent de paradiso uoluptatis fecerunt sibi tabernaculum et fuerunt ibi uij diebus lugentes ceperunt esurire adam et eua. Querebant sibi escas ut manducarent et non habebant.*

Explicit: *Adam uero post quinque milia annorum introiuit im paradysum domini dicens Benedictus dominus in maiestate sua. Amen.*

Sg   Saint-Gall, Stiftsbibliothek, *Cod. Sang. 927*, papier, 724 p. (^{1}), 2 col., 30/32 lignes, 1435. Lat-V: p. 225-235.

> G. SCHERRER, *Verzeichnis der Handschriften der Stiftsbibliothek von St. Gallen*, Halle 1875, p. 348; B. M. SCARPATETTI − R. GAMPE − M. STÄHLI, *Die Handschriften der Bibliotheken St. Gallen − Zürich (Katalog der datierten Handschriften in der Schweiz in lateinischer Schrift vom Anfang des Mittelalters bis 1550* 3), Dietikon-Zurich 1991, p. 76, n° 210; illustration n° 144.

La reliure de ce manuscrit est si serrée qu'il est souvent difficile de lire la photocopie des débuts ou des fins de ligne saisis dans la reliure.

> Contenu: p. 5: *Libellus collationum s. patrum*; p. 186: *Quaedam miracula de uitis patrum* (61 chapitres); p. 225: *Penitentia primorum parentum*; p. 235: *Breuilogus uirtutum de imitacione Christi et contemptu mundi*; p. 263: *De imitatione Christi*, liber 2; p. 279: Bonaventura, *Tractatus diversi*; p. 339: Innocentius III, *Dialogus inter dominum et peccatorem*; p. 351: *Diversa de Ps.-Augustino*; p. 450: Evagrius, *Proverbia*; p. 458: Ps.-Augustinus, *Libellus de conflictu uitiorum et uirtutum*; p. 492: Ps.-Basilius, *Admonitiones ad monachos*; p. 519: Ps.-Augustinus, *De die judicii*; p. 544: Hugo de Sto Victore, *De arra animae*; p. 572-724: *Excerpta uaria ex patribus.*

Titre: *penitentia primorum parentum scilicet ade et eve.*

Incipit: *Adam et eua cum expulsi fuissent de paradiso uoluptatis fecerunt sibi tabernaculum et fuerunt ibi uij dies ceperunt esurire adam et eua et querebant sibi escas ut manducarent et non habebant.*

Explicit: *Adam post v milia annorum introiuit in paradysum dicens: Benedictus deus etc.*

---

(1) Ce sont les pages qui sont numérotées. Pour la *Vie d'Adam et Ève*, il existe aussi une numérotation des folios en chiffres arabes: 21ra à 26^r.

Sc Munich, Bayerische Staatsbibliothek, *cgm 3866*, papier, 290 x
205, 202 f., 2 col., 41 lignes, 1475-1476. Lat-V: f. 194ra-199vb
(MEYER: *3*; Klasse II).

Abbaye de Schäftlarn.

K. SCHNEIDER, *Die deutschen Handschriften der Bayerischen
Staatsbibliothek München*, 6: *Die mittelalterlichen Handschriften
aus Cgm 888-4000* (*Catalogus codicum manu scriptorum Bibliothecae Monacensis* 5, 6), Wiesbaden 1991, p. 425-428.

Sous le titre indiqué plus bas, ce manuscrit transmet une histoire
d'Adam et Ève en douze chapitres. Les trois premiers reprennent,
aux f. 194rb-195rb, des extraits du récit canonique de la Genèse:
Capitulum primum: résumé de Gen. 1,1-31 + 2,7-9; *Secundum capitulum*: Gen. 2,8-9 + 2,15-25; *Capitulum tertium*: Gen. 3. La *Vita
Adae et Evae* constitue les chapitres 4 à 12.

Contenu: f. 1: Graeculus, *Sermones de tempore*; f. 84: Prédica-
teurs de Forêt-Noire, *Sermones de tempore per circulum anni* (en
allemand) (a. 1476); f. 173: Robertus Grosseteste, *Testamenta
XII patriarcharum*; f. 192: Des livres perdus chez les Juifs;
f. 193: Gen. 49,1 – 50,3 lat.; f. 194: *Vita Adae et Evae*.

Titre (en tête du premier chapitre): *Vita et legenda ac hystoria
Ade et Eve primorum parentum nostrorum videlicet de procreatione
ac morte ipsorum de hoc seculo.*

Incipit (f. 195rb): *Adam et eua cum expulsi fuissent de paradiso
uoluptatis fecerunt sibi tabernaculum et fuerunt ibidem septem dies
lugentes et lamentantes in magna tristitia. Post septem autem dies ceperunt esurire adam et eua et querebant sibi escas et non habebant.*

Explicit: *Adam uero post quadraginta dies introiuit in paradisum
domini et Eua post lxxx dies. Et fuit adam in paradiso septem annos.*

Intitulé de fin: *vita Ade et Eve sicut inventum est in libris anti-
quis^o et revelatum est regi salamon per^o suffragia et misteria
sanctorum angelorum et prophetarum tabulisque lapideis repertum.*

Témoins isolés apparentés à la rédaction rhénane

A ces témoins, on ajoutera les témoins isolés qui ont transcrit
un texte structuré comme celui de *R1*, mais de façon libre.

Pa Paris, Bibliothèque nationale de France, *lat. 5327*, parchemin,
258 x 180, 205 f., 28 lignes, xe siècle (¹). Lat-V: f. 81^v-87^r.

---

(1) Un examen détaillé du manuscrit de Paris, BnF, *lat. 5327* est donné
plus loin, p. 162-179.

Abbaye de Saint-Amand-en-Pévèle.

MEYER, p. 218-219 (description), p. 245-250 (texte); HAGIO-
GRAPHI BOLLANDIANI, *Catalogus codicum hagiographicorum
latinorum antiquiorum saeculo* XVI *qui asservantur in Bibliotheca Parisiensi* (*Subsidia hagiographica* 2), Bruxelles 1890,
p. 241-243; J. GIJSEL, *Die unmittelbare Textüberlieferung des
sog. Pseudo-Matthäus* (*Verhandelingen van de Koninklijke Aca-
demie voor Wetenschappen, Letteren en Schone Kunsten van
België. Klasse der Letteren* Jaargang 43, Nr 96), Bruxelles
1981, p. 47-48; résumé dans J. GIJSEL, *Pseudo-Matthaei
Evangelium. Textus et Commentarius* (*CCSA* 9), Turnhout
1997, p. 112. Une organisation plus ancienne de ce manuscrit
est décrite dans A. SANDERUS, *Bibliotheca Belgica manuscripta,* Lille [Insulis sur la page de couverture] 1641 (réimpr.
Bruxelles 1972), p. 49, ms. 202. Selon ce recensement, *Pa* appartenait encore à la bibliothèque de l'abbaye de St-Amand
au milieu du XVIIe siècle.

Contenu : I. f. 1 : (1) Sulpitius Severus, *Vita sti Martini*; f. 9 : (2)
Vita s. Bavonis; f. 13 : (3) *Vita s. Gregorii papae*; f. 18 : (4-5) *Passio s. Ceciliae, s. Tiburtii et Valeriani*;

IIa. f. 25 : (6) Adelbaldus, *Vita s. Walburgis virginis*; (7) *Gesta
Dni nostri I. Xi quae invenit Theodosius Magnus* (Evangelium
Nicodemi); (8) Anonymi *Sermo de vindicta Dni*; (9) Sermo *de
S. Ioachim* (= *Ps.-Matthaei Evangelium*); (10) Sermo *de Assump-
tione Mariae*; (11) fragm. *De Inventione Sanctae Crucis*;

IIb. f. 81 : (12) *Vita Ade et Eve;* f. 87 : (13) Amphilochius Ico-
niensis, *Vita s. Basilii magni*; (14) Dado Rothomagensis, *Vita s.
Eligii*; f. 166 : (15) altera *vita Si. Eligii*; (16) Ps.-Melito, *Vita s.
Iohannis evangelistae*; (17) *Vita s. Arnulphi*; (18) Anonymus, *De
Palatio de quo narratur in passione S. Thomae apostoli*; (19) Gregorius Papa, *Homilia super Simile est regnum caelorum homini
regi*; f. 191 : (20) *Pseudo-Matthaei evangelium* (copie de 9); f. 203 :
(21) *Passio s. Andreae apostoli*

Selon la description de A. Sanderus, la structure antérieure du
manuscrit présentait les différentes pièces dans l'ordre suivant : 6-
19, 21, 1, 3, 5. Il n'est pas impossible que le catalogueur ait oublié
de recenser les documents 2 et 4, mais il semble bien que la copie
du Pseudo-Matthieu n'ait pas appartenu alors à ce codex.

Dans *Pa*, le texte de la *Vita Adae et Evae* est précédé (f. 81^r-
81^v) d'autres traités de la tradition adamique du haut Moyen Age :
De octo partibus corporis Adae, suivi sans rupture des traités *De
nomine Adae, De peccatis Adae, De octo pondera* (sic) *unde factus
est Adam* ([1]). Ces traités sont ainsi annoncés : *Venit nuper ad*

---

(1) Ces textes sont édités et traduits plus bas, p. 175-179.

manus meas quaedam schedula quam diligentius perscrutans repperi de adam rationem oppido prouidam. De cette notice, on pourra conclure que l'auteur avait sous les yeux un document plus ancien qui présentait les traités les uns après les autres (¹), y compris la *Vita Adae et Evae* – un document qui ne peut donc être postérieur au milieu du xᵉ siècle.

Titre: *Tractatus de penitentia Ade.*

Incipit: *Cum expulsi fuissent adam et eua de paradiso fecerunt sibi tabernaculum et fecerunt septem dies lamentationem in magna tristitia. Post septem dies ceperunt esurire et querebant sibi escam ut manducarent et non habebant.*

Explicit: *adam uero post quadraginta dies introiuit in paradisum et eua post octoginta et fuit adam in paradisum annos septem et sub die mouerunt omnem BESTIARUM.*

W Winchester, Cathedral Library, *VII*, parchemin, 207/217 x 145/150, 116 f., nombre et longueur de lignes variables, xiiiᵉ s. Lat-V: f. 109ᵛᵇ-112ʳᵃ (2 col., 33 lignes).

N. R. KER – A. J. PIPER, *Medieval Manuscripts in British Libraries*, vol. 4, Oxford 1992, p. 583-585.

Contenu: f. 1: *Evax rex arabum legitur* (= Marbodus, *De Gemmis*, PL 171, col. 1737-1758); f. 6bis: *Bestiarium*; f. 13: Sermones; f. 43: Extraits des Pères pour aider les prêtres des paroisses; f. 49: Remigius Autissiodorensis, *Defloratio super missam et super sacramenta*; f. 71: Ps.-Gregorius Magnus, *Liber de conflictu vitiorum et virtutum*; f. 80: Sermones diversi; f. 97: *Legendae S. Crucis* et *Nicodemi Evangelii* excerpta; f. 109: *De expulsione Ade de paradiso*; f. 112: Ps.-Methodius.

Titre: *De expulsione Ade de paradiso.*

Incipit: *Cum expulsi essent Adam et Eua de paradiso fecerunt sibi tabernaculum lugentes vii diebus in magna tristitia. Post VII uero*

---

(1) Ces mêmes traités précèdent, sous une forme différente, la *Vita Adae et Evae* dans le manuscrit *B*, Oxford, Balliol College, *228* (voir p. 76). Il existe de nombreuses copies isolées de ces différents textes; voir par exemple le manuscrit 230 de la bibliothèque de Saint-Gall, daté du début du ixᵉ siècle, folios 325-331, sous le titre *Octo pondera de quibus factus est Adam*. Sur ces textes, cf. M. FÖRSTER, « Adams Erschaffung und Namengebung. Ein lateinisches Fragment des s. g. slawischen Henoch », *Archiv für Religionswissenschaft* 11 (1908), p. 477-529. Aux pages 478-479, l'auteur cite six témoins datés du ixᵉ au xvᵉ siècle. Il ne connaît ni le manuscrit de Saint-Gall *230* ni celui de Paris *lat. 5327*. On verra plus loin que la famille anglaise a incorporé ces textes à sa forme propre de la *Vita Adae et Evae*, mais à la fin de celle-ci, et non au début.

dies ceperunt esurire et querere escam quam manducarentur et non inuenerunt.

Explicit: *Adam autem post xl dies introiuit in paradisum et Eua post octoginta dies. Quo nos ducere dignetur Qui cum patre et spiritu sancto uiuit et regnat.*

Bk Bratislava, Kapitulská knižnica, *88,* papier, 275 x 220, 231 f., 2 col., 52 lignes, 1343-1375. Lat-V: f. 115ra-117ra.

J. Sopko, *Stredoveké latinské kódexy v Slovenských knižniciach [Codices latini medii aevi bibliothecarum Slovaciae] (Stredoveké kódexy Slovenskej proveniencie [Codices medii aevi qui in bibliothecis Slovaciae asservantur ac olim asservabantur]* 1), Martin 1981, p. 122-125, n° 88 (^{1}).

Contenu: f. 1: Conrad Waldhauser, *Postilla studentium*; f. 8: *Historia decem millium militum* (1375); f. 13: Antonius de Azaro Parmensis, *Postillae super evangelia de tempore* (1358); f. 70: Sermones de tempore (1360); f. 115: *Vita Ade* (1360); f. 117: *Vita Pylati*; f. 119^{v}: Sermo *de Conceptione BMV* (1343), *de Natiuitate, de Corpore Christi*; f. 122: *Liber super epistulas dominicales totius anni*; f. 220: *Liber synodalis ex libris decretalium extractus.*

Titre: *Vita Ade qualiter finiuit (tempore).*

Incipit: *Cum Adam et Eua expellerentur de paradyso fecerunt sibi tabernaculum et fuerunt in illo per vii dies nihil facientes nisi plorantes et lamentantes. Post vii dies ceperunt esurire.*

Explicit: *Vbi inuente sunt lapidee post diluuium ad Salomonem quando per angelum in hunc locum ductus est. Adam post quadraginta dies ductus est Eua post octuaginta ... etc.*

Les éléments précités montrent que ce témoin est une réécriture de la rédaction rhénane de la *Vie d'Adam et Ève.*

Gz Graz, Universitätsbibliothek, *904,* papier, 220 x 150, 355 f., 33 lignes, écrit autour de 1425 (f. 51). Lat-V: f. 164^{r}-169^{v}.

Originaire de l'abbaye bénédictine de St. Lambrecht.

A. Kern, *Die Handschriften der Universitätsbibliothek Graz,* vol. 2 (*Handschriftenverzeichnisse österreichischer Bibliotheken* 2),

(1) Le fonds de la Kapitulská knižnica, bibliothèque du Chapitre de la cathédrale de Bratislava, a été acquis par les Archives nationales slovaques en 1968. Cf. P. Draskaba, *Slovak National Archivs,* Bratislava 2000, p. 7. Je remercie très sincèrement le Dr. Draskaba, directeur des Archives nationales slovaques, et Mme Svabyova, bibliothécaire de l'Institut français de Bratislava, de l'aide qu'ils m'ont apportée pour retrouver et connaître ce manuscrit.

Vienne 1956, p. 119-121; M. MAIROLD, *Die datierten Hand-schriften der Universitätsbibliothek Graz bis zum Jahre 1600* (*Katalog der datierten Handschriften in lateinischer Schrift in Österreich* 6), Vienne, 1979, p. 98-99, Abb. 150.

Contenu: f. 1: Otto de Lüneburg, *Compendium poetriae novae*; f. 8: *Ars dictandi*; f. 11: J. de Garlandia, *Commentarius in Versus « Poeniteas cito » Johannis de Garlandia* (1425); f. 55: Notae meteorologicae; f. 73: Hymni cum glossis interlinearibus; f. 94: Versus cum glossis marginalibus (inc. *« Anti greca vices ... »*); f. 105: Concordantiae utriusque testamenti; f. 164: *Vita Ade et Eve*; f. 170: Versus morales; f. 175: *Historia de nemine*; f. 176ᵛ: Exhortaciones pro infirmo; f. 182: *Vita S. Hemmae*; f. 196: Gerardus monachus cisterc., *Defensorium iuris*; f. 254: Decretum metricum (Gratiani); f. 268: *Provinciale omnium provinciarum Christianitatis*; f. 298: *De septem philosophis*; f. 322 Aegidius Asisias, *Collationes*; f. 348: *Tractatus contra neutralitatem electorum Sacri Romani Imperii*.

Titre: *Vita Ade et Eue*.

Incipit: *Factum est autem cum eiecti essent Adam et Eua de paradiso fecerunt sibi tabernaculum et steterunt septem dies lugentes et lamentantes in maxima tristicia. Post septem autem dies ceperunt esurire. Querebant enim escas sibi ut manducarent et non poterant inuenire.*

Explicit: *Hoc enim fecit deus ut relinqueretur hominibus memoria ad legendum qualiter fuit Adam deceptus per mulierem et mulier per serpentem quorum per inobedientiam totum humanum genus in profundum miserie fuit dimersum ut discant omnes esse obedientes deo omnipotenti ne perpetue mortis dampnum patiantur. A quo nos ille custodiat qui sine fine uiuit et regnat. Amen.*

Intitulé de fin: *Liber apocrifus de vita Ade et Eve*.

Kb Copenhague, Det Kongelige Bibliotek, *Ny kgl. saml. 123 4°*, papier, 210 x 142, 349 f., 2 col., 1454-1465. Lat-V: f. 47ᵛᵃ-49ᵛᵃ.

Originaire du Danemark.

E. JØRGENSEN, *Catalogus codicum latinorum medii aevii Bibliothecae Regiae Hafniensis*, Copenhague 1926, p. 163-165.

Contenu: f. 1: Laurentius de Dacia, *Stella clericorum*; f. 11ᵛ: Ps.-Hieronymus, *Quindecim signa ante diem iudicii*; f. 12: Exempla ex miraculis B. Mariae V.; f. 27: *Visio Tundali*; f. 36ᵛ: Antiphonae et orationes in templo Sti Sepulcri; f. 39: *Evangelium Nicodemi*; f. 47ᵛ: *De Ada et Eva*; f. 55: Sermones et materiae predicabiles; f. 67: Dominicus a Capranica, *De arte moriendi*; f. 79ᵛ: Sermones; f. 154: Gesta romanorum; f. 194ᵛ: Sermones, Exempla; f. 201: *Legenda et miracula sti Olavi*; f. 225: *Speculum humanae salvationis*;

f. 256: Formulae danica et latina de excommunicatione; f. 257:
J. de Hildesheim, *Gesta et translationes trium magorum*; f. 281: Ser-
mones diversi *de Passione domini*; f. 349: Copia litterarum dat.
Ripis anno 1465.

Titre: *De Ada et Eva.*

Incipit: *Cum adam et Eva expulsi essent de paradiso fecerunt sibi
tabernaculum Et fuerunt vij diebus in magna tristitia et lamentantes
post septem uero dies ceperunt esurire et querere ut manducarent et
non inuenerunt.*

Explicit: *et posuit in eas Seth litteras graecas et hebraicas omnium
operum patris et matris que ipse vidit et audivit a patre et matre et
consequti sunt graciam per penitentiam. Unde dominus: Agite penitentiam, appropinquabit enim regnum celorum.*

Kz Koblenz, Landeshauptarchiv, *Best. 701 Nr. 239*, papier, 215 x
150, 227 f., 37 lignes, vers 1477. Lat-V 1-12: 222^v-223^v.

Du Carmel de Boppard.

E. OVERGAAUW, *Die nichtarchivischen Handschriften der Sig-
naturgruppe Best. 701 Nr. 191-992 (Mittelalterliche Handschriften im Landeshauptarchiv Koblenz 2; Veröffentlichungen
der Landesarchivverwaltung Rheinland-Pfalz 94)*, Wiesbaden –
Koblenz 2002, p. 221-225 [Vie d'Adam, p. 224] ([1]).

Contenu: f. 1: Hugo de Prato, *Sermones*; f. 219^v: Table des matières et index des incipit des sermons; f. 222^v: *Vita Adae et Evae*;
f. 223: Notae variae.

Pas de titre initial.

Incipit: *Cum expulsi essent adam et eua de paradiso fecerunt sibi
tabernaculum et fuerunt quatuor diebus lugentes et lamentantes in magna tristicia post autem 4^{uor} diebus ceperunt esurire et querebant sibi
ut manducarent.*

Explicit: *Tunc ingemiscens dyabolus clamauit: O Adam tota in-
imicicia mea et dolor ad te est quoniam propitium deum habes et
antequam possum uenire ad pristinum statum et gloriam quam amisi
hoc applica ut scis etc.* (ch. 12).

---

(1) J'exprime ici ma gratitude au Dr. Overgaauw, directeur du département des manuscrits de la « Staatsbibliothek zu Berlin - Preußischer
Kulturbesitz », qui a bien voulu m'adresser une copie des épreuves de son
catalogue avant sa publication.

Famille R2

Groupe R2a

Ve Valenciennes, Bibliothèque municipale, *ms. 168*, parchemin, 353 x 248, 242 f., 2 col., 49 lignes, fin du xiiie s. Lat-V: f. 241ra-242vb.

Abbaye de Saint-Amand-en-Pévèle.

Catalogue général des manuscrits des bibliothèques publiques de France, vol. 25, Paris 1894, p. 259-260. « Manuscrit de la fin du xiiie ... Écriture peut-être italienne. » — Selon J. MANGEART, *Catalogue descriptif et raisonné des Manuscrits de la Bibliothèque de Valenciennes*, Paris – Valenciennes, 1860, p. 142, l'écriture serait une « écriture minuscule à 2 col. de la fin du xive ».

Contenu: f. 1: Johannes Cassianus, *Instituta cenobiorum*; f. 40: id., *Collationes Patrum*; f. 157: id., *Exhortatio seu commonicio vel pocius regula ad monachos*; f. 159: *Vitae patrum*, l. 2; f. 181: *Admonitiones diversorum Patrum*; f. 211: *Vita S. Euphrosynae*; f. 212: *Visio Drithelmi*, edita a ven. Beda; f. 214^v: *Visio Wettini*; f. 217: Gregorius Turonensis, *Vita s. Hospitii*; f. 221: *Vitae Patrum*, l. 1; f. 233^v: *Vita s. Theophili*; f. 235^v: Hieronymus, *Vita s. Hilarionis*; f. 241: *Vita Adae et Evae*.

Pas de titre initial.

Incipit: *Cum expulsi essent adam et eua de paradyso fecerunt sibi tabernaculum et manserunt ibi vii diebus lugentes in magna tristicia post vii dies ceperunt esurire et querebant sibi escam ut manducarent et non inueniebant.*

Explicit: *adam uero post xl dies introiuit in paradysum et eva post lxxx et fuit adam in paradysum annis vii et in ipso die in quo peccauit adam omnes bestie mutauerunt se.*

Intitulé de fin: *tractatus de uita ade et eue et morte eorum.*

Wh Wertheim, Evangelische Kirchenbibliothek, *ms. 726*, papier, 220 x 140, sans numérotation des folios, 36/39 lignes, 1360.

Chartreuse de Grünau (Franconie).

Les informations concernant ce manuscrit sont très sommaires. Dans l'étude de W. Stoll, *Geschichte der Kirchenbibliothek Wertheim* (*Mainfränkische Studien* 31), Wurtzbourg 1984, on ne trouve aucune indication sur ce manuscrit; la date indiquée m'a été communiquée par le pasteur de la paroisse évangélique de Wertheim, qui l'a trouvée dans l'inventaire informatique de sa bibliothèque. Au recto du folio initial se trouve une table de son contenu, mais l'angle supérieur droit de cette table, où pourrait se trouver inventoriée la Vie latine, est déchiré. Au bas de ce même folio, on lit: *Iste liber pertinet ad domum Neue celle prope Grunach, ord. Carthusiensis.* Dans la marge inférieure du premier folio de la *Vita Adae et Evae* on lit VII en chiffres romains.

Pas de titre initial.

Contenu: le relevé du f. 1 recense de très nombreux documents juridiques concernant la vie chrétienne: la dîme et les vœux, les sept sacrements, le droit du mariage et celui de la vie religieuse.

Incipit: *Cum expulsi essent adam et eva de paradiso fecerunt sibi tabernaculum et manserunt ibi septem diebus lugentes in magna tristitia. Post septem dies ceperunt esurire et querebant sibi escam ut manducarent et minime poterant invenire.*

Explicit: *Adam uero post xl dies intrauit paradysum et Eua post lxxx et fuerunt in paradysum annis vii et in ipso die in quo peccauit adam omnes bestie mutauerunt se.*

L'encre du coin supérieur externe des deux faces de chaque folio, sur un triangle d'environ 6 cm de côté, a été délavée par l'humidité (¹).

As Aschaffenburg, Hofbibliothek, *ms. 44*, papier, 210 x 144, 291 f., 26/27 lignes, autour de 1450. Lat-V: 1,1 – 25,6 (mutil.): f. 57ʳ-60ʳ.

> *ad Curiam Altavillanam* [Eltville] *pertinens.*
>
> J. Hofmann – H. Thurn, *Die Handschriften der Hofbibliothek Aschaffenburg (Veröffentlichungen des Geschichts- und Kunstvereins Aschaffenburg* 1), Aschaffenburg 1978, p. 101-107. Manuscrit composé de plusieurs éléments indépendants; la première partie se termine au folio 60.

Contenu: f. 1: Ludolph de Suchen, *De Terra sancta et itinere Jerosolymitano*; f. 57: *Planctus Ade et Eve*; f. 61: *Salve Regina* germanice; f. 61ᵛ: *Peregrinationes sancte terre*; f. 68: *Auctoritates philosophie compilate in studio Rostockiensi* (1441); f. 109ᵛ: *Regule et figure decem predicamentorum*; f. 116: Johannes Parisiensis, *Tractatus quatuor complexionum cum commento*; f. 127: *Tractatus diversi de pestilentia*; f. 133: Ps.-Aristoteles, *Epistola de dieta* cum

---

(1) Le Dr. Rückleben, directeur des archives du Consistoire de l'Église évangélique de Karlsruhe, alors dépositaire de ce document pour réparation, a bien voulu m'aider au déchiffrement du manuscrit, en le photographiant sous plusieurs éclairages. Qu'il en soit vivement remercié. Le manuscrit a été rendu depuis à son propriétaire, l'Evangelische Stiftspfarrei de Wertheim.

diversis; f. 159: Vocabularius latino-germano-bohemicus de syno-
nymia plantarum; f. 199ᵛ: *Nomina herbarum*; f. 207: Commen-
tarii in Tractatus Aristotelis; f. 236ᵛ: Aristoteles, *Tractatus diversi*;
f. 291: Vers sur l'histoire de Spire.

Titre: *Planctus Ade et Eve post expulsionem de Paradiso.*

Incipit: *Cum expulsi essent Adam et Eva de paradiso fecerunt sibi
tabernaculum et manserunt ibi septem diebus lugentes in magna tristicia. Post septem dies ceperunt esurire et querebant sibi escam ut
manducarent et minime potuerunt inuenire.*

Explicit: *et vidi dominum deum et aspectus eius erat ignis intolerabilis et multa milia angelorum erant a dextris* (25,6).

La copie s'arrête au milieu du recto du f. 60, dernier folio de la
première partie du manuscrit.

Groupe R2b–R2d

Sous-groupe R2b

B Oxford, Balliol College Library, *ms. 228*, parchemin, 459 x 305,
1+334 f., 2 col., 52 lignes, xivᵉ-xvᵉ s. Lat-V: f. 203ʳᵃ-206ᵛᵃ.

> H. O. Coxe, *Catalogus codicum Mss. Collegii Balliolensis* (*Ca-
> talogus codicum Mss. qui in collegiis aulisque Oxoniensibus
> hodie adservantur* 1, 2), Oxford 1852, p. 73; Mozley, p. 122
> (IV); R. A. B. Mynors, *Catalogue of the Manuscripts of Bal-
> liol College Oxford,* Oxford 1963, p. 230-237.

Le texte de la *Vita Adae et Evae* présente des caractéristiques
singulières. D'une part, il est précédé de trois courts traités concernant Adam: le traité *De octo partibus Ade*, le traité du Nom
d'Adam et la nomenclature de ses péchés (¹). D'autre part, *B* est
le seul témoin qui compile la *Vie d'Adam et Eve* avec la *Légende de
la Croix*: douze extraits de cette dernière remplacent ou complètent des passages de la rédaction habituelle de la *Vita Adae et
Evae* (²), et après l'explicit traditionnel de celle-ci, le récit de la
Légende de la Croix se poursuit jusqu'à sa fin.

---

(1) Sur ces traités, voir la description du manuscrit de Paris, *lat. 5327*
(p. 69-70), l'analyse (p. 162-175) et l'édition (p. 176-179). Mozley a collationné
B avec soin; il a notamment cité dans l'apparat de son édition presque tous
les emprunts de *B* à la *Légende de la Croix* (p. 139-143, « Additions in B »), et
en annexe, sous le titre « Beginning of B », le texte des traités adamiques.

(2) Cf. Mozley, p. 122. Il s'agit bien d'une compilation: ces extraits
transmettent presque intégralement, mais par morceaux disjoints, le texte de
la *Légende*. Nous les éditons ci-dessous, p. 536-545, en donnant à chaque fois
la référence exacte à l'édition de Meyer, 1882.

Contenu: f. 3: Kalendarium; f. 11: Jacobus de Voragine, *Legenda aurea*; f. 203: *Tractatus Adae et Evae*; f. 206ᵛ: Ps.-Hieronymus, *Libellus de conceptione et nativitate BMV* (= *Ps.-Matthaei Evangelium*) (¹); f. 214: Liber qui dicitur *Omnis aetas*; f. 216ᵛ: *Tractatus de confessionibus*; f. 218: Alexander episc. Coventriensis, *Constitutiones ad Archidiaconos*; f. 219: *Tractatus de septem criminalibus*; f. 220: *Questiones de sacramentis ecclesiae*; f. 225: *Sermo in evangelium « Homo quidam fecit cenam »*; f. 226: Hugo de Sancto Victore, *Speculum ecclesiae*; f. 247ᵛ: *De adventu domini*; f. 264ᵛ: *Distinctiones Missae*; f. 269: *De penitentia*; f. 279: *Narrationes, vitae et miracula sanctorum*; f. 322: Robertus Grosseteste, *Templum domini*.

Titre: *Tractatus Ade et Eue primorum parentum.*

Incipit: *Cum expulsi fuissent adam et eua de paradiso fecerunt sibi habitaculum et manserunt in eo octo diebus lugentes in magna tristitia. Post octo dies ceperunt esurire et querentes sibi escam et non inuenerunt.*

Explicit (*Vitae Adae et Evae*): *Et uenit deus in sanctis suis facere iudicium de omnibus operibus et que locuti sunt de eo peccatores et iniqui et murmuratores et querelosi quorum os locutum est superbiam.*

Explicit (de l'ensemble du récit): *Et ex maria dulcissima gloriosissima uenustissima perspicacissima et aptissima operatur salutatio nostra per Ihum xpum filium suum Qui cum patre et spiritu sancto uiuit et regnat deus per omnia secula seculorum amen.*

Du   Dublin, Trinity College Library, *cod. 509*, parchemin, 221 x 145, 306 p., 31 lignes, xvᵉ s. Lat-V: p. 297-306.

> M. L. COLKER, *Trinity College Library Dublin. Descriptive Catalogue of the Mediaeval and Renaissance Latin Manuscripts,* Aldershot 1991, vol. 2, p. 943-954. Les numéros indiqués sont des numéros de page et non de folios. M. Colker précise (p. 153): « TCD 509 was once bound with TCD 604 and the contents differently arranged. It is reasonable to suppose, for example, that the apocryphal legends in both codices once stood together. » Dans TCD 604, on trouve, f. 55ʳ-63ᵛ: *Evangelium Nicodemi*; f. 79ʳ-83ʳ: *Ps.-Matthaei Evangelium.*

Contenu: p. 1: Robertus Baleus (?), *Chronica ad annum 1421*; p. 8: *Chronica A. D. 140-1382*; p. 13: *De morte Pilati*; p. 23: *De Juda Iscariote*; p. 27: Adso, *Libellus de Antichristo*; p. 30: *De quindecim signis ante iudicium*; p. 34: Notae variae de Londinio uel Anglia; p. 101: *Descriptio BMV*; p. 116: Martinus Polonus, *Chronica* (excerpta); p. 121: Robertus Baleus, *Chronicle of London A. D. 1189-1461* (en anglais); p. 219: Robertus Baleus (?), *Gesta*

---

(1) Cf. *CCSA* 9, p. 115-116.

Edwardi III; p. 260: *Vita S. Marinae*; p. 272: Robertus Baleus (?), *Nomina sanctorum*; p. 287: Exempla et Odo de Ceritona, *Parabolae*; p. 297: *Vita Adae et Evae*.

Titre: *Vita Ade et Eve, qui fuerunt nostri parentes protoplasti* (altera manu).

Incipit: *Cum expulsi essent Adam et Eua de paradiso fecerunt sibi habitaculum et manserunt in eo septem diebus lugentes et lamentantes in magna tristitia. Post septem dies ceperunt esurire et querere escam ut manducarent et non inueniebant.*

Explicit: *Ecce venit dominus in sanctis suis facere iudicium de omnibus operibus et omnibus que locuti sunt de ipso potentes impii murmuratores et que uermosi et quorum os locutum est superbiam.*

Sous-groupe R2d

Lm Lund, Universitetsbiblioteket, *Medeltidshandskrift 30*, parchemin et papier, 210 x 140, 194 f., 37-38 lignes, fin du xve s. Lat-V: f. 149^v-153^v.

> Probablement copié dans le couvent danois de Ste Marie-Madeleine de Bistrup.
>
> J. Gijsel, *Libri de Nativitate Mariae. Pseudo-Matthaei Evangelium. Textus et Commentarius* (*CCSA* 9), Turnhout 1997, p. 180-181.

Contenu: f. 1: *Auctoritates*; f. 72^v: Bernardus de Traiecto, *Commentum in Theodolum*; f. 107: *Auctoritates*; f. 139: *Ps.-Matthaei Evangelium*; f. 149^v: *Vita Adae et Evae*; f. 153^v: *Mappa Mundi*; f. 160: Matthaeus de Cracovia, *De puritate conscientiae et munditia cordis*; f. 184: *Auctoritates*; f. 193: *De Apocalypsi S. Johannis.*

Pas de titre initial.

Incipit: *Cum expulsi fuissent Adam et Eua de paradiso fecerunt sibi tabernaculum et manserunt in eo septem diebus lugentes et lamentantes in magna tristitia. Post septem dies ceperunt esurire et querebant sibi escam ut manducarent et non inueniebant.*

Explicit: *Ecce dominus ueniet in sanctis suis iudicium facere de omnibus operibus et uerbis que loquti sunt de eo peccatores et impii murmuratores et querulosi et quorum os loqutum est in superbia et in ipso die in quo peccauit adam omnes bestie mutauerunt se.*

Bg Barcelone, Biblioteca de Catalunya, *ms 4003* (¹), parchemin, 225 x 170, 126 f., 34 lignes, xiv^e s. Lat-V: f. 95^v-99^v.

---

(1) Mme A. Gudayol, directrice de la section des manuscrits de la « Biblioteca de Catalunya », a bien voulu prendre le temps de consulter pour

Contenu: (1) Jean d'Aragon, patriarche d'Alexandrie, *Brevis tracta-tus de articulis fidei;* (2) *Liber beati Augustini de salute animae;* (3) Innocentius iii, *De miseria humane conditionis;* (4) *Dictamen magistri Petri de Vineis super comptemtione corporis et anime;* (5) *Auctoritates aliquorum sanctorum;* (6) *Confessio generalis;* (7) *Qualiter confessiones debent audiri;* (8) *Liber quem composuit beatus Thomas de Aquino;* (9) *Speculum Ecclesie;* (10) *Questiones et solutiones circa pericula que possunt euenire in celebrando;* (11) *De Antichristo;* (12) Ps.-Anselmus Cantuariensis, *De Antichristo;* (13) Orationes Jesu Christi et Virginis Marie; (14) Ps.-Bernardus Claravallensis, *Liber de contemptu mundi;* (15) Hugo de Sancto Victore, *Brevis libellus;* (16) Isidorus Hispalensis, *Synonima;* (17) *De die dominico;* (18) *De visione beati Brandani;* (19) Hildegardis von Bingen, *Prophetia;* (20) *De uita Adae et Evae;* (21) *Stabat Mater et Orationes aliquas;* (22) *De quatuor virtutibus;* (23) *Evangelium Nicodemi de passione domini nostri Jesu Christi;* (24) *De complanctu beati Bernardi ad Virginem Mariam;* (25) *De assumptione beate Marie;* (26) *Orationes Jesu Christi et beatissime virginis Marie.*

Titre: *De vita adam et eua.*

Incipit: *Factum est autem cum expulsi fuissent adam et eua de paradiso fecerunt sibi tabernaculum et manserunt in eo vii diebus lugentes et lamentantes in magna tristicia post vii dies ceperunt esurire et querebant sibi escam ut manducarent et non inueniebant.*

Explicit: *Ecce uenit dominus in sanctis suis facere iudicium de omnibus operibus que locuti sunt de eo peccatores, et impii murmuratores et inreligiosi, et quorum os⁰ loqutum est in superbia.*

Groupe R2c

Bd Berlin, Staatsbibliothek zu Berlin - Preußischer Kulturbesitz, *Theol. lat. qu. 369*, parchemin, 235 x 170, 71 f., 2 col., 55-48 lignes, dernier quart du XIIIe s. Lat-V: f. 66ra-67vb.

En possession de la Chartreuse de Mayence au XIVe siècle.

G. ACHTEN, *Die theologischen lateinischen Handschriften in Quarto der Staatsbibliothek Preußischer Kulturbesitz Berlin, Teil 2*, Wiesbaden 1984, p. 214-217.

Contenu: f. 1: Gregorius Magnus, *Dialogorum* libri I, III, IV; f. 35: *Liber de miraculis BMV;* f. 50: J. de Voragine, *Legenda aurea,* cap. 180-181; f. 51^v: Notae de liturgia; f. 54: *Legenda aurea* (excerptum); f. 55: *Chronicon pontificum et imperatorum;* f. 58: *Sermo de corpore Christi, Sermo in paraschaphe de BMV;* f. 58^v: *Ps.-Matthaei*

---

moi le catalogue de son institution, et c'est à elle que revient la découverte toute récente de ce témoin. Qu'elle en soit très vivement remerciée.

Evangelium; f. 64: *Acta Pilati*, Pars 1, 1-13; f. 66: *Vita Adae et Evae*; f. 67^v: *De poenis inferni*; f. 68: Auctoritates.

Titre: *De Vita Adam et Eue.*

Incipit: *Cum expulsi essent Adam et Eva de paradyso fecerunt {fecerunt} sibi quoddam tabernaculum et ibi manserunt 7 dies lugentes in magna tristitia. Post 7 dies ceperunt esurire et querebant quod manducarent.*

Explicit: *Notandum autem quod A. post xv dies intrauit paradysum et Eua post lxxx Et fuit adam in paradyso 7 diebus et ipso die in quo peccauit adam omnes bestie se secundum statum suum mutauerunt.*

Intitulé de fin: *libellus breviter tractans de vita Ade et Eve et de morte ipsorum nec non de sepultura eorum.*

Au Munich, Bayerische Staatsbibliothek, *clm 4350*, papier, 305 x 115, 92 f., 62-63 lignes, 1339. Lat-V 1,1 − 29,2: f. 29^r-29^v.

St-Ulrich d'Augsbourg.

CCLM 1, 2, p. 176.

Contenu: f. 1: Onomastikon; f. 6^v: Physiologus metricus; f. 9: Catonis *disticha*; f. 11: Volpertus de Ahusa, *Liber miraculorum V. Mariae*; f. 28^v: *Cain et Abel Historia* (Gen 4,1-24); f. 29: *De Vita Ade et Eve*; f. 30: *De S. Anna*; f. 30: *De confessione et communione annuale*; f. 30^v: Versus diversi et Sententiae; f. 83: Innocentius III, *De miseria condicionis humanae*; f. 85: *Errores Iudeorum*; f. 91^v: *XV signa diei iudicii.*

Titre: *liber breuiter tractans de uita ade et eue de morte ipsorum et de plur(ibus).*

Incipit: *Cum expulsi essent adam et eua de paradiso fecerunt sibi quoddam tabernaculum et ibi manserunt septem dies lugentes in magna tristitia. Post septem dies ceperunt esurire et querebant quod manducarent.*

Explicit: *Et tenens michahel virgam in manu sua et tangens aquas quae erant circa paradisum terrestre et congellate sunt et pertransivi et michahel archangelus mecum reducens me ad locum in paradiso terrestri Amen* (lat-V 29.1).

Ce témoin s'interrompt à la fin de la première partie de l'« Apocalypse d'Adam »; il ignore la méditation sur l'histoire du Temple (lat-V 29.2-9) et le récit de la maladie d'Adam et de la mort des protoplastes (lat-V 30-54).

Vf Vienne, Österreichische Nationalbibliothek, *Cod. 1629*, parchemin, 225 x 155, 106 f., 39 lignes, xive siècle, lat-V: 98^v-101^v et 104^r.

Originaire de la Chartreuse d'Aggsbach.

TCMV 1, p. 265.

Lors de la reliure du manuscrit tel qu'il est composé aujourd'hui, la dernière page de la *Vita Adae* a été séparée des précédentes par la copie de la *Visio Pauli*, qui occupe les folios 102^r-103^v.

Contenu: f. 1: *Tractatus hominis, de descriptione hominis*; f. 98^v: *Poenitentiale Adae et Evae*; f. 102: *Visio beati Pauli*; f. 104: *Continuatio poenitentialis Adae et Evae*; f. 104: *Epistola contra quosdam in divina pagina titubantes*.

Titre: *Poenitentiale Adae et Evae* (recentiore manu).

Incipit: *Cum expulsi essent adam et eva de paradiso fecerunt sibi quoddam tabernaculum et ibi manserunt septem diebus lugentes in magna tristitia post septem uero dies ceperunt esurire et querebant escam ut manducarent.*

Explicit: *Notandum autem quod adam postquam 15 dies intrauerit paradisum et eua post 80^a. Et fuit adam in paradiso septem diebus et in ipso die quo peccauit adam omnes bestie se secundum statum suum mutauerunt. Sic est finis huius operis. Laus deo in perpetuum.*

Intitulé de fin: *penitentiale ade et eue et de Vita et morte eorumdem deo gratias Amen Amen.*

Pb Paris, Bibliothèque nationale de France, *lat. 590,* parchemin, 185 x 125, 193 f., 30-35 lignes, fin du xive – début du xve s. Lat-V: f. 163^r-168^v.

Abbaye de Saint-Amand-en-Pévèle.

Catalogue général des manuscrits latins de la Bibliothèque Nationale, vol. 1 (Mss n° 1-1438), Paris 1939 (réimpr. 1965), p. 209-210.

Contenu: f. 1: Gerardus Odonis, *Liber de figuris Bibliorum*; f. 73: Robertus Holcoth, *Moralitates*; f. 99^v: *Imagines Fulgentii moralizatae*; f. 115: *Aenigmata Aristotelis moralizatae*; f. 119: Nicolaus Treveth, *Declamationes Senecae moralizatae*; f. 141: Astasius, *Ars praedicandi*; f. 153^v: Bonaventura, *De triplici via*; f. 163: *Vita Adae et Evae*; f. 169: *De antichristo*; f. 177: *De vitiis et virtutibus*.

Dans la marge, au long du texte, un lecteur résume le contenu du récit ou en signale les éléments significatifs, mais ces indications ont été mutilées lors de la reliure. De nombreuses fautes d'inattention, sauts du même au même en particulier, déparent ce témoin.

Titre: *liber de vita Ade et Eue et de morte eorumdem qui intitulatur penitentiale ade.*

Incipit: *Cum expulsi essent adam et eva de paradiso fecerunt sibi quodam tabernaculum et ibi manserunt septem diebus lugentes in*

*magna tristicia post septem uero dies ceperunt esurire et querebant
escam ut manducarent.*

Explicit: *Notandum autem quod adam postquam peccauit intrauit
paradysum et eua post 88 et fuit adam in paradyso 7 diebus Et in
ipso die quo peccauit adam omnes⁰ bestie se secundum⁰ statum intra-
uerunt.*

Intitulé de fin: *penitentiale ade et eue et de Vita et de morte eorumdem.*

Rédaction d'Allemagne du Sud (Famille A)

Groupe A1

S Munich, Bayerische Staatsbibliothek, *clm 17740*, parchemin,
210 x 170, 113 f., 20 lignes, xᵉ s. Lat-V: f. 37ʳ-47ʳ.

> Abbaye de St-Emmeran, puis monastère de St-Mang (Ratis-
> bonne).
>
> CCLM 2, 3, p. 119-120; *Catalogus manuscriptorum librorum
> bibliothecae Monasterii Sancti Magni*, établi sur ordre du duc
> Maximilien I de Bavière en 1610, et publié par F. Fuchs,
> *Bildung und Wissenschaft in Regensburg. Neue Forschungen
> und Texte aus St. Mang in Stadtamhof (Beiträge zur Geschichte
> und Quellenkunde des Mittelalters* 13), Sigmaringen 1989,
> p. 42-80, p. 42.

Ce manuscrit est mentionné dans un inventaire de l'abbaye de St-
Emmeran de Ratisbonne; voir F. Fuchs, p. 42, n. 119: « Der In-
halt des im ausgehenden 10. Jahrhundert geschriebenen Teiles der
Handschrift (fol. 1ᵛ-106ᵛ) stimmt genau überein mit einem im Zu-
wachsverzeichnis der St. Emmeramer Bibliothek aus der Zeit des
Abtes Ramwold (†1000) verbuchten Codex. » L'inventaire de St-
Emmeran édité par C. E. Ineichen-Eder (*Mittelalterliche Bibliothekskataloge Deutschlands und der Schweiz*, vol. 4,1: *Bistümer
Passau und Regensburg*, Munich 1977), dans lequel est signalé ce
manuscrit, commence ainsi (p. 148, l. 55): « Anno D CCCC XCIII
indictione VI haec adbreuiata facta est. » Le manuscrit appartint
ensuite à St-Mang, autre monastère de la ville de Regensburg.

> Contenu: f. 1: *Vita Sti Brendani*; f. 37: *Vita Adae et Evae*;
> f. 47: *Vita s. Symeonis monachi*; f. 59: Caesarius Arelatensis,
> *Homeliae IX ad monachos*; f. 89: Vitae et translationes sanctorum
> (Benedictus, Hieronymus, Senesius et Theopompus).
>
> Titre: *Vita Adam et Aeuae.*
>
> Incipit: *Quando expulsi sunt de paradyso fecerunt sibi tabernacu-
> lum et fuerunt septem dies lugentes et lamentantes in magna tristicia*

Post septem autem dies coeperunt esurire et quaerebant aescam ut manducarent et non inueniebant.

Explicit: *quia septimo die signum resurrectionis est futuri seculi requies et in die septimo requieuit dominus ab omnibus operibus suis. Tunc seth fecit tabulas.*

T Munich, Bayerische Staatsbibliothek, *clm 18525b*, parchemin, 245 x 180, 95 f., 27 lignes, xe s. Lat-V: f. 89^v-95^v.

> Originaire de l'abbaye de Tegernsee.

> CCLM 2, 3, p. 170; C. E. Eder, *Die Schule des Klosters Tegernsee im frühen Mittelalter im Spiegel der Tegernseer Handschriften (Münchener Beiträge zur Mediävistik und Renaissance-Forschung, Beiheft* 1) Munich 1972, p. 32 (^{1}).

Contenu: f. 1: Augustinus, *Enchiridion de fide spe et charitate*; f. 45: Ambrosius, *De paenitentia*; f. 79: Ps.-Methodius, *Dicta de regnis et de novissimis temporibus demonstratio*; f. 89: *De paenitentia Adae et Evae.*

L'index écrit sur le f. 1 indique que le codex contenait encore à la suite les pièces suivantes: *Vita Brendani, Vita Sti Symeonis monachi*, Excerpta ex dictis Amularii episcopi et Walahfridi *De rebus ecclesiasticis.*

Titre (en caractères cursifs tardifs): *Penitentia ade et eue quando expulsi sunt de paradiso.*

Incipit: *Quando expulsi sunt de paradyso fecerunt sibi tabernaculum et fuerunt vii^{tem} dies lugentes et lamentantes in magna tristicia post vii autem dies coeperunt esurire et quaerebant escam ut manducarent et non inueniebant.*

Explicit (de la même écriture que le titre): *Octauus uero dies future et eterne beatitudinis est in quo omnes sancti cum ipso creatore et saluatore simul cum anima et corpore numquam de cetero morituri regnabunt per infinita secula seculorum Amen.*

Intitulé de fin (sans doute de la même main que le titre, mais d'une écriture plus grande): *penitentia ade et Eue.*

M Munich, Bayerische Staatsbibliothek, *clm 19112*, parchemin, 200 x 120, 178 f., 30 lignes, xiie s. Lat-V: f. 156^r-163^v.

> Originaire de l'abbaye de Tegernsee.

---

(1) On notera que C. E. Eder ne décrit pas le deuxième témoin, plus tardif, de la recension d'Allemagne du Sud qui est aussi conservé à l'abbaye de Tegernsee, *clm 19112* (*M*, décrit ci-après).

CCLM 2, 3, p. 232.

Contenu: f. 1: *Sermo de Assumptione B. Mariae*; f. 17: Ivo, Sermones duo *De dedicatione Ecclesiae*; f. 27: Sixti *Sermo de liberatione humani generis*; f. 31: Sermones varii argumenti; f. 146: Ps.-Methodii *Dicta* (cf. *supra T*, f. 79); f. 156: *Historia Adami et Evae post expulsionem ex paradiso*; f. 163: *XV signa imminentis diei iudicii;* f. 164: *De ligno crucis tempore Davidis regis reperto* (= *Legenda de ligno sanctae crucis?*); f. 165: Compendiosa descriptio contentus plurium librorum Veteris Testamenti et Eusebii historiae ecclesiasticae.

Deux titres initiaux; le premier est contemporain de l'écriture du manuscrit: *De Ada et eva*; le second, *Tractatulus de expulsione de paradiso ade et eue*, en marge, est d'une écriture tardive très semblable à celle du titre de *T*.

Incipit: *Quando expulsi sunt de paradyso fecerunt sibi tabernaculum et fuerunt vii dies lugentes et lamentantes in magna tristicia. Post vii autem dies ceperunt esurire et querebant escam ut manducarent et non inueniebant.*

Explicit: *quia septimo die signum resurrectionis est futuri seculi requies et in die septimo requieuit dominus ab omnibus operibus suis. Tunc Seth fecit tabulas.*

Ne Chicago, Newberry Library, *MS f6*, parchemin, 240 x 195, 228 f., 26 lignes, xiiᵉ s. Lat-V 1,1 – 51,1 (mutil.): f. 224ʳ-228ᵛ.

Écrit en Autriche ou en Allemagne du Sud dans la première moitié du xiiᵉ siècle, le manuscrit appartenait à la bibliothèque de l'abbaye bénédictine de Lambach, sous la référence Ms. 77 ([1]).

P. SAENGER, *A Catalogue of the Pre-1500 Western Manuscript Books at the Newberry Library*, Chicago – Londres 1989, p. 14-17.

Contenu: f. 1: Isidorus Hispalensis, *Sententiae*; f. 51: Othlo, *Dialogus de 3 questionibus*; f. 119: Visiones diversae; f. 146: *Vita s. Mariae Egyptiacae*; f. 165ᵛ: *S. Cypriani confessio et passio*; f. 178: *Vita s. Alexii*; f. 182ᵛ: *Vita s. Theophili de Adana*; f. 191: *Vita s. Symeonis monachi*; f. 198: *Tiburtina Sibylla*; f. 203: *Navigatio s. Brandani*; f. 220: *Oracula Sibyllina* (= f. 198-202); f. 224: *Vita Adae et Evae*.

Pas de titre initial.

Incipit: *Quando expulsi sunt adam et eua de paradyso fecerunt sibi tabernaculum et fuerunt vii dies lugentes et lamentantes in magna*

---

(1) Sur le scriptorium de Lambach, voir MBKÖ 5, p. 49-58.

tristicia. Post sex autem dies ceperunt esurire quia querebant escam ut manducarent et non inueniebant.

Explicit: *Postea cum magno festo sepelierunt eam filii eius. Cum essent* // (lat-V 51,1).

Le dernier folio du manuscrit a disparu.

In Munich, Bayerische Staatsbibliothek, *clm 7685*, papier, 220 x 150, 215 f., 26-27 lignes, xv^e s. Lat-V 1,1 – 47,4 (mutil.): f. 122^r-126^v.

Originaire de l'abbaye d'Indersdorf.

CCLM 1, 3, p. 187 (notice de G. Meyer).

Contenu: f. 1: Eberhardus in Fürstenfeld, *De miraculis S. Leonhardi in Inchenhofen, usque ad a. 1435* (Codex hic ab ipso auctore scriptus videtur); f. 115: Presbyter Johannes, *Emanueli Romeon gubernatori*; f. 120: Augustini *Liber de disciplina christiana*; f. 122: *Paenitentia primorum parentum Adae et Evae*; f. 127: *Liber dictus instrumentum religiosorum*: f. 141: Preces germanicae; f. 152: Versus de Sacramentis; f. 162: Sermo *de prelatis ecclesiae et rectoribus et predicatoribus*; f. 170: Innocentius papa, *Epistola ad Eberhardum archiepiscopum Saltzburgensem de statu canonicorum*; f. 177: *De irreverentia juxta altare*; f. 184: Initium libri Aristotelis *De predicamentis*; f. 185: Causa quaedam cum arbitriis multorum iuris consultorum; f. 188: *De rigore et origine ordinis Carthusiensis*; f. 194: Ps.-Cyprianus, *De XII abusivis seculi*.

Titre: *De penitentia primorum parentum Ade et eue.*

Incipit: *Quando expulsi sunt de paradiso Adam et Eua fecerunt sibi tabernaculum et fierunt septem dies lugentes et lamentantes in magna tristicia. Post vii autem dies ceperunt esurire et querebant escam ut manducarent et nihil inueniebant.*

Explicit: *et tradidit michahele dicens Sit in custodia tua usque in diem defensionis in suppliciis ad annos nouissimos quando* // (lat-V 47,4).

Le dernier folio du texte est perdu.

Lh Munich, Universitätsbibliothek, *2° Cod. ms. 103*, papier, 290 x 210, 322 f., 2 col., 38 lignes, écrit vers 1445. Lat-V: f. 160ra-164ra.

Couvent franciscain de Landshut (Basse Bavière).

N. Daniel – G. Kornrumpf – G. Schott, *Die lateinischen mittelalterlichen Handschriften der Universitätsbibliothek München. Die Handschriften aus der Folioreihe (Die Handschriften der Universitätsbibliothek München 3, 1)*, Wiesbaden 1974,

p. 164-167. Sur l'histoire des manuscrits du monastère franciscain de Landshut, voir l'introduction de G. Kornrumpf, « Die Handschriften der Landshuter Franziskaner in der Universitätsbibliothek München », *ibid.*, p. XIII-XX.

Contenu: f. 1: Gregorius Magnus, *Dialogorum libri IV*; f. 54: Nicolaus de Dinkelsbühl, *De viginti quatuor senioribus*; f. 57: Nicolas de Jawor, *De superstitionibus*; f. 95: *Questio: utrum observantia regularis professionis simpliciter sit de necessitate salutis*; f. 99: *Quadragesimale viatoris*; f. 141: Innocentius III papa, *De miseria humanae conditionis*; f. 160: *Vita Adae et Evae*; f. 164: Defensor, *Liber scintillarum*; f. 238: Thomas a Kempis (?), *De imitatione Christi, l. 1*; f. 251: Nicolaus de Dinkelsbühl (?), *Speculum artis bene moriendi*; f. 261: Henricus de Frimaria, *De occultatione uitiorum sub specie virtutum*; f. 280ᵛ: Malachias Hibernicus, *Tractatus de veneno spirituali*.

Pas de titre initial.

Incipit: *Quando primi parentes scilicet adam et eua expulsi sunt de paradiso et fecerunt sibi tabernaculum et fuerunt septem diebus lugientes in magna tristicia. Post septem autem dies ceperunt esurire et querebant escam et non inueniebant.*

Explicit: *Quia septimo die signum resurrectionis et futuri seculi et in die septimo requieuit ab omnibus operibus suis. Tunc seth sicut precepit ei mater eius fecit tabulas Amen.*

Groupe A2

Sous-groupe A2a

Fa Fulda, Hessische Landesbibliothek, *B3*, parchemin, 320 x 210, 170 f., 2 col., 30 lignes, entre 1198 et 1208. Lat-V: 72ʳᵃ-78ʳᵇ.

Originaire de l'abbaye de Weingarten, sous la cote G11.

R. Hausmann, *Die historischen, philologischen und juristischen Handschriften der Hessischen Landesbibliothek Fulda bis zum Jahr 1600, B 1-25. C 1-18.68. D 1-48* (*Die Handschriften der Hessischen Landesbibliothek Fulda* 2), Wiesbaden 2000, p. 9-12; K. Löffler, *Die Handschriften des Klosters Weingarten*, Leipzig 1912, p. 102. On trouvera une reproduction de l'Initiale de la *Vita Adae* dans H. Köllner, *Die Illuminierten Handschriften der Hessischen Landesbibliothek Fulda, Teil 1: Handschriften des 6. bis 13. Jahrhunderts*, vol. 1, Stuttgart 1976, Kat. 52, n° 506.

Contenu: f. 1: Hugo de Sancto Victore, *Chronica*; f. 57: Honorius Augustodunensis, *De Imagine mundi Lib. III*; f. 71: *Vita Adae et Evae*; f. 78: *Ps.-Matthaei Evangelium*; f. 88: Ps.-Methodius, *Prophetia*; f. 97: Petrus Damiani, *De novissimis et Antichristo cap. 4*;

f. 98: Ps.-Beda venerabilis, *De septem mundi miraculis*; f. 99: Ps.-
Johannes Presbyter, *Epistula ad Emanuelem imperatorem;* f. 107:
Compilations à partir de Fulgentius, *Mythologiarum* Lib.
I et II et
Mythographi Vaticani II et III; f. 170: vacat.

Titre: *de Vita Adae.*

Incipit: *Quando expulsi sunt adam et eua de paradyso fecerunt
sibi tabernacula et fuerunt vii dies lugentes et lamentantes magna tristicia post vii uero dies ceperunt esurire et querebant escam ut
manducarent et non inuenerunt.*

Explicit: *quia septimo die signum resurrectionis est futuri saeculi
requies et in die septimo requieuit dominus ab omnibus operibus suis.
Tunc Seth fecit lapideas tabulas et tabulas luteas et scripsit in eis
omnem uitam patris et matris.*

Va   Vienne, Österreichische Nationalbibliothek, *Cod. 1355,* parchemin, 175 x 125, 168 f., 27 lignes, xiv^e-xv^e s. Lat-V: f. 92^r-97^v.

TCMV 1, p. 226-227.

Contenu: f. 1: Sermones; f. 51: Tractatus breves theologici; f. 89:
2 Epistolae J. C.; f. 92: *De expulsione Ade et Eve*; f. 97^v: Tractatus breves theologici; f. 103: *Expositio orationis dominicae*; f. 104:
De confessione; f. 120: Tractatus diversi argumenti; f. 148: Sermones; f. 156: *Vita Christi*, « *Nativitas d. n. J. X. tempore
Octaviani imperatoris* »; f. 164: Excerpta de patribus; f. 167: Ra-
banus Maurus, *De laudibus Crucis.*

Titre: *De expulsione ade et eue de paradiso* (en marge: *de morte
adam et eue*).

Incipit: *Quando expulsi sunt de paradiso fecerunt sibi tabernaculum et fuerunt vii dies lugentes et lamentantes in magna tristicia.
Post vii dies ceperunt esurire querebant escam ut manducarent et
non inueniebant.*

Explicit: *quia septimo die signum resurrectionis est futuri seculi
requies et in die septimo requieuit dominus ab omnibus operibus suis.
Tunc Seth fecit tabulas lapideas et luteas et scripsit in eis omnem
uitam patris et matris.*

Sous-groupe A2b

Di   Munich, Bayerische Staatsbibliothek, *clm 5604*, papier, 315 x
210, 298 f., 2 col., 41 lignes, xve s. Lat-V: 156va-160va.

Monastère de Dießen.

CCLM 1, 3, p. 27

Contenu: f. 1: Reichardus, *Super Pater noster et Ave Maria*; f. 10:
Nicolaus de Graetz, *Sermones de XII articulis fidei;* f. 29: Nicolai

de Dinkelsbühl, *Tractatus de X praeceptis* et *de VIII beatitudinibus*, f. 143: Excerpta ex lectura H. de Oedendorf super « *Omnis utriusque sexus* », *de poenitentia*; f. 155: Magister Paulus, *Summa de poenitentia*; f. 156: *Vita Adae et Evae transgressio*; f. 160: Ex sermonibus N. de Dinkelsbühl; f. 165: Johannes Auerbach, *Directorium*; f. 205: Johannes Nider, *De consolatione timoratae conscientiae*; f. 216: Ps.-Augustinus, *Soliloquium, Manuale, De Essentia divinitatis, Sermones*; f. 269: Tituli operum Aristotelis et aliorum.

Titre: *Vita Ade et Eve transgressio.*

Incipit: *Quando expulsi sunt de paradiso fecerunt sibi tabernaculum et fuerunt septem dies lugentes et clamantes in magna tristicia Post 7tem autem dies ceperunt esurire querebant escam ut manducarent et non inueniebant.*

Explicit: *quia septimo die signum resurrectionis est futuri seculi requies et in die septimo requieuit dominus ab omnibus operibus suis Tunc Seht fecit tabulas etc.*

Pn Munich, Bayerische Staatsbibliothek, *clm 11740*, papier, 210 x 150, 312 f., 2 col., 28-29 lignes, xv^e s. Lat-V: f. 291ra-296vb.

Abbaye de Polling.

CCLM 2, 2, p. 35.

Contenu: f. 1: Conradus Bart, *Aequipollarius super dominicas*; f. 108: Martini Papae *bulla indulgentiarum pro festo Corporis Christi*; f. 110: Bonaventura, *De humilitate*; f. 115: Petrus Cameracensis, *De IV exercitiis spiritualibus*; f. 120: Bernhardus, *De eisdem*; f. 125: D. Seraphici (Bonaventure) *Compendium de VII gradibus contemplationis*; f. 126: *De imitatione Christi*, libri II-IV; f. 203: Alberti Diessensis *Speculum clericorum*; f. 239: Questiones secundi sententiarum; f. 269: Sermones; f. 278: In visitatione Mariae evg. secundum Lucam (germanice); f. 280: Interrogationes in confessione pro statu personarum; f. 287: Casus episcopales et papales et aliqui canones penitentiales; f. 291: *Vita Adae et Evae*; f. 297: Glosae super orationem dominicam; f. 298: Ps.-Augustinus, *De essentia divinitatis*; f. 304: Sermones; f. 310: Casus occurrentes in baptizatione et in missa.

Titre: *Gesta de Adam et Eva et de expulsione eorum* ([1]).

Incipit: *Quando expulsi sunt de paradiso fecerunt sibi tabernaculum et fuerunt septem dies lugentes et clamantes in magna tristicia.*

---

(1) Lecture incertaine puisque, lors d'une reliure ultérieure, les lettres du titre ont été coupées par le milieu, mais ce titre correspond à celui du manuscrit suivant, originaire lui aussi de Polling.

Post septem autem dies ceperunt esurire et quaerebant escam ut manducarent et non inueniebant.

Explicit: *quia septimo die signum resurrectionis est futuri seculi requies et in die septimo requieuit dominus ab omnibus operibus suis. Tunc seth fecit tabulas.*

Pg Munich, Bayerische Staatsbibliothek, *clm 11796*, papier, 220 x 160, 173 f., 33 lignes, xv^e s. Lat-V: f. 152^r-156^r.

Abbaye de Polling.

CCLM 2, 2, p. 40.

Contenu: f. 1: *De quantitatibus sillabarum et de accentibus*; f. 19: *De canone et aliis partibus missae*; f. 72: Augustini Dati *Libellus isagogicus*; f. 103: Samuelis Karoch *Opusculum de beano*; f. 108: *Ars rhetorica*; f. 114: iterum, *De beano*; f. 119: Aeneas Sylvius, *De amore Guiscardi et Sigismundae* (a. 1473); f. 124: *De syllabis et metris*; f. 134: Ambrosius de Vignate, *Dialogus ad Anthonium*; f. 145: *Carmen de reditu veris*; f. 152: *Gesta de Adam et Eva*; f. 156: Ps.-Hieronymus, *De essentia Dei*; f. 161: *Orationis dominicae expositio*; f. 163: *Adverbia latine et germanice*; f. 166: Epistola amatoria « *Cum summo mentis desiderio s.p. amice ac fautor* »; f. 168: Hieronymus, *Epistola de captivo monacho Malcho.*

Titre: *Gesta de Adam et Eva et de expulsione eorum.*

Incipit: *Quando expulsi sunt de paradiso fecerunt sibi tabernaculum et fuerunt septem dies lugentes et clamantes in magna tristicia. Post septem autem dies ceperunt esurire et quaerebant escam ut manducarent et non inueniebant.*

Explicit: *quia septimo die signum resurrectionis est futuri seculi requies et in die septimo requieuit dominus ab omnibus operibus suis. Tunc seth fecit tabulas.*

Groupe A3

Ad Admont, Stiftsbibliothek, *Ms. 25*, parchemin, 407 x 295, 272 f., 2 col., 51 lignes, xiiie s. Lat-V: 270va-272vb.

J. WICHNER, *Catalogus codicum manu scriptorum Admontensis*, 1889 (réimprimé sous le titre *Catalog of Manuscripts in Stift Admont, Austria* [*Austrian Monasteries* 1], Ann Arbor, Mich., University Microfilms), p. 28-30. Sur l'histoire de la bibliothèque médiévale d'Admont, cf. MBKÖ 3, p. 1-9.

Comme dans le manuscrit *Zw* (*Zwettl 13*), la *Vita Adae et Evae* est écrite en appendice au premier tome du Grand Légendier Autrichien.

Titre: *De eiectione Adam.*

Incipit: *Adam et eua quando expulsi sunt de paradyso fecerunt sibi tabernaculum et fuerunt VII dies lugentes et lamentantes prae magna tristitia. Post VII autem dies coeperunt esurire et querebant escam ut manducarent et non inueniebant.*

Explicit: *Ecce dominus ueniet in sanctis milibus suis facere iudicium et arguere omnes impios de malis operibus suis quibus locutus est deus peccatores impii murmuratores //* (ch. 53).

Le dernier folio du manuscrit a disparu, mais seuls les derniers mots du texte ont été perdus.

Zw Zwettl, Stiftsbibliothek, *Ms. 13*, parchemin, 428 x 322, 234 f., 2 col., 51 lignes, premier tiers du XIIIe s. Lat-V: f. 221va-223ra.

> S. Rössler, « Verzeichniss der Handschriften der Bibliothek des Stiftes Zwettl », dans *Die Handschriften-Verzeichnisse der Cistercienser-Stifte Reun in Steiermark, Heiligenkreuz-Neukloster, Zwettl, Lilienfeld in Nieder-Wilhering und Schlierbach in Ober-Österreich, Ossegg und Hohenfurt in Böhmen, Stams in Tirol (Xenia Bernardina 2)*, vol. 1, Vienne 1891, p. 305-307; C. Ziegler, *Zisterzienstift Zwettl. Katalog der Handschriften des Mittelalters*, Teil 1: *Cod. 1-100*, Vienne – Munich 1992, p. 31-37; C. Ziegler, « Zur Buchmalerei der Romanik im Handschriftenbestand der Stiftsbibliothek von Zwettl », dans *Beiträge zur Handschriftenkunde und mittelalterlichen Bibliotheksgeschichte*, éd. W. Neuhauser, Innsbruck 1980, p. 141-152.

La *Vita Adae et Evae* est copiée en appendice au premier tome du Grand Légendier Autrichien.

Pas de titre initial.

Incipit: *Adam et eua quando expulsi sunt de paradyso fecerunt sibi tabernaculum et fuerunt VII dies lugentes et lamentantes prae magna tristitia. Post VII autem dies coeperunt esurire et querebant escam ut manducarent et non inueniebant.*

Explicit: *adam post xl dies introiuit in paradysum domini et eua post lxxx Et fuit adam in paradyso annos vii.*

Vd Vienne, Österreichische Nationalbibliothek, *Cod. 2809*, papier, 305 x 210, 310 f., 2 col., 42 lignes, XVe s. Lat-V (manque 27,4 – 42,8): f. 308va-310vb.

> Couvent des Augustins de Ste-Dorothée, à Vienne.

TCMV 2, p. 136; H. MENHARDT, *Verzeichnis der altdeutschen literarischen Handschriften der Österreichischen National-bibliothek*, Bd. 1, Berlin 1960, p. 320-321 ([1]).

Ce manuscrit transmet pour l'essentiel, f. 1a-308a, le *Chronicon mundi* de Rudolphus von Emse, *versibus germanicis concinnatum*. Un folio de la *Vita Adae et Evae*, entre les ch. 27 et 42, est absent, soit 30% du texte.

Pas de titre initial.

Incipit: *Adam et Eua quando expulsi sunt a paradiso fecerunt sibi tabernaculum et fuerunt septem diebus lugentes et lamentantes prae magna tristicia. Post vii autem dies ceperunt esurire et querebant escam ut manducarent et non inueniebant.*

Explicit: *Adam post quadraginta dies intrauit in paradisum Et Eua post octuaginta dies et Adam in paradiso annos septem fuit.*

Témoin singulier

Mi Milan, Biblioteca Ambrosiana, *N 227 sup.*, parchemin, 230 x 160, 114 f., 2 col., 30 lignes, xive s. (1311). Lat-V 1,1 – 51,1: f. 7^r-11^r.

> *Inventario Ceruti dei Manoscritti della Biblioteca Ambrosiana*, vol. 4 (*Fontes Ambrosiani* 60), p. 230-232; P. REVELLI, *I Codici Ambrosiani di contenuto geografico*, Milan 1929, n° 264 ([2]).

Contenu: f. 1: *Expositio Missae* ex verbis Childeberti cenomanensis episcopi; f. 7: *Paenitentia Adae et Evae historia*; f. 11: *Historia Apollonii* cum proemio, additamentis ac notis; f. 24: Hieronymus, *Vita Sti Pauli primi eremitae*; f. 36: Apologia incerti auctoris *contra aemulos et obtrectationes ordinis fratrum praedicatorum*; f. 37: Hieronymus, *Vita B. Hilarionis*, etc.

Ce témoin transcrit les premiers chapitres de la *Vita Adae et Evae* dans la forme de la famille A. Dès le début de sa copie, il enrichit le texte traditionnel, et à partir du chapitre 12, il le réécrit en le développant profondément; le récit traditionnel n'apparaît que sporadiquement pour scander sa réécriture. Il n'était donc pas possible de prendre en compte cette forme du texte dans l'apparat de la famille A.

---

(1) Les informations concernant l'origine et les dimensions des manuscrits de la Bibliothèque nationale d'Autriche m'ont été très aimablement communiquées par Mme K. Hranitzky, du cabinet des manuscrits de cette bibliothèque; qu'elle en soit bien sincèrement remerciée.

(2) D'après Revelli, la date de la copie du manuscrit, 1311, est indiquée en deux endroits distincts: f. 1, en haut à gauche, et f. 107^v.

Titre: *Penitentia Ade et Eue*

Incipit: *Dum post praevaricationem diuine legis, nostri primi parentes Adam et Eua, de paradyso uoluptatis eiecti in vallem hanc miserie deuenissent, fecerunt sibi tabernaculum et fuerunt 7 dies lugentes in magna tristicia.*

Explicit: *Porro filii eius cum uidissent eam mortuam planxerunt planctu magno ac sepelierunt eam cum uiro suo* (cf. ch. 51).

Intitulé de fin: *Explicit historia de penitentia ade et aeue.*

Rédaction anglaise (Famille E)

A Londres, British Library, *Arundel 326*, parchemin, 172 x 111, 134 f., 27-30 lignes, xiiie et xive s. Lat-V: f. 42^r-50^v.

Abbaye bénédictine d'Abingdon.

J. Forshall, *Catalogue of Manuscripts in the British Museum*, New Series, vol. 1, part I, *The Arundel Manuscripts*, Londres 1834, p. 94.

Contenu: f. 1: Kalendarium; f. 7: Tabula eorum qui in hoc codice continentur; f. 8: Note chronologique; f. 23: *Gesta Salvatoris nostri* (*Ev. Nicodemi*); f. 36b: *Légende de la Croix*; f. 40b: *De Antichristo*; f. 42: *De expulsione Adae et Evae de paradiso*; f. 51: *Historia J. C. rerumque post mortem eius gestarum, Pilati epistula supposita ad Claudium*; f. 56: Notae de locis Ierosolymitanis; f. 57: Ps.-Methodius, *De milliaribus mundi Revelationes*; f. 60: *Prophetia sibyllina*; f. 63: Godefridus Monemutensis, *Historia Britonum*; f. 123: *Chronicon breve Pontificum romanorum*; f. 128: *Gesta Francorum*.

Titre: *De expulsione Ade et Eve de paradiso.*

Incipit: *Factum est cum expulsi essent Adam et uxor eius eua de paradiso exeuntes abierunt ad occidentem et fecerunt sibi tabernaculum et ibi fuerunt sex dies lugentes et clamantes in maxima tribulatione et post sex dies ceperunt esurire querebant manducare et non inveniebant quid manducarent.*

Explicit 1: *Adam post xl dies intrauit in paradisum et eua post octoginta et fuit adam in paradiso per annos vii et habuit dominium omnium bestiarum.*

Explicit 2: *et insufflauit in faciem eius spiraculum uite scilicet animam sicut enim a quatuor partibus terre adductus est et a quatuor fluminibus conspersus sic a quatuor uentis accepit flatus. Cum factus fuisset adam et non erat //* (Mozley, ch. 56).

Manuscrit composé de fragments de deux codex. Le dernier folio de la *Vita Adae et Evae* est perdu.

Os Oxford, Bodleian Library, *MS. Selden supra 74* (*SC 3462*), parchemin, 225 x 165, 2+126 f., 2 col., 39 lignes, deuxième tiers du xiiie s. (^{1}) Lat-V: f. 14ra-18rb.

F. Madan – H. H. E. Craster, *A Summary Catalogue of Western Manuscripts in the Bodleian Library at Oxford,* vol. 2, 1, Nos 1-3490, Oxford 1922, p. 642-644.

Contenu (textes en français et en latin): f. 1: Pièces didactiques en français; f. 10: *Historia Sti Neminis* (une vie satirique en prose); f. 14: *Vita Adae et Evae*; f. 18^v: *Evangelium Nicodemi;* f. 31^v: cinq poèmes moraux (en français); f. 44: *Speculum ecclesie,* ceo est a dire *Mirour de seint Eglise*; f. 60: Gauthier de Metz, *Le romaunce del Ymage du Mounde* (composé en 1245); f. 102^v: Lothaire le diacre (Innocent III), *De contemptu mundi.*

Titre: *Vita prothoplausti et Eue uxoris eius.*

Incipit: *Factum est cum expulsi essent Adam et uxor eius Eua de paradiso exeuntes abierunt ad occidentem et fecerunt sibi tabernaculum et ibi fuerunt sex diebus lugentes et clamantes in maxima tribulatione. Et post sex dies ceperunt esurire querebant manducare et non invenerunt quid manducarent.*

Explicit 1: *Adam post quadraginta dies intrauit in paradiso et Eua post octoginta et fuit Adam in paradiso per annos septem et habuit dominium omnium bestiarum.*

Explicit 2: *dixit dominus ad Urielem lege literas istas et legit et dixit Adam et dixit dominus sic uocetur nomen eius.*

Le texte est suivi d'un poème, résumé du *Traité sur le nom d'Adam,* ainsi rédigé: *Quod nomen Ade compositus est | de primis litteris quattuor stellarum | Stella orientalis, Anatolim | Stella meridionalis, Disis | Stella Aquilonaris, Archos | Stella occidentalis, Mesembrion.*

R Londres, British Library, *Royal 8 F XVI,* pars A, parchemin, 298 x 203, 54 f., du milieu du xive s.; pars B, parchemin, 273 x 185, 11 f., 2 col., 44 lignes, début du xive s. Lat-V: f. 55ra-59ra.

---

(1) A l'impression de l'étude de E. B. Halford (« The Apocryphal *Vita Adae et Evae.* Some Comments on the Manuscript Tradition », *Neuphilologische Mitteilungen* 82 [1981], p. 425), une erreur s'est glissée dans la liste des témoins: le manuscrit *Queen's College Ms 213* semble cité deux fois sous le même sigle Oxford 3, mais la référence bibliographique de chaque ligne n'est pas la même. La bibliographie du premier cité des manuscrits d'Oxford, qui devrait donc porter la référence Oxford 1, correspond à celle d'*Oxford Bodleian Library, Selden supra 74.*

G. F. Warner – J. P. Gilson, *Catalogue of Western Manuscripts in the Old Royal and King's Collections*, Londres 1921, vol. 1, p. 273.

Le manuscrit est constitué par la réunion de deux éléments, qui furent reliés postérieurement à l'achat par Charles II de la bibliothèque de John Theyer (†1673), dont la plupart des livres provenaient de l'Ouest de l'Angleterre. A la fin du f. 65, on lit: *orate pro anima dni Roberti Coff.* (¹)

Contenu: A f. 1: *liber Excerptionum abbatis Joachim*; f. 54: Protocole de la commission d'Agnani (a. 1255) qui condamne l'*Introductorius in Evangelium aeternum.*

B: f. 55: *Vita Adae et Evae*; f. 59: *Passio domini a Nichodemo judeo* etc. jusqu'à *aperi portas suas ut //.*

Pas de titre initial.

Incipit: *Factum est cum expulsi essent Adam et uxor eius Eva de paradiso exeuntes abierunt ad occidentem et fecerunt sibi tabernaculum et ibi fuerunt sex diebus lugentes et clamantes in maxima tribulatione et post sex dies ceperunt esurire querebant manducare et non inveniebant quid manducarent.*

Explicit 1: *Adam post quadraginta dies introiuit in paradiso Et Eua post octoginta et fuit Adam in paradiso per annos septem et habuit dominium omnium bestiarum.*

Explicit 2; *Quibus litteris adductis dixit dominus ad Urielem lege litteras istas et legit et dixit Adam Et ideo dixit dominus sic uocatur nomen eius.*

Intitulé de fin: *vita Ade et Eue uxoris eius.*

C Londres, British Library, *Harley 526*, parchemin, in-4°, 19 lignes, xivᵉ s. Lat-V (manque 14,3 – 39,4): 68ʳ-77ʳ.

R. Nares, *A Catalogue of the Harleian Manuscripts in the British Museum*, vol. I, Londres 1808, p. 341.

Ce recueil factice appartenait à la collection de Sir Simonds D'Ewes (1602-1650).

Contenu: f. 1: Beda, *Liber de virtutibus sti Cutberhti*; f. 28: *Vita venerabilis Bedae*; f. 38: *Vita Edwardi Regis*; f. 58: *Vita sti Hugonis Lincolniensis*; f. 68: *Vita prothoplasti nostri Ade.*

Titre: *Vita prothoplasti nostri Ade et Eve uxoris sue.*

---

(1) Le premier folio de la *Vita* est numéroté 334 en marge dans un losange où la zone réservée à l'écriture du numéro de folio est entourée de stries. Cette caractéristique pourrait aider à retrouver d'autres folios de la deuxième partie de ce manuscrit dans sa composition originelle.

Incipit: *Factum est cum expulsi essent Adam et Vxor eius Eua de paradiso exeuntes abierunt ad occidentem et fecerunt sibi tabernaculum et ibi fuerunt sex diebus lugentes manentes in maxima tribulatione. Et post sex dies ceperunt esurgere querebant manducare et non inveniebant quid manducarent.*

Explicit 1: *Adam post quadraginta dies introiuit in paradiso et Eua post octoginta et fuit Adam in paradiso per annos septem et habuit dominium omnium bestiarum.*

Explicit 2: *Quibus litteris adductis dixit dominus ad Urielem Lege litteras istas et Legit et dixit Adam Et dixit dominus Sic uocetur nomen eius.*

C a perdu à peu près la moitié du texte, de 14,3 à 39,4; la rupture se produit entre deux *domini dei*. On supposera une erreur intervenue dans la composition ultérieure du manuscrit. Le texte manquant représente la valeur de deux cahiers. N'ont été conservés que le premier cahier, le quatrième et un cahier plus court. Le saut du même au même serait dû à un relieur distrait.

Ru Rouen, Bibliothèque municipale, *U 65 (1426)*, parchemin, 340 x 220, 245 f., 2 col., 43 lignes, xive s. Lat-V 1,1 − 20,3 (mutil.): 245ra-245vb.

Abbaye St-Ouen de Rouen.

Catalogue général des manuscrits des bibliothèques publiques de France, vol. I. *Rouen*, par H. Omont, Paris 1886, p. 428.

Contenu: f. 1: Jacobus de Voragine, *Legenda aurea*; f. 237: *Capitula in regula Augustini*; f. 239: Dionysius Cato, *Disticha de moribus*; f. 243: *Epistola Pilati ad imperatorem*; f. 245: *De penitentia Ade post peccatum*.

Titre: *De penitentia Ade post peccatum.*

Incipit: *Factum est cum essent Adam et Eua uxor eius de paradyso exeuntes abierunt ad occidentem et fecerunt ibi tabernaculum et ibi fuerunt sex diebus lugentes et clamantes in magna tribulatione Et post sex dies ceperunt esurire querebant manducare et non inveniebant quid manducarent.*

Explicit: *Et ambulans inuenit eam cum magno dolore lugentem. Quo uiso dixit Eua: Ex quo uidit me dominus meus anima mea in dolore posita refrigerata est nunc domine mi depre*// (ch. 20).

Un seul folio de la *Vita Adae et Evae* a été conservé à la fin du manuscrit (^{1}).

_____

(1) Mme V. Neveu, conservatrice à la Bibliothèque municipale de Rouen, a bien voulu me confirmer que, malgré un certain désordre dans les derniers folios de ce manuscrit, aucun ne transmet la suite de la *Vita Adae et Evae*.

L   Londres, Lambeth Palace Library, *352*, parchemin, 255 x 175, 2+226 f., 39-49 lignes, fin du xive – début du xve s. Lat-V: 1[r]-4[v].

> M. R. James – C. Jenkins, *A Descriptive Catalogue of the Manuscripts in the Library of Lambeth Palace*, Cambridge 1930-1932, p. 466-470.

Contenu: f. 1: *Vita Ade et Eve*; f. 4[v]: *De spiritu Guidonis*; f. 11: *Visio Tundali*; f. 18: Narrationes variae (en plus petite écriture); f. 20-24 blancs; f. 25: Johannes Waldeby, *Itinerarium salutis*; f. 54: *Visio Caroli regis*; f. 55[v]-56 blancs; f. 57: Sermones breves et themata; f. 83[v] blanc; f. 84: Richardus Hampole, *In psalmos*; f. 204: *Evangelium Nicodemi*, Excerpta; *Cum audisset adam prothoplaustus pater noster quod in Iordane baptizatus est exclamauit ad filium Seth* (= « *Descensus* »); f. 205: Meditationes de passione domini; f. 212[v]: Anselmus, *Meditationes*; f. 213[v]: Bernardus, *De passione b. Virginis*.

Titre: *Vita prothoplausti nostri Ade et Eve uxoris eius.*

Incipit: *Factum est autem cum expulsi essent Adam et Eva uxor eius de paradiso exeuntes abierunt ad occidentem et fecerunt sibi tabernaculum et ibi fuerunt sex diebus lugentes et clamantes in maxima tribulatione et post sex dies ceperunt esurire querebant manducare et non invenerunt quod manducarent.*

Explicit 1: *Adam post quadraginta dies introiuit in paradiso Et Eua post octoginta et fuit Adam in paradiso per annos septem et habuit dominium omnium bestiarum.*

Explicit 2: *quibus litteris adductis dixit dominus ad Urielem lege litteras istas et legit et dixit Adam Et dixit dominus sic uocetur nomen eius.*

Intitulé de fin: *Vita prothoplausti nostri Ade et Eve uxoris eius.*

Ab   Aberystwyth, National Library of Wales, *Ms 335A* (*Hengwrth 239*), parchemin, 31 lignes, xive s. Lat-V: 130[v]-140[r].

> *Handlist of Manuscripts in the National Library of Wales*, Aberystwyth, 1943, part I, p. 2.

Contenu: *Secretum secretorum*; *De Willelmo conquestore*; *Generatio regum Scocie*; *De miseria humane condicionis*; *De Adam et Eva uxore eius*; *De ligno vitae post eiectionem Adae de Paradiso*; *De tribus Mariis*; *De Infantia Christi*; *De Aseneth filia Potipharis*, Versus; *De Spe... desperatio et praesumptio.*

Titre: *De Adam et Eva uxore eius quomodo expulsi fuerant de paradiso propter peccatum eorum.*

Incipit: *Factum est autem cum expulsi essent Adam et uxor eius Eva de paradiso exeuntes abierunt ad occidentem et fecerunt sibi habitaculum et ibi fuerunt lugentes et clamantes in maxima tribulatione et post septem dies ceperunt esurire {et post septem dies ceperunt esurire} et querebant manducare et non inveniebant quid manducarent.*

Explicit 1: *Adam post quadraginta dies introiuit in paradiso et Eua post octoginta et fuit Adam in paradiso per annos septem et habuit dominium omnium bestiarum.*

Explicit 2: *quibus literis adductis dixit dominus ad Urielem lege literas istas et legit et dixit Adam et dixit dominus sic uocetur nomen eius.*

Pc Paris, Bibliothèque nationale de France, *lat. 3768 (olim Baluze 895)*, parchemin, 155 f., 155 x 110, xive s. Lat-V (manque 1,1 – 30,2): 1^r-5^r.

> *Catalogue général des manuscrits latins de la Bibliothèque Nationale*, vol. 6 (n°s 3536 à 3775^b), Paris 1975, p. 786.

Quatre manuscrits ou fragments de manuscrits.

Contenu:

1. f. 1-10: xive s. f. 1: *Vita Adae et Evae*; f. 5^v: *Legenda de Ligno Sanctae Crucis*; f. 10^v: *Oratio ad S. Catharinam Alexandriae*;

2. f. 11-76: fin du xiiie s. f. 11: Jacobus de Vitriaco, *Historia Hierosolymitana*; f. 76^v: Odo de Castro Radulphi, *Epistola ad papam Innocentium IV*; f. 83: Innocentius III, *Liber de miseria condicionis humanae*; f. 100^v: Ps.-Methodius Patarensis, *De novissimis temporibus*;

3. f. 106-113: xive s. f. 106: Ps.-Aristoteles, *Secretum Secretorum*; f. 111: Traité apocryphe d'Hippocrate en anglo-normand.

4. f. 114-155 début du xiiie s. f. 114: Ps.-Turpinus, *Gesta Karoli Magni*.

Pas de titre initial.

Incipit: *finiuntur dixit ad euam congregentur omnes filii mei ut loquar cum eis et benedicam eis antequam moriar* (ch. 30).

Explicit 1: *Adam post 40 dies introiuit paradiso <et eua post octoginta et fuit adam in paradiso> per annos vii et habuit dominium omnium bestiarum.*

Explicit 2: *Quibus literis adductis dixit dominus ad Urielem lege literas istas et legit et dixit adam Et dixit dominus sic uocetur nomen eius Amen.*

Intitulé de fin: *uita Ade In nomine Ihu Xti.*

Écriture anglaise. Ce manuscrit a perdu la première partie du récit et commence quelques mots après le début du chap. 30. Le recto du f. 1 (30-33) est presque effacé. La *Vita Adae et Evae* est suivie de la *Légende de la Croix*.

P   Cambridge, Corpus Christi College, *275*, parchemin, 275 x 185, 3+255 f., 2 col., 42 lignes, xve et xiiie s. Lat-V: 9ra-14vb.

> M. R. James, *A Descriptive Catalogue of the Manuscripts in the Library of Corpus Christi College Cambridge*, Cambridge 1912, vol. 2, p. 35-38.

Contenu: f. 1: *De oratione dominica* in septem petitiones divisa; f. 3: *De officio missae*; f. 6: *Regula fratrum minorum;* f. 8: *de Maria Magdalena*; f. 9: *Vita protoplasti Adae et Evae uxoris eius*; f. 14^v: *Legenda de Sancta Cruce*; f. 18: Ps.-Methodii martiris *Epistola de inicio, progressu, de die iudicii et de millenario*; f. 22: *Speculum mundi*; f. 35: *De purgatorio S. Patricii*; f. 46: *Vita et oratio S. Brandani*; f. 69: *Itinerarium J. Mandeville*; f. 146: *De presbytero Johanne*; f. 149^v: *Itinerarium fratris Odorici*; f. 163: Petrarca, *De Waltero Saluciarum marchione et Griseildi eius uxore historia*; f. 170: *Liber s. trium regum*; f. 214: *Vita Secundi philosophi*; f. 216^v: *Vita Thomae archiepiscopi Cantuariensis*.

Titre: *Vita protoplasti Ade et Eue uxoris sue*.

Incipit: *Factum est autem cum expulsi essent Adam et uxor eius Eva de paradiso exeuntes abierunt ad occidentem et fecerunt sibi tabernaculum et ibi fuerunt lugentes et clamantes in maxima tribulatione et post sex dies ceperunt esurire et querebant manducare et non invenerunt quod manducarent.*

Explicit 1: *Adam post quadraginta dies intrauit in paradisum et Eua post octoginta Adam fuit in paradiso per annos septimos et habuit dominium omnium bestiarum.*

Explicit 2: *quibus literis adductis dixit dominus ad Urielem lege literas istas et legit et dixit adam et dixit dominus sic uocatum est nomen eius.*

La *Vita Adae et Evae* est suivie de la *Légende de la Croix*.

F   Londres, British Library, *Harley 2432*, parchemin, 134 x 103, 174 f., 32 lignes, xve s. Lat-V: 1^r-10^v.

> R. Nares, *A Catalogue of the Harleian Manuscripts in the British Museum*, vol. I, Londres 1808, p. 691.

Ce manuscrit appartenait à la collection de Sir Robert Burscough.

Contenu: f. 1: *Adami et Evae vitae*; f. 12: *Qualiter factus est homo ad imaginem Dei*; f. 13: Richard Horton, *Tractatus de spirituali milite*; f. 28: Poema: '*Peniteat cito peccator cum sit miserator*'; f. 31^v: Richard Horton, *Confessio peccatoris*; f. 44^v: S. Bernardus,

De diligendo deo; f. 77: Hugo de S. Victore, *De operibus sex die-rum*; f. 141: *Rhetorica*; Collectanea ex dictis orthodoxorum.

Titre: *Vita protoplasti nostri Ade et Eve uxoris eius.*

Incipit: *Factum est cum expulsi essent Adam et uxor eius Eua de paradyso exeuntes abierunt ad occidentem et fecerunt sibi tabernacu-lum et ibi fuerunt sex diebus lugentes et clamantes in maxima tribulatione. Et post sex dies ceperunt esurire querebant manducare et non inveniebant quid manducarent.*

Explicit 1: *Adam post quadraginta dies intrauit in paradisum et Eua post octoginta Adam fuit in paradiso per annos septimos et ha-buit dominium omnium bestiarum.*

Explicit 2: *quibus litteris adductis dixit dominus ad Vrielem lege litteras istas et legit et dixit Adam Et dixit dominus sic uocetur no-men eius.*

Intitulé de fin: *vita prothoparentum nostrorum videlicet Ade et Eve consortis eius. finis.*

Dans la marge du dernier folio de la *Vita* on lit en rubrique: « *C. Horton fuit nomen scriptoris v tractatus proxim...* »

J Cambridge, St John's College, *176 (G 8)*, parchemin, 215 x 135, 74 f., 25/32 lignes, xve s. Lat-V 1, 1 – 49, 3 (mutil.): 67^r-74^v.

> M. R. JAMES, *A Descriptive Catalogue of the Manuscripts in the Library of St John's College, Cambridge*, Cambridge 1913, p. 210-211.

Contenu; f. 1: Philip Spencer, *Speculum Christi* (habituellement attribué à John Watton); f. 49^v: Textes en moyen anglais sur la confession et sur la négligence dans la Psalmodie; f. 55: Hampole, *Speculum peccatoris* (?); f. 61^v: Adam Carthusiensis, *Scala caeli*; f. 67: *Penitentia Adae*.

Pas de titre initial.

Incipit: *Factum est cum expulsi essent adam et uxor eius eua de paradiso exeuntes abierunt ad occidentem et fecerunt sibi tabernacu-lum et ibi fuerunt sex diebus lugentes et clamantes in maxima tribulatione. Et post sex dies ceperunt esurire et querebant manducare et non inveniebant quid manducarent.*

Explicit: *Pater vester et ego transgressi sumus praeceptum domini dei dixit nobis Michael archangelus propter praevaricationes vestras* // (ch. 49).

Le dernier folio du manuscrit est perdu.

Ls Londres, British Library, *Sloane 289,* parchemin, 185 x 140, 195 f., xve s. Lat-V: 70^v-79^v.

S. Ayscough, *A Catalogue of the Manuscripts preserved in the British Museum hitherto undescribed*, vol. 1, Londres 1872, p. 34, 40, 45 et passim; la référence à la *Vita Adae* est à la p. 45; E. J. L. Scott, *Index to the Sloane Manuscripts in the British Museum*, Londres 1904; p. 3, s. v. Adam; Z. Izydorcczyk, *Manuscripts of the Evangelium Nicodemi. A Census* (*Subsidia mediaevalia* 21), Toronto 1993, p. 88.

Contenu: *Quaestio de Adamo, Enocho et Lotti uxore*; *Chronologia et tractatus historicus* (usque ad Edwardum III); *Excerpta historica*; *Evangelium Nicodemi*; *Vita Adae et Evae*; *Narratio de Johanne Baptista et de Simone mago*; *Catalogus pontificum*; *Locorum infra urbem Jerusalem et Terram sanctam enumeratio*; Ps.-Methodius, *Revelatio*; *De antichristo, errore et legibus Mahumetis*; Martinus Polonus, *Chronicon* (excerpta); *De gente Francorum*; *Historia Philippi et Alexandri*; S. Edwardus, *Revelatio*; Galfridus Monemutensis, *Excerpta*.

Pas de titre initial.

Incipit: *Factum est cum expulsi essent Adam et uxor eius Eva de paradiso exeuntes abierunt ad occidentem et fecerunt sibi tabernaculum et ibi fuerunt per vii dies lugentes et clamantes in maxima tribulatione et post vi dies ceperunt esurire querebant manducare et non inveniebant quod manducarent.*

Explicit 1: *Adam post xl dies intrauit in paradisum et Eua post octoginta et fuit adam in paradiso per annos vii et habuit dominium omnium bestiarum.*

Explicit 2: *quibus litteris adductis dixit dominus ad Urielem lege litteras istas et legit et dixit adam et dixit dominus sic uocetur nomen eius.*

Intitulé de fin: *Explicit.*

It Londres, Inner Temple Library, *Petyt 538.36*, papier, 296 x 195, 346 f., 39 lignes, xve s. Lat-V: 140^r-146^r.

J. C. Davies, *Catalogue of Manuscripts in the Library of the Honourable Society of the Inner Temple*, vol. 2, Oxford 1972, p. 814-816.

Contenu: recueil hétérogène de copies et d'écrits politiques, pour la plupart postérieurs au Moyen Age, par exemple f. 115: Lettre apologétique du Comte d'Arundel; f. 148: Vie du Cardinal Wolsey par George Cavendish.

Titre: *Vita prothoplasti nostri Ade et Eve uxoris sue.*

Incipit: *factum est cum expulsi essent Adam et uxor eius Eua de paradyso, exeuntes abierunt ad occidentem, et fecerunt sibi tabernaculum,*

*et ibi erant sex diebus lugentes et clamantes in maxima tribulatio-
ne.*

Explicit 1: *Adam post 40ta dies introiuit in paradisum, et Eua
post octoginta; et fuit Adam in paradiso per annos septem, et habuit
dominium omnium bestiarum.*

Explicit 2: *quibus litteris adductis, dixit Dominus ad Urielem,
lege litteras istas, et legit et dixit ADAM. Et dixit dominus, sic uocetur nomen eius.*

Intitulé de fin: *Hortone. vita protoparentum nostrorum videlicet
Adae et Evae consortis eius*

L'indication *Hortone* au dessus de l'intitulé de fin pourrait renvoyer à la rubrique finale du ms. *F* (*Harley 2432*), dont *It* (*Petyt
538.36*) est une copie.

E Londres, British Library, *Harley 275*, papier, 160 f., in-4°, 38
lignes, *manu (uti videtur) Laurentij Noelli scriptus*, xve s. lat-V:
153^r-158^v.

> R. NARES, *A Catalogue of the Harleian Manuscripts in the
> British Museum*, vol. 1, Londres 1808, p. 103.

Ce manuscrit, composé de fragments de deux codex, appartenait à
la collection de Sir Simonds D'Ewes (1602-1650).

Contenu: f. 1-90: Divers traités spirituels; f. 91: *Liber elucidarius*; f. 106^v: *De Cantico Canticorum* Tractatus Origenis; f. 113:
Speculum humanae salvationis; f. 146: Poème latin-anglais sur la
nativité et l'épiphanie; f. 148^v: Lettre de Thomas Kemp, évêque
de Londres; f. 149: *Tractatus de superstitione*; f. 153: *De penitencia
Ade et Eve*; f. 158^v: A special medecyne for the Shacking Fevyre;
To help a Manne that is Frantyke.

Titre: *De penitencia Ade et Eve quando expulsi essent de paradiso.*

Incipit: *Factum est autem cum expulsi essent Adam et uxor eius
Eva de paradiso exeuntes abierunt ad occidentem et fecerunt sibi habitaculum et ibi fuerunt sex diebus lugentes et clamantes in maxima
tribulatione et post sex dies ceperunt esurire querebant manducare et
non inveniebant quid manducarent.*

Explicit 1: *Adam post quadraginta dies introiuit in paradisum Et
Eua post octoginta et fuit Adam in paradiso per annos septem et habuit dominium omnium bestiarum.*

Explicit 2: *quibus litteris adductis dixit dominus ad Urielem lege
literas istas et legit et dixit Adam et dixit dominus sic uocatur nomen
eius.*

Rédaction de Bohême (Famille B)

Pu Prague, Národní knihovna České republiky, *798* (*V. A. 7*), papier, 290 x 210, 212 f., 2 col., 52-56 lignes, XIVe s., Lat-V: 196[v]-198[v].

> Du collège St Clément de Prague SJ, recueil de textes copiés entre 1347 et 1398.

> J. Truhlár, *Catalogus codicum manu scriptorum latinorum qui in C. R. Bibliotheca Publica atque Universitatis Pragensis asservantur*, vol. 1, Prague 1905, p. 324 et vol. 2, Prague 1906, p. 398, sub n° 798.

Contenu: f. 1: Honorius Augustodunensis, *Elucidarius diversarum rerum*; f. 14[v]: *Tractatus de virtutibus herbarum* (sub a. d. 1398 post octavam epiphanie fer. II); f. 19: *De natura animalium cum expositione mystica et morali*; f. 51[v]: Hugo (de Folieto), *Dicta de claustro animae*; f. 54: *Liber de septem diaetis animae devotae*; f. 56[v]: Methodius, *De articulis fidei*; f. 60: Johannes de Olomucz *Distinctiones concordantium* (1347); f. 104: Ps.-Augustinus, *De XII abusionibus*; f. 110: *Libellus de virtutibus et vitiis*; f. 149[v]: *Ordo pericoparum et librorum biblicorum*; f. 152: Nicolaus de Lyra, *Tituli psalmorum*; f. 158: Testamentum Vetus abbreviatum (= Granum bibliae); f. 196: *Vita Adae et Evae*; f. 198: *Historia de ligno crucis*; f. 201: Johannes Andreae, *Summula de sponsalibus et matrimoniis*; f. 205: *Regulae decretalium*, l. 6; f. 206: Sermo ad clerum super *Induite novum hominem*.

Pas de titre initial.

Incipit: *Adam et eva cum expulsi essent de paradiso fecerunt sibi tabernaculum et fecerunt dies luctus et lamentationis in magna tristitia. Post autem dies viij° ceperunt esurire et querebant sibi escas ut manducarent et non inueniebant.*

Explicit: *ecce ueniet dominus et omnes sancti cum sanctis suis faciens iudicium de omnibus et arguere impios de omnibus quibus praeuaricati sunt super terram.*

La *Vie d'Adam et Ève* est scandée par des lignes écrites en caractères gothiques qui délimitent ce qu'on peut appeler des chapitres; elle est suivie sans rupture par la *Légende de la Croix*, avec cette même structure par chapitres, comme si celle-ci faisait partie intégrante du récit.

Groupe B1a

Sf　Munich, Bayerische Staatsbibliothek, *clm 17151*, parchemin, 430 x 310, 177 f., xive s. ([1]) Lat-V: 177[v] (2 col, 96 lignes) et 27[r] (MEYER: *17*; Klasse II).

>　Abbaye de Schäftlarn.

>　CCLM 2, 3, p. 83.

Écrite sur deux colonnes très serrées de 87 et 96 lignes au verso du dernier folio d'un manuscrit du xiie siècle, avec initiale ornée selon le modèle cistercien, très analogue à celui de *Fa* (Fulda B 3; A2a), la partie la plus importante de la copie (ch. 1 à 42) est en mauvais état. La deuxième partie du texte est écrite à pleine page au recto du folio 27, dont le tiers inférieur était resté vierge lui aussi.

　Contenu ([2]): f. 1: Glosae super Alfabetum; f. 27: Sermones diversi; f. 171: Urbani papae *Bulla de fundatione capellae S. Spiritus* (a. 1270); f. 177 et 27: *Historia de Adam et Eva*.

　Pas de titre initial.

　Incipit: *Cum expulsi essent adam et eua de paradisi deliciis fecerunt sibi tabernaculum et fecerunt dies luctus lamentationis in magna tristitia. Post dies autem vii ceperunt esurire et querebant sibi escas ut manducarent et non inueniebant.*

　Explicit: *Ecce ueniet dominus in sanctis suis faciens iudicium de omnibus et arguet impios de omnibus operibus suis quibus preuaricati sunt super terram.*

Entre 25,3 et 29,2, la lecture de *Sf* est rendue difficile et parfois impossible par une tache d'encre étalée en travers du texte.

Bh　Munich, Bayerische Staatsbibliothek, *clm 26630*, papier, 300 x 210, 354 f., xve s. ([3]) Lat-V: 351[r]-354[r].

>　CCLM 2, 4, p. 196.

---

　(1) Je dois la datation de cette copie au Dr. Kudorfer, conservateur au cabinet des manuscrits de la Bibliothèque d'État de Munich, à qui va ma gratitude, non seulement pour ces informations, mais aussi pour l'amabilité de son accueil.

　(2) Le recensement du contenu ne présente que peu d'intérêt pour comprendre le motif de la présence de la *Vie latine* dans ce manuscrit. Celui-ci avait pour principal avantage d'avoir conservé des pages vides où on pouvait écrire la *Vie*.

　(3) Manuscrit d'origine inconnue, très probablement copié en Bohème, si on en croit la note historique concernant les luttes de pouvoir en Bohème, écrite au bas du f. 354[v].

Contenu: f. 1: *Ars praedicandi*; f. 3: Sermones diversi; f. 235^v: *Expositio orationis dominicae*; f. 247: Andreas Hispanus, *Tractatus de decimis* (a. 1434); f. 260: Johannes Poloner, *Descriptio terrae sanctae*; f. 272: Johannes Auerbach, *Directorium simplicium curatorum*; f. 311: Johannes de Deo, *Liber paenitentialis*; f. 351: *Vita Adae et Evae*; f. 354: *Historia de ligno s. Crucis*.

Titre: *De penitentia Ade et Eve.*

Incipit: *Cum expulsi essent adam et eva de paradisi deliciis fecerunt sibi tabernaculum et fecerunt dies luctus et lamentationis in magna tristicia. Post dies autem septem ceperunt esurire et querebant eis escas ut manducarent et non inueniebant.*

Explicit: *Ecce veniet dominus in sanctis suis faciens iudicium de omnibus et arguet impios de omnibus operibus quibus preuaricati sunt super terram.*

Le texte de la *Vita Adae et Evae* est suivi d'un résumé de la *Légende du Bois de la Croix*, selon le texte édité par Meyer, 1882, p. 107.

Bp   Budapest, Országos Széchényi Könyvtár, *Ms. 390*, papier, 215 x 149, 383 f., 30-35 lignes, milieu du xve s. Lat-V: 253^r-258^r.

E. Bartoniek, *Codices manu scripti Latini,* vol. 1: *Codices Latini medii aevi (Catalogus Bibliothecae nationalis Hungarici* 12), Budapest 1940, p. 346-351.

Contenu: f. 1: *Commentarius super Carmen de mysteriis missae Hildeberti Cenomanensis*; f. 108: Joh. Gerson, *Regulae morales*; f. 130^v: Notae variae; f. 138: Sermones; f. 145^v: Ricardus de Hampole, *De vita activa et contemplativa*; f. 148^v: Chonradus de Saxonia, *Sermones*; f. 168: *De innovatione et purgatione mundi*; f. 183: Sermones; f. 240: Nicolaus papa, *Forma ad extrahendas bullas*; f. 253: *De penitentia Adae et Evae*; f. 258^v: *Historia Josephi*; f. 266: *De indulgentiis*; f. 274: *De Beata Maria virgine*; f. 280: Johannes Geuss, *De judicio particulari*; f. 290: *De judicio extremo*; f. 316: Tractatus diversi; f. 324: Petrus Reicher de Pirchenwart, *Sermones*; f. 346: Johannes Gerson, *Tractatus de pollutione*; f. 355: Johannes Geuss, *Sermo*; f. 362: Petrus Reicher de Pirchenwart, *Sermones*.

Titre: *De penitencia Ade et Eue.*

Incipit: *Cum expulsi essent adam et Eua de paradisi deliciis fecerunt sibi tabernaculum et fecerunt dies luctus lamentationis in magna tristicia. Post dies autem vii ceperunt esurire et querebant sibi escas ut manducarent et non inueniebant.*

Explicit: *Ecce ueniet dominus in sanctis suis faciens iudicium de omnibus et arguet impios et de omnibus quibus preuaricati sunt super terram et etc.*

Groupe B1b

Wu Wurtzbourg, Universitätsbibliothek, *M.ch.q.23*, papier, 210 x 150, 250 f., 30/38 lignes, fin du xive s. Lat-V: 68^r-72^r.

Originaire de la bibliothèque de la Cathédrale de Wurtzbourg.

H. Thurn, *Die Papierhandschriften der ehemaligen Dombibliothek (Die Handschriften der Universitätsbibliothek Würzburg 3, 2)*, Wiesbaden 1981, p. 86-88.

Contenu: f. 1: *Sermones* (à peine lisibles); f. 3: *Questiones circa Summam Raimundi* (plutôt *circa Summulam metricam Adami Theutonici*); f. 15: Hermann von Schildesche ([1]), *Contra Leonistas seu Pauperes de Lugduno et eorum sequaces*; f. 39: *Interpretatio vocabulorum epistolarum et evangeliorum*; f. 47: *Expositio orationis dominicae*, adaptation allemande de Jordanus de Quedlinburg, *Sermones* (*Sermones* 289-298 in Hain, 9438); f. 53^v: Jordanus de Quedlinburg, *Expositio orationis dominicae*; Hermann von Schildesche, *Speculum manuale sacerdotum*; f. 67: Notata theologica, excerpta de Patribus (f. 68: *Planctus Adam et Evae*); f. 120: Casus ad Summam Heinrici de Merseburg.

Pas de titre initial.

Incipit: *Cum expulsi essent Adam et Eua de paradyso deliciarum fecerunt sibi tabernaculum et fecerunt dies luctus dies lamentationis in magna tristicia. Post dies autem vii ceperunt esurire et querebant sibi escas ut manducarent et non inueniebant.*

Explicit: *Ecce uenit dominus in sanctis suis faciens iudicium de omnibus operibus et arguet impios de omnibus operibus quibus preuaricati sunt super terram etc.*

Nu Nuremberg, Stadtbibliothek, *Cent. IV 82*, papier, 293 x 210, 525 f., 2 col., 35 lignes, vers 1434. Lat-V: 509ra-514rb.

K. Schneider, *Die lateinischen mittelalterlichen Handschriften*, Teil 1: *Theologische Handschriften (Die Handschriften der Stadtbibliothek Nürnberg 2, 1)*, Wiesbaden 1967, p. 285-292.

Contenu: f. 1: *De Monachis*; f. 2: Johannes Herolt, *Sermones de Sanctis*; f. 138: Idem, *Promptuarium de miraculis BVM*; f. 166^v: Index des références des citations; f. 167: Hermannus Minorita, *Flos temporum* (Extraits); f. 168: Sermones per Hebdomadam sanctam; f. 188: Jacobus de Voragine, *De laudibus BMV*; f. 291: Bertrandus de Turre, *Sermones quadragesimales et Sermones de*

---

(1) Hermann von Schildesche, mort le 8 juillet 1357, était vicaire général du diocèse de Wurtzbourg. Cf. *Dictionnaire de spiritualité* 7 (Paris 1969), col. 302-308.

Cena Domini; f. 381: Sermones de diversis; f. 509: *Penitentia Adae et Evae.*

Titre: *De penitentia Ade et Eue.*

Incipit: *Cum expulsi essent Adam et Eua de paradysi deliciis fecerunt sibi tabernaculum et fecerunt dies luctus dies lamentationis in magna tristicia. Post dies septem ceperunt esurire et querebant sibi escas ut manducarent et non inueniebant.*

Explicit: *Ecce uenit dominus in sanctis suis faciens iudicium de omnibus et arguet impios de omnibus operibus qui preuaricati sunt super terram etc.*

Groupe B2

D Londres, British Library, *Harley 495*, parchemin, in-8°, 22 lignes, xiv^e s. Lat-V (manque 1,1 – 8,2): f. 43^r-50^r.

> R. Nares, *A Catalogue of the Harleian Manuscripts in the British Museum*, vol. 1, Londres 1808, p. 329; C. E. Wright, *Fontes Harleiani. A Study of the Sources of the Harleian Collection of Manuscripts preserved in the Departement of Manuscripts in the British Museum*, Londres 1972. Cette étude renvoie à la collection de Sir Simonds D'Ewes, à laquelle appartenaient plusieurs manuscrits passés ensuite dans la collection Harley; cf. A. G. Watson, *The Library of Sir Simonds d'Ewes*, Londres 1966, p. 274.

Contenu: f. 1: *De captione Jerusalem a Tito et Vespasiano* ([1]); f. 9: *De 5 sedibus in Roma patriarchialibus*; f. 9: *De episcopis cardinalibus*; f. 9: *Visio Thomas Becket*; f. 11: Isidorus Hispalensis, *De numero*; f. 35: Sermones *de Assumptione et Nativitate Mariae*; f. 41^v: *Versus gnomici et rhytmici*; f. 43: *Tractatus fabulosus de lapsu et poenitentia Adami et Evae*; f. 50^v: *Prophetia de rege Britanniae*; f. 51: *Historia fabulosa, et omnium longe ineptissima, de ligno unde crux Christi confecta fuit* ([2]); f. 58: *De Vitis et miraculis Sanctorum Farrago*; f. 58^v: *Adnotationes de diebus indulgentiae.*

Incipit: *Et dixit creaturis vos non peccastis sed ego. Statim omnia animancia venerunt et circumdederunt illum Et aqua Iordanis stetit ab illa hora non agens cursum suum* (ch. 8).

Explicit: *Ecce veniet dominus in sanctis suis faciens iudicium de omnibus et arguet impios de omnibus operibus quibus preuaricati*

---

(1) Ce texte correspond sans doute au traité *De destructione Jerusalem*, tel qu'il est décrit par Z. Izydorczyk, *The Medieval Gospel of Nicodemus, Texts, Intertexts, and Contexts in Western Europe*, Tempe, Ariz., 1997, p. 65.

(2) Noter les épithètes péjoratives utilisées par le recenseur.

sunt super terram. Adam uero postquam passus est Ihs introiuit. Amen dicere uos.

Ce manuscrit a perdu le premier folio du texte de la *Vita Adae et Evae*, qui ne commence qu'au milieu du ch. 8; pour assurer le sens de la première phrase, le rédacteur en a gratté les premiers mots et les a remplacés par la proposition: *Et dixit creaturis.*

Q Oxford, Queen's College, *213*, parchemin, in-4°, 50 f., 27 lignes, *manu Nicolai Warde exaratus*, 1449. Lat-V: f. 1ʳ-7ʳ.

> H. O. COXE, *Catalogus codicum Mss. Collegii Reginensis (Catalogus codicum Mss. qui in collegiis aulisque Oxoniensibus hodie adservantur* 1, 6), Oxford 1852, p. 47; C. HORSTMANN, « Nachträge zu den Legenden. 10. Vita prothoplasti Ade. Ms. Queen's Coll. Oxford 213, f. 1 (15. Jahrhundert)», *Archiv für das Studium der neueren Sprachen und Litteraturen* 79, Braunschweig 1887, p. 459-479.

Contenu. f. 1: *Vita protoplausti Adae* (renvoi au Ms. Douce ccvi, f. 42); f. 8: *De ligno sce crucis* (= *Légende du Bois de la Croix*; renvoi au Ms. Douce lxxxviii, f. 30); f. 13ᵛ: Robertus Grosseteste, *Expositio testamentorum duodecim patriarcharum.*

Titre: *Vita prothoplausti Ade.*

Incipit: *Cum expulsi essent Adam et Eva de paradisi deliciis fecerunt sibi tabernacula et fecerunt dies luctus et lamentationis et in magna tristitia. Post autem dies septem ceperunt esurire et querebant eis escas ut manducarent et non inuenerunt.*

Explicit: *Ecce veniet dominus in sanctis suis faciens iudicium de omnibus et arguet impios de omnibus operibus suis quibus preuaricati sunt super terram. Adam uero postquam passus est Ihs intrabit in paradisum.*

Rédaction tardive (Familles T1 et T2)

Famille T1

Groupe T1a

Vb Vienne, Österreichische Nationalbibliothek, *Cod. 1628*, parchemin, 225 x 155, 98 f., 2 col., xivᵉ s. Lat-V: 95ʳᵇ-98ʳᵃ.

> Chartreuse d'Aggsbach.

> TCMV 1, p. 265.

Contenu: f. 1: *Tractatus de Terra sancta*; f. 22: *De poenitentia*; f. 95: *De vita Adae et Evae.*

Pas de titre initial.

Incipit: *adam et eua cum expulsi fuissent de paradiso uoluptatis fecerunt tabernaculum et fuerunt vij dies lugentes et lamentantes in magna tristitia. Post vii dies ceperunt esurire adam et eua et querebant sibi escas ut manducarent et non habebant.*

Explicit: *Octauus uero dies future et eterne beatitudinis est in quo omnes beati cum Xristo creatore et saluatore nostro simul cum corpore et anima numquam de cetero morituri regnabunt per infinita secula seculorum. Amen.*

Hz Herzogenburg, Stiftsbibliothek, *Ms. 43*, papier, 280 x 200, 1+251 f., 2 col., 45 lignes, xv^e s. Lat-V: 247ra-250vb.

Abbaye de Herzogenburg.

H. Mayo, *Descriptive Inventories of Manuscripts Microfilmed for the Hill Monastic Manuscript Library. Austrian Libraries*, vol. 3: *Herzogenburg*, Collegeville 1985, p. 143-146.

Contenu: f. 1: Antonius de Parma, *Sermones euangeliorum dominicalium*; f. 102: alii sermones; f. 121: Graeculus, *sermones de tempore*; f. 228^v: Sermo super *Fuit quidem rex potentissimus...*; f. 229^v: *Septem verba Christi in cruce*; f. 230: *Vita sancti Cholomanni*; f. 231: *Vita sancti Laurencii;* f. 232: *Speculum de corpore Christi*; f. 246^v: *Nota septem causas quare grauiter peccant qui non communicant*; f. 247: *Vita Ade et Eve*; f. 251^v: *Investitura*.

Pas de titre initial.

Incipit: *Adam et Eua cum expulsi fuissent de paradyso uoluptatis fecerunt sibi tabernacula et fuerunt septem dies lugentes et lamentantes in magna tristitia. Post septem dies ceperunt esurire adam et Eua et querebant sibi escas ut manducarentur et non habebant.*

Explicit: *Octauus uero dies future et eterne beatitudinis est in quo omnes beati cum Xristo creatore et saluatore nostro simul cum corpore et anima numquam de cetero morituri regnaturi sunt per infinita secula seculorum. Amen.*

Rz Munich, Bayerische Staatsbibliothek, *clm 16472*, parchemin, 295 x 210, 205 f., 2 col., 28/29 lignes, xive s. Lat-V: 165vb-172ra.

Du monastère St-Zénon prés de Bad Reichenhall.

CCLM 2, 3, p. 69.

Contenu: f. 1: *Biblia Mariae*; f. 16: Lucidarius *Commentarius de « Peniteas cito »* (Summa pauperum Fabiani); f. 48: Sermo; f. 5: Biblia V.T. abbreviata; f. 96: Sermones; f. 130: Defensor, *Scintilla scripturarum*; f. 158: *Revelatio de passione Domini Anselmo facta*; f. 164: *Vita B. Mariae V. metrica*; f. 165: *Penitentia Adae et Euae et generatio filiorum suorum*; f. 174: Ps.-Aristoteles, *Secretum Secretorum* (a Johanne filio Patricii in arabicum et a Philippo clerico in latinum translatum).

Titre final: *Penitentia Adae et Evae et generatio filiorum suorum.*

Incipit: *Adam et Eua cum expulsi fuissent de paradiso voluptatis fecerunt tabernaculum et fuerunt septem dies lugentes et lamentantes in magna tristicia. Post septem dies ceperunt esurire adam et eua et querebant sibi escas ut manducarent et non habebant.*

Explicit: *Octauus uero dies future et eterne beatitudinis est in quo omnes beati cum ipso creatore et saluatore nostro simul cum corpore et anima numquam de cetero morituri et semper regnaturi sunt per infinita secula seculorum Amen.*

Zp   Munich, Bayerische Staatsbibliothek, *clm 23929*, papier, 310 x 220, 35 f., 2 col., 47/52 lignes; deuxième moitié du xve s. Lat-V: 32ra-34vb.

CCLM 2, 4, p. 109-110 (¹).

Contenu: f. 1: Johannes de Deo, *Paenitentiale*; f. 31: *De Lentulo et epistola Pilati ad Claudium*; f. 32: *Vita Adae et Evae.*

Pas de titre initial.

Incipit: *Adam et Eua cum expulsi fuissent de paradiso voluptatis fecerunt tabernaculum et fuerunt septem dies lugentes et lamentantes in magna tristitia. Post septem dies ceperunt esurire Adam et eua et querebant sibi escas ut manducarent et non habebant.*

Explicit: *Octauus uero dies future et eterne beatitudinis est in qua omnes beati cum Christo creatore et saluatore nostro simul cum corpore et anima numquam de cetero morituri regnabunt per infinita secula seculorum Amen.*

Groupe T1b

Eq   Erfurt, Stadt- und Regionalbibliothek, *CA 8° 8*, parchemin, 127 f., 48 lignes, milieu du xive s. Lat-V 1,1 – 29,15: f. 76^v-78^r.

W. Schum, *Beschreibendes Verzeichniss der Amplonianischen Handschriften-Sammlung zu Erfurt*, vol. 3: *Handschriften in Octav-Format*, Berlin 1887 (réimpr. Hildesheim 1986), p. 674-677.

Contenu: f. 1: Vocabularius; f. 2: *De ponderibus* + autres traités de grammaire; f. 37: *Glosa optima super libro equivocorum Johannis de Gerlandia theokaris*; f. 69: Johannes de Garlandia, *Distigium cum*

---

(1) Au f. 30, on lit: « A. 1462 fuerunt maledicti fratres in Puttñ ».

glosa; f. 76ᵛ: *Vita Adam et Eva*; f. 78ᵛ: Dionysius Cato, *Disticha*; f. 81: Diversi tractatus grammaticales.

Les traités de grammaire à partir du folio 78 ont été écrits au xııᵉ s.; les traités précédents peuvent être datés du xıvᵉ s.

Titre: *Dialogi quos Adam et Eva e paradiso expulsi inter se habuisse dicuntur.*

Incipit: *Adam et eua cum expulsi fuissent de paradyso voluptatis fecerunt sibi tabernaculum et fuerunt vii dies lugientes et lamentantes in magna tristitia. Post vii dies ceperunt esuriri et querebant sibi escas ut manducarent et non habebant.*

Explicit: *et post hoc habitabit deus cum hominibus in terris uisurus et tunc incipiet equitas fulgere et domus dei in seculum honorabitur et non poterunt aduersa amplius nocere et suscitabit deus saluatorem plebem facturus in seculum seculi et impii punientur a deo rege suo* (ch. 29).

Eq s'arrête sur ces mots, au début de la dernière ligne du recto du folio 78. Il ne peut donc s'agir de la perte d'un folio dans la constitution du volume tel qu'il se présente aujourd'hui. Il est vrai aussi que le verso était déjà écrit. On peut supposer que le copiste pensait reprendre son travail sur un feuillet supplémentaire, mais qu'il ne l'a jamais repris.

Cb Cracovie, Biblioteka Jagiellońska, *2403* (*DD XVII 2*), papier, 230 f., 31/35 lignes, 1468-1469, 1479. Lat-V: 25ᵛ-32ʳ.

W. Wısłocкı, *Catalogus codicum manuscriptorum Bibliothecae Universitatis Jagellonicae Cracoviensis*, vol. 2, Cracovie 1881, p. 577.

Contenu: f. 1: Thomas de Aquino, *De puritate animae*; f. 20ᵛ: *De chorea*; f. 25ᵛ: *Vita Ada et Evae*; f. 32ᵛ: *XII Flagella contra peccatores* (1468); f. 45: Sermo *De corpore Christi*; f. 50: Nicolas de Blonie, *Sacramentale* (« *Medice cura te ipsum* »); f. 158ᵛ: Tractatus diversi ad utilitatem sacerdotis; f. 171: *Proverbia Salomonis*; f. 186ᵛ: *Liber ecclesiasticus* (1469); f. 230: *Animarum commemoratio magistri Stanislai* (adscripta a. 1479).

Titre: *De expulsione Ade cum Eva de paradiso.*

Incipit: *Cum expulsi fuissent de paradiso voluptatis fecerunt sibi thabernaculum et fuerunt septem dies lugentes et lamentantes in magna tristitia. Post septem dies ceperunt esurire et querebant sibi escas ut manducarent et non habebant.*

Explicit: *Homo dei ne amplius quam septem diebus lugeatis mortuos vestros quia septima dies resurrectionis sue requieuit dominus ab omni opere suo. Octauus uero dies future et eterne beatitudinis est.*

Le texte se poursuit sans rupture par les mots suivants: *in aliqua cedula siue rescriptum horrendorum si misericordia dei saluatoris absentabitur universis...* dont j'ignore la nature et l'origine.

Groupe T1c

Pv Prague, Národní knihovna České republiky, *1914* (X. E. 13), papier, 210 x 160, 229 f., 39/46 lignes, xive s. Lat-V: 85^v-88^v.

> J. Truhlár, *Catalogus codicum manu scriptorum latinorum qui in C. R. Bibliotheca publica atque Universitatis Pragensis asservantur*, vol. 2, Prague 1906, p. 76-77, sub n° 1914.

Contenu: f. 1: Nicolaus de Lyra, *Tractatus contra Judaeum*; f. 20: *Excerpta concordantiarum totius biblie per ordinem alphabeti*; f. 62: Registrum super libros Sentenciarum per ordinem alphabeti; f. 74: *Evangelium Nicodemi*; f. 83^v: *Historia de Secundo philosopho perpetui silentii*; f. 85^v: *Liber de Adam*; f. 89: Formulae medicinae; f. 102: Vocabularius latinus; f. 195: Verba latina cum suis perfectis et supinis ordine alphabetico; f. 226: Formulae dictaminum et epistolarum maximam partem scholarium pauperum bohemicorum.

Le catalogueur date du xive siècle les documents copiés aux folios 74-88, la liste des verbes latins aurait été composée entre le xive et le xve siècle et les autres documents écrits au xve siècle.

Titre: *liber de adam qualiter vixit quando fuit eiectus de paradiso.*

Incipit: *Adam et eua cum expulsi essent de paradiso uoluptatis fecerunt tabernaculum et fuerunt vij diebus lugentes et lamentantes in magna tristitia post septem dies ceperunt esurire adam et eua et querebant sibi escas ut manducarent et non habebant.*

Explicit: *Octauus uero future et eterne beatitudinis est in qua omnes beati cum isto creatore et saluatore nostro simul cum corpore et anima numquam de cetero morituri regnabunt per infinita secula seculorum. Amen.*

La *Vita Adae et Evae* est suivie du traité *De formatione Adae et de nomine eius*, dans une version résumée.

Sr Strängnäs, Domkyrkobiblioteket, *Q 16 (Op.1)* ([1]), 11 f., 38-41 lignes, env. 1460. Lat-V: 5^r-9^r.

> Bibliothèque de la Cathédrale de Strängnäs.

---

(1) Je remercie bien sincèrement Mrs R. Lundgren, bibliothécaire de la Domkyrkobiblioteket de Strängnäs, de m'avoir adressé les photos de ce manuscrit et une copie du catalogue de H. Aminson.

H. Aminson, *Bibliotheca Templi Cathedralis Strengnesensis. Supplementum, continens codices manu scriptos et libros, quos Johannes Matthiae, episc. Strengn. templo dono dedit*, Stockholm 1863, p. 1; M. Hedlund, *Katalog der datierten Handschriften in lateiner Schrift vor 1600 in Schweden*, vol. II: *Die Handschriften Schwedens ausgenommen UB Uppsala* (*Bibliotheca Ekmaniana Universitatis Upsaliensis* 68), Stockholm 1980, p. 29-30, Abb. 73.

Contenu: f. 1: breues sententiae varii argumenti; f. 5: *Protogenitorum historia*; f. 9: *De oleo misericordie quod deus ade promittit* (*Légende de la Croix*).

Titre: *Protogenitorum Historia postquam ex paradiso sunt expulsi.*

Incipit: *Adam et eua cum expulsi fuissent de paradiso uoluptatis fecerunt sibi tabernaculum. Et fuerunt septem dies lugentes et lamentantes in magna tristitia Post septem dies ceperunt esurire adam et eua et querebant escas ut manducarent et non habebant.*

Explicit: *Octauus uero dies future et eterne beatitudinis est in qua beati cum Xristo creatore et saluatore simul cum corpore et anima numquam de cetero morituri regnabunt per infinita seculorum secula Amen.*

La *Vita Adae et Evae* est suivie de la *Légende de la Croix*.

Go Göttweig, Stiftsbibliothek, *Ms. 306* (*344*), papier, 270 x 180, 249 f., 2 col., 45/49 lignes, xve s. Lat-V: 222va-224vb.

Abbaye de Göttweig.

V. Werl, *Manuscripten-Catalog der Stifts-Bibliothek zu Göttweig*, Göttweig 1843-1844 (réimprimé sous le titre *Catalog of Manuscripts in Stift Göttweig* [*Austrian Monasteries* 5, 1], Ann Arbor, Mich., University Microfilms), vol. 1, p. 639-640. La cote de ce témoin est instable: dans le catalogue manuscrit, il est numéroté 344 et dans le catalogue de la Hill Monastic Manuscript Library il est référencé sous la cote *306*, qui reprend la cote la indiquée entre parenthèses dans le catalogue manuscrit.

Contenu: f. 1: Calendarium latinum pro 1402; f. 14: Calendarium latinum cum notis marginalibus germanicis; f. 22: Officiarium uel sermones varii de BVM et sanctis per circulum anni; f. 138: Greculus, *Sermones de tempore*; f. 216: Sermones diversi (de Margaretha, Magdalena, BMV, etc.); f. 222^v: *De expulsione Adami et Evae de paradiso*; f. 227: Sermones varii de corpore Xi, de BMV; f. 237^v: *Legenda S. Sigismundi*; f. 239: Sermones de BVM et variis sanctis.

Titre: *Nota expulsionem ade et eue quomodo expulsi sunt de para-dyso voluptatis in miseriam.*

Incipit: *Adam et eua cum expulsi fuissent de paradyso voluptatis fecerunt sibi thabernaculum et fuerunt vii^{em} diebus lugentes et lamentantes in magna tristicia post vii^{em} dies ceperunt esurire et querebant sibi escas ut manducarent et non habebant.*

Explicit: *VIII^{us} uero dies future et eterne beatitudinis est in qua omnes beati cum ipso creatore et salvatore nostro simul cum corpore et anima numquam de cetero moriuntur regnabunt per infinita secula seculorum Amen.*

Intitulé de fin: *expulsio ade et eue de paradyso.*

Sa Schlägl, Stiftsbibliothek, *156,* papier, 270 x 195, 414 f., 35/37 lignes, 1473. Lat-V: 405^v-409^v.

Abbaye de Schlägl.

G. Vielhaber – G. Indra, *Catalogus codicum Plagensium (Cpl.) manuscriptorum,* Linz 1918 (réimprimé sous le titre *Catalog of Manuscripts in Stift Schlägl (Plaga)* [*Austrian Monasteries* 21], Ann Arbor, Mich., University Microfilms), p. 263-265.

Contenu: f. 1-373^v, 393-396^v, 412^v-414: Petrus Comestor, *Historia scolastica* (PL 198, col. 1049ss.); f. 374^v: *Evangelium Nicodemi*; f. 389^v: *Historia de conversione Tiberii Caesaris*; f. 397: *Chronica S. Helenae*; f. 405^v: *De poenitentia Adae*; f. 409^v: *Historia de oleo misericordiae* (= Cod. Pal. Vindob. 4373, f. 130-131).

Titre, répété dans la marge supérieure des folios: *De penitentia Ade.*

Incipit: *Adam et eua cum expulsi fuissent de paradiso voluptatis fecerunt sibi tabernaculum et fuerunt uij diebus lugentes et lamentantes in magna tristitia. Post vii dies ceperunt esurire et querebant sibi escam ut manducarent.*

Explicit: *Octauus uero dies future et eterne beatitudinis est in qua omnes beati cum ipso creatore et saluatore nostro simul cum corpore et anima numquam de cetero morituri regnabunt per infinita secula seculorum Amen.*

Intitulé de fin: *Cronica de penitentia ade et morte et de ramo plantato ad caput sepulchri ade de quo tunc excreuit lignum sancte crucis.*

Ol Olomouc, Védecká knihovna, *M II 220,* papier, 335 f., 290 x 210, 56 lignes, 1441. Lat-V: 169^r-171^v.

Couvent de St-Jacques d'Olomouc.

M. Boháček – F. Čáda, *Beschreibung der mittelalterlichen Handschriften der wissenschaftlichen Staatsbibliothek von Olmütz*, Cologne – Weimar – Vienne, 1994, n° 327, p. 566-574. Recueil de nombreux fragments de manuscrits plus anciens.

Contenu: f. 1: Sermones de Sanctis: f. 96: De questionibus Trinitatis; f. 98 *Quotus super epistulas et evangelistas*; f. 109: *Themata diversa super sermones*; f. 115: Avianus, *Fabulae*; f. 126: Jacobus de Lausanna, *Compendium moraliticum*; f. 161: Expositio brevis super Pater Noster, super Ave Maria, super Symbolum apostolorum; f. 164: Ps.-Augustinus (Fulgentius), *De fide*; f. 167: Robertus Lincolniensis, *Disputaciones inter corpus et animam*; f. 169: *De vita et morte Ade et Eve*; f. 171ᵛ: *Tractatus de septem sacramentis*; f. 177: *Epistula rabbi Samuelis ad rabbi Isaac*; f. 186: Jacobus de Benevento, *Viridarius consolacionis*; f. 212ᵛ: Bernardus de Parentinis, *Tractatus super officium missae*; f. 286-335: Tractatuli breves de omnibus.

Titre: *Sequitur hic de vita et morte ade et eue.*

Incipit: *Adam et eua cum expulsi fuissent de paradiso voluptatis fecerunt sibi tabernaculum et fuerunt septem diebus lugentes et lamentantes in magna tristitia. Post septem dies ceperunt esuriri et querebant sibi escam ut manducarent et non habebant.*

Titres intermédiaires: *Sequitur de morte* (fin du ch. 29); *De morte Ade et Eue* (début du ch. 30).

Explicit: *Octauus uero dies future et eterne beatitudinis est in qua omnes beati cum ipso creatore et saluatore nostro simul cum corpore et anima numquam de cetero morituri regnabunt per infinita secula seculorum Amen.*

Intitulé de fin: *tractatulus de uita et obitu ade et eue deo sit laus et gratia per infinita secula.*

Groupe T1d

Aj   Alba Julia, Biblioteca Naţională a României, Filiala Batthyaneum, *R. I. 76*, papier, 414 f., 320 x 215, 2 col., 35/40 lignes, xvᵉ s. Lat-V: 410ᵛᵃ-414ᵛᵃ.

> R. Szentiványi, *Catalogus concinnus librorum manuscriptorum Bibliothecae Batthyanyanae*, Szeged 1958⁴, p. 46, n° 76; J. Sopko, *Stredoveké latinské kódexy Slovenskej proveniencie v Mad'arsku a v Rumunsku [Codices latini Medii Aevi qui olim in bibliothecis Slovaciae asservabantur et nunc in Hungaria et Romania asservantur]* (*Stredoveké kódexy Slovenskej proveniencie*

[*Codices medii aevi qui in bibliothecis Slovaciae asservantur ac olim asservabantur*] 2), Martin 1982, p. 173-174, n° 322 ([1]).

Contenu: f. 1: Calendarium pro annis 1430-1457; f. 3: Jacobus de Voragine, *Legenda aurea* (1429); f. 397: *Legendae Sti Ladislai, Sti Emericii ducis, Sti Demetrii, Sti Patricii*; f. 410: *Vita Adae et Evae*.

Titre: *De uita ade et eve.*

Incipit: *Factum est cum adam et eua fuissent expulsi de paradiso voluptatis abeuntes a longe retro inspicientes locum deliciarum fleverunt amare.*

Explicit: *octauus uero dies est future et eterne beatitudinis in qua omnes beati cum Xpo domino cum corpore simul et anima de cetero numquam morituri regnabunt per infinita secula seculorum Amen.*

La *Vita Adae et Evae* est copiée à la suite de la *Legenda sanctorum* (*Legenda aurea*) de Jacques de Voragine.

Cc Cracovie, Biblioteka Jagiellońska, *431*, papier, 290 x 205, 244+1 f., 2 col., 40/42 lignes, 1441. Lat-V 1,1 – 27,2: f. 119va-121va.

M. Kowalczyk – M. Markowski – G. Zathey – M. Zwiercan, *Catalogus codicum manuscriptorum medii aevi latinorum qui in Bibliotheca Jagellonica Cracoviae asservantur*, vol. 2, Wroclaw – Varsovie – Cracovie 1982, p. 307-311.

Contenu: f. 2: Jacobus de Vitriaco, *Historia orientalis seu Hierosolymitana*; f. 61^v: Marcus Pauli, *De mirabilibus orientalium regionum*; f. 116: Presbyter Iohannes, *Epistula*; f. 119^v: *Hystoria Ade et Ewe*; f. 121^v: Excerpta variorum auctorum; f. 127: *Stella clericorum*; f. 134: *Sermo de sacerdotibus*; f. 135^v: *Nota de rebus necessariis ad salutem*; f. 138^v: Henricus de Frimaria, *Super decem praecepta*; f. 178: *Sermones diuersi*.

Titre: *Nota Hystoria Ade et Ewe, quando expulsi erant de Paradiso.*

Incipit: *Factum est autem cum Adam et Ewa essent expulsi de paradiso uoluptatis et abientes a longe respicientes locum deliciarum fleuerunt amare.*

---

(1) Que Madame I. Dârja, bibliothécaire de la Filiala Batthyaneum de la Biblioteca Naţionalá a României, à Alba Julia, trouve ici l'assurance de ma très sincère gratitude pour l'amabilité avec laquelle elle m'a fourni les photocopies des deux manuscrits de sa bibliothèque. Je ne saurais oublier non plus le professeur Csernus de l'Université de Szeged (Hongrie) et ses collègues qui m'ont aidé dans la recherche de ces documents.

Explicit: *Et cum hec uerba audiuissem procidens in terram oraui dominum dicens omnipotentissime et misericors domine creator pie non deleatur nomen meum usque in seculum seculi sed perduc me in paradisum ut te laudem in secula seculorum amen* (ch. 27).

Ba Berlin, Staatsbibliothek zu Berlin - Preußischer Kulturbesitz, *Theol. lat. qu. 151*, papier, 210 x 145, 328 f., 31/34 lignes, 1440-1460. Lat-V: 201^r-207^v.

Poznań.

G. ACHTEN, *Die theologischen lateinischen Handschriften in Quarto der Staatsbibliothek Preußischer Kulturbesitz Berlin, Teil 1*, Wiesbaden 1979, p. 54-59.

Contenu: f. 1: Auctoritates de vitiis et virtutibus; f. 13: Expositio in Genesim 5-7; f. 15: *De purgatorio*; f. 18^v: Sermones de tempore; f. 25^v: *Via ad regnum caelorum*; f. 64^v: *De die iudicii*; f. 72: Sermones selecti; f. 94^v: *Vita Hedwigis ducissae Silesiae*; f. 97^v: Sermones selecti; f. 145: Versus de septem artibus mechanicis cum commentario; f. 151: 3 sermones in assumptione BMV; f. 159: Miracula BMV; f. 163: Sermones in nativitate Domini; f. 177^v: Schémas de prédication sur Luc 1,39 et 1,42; f. 187: Epitomae legendarum s. Mariae Aegyptiacae (ex *Legenda aurea*) et s. Sophiae; f. 194: Sermo *de corpore Christi*; f. 199: *Casus de celebratione Missae*; f. 201: *Vita apocrypha Adae et Evae*; f. 208: Notae variae; f. 212^v: Sermones selecti; f. 221: *Ordinarium officii de tempore et de sanctis* (pour le diocèse de Posen); f. 281: *Gesta romanorum*; f. 321^v: Sermones selecti.

Pas de titre initial.

Incipit: *Factum est cum Adam et Eua fuissent eiecti de paradiso voluptatis fecerunt sibi thabernaculum ibidem et fuerunt septem diebus lugentes et lamentantes in magna tristitia post septem dies ceperunt sibi querere escas ut manducarent et non inueniebant nec habebant quid manducarent.*

Explicit: *Octaua uero dies est future et eterne beatitudinis in qua omnes electi cum suo creatore et redemptore simul cum corpore et anima requiescent et regnabunt in secula seculorum amen.*

Famille T2

Groupe T2a

Kr Kremsmünster, Stiftsbibliothek, *CC 124*, parchemin, ca. 240 x 164/170, 295 f., 2 col., 47/48 lignes, xiv^e-xv^e s. Lat-V 1,1 − 35,2 (mutil.): 286ra-287vb.

Abbaye de Kremsmünster.

H. Fill, *Katalog der Handschriften des Benediktinerstiftes Kremsmünster*, 1: *Von den Anfängen bis in die Zeit des Abtes Friedrich von Aich (ca. 800-1325)*. *Katalogband*, Vienne 1984, p. 168-181 (p. 180) ([1]).

Recueil factice. Les parties 1 à 7 et 9 dateraient de la première moitié du xve siècle; la partie 8 de la première moitié du xive siècle.

Contenu: Partes 1-7 (première moitié du xve s.): partes 1-3: f. 1^v: Ps.-Origenis, *Homilia de planctu B. M. Magdalenae*; f. 8: *Genealogia s. Elizabeth et b. Hedwigis*; f. 11: Theodericus de Appoldia, *Vita s. Elisabeth*; f. 42: Ps.-Bernardus Claravallensis, *De passione Domini secundum septem horas canonicas*; f. 58^v: Ps.-Anselmus, *De planctu BMV*; pars 4: f. 64: Petrus Riga, *Aurora* (dans la recension d'Aegidius Parisiensis); f. 199: Frederici I imperatoris *epistola ad Saladinum*; partes 5-7: f. 200^v: Constitutiones synodales; f. 206^v: Jacques de Voragine, *Sermones de BVM*; f. 227: Sermones varii; pars 8 (première moitié du xive s.): f. 280: Caesarius Heisterbacensis, *Dialogus miraculorum*; f. 286: *De penitentia Ade*; pars 9: f. 288: Sermones diuersi.

Titre: *De penitentia Ade*.

Incipit: *Cum e<x>pulsi fuissent Adam et Eua de paradiso fecerunt sibi tabernaculum et fuerunt ibi vii dies lugentes et lamentantes in magna tristicia. Post vii uero dies ceperunt esurire et querebant sibi escam ut manducarent et non habebant.*

Explicit: *Hec dicens Adam ad omnes filios suos et comprehensus est magnis doloribus et exclamans magna uoce dicebat Quid faciam ego miser et infelix positus in tantis doloribus Cum autem uidisset //* (ch. 35).

Le texte s'interrompt au bas du f. 287^v; la fin est perdue.

Sh Schlägl, Stiftsbibliothek, *198*, papier, 259 x 175, 251 f., 2 col., 40/43 lignes, xve s. Lat-V: 1ra-4vb.

Abbaye de Schlägl. Originaire de Bohème.

G. Vielhaber – G. Indra, *Catalogus codicum Plagensium (Cpl.) manuscriptorum*, Linz 1918 (réimprimé sous le titre *Catalog of Manuscripts in Stift Schlägl (Plaga)* [*Austrian Monasteries* 21], Ann Arbor, Mich., University Microfilms), p. 314-317.

---

(1) D'après l'auteur, seul le huitième des documents incorporés dans ce manuscrit (folios 280-287), celui donc qui comprend la *Vita Adae et Evae*, a été copié, sur deux colonnes, dans la première moitié du xive siècle.

Contenu: f. 1: *Liber de poenitentia Adae*; f. 5: Sermones quattuor et nota de corpore Christi; f. 18: Sermo exhortatorius de iactantia; f. 21: Albert de Padoue, *Postillae evangeliorum dominicalium per circulum anni*; f. 224: Albert de Padoue, *Postilla de maioribus festivitatibus*; f. 242: Odon de Ceringtonia, *Tractatus parabolicus*; f. 248ᵛ: Notae breves *de sapientia et vigilantia*; f. 250: *Questio de Somno*.

Pas de titre initial.

Incipit: *Cum expulsi fuissent Adam et Eua de paradiso fecerunt sibi thabernaculum et fuerunt ibi septem dies lugentes et lamentantes in magna tristitia Post vii vero ceperunt esurire et querebant sibi escas vt manducarent et non habebant.*

Explicit: *Octauus vero dies future et eterne beatitudinis est in qua omnes beati cum ipso creatore et saluatore simul cum corpore numquam de cetero morituri regnabunt per infinita secula seculorum Amen.*

Bf Berlin, Staatsbibliothek zu Berlin - Preußischer Kulturbesitz, *Theol. lat. fol. 395*, papier, 10 f., 2 col., 45 lignes, xvᵉ s.: lat-V: 1ʳᵃ-5ʳᵃ.

Abbaye de Corvey

H. Boese − G. Achten − H. Knaus − R. Kroos, *Ungedrucktes Inventar der Signaturengruppe Ms.theol.lat.fol. 375-596*, Berlin 1966-1972, p. 12 ([1]).

Titre: *De Adam et eua quomodo fuerunt expulsi de paradiso et qualiter peni<tuerunt>.*

Incipit: *Cum expulsi fuissent Adam et Eua de paradiso fecerunt sibi thabernaculum et fuerunt ibi septem dies lugentes et lamentantes in magna tristitia. Post septem uero dies ceperunt esurire et querebant sibi escas ut manducarent et non habebant.*

Explicit: *Octaua uero dies future et eterne beatitudinis est in qua omnes beati cum ipso creatore et saluatore simul cum corpore numquam de ceterum morituri regnabunt per infinita secula seculorum Amen.*

Intitulé de fin: *uita ade et eue.*

---

(1) C'est au Dr. Overgaauw, directeur du Cabinet des manuscrits de la Bibliothèque d'État de Berlin, que je dois la connaissance de ce témoin. Le Dr. Overgaauw m'a confirmé qu'il s'agit d'un « manuscrit du xvᵉ siècle, originaire de l'abbaye de Corvey ». La notice inédite sur ce manuscrit est désormais accessible sur le site internet « Handschriftenkataloge online » (http://www.manuscripta-mediaevalia.de/hs/kataloge-online.htm).

Bb Munich, Bayerische Staatsbibliothek, *clm 4756*, papier, 230 x 150, 206 f., 27 lignes, 1471-1480. Lat-V: f. 192^r-200^r (MEYER: *4*; Klasse III).

Abbaye de Benediktbeuern.

CCLM 1, 2, p. 238.

Contenu: f. 1: J. Gerson, *De regulis mandatorum*; f. 31^v: *De arte audiendi confessiones*; f. 38: *De remediis contra recidivum peccandi*; f. 41^v: Ps.-Augustinus, *Liber de ebrietate*; f. 49: J. Gerson, *Examinatio conscientiae*; f. 55: Adalberti Collectio quid clericis specialiter, deinde quid omnibus Christianis communiter praecipitur; f. 61: *De quattuor virtutibus cardinalibus*; f. 75: *Naturae rerum applicatae ad mysteria Christi*; f. 78: Ps.-Augustinus, *De contemptu mundi*; f. 83: Hieronymus, *Epistola ad Paulinum presb.*; f. 85: G. Durand, *Computus*; f. 110: Petrarcha, *Descriptio huius vitae*; f. 112: Augustinus, *Ad virgines de sobrietate et ebrietate, de fuga mulierum, de continentia*; f. 127: *De partibus corporis iuris*; f. 132: *Auctoritates decretalium scdm ordinem alphabeticum*; f. 163: *Auctoritates collectae ex Bernardi operibus*; f. 168: *Auctoritates ex Augustini libris*; f. 175^v: *De proprietate ecclesiastica*; f. 192: *Sermo de penitentia Adae et Evae*; f. 200: *De duplici ignorantia*; f. 200^v: *Narratio inchoationis ord. cartusiensis*; f. 203: *Epistola Luciferi ad clerum modernum*.

Titre: *Penitentia Adam et Eua.*

Incipit: *Cum expulsi essent Adam et Eua de paradiso fecerunt sibi thabernaculum et septem diebus lamentantes in magna tristitia. Post septem uero dies ceperunt esurire et querebant sibi escam ut manducarent et non habebant .*

Explicit: *Octauo uero die future et eterne beatitudinis est in qua omnes cum creatore suo in corpore et anima numquam de cetero lugentes sed regnabunt cum deo deorum per infinita secula seculorum Amen.*

Intitulé de fin: *sermo Ade et Eve. Sit laus Deo Xriste.*

Groupe T2b

Wo Wolfenbüttel, Herzog-August-Bibliothek, *Cod. Guelf. 415 Helmst. (450)*, papier, 295 x 215, 105 f., 35/40 lignes, xve s. Lat-V: 1^r-4^r.

Abbaye Notre Dame des Écossais, Vienne (¹); puis en possession de Matthias Flacius Illyricus.

---

(1) En tête du manuscrit on lit: « *Iste liber est monasterii Beate Marie Virginis vulgariter Scotorum Wienne quem testatus est nobis Stephanus Kayser pie memorie Oremus pro eo.* »

O. von Heinemann, *Die Helmstedter Handschriften*, vol. 1 (*Kataloge der Herzog-August-Bibliothek Wolfenbüttel* 1), Wolfenbüttel 1884 (réimpr. Frankfurt am Main 1963), p. 324-325.

Contenu: f. 1: *Historia mystica Adami et Eve*; f. 12^v: *Arbores genealogicae ducum Bavariae*; f. 14: Martinus Oppaviensis (Polonus), *Chronicon pontificum et imperatorum*; f. 69^v: *Continuatio Chronici Martini Poloni*.

Pas de titre initial.

Incipit: *Cum expulsi essent Adam et Eua de paradiso fecerunt sibi tabernaculum et fuerunt ibi septem dies lugentes in magna tristitia post septem uero dies ceperunt esurire et querebant ut manducarent et non habebant.*

Explicit: *Octauus uero dies future et eterne beatitudinis est in qua omnes creati cum Christo creatore et saluatore simul cum corpore numquam de cetero moriantur regnabunt per infinita secula seculorum Amen.*

Ap   Munich, Bayerische Staatsbibliothek, *clm 2778* (^1), papier, 315 x 215, 368 f., 2 col., 35 lignes, 1432. Lat-V 1,1-48a,8: 264rb-270ra (Meyer: *2*; Klasse III).

Abbaye d'Alderspach.

CCLM 1, 2, p. 37 (foliation non précisée).

---

(1) Ce manuscrit doit être associé aux manuscrits de Munich *clm 2800*, *5976* et *18597*, cités ci-après, qui transmettent comme lui un Traité sur la pénitence d'auteur inconnu, intitulé [*Formula* seu *Electula*] *De creatione Adae et Evae, eorum lapsu, poena et penitentia;* cf. A. Zumkeller, *Manuskripte von Werken der Autoren des Augustiner-Eremitenordens in mitteleuropäischen Bibliotheken* (*Cassiciacum* 20), Wurtzbourg 1966, p. 83, n. 153: « Es besteht auch keinerlei Anlass, die in der Clm 2800 auf Augustins 'Interrogationes quadragesimales' folgenden Stücken (Formula de Creatione...) ebenfalls diesem Theologen zuzuweisen. » Au milieu de ce traité, copié sur les folios 210ra à 264ra dans *clm 2778*, est inséré le texte de la *Vita Adae et Evae*, qui est introduit par ces mots (f. 227va): *Et quod quilibet homo post peccati lapsum debet penitere satisfaciendo exemplum habemus in ipso Adam et Eva qui cum expulsi fuissent de paradiso fecerunt sibi tabernaculum* ... A l'intérieur du texte de la *Vita Adae et Evae* sont incorporés, à leur place dans l'ordre chronologique du récit, les passages de la Genèse concernant la faute originelle et sa condamnation. Le traité se poursuit par un commentaire du Psaume *Miserere*. Des quatre manuscrits du Traité de la pénitence, Munich *clm 2778* est le seul à copier une deuxième fois, *iterum*, à la suite du traité de la Pénitence, aux folios 264rb à 270ra, le texte intégral de la *Vita Adae et Evae*, mais sans insertion d'éléments étrangers. Sur le Traité de la pénitence, voir aussi plus bas p. 233-234.

Contenu: Innocentii IV papae *Summa de penitentia*; *Sermo de 7 peccatis mortis*; *Formula de creatione Adae prothoplasti et Evae uxoris eius et de eorum lapsu et de eorum poena et de illo dignissimo psalmo Miserere mei* (1432); *Electula de origine et dignitate sacerdotum*; Guillelmus Durand, *Rationale divinorum officiorum*; Magister Osterhaymer de Lucerne, *Sermo de regalis sacerdotii dignitate* (1449); *Sermo de malo chorearum*.

Titre: *Hic iterum describitur de expulsione Adam et Eue quomodo expulsi sunt de paradiso.*

Incipit: *Cum expulsi fuissent Adam et Eua de paradiso fecerunt sibi tabernaculum et ibi fuerunt vii dies lugientes et in magna tristicia post vii uero dies ceperunt esurire et querebant sibi escam ut manducarent et non habebant.*

Explicit: *quo audito rex lignum hoc auro lapidibus preciosis exornari precepit et in piscinam probaticam proici ubi postmodum super natauit* (ch. 48a).

Intitulé de fin: *Explicit planctus Adam et Eue.*

Px Prague, Národní knihovna České republiky, *2619* (*XIV. G. 11*), papier, 210 x 150, 152 f., 2 col., 33/35 lignes, xive − xve s. Lat-V: 132ra-137va.

ex monasterio Borovanensi (monastère augustinien de Borovany, Bohême du Sud).

J. Truhlár, *Catalogus codicum manu scriptorum latinorum qui in C. R. Bibliotheca publica atque Universitatis Pragensis asservantur*, vol. 2, Prague 1906, p. 332 et 395, sub n° 2619.

Contenu: f. 1: Honorius Augustodunensis, *Commentarius in Cantica canticorum*; f. 101: *Confessionale*; f. 114v: *De VII aëris regionibus, de VII planetis, de XII mensibus*; f. 124: *Descriptio montium praecipuorum terrae* (in fine etiam paradisi); f. 126v: *Sermones diversi*: f. 132: *Vita Adae et Evae in exilio*; f. 137v: *Evangelium Nicodemi seu Gesta Pilati*; f. 152: *Confessionale metricum*.

Pas de titre initial.

Incipit: *Cum expulsi essent Adam et Eua de paradiso fecerunt sibi thabernaculum fueruntque vii dies lugentes et lamentantes in magna tristitia. Post vii uero dies ceperunt esurire et querebant sibi ut manducarent et non habebant.*

Explicit: *Octauus uero dies future et eterne beatitudinis in qua omnes beati cum ipso creatore et saluatore simul cum corpore numquam de cetero morientur regnabunt per infinita secula seculorum Amen.*

Ez Esztergom, Főszékesegyházi Könyvtár, *II, 7*, papier, 218 x
156, 361 p., 33 lignes, xvᵉ s. (¹) Lat-V: p. 341-351.

Contenu: p. 1: Méditation sur *Medice, cura teipsum*; p. 4: *De Sacramentis*; p. 319: *Tractatus bonus de arte moriendi*; p. 341: *Vita
Adae et Evae*; p. 351: *De Antichristo* (?).

Incipit: *Cum expulsi essent Adam et ewa de paradiso fecerunt sibi
thabernaculum fueruntque septem dies lugentes et lamentantes in
magna tristitia. Post vii uero dies ceperunt esurire et querebant sibi
manducare et non habebant.*

Explicit: *Octauus uero dies future et eterne beatitudinis in qua
omnes beati cum ipso creatore et saluatore simul cum corpore numquam de cetero moriemur regnabunt per infinita secula seculorum
Amen.*

Pw Prague, Národní knihovna České republiky, *2032* (*XI. C. 8*),
papier, 210 x 160, 307 f., 52/60 lignes, xvᵉ s. Lat-V: 206ᵛ-209ʳ.

> *ex monasterio can. regul. s. August.* Trebonensi (Třeboň, Bo-
> hême du Sud).

> J. Truhlár, *Catalogus codicum manu scriptorum latinorum
> qui in C. R. Bibliotheca publica atque Universitatis Pragensis
> asservantur*, vol. 2, Prague 1906, p. 137-140 et 399.

Recueil factice de pièces de tout genre, écrites dans la deuxième
moitié du xvᵉ siècle.

Contenu: f. 1: Johannes Gerson, *Consolationes theologie*; f. 44:
Tractatus quattuor novissimorum; f. 75: Petrus de Cyperia, *Tractatus de oculo morali*; f. 123: Johannes Andreae, *Tractatus de
ecclesiastico interdictu* (1463 in die purificationis b. M. v. in castro
Pragensi); f. 129: *De sacramento corporis et sanguinis Christi*;
f. 135: Isidorus Hispalensis, *Liber de interpretatione quorumdam no-
minum veteris novique testamenti*; f. 144: Statuta synodalia
Johannis (Ockonis) archiepiscopi Pragensis; f. 149: Auctoritates
et tractatus varii de sacra communione (1465); f. 196: *Pii papae
II responsio ad Bohemorum oratores*; f. 203: *Tractatus de octo turpi-
dinibus coniugalibus*; f. 205: *Tractatus de morte*; f. 206ᵛ: *Vita Adae
et Evae*; f. 210ᵛ: *Epistola missa de caelo*; f. 215: *De exorcismo* et
tractatus diversi.

Pas de titre initial.

---

(1) La date de 1456 est écrite au verso de la reliure. Je dois toutes les
informations concernant ce manuscrit à M. Czéki Béla, conservateur de la
Bibliothèque de l'Archevêché d'Esztergom, que je remercie très vivement de
son aide.

Incipit: *Cum expulsi fuissent Adam et Eua de paradiso fecerunt sibi thabernaculum et fuerunt ibi vii dies lugentes et lamentantes in magna tristitia. Post vii uero dies ceperunt esurire querebant escam ut manducarent et non inueniebant.*

Explicit: *Octauus vero dies eterne et future beatitudinis est in qua omnes cum Christo creatore et saluatore cum corpore et anima numquam de cetero moriantur Sed regnabunt per infinita secula seculorum Quod nos praestare dignetur qui uiuit et regnat Amen.*

Tg   Munich, Bayerische Staatsbibliothek, *clm 18406*, papier, 305 x 220, 283 f., 2 col., 37/38 lignes, xv^e s. Lat-V: 95va-98va (MEYER: *18*; Klasse III).

Abbaye de Tegernsee.

CCLM 2, 3, p. 161.

Contenu: f. 1: Innocentii Papae *Summa de penitentia*; f. 89: *Summula matrimonii*; f. 95: *De penitentia Ade et Eve*; f. 99: Johannes de Deo, *Summa penitentiae*; f. 131: Tractatus duo de confessione; f. 147: Nicolaus de Dinkelsbühl, *Epistola ad Johannes Hus et eius responsum*; f. 160: *Reprobationes XXII art.*; f. 164: Johannes Teutonicus, *De poenitentia*; f. 186: Johannes de Auerbach, *Directorium simplicium curatorum*; f. 215: Idem, *De Sacramentis*; f. 223: *Tractatus De sacramentis*; f. 265: Nicolaus de Dinkelsbühl, *Super quarto Sententiarum* (excerptum).

Titre: *De penitentia Ade et Eue.*

Incipit: *Cum expulsi fuissent Adam et Eua de paradiso fecerunt sibi tabernaculum et fuerunt vii dies flentes siue lugentes et lamentantes in magna tristitia. Post vii uero dies ceperunt esurire et querebant sibi escas ut manducarent et non habebant.*

Explicit: *Octauus uero dies future et eterne beatitudinis est in qua omnes sancti cum ipso creatore et saluatore simul cum corpore numquam de cetero morituri regnabunt per infinita secula seculorum Amen.*

Intitulé de fin: *penitentia ade* (recentiore manu).

Groupe T2c

Ea   Erfurt, Stadt- und Regionalbibliothek, *CA 4° 124*, papier, 203 f., 2 col., 22 lignes, milieu du xive s. Lat-V: 196ra-203rb.

W. SCHUM, *Beschreibendes Verzeichnis der Amplonianischen Handschriften-Sammlung zu Erfurt*, vol. 2: *Handschriften in Quart-Format*, Berlin 1887 (réimpr. Hildesheim 1986), p. 382-384.

Contenu: f. 1: *Speculum humanae salvationis*; f. 110^v: Sermo bonus de novo sacerdote; f. 113: Multa bona notabilia; f. 115:

Orationes de b. Virgine; f. 116^v: Excerpta ex scriptis B. Augustini et aliorum; f. 134: Quaedam de Talmut; f. 142: Multa alia bona de beata Virgine et aliis materiis; f. 176: Sermones diversi; f. 193^v: Compendium dialogi inter Salomonem et Marcolfum; f. 196: *Vita Adam et Evae.*

Titre: *Vita Adam et Evae inde ab expulsione e paradiso facta usque ad mortem eorum descripta.*

Incipit: *Cum expulsi fuissent adam et eua de paradyso fecerunt sibi tabernaculum et fuerunt septem dies lugentes et lamentantes in magna tristitia. Post uero septem dies esurgere et querebant sibi escas ut manducarent et non habebant.*

Explicit: *Octauus uero dies future eterne beatitudinis Est in qua omnis beatitudo^o cum ipso creatore et saluatore simul cum corpore et anima requiescunt et cetera.*

Ri Munich, Bayerische Staatsbibliothek, *clm 15610*, papier, 215 x 150, 245 f., 34/37 lignes, xv^e s. Lat-V: 165^r-169^v (Meyer: *15*; Klasse III).

Abbaye de Rott am Inn.

CCLM 2, 3, p. 23.

Contenu: f. 1: Johannes Marienwerder, *Expositio symboli*; f. 107: *De tribus substantialibus ad moniales*; f. 153: Joh. Marienwerder, *De beatitudinibus*; f. 163: *Sanatio de Paulo Pollingiano* (a. 1425); f. 165: *Historia de Adam et Eva*; f. 169: Sermones de festis.

Titre (d'une main postérieure): *Historia de Adam et Eva.*

Incipit: *Cum expulsi fuissent adam et eua de paradyso fecerunt sibi thabernaculum et fuerunt vii dies lugentes et lamentantes in magna tristitia. Post vii uero dies ceperunt esurire et querebant sibi escas ut manducarent et non habebant.*

Explicit: *Octauus uero dies future eterne beatitudinis est in qua omnes beati cum ipso creatore et saluatore simul cum corpore et anima numquam de cetero morituri regnabunt per infinita secula secula seculorum seculorum Amen.*

Se Munich, Bayerische Staatsbibliothek, *clm 17668*, papier, 310 x 250, 379 f., 2 col., 40/45 lignes, 1476. Lat-V: 77vb-81^r.

Abbaye de Semanshausen.

CCLM 2, 3, p. 116.

Contenu: f. 1: Hieronymus viceplebanus in Salzburga, *Sermones de sanctis per annum*; f. 66: Sermo *de Christophoro*; f. 67: Sermones *de dedicatione ecclesiae, de tempore rogationum, in cena domini*; f. 77: *De expulsione Adae et Evae*; f. 84: Nicolaus de Dinkelsbühl, *De 7 donis Spiritus sancti et de 8 beatitudinibus*; f. 129: Paulus Wann, *Sermones de 9 alienis peccatis* (predicati a. 1466); f. 180: *De extremo iudicio*; f. 193: Paulus Wann, *Sermones 52 de 10 praeceptis, de poenis inferni, etc.*

Titre: *De expulsione Ade et Eue.*

Incipit: *Cum expulsi fuissent Adam et Eua de paradiso fecerunt sibi tabernaculum et fuerunt septem dies lugentes in magna tristitia. Post uero septem ceperunt esurire et querebant sibi escas ut manducarent et non habebant.*

Explicit: *Octauus uero dies future et eterne beatitudinis est in qua omnes beati cum ipso creatore et saluatore simul cum corpore et anima numquam de cetero manifestaturi regnabunt infinita secula seculorum Amen.*

Intitulé de fin: *Et sic est finis.*

Groupe T2d

Oc Olomouc, Védecká knihovna, *M II 157*, papier, 233 f., 315 x 215; 2 col., 51/53 lignes, 1re moitié du xve s. Lat-V: 227vb-230ra.

> Son ancien possesseur était la Chartreuse de Dollein (Dolany, district d'Olomouc) (¹).
>
> M. Boháček – F. Čáda, *Beschreibung der mittelalterlichen Handschriften der Wissenschaftlichen Staatsbibliothek von Olmütz*, Cologne – Weimar – Vienne 1994, p. 511, n° 287.

Contenu: f. 2: Jacobus de Voragine, *Sermones de tempore*; f. 227^v: *De peccato originali*; f. 230: Méditation sur *Sic Deus dilexit mundum* (²); f. 232: Note sur la valeur de la règle monastique.

Pas de titre initial.

Incipit: *Cum expulsi fuissent adam et ewa de paradiso fecerunt sibi tabernaculum et fuerunt ibi vii diebus lugentes et lamentantes magna tristitia.*

Explicit: *Octauus uero dies future et eterne beatitudinis est in quo omnes sancti cum Xristo creatore et saluatore suo simul cum corpore et anima numquam de cetero morituri regnabunt per infinita secula seculorum Amen.*

---

(1) A la fin de la copie de Jacques de Voragine, le copiste écrit: *Explicit codex dictus Iacobinus de Voragine inceptus et finitus per me fratrem Jacobum Carthusiensem.* On peut penser qu'il était moine de la Chartreuse de Dollein.

(2) Contrairement aux rédacteurs du catalogue, je crois nécessaire de séparer la méditation sur *Jean* 3,16 de la transcription de la *Vita Adae et Evae.*

Do Donaueschingen, Hofbibliothek, *449*, papier, 39 f., 37/38 lignes, xve s. Lat-V: 1^r-5^r.

> K. A. Barack, *Die Handschriften der Fürstlich-Fürstenbergischen Hofbibliothek zu Donaueschingen*, Tübingen 1865, p. 306-307.

Contenu: f. 1: *Vita Adae et Evae*; f. 5: *De sacramentis ecclesiae cum diversis moralibus et iuris canonici.*

Pas de titre initial.

Incipit: *Cum expulsi fuissent Adam et Eua de paradiso fecerunt sibi tabernaculum et fuerunt septem diebus lugentes et lamentantes in magna tristitia post septem uero dies ceperunt esurire et querebant sibi escam ut manducarent et non inueniebant.*

Explicit: *Octauus uero dies future et eterne beatitudinis est in quo omnes beati cum Xristo creatore et saluatore suo simul cum corpore et anima numquam de cetero moriuntur sed regnabunt per infinita secula seculorum. Amen.*

Intitulé de fin: *vita Ade et Eve.*

Ca Cracovie, Biblioteka Jagiellońska, *1674* (*CC V 17*), papier/parchemin, 268 f., 2 col., 50 lignes, début du xve s. Lat-V: 79vb-83ra.

> Saint-Florian (de Cracovie).

> W. Wisłocki, *Catalogus codicum manuscriptorum Bibliothecae Universitatis Jagellonicae Cracoviensis*, vol. 1, Cracovie 1877, p. 403.

Contenu: f. 1: *Summa de Trinitate ac de fide catholica* (1402); f. 74: Expositio missae; f. 79^v: *Expulsio Adae simul et Eve de paradiso*; f. 83: *Dicta S. Augustini ad matrem*; f. 90^v: *Sermo de novo sacerdote*; f. 91^v: *Stella clericorum*; f. 99: *Liber Trenorum*; f. 122: Diversa ad utilitatem sacerdotis (1405); f. 127: *Quaestiones de sacramentis*; f. 171: Raimundus, *Summa Pauperum.*

Titre final: *Expulsio Ade simul et Ewe de paradiso.*

Incipit: *Cum expulsi fuissent adam et ewa de paradiso fecerunt sibi archam et fuerunt septem dies lugentes et lamentantes in magna tristitia. Post vii uero dies ceperunt esurire et querebant sibi escam ut manducarent et non inueniebant.*

Explicit: *Octauus uero dies future et eterne beatitudinis est in qua omnes beati cum ipso creatore et saluatore simul cum corpore et anima morientur et regnabunt per infinita secula seculorum. Amen. et finito libro sit laus et gloria Christo.*

Lj Ljubljana, Frančiškanski Samostan, *85 (3859, 9. b. 7)*, papier, 280 x 195, 235 f., 2 col., 45/43 lignes, 1470 (f. 99^v). Lat-V 1,1 – 29,13; 34,4 – 42,5: 97ra-99vb.

Couvent franciscain de Ljubljana.

M. Kos, *Srednjevski rokopisi v Sloveniji* [*Codices aetatis mediae manu scripti qui in Slovenia reperiuntur*], Ljubljana 1931, p. 141, n° 85.

Contenu: f. 1: Epistolae Pauli, Actus apostolorum, Epistolae catholicae, Apokalypsis; f. 97: *Vita Adae et Evae*; f. 102: *Liber de prelatis et subditis*.

Titre: *Nota expulsio Adam et Eve de paradiso.*

Incipit: *Cum expulsi fuerunt Adam et eua de paradiso fecerunt sibi thabernaculum et fuerunt xii diebus ibi lugentes et lacrimantes et ualde in magna tristicia.*

Explicit: *est tabula transuersa que fuit sub pedibus Xpi ita ut nos possumus sequi eum.*

Ce témoin suit le texte de la deuxième rédaction tardive, dans une forme proche de celle de *Do*, jusqu'à 42,4-5 (*et ipse Christus filius dei ueniens baptizabitur in flumine Jordanis*); puis il remplace les chapitres 43 à 51 de la *Vita* par un extrait du *De inventione sanctae crucis* de Jacques de Voragine, composé lui-même d'extraits de plusieurs documents: *Évangile de Nicodème*, Jean Beleth et Petrus Comestor ([1]). Au ch. 24, il insère quelques lignes d'une description du meurtre d'Abel par Caïn empruntée à une autre source; en 29,13, il s'interrompt après *et non poterunt amplius nocere aduersis hominibus* et passe directement à 34,4, *haec omnia misit dominus in me.*

Groupe T2e

Sz Alba Julia, Biblioteca Naţională a României, Filiala Batthyaneum, *35*, papier, 290 x 210, 110 f., 2 col., 47 lignes, xve s. Lat-V: 42ra-45ra.

R. Szentiványi, *Catalogus concinnus librorum manuscriptorum Bibliothecae Batthyanyanae*, Szeged 1958^4, p. 27-29.

Contenu: f. 1: *Sermo de defunctis*; f. 3: Antonius parvus Parmensis, *Sermones quadragesimales*; f. 42: *Vita Adae et Evae*; f. 45: *Descensus S. Pauli;* f. 49: *Miracula de nativitate Domini*; f. 55: *Gesta Romanorum*; f. 93: *Sermones de animabus, de Antichristo, de*

---

(1) Le *De inuentione sanctae crucis* de Jacques de Voragine est édité dans Meyer, 1882, p. 123-125. Le texte édité par Meyer est très proche de celui qui figure dans *Lj*.

dedicatione; f. 107^v: *Historia qualis homo sit in peccato quare Deus abiit in uterum virginis*, et notae historicae (a. 1273-1424).

Pas de titre initial.

Incipit: *Cum expulsi fuissent Adam et Eua de paradiso fecit sibi tabernaculum et fuerunt vii diebus lugentes et lamentantes in magna tristitia. Post uero vii dies ceperunt esurire et querebant sibi escas et non habebant.*

Explicit: *Octauus vero dies future et eterne beatitudinis est in quo omnes boni cum suo creatore in corpore et anima numquam de cetero lugebunt sed regnabunt, etc, per infinita secula seculorum.*

Ig Munich, Universitätsbibliothek, *2° Cod. ms. 678*, papier, 280 x 210, 418 f., 2 col., 44/46 lignes, 1457 (f. 85ra). Lat-V: 82ra-85ra.

Collégiale Saint-Martin de Bratislava.

N. DANIEL – G. KORNRUMPF – G. SCHOTT – P. ZAHN, *Die lateinischen mittelalterlichen Handschriften der Universitätsbibliothek München. Die Handschriften aus der Folioreihe (Die Handschriften der Universitätsbibliothek München 3, 2)*, Wiesbaden 1979, p. 167-170.

Contenu: f. 1: Conradus Holtnicker de Saxonia, *Speculum beatae Mariae uirginis*; f. 43: Nicolaus de Graetz, *Expositio super Symbolum apostolicum*; f. 63: Thomas de Aquino, *De articulis fidei*; f. 68: *De Antichristo et de XV signis ante diem iudicii*; f. 72: *De communione sub utraque specie* (contra articulos Iacobelli de Misa); f. 82: *Vita Adae et Euae*; f. 85: Nicolaus de Dinkelsbühl, *De 24 senioribus*; f. 87^v: *Questiones de peccatis*; f. 89: *De praelatis*; f. 90: *De passione Christi*; f. 90^v: *Quaestiones de statu hominis*; f. 91: *Alphabetum virtutum*; f. 92^v: Aegidius de Roma, *De peccato originali*; f. 98^v: Hugo de Argentina, *Compendium theologicae veritatis* (excerptum); f. 100: Johannes Gerson, *De pollutionibus*; f. 105: *Speculum artis bene moriendi*; f. 113^v: Martinus de Leibitz, *Trialogus de militia christiana*; f. 125^v: Tractatus varii; f. 136: Gerardus de Vliederhoven, *De quattuor novissimis*; f. 158^v: Nicolaus de Dinkelsbühl, *Casus missae*; f. 160: Johannes Geuss, *Tractatus de peccato oris et linguae*; f. 233: Georgius Tudel de Giengen, *De novem alienis peccatis*; f. 312: Petrus Reicher de Pirkenbart, *Tractatus de religione militari contra Hussitas*; f. 368^v: Nicolaus de Dinkelsbühl, *Epistola ad Iohannem Hus.*

Pas de titre initial.

Titre: *Cum expulsi essent Adam et eua de paradiso fecit sibi tabernaculum et fuerunt septem dies lugentes et lamentantes in magna tristitia post septem uero dies ceperunt esurire et querebant sibi escas et non habebant.*

Incipit: *Octauus uero dies future et eterne beatitudinis est in qua omnes boni cum suo creatore in corpore et anima numquam de cetero lugebunt sed regnabunt per infinita secula seculorum Amen. 1457.*

Colophon: *Si vis crede, si non vis tunc dimitte, quia ut dicitur est appographum* ([1]).

Témoins du Traité de la pénitence (cf. *Ap, supra*, p. 120)

Ah Munich, Bayerische Staatsbibliothek, *clm 2800*, papier, 315 x 220, 281 f., 2 col., 1468.

Abbaye d'Alderspach.

Titre: *Formula de creatione Adae et Evae et eorum lapsu et poena.*

Ee Munich, Bayerische Staatsbibliothek, *clm 5976*, papier, 217 x 145, 498 f., xv^e s.

Abbaye d'Ebersberg.

Titre: *Electula seu formula de creatione, lapsu, pena ... Adae et Evae.*

Te Munich, Bayerische Staatsbibliothek, *clm 18597*, papier, 230 x 160, 347 f., 1469-1470.

Abbaye de Tegernsee.

Titre: *Electula seu formula de creatione Ade et Eve et de eorum lapsu et eorum pena et penitentia.*

Rédaction des incunables

Groupe des manuscrits

Br Bruxelles, Bibliothèque royale de Belgique, *IV 715*, papier, 12 f., 25 lignes, milieu du xve s. ([2]) Lat-V: 1^r-11^v.

Pas de titre initial.

Incipit: *Post casum luciferi qui superbia inflatus ait ponam sedem meam in aquilone et ero similis altissimo Deus autem summe bonitatis*

---

(1) Au dessus de la copie de la *Vita Adae et Evae*, on lit: *Hec hystoria sequens videtur apographa.*

(2) Ce manuscrit n'a pas encore fait l'objet d'une description dans un catalogue de la Bibliothèque de Bruxelles.

*volens hominem esse participem regni sui adam de terra plasma-
uit.*

Incipit (*Vita Adae et Evae*): *Cum autem adam et eua expulsi essent de paradiso uoluptatis fecerunt sibi tabernaculum in quo steterunt
vij dies lugientes et lamentantes in magna tristicia postea ceperunt
esurire et querebant escas ut manducarent et non inueniebant.*

Explicit: *Octauus autem dies est future et eterne beatitudinis in
quo omnes boni cum ipso creatore cum corpore et anima numquam
moriuntur sed regnabunt per infinita secula seculorum amen.*

Hm San Marino (California), Huntington Library, *HM 1342*, papier, 220 x 150, 187 f., nombre de lignes variable, xve s. Lat-
V: 4^r-15^v (27 lignes).

> C. W. Dutscke *et al.*, *Guide to Medieval and Renaissance
> Manuscripts in the Huntington Library*, vol. 2, Huntington Li-
> brary, 1989, p. 565-569; déjà référencé dans S. de Ricci –
> W. J. Wilson, *Census of Medieval and Renaissance Manu-
> scripts in the United States and Canada*, vol. 1, New York
> 1935, p. 106; S. Harrison Thomson, « A Fifth Recension of
> the Latin Vita Adae et Evae », *Studi Medievali*, ser. 3, vol.
> 6 (1933), p. 271-278. — Selon N. R. Ker, *Medieval Libraries
> of Great Britain*, Londres 1964, p. 197, ce manuscrit aurait
> appartenu à l'Abbaye Saint-Pierre de Westminster (Middle-
> sex). D'après les auteurs du *Guide*, le texte de la *Vie latine*
> aurait été écrit en Italie et ensuite réuni à d'autres documents
> écrits par des copistes anglais.

Contenu: f. 1^v: *Copia littere magni Teucri misse domino Papae, ...
datum anno Machameti M^o in introitu Mensis Celidon*; f. 3^v: Liste
du contenu du manuscrit; f. 4: *Vita Adae*; f. 16: *Vindicta Salvatoris*; f. 24: *Gesta Romanorum*; f. 64: *De dedicatione ecclesie
Westmonasterii per beatum petrum apostolum angelis eisdem minis-
trantibus nocte dominica xi kalendis Aprilis Anno domini vi^c iiii$^{o;}$*
(cf. Aelred de Rievaulx, *Vita Sancti Eduardi Regis,* PL 195, 755-
757 & 752-755); f. 68: *Cronica de fundatoribus et mirabilibus Ro-
mae*; f. 101: Liste des églises de Rome et des indulgences qui leur
sont attachées; f. 114: *Cronica de translatione Imperii Romani ad
almanos*; f. 134: Liste des empereurs chrétiens, des ordres religieux; f. 139^v: *Provinciale*; f. 166: Johannes Jacobus, *Regimen
contra pestilentiam*; f. 176: Petrus de Ebulo, *De balneis Terre Labo-
ris.*

Titre: *Vita Ade.*

Incipit: *Post casum luciferi qui superbia inflatus ait ponam sedem
meam in aquilone et ero similis altissimo Deus autem summe bonitatis volens hominem esse participem adam de terra plasmauit.*

Incipit (*Vita Adae et Evae*): *Cum autem adam et eua expulsi essent de paradiso uoluptatis fecerunt sibi tabernaculum in quo steterunt vij dies lugientes et lamentantes in magna tristicia postea ceperunt esurire et querebant escas ut manducarent et non inueniebant.*

Explicit: *Octauus uero future et eterne beatitudinis est in quo omnes boni cum ipso creatore et saluatore nostro simul cum corpore et anima numquam de cetero morientur sed regnabunt per infinita secula seculorum. Amen.*

Intitulé de fin: *vita ade.*

Groupe des incunables ([1])

205 30 lignes, Rome, Johannes Gensberg ([2]), vers 1473 ([3]).

(Paris, Bibliothèque Mazarine, Inc. 588 2ᵉ p.),

P. MARAIS — DUFRENNE DE SAINT-LÉON, *Catalogue des Incunables de la Bibliothèque Mazarine*, Paris, 1893, p. 667; D. HILLARD, *Catalogues régionaux des Incunables des bibliothèques publiques de France*, vol. 6: *Catalogue de la bibliothèque Mazarine*, Paris 1989, p. 498, n° 2075.

---

(1) Chaque incunable est référencé sous le numéro qui lui est attribué dans le *Gesamtkatalog der Wiegendrucke* (GW), 2ᵉ édition, Stuttgart 1968, col. 86-87, puis sont indiqués le nombre de lignes par page, le lieu d'édition, l'imprimeur et la date approximative de la publication. A la ligne suivante, entre parenthèses, est indiqué l'exemplaire dont la photocopie a été prise en compte, avec son sigle dans la nomenclature de la bibliothèque à laquelle il appartient. Il n'a pas paru nécessaire de répéter pour chacune des éditions les données textuelles — titre, incipit, explicit, intitulé de fin — qui sont pratiquement identiques pour toutes ces éditions; l'apparat critique suffira à noter les rares variantes entre elles. Quand l'incunable a été recensé dans un catalogue récent, les caractéristiques de celui-ci ont été spécifiées.

(2) Les informations concernant les imprimeurs allemands des cinq éditions incunables de la *Vita Adae et Evae*, toutes imprimées à Rome, ont été rassemblées par F. GELDNER, *Die Deutschen Inkunabeldrucker. Ein Handbuch der deutschen Buchdrucker des XV. Jahrhunderts nach Druckorten*, vol. 2: *Die fremden Sprachgebiete*, Stuttgart 1970: J. Gensberg, p. 49; B. Gudlinbeck, p. 51; E. Silber, p. 53; St. Planck, p. 53; J. Besicken, p. 58.

(3) La mise en page de l'incunable 588 de la Mazarine confirme qu'il n'est pas un témoin de l'édition représentée par l'incunable 336 de Troyes et qu'il est bien un témoin du n° 205 de GW. Corriger en ce sens le recensement de GW, qui, en suivant le catalogue de M. Pellechet, avait rangé ces deux incunables parmi les témoins du n° 206. — Les quelques citations des deux incunables du British Museum collationnés par Mozley (cf. MOZLEY, p. 122) laissent penser qu'ils étaient des exemplaires du n° 205 (= Proctor 3501).

Recueil factice de textes imprimés, dont 5 incunables, très probablement constitué par Gabriel Naudé, bibliothécaire du Cardinal Mazarin.

Titre du premier chapitre: *De creatione Ade et formatione Eue ex costa eius Et quomodo decepti fuerunt a serpente.*

Incipit: *<P>ost casum luciferi qui superbia inflatus ait ponam sedem meam in aquilonem et ero similis altissimo, Deus autem summe bonitatis volens hominem esse participem regni sui, Adam de terra plasmauit.*

Explicit: *octauus uero dies est future et eterne beatitudinis in quo omnes boni cum ipso creatore et saluatore nostro simul cum corpore et anima numquam de cetero morientur, sed regnabunt per infinita secula secularum. Amen.*

Intitulé de fin: *Vita Ade et Eue absoluta est feliciter.*

206   28 lignes, Rome, Bartholomaeus Gudlinbeck, vers 1475.

(Troyes, Bibliothèque municipale, *Inc 336*)

J. M. Arnoult, *Catalogues régionaux des Incunables des Bibliothèques publiques de France*, vol. 1, *Bibliothèques de la Région Champagne-Ardenne*, Bordeaux, 1979, p. 46, n° 4 *s.v.* Adam.

207   34 lignes, Rome, Eucharius Silber, vers 1483.

(Melk, Stiftsbibliothek, *Ink. P. 943*);

208   33 lignes, Rome, Stephan Planck, vers 1487.

(Amiens, Bibliothèque municipale, *Inc Res 495 A*)

209   33 lignes, Rome, Johannes Besicken, vers 1493.

(Freiburg-im-Breisgau, Universitätsbibliothek, *Ink. K 3471*).

CLASSEMENT DES MANUSCRITS

La rédaction rhénane (R) et ses deux familles

Nous commencerons la présentation des différentes rédactions de la *Vita Adae et Evae* par l'analyse de la rédaction rhénane, qui est transmise dans de nombreux témoins appartenant pour la plupart aux provinces du nord de l'Europe, et dont l'origine se situe sans doute au cœur de l'Empire carolingien.

Les caractéristiques qui distinguent la rédaction rhénane des autres rédactions sont les suivantes:

- Dans les révélations qu'Adam communique à Seth (chapitres 25-29), elle conserve la partie qui concerne l'histoire du Temple (29.3-10), qui est absente dans la rédaction d'Allemagne du Sud (A).
- Elle ne contient pas les « propositions additionnelles » propres à la rédaction anglaise, éditée par Mozley (E).
- Elle ignore aussi les variantes propres à la rédaction de Bohême (B).
- Elle n'a pas incorporé l'histoire du rameau à trois feuilles rapporté par Seth du paradis, empruntée à la tradition de la *Légende de la Croix*, comme le feront les témoins de la rédaction tardive (T).

A ces traits distinctifs, on ajoutera la relation qui l'unit à *Pa* (Paris, BnF, *lat. 5327*). Ce manuscrit, originaire de Saint-Amand-en-Pévèle et daté du xe siècle, est une réécriture savante, conservant la structure et de nombreuses expressions de la rédaction rhénane, qui en est certainement la source.

Des leçons caractéristiques

Quelques leçons propres à la majorité des témoins de cette rédaction la distinguent des autres — sauf de B, qui dépend d'elle — et confirment son identité ([1]):

9,2   *transfigurauit se*

10,3   L'expression *angelus [scilicet | qui erat | id est] diabolus*, attestée par 10 des 16 témoins de R1-R3, ou *angelus ... diabolicus*, présente dans 9 des 10 des témoins de R2 — auxquels s'ajoutent les 8 témoins de B —, est absente des autres rédactions, qui n'ont conservé que le mot *diabolus*.

---

(1) Les exemples suivants font référence à notre édition de latin-V et à son apparat.

12,2	*dolus* (R B) au lieu de *dolor* dans A, E, T
22,3	*et ostendit ei laborare et colere terram*
29,13	*exacerbabunt dominum*
44,2	*quia bestia serpens momordit Seth*
48,6-7	*et sepelierunt ... in partibus paradisi*
52,14-15	*suppleuit templum domini dei*

La rédaction rhénane et la classe II de Meyer

Notre rédaction rhénane correspond à la classe II de Meyer. Elle est restée mal connue jusqu'ici, car l'éditeur allemand n'en avait recensé et utilisé qu'un petit nombre de témoins (cf. MEYER, p. 210, avec la note 1). Il fondait les caractéristiques de sa classe II sur quatre manuscrits: l'un d'eux, Munich, *clm 17151* (sigle *17* chez Meyer, *Sf* dans notre édition) transmet en fait la rédaction de Bohême; les trois autres manuscrits, tous de Munich, ne sont pas les meilleurs témoins de la rédaction rhénane: *clm 5865* (*5* chez Meyer = *Eb* dans notre édition) et *clm 9022* (*9* chez Meyer = *Mf* dans notre édition) sont des témoins de R1, tandis que *cgm 3866* (*3* chez Meyer = *Sc* dans notre édition) est un témoin de R3. Il connaît aussi et cite parfois deux autres manuscrits de Munich: *clm 21534* (*21* = *Ws* dans notre édition), témoin de R1, et *clm 4350* (*43* = *Au* dans notre édition), témoin partiel de R2 (cf. MEYER, p. 210, note 1). Il ne semble pas avoir lu les manuscrits de Vienne qu'il mentionne dans la même note, d'après Mussafia, et dont seul le numéro *1629* (notre *Vf*) transmet R2.

Aujourd'hui, la rédaction rhénane est représentée par 25 manuscrits, auxquels doivent être joints 6 autres témoins, structurellement proches de R, mais d'une teneur textuelle souvent assez différente.

Les deux familles (R1 et R2)

Les caractéristiques communes mentionnées ci-dessus assurent à cet ensemble de témoins une unité indiscutable, et leur appartenance à une même tradition se vérifie tout au long du texte. Ils se répartissent cependant en deux familles, R1 et R2, qui se distinguent l'une de l'autre par de nombreuses leçons propres à chacune ([1]). Leurs différences sont telles que nous

---

(1) Dans une étude préliminaire (PETTORELLI, *Apocrypha* 1999), nous avions cru pouvoir distinguer trois familles de témoins à l'intérieur de la

avons dû les présenter en deux apparats distincts. Dans l'appareil de R2, nous signalons en gras les variantes qui caractérisent cette famille par rapport à R1.

A l'intérieur de ces deux familles, nous distinguons des groupes qui réunissent entre deux et quatre manuscrits. D'un côté, les témoins de R1 se divisent en six groupes, à savoir R1a (2 manuscrits), R1b (2), R1c (2), R1d (2), R1e (3) et R3 (3). De l'autre, les témoins de R2 se répartissent en trois groupes, R2a (3 manuscrits), R2b-R2d (4) et R2c (4). Ou bien les témoins de ces groupes sont si étroitement apparentés qu'on ne peut douter de leur dépendance par rapport à un ancêtre commun (c'est le cas de R1a, R1c, R1d, R1e, R2a, R2c, R2d), ou bien les variantes propres à chacun d'eux rendent plus difficile la reconnaissance d'un tel ancêtre, qui a sans doute été corrigé à partir d'un autre témoin, non identifié (ainsi R1b, R2b, R3).

Il ne nous a pas été possible de mettre en évidence les relations qui unissent ces groupes et d'en proposer une généalogie, comme nous pouvons le faire dans le cas de la famille A.

La famille R1

Ce groupe, aujourd'hui majoritaire, comprend 14 témoins qu'unissent plusieurs caractéristiques: ils rapportent le même récit, en donnent les épisodes dans le même ordre et utilisent un vocabulaire commun.

R1a	Munich, Bayerische Staatsbibliothek, *clm 21534* Abbaye de Weihenstephan	XIIe s.	*Ws*
R1a	Munich, Bayerische Staatsbibliothek, *clm 11601* Abbaye de Polling	XIVe s.	*Po*
R1b	Dresde, Landesbibliothek, *A 182^f*	XIVe s.	*Dr*
R1b	Uppsala, Universitetsbiblioteket, *C 77* Acheté à Constance en 1416	entre 1398 et 1416	*Up*
R1c	Berlin, Staatsbibliothek zu Berlin – Preußischer Kulturbesitz, *Theol. lat. qu. 316* Allemagne du Sud (Ingolstadt)	vers 1400	*Bc*

---

rédaction rhénane; mais l'établissement de l'apparat critique en vue de l'édition a montré que cette distinction ne correspondait pas vraiment à la réalité et que R3 devait être traité comme un groupe de la famille R1. Dans notre édition antérieure de R (PETTORELLI, *ALMA* 2001 et *ALMA* 2002), les variantes de R3 et de chacun de ses témoins ont ainsi été incorporées dans l'apparat de R1.

R1c	Munich, Bayerische Staatsbibliothek, *clm 9022* Monastère franciscain de Munich	xve s.	*Mf*
R1d	Munich, Universitätsbibliothek, *4° Cod. ms. 807* Couvent franciscain de Landshut (?)	xve s.	*Mu*
R1d	Munich, Bayerische Staatsbibliothek, *clm 5865* Abbaye d'Ebersberg	1472	*Eb*
R1e	Cologne, Historisches Archiv, *GB 4° 113* Chanoines réguliers de la Sainte-Croix, Cologne	première moitié du xve s.	*Ko*
R1e	Wolfenbüttel, Herzog-August-Bibliothek, *Cod. Guelf. 29.7 Aug. 4° (3329)* Frères de la vie commune, Lüchtenhof (Hildesheim)	milieu du xve s.	*Wf*
R1e	Namur, Bibliothèque de la Société archéologique, *162*	vers 1450	*Na*
R3	Stuttgart, Württembergische Landesbibliothek, *HB XII 20* Abbaye de Wiblingen	1397	*Sw*
R3	Saint-Gall, Stiftsbibliothek, *Cod. Sang. 927* Abbaye de Saint-Gall	1435	*Sg*
R3	Munich, Bayerische Staatsbibliothek, *cgm 3866* Abbaye de Schäftlarn	1475-1476	*Sc*

La présentation des six groupes suivra l'ordre numérique et alphabétique des sigles, qui n'a en lui-même aucune signification. Relevons d'emblée cependant que ces groupes sont de valeur très inégale pour la constitution du texte de R1. Deux d'entre eux ont une importance limitée: R1a ne transmet que les chapitres 1-15 du récit, au sein d'une composition nouvelle; R3 présente de nombreuses variantes secondaires, qui nous a amené à ne pas l'inclure dans l'apparat critique. L'analyse comparative des autres témoins conduit à distinguer d'un côté le groupe R1c et les groupes R1b et R1e qui lui sont apparentés, et de l'autre côté le groupe R1d, qui présente de nombreux points communs avec le texte de la rédaction tardive, T. L'accord de R1c, de *Up* (conforté souvent par *Dr*) et de R1e, semble être le critère le plus sûr pour reconnaître l'ancienneté d'une leçon. R1c fournit ainsi une base solide pour construire le texte et l'apparat critique.

Le groupe R1a

Le groupe R1a comprend deux manuscrits, originaires de la même abbaye et copiés à deux siècles d'intervalle: *Ws* (Munich, *clm 21534*), le plus ancien témoin de R1, du xiie siècle, et *Po* (Munich, *clm 11601*), du xive siècle. Ils ne transmettent que les chapitres 1-15 de la *Vie latine*.

Pour pouvoir insérer le texte de la *Vita Adae et Evae* dans un sermonnaire, le copiste de *Ws* n'en a conservé que les 15 premiers paragraphes. Par la suite, un moine de l'abbaye de

Polling, qui voulait écrire une histoire d'Adam et Ève, a utilisé ce sermon pour enrichir son récit. La destination de ces deux copies suffit à rendre compte de bon nombre des quelque 80 variantes qui donnent à ce groupe son identité. En voici quelques exemples caractéristiques ([1]):

1,2   *et lamentantes: et lamentabantur*

3,1-2   *Et surrexit Adam et perambulabat septem dies omnem terram illam: et surrexerunt Adam et Eua [et surrexit Adam et etiam Eua* Po] *et deambulauerunt undique*

3,3-7   La double question d'Ève à Adam est concentrée en une seule phrase. *putasne moriemur — expulsus es inde: putas ut interficiar a te ut et ego moriar, forsitan introducet te dominus deus in paradysum quia iratus est tibi dominus deus propter me*

8,2-3   Dans la prière adressée par Adam au fleuve Jourdain et à ses habitants, tous les verbes sont mis à la deuxième personne du pluriel, alors que dans les autres témoins de R1, comme dans A, les verbes qui concernent les *natantia* sont le plus souvent à la troisième personne.

10,6   *opus paenitentiae tuae: honus p. t.*

12,2-3   *expulsus sum de gloria mea: eiectus sum ab inuidia*

On signalera encore les nombreuses variantes du chapitre 6, ainsi que des sauts du même au même: 7,2 – 8,1 (sur *Iordanis*); 10,1-3 (sans doute sur *de aqua*, en supposant une variante *cum egressa esset de aqua*).

Enfin, à la suite de 15,5, les deux témoins de R1a concluent leur extrait de la *Vita Adae et Evae* par une même évocation de la chute de Satan: *alors il [Dieu] jeta son siège à terre et l'ange tomba, et il fut fait diable et tous ceux qui s'accordent (avec lui tombèrent) avec lui, et il tomba du ciel comme la foudre de la première à la neuvième heure.* A cette notice, *Po* ajoute encore une phrase qui introduit chez lui une description du paradis: *et Adam fut créé aux environs du paradis dans le champ de Damas, mais Ève le fut de la côte d'Adam dans le paradis* (voir apparat de R1 à 15,5).

L'intérêt de ce groupe est de démontrer l'existence dès le XIIe siècle d'un état du texte dont les témoins complets ne datent que du XIVe siècle. Sans le témoignage de *Ws*, on aurait été tenté de fixer l'apparition de R1 à une date plus tardive et

---

(1) Le lemme correspond au texte retenu dans notre édition de R; il est séparé par deux points (:) de la variante du groupe étudié (ici R1a).

de donner la priorité au groupe R2, dont l'existence est attestée par des témoins plus anciens (xiiie siècle) que les témoins
complets de R1.

Le fait que le texte de R1a ait été copié pour être incorporé
à un sermonnaire laisse penser qu'il a été corrigé pour en rendre la lecture publique plus facile. En conséquence, les
variantes propres à ce texte, malgré leur ancienneté, n'ont pas
été retenues dans le texte de R que nous éditons.

Le groupe R1b

Le groupe R1b comprend deux manuscrits, tous deux du xiv^e
siècle: *Dr* (Dresde *A 182^f*) et *Up* (Uppsala *C 77*).

Les six folios du manuscrit *Dr* contiennent uniquement la
Vita Adae et Evae. Dans les chapitres 1 à 23, son texte est très
proche de celui de *Up*. Mais à partir du chapitre 24 il devient
très abrégé: *Dr* simplifie la révélation d'Adam (25-29), en
ignorant la totalité de 28-29, résume en quelques mots 30-34,
ignore la rencontre avec la bête (35-39), résume encore 40, suit
le texte de *Up* pour 41-43, ignore 44, résume 45, renoue avec
le texte de *Up* dans 46-52 et ignore 53-54.

On retiendra donc que, quand *Dr* restitue le texte complet,
il suit de près le texte de *Up*. Les deux témoins ont de très
nombreuses variantes communes — environ 135 — qui attestent leur dépendance par rapport à une même source et dont
quelques-unes présentent une forte singularité. En voici quelques exemples:

3,6	*introducet te dominus in paradisum*: *restituet te dominus in paradisum*
4,4	Après *nobis autem esca angelica erat*, R1b ajoute *quam dyabolus nobis per suam inuidiam* [*malitiam suam* Up] *perdidit.*
	Voir aussi les variantes de R1b signalées dans l'apparat de R1 en 7,1; 9,4; 10,5; 12,6-7; 16,7: 19,1; 28,7: 41,4; 47,4.

Certaines variantes modifient ou complètent le sens du texte:

20,4	*in dolore posita*: *dolorum meorum quasi oblita*
42,4-5	R1b déplace en 42,10, après *in uitam aeternam*, l'affir- mation de 42,3 et la reformule: la phrase *resuscitare corpus Adae et cum eo multa corpora mortuorum* devient *postea resuscitabit corpus Adae patris tui et cuncta corpora mortuorum bonorum atque malorum.*

47,2   *pro plasmate tuo quia misertus es eius*: *propter* [*primum* add. Dr] *plasma tuum quia misericordia tua magna est circa illud*

48,7   Après le récit de l'inhumation d'Adam et Abel *in partibus paradisi uidente Seth et matre eius et alio nemine*, R1b rappelle l'impossibilité de l'inhumation d'Abel: *Abel autem adhuc iacebat* [*iac. ad.* Dr] *intactus a putredine quoniam nemo nouerat eum sepulture tradere* [*sepelire* Dr] (¹).

Le groupe R1c

R1c comprend deux manuscrits, *Bc* (Berlin, *Theol. lat. qu. 316*), du xive siècle, et *Mf* (Munich, *clm 9022*), du xve. Ces deux témoins sont apparentés de très près. Cependant, *Mf* ne peut pas être une copie directe de *Bc*, car il transmet une forme singulière de 20,1 et il ne reproduit pas, en 32,6-8, l'omission par saut du même au même propre à *Bc*.

Ce groupe affirme sa singularité par des leçons qu'il est difficile de ne pas conserver, même si elles sont ignorées des autres témoins. Nous retenons par exemple:

2,3   *ualde*

4,1-2   R1c, tout comme R1b, ne précise pas que la nourriture recherchée devait être comme celle du paradis (cf. lat-V, note ad loc.)

5,5-6   Contrairement à R1a+d et R2a+c, qui se limitent à poser une question générale sur la durée de la pénitence (*combien de temps penses-tu faire pénitence?*) et à R1e, qui parle d'une pénitence commune à Adam et Ève, R1c, suivi par R1b, conserve la leçon *Aussi longtemps que tu penses que je doive faire pénitence, je ferai pénitence*

---

(1) On peut se demander par quel cheminement est parvenue aux témoins de R1b cette évocation de l'impossibilité d'enterrer Abel, ignorée de toutes les autres rédactions de lat-V. Dans le monde latin, *Pr* est le seul témoin de cette évocation, mais sous une forme différente: *Afferte corpus Abel filii eius aliasque tres sindones ei praeparate, quoniam in sepulcro erit ex quo exibit corpus eius de terra.* Cette leçon de *Pr* garde elle-même des traces imprécises de la recension grecque: « En effet, Abel était resté sans soins funéraires depuis le jour où son frère Caïn l'avait tué. Souvent Caïn avait voulu le cacher, mais il n'avait pas pu, car son corps bondissait hors de la terre. Et une voix venait de la terre et disait: Aucun autre ouvrage modelé ne sera caché dans la terre jusqu'à ce que le premier ouvrage modelé me rende ce qui m'a été enlevé, la poussière dont il a été pris » (gr 40,4-5a; voir aussi arm-geo 70,4-5a).

(R1c: *paenitebo*; R1b: *ita paeniteam*). Seul cet énoncé s'accorde avec la justification donnée par Ève — et attestée par tous les témoins latins: *puisque c'est moi qui t'ai causé peine et tourment.*

Dans nombre d'autres cas en revanche, l'accord de tous les autres témoins de lat-V contre R1c rend difficile de préférer sa leçon, même si elle pourrait parfois être originale:

11,8-9   Les autres témoins ne conservent qu'une proposition qui se termine par deux adverbes (*Quid nos persequeris, inimice, usque ad mortem, impie et inuidiose?*). *R1c* reformule l'interpellation en deux propositions pour en préciser le sens: *Quid persequeris nos inimice? quid ad mortem impie et litigiosus* (¹) *pertrahis?*, c'est-à-dire *pourquoi nous poursuis-tu en ennemi? pourquoi nous entraînes-tu à la mort, sans pitié, toi le querelleur?* Cette leçon de R1c se rapproche de celle de *Ma* (cf. lat-P in loco) qui décompose aussi l'interpellation en deux questions: *Quid persequeris nos iniuste? Quid queris nos inpie et inuidiose et maledicte?*

13,6   La leçon *feci te adorari* de R1c s'efforce de lever l'ambiguité du texte (cf. note dans l'édition de lat-V).

13,7   *ecce Adam [Adam* om. Bc] *ego te feci* R1c (cf. texte de la famille A)

18,8   La leçon de R1c, *fecit sibi habitaculum trium mensium*, ne fait aucune allusion à la grossesse d'Ève.

Enfin, plusieurs omissions par saut du même au même déparent la transmission du texte de R1c: 3,5-6 (sur *in paradisum*); 14,1-3 (sur *Michael*); 16,3-4 (sur *sumus*); 16,5-8 (sur *gloria mea?*); 22,5 − 23,2 (sur *Abel*); 42,11 − 43,1 (sur *Adam*); 47,1-2 (sur *misertus est eius*).

Le groupe R1d

R1d regroupe deux manuscrits du xve siècle, *Mu* (*Munich Univ. qu. 807*) et *Eb* (Munich *clm 5865*). *Mu* est écrit dans une cursive heurtée. *Eb* en est la copie conforme, malgré quelques fautes de lecture; écrit plus régulièrement que *Mu*, il aide souvent à en vérifier la lecture.

R1d transmet un texte proche de celui de R1c; il ne s'en écarte le plus souvent que par l'ordre des mots et quelquefois

---

(1) La graphie des témoins de R1c, *licidiosus*, renvoie à *litigiosus;* cf. NGML, s. v. *litidium.*

par le mode ou le temps des verbes. R1d se caractérise cependant par de nombreuses variantes qui modifient la forme
ou le sens du récit et qui le distinguent clairement de R1c et
des groupes qui s'apparentent à ce dernier. Une part importante de ces variantes propres à R1d se retrouve aussi dans les
témoins de la rédaction tardive (T) (¹). Voici quelques-unes des
plus significatives:

3,1   *perambulabat: circuibat* (*)
4,1   Après *escam* R1d ajoute la proposition *talem qualem ha-
          bebat in paradiso* (*).
16,5-6   *expoliatus sum ... dolebam ... circumueniebam: expulsi
          sumus ... dolemus ... circumueniebamus* (*)
22,1   *et tulit Adam Euam et puerum: tunc Michael tulit Adam
          et Euam et puerum* (*)
25,1-3   *et dixit Adam ad Seth Audi fili mi Seth ... ego et mater
          tua: et dixit Adam ad filios suos Vobis dico ... ego et ma-
          ter uestra* (*)
25,7-8   R1d conserve la description de deux cohortes d'anges,
          l'une qui précède le char divin et l'autre qui l'entoure à
          droite et à gauche. L'omission par saut du même au
          même sur *multa milia angelorum* a pu se produire si fa-
          cilement qu'il est impossible de savoir quand et où elle
          est intervenue dans l'histoire des autres groupes de R1.
          Il ne fait pas de doute que R1d conserve ici la leçon
          originelle.
42,4-5   *resuscitare corpus Ade et cum eo multa corpora mortuo-
          rum: resuscitare corpus Ade et tunc resuscitabit corpora
          mortuorum* (*)
44,5   *hoc quod fecisti refer filiis tuis: hoc quod fecisti post mor-
          tem meam refert filius tuus*
46,3-4   R1d omet la description de la douleur d'Ève: om. *et
          Eua — genua ponens* (*)
49, 6-7   *propter praeuaricationes uestras et generis uestri peccata:
          propter praeuaricationes uestras generi uestro* (*).

Autres variantes:

5,5-6   *quantum cogitasti me paenitere paenitebo: quantum* [om.
          Eb] *cogitasti penitere* (*)
11,5   R1d omet la question *Aut quid tibi fecimus quoniam do-
          lose nos persequeris* (*).
14,3-4   R1d omet *et uocauit — non habeo adorare* (saut du mê-
          me au même sur *adorauit / adorare*).

---

(1) Nous signalons par un astérisque les variantes communes à R1d et à T.

20,1-2   *Ne forte iterum serpens pugnet cum Eua: forte serpentes*
          erunt et pugnant [pugnatur Eb] cum ea (*) (¹)
28,4   *incomprehensibilis: irreprehensibilis* (*)
29,8-10 *et sanctificabunt in domo — et ibi aedificabunt domum: et*
          ibi sanctificabunt domum (saut du même au même sur
          -ficabunt)
29,19-20 *et non poterunt aduersa amplius nocere hominibus qui sunt*
          in deo credentes: et potuerunt amplius nocere homines qui
          sunt in deo credentes; on peut prendre ici le verbe *nocere*
          au sens transitif (cf. Gaffiot *s.v.*) et traduire *et ils (les*
          pécheurs?) ont pu nuire davantage aux hommes qui croient
          en Dieu; cette proposition se comprend alors comme un
          rappel de ce qui se passait avant la victoire de l'équité,
          mais elle s'accorde mal avec la proposition précédente.
31,7-9   *Respondit et dixit ad Seth — Respondit Seth et dixit: dixit*
          iterum Seth (*)
38,4-5   om. *de fructu quem precepit dominus non manducare*
50,6-8   R1d omet le deuxième terme de l'alternative, *si autem*
          per ignem iudicabit dominus genus nostrum, tabulae lapi-
          deae soluentur et tabuleae de terra luteae coquentur et
          permanebunt (*)

Voir aussi les variantes de R1d signalées dans l'apparat de R1
en 3,7 (*); 8,3 (*); 9,1 (*); 11,6 (*); 21,3; 24,3 (*); 28,1 (*);
29,1 (*); 34,5 (*); 37,6 (*); 52,6-7; 52,14.

Le groupe R1e

Le groupe R1e est représenté par trois témoins, tous de la
première moitié du xvᵉ siècle: *Ko* (Köln, *Historisches Archiv,*
GB 4° 113), *Wf* (Wolfenbüttel *29.7 Aug. 4° [3329])* et *Na*
(Namur *162*).

Ce groupe s'efforce d'améliorer le style du récit et n'apporte
guère de variantes qui contribuent à la connaissance du texte.
Il se distingue du texte le plus fréquemment attesté par plus
de 200 variantes, qui ne le modifient que superficiellement.

Voici quelques exemples des principaux types de variantes
caractéristiques de R1e:

- Le rédacteur qui est à l'origine de cette forme textuelle
  remplace souvent *et* par l'enclitique *-que*, le verbe *dixit* par
  ait, et il change l'ordre des mots.

---

(1) Le rapprochement avec la rédaction tardive incite à corriger *erunt* de
R1d en *uenerunt.*

– Il s'efforce d'améliorer le style, ou parfois de rendre le sens plus clair, comme dans les cas suivants:

3,3-4	*putasne moriemur fame: puto nos fame morituros*
4,3-4	*ut edant: ad edendum*
16,5-6	*uidere te dolebam in laetitia deliciarum: te in laetitia deliciarum uidere non potui*
18,1-2	*tibi concessa est uita: tibi concessum est uiuere*
19,1	*tempus partus eius: tempus pariendi*
21,3	*tetigit eam a facie eius: tetigit faciem eius*
22,5	*genuit filium nomine Abel: peperit filium et imposuit ei nomen Abel*
27,3-4	*non deleatur nomen memoriae maiestatis tuae: ne deleatur nomen meum a memoria tua*
27,8	*figura cordis tui facta est diligens scientiam: figura cordis tui diligit scientiam*
32,5-6	*partitus erat mihi paradisum et matri uestrae et dedit mihi dominus: diuiserat nobis paradisum mihi scilicet et matri uestrae et dederat mihi*
34,7	*una cum ardoribus: in ambobus*
44,6	*laborantes non sufficient sed deficient: qui laborem non sustineant sed deficient [deficiant Wf]*

Voir aussi les variantes de R1e signalées dans l'apparat de R1 en 13,2; 14,7; 16,2; 34,6; 48,3.

Quelques variantes de R1e modifient le sens du texte:

26,4-5	*quam tibi dedi in potestatem ut haberes eam in uoluntate tua: et [et om. Ko] tradidi tibi potestatem ne [ut Ko] abires in uoluntatem tuam* — une variante que *Na* transforme en remplaçant *potestatem* par *mandatum*.
28,4-5	*magnitudinis uirtus uiuens: initio carens et fine magna uirtus semper uiuens*

Un certain nombre d'omissions ou de maladresses communes aux trois témoins manifestent leur rattachement à un ancêtre commun; voir 3,6; 8,1-2; 21,8; 29,21; 35,5-7; 48,4-5.

Le sous-groupe Wf – Na

A l'intérieur du groupe R1e, une parenté particulière unit deux des trois témoins, Wf et Na. Ils ont en commun quelque 30 variantes, parmi lesquelles on citera en particulier:

1,2	*fuerunt: fugerunt* (?)
9,1	*dies decem et octo: dies xxviii*
9,11	om. *et darem uobis — egredere de aqua*, par saut du même au même sur *de aqua*
16,4-5	om. *statim factus — de tanta gloria*

29,11   *quam parabit illis: quam plantauit eis*
29,14-15   om. *saluos faciet illos de dispersione eorum et iterum,* par
             saut du même au même sur *iterum*
29,17   *iniquitas aequitatem: iniquitas iniquitatem*
36,1-2   *prope ad portas paradisi: ad proximas ianuas paradisi*
37,7   *in imaginem dei: in seruam dei*
38,4-5   *non manducare: ut non comederes*
48,1   *Michaelem et Vrielem: Michaelem et Gabrielem*
48,6   *Michael et Vriel: Michael et Gabriel*

Na, un témoin non cité dans l'apparat critique de R1

La plupart des particularités de *Na* se trouvent aussi dans *Wf*.
De plus, *Na* témoigne d'une copie faite sans grande attention;
il simplifie ou omet plusieurs éléments du récit.

Il remplace les chapitres 14 et 15 par le résumé suivant:

14–15   *tunc diabolus dixit: iratus est mei deus eo quod uolebam*
             ponere sedem meam super sidera celi et esse similis altis-
             simo uolui

On notera les omissions suivantes, propres à *Na*:

6,7-8   om. *et sta — triginta quattuor*
12,2-5   om. *quoniam propter — in terram*
13,2   om. *propter te eiectus sum de paradiso iustitiae dei*
39,5-6   om. *a facie imaginis dei*
48,4-7   *Na* omet les deux phrases *et processerunt — alio nemine,*
             qu'il remplace par une brève temporelle: *et dum fuissent*
             sepulti.
50,1-4   om. *Sed audite — genus humanum*

Mais en dehors de ces quelques simplifications ou omissions,
l'accord de *Wf* avec *Na* est suffisamment général pour qu'on
puisse se contenter de citer les leçons du premier. Nous avons
estimé inutile de signaler dans l'apparat les variantes propres
de *Na* ([1]). Les quelques exemples que nous venons de donner
suffiront à identifier un nouveau témoin qui lui serait apparenté.

Le groupe R3

Un dernier groupe comprend trois témoins: *Sw* (Stuttgart HB
XII 20), du xive siècle, *Sg* (Saint-Gall *927*) et *Sc* (Munich *cgm*
3866), tous deux du xve siècle. Ce groupe se singularise par

---

(1) On trouvera toutes les variantes de *Na* dans la première édition des
rédactions rhénanes (PETTORELLI, ALMA 2001 et ALMA 2002).

une série de variantes communes. Dans un premier temps, le relevé de ces variantes nous avait incité à distinguer de la famille R1 ces trois témoins apparentés et à leur attribuer le sigle R3. Mais une analyse détaillée n'a pas confirmé la pertinence de cette distinction et nous a amené à traiter R3 comme un groupe supplémentaire de R1 (¹).

On constate en effet que la grande majorité des variantes relevées dans les témoins de R3 sont également attestées par les témoins de R1. Le plus souvent, R3 s'accorde avec R1e — plus de 80 variantes de R1e sont attestées par les trois témoins, 13 par *Sw* et *Sg* et 17 autres par *Sg* et *Sc*. Mais R3 s'accorde aussi parfois avec d'autres groupes : 15 fois avec R1d, 14 fois avec R1c, 4 fois avec R1b et 5 fois avec *Up* seul. Le sous-groupe *Sw Sg*, distinct de *Sc*, s'accorde 13 fois avec R1c et 7 fois avec R1d. Enfin, *Sw* seul s'accorde 8 fois avec R1c et 9 fois avec R1d, tandis que *Sc* seul s'accorde 16 fois avec R1c, 12 fois avec R1d et 9 fois avec *Up*.

Par ailleurs, l'analyse des différences entre les trois témoins montre que de nombreuses variantes sont communes à *Sw* et *Sg* contre *Sc* (250 environ), et d'autres, moins nombreuses (140 environ), sont communes à *Sg* et *Sc* contre *Sw*, alors que les variantes communes à *Sw* et *Sc* contre *Sg* sont beaucoup plus rares (30 environ). On notera aussi que dans 33 cas *Sw* se singularise par l'omission de mots, et plus souvent d'expressions, attestés seulement par *Sg* et *Sc*.

Dans une première édition des rédactions rhénanes, toutes les variantes du groupe R3 et de ses trois témoins ont été signalées dans l'apparat critique de R1. Ce dernier devenait très lourd et ne permettait pas vraiment de percevoir les caractéristiques de ce groupe. Dans le présent volume, il nous a paru préférable de rassembler dans un apparat particulier les variantes par lesquelles R3 et ses trois témoins se distinguent clairement de R1 (²).

---

(1) Pour des raisons de clarté, nous avons cependant conservé le sigle R3, utilisé dans la présentation générale de la tradition manuscrite de la *Vie d'Adam et Ève* (PETTORELLI, *Apocrypha* 1999), ainsi que dans l'apparat critique de notre première édition des rédactions rhénanes (PETTORELLI, ALMA 2001 et ALMA 2002).

(2) Cet apparat se trouve plus loin p. 514-519.

La famille R2

Caractéristiques

Les 11 manuscrits regroupés sous le sigle R2 présentent de nombreuses variantes communes qui les distinguent de la famille R1. Voici la liste des témoins de R2:

R2a	Valenciennes, Bibliothèque municipale, *168* Abbaye de Saint-Amand-en-Pévèle	fin du XIIIe s.	*Ve*
R2a	Wertheim, Evangelische Kirchenbibliothek, *726* Chartreuse de Grünau	1360	*Wh*
R2a	Aschaffenburg, Hofbibliothek, *44* Eltville	XVe s.	*As*
R2b	Oxford, Balliol College, *228*	XIV-XVe s.	*B*
R2b	Dublin, Trinity College, *509*	XVe s.	*Du*
R2d	Lund, Universitetsbiblioteket, *Medeltidshandskrift 30* Couvent Sainte Marie-Madeleine de Bistrup	fin du XVe s.	*Lm*
R2d	Barcelone, Biblioteca de Catalunya, *4003*	XIVe s.	*Bg*
R2c	Berlin, Staatsbibliothek zu Berlin – Preußischer Kulturbesitz, *Theol. lat. qu. 369* Chartreuse de Mayence	XIIIe s.	*Bd*
R2c	Munich, Bayerische Staatsbibliothek, *clm 4350* Abbaye de St Ulrich d'Augsburg	1339	*Au*
R2c	Vienne, Österreichische Nationalbibliothek, *1629* Chartreuse d'Aggsbach	XIVe s.	*Vf*
R2c	Paris, Bibliothèque nationale de France, *lat. 590* Abbaye de Saint-Amand-en-Pévèle	fin du XIVe s. – début du XVe s.	*Pb*

En regard du texte de R1, la famille R2 se caractérise par l'absence de certains éléments, par l'utilisation d'un vocabulaire différent et parfois par la reformulation de phrases entières, ainsi que par quelques additions. Toutes ces leçons caractéristiques sont signalées en gras dans l'apparat critique de R2.

Omissions

Dans la liste des éléments du texte de R1 qui manquent dans R2, nous citerons les cas qui modifient le sens du récit:

5,1-2	R2 omet *domine meus, dic mihi quid est paenitentia* et fait débuter la demande d'Ève par *equaliter* [*et qualiter* Bg Du] *paeniteamus*
11,6	om. *aut quid nobis est malicia tua*
11,8-9	om. *inimice usque ad mortem impie et inuidiose*
14,7	om. *prior illi sum*
21,5	om. *et ex illius oratione*; la prière d'Adam, cause de la venue de Michel et des anges auprès d'Ève, n'est plus explicitement mentionnée.

26,1 – 27,4 Le chapitre 26 et le début du chapitre 27 manquent dans R2. Cette omission pourrait avoir été causée par un saut du même au même sur *maiestatis (suae)*, variante propre à R2 en 25,9 (*a dextris et a sinistris maiestatis suae*). Cette même absence se retrouve dans les témoins de B (sur ce passage, voir la note à la traduction de lat-V, ad loc.).

28,6-7 om. *ut facias cum humano genere magnalia misericordiae tuae*

30,9-10 om. *et dixerunt — habere doloribus* (saut du même au même sur *doloribus*)

31,2-3 om. *ex quo edebas — ianuas paradisi et* (saut du même au même sur *paradisi*)

31,6 om. *forsitan audiet me et mittet angelum suum*, avec changement de personne: *et afferam* au lieu de *et afferet mihi*

38,5-6 om. *nunc autem non potes portare si tibi coepero exprobrare*

44,4-5 om. *in omnem generationem nostram. Et hoc quod fecisti refer filiis tuis*

51,1 om. *postquam factus est fletus magnus*

52,1-2 om. *et tabulas de terra luteas et composuit apices litterarum*

52,8-9 om. *ut ostenderet ei quid significarent* (proposition conservée cependant par le manuscrit B sous la forme *ut ostenderet ei scripturam eorum*)

53,2-3 om. *ante diluuium de aduentu Christi domini*

53,4 om. *et arguere omnes impios*

Autres variantes

Parmi la cinquantaine de formulations qui distinguent R2 de R1, on retiendra les plus significatives pour illustrer:

– un vocabulaire différent

1,2	*fuerunt: manserunt*
7,2	*ambulauit: perrexit*
9,5	*repausa et de cetero non plores: amplius noli flere*
18,6	*et coepit ambulare contra partes occidentis: tunc pergens ad occidentis partes [tunc cepit ire ad occidentem Bg]*
19,6	*reuertimini: recurritis*
37,6-7	*te mittere in imaginem: ledere imaginem*
52,3	*audiuit: didicit*

– une lecture différente du récit

4,1	*nouem dies: septem diebus*
4,4-5	*sed iuste et digne plangamus: iniusti uero et indigni plangamus*

13,2   *proiectus sum*: *proiecti sumus de paradiso* (affirmation improbable dans la bouche de Satan, car lui et ses anges ne demeurent pas au paradis)

13,5   *et factus est uultus et similitudo tua ad imaginem dei*: *et fecit te ad imaginem et similitudinem suam*

23,2-3   *quasi sanguinem filii nostri Abel quem manibus suis Cain prodebat ore suo degluciens*: *Cain glutientem sanguinem filii nostri* [*fratris sui* R2c] *Abel*

27,8   *figura cordis tui facta est diligens scientiam*: *in transfiguratione cordis tui factus es diligens scientiam*

27,9   *de semine tuo*: *a te femina*

29,5-7   *quae erunt in hoc seculo temporali futura, quae facturus est deus creaturae suae generi humano. Apparebit deus in flamma ignis*: *quae erunt in hoc seculo a tempore in quo daturus est deus flammam ignis*. Cette variante résulte peut-être d'une tentative de donner un sens à un texte mutilé, où les mots *creaturae suae generi humano apparebit deus* avaient disparu par suite d'un saut du même au même sur *deus*.

29,27-28   *in tempore illo purificabuntur per aquam a peccatis*: *purificabunur in tempore illo a peccatis suis consequentes gratiam per aquam* (cf. édition de lat-V, note ad loc.)

29,29-31   De la phrase *Et felix est homo — deo iusto iudice*, il ne reste que la proposition *impii punientur in iudicio magni dei a deo iusto iudice*

41,1   *horis multis*: *foras multum*

– R2 se caractérise aussi par de rares additions au texte de R1, qui ont pour but de préciser le sens du texte:

3,10   *quaeramus*: *queramus nobis aliquid ad manducandum*

14,5-6   *quid me compellis*: *quid me compellis Adam adorare*

20,1   *dixit Adam*: *dixit Adam intra se*

24,1   *post hoc*: *post hoc in ipso anno in quo occisus est Abel*

48,8   *sicut uidistis*: *sicut uidistis nos sepelire*

Les trois groupes de R2

Dans la famille *R2*, on distingue nettement trois groupes: R2a, R2b-R2d et R2c.

Le groupe R2a

Ce groupe se compose de trois manuscrits: *Ve* (Valenciennes *168*), du xiiiᵉ siècle, *Wh* (Wertheim *726*) de 1360 et *As* (Aschaffenburg *44*; lat-V 1,1 – 25,6 [mutil.]) du xvᵉ siècle. La forme de R2a est celle qui représente le plus clairement le texte de la famille R2. Elle ne se distingue que par quelques variantes particulières:

2, 3   R2a écrit *mi homo* au lieu de *domine mi*
14,2-4   *sicut praecepit — imaginem dei*: om. R2a
24,3   *ecce* Du R2c-d: om. R2a
29,16   *exaltabitur* Bg R2b: *altiabitur* R2a *eleuabitur* Lm R2c
30,1   *factus est Adam* R2b+d: *factus Adam* R2a *Adam factus est* R2c
37,6   *quomodo non timuisti* R1: *cur non tim.* R2a *nonne tim.* Lm *non tim.* [*metuisti* B (cf. Pa)] Bg R2b+c
42,9   *renascendi* R2c+d: *nascendi* R2a *renati* Du
52,1   *tabulas magnas lapideas* R2d B: *tab. lap. magnas* R2a *magnas tab. lap.* Du *tab. lap.* R2c
52,15   *litteras illas* R2d: *il. litt.* Du *litt.* R2a *tales* [*has* add. Vf] *litt.* R2c *illas tabulas* B
52,16   *illabicas* R2c+d B: *sillabicas* R2a *inlabias* Du

Le groupe R2b – R2d

Un deuxième groupe est représenté par quatre manuscrits, tous des xive et xve siècles, qui se répartissent en deux sous-groupes: d'un côté R2b, qui comprend B (Balliol College *228*) et Du (Dublin *509*); de l'autre R2d, qui se compose de Lm (Lund Medeltid *30*) et Bg (Barcelone, Biblioteca de Catalunya, *4003*).

La découverte du nouveau témoin de Barcelone (*Bg*) a modifié notre classification des manuscrits de R2, telle qu'elle était présentée dans notre première édition de R. *Bg* s'accorde en effet étroitement avec *Lm,* précédemment rangé dans le groupe R2a; il s'accorde aussi, mais de façon moins affirmée, avec les témoins *B* et *Du,* qui constituent le groupe R2b. Nous avons donc modifié la distribution des témoins de R2, notamment en soulignant la parenté entre *Lm* et *Bg.* Pour la clarté de l'apparat, il nous a paru préférable de diviser ces quatre manuscrits en deux sous-groupes. Pour éviter des incohérences avec notre première édition de R, nous avons conservé le sigle R2b pour le sous-groupe des deux témoins anglais, *B* et *Du,* et nous avons introduit le sigle R2d pour désigner le sous-groupe formé de *Lm* et *Bg,* que de nombreuses variantes distinguent de *B* et *Du.*

Le groupe R2b-R2d se singularise par la présence de quelques passages ou expressions, ignorés des groupes R2a et R2c, qui témoignent d'une relation plus étroite avec R1:

16,5-8   La fin du chapitre 16 (*et uidere te dolebam — expulsus sum de gloria mea*), omise par R2a+c — peut-être par saut du même au même sur *gloria* — est transmise par

R2b+d sous une forme proche de celle de R1: *et cum uiderem te in leticia deliciarum dolo circumueni mulierem tuam et feci te expelli a deliciis leticie tue sicut expulsus sum a gloria mea*

17,1   *a diabolo* R1 Du R2d: om. R2a+c B

23,3-4   *Et dixit Adam uae mihi* [*uae mihi* om. Du R2d] *et forsitan interficiet Cain Abel* R2b+d cf. R1: om. R2a+c

42,12 – 43,1   *ad arborem misericordiae suae tu autem Seth uade ad patrem tuum Adam,* texte de R1, omis par R2a+c par suite d'un saut du même au même sur *Adam,* mais conservé par R2b+d.

44,1-2   R2b+d conserve l'introduction *et dixerunt ei.*

Le groupe R2b-R2d se situe ainsi dans une position intermédiaire entre R1 et R2a+c; il dépend d'un état textuel plus ancien que l'ancêtre commun à R2a et R2c.

Le sous-groupe B – Du (R2b)

Les principales variantes qui distinguent le sous-groupe R2b de R2d et des autres groupes de R2 sont les suivantes:

1,2   *tabernaculum* R2a+c+d: *habitaculum* R2b

5,5   *adimpleamus* R2a+c+d: *adimpleuimus* R2b

5,6   Seul *R2b* conserve *paenitebo,* ignoré par les autres témoins de R2.

16,4   *et proiecti sumus* R2a+d: *et eiecti sumus* R2c om. R2b

29,16-17   *et iterum exsuperabit iniquitas iniquitatem* R2a+c+d: om. R2b

50,11   *tradidit spiritum* R2a+c+d: *emisit spiritum* R2b

52,7   *sapientissimus* R2a+c+d: *uir sapientissimus* R2b

Singularité de B par rapport à tous les autres témoins connus de lat-V

Enfin, il est important de rappeler que *B* est le seul témoin de lat-V qui compose un récit en combinant l'une avec l'autre l'intégralité de la *Vita Adae et Evae* et celle du texte connu sous le nom de *Légende du Bois de la Croix.* Pour ne pas alourdir l'apparat, il a été décidé de publier à part, en annexe, les segments de la *Légende du Bois de la Croix* incorporés dans *B* ([1]).

---

(1) Voir plus loin p. 536-544.

Le groupe R2c

R2c est représenté par quatre manuscrits: *Bd* (Berlin *theol. lat. qu. 369*), du xiiie siècle, *Au* (Munich *clm 4350*) et *Vf* (Vienne *1629*), du xive siècle, et *Pb* (Paris *lat. 590*) du xve siècle.

Les variantes caractéristiques de ce groupe sont au nombre d'une centaine. Nous en citerons ici les plus significatives (le lemme donne la leçon des groupes de R2 autres que R2c):

– Changement de vocabulaire:

5,4	*auertat* R2a+b+d: *deducat* R2c
6,9	*miserebitur nostri* R2a+b+d: *misericordiam faciet circa nos* R2c
8,2	*circumdent me* R2a+b+d: *includant* [*me* add. Bd] R2c
21,8	*tollens* [*extollens* Du] R2a+b+d *B*: *ferens* R2c
23,5	*singulas mansiones* R2a+b+d: *diuersas habitationes* R2c
28,8-9	*paradiso uisionis et uisitationis dei* [*dei* om. Lm Du] R2a+b+d: *paradiso iustitie* R2c
42,1	*accipere* R2a+b+d: *obtinere* R2c

– Omissions:

12,2	om. *et dolus*
14,5-6	om. *et cum compelleret — cur me compellis*
37,2-3	om. *impetum faciens*
37,7-8	om. *cur praeualuerunt dentes tui*
41,6	om. *pro doloribus corporis sui*

– Autres variantes:

11,1-2	*suasisset eam exire* R2a+d Du: *hoc fecisset ut exiret* R2c
13,2	Après *proiecti sumus*, R2c ajoute *et per quem modum dicam tibi.*
17,4	Après *perdidit*, R2c ajoute *suo dolo.*
23,7	R2c justifie le fait de ne pas rendre compte du meurtre d'Abel.
25,1	En ouverture du récit, il précise les raisons pour lesquelles Adam choisit de révéler son ascension à Seth (cf. apparat critique).
29,8-9	*sanctificabunt eum in domum habitationis illius*: *sanctificabit eis domum habitationis suae*
39,2-3	*maledicte inimice confuse*: *maledicte uermis confuse* (sans doute une mauvaise lecture de *maledicte ueritatis inimice confuse* de R1)
39,4	*in comprobatione*: *cum probatione et maledictione*
44,6	*deficient*: *et deficientes dolores et infirmitates multas sustinentes*
45,1	*post sex dies*: *post septem dies*

52,16-17   *sine labiorum doctrina scriptas digito*: *sine digitorum labore scriptas*

Voir aussi les variantes de R2c signalées dans l'apparat de R2 en 4,1; 6,8; 12,5-6; 16,1-2; 17,1-2; 22,3; 35,6; 44,8-9 (cf. *Up* in loco).

Au, un témoin très proche de *Bd* et non cité dans l'apparat critique de R2

Au suit de très près *Bd* et ne se distingue de lui que par de rares variantes, qui sont des omissions sans grande signification. Nous n'avons pas jugé nécessaire de relever les variantes propres de *Au* dans l'apparat critique de R2 (^{1}). Dans celui-ci, le sigle *Bd* est donc l'équivalent de *Bd Au* jusqu'à 29,1. On rappellera en effet que ce manuscrit se termine en 29,1, concluant par un *Amen* le récit du ravissement d'Adam, et qu'il ne transmet donc pas la seconde partie de la *Vita Adae et Evae*.

Pb, un témoin très proche de *Vf* et non cité dans l'apparat critique de R2

Deux des quatre témoins de R2c, *Vf* et *Pb*, sont apparentés plus étroitement par quelque 30 variantes communes. On relèvera en particulier les exemples suivants:

3,4-5   *forte introduceret — tibi deus* R1: *forsitan introduceret — est tibi* Ve Wh Lm B om. Vf Pb

11,5   *quoniam dolose nos persequeris* Ve B R2d: *quod tantum nos persequeris* Vf Pb om. Bd

13,4   *insufflauit* R1: *sufflauit* [*insufflauit* B] R2a+b+d Bd *spirauit* Vf Pb

15,1   *sub me erant* R2a+b+d: *mecum fuerant* Vf Pb [def. Bd]

15,4   *super sidera caeli* R2a+d: *supra sidera caeli* [*ad aquilonem* add. B] R2b *in aquilonari* Bd *in aquilone* Vf Pb

19,5-6   *dum reuertimini* Lm: *dum recurritis* R2a Du *dum curritis* Vf Pb *sceleriter currite* Bd

23,8   *centum triginta* R2a+b Lm: C XXXVII Bd *centum et 38* Vf Pb

29,26   *repellet* [*-it*] R2a+b+d Bd: *respuet* Vf Pb

35,3-4   *cum autem uidisset eum Eua flentem coepit et ipsa flere* R2a+b+d: *cum autem Eua uiderit Adam tam amare flentem cepit et ipsa intimius flere* Vf Pb om. Bd

---

(1) Toutes les variantes de *Au* sont signalées dans la première édition des rédactions rhénanes (PETTORELLI, ALMA 2001 et ALMA 2002).

39,5-6   *a facie imaginis dei* R2a+b+d: *a te imago dei* Bd *ab imagine dei* Vf Pb

45,6   *tradidit* R2a+b Lm Bd: *reddidit* Vf Pb

Pb se caractérise, surtout à partir du chapitre 24, par de nombreuses fautes d'inattention, qui se traduisent par l'absence de segments du texte. On relèvera en particulier les omissions suivantes :

24,1   om. *post hoc scilicet in ipso*, texte commun à la plupart des témoins de R2 (saut du même au même sur *ipso*)

24,2-3   om. *nomen eius — ecce genui*

30,2-3   om. *finientur dixit — filii mei*

32,5-6   om. *comederemus dominus — mihi paradisum* (saut du même au même sur *paradisi*)

33,2-4   om. *ascenderent angeli — absentes essent* (saut du même au même sur *angeli*)

38,1   om. *respondit serpens*

48,3-4   om. *Adae et — et pro(cesserunt)*

52,13   om. *et oportet te ibi aedificare*

Dans la mesure où Vf et Pb s'accordent sur l'ensemble du texte, il n'a pas paru utile d'accoler systématiquement les deux sigles. Dans l'apparat de R2, le sigle *Vf* est donc l'équivalent de *Vf Pb* ([1]). Le relevé précédent des principales omissions caractéristiques de *Pb* pourra suffire à identifier un nouveau témoin qui lui serait apparenté.

Les manuscrits isolés apparentés à la rédaction rhénane

A ces témoins des familles R1 et R2 doivent être joints quelques manuscrits isolés qui rapportent le même récit selon la structure décrite ci-dessus; mais leur texte, pour des raisons diverses, est le plus souvent bien différent de celui des témoins précédents. Nous les présentons ici dans l'ordre chronologique, du plus ancien au plus récent.

Paris, Bibliothèque nationale de France, *lat. 5327* Abbaye de Saint-Amand-en-Pévèle	xe s.	*Pa*
Winchester, Cathedral Library, *VII*	xiiie s.	*W*
Bratislava, Kapitulská knižnica, *88*	1343-1375	*Bk*
Graz, Universitätsbibliothek, *904* Abbaye de Saint-Lambrecht	env. 1425	*Gz*

---

(1) Les variantes de *Pb* sont systématiquement signalées dans la première édition des rédactions rhénanes (PETTORELLI, ALMA 2001 et ALMA 2002).

Copenhague, Det Kongelige Bibliotek, *Ny kgl. saml.*   1454-1465   *Kb*
123 4⁰; Danemark

Koblenz, Landeshauptarchiv, *Best. 701 Nr. 239*   env. 1477   *Kz*
Carmel de Boppard

Le manuscrit de Paris lat. 5327 et la datation de la rédaction rhénane

Le premier de ces témoins isolés, Paris, BnF, *lat. 5327* (*Pa*), qui constitue à lui seul la classe IV de Meyer, est aussi le plus important; il présente en effet une caractéristique qui lui donne une valeur particulière : il date du xe siècle, comme les plus anciens manuscrits de la rédaction d'Allemagne du Sud. Il transmet un récit de la *Vita Adae et Evae* en tous points parallèle à celui des familles rhénanes, mais sous la forme d'une réécriture savante à l'usage de lecteurs attachés à la langue classique.

Pour montrer la manière dont travaille le rédacteur de *Pa*, nous comparerons son texte du chapitre 18 avec celui de R1.

R1, chapitre 18	Pa, chapitre 18
Et dixit Eua ad Adam:	*Tunc Eua* luctuosa uoce *ait:*
Viue tu, domine mi!	Senior meus, ut opinor, opitulante domino
tibi concessa est uita	concessa aderit uenia
quoniam nec primo nec secundo	*quia nec* semel *nec* demum
praeuaricatus es nec seductus	ultroneus *preuaricatus es*
sed ego praeuaricata et seducta sum	*sed ego* miserrima adeo *seducta*
quia non custodiui mandatum dei	haut *custodiens mandatum dei*
et nunc separa me de lumine uitae istius	nunc ergo segregemur abinuicem
et uadam ad occasum solis	*et* ibo *ad occasum solis*
et ero ibi usque dum moriar.	*eroque ibi usque dum* de hac migrauero luce.
Et coepit ambulare contra partes occidentis	*Sicque* callem carpsit lutuosam
et coepit lugere et amare flere cum gemitu magno	*et uenit* flens et heiulans *procul ab Adam*
et fecit sibi habitaculum	*et fecit sibi* aedem exiguam
habens in utero conceptum trium mensium.	*et tres ibi* degens *menses.*

Le choix d'un vocabulaire précieux est perceptible dans l'effort de remplacer des expressions banales par d'autres, d'origine poétique: *luctuosa voce* — qui fait assonance dans le même chapitre avec *callem carpsit lutuosam* —, *opitulante domino, nec semet nec demum* (pour *nec primo nec secundo*), *ultroneus* (pour *nec seductus*), *dum de hac migrauero luce* (pour *dum moriar*), *flens et heiulans, aedem exiguam* (pour *habitaculum*). Mais derrière ce vocabulaire, on reconnaît l'ordre du récit, que *Pa* ne modifie en rien, ainsi que nombre d'expressions du texte de départ.

Il en va de même tout au long du récit: on peut faire de multiples rapprochements de détail entre *Pa* et la rédaction rhénane. On peut conclure de ces rapprochements que les témoins de la rédaction rhénane dépendent d'un ancêtre qui est aussi la source de *Pa* et qui ne peut donc être postérieur au milieu du xe siècle. C'est là une donnée importante du point de vue de l'histoire de la recension latine commune (lat-V): l'origine de la rédaction rhénane remonte au moins aussi haut que les premiers témoins de la rédaction d'Allemagne du Sud.

De la comparaison entre les différentes formes du texte, il ressort que les leçons de *Pa* se retrouvent tantôt dans l'une et tantôt dans l'autre des familles rhénanes. Il n'est donc pas possible de déterminer si *Pa* s'apparente davantage à R1 ou à R2 ([1]).

Dans le cadre de cette édition, il n'était pas possible de procéder à une analyse détaillée des variantes de *Pa* pour remonter de son texte au texte qu'il a transformé et pour s'approcher ainsi au plus près de l'archétype des familles rhénanes. En revanche, l'ancienneté de ce témoin justifiait une présentation développée de ses caractéristiques, qu'on trouvera plus loin, p. 162-179.

Le manuscrit de Winchester (W)

Le manuscrit *W*, conservé à la cathédrale de Winchester sous la cote *VII*, contient une forme réécrite, abrégée et simplifiée d'un texte de la *Vita Adae et Evae* proche de la rédaction rhénane. Il fait partie des témoins connus et utilisés par J. H. Mozley dans son édition de 1929 ([2]).

Comparons par exemple le texte de *W* et celui de R1 en 2.2 – 3.1:

---

(1) On remarquera cependant que l'incipit de *Pa* ressemble de très près à celui de *R1* et on pourra se demander si l'auteur de la réécriture n'a pas conservé à dessein cet incipit pour renvoyer le lecteur au texte qui lui a servi de modèle.

(2) Mozley cite une trentaine de variantes du manuscrit de Winchester dans son apparat critique sous le sigle *W*.

R1	W̊
Dixit Eua ad Adam: Domine mi, esurio uade! uade et quaere nobis quid manducemus	*et dixit Eua ad Adam domine mi esurio uade quere ergo nobis quod manducemus*
usque uideamus si forsitan respiciat et miserebitur nostri deus et reuocat nos ad locum in quo eramus.	*usquequo respiciat nos dominus et miserebitur nostri ut nos in loco quo feliciter eramus restituat*
Et surrexit Adam et perambulabat omnem terram illam et non inuenit escam qualem habebant in paradiso.	*tunc adam escam querebat vii diebus qualem habuerit in paradyso et non inuenit.*

Dans la première partie (chapitres 1-25), la tendance à condenser le récit se manifeste de façon mesurée — le rapport entre le nombre de mots de W et celui de R est de 75%. Dans la deuxième partie en revanche, cette tendance s'affirme plus nettement: l'abréviation du récit s'explique d'abord par l'omission de nombreux passages. Ainsi, W laisse de côté les chapitres 25 à 33 en sautant de 25,3 à 33,4: il passe adroitement d'une première allusion à l'exclusion du paradis en 25,1-3 — *Audi filii mi seth et referam quod uidi et audiui postquam eiecti sumus de paradyso ego et mater tua* — au récit par Adam de cette exclusion en 33,5 – 34,1 (¹) en enchaînant ainsi: *Et dixit Adam: Nuth (= Nunc?) Seth que uidi et audiui postquam comedi de uetito pomo quem mihi mater tua attulit, dixit mihi dominus.*

Nous nous limitons à une brève présentation de ce témoin. Le prendre en compte dans l'édition était impossible car cela aurait conduit à citer son texte presque intégralement dans l'apparat critique.

Le manuscrit de Bratislava 88 (Bk)

Le manuscrit de Bratislava (*Bk*) transmet une réécriture de la rédaction rhénane. Il conserve la structure de R1, en particulier celle des paragraphes 26,1 – 27,4 (omis par R2 et B) et 31; il ignore en revanche la révélation de l'histoire du Temple (chapitre 29). Mais il apporte des modifications et des corrections au texte, comme le montrent les exemples suivants:

---

(1) *et manducauit (Eua) et dedit mihi et statim iratus est dominus deus et dixit ad me.*

2,3-5

R1

Domine mi, esurio ualde! uade et quaere nobis quid manducemus usque uideamus si forsitan respiciat et miserebitur nostri deus et reuocabit nos ad locum in quo eramus.

Bk

domine meus esurio ambula et quere nobis aliquid quod manducemus usque uideamus si forte deus respiciat miseriam nostram et misertus iterum reducat nos in paradisum

3,7-11

R1

Noli Eua talia dicere, ne forte aliquam iterum maledictionem inducat super nos dominus deus. Quomodo potest fieri ut mittam manum meam in carnem meam?

Surge, quaeramus unde uiuamus et non deficiamus.

Bk

non ita dicas Eua ne iterum aliquam maledictionem inducat nos dominus nonne pessimam rem fecissem si te propriam carnem occidissem

sed surge quaeramus nobis ut uincamus ne moriamur.

31,3

R1

dic mihi

Bk

dic mihi si haec causa sit

34,3-6

R1

ecce inducam in corpore tuo septuaginta plagas doloribus diuersis ab initio capitis, oculorum et aurium, usque ad ungulas pedum, per singula membra torqueris.

Bk

ecce uenient in corpus tuum lxx plagae cum doloribus diuersis et cruciaberis per singula membra ab initio capitis usque ad ungulas pedum.

Il s'agit d'une réécriture qui ne modifie pas vraiment le sens du récit, mais qui se veut plus élégante. Nous avons jugé inutile d'intégrer les variantes de ce témoin dans l'apparat critique.

Le manuscrit de Graz 904 (Gz)

La forme du texte proposé par *Gz* est unique. Elle semble résulter de la relecture de plusieurs formes textuelles. *Gz* n'apporte aucun élément du récit inconnu des témoins répertoriés jusqu'ici. Mais il a été retravaillé avec soin, essentiellement dans un double but: d'une part, améliorer le vocabulaire et la syntaxe; d'autre part, rendre le récit plus compréhensible soit en complétant l'information soit en l'allégeant d'éléments difficiles à interpréter.

En 25 occurrences, *Gz* s'accorde presque seul avec R1c, en 22 autres avec R1d seul et en 26 autres encore avec R1e seul. Mais l'étude comparative ne fait ressortir aucune parenté particulière avec l'un ou l'autre des groupes de R1 étudiés plus haut.

Nous avons renoncé à signaler les variantes de *Gz* dans l'apparat de la présente édition de la rédaction rhénane (¹). Mais il nous a paru intéressant de présenter les caractéristiques de ce témoin de façon détaillée, car il est un bon exemple de la manière dont on pouvait traiter un récit comme la *Vita Adae et Evae*.

Une comparaison de ses premières lignes avec celles du texte commun de R (1,1 – 2,2) est révélatrice de la méthode du scribe de *Gz* :

R	Gz
Cum expulsi fuissent Adam et Eua de paradiso	*Factum est autem cum eiecti essent Adam et Eua de paradiso*
fecerunt sibi tabernaculum et fuerunt ibi septem dies lugentes et lamentantes in magna tristitia. Post septem autem dies coeperunt esurire	*fecerunt sibi tabernaculum et steterunt septem dies lugentes et lamentantes in maxima tristicia. Post septem autem dies ceperunt esurire.*
et quaerebant sibi escam ut manducarent et non inueniebant.	*Querebant enim escas sibi ut manducarent et non poterant inuenire.*

Cet incipit est propre à *Gz*. Il revêt une forme rare, avec l'emploi de l'expression initiale *factum est* — connue aussi de la rédaction anglaise — et du verbe *eiecti essent*, qui ne peut être rapproché que d'un seul témoin tardif de la famille T, *Ba*. Sont aussi propres à *Gz* les verbes *steterunt* et *non poterant inuenire*, ainsi que l'adjectif *maxima ;* le pluriel *escas* est aussi attesté par R1a.

D'autres exemples de réécriture peuvent être cités :

3,9-10   *Gz* remplace *mittam manum meam* par *mittam uindictam*
4,1-2   Développement du texte de R1 : *et ambulantes — animalia edebant: et surrexerunt ambo et ambulauerunt escas quesierunt per septem dies et non inueniebant sicut soliti erant habere in paradiso sed tantum inueniebant escas que animalia edebant*
6,2-3   La durée de la pénitence d'Adam n'est pas de 40 jours, mais de 65 jours (variante répétée en 6,8 et 17,6).
12,6-7   Il réinterprète *dum non sis nocitus a me nec laesus* en écrivant *nondum eramus quando lapsus fuisti.*
28,4-5   *magnitudinis uirtus uiuens: et magnitudini tuae non est finis* (²)

---

(1) On trouvera toutes les variantes de *Gz* dans l'apparat de notre précédente édition de R (Pettorelli, ALMA 2001 et ALMA 2002).

(2) Cette variante peut être rapprochée de celle de R1e : *initio carens et fine magna uirtus semper uiuens.*

36,4-5 *et transmittet angelum suum ad arborem misericordiae ... et dabit uobis: dic angelo qui custos est arboris misericordie ... ut det uobis*

45,1-2 *sicut praedixit Michael post sex dies uenit mors Adae: quia sciebat sicut dixerat Michael archangelus quod post septem dies moriturus esset Adam*

Dans plusieurs cas, *Gz* complète le texte:

3,2 Après *paradiso,* il ajoute *et reuersus est Adam ad Euam.*

15,4-5 Il cite dans son intégralité le texte d'*Isaie* 14,13-14: *ego quidem in celum ascendam | et super astra celi exaltabo solium meum | sedebo in monte testamenti in lateribus aquilonis | ascendam super altitudinem nubium | et ero similis altissimo.*

18,2 Après *cum gemitu magno,* il ajoute *et anxietate animi.*

19,4 Après *nuntiate dolores meos Adam domino meo,* il ajoute *quod luminaria consequantur et fecerunt* (même type de complément dans E dans T Inc).

24,1 *et post hoc: et non post multum temporis iterum* (¹)

Gz réécrit parfois des passages difficiles sous une forme plus simple:

16,5-7 *quia exspoliatus — mulierem tuam: quoniam expoliatus sum de tanta letitia deliciarum ideoque ueni ad uxorem tuam*

27,8 *figura cordis tui facta est diligens scientiam: figura mea factus es diligo enim faciem tuam* (?)

34,5-7 *per singula membra torqueris hoc deputauit in flagellationem dolorum una cum ardoribus: singula membra corporis tui erunt in flagella cum ardoribus magnis*

On remarque aussi que certains éléments du texte sont absents, pour des motifs difficiles à déterminer:

3,4-5 Sans doute sensible à l'apparente répétition d'une même proposition, *Gz* omet *Vtinam ego morerer forte introduceret te deus denuo in paradisum.*

5,4-5 Il trouve inutile de répéter *si ut promittimus non adimpleamus.*

---

(1) Cette précision s'oppose à la tradition selon laquelle Adam et Ève ont observé une longue période d'abstinence sexuelle en signe de deuil après le meurtre d'Abel. Une même visée se retrouve dans la variante de R2 ad. loc. Voir la note à lat-V 23.5.

5,6-7   Il n'est pas facile de déterminer pourquoi *Gz* omet la justification donnée par Ève de la durée de sa propre pénitence : *quoniam ego induxi tibi laborem et tribulationem.*

21,7   *Gz* omet la mention de l'apparence singulière de Caïn, *eratque lucidus.*

A l'évidence, le récit de la vision d'Adam et la prophétie sur l'histoire du Temple n'ont pas intéressé le scribe ; on y constate de nombreux manques, qui ne sont pas tous des fautes d'inattention, mais résultent de son désintérêt :

25,3-5   om. *currum tanquam uentum et rotae illius erant igneae et raptus sum in paradisum iustitiae et uidi* (sans doute par saut du même au même sur *uidi*)

26,1   om. *et timor comprehendit me*

26,4-5   om. *quam tibi dedi in potestatem ut haberes eam in uoluntate tua*

28,5-7   om. *tibi dant — misericordiae tuae*

28,10–29,2 om. *et gelauerunt — in paradisum* (sans doute par saut du même au même sur *paradisum*)

Gz abrège très particulièrement le chapitre 29 :

29,4-5   om. *sacramenta mihi reuelata — saeculo temporali* (par un saut du même au même sur *quae*)

29,14-17   om. *et septimo die — iniquitas equitatem*

29,18   om. *et tunc incipiet equitas fulgere et*

29,28-31   om. *consecuti autem — iusto iudice*

On notera encore les omissions suivantes :

34,2-3   om. *quoniam dereliquisti — non custodisti*

35,2-4   om. *quid faciam — flere dicens*

38,2-3   om. *nonne contra uos est dolor furoris nostri*

38,5-6   om. *nunc autem — coepero exprobrare*

40,4-5   om. *et prostrauerunt se in terram super faciem suam*

41,2-3   om. *ego sum missus a domino*

44,6   om. *laborantes non sufficient*

47,5   om. *usque ad annos nouissimos*

52,13-17   Au lieu de *et oportet ibi aedificare — tenentem manus eius angelus domini*, Gz conclut ainsi son récit : *et fecit Salomon alias literas in carta tamen scribens uitam Ade quae scripta erat in tabulis, tenentem manus eius Seth angelus domini.*

La description développée qui précède répond d'abord au souci d'alléger l'apparat critique des variantes de *Gz*. Elle permettra aussi d'identifier un nouveau témoin qui lui serait apparenté.

Le manuscrit de Copenhague (Kb)

Kb transmet un texte entièrement réécrit. Le copiste n'avait probablement sous les yeux qu'un exemplaire incomplet ou détérioré. Dans la première partie en effet, aux chapitres 1-24, il suit d'assez près le texte de R1; il ignore les ch. 25 à 29 et condense en une phrase le contenu des ch. 30 à 44; il résume à gros traits le récit de la mort d'Adam et Ève jusqu'au milieu du ch. 52.

Certaines variantes propres à R1a trouvent un lointain écho dans ce témoin. En 3, R1a et *Kb* contractent de manière analogue la demande d'Ève adressée à Adam; en 10,3, ils décrivent l'action de Satan en utilisant les mêmes verbes: *et accedens diabolus [et] erexit eam;* en 13,1-2, ils résument l'interrogation *tu quid dicis nihil mihi fecisti* en écrivant *noli negare.* Cette parenté ne se maintient cependant pas tout au long des 15 chapitres de R1a.

Aucun autre témoin de cette forme du texte n'a été découvert. Elle ne nous a pas paru d'un grand intérêt.

Le manuscrit de Koblenz (Kz)

Ce manuscrit ne transmet que les douze premiers chapitres de la *Vita Adae et Evae,* dans une forme légèrement condensée. Il est assez proche de R1 — en 4,4-5 par exemple, il écrit comme R1 *iuste plangamus et digne ante conspectum dei.* Il présente quelques variantes significatives: la durée qui précède la recherche de la nourriture est ici de quatre jours et la recherche elle-même est de huit jours, alors que la presque totalité des témoins ont sept jours pour les deux durées. On notera encore en 3,4 l'expression *utinam morerer morti,* et surtout deux propositions inconnues des autres rédactions: au chapitre 5, Ève expose à Adam qu'elle fera pénitence pendant le nombre de jours qu'il lui fixera et ajoute *et laborem quam mihi inueneris explebo;* au chapitre 12, le diable explique à Adam l'origine de sa haine: *inimicitia mea et dolor ad te est quoniam propitium deum habens et ego antequam possum uenire ad pristinum statum et gloriam quam amisi Hoc applica ut scis etc.* Malheureusement, le texte est défectueux et s'interrompt sur ces mots, dont le sens n'est pas facile à déterminer. Est-ce pour cette raison que le copiste n'a pas poursuivi son effort?

Aucun des témoins collationnés à ce jour ne transmet un récit analogue. On peut penser qu'il s'agit d'une tentative isolée de réécriture, abandonnée par son auteur. Il était inutile d'incorporer les variantes de *Kz* dans l'apparat de la famille R1.

Témoins non cités dans les apparats de R1 et de R2

A propos de l'édition des familles rhénanes, rappelons qu'il nous a paru nécessaire d'alléger les apparats critiques de R1 et de R2 de plusieurs façons. Nous n'avons pas recensé les variantes particulières de *Na*, étroitement apparenté à *Wf* (groupe R1e), de *Au* et de *Pb*, très proches respectivement de *Bd* et de *Vf* (groupe R2c). Les extraits de la *Légende du Bois de la Croix* incorporés par *B* à sa copie de la *Vita Adae et Evae* sont rassemblés aux pages 536-544. Enfin, les variantes du groupe R3 qui le distinguent de R1 et R2 ont été réunies dans un apparat particulier (p. 514-519).

Caractéristiques du manuscrit de Paris lat. 5327 (Pa)

En annexe à son édition de la *Vita Adae et Euae*, W. Meyer publie la collation intégrale d'un témoin de cet apocryphe conservé dans Paris, BnF, *lat. 5327*, aux folios 81^v-87^r, unique témoin de la classe IV de ses recensions ([1]).

C'est l'ancienneté de ce témoin qui avait décidé Meyer à sa publication: on y trouve, en effet, au folio 186, à la suite de la *Vita Arnulphi*, un poème rédigé par un certain Ragnardus ([2]),

---

(1) Paris, BnF, *lat. 5327* est décrit par MEYER, p. 218-219, et le texte publié par lui en annexe de son édition, p. 245-250 (= *Pa*). Cf. HAGIOGRAPHI BOLLANDIANI, *Catalogus codicum hagiographicorum latinorum antiquiorum saeculo xvi qui asservantur in Bibliotheca nationali Parisiensi* (*Subsidia hagiographica* 2), p. 241-243; J. GIJSEL, *Die unmittelbare Textüberlieferung des sog. Pseudo-Matthäus*, Bruxelles 1981, p. 47-48, résumé dans J. GIJSEL, *Pseudo-Matthaei Evangelium* (*Corpus Christianorum, Series Apocryphorum* 9), Turnhout, 1997, p. 92. Le volume regroupe trois unités codicologiques distinctes. Ce manuscrit (f. 25-170) est recensé dans A. SANDERUS, *Bibliotheca Belgica manuscripta*, Lille [Insulis sur la page de couverture] 1641 (réimpr. Bruxelles 1972), p. 49, comme le manuscrit 202 de la bibliothèque de l'Abbaye de St-Amand. Mais le contenu décrit par Sanderus est assez différent de celui du manuscrit dans son état atcuel.

(2) Publié par L. DELISLE, *Le cabinet des manuscrits de la Bibliothèque impériale*, vol. 1, Paris, 1868, p. 315.

selon qui cette vie a été copiée par le jeune Hieronymus de haute naissance. Meyer énonçait la double hypothèse que ce Hieronymus pouvait être un fils de Charles Martel et que le poème était un autographe de Ragnardus; il en concluait que le manuscrit tout entier avait été écrit dès le ${\rm ix}^{\rm e}$ siècle. Cette hypothèse n'a pas été acceptée: le jeune Hieronymus serait plutôt un fils de Charles le Chauve, et le poème de Ragnardus, comme l'ensemble du manuscrit, ne serait qu'une copie de l'original. De l'avis des spécialistes, ce manuscrit aurait été écrit à Saint-Amand au ${\rm x}^{\rm e}$ siècle ([1]).

Cette recension présente un caractère très particulier: le vocabulaire et le style de quelques paragraphes se démarquent très nettement — il est « fortement retravaillé » dit Meyer ([2]) — de ceux des rédactions rhénanes, même si elle en suit très exactement le contenu, comme le montre la comparaison de son texte avec celui de R dans notre édition.

La date de sa copie — elle est, à très peu près, contemporaine des plus anciens témoins de la *Vita* — rendait nécessaire une présentation de ce témoin; il permet de fixer l'existence et la forme de la rédaction R bien avant les premiers témoins qui en sont conservés, mais en même temps il montre comment pouvaient se publier de tels récits, dans une forme qui manifeste sans doute l'importance qu'on leur donnait à cette époque.

Après avoir indiqué les quelques modifications apportées à l'édition de Meyer par une nouvelle collation du manuscrit, je m'efforcerai de mettre en évidence les principales caractéristiques du vocabulaire et du style de ce type de réécriture ([3]).

---

(1) L. Delisle a recensé les principales hypothèses concernant le jeune Hieronymus dans *Le cabinet des manuscrits de la Bibliothèque nationale*, vol. 3, Paris 1881, p. 368.

(2) « Doch ist der Text dieser Klasse verkürzt und oft stark umgearbeitet » (MEYER, p. 218). L'édition qui en est donnée ici ne confirme pas que le texte de *Pa* soit particulièrement abrégé.

(3) Mme A.-M. Turcan-Verkerk, chercheur à l'IRHT, a apporté une aide précieuse à la lecture de ce document. Je l'en remercie très sincèrement.

1. Le texte et sa collation

Corrections et hypothèses de lecture

De la collation publiée par W. Meyer, on corrigera deux lectures fautives:

20,9   l'hypothétique *cerue*, accompagné d'ailleurs par Meyer d'un point d'interrogation, doit être lu *cernue* (*in caput ruens*, « tête baissée » ([1])) dont la lecture est assurée;

42,5   On doit lire: (*Christus filius dei*) *uiuens*, et non *ueniens*.

Quelques passages difficiles ou illisibles dans le manuscrit laissent le lecteur hésitant:

9,4   Dans la graphie *tecio,* je propose de lire *te cio*, avec le sens de « je t'appelle à » ([2]), et non *cito* comme le propose Meyer.

9,8   Le manuscrit est incompréhensible: *etuterae elim(en)ta pritina reddere;* la correction de Meyer *educere et alimenta pristina reddere*, qui s'approche du texte des autres recensions, est la plus probable.

19,7   Derrière la graphie *S no* ([3]), on peut sans doute lire *Si non*, qui renvoie à la proposition précédente et on comprendra: « Si je ne peux avoir de porteur (*gerulus*) ».

23,8   On lit *sicque demum euntu caint trucidauit*. Meyer a lu seulement *sicque demum Cain trucidauit*. Doit-on lire *sicque demum eundus* avec pour sujet Cain? ou *euntes* avec pour sujet Adam et Ève? Cain et Abel? ou peut-être mieux, en liaison avec *demum*, *euentu* avec le sens de « finalement »?

29,1   Derrière la graphie *super ea / sops pes transui*, Meyer propose *super eas ops* (*ipse?*) *pertransiui*; on lira plus volontiers *super eas sospes transiui* ([4]).

Difficultés générales

Les graphies *c*, *d* et *t* sont le plus souvent confondues, ce qui explique en particulier la confusion entre *et* et *ad*. Le copiste, qui, semble-t-il, ne connaissait pas bien le latin, a laissé d'autre part un bon nombre de fautes d'orthographe: quelques-unes de

---

(1) Cf. G. Goetz, *Corpus Glossariorum Latinorum* (= CGL), IV, p. XLII; 317, 44; 493, 25; Prudence, *Peri Stephanon*, 14,85.

(2) Cf. L. Quicherat, *Thesaurus poeticus linguae latinae, s.v. cieo, cio.*

(3) Un caractère a été gratté entre *S* et *no*.

(4) Je dois les hypothèses de lecture des deux dernières difficultés à Mme Turcan-Verkerk.

ces fautes ont été corrigées par lui-même ou par un réviseur; les autres l'ont été pour la plupart par Meyer. Il n'y a ordinairement pas lieu de contester ces corrections.

Pour éviter toute confusion, le nom du troisième fils des protoplastes, le plus souvent écrit *sed*, a été transcrit *Seth*.

Autres remarques

9,1-2   le nom *Satan* est écrit sous la forme *milleformis Settan*.
48,3   l'expression *in paradisum*, maintenue dans notre collation, a été grattée. Sans doute était-il difficile pour un lecteur médiéval d'accepter l'inhumation d'Adam et Abel au paradis, inhumation que la tradition la plus courante proposait soit au Golgotha soit à Hébron, à côté d'Abraham. Mais de quand date ce grattage?

Il faut aussi signaler que le texte de la prophétie sur l'histoire du Temple (29.2-29.10) est simplifié dans *Pa* par rapport à celui qu'attestent les autres recensions latines qui, sauf A, l'ont transmis sous des formes très proches. Voici la traduction de cette forme simplifiée:

29,3-17   **29 2** Écoute, Seth mon fils, les autres mystères cachés et les secrets à venir m'ont été dévoilés, et j'en ai connu plusieurs en mangeant de l'arbre de la connaissance, **3** à savoir que ce monde-ci sera transgresseur et que les choses qui auront été faites seront détruites soit par le feu soit par l'eau, sauf ceux que Dieu aura préservés. Et ainsi c'est seulement d'un petit nombre (de sauvés) que le monde sera rempli. **5** Et ainsi ils édifieront la maison de Dieu et ils le serviront comme il sera digne (de le faire). **7** Et pourtant une nouvelle fois la charité se refroidira et la méchanceté surabondera. Alors viendra le très aimant Seigneur pour demeurer sur terre avec les hommes. **8** Et ainsi les impies abandonneront le commandement de Dieu et perdront sa sentence (de salut). **9** C'est pourquoi Dieu repoussera loin de lui les impies, et les justes brilleront comme le soleil et par l'eau seront purifiés de leurs péchés. **10** Et heureux sera l'homme qui aura corrigé son âme avant que ne vienne le jugement du grand Dieu, parce que (les hommes) devront rendre compte de leurs propres actes. »

Traités annexes

Rappelons aussi que, dans *Pa*, la *Vita* est précédée de quatre traités concernant Adam: *De octo partibus Adae*, *De nomine Adae*, *De peccatis Adae*, *De octo pondera* (sic) *unde factus est*

Adam (il sont édités plus bas p. 175-179). Ces traités, proposés aussi par la recension anglaise (E) et par plusieurs autres témoins de la *Vita*, ont existé indépendamment ([1]). Plusieurs copies de ces témoins isolés sont nettement plus anciennes que les témoins de la *Vita*.

2. *Vocabulaire et style*

Origine commune de *Pa* et de la rédaction rhénane

Avant d'analyser plus précisément les caractéristiques singulières de *Pa*, on doit d'abord insister sur sa relation avec le texte de la rédaction R. La comparaison des deux textes montre à quel point ils sont intimement liés: la structure du récit est identique, les péricopes se suivent dans le même ordre et aucun n'ajoute de péricope ignorée de l'autre. La lecture parallèle de ces deux textes manifeste très clairement l'identité substantielle de leur vocabulaire et assure qu'ils dépendent d'un même original.

Singularité de *Pa*

Et pourtant, le texte de *Pa* est à l'évidence le résultat d'un travail assidu de réécriture, qui avait pour but donner à l'apocryphe un caractère particulier. Son auteur paraît bien être de ceux qui ont « pour idéal littéraire la préciosité et la *lingua secretior* » ([2]). Ce caractère est marqué par des différences qui concernent à la fois le vocabulaire, qu'on peut dire précieux, et le style, qui s'apparente à celui dont Jacques Fontaine a mis en évidence le caractère de « prose poétique ou de poésie en prose » ([3]).

---

(1) Cf. M. FÖRSTER, « Adams Erschaffung und Namengebung. Ein lateinisches Fragment des s. g. slawischen Henoch », *Archiv für Religionswissenschaft* 11 (1908), p. 477-529.

(2) L. HOLTZ, « Glossaires et Grammaire dans l'antiquité », dans J. HAMESSE (éd.), *Les manuscrits des lexiques et glossaires de l'Antiquité tardive à la fin du Moyen Age* (*Textes et études du Moyen Age* 4), Louvain-la-Neuve 1996, p. 14.

(3) J. FONTAINE, « Les trois voies des formes poétiques au VIIe siècle latin », dans *Le septième siècle. Changements et continuités, Actes du colloque du Warburg Institute, les 8-9 juillet 1988*, Londres 1992, p. 1-24 et spécialement p. 12-18.

Le vocabulaire poétique ou précieux

Le vocabulaire de *Pa* est caractérisé par:

- la conservation de termes grecs:

> *adelphum* (23,9), *caracter* (13,2), *genetor* (30,4), *genetrix** (21,8)

- l'emploi de mots précieux ou rares, ajoutés pour renforcer le sens du mot ou du récit qu'ils accompagnent ([1]):

> *adstruo* (31,6); *aemulus** (12,1); *callidus** (37,2; = *fraudulentus, dolosus*); *cernuus** (20,9; = *in caput ruens, supplex, prostratus*); *enorme** (6,5: *malum*; 19,4: *sublementum*; 21,4: *suffragium*; 51,2: *luctum*); *expergefacta** (23,5); *obnixe supplico* (20,5-6); *opitulare** (18,2); *oppido** (36,6); *perendie* (48,6); *suffragium* (21,4); *genutenus** (20,6); *solotenus** (10,3; 31,3; = *in terram*); *teterrimus* (12,3: *diabolus*); *ultroneus** (18,3; = *propria uoluntate*)

- l'emploi de synonymes recherchés de vocables plus courants ([2]):

> *adiutorium*: *adminiculum** (21,5); *agere*: *peragere** (8,4; 20,8; 48,5); *aqua*: *amnis** (6,6; 10,2), *limpha** (6,3); *caeli*: *poli** (19,7); *comedere*: *uescor** (31,2); *compellere*: *lacessare** (14,1); *culpa*: *noxa* (12,4); *deprecor*: *flagito** (19,7; 20,9; 31,8); *desiderare*: *gestio** (31,5); *diabolus*: *proteruus** (17,5); *dixit*: *infit* (8,1; 14,1; 37,7), *fassus fuisti* (14,2); *dolor*: *afflictio* (19,9), *dirum** *flagrum** (36,6); *domine*: *senior* (18,1); *dominus deus*: *altitonans* (6,7; 13,1), *altitronus** (20,6); *escam*: *edulium** (3,1); *facere* (exprimé ou sous-entendu): *patrare** (4,3; 10,6; 44,3; 52,10); *filius*: *proles* (21,5 24,3); *flere*: *flere et*

---

(1) Le chiffre donné entre parenthèses indique le chapitre et la ligne où se trouve le mot cité. Dans le premier paragraphe, les mots entre parenthèses sont les substantifs auxquels est ajouté le qualificatif cité. Derrière le signe =, on trouvera le synonyme indiqué par l'un ou l'autre des glossaires conservés dans G. Goetz, *Corpus Glossariorum Latinorum* (CGL). Il n'a pas paru nécessaire de préciser la référence exacte du glossaire; il suffira de se rapporter aux index du Corpus de Goetz. Dans les listes qui suivent, les vocables suivis d'un astérisque appartiennent au vocabulaire d'Aldhelm de Malmesbury (voir plus bas p. 173-174).

(2) Dans cette liste, le premier vocable cité est celui qui figure dans la rédaction R; le synonyme retenu par *Pa* est cité après les deux-points (:). Un même vocable de R peut être traduit par plusieurs synonymes; ils sont alors séparés par une virgule. Les vocables de R sont séparés l'un de l'autre par un point-virgule.

heiulare (18,7; 37,5); flumen: latex* (6,7); habitaculum:
aedes (18,7); herba: holera (21,8); iacere: recumbere
(30,5); inferni: Orcus (53,8); interficere: trucidare* (3,5;
23,8); inuenire: reperire* (3,1; 9,3; 20,3; 23,6; 33,3;
52,5); lapis: rupes* (6,3); lectum: thorum* (30,4); in luctu magno: moerens (20,3); malum (sous-entendu): facinus* (11,1); manere: degere* (18,8; 23,2; 29,12); misericordia: suffugium (19,5); mors: obitus* (45,2); paenitere:
ueniam flagitare (4,4); palpatus: sauciatus (39,4); perseuerauit: coepta perficiens (17,5); possum: queo (4,3;
17,3; 22,4); non possum: nequeo (20,8; 38,4); recedo: re-
peto (39,4); rogare: flagitare* (6,5); Satan: milleformis
Settan (9,1-2); scripsit: craxauit (52,2; 52,8); sidera: astra
(15,3); statim: actutum* (8,3; 10,4), extemplo* (16,1); te-
neo: gesto* (28,10); post tres dies: perendie (48,6); uexari:
fulcior* (31,7)

– le remplacement d'une proposition par une construction
nominale ou participiale:

4,2   quod animalia edebant: pastum animalium

18,7   coepit lugere et amare flere cum gemitu magno: flens et
           heiulans

– le remplacement d'une structure simple par une locution
plus complexe (¹):

18,1   et dixit Eua: tunc Eua luctuosa uoce ait
18,5-6   moriar: de hac migrauero luce
19,2-3   clamauit: preces uberrimas fundit
23,3   dormiebam: se Eua sopori dedisset
44,3   quid fecisti: ut quid hoc patrasti flagicium*
48,5-6   sicut uidistis: sicut coram uestris hoc peractum est opus
           obtutibus*

– l'emploi d'expressions recherchées qui paraphrasent le
texte:

4,5   disponat nobis unde uiuamus: annuet uiuendi uictum
17,1   exclamauit cum fletu magno: prorumpens* ingenti fletu ait
19,5   non erat misericordia dei circa eam: nec ullum circa eam
           erat suffugium
22,3   colere terram ut haberent fructum: telluris legere fructum
28,2   prostraui me in terram: corrui* ad humum

---

(1) Il est probable que plusieurs de ces expressions avaient pour but
d'assurer la mise en strophe des passages auxquels elles appartiennent. Voir
plus bas quelques exemples de ces tentatives de mise en strophe.

31,8   *noli nobis abscondere pater sed dic nobis: noli latere flagi-*
        to* ediscere

– l'emploi d'expressions qui enrichissent le sens en obtenant
une formulation plus brillante:

11,1-2   *Eua cognouit quod diabolus suasit exire de flumine: Eua*
         recordata est antiqui facinoris et se iterum affore illusa
17,3-4   *et da mihi gloriam eius: et nos tecum cum palma queamus*
         ouantes cum immani tripudio* regnare
18,6   *coepit ambulare: callem carpsit* lutuosam*, image qui en
         même temps renvoie au début du récit de l'exil d'Ève à
         l'Occident: *tunc Eua luctuosa uoce ait* (18,1).
29,1   *donec pertransiui: ut super eas sospes pertransiui*
31,7   *dolores magnos habeo in corpore meo: doloribus sum ful-*
         tus* (¹)

Le style: une prose poétique

Les recherches stylistiques s'expriment de plusieurs manières
par:

– des ajouts auxquels ne correspond aucune notation du
texte courant:

4,2-3   *Quid nobis referre queo*
20,8   *heu nequeo maius ferre quid peragam?* (²)

– le redoublement sous deux formes différentes d'une unique
expression:

19,3-4   *et adiuua me: et adiuua me inormeque mihi annue sub-*
         lementum
19,6-7   *quis nuntiauit domino meo Adam: quis meam funget do-*
         mino meo Adam legationem uel quis meus aderit gerulus*
21,3-4   *Beata es Eua propter Adam, quoniam preces eius magnae*
         sunt: Beata es Eua, quoniam magnae preces Adae inorme
         tibi offerunt suffragium, redoublement qui s'explique sans
         doute aussi par la volonté de répondre à l'expression:
         nec ullum circa eam erat suffugium (19,5).

---

(1) L'emploi du participe passé passif du verbe *fulcio*, « soutenir »,
« conforter », ne paraît pas en situation, à moins que le rédacteur ait voulu
exprimer que les souffrances d'Adam, en référence à celles de Job, avaient
pour but de prouver sa patience: ce qui expliquerait qu'il réponde à Seth qu'il
ne désire pas en être libéré; voir l'emploi de *suffultus* chez Venance Fortunat.

(2) Cette exclamation renvoie à un autre passage de la *Vita* (35): *Quid*
faciam infelix positus in tantis doloribus?, que Pa n'a pas retranscrit à cet
endroit. La similitude des deux ajouts manifeste une même volonté d'enrichir
le texte.

— une dramatisation par la modification de la structure du récit :

23,3-6   Là où les autres recensions mettent directement dans la bouche d'Ève un simple compte-rendu : *et dixit Eua ad Adam : domine mi, cum dormiebam, uidi per uisum quasi sanguinem filii nostri Abel, quem in manibus suis Cain prodebat ore suo deglutiens,* l'auteur propose un récit à la troisième personne : *Quadam uero nocte cum se Eua sopori dedisset, uidit per uisum quasi sanguinem abel de manibus cain profluere solotenus et illico expergefacta suo retulit uiro omnia quae uideret.*

37,3-4   Au contraire, après avoir évoqué l'événement à la troisième personne : *callidus serpens cum impetu morsit Seth,* le rédacteur donne la parole à Seth pour se plaindre de l'attaque du serpent : *ut quid tam dire me lacerasti? pro dolo quid tibi gessi?,* plainte ignorée des autres recensions.

12,2-3   On notera le jeu de mots : *aderam angelus pulcherrimus et propter te factus sum diabolus teterrimus.*

Une mise en strophe

Même si ce vocabulaire est utilisé dans toute l'œuvre, il est surtout réservé aux déclamations des différents personnages ; si on le trouve parfois dans une section narrative, par exemple à la fin des chapitres 8 et 18, il enrichit surtout l'expression des plaintes et des prières des protagonistes du drame : Adam (4 ; 6 ; 8 ; 10 ; 17 ; 36), Ève (18-21 ; 23 ; 37) Seth (31), Satan (16), le serpent (38-39). Dans ces passages, on assiste à une tentative de « rythmisation », *per cola et commata,* qui conduisent à des formes proches de la strophe ([1]), formes qu'on ne trouve guère dans les autres recensions latines ([2]) :

---

(1) La présence de deux expressions, *ut ferunt* (20) et *ut reor* (31), traditionnelles dans la poésie pour assurer la métrique du vers, pourrait confirmer cette tendance à la rythmisation du discours.

(2) A la note 34 de l'étude citée plus haut (p. 166, n. 3), J. Fontaine signale : « sur les fragments [des *Synonyma* d'Isidore de Séville] de Saint-Gall des viie et viiie siècles apparaît une disposition *per cola et commata* qui donne aux strophes synonymiques l'allure graphique de véritables poèmes dont les *cola* sont disposés en *versiculi* successifs ». Si *Pa* ne transcrit pas son texte sous une telle forme graphique, sa lecture impose souvent d'en respecter le rythme.

4,2-5   *quid nobis referre queo? | nobis angelica aderat uita | ut quid patrauimus talia? | sed iuste digne plangimus | et ueniam flagitemus | forsitan indulgeat Dominus | annuetque uiuendi uictum.*

8,3-4   *Actutum Jordanis adstitit | illumque circumdedit | cursumque non peregit.*

10,1-3 *Haec audiens ipsa | nimis credula | processit ex aqua | Caroque eius admodum tincta | de frigore amnis | et post pusillum | cecidit in faciem solotenus. |*

10,4-6 *Actutum dum eam ipse prospiceret | exclamans cum fletu inquid:| O Eua ut quid patrasti talia? | quomodo iterum es seducta?*

11,3-5 *Ve tibi diabole! | ut quid nos persequeris? | aut quid tibi nescimus? | Numquid tibi abstulimus? | inimice impie inuidiose | ferox atrox faste crudelis* ([1]) (noter la séquence des rimes: e, is, us, us, e, is).

17,2-4 *Domine deus meus, uita mea tuis sit in manibus | fac ut iste aduersarius longe sit a nobis | et nos tecum cum palma queamus ouantes | cum immani tripudio regnare.*

19,4-7 *inormeque mihi annue sublementum | et non exaudiebatur | nec ullum circa eam erat suffugium | et reuersa in se ait | quis meam funget domino meo Adam legationem? | uel quis meus aderit gerulus? | Si non, flagito uos polorum luminaria...*

20,4-8 *Ex quo uidi te domine meus | refrigerium meum sumpsit corpus doloribus, |*
        Et modo obnixe | subplico quatenus | genutenus pro me | depreceri altitronum | forsitan auribus percipiet | liberetque me | de his diris doloribus; | heu nequeo maius ferre | quid peragam?

37,7-8 *O cruenta bestia | fallax et maledicta | quare non metuisti | dentes mittere in imaginem dei? |*

N'est-ce pas à de tels passages que s'applique plus précisément la description qu'a donnée Jacques Fontaine de l'évolution de la poésie chrétienne au viie siècle? « La 'différence' isidorienne et d'abord antique ... entre poésie et prose a bien du mal à jouer ici pleinement, tant il est vrai que la *lamentation* et *l'exhortation* sont illimitées, mais aussi que chacune d'elles s'organise en ensembles *quasi-strophiques*, dont chacun est constitué par la variation synonymique sur une seule idée. D'autre part, les affinités psalmiques orientent vers un mode

---

(1) Les quatre derniers mots, qui n'ont aucune correspondance dans le texte courant, pourraient avoir été ajoutés pour apporter une rime symétrique à *persequeris*.

d'expression poétique auquel la mesure, au sens gréco-latin qui suppose des mètres quantitatifs, avait été tout à fait étrangère (¹).» On peut sans doute voir dans les passages relevés ci-dessus la mise en œuvre de « cette prose poétique ou poésie en prose », de « ces formes rythmiques » dont J. Fontaine constatait « la promotion accélérée à partir du viie siècle, toutes proches des formes de la prière liturgique ».

3. Tradition littéraire

Reste alors à tenter de préciser dans quelle tradition se situe cette forme particulière de la *Vita Adae et Euae*. Cette recherche ne peut sans doute aboutir qu'à des résultats incertains, tant est insuffisante notre connaissance de la littérature du Haut Moyen Age.

Ennode de Pavie

La consultation du *Thesaurus linguae latinae*, dans le but de détecter les auteurs qui utilisent le vocabulaire relativement singulier de notre document, a distingué d'abord Ennode de Pavie; beaucoup des mots recherchés relevés ci-dessus se retrouvent dans l'œuvre de ce poète et épistolier (²). Jacques Fontaine a montré comment Ennode a transmis au Moyen Age toute une part de la culture classique (³) et il ajoute: « Peut-être l'influence de cette prose tortueuse a-t-elle contribué à la formation de ce grand style fleuri, que les théoriciens du Moyen Age décrivaient comme le 'stilus isidorianus'. » C'est à ce style, nous l'avons vu, qu'obéit pour une part notre rédaction.

---

(1) J. Fontaine, *art. cit. (supra,* p. 166, n. 3), p. 14-15 (c'est moi qui souligne par l'italique certains termes). L'auteur éclaire encore son analyse dans les réponses qu'il apporte aux questions des auditeurs, en particulier aux p. 20 et 23.

(2) Recherche possible grâce aux index des deux éditions de l'œuvre d'Ennode: CSEL 6 et MGH AA 7. On retiendra en particulier la présence des mots suivants: *callidus, callis, flagrum, gerulus, gestio, obtutus, prorumpo, tripudium.*

(3) J. Fontaine, « Ennodius », *RAC,* V, col. 398-421; le texte cité est aux col. 420-421.

Le vocabulaire des *Étymologies* d'Isidore de Séville

La question se pose aussi de savoir si le rédacteur de *Pa* n'avait pas sous les yeux les *Étymologies* d'Isidore de Séville.

Ainsi quand il utilise le mot *callidus* (37,2) ne se réfère-t-il pas à la définition de ce mot par le Sévillan: *callidus, fraudulentus, quia celare nouit et male peritus* ([1])?

Quand, pour décrire comment Ève s'éloigne d'Adam après avoir été trompée une seconde fois par Satan, il écrit *callem carpsit lutuosam* (18,6), il se souvient que, selon Isidore, *semita autem hominum est, callis ferarum et pecudum. Callis est iter pecudum inter montes angustum et tritum, a callo pedum uocatum, siue a callo pecudum praeduratum* ([2]). Ève, premier être humain à fouler le sol de la terre, ne pouvait évidemment emprunter que la trace des animaux, puisque, avant elle, personne n'avait tracé ici-bas un quelconque itinéraire.

Quand, au ch. 53, *Pa* ajoute les mots *ibunt in Orcum* à la transcription des versets 14-16 de l'épître de Jude (*et qui se concupiscentiis huius mundi cummiscuntur et os illorum locuntur superbiam* ibunt in Orcum), il se souvient de la définition donnée par Isidore de Séville du terme *Orcus: Pluton graece, latine Diespiter uel Dites Pater, quam alii orcum uocant, quasi receptorem mortium* ([3]).

C'est aussi dans le souvenir de cet ouvrage qu'il puise *aemulus, holus* (holera), *inormis, latex, perendie, poli, teter*, tous mots propres à sa recension.

Aldhelm de Malmesbury

Si ces remarques incitent à rattacher notre rédacteur à la tradition d'Isidore de Séville, deux constatations concordantes amènent à le situer plus précisément encore dans la filiation d'Aldhelm de Malmesbury, évêque de Sherborne, qui vécut entre 639 et 709 ([4]). D'une part, une étude récente a montré

---

(1) Isidori Hispalensis Episcopi *Etymologiarum sive Originum libri XX*, X, 41, éd. W. M. Lindsay, vol. 1, Oxford, 1989.

(2) *Ibid.* XV, XVI, 9-10.

(3) *Ibid.* VIII, XI, 42.

(4) Sur la vie et l'œuvre d'Aldhelm de Malmesbury, lire l'introduction de R. Ehwald à l'édition des œuvres d'Aldhelm dans MGH AA, XV, 1919 et les pages que lui a consacrées F. Brunhölzl dans *Histoire de la littérature latine*

qu'Isidore de Séville eut sur le vocabulaire d'Aldhelm une grande influence ([1]); d'autre part, la consultation des index qui accompagnent les éditions des écrivains du Haut Moyen Age dans les collections patristiques ([2]), à la recherche des auteurs dont le vocabulaire est particulièrement proche de celui de *Pa*, fait ressortir son nom. A l'évidence, les mots relevés ci-dessus faisaient partie de son vocabulaire habituel ([3]).

Le fait que notre recension ait été copiée au scriptorium de Saint-Amand, à l'entrée sur le continent des lettrés venus de Grande-Bretagne, n'interdit pas, bien au contraire, de penser à son école.

Conclusion provisoire

Ces analyses montrent que le vocabulaire de *Pa* se situe dans la tradition conservée par ceux qui se veulent des lettrés et se rattachent à la tradition d'Ennode, d'Isidore et d'Aldhelm, auteurs de traités de grammaire ou de poétique, reconnus par

---

du Moyen-Age, t. I, vol. 1 (trad. fr. de H. Rochais), Louvain, 1990, p. 196-201.

(1) J. MARENBON, « Les sources du vocabulaire d'Aldhelm », *Archivum Latinitatis Medii Aevi* 41 (1977-1978) p. 75-90, met en évidence la relation entre le vocabulaire d'Aldhelm et celui d'Isidore de Séville: « Il y a cependant une œuvre particulière qui a grandement marqué le vocabulaire d'Aldhelm: les *Étymologies* d'Isidore de Séville » (p. 86).

(2) *Monumenta Germaniae historica, Auctores antiquissimi* (= MGH AA) et *Poetae latini Aevi carolini* (MGH PAC); *Corpus Christianorum, Series latina* (= CCSL); *Corpus Scriptorum Ecclesiasticorum latinorum* (= CSEL). L'étude des index des quinze tomes des MGH AA, et des trois tomes des PAC, a montré qu'il n'y a pas d'autre écrivain qu'Aldhelm qui utilise de façon aussi courante l'ensemble de ce vocabulaire. Le fait que l'index des œuvres d'Adhelm soit particulièrement exhaustif, ce qui n'est pas le cas de tous les index des MGH, interdit cependant d'en tirer des conclusions définitives.

(3) Si l'arithmétique peut donner une indication, on relève 48 des 72 vocables analysés ici (2/3) dans le vocabulaire d'Aldhelm, et 33 dans celui d'Ennode. Pour rendre sensible l'importance du vocabulaire d'Aldhelm dans *Pa*, dans les listes de vocabulaire constituées ci-dessus, j'ai marqué d'un astérique les mots propres à *Pa* qui se retrouvent chez lui. Dans l'index de son édition dans les MGH, on pourra constater en particulier la fréquence de *actutum, aemulus, altitronus, callis, cernue, dego, dirus, edulium, extemplo, facinus, flagrum, gerulus, gestio, inormis, limpha, obtutus, patrare, polus, tripudium, ultroneus.*

leurs contemporains et pendant tout le Moyen Age comme des maîtres dans l'art d'écrire.

Des analyses plus précises du vocabulaire et du style de *Pa* permettront peut-être de mieux définir son milieu d'origine et, par là, de préciser l'histoire de la *Vita Adae et Evae*.

Notices sur Adam précédant la Vie d'Adam et Ève dans le manuscrit de Paris, lat. 5327, f. 81ʳ-81ᵛ

Dans *Pa*, le texte de la *Vita Adae et Evae* est précédé (f. 81ʳ-81ᵛ) de plusieurs notices appartenant à la tradition adamique du haut Moyen Age. Ces notices traitent successivement des huit éléments constitutifs du corps d'Adam, de l'origine du nom d'Adam, des péchés d'Adam et des huit poids qui entrent dans la création d'Adam. Elles se retrouvent, sous une forme groupée ou de manière isolée, dans de nombreux autres témoins ([1]). Dans les manuscrits où elles sont associées à la *Vie d'Adam et Ève*, elles peuvent être placées soit en tête du récit apocryphe, comme c'est le cas dans le manuscrit de Paris, *lat. 5327*, ici reproduit, et dans le manuscrit d'Oxford, Balliol College Library, *228* ([2]), soit à sa suite, comme dans l'ensemble des témoins de la rédaction anglaise ([3]).

---

(1) Sur cette question, voir l'étude de M. Förster, « Adams Erschaffung und Namengebung. Ein lateinisches Fragment des s. g. slawischen Henoch », *Archiv für Religionswissenschaft* 11 (1908), p. 477-529. Aux pages 479-481, l'auteur édite le texte des notices sur la base de six témoins, datés du ixᵉ au xvᵉ siècle. Il existe de nombreuses copies isolées de ces différentes notices, copies que j'ai rencontrées en recherchant les témoins de la *Vita Adae et Evae*, par exemple le traité *Octo pondera de quibus factus est Adam*, dans le manuscrit de Saint-Gall, *Stiftsbibliothek, 230*, f. 325-331, daté du début du ixᵉ siècle et dans celui de Cambridge, *Corpus Christi College, 326*, f. 135ʳ, du xᵉ siècle, qui a servi de base à l'édition précitée de Förster. Sur l'acrostiche du nom d'Adam, voir D. Cerbelaud, « Le nom d'Adam et les points cardinaux. Recherches sur un thème patristique », *Vigiliae christianae* 38 (1984), p. 285-301 ; S. J. Voicu, « Adamo, acrostico del mondo », *Apocrypha* 18 (2007) p. 205-229.

(2) Le texte des notices sur Adam a été publié par Mozley en annexe à son édition, sous le titre « Beginning of B ».

(3) Les notices adamiques, qui constituent les chapitres 55-57 de E, sont éditées plus loin p. 596-599.

Récemment un feuillet est passé par mes mains ([1]); en l'examinant plus attentivement, j'ai trouvé une explication au sujet d'Adam tout à fait valable.

Incipit. Dis-moi d'où provint le corps d'Adam. Si tu l'ignores, je tâcherai de te le faire découvrir. En fait, son corps a été formé de huit parties. La première partie a été tirée du limon de la terre, la deuxième de la mer, la troisième du soleil, la quatrième des nuages du ciel, la cinquième du vent, la sixième des pierres de la terre, la septième du saint esprit, la huitième de la lumière du monde. Si tu veux approfondir cette sentence, tu trouveras: la première partie, qu'il eut du limon de la terre, de là est sa chair; la deuxième, qu'il eut de la mer, de là fut son sang; la troisième, du soleil, de là furent les yeux; la quatrième, des nuages du ciel, de là les imaginations corrompues et non corrompues; la cinquième, du vent, de là son haleine et son souffle; la sixième, des pierres, de là ses os; la septième, de l'esprit saint, de là l'intelligence et la sagesse; la huitième, de la lumière qui le tout-puissant nous accordera et qu'il a promise aux saints.

L'homme ayant été créé d'autant de parties, il est inévitable que l'une d'entre elles soit plus grande que les autres. Si c'est du limon de la terre qu'il reçoit en plus, il sera paresseux; si c'est plus de la mer, il sera sage; si c'est plus du soleil, il sera beau; si c'est plus des nuages du ciel, il sera léger et débauché; si c'est plus du vent, il sera agile et coléreux; si c'est plus des pierres, il sera dur, entêté et voleur; si c'est plus du saint esprit, il sera heureux, chaste et plein de science; si c'est plus de lumière du monde, il sera vénérable et très rayonnant.

Quand Dieu forma l'homme, il ne lui imposa pas encore de nom, mais il appela quatre anges en leur disant: « allez chercher le nom de cet homme ». L'ange Michel partit à l'orient et vit une étoile dont le nom était Anatalim et prenant de là la première lettre, à savoir A, il revint vers le Seigneur. Quant à Gabriel, il partit en occident et aperçut là un astre du nom de Dissis et prenant ainsi de lui la première lettre, il revint vers le Seigneur. Raphaël, lui, alla vers le nord et vit là une étoile dont le nom était Arctus, et prenant ainsi la première lettre, à

---

(1) Incipit imité de celui des *Synonyma* d'Isidore.

Venit nuper ad manus meas quedam schedula quam diligentius perscrutans repperi de Adam rationem oppido
probandam.

Incipit. Dic mihi unde affuit factus corpus Ade. Si ignoras
5   reserare conabor. Scilicet de octo partibus fuit corpus ipsius:
prima autem pars de limo terrae, secunda de mare, tertia de
sole, quarta de nubibus caeli, quinta de uento, sexta de lapidibus terrae, septima de spiritu sancto, octaua de luce mundi.
Si uis indagare hanc sententiam reperies: primam partem
10   quam de limo terre habuit inde est caro eius, secundam de
mare inde fuit sanguis eius, tertiam de sole inde eius fuere
oculi, quartam de nubibus caeli inde cogitationes corrupte uel
incorrupte, quintam de uento alena uel flatus eius, sextam de
lapidibus hossa eius, septimam de spiritu sancto intellectus et
15   sapientia, octauam de luce, illam nobis annuet {nobis}
cunctipotens quam pollicitus est sanctis.

Homo qui de tantis est partibus procreatus non potest ut
una ex is non sit maior aliis. Si de limo terre supertraxerit erit
piger; si de mare erit sapiens; si de sole erit pulcher; si de
20   nubibus erit leuis et luxuriosus; si de uento erit agilis et
iracundus; si de lapidibus erit durus et tenax et fur; si de spiritu sancto faustus et castus in scientiaque inbutus; si de luce
mundi erit senex et admodum nitens.

Quando deus hominem formauit nomen illi nondum inposuit
25   sed quatuor angelos uocauit dicens: ite perquirite nomen
hominis istius. Angelus Michael habiens in orientem et uidit
quandam stellam cui nomen erat Anatalim et sumens exinde
primam literam uidelicet A ueniensque ad dominum. Grabriel
uero habiit in occidente conspiciensque illic quoddam sidus
30   nomine Dissis sicque de ea primam accipiens literam uenit
ad dominum. Raphael quidem iuit in aquilone et uidit ibi
stellam cui nomen erat Artus sicque ex ea sumens primam

---

1 schedula *scripsi*: sedula *Pa*   5 scilicet *scripsi*: silicet *Pa*   18 maior
correxi: minor *Pa*   25 angelos *scripsi*: angelus *Pa*

savoir A, il revint vers le Seigneur. L'ange Oriel partit vers le midi et y vit une étoile dont le nom était Mensebrion et il en prit M et il revint vers le Seigneur; et ainsi ils les réunissent. Les naturalistes <disent> que son nom a été pris de ces quatre astres et qu'ainsi le Seigneur l'a nommé à partir de ces quatre lettres, à savoir ADAM.

Adam avait commis six péchés, quand il fut chassé du paradis: orgueil, sacrilège, homicide, fornication, vol et avarice. En effet, il eut de l'orgueil, alors qu'étant homme, il voulut être sous son propre pouvoir et non sous celui de Dieu; il commit un sacrilège, parce qu'il n'a pas cru que Dieu était partout; un homicide, parce qu'il se précipita lui-même et nous aussi dans la mort; une fornication, parce qu'il fut corrompu par le conseil du serpent; un vol, quand il prit la nourriture défendue; il céda à l'avarice, quand il voulut plus que Dieu ne lui avait accordé. A cause de ces six transgressions, tous les justes et les injustes auraient été perdus, si Christ n'était pas venu et n'avait pas pris la forme d'esclave (cf. *Phil* 2,7).

Les naturalistes disent qu'Adam a été modelé avec ces terres, à savoir la terre « grioni », la terre « griabim », la terre « arabim », la terre « ebolaim ». Il ne ressemble pas à la terre (qui le compose); il apparaît éclatant comme le soleil.

LES HUIT POIDS DONT A ETE FAIT ADAM

Adam a le poids du limon, parce qu'il a été formé du limon; le poids de la mer, d'où <les larmes salées; le poids du feu, d'où> l'haleine chaude; le poids du vent, d'où le souffle froid; le poids de la rosée, d'où la sueur sur le corps humain; le poids de la fleur, d'où la variété des yeux; le poids du foin, d'où la diversité des cheveux; le poids des nuages, d'où la stabilité dans l'esprit.

literam uidelicet A et uenit ad dominum. Angelus Oriel habiit ad
meridianum intuitusque est ibi stellam cui nomen erat Mense-
35 brion et tulit inde M et uenit ad dominum; sicque legunt.
<Dicunt> phisici quod de his quattuor astris nomen eius
sumptum sit et sic dominus de is quattuor literis scilicet adam
uocauit eum.

Sex peccata habuit Adam quando eiectus est de paradiso:
40 superbiam, sacrilegium, homicidium, fornicationem, furtum
et auariciam. Nam superbiam habuit quando homo in sua po-
testate uoluit esse et non in dei; sacrilegium quoniam deum
non credidit ubique fore; homicidium quia semetipsum et nos
precipitauit in mortem; fornicationem quia serpentina suasione
45 corrumptus est; furtum quando cibum prohibitum sumpsit; aua-
ritiam <quando> plus habere uoluit quod deus concessisset illi.
Per istas enim superstitiones sex omnes iusti et impii perditi
adessent nisi Christus aduenisset et formam serui accepisset.

Dicunt phisici quod de his terris sit Adam plasmatus, scilicet
50 terra grioni, terra griabim, terra arabim, terra ebolaim. Illius terre haut est similis; uidetur affore nitens ut sol.

DE OC<TO> PONDERA VNDE FACTVS EST ADAM

Adam item pondus limi quia de limo factus est; pondus
mare inde est <lacrime salse; pondus ignis inde est> alena
55 calida; pondus uenti inde est flatus frigidus; pondus roris
inde est sudor in humano corpore; pondus floris inde sunt ua-
rietas oculorum; pondus feni inde est diuersitas capillorum;
pondus nubium inde est stabilitas in mentem.

---

36 dicunt *addidi*   phisici *Pa post corr.*: phicissi *Pa ante corr.*   37 scilicet *scripsi*: silicet *Pa*   44 precipitauit *scripsi*: precitauit *Pa*   46 quando *addidi*   54 lacrime salse pondus ignis inde est *addidi (cf. Förster,*
p. 495)   55 roris *scripsi*: rur *Pa*   56 in humano *scripsi*: in hamtinum
Pa   58 stabilitas *Pa: fortasse legendum* instabilitas *(cf. Förster, p. 495,*
n. 4)

La rédaction d'Allemagne du Sud

A1	Munich, Bayerische Staatsbibliothek, *clm 17740*	xe s.	S
	St-Emmeran, puis St-Mang (Regensburg)		
A1	Munich, Bayerische Staatsbibliothek, *clm 18525b*	xe s.	T
	Tegernsee		
A1	Munich, Bayerische Staatsbibliothek, *clm 19112*	xiie s.	M
	Tegernsee		
A1	Chicago, Newberry Library, *f 6*	xii^e s.	Ne
	Autriche ou Allemagne du Sud (puis Lambach)		
A1	Munich, Bayerische Staatsbibliothek, *clm 7685*	xv^e s.	In
	Abbaye d'Indersdorf		
A1	Munich, Universitätsbibliothek, *2° Cod. ms. 103*	vers 1445	Lh
	Couvent franciscain de Landshut		
A2a	Fulda, Hessische Landesbibliothek, *B3*	entre 1198 et 1208	Fa
	Abbaye de Weingarten		
A2a	Vienne, Österreichische Nationalbibliothek, *1355*	xive s.	Va
A2b	Munich, Bayerische Staatsbibliothek, *clm 5604*	xve s.	Di
	Monastère de Dießen		
A2b	Munich, Bayerische Staatsbibliothek, *clm 11740*	xve s.	Pn
	Abbaye de Polling		
A2b	Munich, Bayerische Staatsbibliothek, *clm 11796*	xve s.	Pg
	Abbaye de Polling		
A3	Admont, Stiftsbibliothek, *25*	xiiie s.	Ad
	Admont		
A3	Zwettl, Stiftsbibliothek, *13*	xiiie s.	Zw
	Zwettl		
A3	Vienne, Österreichische Nationalbibliothek, *2809*	xve s.	Vd
	Couvent des augustins de Ste-Dorothée, Vienne		
—	Milan, Biblioteca Ambrosiana, *N 227 sup.*	1311	Mi

Caractéristiques de la famille A

L'étude des relations entre les différentes formes textuelles de la *Vie latine* révèle une grande proximité entre les deux rédactions les plus anciennes, R et A. Selon l'apparat de lat-V, on dénombre 15 accords exclusifs de R et A sur la leçon la plus ancienne (dont 6 en 52-54), et 18 accords exclusifs de R1 et A (dont 5 en 52-54). Les manuscrits de la famille A ont cependant en commun une série de variantes qui les distinguent aussi bien des témoins de R que de ceux des autres rédactions.

Deux grandes omissions

La famille A se caractérise d'abord par deux importantes omissions. La première porte sur la révélation relative à l'histoire du Temple (lat-V 29.3-10). Tous les témoins de A

ignorent cette révélation, bien qu'ils en conservent la formule
introductive (29.2): *Audi, fili mi Seth, et caetera mysteria futu-*
ra, quae mihi sunt reuelata, qui per lignum scientiae comedens
cognoui et intellexi, quae erant in hoc saeculo (« Seth mon fils,
écoute aussi les autres mystères à venir qui m'ont été révélés,
moi qui ai connu et compris en mangeant, grâce à l'arbre de la
connaissance, les choses qui étaient dans ce monde-ci »). A
l'origine de cette omission, on peut supposer une réticence à
transmettre une prophétie centrée sur le Temple dont la relation avec l'histoire d'Adam ne paraissait pas claire.

La seconde grande omission concerne le récit de la destinée
des tablettes de pierre et d'argile où Seth a écrit la vie de ses
parents (lat-V 52-54). L'histoire manque dans la majorité des
manuscrits de A et dans les plus anciens (groupes A1 et A2);
seuls les trois témoins de A3 font exception. Le texte de la
Vita s'arrête brusquement après *Tunc Seth fecit tabulas* dans les
manuscrits *S, M, Ne* (A1) (¹), *Di, Pn, Pg* (A2b). La brutalité
de cette fin est quelque peu atténuée dans les deux témoins de
A2a, *Fa* et *Va*, qui la complètent ainsi: *Tunc Seth fecit tabulas*
lapideas et luteas [lapideas tabulas et tabulas luteas Fa] *et scripsit*
in eis omnem uitam patris et matris (²). La conclusion originale
de la *Vie latine d'Adam et Ève* — la découverte des tablettes
de pierre par Salomon et la construction du temple de Jérusalem sur l'emplacement de l'oratoire d'Adam — n'est conservée
que dans les trois manuscrits du groupe A3, *Ad, Zw* et *Vd*.
Comment expliquer cet état de fait? De l'analyse d'ensemble
des relations entre les groupes de manuscrits de A, il ressort
que la disparition de l'histoire des tablettes doit remonter à
l'hyparchétype de la rédaction et que sa présence dans A3 doit
résulter d'un emprunt secondaire à une autre rédaction (³).
Plutôt qu'à une perte accidentelle, on pensera à une amputation

---

(1) *Ne* précise: *Tunc Seth sicut precepit ei mater eius fecit tabulas.* Le
manuscrit *T* se termine à *operibus suis* (51,4), après quoi un copiste postérieur
a ajouté l'*explicit* typique de la rédaction tardive T.

(2) Reprise des termes de l'ordre donné par Ève à ses fils en 50,1-2: *facite*
ergo tabulas lapideas et alias tabulas luteas, et scribite in hiis omnem uitam
meam et patris uestri.

(3) Pour rappeler le caractère adventice de l'histoire des tablettes dans la
transmission de la rédaction A, nous utilisons le sigle A3, au lieu du sigle A,
dans l'apparat des ch. 52-54 de l'édition de lat-V.

voulue: comme dans le cas de la première grande omission (29.3-10), le scribe qui est à l'origine de la rédaction A a préféré laisser de côté un développement qui associait de trop près la figure d'Adam et l'histoire du Temple de Jérusalem.

Des erreurs conjonctives

Les témoins de A ont aussi en commun des leçons corrompues ou fautives qui les distinguent du texte attesté par toutes les autres rédactions. Parmi ces erreurs conjonctives, on notera en particulier ([1]):

3,3-4   *putas fac me utinam moriar*: le *fac me* doit être une lecture fautive de *fame*, attesté dans toutes les autres rédactions.

3,10-11   *sed uiuamus et quaeramus nobis unde uiuamus*: le premier *uiuamus* n'est pas en situation et pourrait provenir d'une mauvaise lecture d'un autre impératif, comme *surgamus* (*Pa*).

22,3   *ostendit ei laborem et colorem terrae*: altération de la leçon attestée par les autres rédactions, *ostendit ei laborare et colere terram*. L'incompréhensible *colorem* a sucité plusieurs corrections au sein de la famille A: *calorem* (*In*), *dolorem* (A2b), *colonum* (*Va*), ou *colonum fecit eum* (*Fa*).

23,2-3   Après *sanguinem filii nostri Abel in manu Cain*, tous les témoins de A ajoutent une proposition absente des autres rédactions: *propterea dolorem habeo a dolore suo crucians eum*. Peut-on rendre compte de ce passage obscur? Une hypothèse possible serait de voir derrière *a dolore suo* une mauvaise lecture de *de ore suo* et derrière *crucians eum* une mauvaise lecture de *gluciens eum*, et de déplacer ce membre de phrase après *Cain*. On lirait alors: *dormiens uidi per uisum quasi sanguinem filii nostri Abel in manu Cain, de ore suo gluciens eum. Propterea dolorem habeo*, et on traduirait: « Comme je dormais, dans une vision j'ai vu pour ainsi dire le sang de notre fils Abel dans la main de Caïn, qui l'avalait de sa bouche. C'est pourquoi je suis dans la douleur ».

28,10   *celauerunt*, au lieu de *gelauerunt* (R) ou *congelauerunt* (E): les eaux entourant le paradis ne *gelèrent* pas, mais *se cachèrent*.

42,9   Le masculin *qui renati sunt* dans A1-A2 ne se comprend que si on suppose la perte d'un pronom antécédent

---

(1) Les exemples suivants font référence à notre édition de latin-V et à son apparat.

comme *eis*. Le féminin *que renate sunt de* A3 veut assurer la cohérence du texte en rattachant la relative à *generationes*.

43,7   Au lieu de *cynamomum*, attesté par toutes les autres rédactions, le nom du dernier des parfums dans A est *crionum* ou une déformation de ce mot; seul V*d* l'a fait précéder de *cynamomum*, alors que Z*w* l'a remplacé par *cynamomum*.

44,4-5   *et hoc quod fecisti refert filios tuos post mortem meam*: « ce que tu as fait, après ma mort (cela) concerne tes fils ». *Ne* et *Fa* corrigent en lisant: « ce que tu as fait, après ma mort, sera rapporté à tes fils », et le groupe A2b lit « ce que tu as fait, après ma mort, ton fils (le) rapportera ».

49,3   *qui fuerunt Seth cum triginta fratribus et triginta sorores*. La majorité des témoins écrivent *quas fuerunt*, qui est une corruption ancienne. Seuls *M* et *Fa* ont gardé, ou rétabli, le *qui fuerunt* originel. A3 a corrigé en conservant le relatif à l'accusatif, mais en remplaçant *fuerunt* par *habuerunt* (ou *habuerit*).

D'autres variantes propres à A

En de nombreuses autres occurrences, A s'écarte encore du texte établi sur la base de R. On mentionnera ici les écarts les plus significatifs.

A est seul à omettre les propositions suivantes:

2,4   om. *usque uideamus*
12,3   om. *et alienatus sum de claritate*
27,2   om. *adoraui dominum*
30,6   om. *cum congregati fuissent*
37,7-8   om. *aut quomodo praeualuerunt dentes tui*
46,4   om. *et caput super genua ponens*

A apporte au texte des modifications caractéristiques:

1,1   L'incipit *quando expulsi sunt*, parfois précédé, ou suivi du nom des deux protagonistes *Adam et Eua*, diffère de celui de toutes les autres rédactions, *cum expulsi fuissent (essent)*, accompagné du nom d'Adam et Ève.

20,1   *et dixit autem Adam: in illa autem hora dixit Adam* A

21,1-3   *et duae uirtutes stantes a dextris et a sinistris Euae et Michael stans a dextris eius: et duae uirtutes stantes a sinistris* A

30,2   *sciens: quod nesciens* A

39,6-7   *statim recessit plaga de dentibus a Seth*: alors que les autres rédactions constatent que Seth reste marqué apès le départ de la bête par la morsure qu'elle lui a infligée, A comprend qu'« aussitôt la morsure des dents s'éloigna de Seth ».

42,2-3   *sex milia et quinquaginta anni*: la durée de 6050 ans jusqu'à la venue du Messie diffère des chiffres donnés par les autres rédactions; elle est difficilement explicable (voir note de l'édition de lat-V ad loc.).

43,3   *et uidebis: et cum exierit uidebis*

50,8   *et cum haec dixisset omnibus filiis suis: tunc*

Graphie: usage de l'e cédillé et du point d'interrogation

Dans les manuscrits anciens du xe au xiie siècle, *S, T, M, Ne* et *Fa*, la diphtongue *ae/oe* est marquée par une cédille à la lettre *e* et le point d'interrogation est représenté. Dans les manuscrits *Ad* et *Zw*, seule la représentation du point d'interrogation est régulièrement conservée; l'utilisation de l'e cédillé est aléatoire.

Les trois groupes de témoins et leurs relations

La collation des 14 manuscrits de la famille A conduit à les classer en trois groupes.

- Le groupe A1 compte six témoins; il comporte quatre des plus anciens manuscrits conservés de la *Vita Adae et Evae*, *S* et *T* du xe siècle, *M* et *Ne* du xiie, auxquels s'adjoignent *Lh* et *In* du xve.
- Le groupe A2 rassemble cinq manuscrits, qui se répartissent en deux sous-groupes. *Fa*, du tout début du xiiie siècle, et *Va*, du xive siècle, forment le sous-groupe A2a, alors que *Di*, *Pn* et *Pg*, tous trois du xve siècle, constituent le sous-groupe A2b.
- Le groupe A3 se compose de trois manuscrits, *Ad* et *Zw* du xiiie siècle ([1]), et *Vd* du xve siècle.

Le manuscrit de Milan, Bibl. Ambros., *N 227 sup.* (*Mi*), s'appuie sur un témoin de A, mais le modifie dans de telles proportions qu'il ne peut être classé dans l'un ou l'autre de ces groupes.

---

(1) Le texte de la *Vita* transmis par ces deux manuscrits du *Grand Légendier Autrichien* a été édité par G. Eis en 1935 (voir plus haut, p. 23-24).

Les différences déterminantes se rangent en deux séries: accords des groupes A1 et A3 contre A2, et accords des groupes A1 et A2 contre A3 ([1]).

Accords entre A1 et A3 contre A2

8,4-6   A1 et A3: *Statim omnia animantia uenerunt et circumdederunt eum ex aqua Iordanis, steterunt ab illa hora non agentes cursum eorum [suum A3]*
A2: *Statim omnia animancia uenerunt et circumdederunt eum, et aqua Iordanis stetit ab illa hora non agens cursum suum*

La forme propre à A2 a pour elle sa cohérence interne et son accord avec la tradition commune; le mot *cursus* renvoie plutôt au cours du fleuve qu'à la course des animaux; gr II, armgeo et lat-V sont unanimes pour affirmer que c'est le Jourdain qui s'est arrêté de couler.

14,4-6   A1 et A3: *Non habeo ego adorare. Et dixi ad eum: Quid me compellis?*
A2: *Non habeo ego adorare Adam. Et compellit me Michael adorare, et dixi ad eum: Quid me compellis?*

A1 et A3, par un saut du même au même sur *adorare*, ont perdu les mots *Adam* et la proposition *et compellit me Michael adorare*. Le texte de A2 s'impose.

15,1   *S T M* (A1): *Hoc uidentes ceteri ubi* [*ibme* S *ub...* T] *erant angeli*
In (A1): *Hoc uidentes ceteri ang. qui erant ibi*
Ne (A1) A3: *Hoc uidentes ceteri angeli*
A2b: *Hoc uidentes ceteri qui sub me erant angeli* [def. A2a]

La plupart des témoins de A ou bien ne parviennent pas à lire, ou bien suppriment l'allusion à la subordination de certains anges à Satan: « d'autres anges qui étaient sous mon autorité », *qui sub me erant*. Seule une lecture difficile de ces mots dans la source commune à A1 et à A3 peut expliquer ces altérations. Seul A2b a conservé la forme initiale ([2]).

23,8   A1 et A3: *Erat tunc annorum centum uiginti duorum* (aucune mention explicite d'Adam)

---

(1) Les exemples cités font référence à notre édition de A et à son apparat.
(2) A2a a perdu la totalité du verset 1, sans doute à la suite d'un saut du même au même sur *adorare*.

A2a: *Erat autem Adam* [om. Va] *annorum centum triginta. Cum interfectus est Abel* [*A. cum i. est* Fa] *erat
annorum centum uiginti duorum* [*septuaginta* Fa]
A2b: *Erat autem Adam tunc annorum centum triginta*

L'ancêtre commun à A1 et A3, probablement à la suite d'un
saut du même au même sur *tunc*, ne cite qu'un seul âge, sans
dire explicitement à quel personnage il se rapporte: « Et après
cela Caïn tua Abel. Or il avait alors 122 ans ». Dans A2, seul
A2a conserve la mention originelle de deux âges différents:
« Or Adam [*Va*: il] avait 130 ans. Quand Abel fut tué, il avait
122 ans [*Fa*: 70 ans] ». A2b en revanche ne mentionne que le
premier chiffre: « Or Adam avait alors 130 ans ».

25,7-8   A1 et A3 + *Va*: aucune allusion aux anges qui précèdent
le char de Dieu.
A2b + *Fa*: *antecedebant eum et alia multa milia angelorum*

L'omission par A1 et A3 de la mention des anges qui précédaient le char s'explique bien par un autre saut du même au
même sur *multa milia angelorum*; elle n'est pas originelle non
plus; le fait que *Fa*, qui est étroitement apparenté à *Va*, ait
conservé cette mention laisse supposer que *Va* l'a perdue de
lui-même, sans dépendre de A1 ou de A3.

Accords entre *A1* et *A2* contre *A3*

1,1   A1 et A2: *Quando expulsi sunt de paradiso fecerunt sibi
tabernaculum*
A3: *Adam et Eua quando expulsi sunt fecerunt sibi tabernaculum*

Dans A3 le récit débute par le nom des deux protoplastes,
alors que dans les deux autres groupes il commence de façon
abrupte, sans mention du sujet du verbe *expulsi sunt* — même
si des témoins de A1 (*Ne In*) et de A2 (*Fa*) ont introduit par la
suite le nom des protagonistes.

6,7-10   A1 et A2: *Et sta in aqua fluminis triginta septem dies.
Ego autem faciam in aqua Iordanis quadraginta dies;
forsitan miserebitur nostri dominus deus.*
A3: *Et sta in aqua quadraginta dies. Ego autem faciam in
aqua Iordanis quadraginta septem dies; forsitan miserebitur nostri dominus deus.*

Le nombre de jours de pénitence retenus dans A3, 40 jours
pour Ève et 47 pour Adam, se lit aussi dans la rédaction an-

glaise: *Esto ibi diebus quadraginta et ego in Iordanem diebus quadraginta et septem.* Cette donnée singulière, introduite dans le groupe A3, témoigne des échanges entre la Grande-Bretagne et l'Autriche ([1]).

10,6-8   A1 et A2: *Quomodo iterum ab aduersario nostro per quem alienati sumus de habitatione paradysi et laetitia spiritali?*
A3: *Quomodo iterum ab aduersario nostro per quem alienati sumus de habitatione paradysi et leticia spirituali decepta es?*

Le verbe appelé par l'interrogatif *quomodo* manque dans la majorité des témoins de A1 et A2; la lacune a ensuite été comblée de diverses façons. L'expression *decepta es*, ajoutée par A3, n'apparaît qu'ici dans le texte de la *Vita Adae et Evae.*

32,4-5   A1 et A2: *De arbore scientiae .... ne (non) comedatis ex eo (ea)*
A3 + *Ne*: *De arbore scientiae .... ne comederemus*

A3 et *Ne*, seul parmi les témoins de A1, préfèrent le discours indirect au discours direct.

37,3   A1 et A2a + *Va*: *saeuit*
A3 + *Fa*: *fleuit et dixit* (*Fa*: *fleuit dicens*)

On se demande pourquoi W. Meyer n'a pas conservé, plutôt que le banal *fleuit dicens*, le verbe *saeuio*, attesté par les groupes A1 et A2, qui est autrement plus expressif (« se déchaîner », « enrager »).

---

(1) Pour comprendre le cheminement de cette information, on évoquera la présence de moines « scots » à Saint-Jacques de Ratisbonne dès 1075 et ensuite à Vienne; voir C. SELMER, « The origin of Brandenburg (Prussia). The St. Brendan Legend and the Scoti of the Tenth Century », *Traditio* 7 (1949-1951), p. 416-433, en particulier p. 429-433 (*The Scoti*); F. FUCHS, *Bildung und Wissenschaft in Regensburg. Neue Forschungen und Texte aus St. Mang in Stadtamhof*, Sigmaringen 1989, p. 125-127 (« Zur Überlieferung der Vita Mariani Scoti »), note 27 et note 29, qui rappelle que la *Vita Mariani Scoti* a été transmise par quatre des manuscrits du *Grand Légendier Autrichien*. On se souviendra aussi que deux des manuscrits les plus anciens qui nous ont transmis la *Nauigatio Sancti Brendani Abbatis* sont aussi des témoins de la *Vita Adae et Evae*: clm 17740 (*S*) et Newberry f 6 (*Ne*): cf. C. SELMER, *Navigatio Sancti Brendani Abbatis from Early Latin Manuscripts* (*Publications in Mediaeval Studies* 16), Notre Dame, Ind., 1959, p. XXXIV (*Ne*) et XXXVII (*S*).

52–54   Aucun manuscrit des groupes A1 et A2 ne rapporte l'histoire des tablettes de pierre et d'argile ; seuls les trois témoins de A3 la transmettent (voir plus haut, p. 181).

Sur la base des observations qui précèdent et d'une comparaison d'ensemble entre les trois groupes de témoins, il est possible de reconstiuer le développement de la rédaction d'Allemagne du Sud de la manière suivante (voir le stemma p. 198). A1 et A2 dépendent d'un même témoin, amputé de l'histoire des tablettes des ch. 52-54 (α'). Cette dernière a été réintroduite dans le texte de la *Vita* par le copiste qui a donné naissance à A3 (γ) : il l'a empruntée à un témoin complet, où il a aussi trouvé la durée singulière de la pénitence d'Adam et Ève (6,3) ; ce témoin devait appartenir à la rédaction anglaise, seule tradition à transmettre l'un et l'autre de ces deux éléments.

D'autre part, A2 a conservé des éléments originaux du récit qui manquent ou sont altérés dans A1 et A3 (c. 8,3 ; 14,4 ; 15,1 ; 23,6 ; 25,6). Il est difficile de supposer que ces deux groupes aient perdu ces éléments indépendamment l'un de l'autre. Il faut donc admettre que A1 et A3 dépendent d'un ancêtre commun qui ne les avaient pas transcrits (α").

Cela signifie que A2 transmet parfois un texte plus proche de la teneur originelle de notre rédaction que A1. Cette conclusion semble contredite par l'ancienneté des manuscrits de A1 et par le fait qu'il n'existe pas de témoin de A2 antérieur à la fin du xiie siècle. Mais les observations faites ci-dessus paraissent suffisantes pour la justifier. Nous en avons donc tenu compte pour l'établissement du texte de la rédaction A. Comme celui-ci est le plus souvent commun aux trois groupes, nous avons choisi de donner la préférence, sauf raison majeure, aux manuscrits les plus anciens (*S T M*).

Les caractéristiques des manuscrits à l'intérieur de chaque groupe

Le groupe A1

Les trois témoins les plus anciens (*S T M*) ne se distinguent l'un de l'autre que par de rares variantes.

S

2,3   *esurio,* à la place de *esuriui*

45,2-3   omission du mot *uenit* dans l'expression *uenit hora mortis suae*

T et M

2,3   Comme *M*, *T* a d'abord écrit *esuriui*, ensuite corrigé en *esurio*.

48,1.6   *Et dixit iterum dominus ad Michael et Vriel angelos*: les deux manuscrits témoignent d'une même difficulté à propos du nom du deuxième ange, Uriel. Dans *M*, on lit *et dixit dominus ad Michael et alios angelos*, *et alios* étant ajouté au dessus de la ligne; cette particularité s'explique par le fait que, dans *T*, les mots *et Vriel* ont été écrits après coup, dans un espace laissé libre par le premier copiste qui n'avait pas pu les lire; un même espace a été laissé libre pour les mots *et Vriel* dans la proposition suivante (*et sepelierunt Adam et Abel Michahel — angeli*), mais cette fois le correcteur a oublié de remplir la place vide. Il est clair que le copiste de *M* avait sous les yeux la première mouture de *T*, avant correction: constatant que le pluriel *angelos* est injustifié dans la première proposition, il ajoute *et alios* au-dessus de la ligne; dans la deuxième, en l'absence du nom d'un deuxième ange pour expliquer le pluriel *angeli*, il ajoute simplement un *et*.

T

En 48,3 et 51,6, le texte de *T* a été corrigé beaucoup plus tard, à partir d'un témoin de la rédaction tardive T (voir l'apparat critique).

M

15,1   *M* lit *ubi* là où les deux autres témoins écrivent un groupe de lettres incompréhensible (*S*: *ibme*; *T*: *ub...*).

49,3   *M* remplace *quas*, grammaticalement incompréhensible avant *fuerunt*, par *qui* (voir *supra*, p. 183).

De ces observations, on tirera les conclusions suivantes concernant la filiation des trois témoins les plus anciens de A1:

- *S*, que les spécialistes considèrent comme le plus ancien des trois, n'est pas le modèle des deux autres: il a omis *uenit* en 45,2, alors que *T* et *M* attestent ce verbe.
- Les leçons communes à *T* et *M*, comme *esuriui* (2,3), *exigit — exiget* (6,5) et *transfigurauit* (9,2), proviennent d'un même exemplaire, distinct de *S* ou de sa source.
- *M* a été copié sur *T* dans son premier état, avant la correction de *esuriui* en *esurio* (2,3), et avec les espaces laissés

libres pour écrire le nom du deuxième ange en 48,1 et 48,6 ([1]).

Le texte des autres témoins de ce premier groupe est légèrement différent.

Ne

> *Ne* lit *esuriui* en 2,3; corrige *quidem penitentia* de *S* en *quid est penitentia* en 5,1-2; supprime *erant* et les caractères illisibles dans *S* en 15,1; opère une correction de *recessit plaga de dentibus a Seth* en *recessit plaga a dentibus Seth* en 39,6; corrige *refert filios tuos* en écrivant *refertur in filios tuos* en 44,5.

Pratiquement identique au groupe *S T M*, *Ne* est très proche de *S*; il s'est seulement efforcé d'en corriger quelques fautes de style. Il a cependant conservé *uenit* en 45,2, ce qui incite à penser qu'il se rattache à la source du groupe (α").

In

In a été écrit par un copiste qui avait sous les yeux le texte de *S*. Il s'en écarte rarement; comme *S*, il a perdu *uenit* en 45,2. *In* se caractérise par de nombreuses fautes de détail: saut du même au même, très nombreux oublis d'un mot ou, encore plus souvent, oubli d'une syllabe en tête de la ligne suivante dans un mot coupé en fin de ligne ([2]). Il ne semble pas non plus maîtriser son propre système d'abréviation; ainsi, il est souvent difficile de savoir si l'abréviation *quo* surlignée signifie *quoniam* ou *quomodo*, même s'il emploie aussi la même abréviation suivi de *o* en exposant pour rendre *quomodo*.

Lh

Lh (ou sa source) a perdu par inattention plusieurs propositions: *quid tibi apud nos aut quid tibi fecimus* (11,5); *hoc uidentes ceteri angeli qui erant ibi noluerunt adorare* par saut du même au même sur *adorare* (15,1-2); *et da mihi gloriam eius quam ipse perdidit* (17,4-5); *scientie boni et mali — et matri*

---

(1) D'autres variantes communes, propres à *T* et à *M*, confirment cette filiation directe: voir l'apparat de A en 18,3; 22,5; 26,6; 27,8-9; 28,8; 29,5; 31,4; 32,7; 42,6; 45,3.

(2) Dans l'apparat critique, cette anomalie de *In* est représentée par un tiret (—) dans le corps du mot.

vestre arborem par saut du même au même sur *arbore* (32,4-6); *partes paradisi — peruenientes ad* par saut du même au même sur *ad partes* / *ad portas* (40,1-3).

Lh présente par ailleurs quelques lectures tout à fait singulières, dues soit à l'imagination du copiste devant un exemplaire difficile à lire, soit à son désintérêt pour le texte qu'il copiait. On notera en particulier:

33,3   *lutum* à la place de *locum*.
45,4-5   Le lieu de la sépulture reste difficile à déchiffrer: *sepelite me contra dierum artum magnum habitationibus*.
48,2   La transcription singulière de *byssinos*, qualificatif de *sindones*, sous la forme *bilissimos* (= *uilissimos*?).

Les omissions de *Lh* n'ont pas de correspondant dans les autres manuscrits de A1; il n'est donc pas possible de déterminer de quel témoin il descend. Le plus souvent, les variantes de *Lh* sont des erreurs de lecture ou des incompréhensions du texte que le copiste avait sous les yeux. Nous n'avons pas jugé utile de signaler les variantes de ce témoin dans l'apparat critique, qui en aurait été alourdi sans grand bénéfice pour le lecteur ([1]).

Le groupe A2

L'unité de ce groupe, déjà mise en évidence ci-dessus par l'analyse de ses rapports avec les deux autres, est confirmée par la vingtaine d'occurrences de l'apparat où A2 s'oppose à A1 et A3. On supposera donc à l'origine de A2 un exemplaire α', distinct de α". A l'intérieur de ce groupe, deux sous-groupes se distinguent clairement: l'un, A2a, regroupe *Fa* et *Va* qui, malgré de nombreuses différences entre eux, dépendent clairement d'une même source (β'); l'autre, A2b (β"), réunit *Di, Pn* et *Pg*, les trois témoins les plus récents.

Le sous-groupe A2a (Fa et Va)

L'apparat fait apparaître une quarantaine de leçons propres à *Fa* et *Va* (A2a). Ils sont les seuls à conserver la double mention originelle de l'âge d'Adam en 23,7-9. Ils se caractérisent

---

(1) Ceux qui voudraient connaître le texte de *Lh* dans le détail trouveront toutes ses variantes dans l'apparat de la première édition de la famillè A (Pettorelli, ALMA 1998, p. 41-62).

par plusieurs omissions de détail (¹) et par deux manques significatifs :

15,1-2   om. *hoc uidentes ceteri angeli qui sub me erant noluerunt*
           eum adorare, par saut du même au même sur *adorare.*
30,8-9   om. *et dixerunt ad eum omnes filii eius quid est pater male*
           habere doloribus, par saut du même au même sur *dolori-*
           bus.

Fa présente de nombreuses variantes propres, qui le distinguent de l'ensemble des autres témoins de A, y compris de
Va. On en dénombre plus de 200 dans l'apparat critique. *Fa* se
caractérise ainsi par certaines omissions (²). Il se distingue aussi
par des expressions originales, qui témoignent d'un souci d'alléger le texte ou de le rendre plus clair :

3,11   *unde uiuamus : unam uuam*
22,3   *Fa* explicite le simple *colonum terrae,* transmis par *Va,*
           en écrivant *colonum fecit eum terrae.*
24,3-5   *Fa* abrège : au lieu de « Et après qu'Adam eut engendré
           Seth il vécut huit cents ans et engendra trente fils et
           trente filles », il écrit simplement « En huit cents ans, il
           engendra trente fils et trente filles ».

24,5   *Fa* explique la notation concernant le nombre total des
           enfants d'Adam ; au lieu du simple *simul sexaginta tres,* il
           précise : *exceptis Cain, Abel et Seth, et erant omnes simul*
           LX III. Cette précision, absente des autres témoins de la
           rédaction, se retrouve dans de nombreux autres témoins
           de lat-V (R1d, R2, T, Inc).
30,8   *filii male mihi est doloribus : dolores habeo magnos*
31,8-9   *infirmitatem et dolorem magnum habeo in corpore meo :*
           multum infirmor corpore

Va est resté plus proche de la source commune aux manuscrits
du groupe A2. On dénombre 84 variantes qui lui sont propres
dans l'apparat. Ces variantes consistent surtout en changements dans l'ordre des mots (³), en suppression d'expressions ou

---

(1) Voir l'apparat de A en 4,7 ; 12,3 ; 12,5 ; 19,4 ; 29,2 ; 32,1 ; 32,7 ; 34,7 ;
47,2.
(2) Voir notamment l'apparat de A en 3,6-7 ; 6,4-5 ; 8,1 ; 9,1 ; 9,5-6 ; 9,8 ;
27,6-7 ; 29,1.
(3) Voir l'apparat de A en 4,5 ; 7,2 ; 14,7 ; 18,7 ; 29,3 ; 32,2 ; 35,5 ; 37,6 ; 41,2 ;
43,1.

de mots redondants (^{1}) ou en autres modifications de détail. Elles affectent très rarement le sens, à l'exception de:

6,8   Au lieu de 37 jours, le temps fixé pour la pénitence d'Ève est de 34 jours, comme dans R1.

23,5   *Va* ajoute, en reprenant les termes du projet d'Adam, *et fecerunt illis singulas mansiones*; la variante s'apparente à celle de *Fa*: *et fecerunt ita*.

42,2-3 *Va* propose une leçon originale du délai d'attente jusqu'à la venue du Messie: au lieu de *sex milia et quinquaginta anni* (6050 ans), il écrit *dies* VI *et* L *anni* (six jours et cinquante années). Puisqu'un jour du Seigneur est comme mille ans, les deux leçons donnent le même nombre.

Le sous-groupe A2b (Di, Pn et Pg)

Les manuscrits *Di*, *Pn* et *Pg* dépendent d'une même source et constituent le sous-groupe A2b. Ils ont en commun plusieurs omissions importantes:

24,2-3 om. *et uocauit nomen eius Seth et dixit Adam ad Euam Ecce genui filium*, par saut du même au même sur *genui filium*.

28,2-3 om. *Tu es aeternus et omnes creaturae tuae dent honorem et laudem*; la raison de cette omission du premier verset de la prière d'Adam est difficile à déterminer.

48,6-7 om. *angeli partibus paradisi, uidentibus Seth et matre eius, et dixerunt Michael et Vriel*, par saut du même au même sur *Vriel*.

La singularité de ce groupe se manifeste surtout par une centaine de variantes propres dans l'apparat critique — en particulier de nombreuses variantes par rapport à *Va*. On notera en particulier:

25,4.9 A2b bute deux fois sur le mot *currus*: au lieu de *et vidi currum*, il écrit *et vidi curre (Di: currere)*; à la proposition suivante, il répète le verbe *currere* en écrivant *a sinistris illius currens*, au lieu de *a sinistris currus illius*.

45,1   A2b remplace *Michael* par *Gabriel*. Cette même substitution se retrouve dans d'autres manuscrits tardifs.

Les deux manuscrits originaires de l'abbaye de Polling, *Pn et Pg,* ont en commun leur origine, leur titre et de nombreux

---

(1) Voir l'apparat de A en 9,8 et 14,1 (om. *omnes* devant *angeli*); 22,4; 28,7; 32,1 et 50,1 (om. *me* après *audite*); 44.5; 45,6; 48,2 (par saut du même au même sur *sindones*),

détails, pour la plupart sans grande importance ([1]). Les variantes propres à *Di* ne permettent pas de voir en lui la source immédiate des deux autres ([2]).

Le groupe A3

Les principales caractéristiques de A3 par rapport à A1 et A2 ont été analysées plus haut. Ce groupe présente en propre quelques autres variantes mineures indiquées dans l'apparat — on rappellera à ce propos que le manuscrit de Vienne, *Vd*, est lacunaire de 27,6 à 42,10 et que dans cette section la mention conjointe des deux témoins, *Ad* et *Zw*, est l'équivalent du sigle A3. Ces variantes propres à A3 portent sur des omissions ([3]) et sur des modifications mineures ([4]).

En ce qui concerne les relations entre les trois témoins du groupe, il est clair que les deux textes figurant dans le *Grand Légendier Autrichien*, *Ad* et *Zw*, remontent à une même source, d'où proviennent les nombreuses leçons qui les opposent à *Vd* ([5]). Plusieurs omissions par saut du même au même garantissent l'absence de filiation directe entre *Vd* et *Ad-Zw*, et entre *Ad* et *Zw*.

Vd

16,3-4   om. *de habitationibus nostris et proiecti sumus*, par saut du même au même sur *sumus*.

24,4 – 25,1   om. *uixit annos dccc et genuit filios xxx et filias xxx simul lxiii et multiplicati sunt super terram in nationibus suis. Et dixit Adam ad Seth*, par saut de même au même sur *Seth*.

---

(1) Voir les omissions commune à *Pn* et *Pg* en 6,1; 13,4; 16,4-5; 27,6-7; 30,4; 34,3; 35,7; 44,6; 46,8 – 47,1; voir aussi les variantes signalées en 9,6; 9,10; 10,5; 13,5, 23,3; 23,6; 26,3; 29,3; 40,4; 42,11; 43,6; 43,7; 45,1; 47,6; 48,1; 48,7.

(2) Voir l'apparat de A en 3,3; 6,6; 9,5; 11,1; 19,4; 28,8; 30,8; 32,6; 34,1; 37,7; 42,1; 47,1; 50,1-2.

(3) Voir l'apparat de A en 25,7; 43,5; 44,1; 44,3; 45,1; 49,7.

(4) Voir l'apparat de A en 1,2; 3,3; 3,6; 6,1-2; 14,2; 14,7; 17,5; 44,5; 45,2; 48,1; 48,4; 49,1.

(5) Voir l'apparat de A en 2,3; 3,2; 3,5; 6,4; 7,3; 9,3; 12,1; 14,3; 16,8; 18,7-8; 20,1-2; 20,4; 21,4; 22,4; 23,4; 24,4; 25,4; 26,4; 27,1; 44,4-5; 48,6; 49,2; 50,2-3; ainsi que 9 lieux variants dans les ch. 52-54.

46,2   om. *et Eua cum esset respiciens in terram, intextas manus super caput eius habens,* par saut du même au même sur *et*.

On notera que ces omissions, même celle de 24,4 – 25,1, ne figurent dans aucun des deux autres témoins, ce qui établit l'indépendance de *Ad* et *Zw* par rapport à *Vd*.

Ad

51,4-5   om. *signum resurrectionis est futuri seculi et in die septimo,* par saut du même au même sur *septimo die*.

Zw

24,1-4   *Zw* omet un long passage, de *filium et uocauit nomen eius Seth* à *vixit annos dccc et genuit,* par saut du même au même sur *genui(t)*, ce qui fait disparaître la mention de la naissance de Seth alors que le personnage est nommé au début du verset suivant.

32,6-7   om. *arborem orientalis partis contra aquilonem dedit mihi et matri uestrae,* par saut du même au même sur *matri uestrae*.

Ainsi *Ad* et *Zw* ne peuvent dépendre l'un de l'autre puisqu'ils ont chacun leurs propres omissions accidentelles; il faut donc les faire remonter à une source commune. *Vd* ne présente aucune de ces omissions et ne peut donc dépendre ni de *Zw* ni de *Ad*.

Pour compléter le tableau des relations entre les trois témoins de A3, il faut encore relever une curieuse particularité qui révèle une parenté entre *Zw* et *Vd*. En 27,6, après *nec ponas gratie tue quem nutristi, Zw* insère un passage extrait de l'*Histoire Lausiaque* de Palladius (¹). Or le début de cette insertion se retrouve exactement au même endroit dans *Vd*, juste avant le folio perdu qui entraîne dans ce dernier manuscrit la disparition de lat-V 27,6 – 42,11. Puisqu'il est exclu que

---

(1) Voici une transcription de cette interpolation: *Et baptizatus. Erat autem statura breui super labium tantummodo habebat pylos et in sumitate menti. Et nimia enim abstinencia pili barbi eius rari nati sunt. Huius aliquando confessus sum: Quid faciam abba quia cogitationes accidie tribulant me dicentes mihi quia nihil hic agis egredere de hac solitutidine. Ipse autem dixit mihi Dic eis quia propter Christum sedeo et parietes istos custodio.* Cf. Palladius, *Historia Lausiaca*, ch. 10 (PL 74, 365 A-B).

Vd dépende directement de *Zw,* on a le choix entre deux hypothèses: ou bien on admettra que *Ad* a supprimé ce passage qui
figurait dans la source commune aux trois manuscrits (γ); ou
bien on supposera l'existence d'un modèle intermédiaire dans
lequel a été inséré l'extrait hagiographique commun à *Zw* et à
Vd (γ').

Un témoin isolé

Le manuscrit *N 227 sup.* de l'Ambrosienne de Milan (*Mi*) propose un texte construit à partir de celui de la famille A. En
témoignent plusieurs passages qui suivent le texte de cette famille:

2,3   *domine mi esuriui*
3,3-4   *et dixit Eva ad Adam: Domine mi, putas fac me ut mo-*
        riar
5,2   *ne forte laborem nobis imponamus quem non possimus*
        sustinere
6,1-2   *non poteris tantam facere quantam ego sed tantam fac ut*
        salueris, qui est proche de A: *potes tantas facere quantas*
        ego sed tantas fac ut salueris
6,8-9   *et sta in aqua fluminis triginta septem diebus. Ego autem*
        faciam in aqua Iordanis quadraginta dies
9,1   *iratus est dyabolus*
11,2-3   *et duplicatus est dolor et gemitus et ululatus ab ea*
12,5-6   *aut quae est nostra culpa in te, cum non sis a nobis natus*
        nec Iesus
18,1-3   *tibi enim concessa est uita quoniam nec primam nec se-*
        cundam preuaricationem fecisti
20,1-2   *planctus Eue uenit ad me. Forte serpens pugnauit cum*
        ea

On notera aussi que, comme A, *Mi* ignore complètement l'histoire du Temple du ch. 29.

Dans la première partie du récit déjà (ch. 1-23), il s'écarte
de plus en plus nettement du texte de sa source et transmet
des propositions inconnues de toutes les autres formes de la
tradition:

1,1   Au lieu de *quando expulsi sunt de paradiso, Mi* écrit:
        Dum post praevaricationem diuinae legis nostri primi pa-
        rentes Adam et Eua, de paradyso uoluptatis eiecti, in
        vallem hanc miseriae deuenisssent, fecerunt sibi tabernacu-
        lum...

10,7-8   Au lieu de *per quem alienati sumus de habitatione para-*
           disi et laetitia spirituali, Mi écrit: *o misera ubi est cor*
           tuum. Nonne iste est qui decepit nos, et ob hoc alienati
           sumus de habitatione paradisi, in quo satiati eramus de
           speculatione dei et de plenitudine eius; et o iocundatio
           spiritualis et laetitia suauis; quod necessitas coegit nos
           credere dyabolo et comedere pomum.

A partir du récit de la naissance de Seth (ch. 24 et suivants),
Mi réécrit presque intégralement le texte tout en conservant la
trame traditionnelle, dont il reprend de temps à autre des
propositions qui scandent son propre récit et le rattachent à sa
source. Le début du récit du transport d'Adam au paradis est
assez significatif de ce mode opératoire.

25,1-4   Le récit traditionnel commence ainsi: *Et dixit Adam ad*
           Seth: Audi, fili mi Seth, ut referam tibi quae audiui et
           uidi. Postquam eiectus sum de paradiso, ego et mater tua
           cum essemus in oratione, uenit ad me Michael archangelus
           nuntius dei. Et uidi currum ...
           Mi écrit: *Et dixit ad Seth: Audi fili mi Seth et uerba*
           patris tui diligenter ausculta. Postquam eiectus sum de
           paradiso uoluptatis quod iam tibi dixi, posuit dominus
           seraphim uersatilem (habentem) gladium in introitu
           ipsius, et non potuimus ultra reuerti. Sed cum essemus in
           oratione prae dolore partus matris tuae venit Michael si-
           gnifer dei a me et rapuit me in spiritum in paradisum.
           Vidique currum ...

Nous avons affaire avec *Mi* à une réécriture attentive de
l'apocryphe. Il était impossible, sauf à le citer presqu'intégralement, de le prendre en compte dans cette édition. Les
variantes qui viennent d'être citées permettront de reconnaître
un autre témoin éventuel de cette forme textuelle.

Un stemma possible

Pour résumer et illustrer les rapports entre les différents manuscrits de la famille, il est possible de proposer le stemma
suivant:

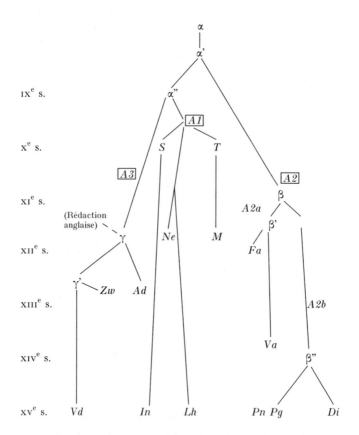

Principes éditoriaux

L'analyse des accords et désaccords entre les trois groupes a
conduit à privilégier la forme du récit de A2, plutôt que celle
de A1 et A3, qui souffre de la perte de plusieurs éléments. Ce
choix n'empêche pas de préférer le texte des manuscrits les
plus anciens dans les parties communes, de loin les plus nombreuses. La finale du récit, l'histoire des tablettes de pierre et
d'argile, est intégrée dans l'édition, bien qu'elle ne soit transmise que par le groupe A3 qui l'a sans doute empruntée à un
manuscrit d'une autre famille.

Notre édition s'appuie principalement sur les trois manuscrits S, T et M, tout comme celle de Meyer. Mais le texte
auquel nous aboutissons se fonde sur les témoins de la seule

famille A, alors que Meyer a tenté de l'améliorer par des emprunts aux autres rédactions. Par le sigle *Meyer*, nous signalons les différences entre notre édition et celle de Meyer. Cependant, seules sont signalées les leçons différentes adoptées par Meyer à l'intérieur de la classe I de sa collection, c'est à dire les manuscrits *S*, *T* et *M*. Nous ne relevons donc pas les leçons que Meyer a mises en italique, autrement dit les éléments qu'il emprunte à ses classes II et III.

Notons encore que l'étude des différents manuscrits montre que la forme textuelle A a été fidèlement conservée et copiée durant près de six siècles, du ixe-x^e au xve siècle. Il ne reste qu'un nombre restreint de témoins de cet incessant travail de copie, mais ils suffisent à mettre en évidence l'importance de la rédaction d'Allemagne du Sud pour les communautés religieuses de cette région de l'Empire.

La rédaction anglaise

Londres, British Library, *Arundel 326* Abbaye bénédictine d'Abingdon	xiiie s.	*A*
Oxford, Bodleian Library, *Selden sup. 74 (SC 3462)*	xiiie s.	*Os*
Londres, British Library, *Royal 8 F XVI*	milieu du xive s.	*R*
Londres, British Library, *Harley 526* Collection de Sir Simonds D'Ewes (1602-1650)	xive s.	*C*
Rouen, Bibliothèque municipale, *U 65 (1426)* Abbaye St-Ouen de Rouen	xive s.	*Ru*
Londres, Lambeth Palace Library, *352*	fin du xive s. – début du xve s.	*L*
Aberystwyth, National Library of Wales, *Ms 335A*	xive s.	*Ab*
Paris, Bibliothèque nationale de France, *lat. 3768*	xive s.	*Pc*
Cambridge, Corpus Christi College, *275*	xve s.	*P*
Londres, British Library, *Harley 2432* Collection de Sir Robert Burscough (1651-1709)	xve s.	*F*
Cambridge, St John's College, *176 (G 8)*	xve s.	*J*
Londres, British Library, *Sloane 289*	xve s.	*Ls*
Londres, Inner Temple Library, *Petyt 538.36*	xve s.	*It*
Londres, British Library, *Harley 275* Collection de Sir Simonds D'Ewes (1602-1650)	xve s.	*E*

Caractéristiques générales de la famille E

Si nous avons retenu le nom de « rédaction anglaise » (ou rédaction E pour « English »), c'est parce que les 14 manuscrits qui composent cette famille sont originaires de Grande-Bretagne. Huit d'entre eux ont été répertoriés et utilisés sélectivement par J. H. Mozley, qui leur a attribué des sigles simples que nous avons conservés (*A, R, C, L, E, F, J, P*) (¹). Cinq autres témoins de cette même rédaction (*Os, Ru, Ab, Ls, It*) ont été découverts par E. B. Halford, dans sa recherche, qui se voulait exhaustive, des manuscrits de la *Vita Adae et Evae* (²). Enfin P. Saenger, de la *Newberry Library* de Chicago, a attiré notre attention sur le manuscrit de Paris, BnF, *lat. 3768* (*Pc*) (³).

La famille E présente deux caractéristiques majeures. D'abord, pour les chapitres 1-12, elle transmet le texte de la recension lat-P, et c'est seulement pour la suite du récit, à partir du chapitre 12, qu'elle se rattache à la recension lat-V. Ensuite, elle ajoute aux 54 chapitres de la *Vita Adae et Evae* traditionnelle plusieurs petites notices sur Adam: sur les huit parties du corps d'Adam (ch. 55), sur le modelage du corps d'Adam (ch. 56) et sur le nom d'Adam (ch. 57) (⁴).

D'autres caractéristiques distinguent la famille E des autres familles. On mentionnera d'abord quelques erreurs conjonctives. Deux d'entre elles avaient déjà été signalées par J. H. Mozley: *et erat lugidus* au lieu de *et erat lucidus* en 21,7; *tabulae de terra lucidae* au lieu de *tabulae de terra luteae* en 50,2.5.7 et 52,2 (⁵). Il faut en outre relever d'autres leçons corrompues ou manifestement secondaires:

8,8-9   (lat-P) *et factae sunt ad eum uoces angelicae per singulos dies* Pr Ma: *et factae sunt raucae fauces eius per singulos dies* E (reformulation d'après le *Ps* 69[68],4 Vg: *laboravi clamans, raucae factae sunt fauces meae*)

(1) J. H. MOZLEY, « The 'Vita Adae' », *The Journal of Theological Studies* 30 (1929), p. 121-149.

(2) E. B. HALFORD, « The Apocryphal *Vita Adae et Evae*. Some Comments on the Manuscript Tradition », *Neuphilologische Mitteilungen* 82 (1981), p. 417-427. Halford indique qu'il a recherché en priorité les manuscrits conservés en Grande-Bretagne (p. 420, note 11).

(3) P. H. SAENGER, *A Catalogue of the pre-1500 Western Manuscript Books at the Newberry Library*, Londres – Chicago 1989, p. 16.

(4) Une édition et une traduction de ces mêmes notices telles qu'elles sont tranmises dans le manuscrit de Paris, BnF, *lat. 5327* (*Pa*) sont données plus haut (p. 175-179).

(5) Cf. MOZLEY, p. 125.

29,21-22 (lat-V) *et impii punientur a deo rege suo, qui noluerunt amare legem illius*: *et impii ponent Adam regno suo et qui uoluerunt amare regnum illius* E (voir note de lat-V ad loc.)

29,28-29 †*consecuti autem*† *erunt nolentes purificari per aquam*: †*consequenti*† *autem uolentes purificari per aquam* E (sur ce passage corrompu dans toute la tradition, voir note de lat-V ad loc.)

37,2-3 *uenit serpens bestia et impetum faciens momordit Seth*: *uenit serpens bestia impietatis et faciem Seth momorsit* E

48,7 *uidente Seth et matre eius et alio nemine*: *uidentes Seth et mater eius quae fiebant per angelos admirati sunt ualde* E (retouche destinée à clarifier un détail narratif qui faisait difficulté; voir note de lat-V ad loc.)

52,6-7 *et a nemine legebantur*: *et minime legebantur* E

53,5-6 *impii murmuratores et querelosi qui secundum concupiscentias suas ingrediuntur*: *impii murmuratores querent loqui secundum concupiscentias suas ingrediuntur* E. On remarquera que Mozley avait placé *querent loqui* entre croix.

La famille E se caractérise aussi par quelques omissions qui lui sont propres: dans les ch. 1-12, voir l'apparat de lat-P en 4,5 et 11,3-4; dans les ch. 13-54, voir l'apparat de lat-V en 16,6; 22,2-3; 24,5; 26,1-2; 29,10-11; 33,3-4; 43,2.

Les relations entre les témoins

La particularité la plus remarquable de la rédaction E tient au fait que la grande majorité de ses témoins transmettent un même texte et que les variantes qui les distinguent sont rares et le plus souvent mineures. Contrairement aux autres rédactions, il n'a donc pas été possible de distinguer des groupes de manuscrits ou de déterminer des relations généalogiques. En effet, les variantes communes sont rarement le fait de plus de deux ou trois témoins, et les parentés relevées ne se maintiennent pas de façon permanente.

Dans deux cas cependant, une filiation directe peut être établie entre des témoins de E. D'une part, *Ls* est une copie de *A*; d'autre part, *It* est une copie de *F*. Sauf en quelques rares occurrences, ces copies respectent fidèlement leur modèle respectif et présentent les mêmes variantes et les mêmes omissions. *Ls* et *It* ne sont cités dans l'apparat critique de la rédaction

E que lorsqu'ils transmettent une leçon différente de A et de F.

L'édition de Mozley et la présente édition

Notre édition de la rédaction anglaise diffère sensiblement de celle de Mozley. Les quelque 120 différences sont signalées dans l'apparat critique sous le sigle *Mozley*, Elles tiennent essentiellement au fait que le savant anglais a pris pour base de son édition le manuscrit A (Arundel *326*), qui est le plus ancien, et lui a donné une priorité quasi absolue. Il ne signale que très sélectivement les écarts par rapport à A des sept autres témoins anglais qu'il connaît: sur les 372 entrées de son apparat critique, seule une centaine porte sur des variantes internes de la famille E ([1]).

En fait, il ressort de notre étude que A présente une série de particularités qui le distinguent des autres témoins et qui ne peuvent pas remonter à l'ancêtre commun de la rédaction E. La plus évidente est l'interpolation, au ch. 43 et 44, d'éléments liés à la *Légende du Bois de la Croix* — Seth rapporte à Adam ce qu'il a vu en regardant vers le paradis: une Vierge assise au sommet d'un arbre, tenant dans ses mains un enfant crucifié. Contrairement à Mozley, nous n'intégrons pas dans notre édition ces passages qui se trouvent seulement dans A et dans Ls, sa très fidèle copie. Nous écartons de même des leçons où A diffère de la majorité des autres témoins — par exemple quand il est seul à désigner nommément le sujet ([2]) ou à mentionner les filles d'Adam à côté de ses fils ([3]).

Deux témoins singuliers

Deux témoins méritent d'être examinés de façon plus précise, car ils proposent des variantes significatives. Conservés tous les deux dans des bibliothèques de Cambridge, ils se signalent à notre attention par la fréquence et le nombre de leurs écarts

---

(1) Toutes les autres entrées concernent des témoins n'appartenant pas à la « Arundel class », à savoir W, D, Q, B, M (le sigle M désigne le consensus des manuscrits de la classe II de Meyer) et *Inc.*

(2) Voir l'apparat de E en 34,6; 36,1; 37,5; 39,5; 44,1; 46,2.

(3) Voir l'apparat de E en 30,3; 45,3; 46,4-5.

par rapport à la majorité des témoins de E. Il s'agit de *J*, Cambridge, Saint John's College, *176* (*G 8*), et de *P*, Cambridge, Corpus Christi College, *275*.

Cambridge, Saint John's College, 176 (J)

Dans ce témoin, les variantes ne sont le plus souvent que des fautes d'inattention, des omissions ou des modifications du texte qui nuisent à la compréhension de la phrase sans motif perceptible.

Parmi les omissions de *J*, on notera :

mittam (3,13); *tibi* (6,2); *te* (11,8); *dei* (13,3); *sicut praecepit* — *domini dei* (14,2-4); *me* (14,7); *coepit* (18,6); *non* (19,3); *in* (26,3); *lumen* (28,4); *scientiae* (29,5); *dei* (29,15); *angelum suum* (36,4); *et dixit uoce magna* (38,1); *te* (39,1); *apparuit* (41,2).

Pour les modifications de vocabulaire, on relèvera les cas suivants :

reuocet : mittet (2,5); *septima : septimana* (6,3); *miserebitur nobis : miserabitur nostrum* (6,10); *exparsi : experti* (7,3); *transfigurans se : transfigurauit se* (9,3); *redi : reddi* (9,6); *cessa : cessa est* (9,6); *habitatione : (here)ditatione* (10,7); *moriar : morear* (18,5); *centesimo : centissimo* (?) (23,9); *procidens : procedens* (27,1); *incendit me : inc. te* (27,7); *praeteribunt : peribunt* (29,11); *dispersione : desperatione* (29,14); *de fructu paradisi de quo : de fructibus p. de quibus* (31,2); *infirmor : morior* (31,8); *flagellatione dolorum : flagitione doloris* (34,6-7); *iubet : uult* (36,4); *furores nostros : furorem suum* (38,3); *corpus Adae : tempus Adae* (46,2); *sedebit : ponam eum* (47,7); *sepelierunt : ceperunt* (48,5).

Cambridge, Corpus Christi College, 275 (P)

P mérite une attention particulière; l'étude de ses variantes montre en effet qu'elles ne sont pas des fautes d'inattention mais qu'elles découlent d'une volonté affirmée de corriger le texte pour le rendre plus compréhensible. Bien que ces variantes ne reflètent pas un état antérieur du texte de la famille E, il est nécessaire de les relever pour rendre compte de la manière dont on a pu traiter un récit comme la *Vita Adae et Euae*.

Omissions

Quelques-unes des omissions de *P* ne paraissent pas volontaires; elles sont plutôt la conséquence d'une faute d'inattention (saut du même au même) :

6,9   om. *et ego in Jordanem diebus quadraginta*
26,3   om. *ut haberes eam in uoluntate tua*

D'autres paraissent volontaires:

8,10   om. *per singulos dies*
21,3   om. *angelus*
29,2   om. *paradisi*

Modifications de vocabulaire

Les modifications suivantes cherchent à améliorer la compréhension du texte:

7,2   *et ipse uenit: et Adam iuit*
8,3   *uos: uos ipsos*
9,1   *quod: in quibus*
9,6   *repausa: reuertere sponsa* (?)
10,1   *et tunc: quibus auditis*
11,5   *expugnare: inquietare*
12,2   *a te: erga te*
13,2   *quando: quia cum*
16,5   *ideo: incontinenti*
17,2   *in manibus tuis est: in manibus tuis est posita et a te est facta; fac: peto*
24,1   *cognouit Adam uxorem suam: conuenit Adam ad uxorem suam*
24,6   *nationibus: generationibus*
27,6   *postponas: deleas nec destruas*
27,8   *diligens scientiam: cum diligentia et scientia*
30,2   *finiuntur: finientur in breui*
31,7   *afferat mihi: afferam tibi*
33,2   *ascenderent: accederent*
35,6-7   *mea culpa haec tibi acciderunt: mea culpa est*
38,2-3   *nonne contra uos excitauit furores nostros: numquam non excitastis furores nostros*
51,5   *signum resurrectionis: resurrectionis dies*
52,7   *uidit tabulas: uidit dictas tabulas*

Dans quelques cas, le copiste modifie le sens du texte ou l'altère:

16,5   *et tu in deliciis et laetitia positus: et de deliciis et laetitia de quibus potitus fueram* (le copiste comprend que le diable parle encore de lui-même et des conséquences de sa condamnation; le *tu* n'apparaissait sans doute pas dans le texte qu'il lisait)
20,1   *planctus: planeta* (mauvaise lecture? ou allusion au luminaire qu'Ève a chargé de prévenir Adam?)
29,11   *ibi praeteribunt: et ipsi peribunt*

29,18   *et non poterit: et ideo poterit*

46,4-5   *super capitibus et capita super genua posuissent et omnes*
filii eius similiter amarissime lacrimarentur: super capita
et capitibus et cum super genua posuissent se omnes filii
eius et amarissime lacrimassent (?)

Enfin, dans un cas, en 25,4, *P* est le seul manuscrit de la famille anglaise à avoir conservé le texte premier. Alors que tous
les autres témoins écrivent *uidi choros tanquam uentos, P*
s'accorde avec les rédactions R et A: *uidi currum tanquam*
uentum. Le plus probable est que *P* a trouvé dans d'autres témoins de la *Vita* la leçon authentique et a ainsi corrigé la
séquence incompréhensible du reste de la tradition anglaise
(*uidi choros tanquam uentos et rota illius erat ignea*).

L'édition et l'apparat

Dans l'apparat le sigle *A* renvoie à la fois aux témoins *A* et *Ls*,
et le sigle *F* à la fois aux témoins *F* et *It*. *Ls* et *It* ne sont cités
que s'ils proposent une variante par rapport à leur source. Le
sigle *Mozley* signale tous les cas où l'édition de Mozley propose
un texte différent de celui qui est retenu ici.

La rédaction de Bohême

Nous appelons « rédaction de Bohême » et désignons par le sigle B une famille de huit manuscrits, dont les principaux sont
originaires de l'ancienne Autriche-Hongrie, et dont plusieurs
sont conservés dans les bibliothèques de cette même région.

Caractéristiques communes aux témoins de la famille B

De nombreuses variantes, attestées par tous les témoins de
cette rédaction, ne laissent aucun doute sur le fait qu'ils dépendent d'une même source. L'apparat de lat-V permet de
recenser ces variantes communes. On relèvera en particulier:

1,1   *de paradiso: de paradisi deliciis* [*de paradyso deliciarum*
Wu; de paradiso Pu]

1,2   *fuerunt ibi septem dies lugentes et lamentantes: fecerunt*
dies luctus et lamentationis

8,1-3   *tibi dico aqua Jordanis condole mihi et segrega natantia*
quae in te sunt et circumdent me et lugeant pariter mecum:

uobis dico aquae Jordanis condolete mihi et segregamini et circumdate me lugete mecum pariter (Adam s'adresse aux eaux du Jourdain et non aux *natantia* qui y vivent; passage à la deuxième personne du pluriel d'un texte initialement à la troisième personne. *Nu* et *Wu* mettent les premiers mots au singulier, mais les derniers impératifs sont au pluriel.)

11,3-4   *et exclamauit dicens uae tibi diabole*: *Adam autem exclamauit dicens uae tibi diabolica inuidia* (B est la seule rédaction qui attribue clairement à Adam les imprécations contre Satan.)

16,3-4   *in hunc mundum exules facti sumus de habitationibus nostris et proiecti sumus in terram*: *exul factus sum de habitationibus meis et proiectus sum in terram*

16,5   om. *quia expoliatus sum*

18,4-5   *de lumine uitae istius*: *de flumine uitae istius*

18,8   *conceptum trium mensium*: *trium mensium Cain* (le nom propre remplace un nom commun, *conceptum, puerum, foetum.*)

19,3-4   *nec erat misericorda circa eam*: *nec erat ei requies ulla*

21,4   *et dixit* [sujet: *Michael*]: *et dixit uirtus*. Variante remarquable: B est la seule famille qui, en attribuant la bénédiction d'Ève à une des puissances, ait conservé la tradition commune à lat-P et aux recensions arménienne et géorgienne. Les autres familles l'attribuent à Michel (A R T) ou à l'ange (E).

21,7-9   *et continuo infans exurgens cucurrit et manibus suis tulit herbam deditque matri suae*: *et continuo surrexit infans et cucurrit animalibus suis tollere herbas* (corruption évidente: Caïn ne cueille pas des herbes « de ses mains », mais « pour ses animaux ».)

26,1 – 27,4   om. *hoc uidens — maiestatis sed*. Omission commune à R2 et à B, qui atteste avec d'autres points d'accord la parenté entre ces deux rédactions (cf. note de lat-V ad loc.; introduction à l'édition de lat-V, p. 263).

28,5-7   *tibi dant honorem et laudem spiritalem uirtutes ut facias cum humano genere magnalia misericordiae tuae*: *tibi dicam laudem et honorem spiritalem uiuentem me facias et omne genus humanum multitudine misericordiae tuae* (altération due sans doute à la lecture *uiuentem* au lieu de *uirtutes*)

28,10 – 29,5   om. *circa paradisum — quae erunt* (saut du même au même sur *quae erant | quae erunt*). Suite à cette omission, le texte de B prend le sens suivant: « Et (Michel), tenant dans sa main une baguette, toucha les eaux qui étaient dans ce siècle-ci. Et il dit: Au temps où Dieu enverra son Fils sur la terre pour sauver le genre humain, alors Dieu apparaîtra dans une flamme de feu... ».

29,27-29   om. *purificabuntur per aquam — nolentes purificari per aquam* (B lit ainsi: *et in tempore illo felix erit homo...*)

32,3   *omnem arborem fructiferam*: *fructum omnis arboris*

35,1-2   *haec dicens Adam ad omnes filios suos comprehensus est magnis doloribus et clamans magnis uocibus dicebat*: *haec dicens Adam et omnes filios suos comprehendit magnis doloribus et clamans magnis doloribus constrictus dicebat* (mauvaise lecture: *et* au lieu de *ad*)

40,2-3   La double expression *in partes paradisi* / *ad portas paradisi* est conservée dans les plus anciens témoins de B (*Sf Bh Wu*), alors que les autres en ont abandonné l'un ou l'autre élément. Elle s'explique comme le résultat d'une omission à l'intérieur du texte: *Seth autem et mater eius ambulauerunt in partes paradisi <propter oleum misericordie ut ungerent Adam infirmum, et peruenientes Eua et Seth> ad portas paradisi.*

42,4-5   *resuscitare corpus Adae et cum eo multa corpora mortuorum*: *resuscitare corpora mortuorum*

49,7-8   Alors que dans les autres rédactions *inducet* est au singulier avec pour sujet Dieu, le verbe est ici à la deuxième personne du pluriel — *super indicastis, superinduxistis, inducatis* — avec pour sujet les protoplastes, responsables du jugement futur pour avoir communiqué le péché à tous les humains. B doit alors ajouter un deuxième verbe (*ostendet*) pour introduire Dieu, sujet de la colère du jugement.

Pour compléter la liste des variantes caractéristiques de B, on se référera aussi aux entrées suivantes de l'apparat de lat-V:

4,5-6   (add. *eamus et*); 4,7 (add. *uescamur et*); 6,2 (*sed quod ego praecipio fac ut salueris*); 9,10 (*eo quod ita paenitueritis*); 21,1 (*et uenerunt duo angeli et duae uirtutes de caelis*); 23,1-2 (*dormiebam et uidi*); 31,3 (*indica ergo pater mihi si ita est*); 52,10-11 (*ut scriberet de ferro in lapides istos*); 52,11 (*et ecce cognosce scripturam ut scias*).

Parenté de B avec R2

La liste précédente montre que, comme R2, B omet 26,1 − 27,4 et relie les textes conservés de la même façon. L'hyparchétype de B dépendait donc d'un témoin apparenté à R2. Une série d'autres variantes confirme cette relation de parenté (voir introduction à l'édition de lat-V, *infra*, p. 263).

Les trois groupes de témoins

B1a	Munich, Bayerische Staatsbibliothek, *clm 17151* Abbaye de Schäftlarn	xive s.	*Sf*
B1a	Munich, Bayerische Staatsbibliothek, *clm 26630* Bohême	xve s.	*Bh*
B1a	Budapest, Országos Széchényi Könyvtár, *390*	milieu du xve s.	*Bp*
—	Prague, Národní knihovna České republiky, *798 (V. A. 7)* Collège St Clément de Prague	xive s.	*Pu*
B1b	Wurtzbourg, Universitätsbibliothek, *M.ch.q.23* Bibliothèque de la cathédrale de Wurtzbourg	fin du xive s.	*Wu*
B1b	Nuremberg, Stadtbibliothek, *Cent. IV 82*	vers 1434	*Nu*
B2	Londres, British Library, *Harley 495*	xive s.	*D*
B2	Oxford, Queen's College, *213*	1449	*Q*

Cet ensemble bien individualisé de huit manuscrits se répartissent en trois groupes, plus un témoin non classé. Cinq des
manuscrits continentaux, liés entre eux par des variantes
communes (B1), se divisent en deux groupes (B1a et B1b); ils
se distinguent des deux manuscrits anglais, qui forment un
troisième groupe (B2). Un dernier témoin, de Prague (*Pu*),
s'apparente au groupe B1a, mais s'en distingue par de nombreuses variantes; dans l'apparat, il n'est jamais inclus ni dans
le sigle B1a ni dans le sigle B1.

(1) Le groupe B1a est constitué de *Sf, Bh* et *Bp*.

(2) Le groupe B1b réunit les deux manuscrits d'Allemagne
centrale, *Nu* et *Wu*.

(3) Le groupe B2 est formé des deux manuscrits anglais, *D*
et *Q*. J. H. Mozley avait bien relevé leur singularité par rapport aux autres manuscrits anglais (notre famille E) et leur
relation avec la classe II de Meyer, tout en remarquant que
« in phraseology they occasionally differ from Meyer's
text » ([1]). Mozley ne pouvait reconnaître leur relation avec
d'autres manuscrits d'origine germanique puisque Meyer
n'avait pas dégagé les caractéristiques propres à cette rédaction.

La forme continentale (B1)

Ces témoins se divisent en deux groupes.

---

(1) MOZLEY, p. 121.

Le groupe B1a

Le groupe B1a est composé des manuscrits *Sf, Bh et Bp*. Il se caractérise par de nombreuses variantes, qui le distinguent des deux autres groupes et qui se retrouvent très souvent dans *Pu* (¹).

5,3   *exaudiantur* B1b Q: *exaudientur* B1a Pu
15,1   *sub me* Wu B2: *sublimes* B1a *sublimiores* Pu
19,1   *tempus partus eius* B1b Q: *tempus eius* D *partus eius* [*eius* om. Pu] B1a Pu
20,5   *ut exaudiat* B1b+2: *et exaudiet* B1a Pu
21,3   *tetigit a facie eius usque ad pectus* B1b+2: *tetigit faciem eius atque* [*et* Pu] *pectus* B1a Pu
24,4   *annos trecentos* B1b+2: *annos* xxx Sf Bh xxx *annos* Bp *intra hos annos* Pu
27,2   *ne* B1b+2: *ne forte* B1a Pu
38,2   *malitia* B1b+2: *maledictio* B1a
38,5   *portare* B1b+2: *pugnare* B1a *pugnare mecum* Pu
38,6   *pungnare* [*compungnare* Wu] B1b+2: *preualere* B1a *possum preualere* Pu
49,9 – 50,3   *genus humanum — iudicabit dominus* B1b+2: om. B1a Pu (par saut du même au même sur *genus*)
52,4   *et* B1b+2: *quae* B1a Pu
52,5   *sapientissimus* B1b+2: *sapiens* B1a Pu

Relations entre Sf, Bh et Bp

Quelques variantes montrent que *Bh* et *Bp*, datés tous deux du xve siècle, ne dépendent pas directement de *Sf*, daté lui du xive:

3,9   *maledictionem* Bh Bp B1b Q: *benedictionem* Sf
24,5   *simul* Bh Bp Nu: *semel* Wu *similiter* Sf
31,5   *lamentatione maxima* Bh Bp B2: *lamentatione magna* [*et maxima* add. Nu] Sf B1b
31,9   *dolores* [*doloribus* Bp *maximos* add. Pu] *patior* Bh Bp Pu B1b+2: *labores patior* Sf

Dans une série de cas, *Sf* et *Bp* s'accordent sur la bonne leçon, contre *Bh*:

3,2   *patriam* Sf Bp B1b Q: *terram* Pu *regionem* Bh
12,4   *habebam in caelis in medio angelorum et propter te* Sf Bp B1b+2 Pu: om. Bh

---

(1) Les exemples cités font référence à notre édition de la rédaction B et à son apparat.

23,7   *centum triginta* Sf Bp B1b+2: *100 40* (écrit en chiffres arabes) Bh *triginta* Pu

27,4   *incendit me* Sf Bp B1b+2: *incendit* Bh *intendit me* Pu

29,12   *exsuperabit iniquitas aequitatem* Sf Bp B1b+2: *exsup. iniquitas iniquitatem* Bh *exsup. iniq. ueritatem* Pu

29,14   *aequitas* Sf Bp B1b+2: *iniquitas* Pu om. Bh

48,2   *bissinas et — aliis sindonis*: om. Bh (par saut du même au même sur *sindones − sindonis*)

Dans deux cas, *Bh* a conservé un passage omis par *Sf* ou *Bp*:

29,6   *maiestatis sue — praeceptum eius*: om. Sf

29,6-7   *ibi domum — praeceptum eius*: om. Bp

Le manuscrit de Prague (Pu) et sa relation avec B1a

Pu a sans doute été écrit au xive siècle, comme *Sf*. Il a en commun avec le groupe B1a une série de variantes communes, dont les principales ont été signalées plus haut. Une relation particulière l'unit à *Bh*; l'apparat critique recense plusieurs variantes propres à ces deux témoins. On notera en particulier:

11,2   *super faciem suam in terram* [*terra* B2] Sf Bp B1b+2: *in terram super faciem suam* Bh Pu

12,1   *diabolus respondens dixit*: *diabolus dixit* Bh Pu

14,2-3   *ipse Michael primus* B1b+2: *ipse primus Michael* Sf Bp *ipse primus* Bh Pu

20,6   *liberet* Sf Bp Nu B2: *liberat* Wu *liberabit* Bh Pu

21,6   *parare* [*te* add. D] Sf Bp B1b+2: *prepara te* Bh Pu

36,1   *ad eam Adam*: *Adam ad Euam* Bh Pu

46,7   *dominus deus*: om. Bh Pu

52,3   *in medio domo* Sf Nu B2: *in medio domus* Bh Pu

52,3   *orabat* Sf Bh B1b D: *orauit* Q *adorabat* Bh Pu

Ces rapprochements n'empêchent pas *Pu* de présenter un texte souvent très différent de celui de B1a, marqué par deux types de variantes.

(1) De nombreuses omissions, parfois longues, souvent par saut du même au même: voir notamment 3,5-7; 24,2-4; 25,8-9; 28,9-10; 29,5; 34,5-6; 35,1-2; 38,2.

(2) Des transformations du texte. On citera en particulier:

41,4 − 42,1   *deprecando oleum de ligno misericordiae ut perungas patrem tuum Adam propter dolores dico enim tibi quod nunc nullo modo...*: *deprecando dominum quia oleum misericordie quod petis nullo modo...* Pu

43,2   *adhuc sex dies et exiet anima de corpore eius et tunc uidebis mirabilia in caelo*: *adhuc* vii *dies et tunc uidebis mirabilia quando exiet anima de corpore suo mirabilia etiam in celo* Pu

46,2-4 *et Eua cum esset respiciens intextas manus habens super caput et super genua: et Eva cum esset ibi respiciens in celum et manus intexas capiti habens cecidit super genua flens et eiulans ualidissime* Pu

47,2-4 *et cum uidisset manum domini extentam tenentem Adam tradidit eum Michaeli archangelo dicens: tunc dominus extendens manum suam et apprehendit Adam et tradidit eum Michaele* Pu

Voir également 19,1 ; 27,1-2 ; 29,2-3 ; 32,6 ; 38,3 ; 38,4-5 ; 42,7-8.

Malgré le nombre et l'importance de ces variantes, l'appartenance de *Pu* à la rédaction B ne saurait être mise en doute, car elles prennent appui sur la forme particulière de cette rédaction. Par exemple, en 35,2 *Pu* conserve l'expression *magnis constrictus doloribus,* qui est propre à B ; de même en 38,5-6, la combinaison entre *pugnare* et *praeualere* est propre au groupe B1a.

C'est donc bien un témoin de B que le scribe de *Pu* a eu sous les yeux, mais il l'a copié à sa façon. On relèvera, par exemple, qu'il rapproche la vision d'Adam (ch. 25) et celle du Fils de l'homme en *Daniel* 7 : au lieu de *uidi dominum sanctum,* il écrit *uidi antiquum dierum,* « j'ai vu l'Ancien des jours » — *Pu* est le seul de tous les témoins de la *Vita Adae et Evae* à faire un tel rapprochement. Le manuscrit de Prague apparaît ainsi comme le résultat d'un effort de réécriture de B, mais c'est un témoin défiguré par de multiples fautes de lecture.

Le groupe B1b

Le groupe B1b, dont les deux témoins sont originaires d'Allemagne centrale, est composé des manuscrits *Nu* et *Wu.* Rappelons que *Wu* est daté du XIVe siècle et *Nu* du XVe. Les principales variantes propres à ces deux manuscrits sont les suivantes :

1,2 *dies luctus et lamentationis* Bh Pu Q : *dies luctus lam.* Sf Bp *dies luctus dies lamentationis* B1b

3,11 *surge et queramus* B1a Q : *surge ut quaeramus* B1b Pu

5,5 *impleuimus* B1a Pu : *adimpleuimus* B1b

8,1-2 *uobis dico aquae Jordanis condolete mihi* B1a Pu Q : *tibi dico aqua Iordanis condolere mihi* B1b

13,4   *flauit* Sf Bh: *inflauit* Bp D *sufflauit* B1b *insufflauit* Pu
            Q
13,7-8   *ecce Adam ... creatus est adorate eum* B1a+2 Pu: *ecce
            Adam ... creatus es adorare eum* B1b
23,7   *erat autem* B1a Pu Q: *erat autem Adam* B1b D
47,5   *aspirationis* B1a Pu: *desperationis* B1b *sperationis* D *se-
            parationis* Q

La copie de *Wu*, d'une écriture souvent difficile à lire, est
marquée par de nombreuses fautes de détail, dues sans doute à
l'inattention du copiste, en particulier de nombreuses omissions, qui concernent le plus souvent des mots courts, *dies, ego,
hoc, illi, in, nos, omnes*, et des inversions de l'ordre des mots.
On relève aussi un certain nombre d'incompréhensions de la
source. On citera par exemple:

4,1   *nihil inuenerunt*: *nihil inueniebatur inuenerunt* Wu
            (contresens)
9,11-12   *paratus est uobis uictus*: *paratus* (sic) *est uobis esca* Wu
12,3   *gloria mea et alienatus sum*: om. Wu (par suite d'un saut
            du même au même sur *sum*)
12,5-6   *respondit Adam — nos persequeris*: om. Wu
31,8   *non fili mi* [om. Nu B2] *non* B1a+2 Nu Pu: *non similiter*
            Wu
42,7-8   *suae omnes — oleum misericordiae*: om. Wu (par un saut
            du même au même sur *misericordiae*)

Défiguré par ces nombreuses fautes d'inattention, *Wu* présente
moins d'intérêt que *Nu*.

La forme anglaise – Le groupe B2

Les deux témoins de ce groupe, *D* et *Q*, sont conservés dans
des bibliothèques d'Angleterre. Je n'ai pas trouvé d'information
qui permette de comprendre le cheminement qui a conduit ces
témoins dans des collections anglaises.

Les variantes propres au groupe B2

Il convient de relever les différences les plus significatives de
B2 par rapport à B1. Rappelons que de 1,1 à 8,3, *Q* est le seul
témoin du groupe B2 et qu'on ne peut pas être assuré que *D*,
avant sa mutilation, transmettait le même texte.

Avec une certaine constance, et contrairement aux groupes
B1a et B1b, les copistes des témoins anglais écrivent le plus
souvent *in terra*, sans égard pour le fait que la préposition *in*

complète un verbe de mouvement ou un verbe d'état; voir
11,2; 12,5; 16,3; 28,1; 31,4; 36,3.

3,2   *habebat* B1 Pu: *habebant* Q
3,6   *ut moriar* B1: om. Q
5,5   *quia sicut promisimus non implevimus* [*adimpleuimus*
        B1b] B1: *quia inique egimus* Q
5,6   *quantum possum volo paenitere*: *indica michi debeam pe-*
        nitere Q
9,4-5   *et pausa et de cetero non plorabis* B1: *et pausa et non*
        plorabis Pu *et noli plorare* B2
9,6   *tu et uir tuus Adam* B1a Pu: *tu et Adam uir tuus* B1b *et*
        Adam uir tuus B2
18,4-5 *separa me de flumine uitae istius et* B1 Pu: *de flumine*
        [*sed* add. Q] B2
18,8   *trium mensium* B1 Pu: om. B2
27,1   *animam meam* B1 Pu: *animam meam in requiem tuam*
        B2 (cet ajout est aussi attesté par *P*, témoin de la fa-
        mille anglaise)
27,2   *de ore meo* B1 Pu: *de corpore meo* B2
29,1   *et dixit* B1 Pu: om. B2
29,9   *exacerbauerunt* B1: *exacuerunt* B2 *spernunt* Pu
29,11   *altiabitur* [*alterabitur* Nu] B1a+b: *exaltabitur* B2 Pu
30,2   *triginta uno* [*duorum* Pu] B1 Pu: *triginta* B2
34,5   *deputati sumus* [*sunt* Sf Pu] B1a+b Pu: *deputauit* B2
39,1-2 *obmutesce cito* B1a+b: *obmutescito* Q *obliuisce cito* Pu *ob-*
        liuiscito D
54   *Adam uero postquam passus est Iesus intrabit* [*introiuit*
        D] *in paradisum* [*in par.* om. D] B2: *non habent* B1 Pu.
        Le groupe B2 est le seul de toute la tradition manu-
        scrite de la *Vita Adae et Euae* à rattacher l'entrée
        d'Adam au paradis à la mort de Jésus. Les autres té-
        moins ayant conservé la notice qui constitue le ch. 54 de
        lat-V *(Pa Mf* R1d R2a+c R3 E A3) parlent de l'entrée
        respective d'Adam et d'Ève au paradis dans le temps
        qui a suivi leur création : « Adam entra dans le paradis
        après quarante jours, et Ève après quatre-vingt jours »
        (voir la note à la traduction de lat-V 54).

Dans quelques cas, le groupe B2 a conservé la forme ancienne
du texte, attestée par R1:

28,3-5 *Tu es lux* [om. D] *super omne lumen fulgens lux incom-*
        prehensibilis uirtus uiuens tibi dicam laudem et honorem
        B2: om. B1 Pu (perte de la deuxième partie de la prière
        d'Adam par saut du même au même sur *honorem*)
32,6   *mihi et matri uestrae* Wu B2: *mihi patri uestro* Pu *nobis*
        B1a Nu

34,3   *septuaginta* [*sexaginta decem* D] Wu B2: *octoginta* B1a
         Nu
37,2   [*et* add. Q] *impetum faciens* B2: om. B1 Pu
38,5   *non potes* Wu B2: *potes* B1a Nu *oportet te* Pu

Relation entre D et Q

D, daté du xive siècle, est antérieur à Q, daté de 1449. Mais
plusieurs indices montrent que Q ne dépend pas directement de
D. Voici quelques exemples de leçons où le texte de Q est plus
proche de B1 que celui de D:

15,3   *et ego dixi* B1 Pu Q: *et respondi* D
22,3   *seminibus* B1 Pu Q: *sensibus* D
42,5-6   *et cum egressus* [*missus* Pu] *fuerit* [om. Bp] *de aqua* [*flu-
         mine* Pu] *Iordanis* B1 Pu Q: om. D (par saut du même
         au même sur *Iordanis*)
46,1   *tenebratus est* [*autem* add. Sf Bp] B1a Nu Q: *et obtene-
         bratus est* Pu *tenebricat* Wu *tenebricatus est* D
52,11   *achilicas* Sf Nu Q: *achillicas* Bh Wu *achellicas* Pu *achi-
         latas* Bp *aquaillicitas* D. La leçon de D veut peut-être
         signifier une résistance particulière à l'eau.

On supposera donc à la source de ces deux témoins un exemplaire plus proche de la forme originelle du texte, antérieur à
D et sur lequel s'est basé le copiste de Q.

De son côté, Q omet quelques passages qui sont présents
dans D et figuraient très probablement dans leur source commune:

10,6   *o Eua — opus penitentiae tuae* B1 Pu D: om. Q
11,5   *aut quid tibi fecimus? cur nos tam dolose sequeris?*: om. Q
20,5   *et respiciat me* B1b: *et respiciet te* [*me* Pu] B1a Pu *et re-
         cipiat me* D om. Q

La rédaction tardive et ses deux familles

Nous regroupons sous le nom de rédaction tardive un ensemble
de 33 manuscrits, dont 4 sont datés du xive siècle et les 29
autres du xve siècle. Cet ensemble se répartit en deux grandes
familles: T1 (14 témoins) et T2 (19 témoins). Comme dans le
cas de la rédaction rhénane, nous éditons un seul texte — en
règle générale celui de T1 —, auquel nous rattachons deux
apparats distincts. Dans l'apparat critique de T2, nous signalons en gras les leçons caractéristiques de cette famille.

Notre rédaction tardive correspond à la classe III de Meyer. Mais l'éditeur allemand n'en a connu et utilisé que quatre témoins, appartenant tous à la famille T2 (¹).

Caractéristiques communes aux deux familles tardives (T)

Les deux familles ont pour principales caractéristiques communes l'insertion d'éléments empruntés à la légende du bois de la croix en plusieurs endroits du récit de la *Vie latine*, l'omission de lat-V 52-54 — l'histoire de la fabrication des tablettes par Seth et de leur découverte par Salomon —, l'adjonction, à la suite de lat-V 51, d'une phrase conclusive sur la béatitude éternelle future du « huitième jour », ainsi que quelques autres ajouts. A côté de ces caractéristiques qui sont propres à la rédaction tardive, il en est d'autres qu'elle partage avec le groupe R1d de la rédaction rhénane. Dans les listes qui suivent, nous signalons par un astérisque (*) ces variantes communes à R1d et à T dans son ensemble — ou à R1d et à l'une des familles de T.

Insertion d'éléments empruntés à la Légende du Bois de la Croix et suppression de l'histoire des tablettes de pierre et d'argile

La rédaction tardive se définit d'abord par l'insertion d'éléments empruntés à la tradition qui a donné naissance par ailleurs à la *Légende de la Croix*. Ces éléments adventices sont édités à leur place dans le texte de T, où ils figurent sous les numéros 42a, 43a, 44a et 48a (²). Ils racontent l'histoire du

---

(1) MEYER (p. 214-215) cite quatre manuscrits de la Bibliothèque d'État de Munich, *clm 4756*, *clm 15610*, *clm 18406* et *clm 2778*, qui correspondent dans la présente édition à *Bb* (T2a), *Ri* (T2c), *Tg* et *Ap* (T2b). Dans la note de la page 214, il mentionne encore *clm 2800* et *clm 5976* (ici *Ah* et *Ee*), deux manuscrits du Traité de la Pénitence spécifique à quelques témoins de T2 (cf. p. 233-234), ainsi que le manuscrit *1628* de Vienne qu'il ne connaît que par la citation qu'en avait faite Mussafia (MEYER, p. 210, n. 1). Il n'avait donc connaissance d'aucun témoin de T1, bien que la bibliothèque de Munich en possédât deux, *clm 16472* (*Rz*) et *clm 23929* (*Zp*).

(2) On en trouvera une traduction française ci-après p. 240-242.

rameau de l'arbre de la connaissance du bien et du mal que
Michel a donné à Seth pour soulager les souffrances d'Adam,
en lieu et place de l'huile de miséricorde qu'il était allé quérir
avec Ève (¹).

Le récit donne au roi Salomon un rôle essentiel dans le devenir de la poutre qui deviendra la croix de Jésus, ce qui était
difficilement conciliable avec le rôle qu'il jouait dans la construction du Temple selon l'histoire des tablettes de pierre et
d'argile. De cette histoire, la rédaction tardive n'a conservé que
l'ordre donné par Ève d'écrire les tablettes et la prophétie que
le premier jugement sera le jugement par l'eau, ce qui sous-
entend que les tablettes d'argile seront détruites lors du déluge.

Ajouts

Outre ces emprunts à la *Légende du Bois de la Croix*, tous les
témoins de la rédaction tardive ajoutent quelques propositions
inconnues des autres rédactions (²).

18,5-6   *Qui non respondit ei verbum. Hoc uidens Eua (coepit
           ambulare ad partes occidentis)*. Dans la phrase qui pré-
           cède, T corrige légèrement le propos d'Ève à Adam en
           remplaçant *et uadam* par *uel uadam*, ce qui laisse enten-
           dre qu'Ève propose à Adam une sorte de marché: soit il
           la sépare de la lumière de la vie — on entendra, soit il

---

(1) Selon la *Légende du Bois de la Croix*, le rameau en question, perdu et
retrouvé dans un des fleuves qui sortent du paradis, fut planté par Seth à la
tête de la tombe d'Adam et donna naissance à une forêt dans laquelle furent
collectées les poutres du Temple au temps de Salomon. Parmi celles-ci, il s'en
trouva une qui, rendue par miracle inutilisable pour la construction et jetée
dans la piscine probatique, devait finalement servir à constituer la croix de
Jésus. Dans son édition, Meyer a réuni les interpolations empruntées à la
Légende du Bois de la Croix dans la *Vita Adae et Evae* (MEYER, 1882, IV, 6,
p. 120-122). Dire qu'il s'agit d'interpolations empruntées à la *Légende* ne
signifie pas qu'elles aient été extraites telles quelles du texte dans la forme
précise éditée par Meyer. Les nombreux témoins de la *Légende* laissent
entrevoir une tradition textuelle aussi complexe que celle de la *Vita Adae et
Evae* — Meyer lui-même s'est efforcé de rassembler les nombreuses allusions à
cette tradition, allusions plus ou moins détaillées et transmises sous de
nombreuses formes.

(2) Tous les ajouts de T provenant de la légende du bois de la croix et ceux
qui sont cités dans la liste qui suit se trouvent aussi dans Inc, la rédaction des
incunables. La référence qui précède chaque entrée de la liste renvoie à
l'édition de lat-V.

la tue — soit elle ira vers l'Occident pour attendre la mort. D'où l'ajout : « Il ne lui répondit pas. Voyant cela, Ève se mit en marche vers les régions de l'Occident. »

19,7 *et dum luminaria reuerterentur ad orientem per nuntium [per motum] ipsorum intellexit Adam quod Eua graui dolore torqueretur.* Ève a demandé aux luminaires, qui par leur mouvement perpétuel vont retourner à l'Orient, de prévenir Adam de ses douleurs, et T ajoute : « Lorsque les luminaires revinrent à l'Orient, Adam comprit, grâce à leur message (ou : grâce à leur mouvement) qu'Ève était affligée d'une profonde douleur ».

21,7 *Eua vero ignorans et admirans quid hoc esset quod pepererat dixit ad Adam : Domine mi, interfice hoc ne nos forte interficiamur per illud, quia in herbis uenenosissimis illud comedi. Respondit Adam et dixit : Nequaquam, quia sanguis et caro nostra est.* A la naissance de Caïn, « Ève, qui était dans l'ignorance et se demandait avec étonnement ce que pouvait être ce qu'elle avait enfanté, dit à Adam : 'Mon seigneur, tue ceci de peur que nous soyons peut-être tués par cela, car j'ai mangé cela parmi des herbes très vénéneuses'. Adam lui répondit et dit : 'Non jamais, parce qu'il est notre chair et notre sang.' » T se réfère ici à une tradition d'origine juive qui attribuait la naissance de Caïn à une relation adultère de sa mère (¹). On notera l'utilisation de pronoms neutres (*hoc, illud*) pour désigner l'être nouveau-né. Par la bouche d'Adam, le rédacteur de T dénonce ceux qui laissent entendre qu'il ne serait pas le père de Caïn.

21,9 *Angelus autem domini ostendit Euae qualiter puerum lactare et nutrire deberet.* « L'ange du Seigneur montra à Ève comment elle devait allaiter et nourrir Caïn ».

30,6 *Erant autem numero quindecim milia uirorum, exceptis mulieribus et pueris.* Quand les enfants d'Adam se rassemblèrent au chevet de leur père, « ils étaient au nombre de quinze mille hommes, sans compter les femmes et les enfants. »

44,2 *dixerunt ei omnia quae gesta fuerant in uia et quale responsum dederat eis angelus, dum orarent ad dominum pro oleo misericordiae.* Ève et Seth, revenant auprès d'Adam après leur vaine tentative de rapporter l'huile de miséricorde, lui font rapport : « ils lui dirent tout ce qui était

---

(1) Cette tradition, ignorée des autres rédactions de lat-V, est évoquée par lat-P 21,6-8 : *nisi enim illius (Adam) oratio intercederet nullo modo posses euadere dolores istos de conceptu adulterii* (voir traduction de lat-P, note *ad loc.*).

arrivé en chemin et quelle réponse l'ange leur avait donnée alors qu'ils priaient le Seigneur pour obtenir l'huile de miséricorde. »

51,6   *Octauus uero dies futurae et aeternae beatitudinis est, in qua omnes beati cum Christo creatore et saluatore nostro, simul cum corpore et anima numquam de cetero morituri, regnabunt per infinita secula seculorum. Amen.* A la proposition concernant le septième jour, T et Inc ajoutent une évocation du huitième jour, qui constitue la conclusion commune à tous le témoins: « Le huitième jour est le jour de la béatitude éternelle à venir, pendant laquelle tous les bienheureux, en union avec le Christ notre créateur et sauveur, dans leur corps et dans leur âme, assurés désormais de ne jamais plus mourir, règneront pour les siècles infinis des siècles. Amen. »

Omissions

Plusieurs propositions conservées dans les familles plus anciennes sont absentes aussi bien de *T1* que de *T2* ([1]):

10,5-6   om. *ubi est opus paenitentiae tuae?*
11,5   om. *Aut quid tibi fecimus, quoniam dolose nos persequeris?* (*)
14,5-6   om. *Quid me compellis?*
24,5-6   om. *Et multiplicati sunt super terram in nationibus suis*
27,6-7   om. *ne postponas quem nutristi gratia tua. Ecce uerbum tuum incendit me*
28,1   om. *prostraui me in terram et* (*)
31,7-9   om. *Respondit Adam et dixit: Non hoc desidero, fili, sed infirmor et dolores habeo magnos in corpore meo* (*)
46,3-4   om. *et Eua cum esset respiciens super terram, intextans manus super caput et caput super genua ponens* (*)
50,5-7   om. *Si autem per ignem iudicabit dominus genus nostrum, tabulae lapideae soluentur et de terra luteae coquentur et permanebunt* (*). Cette omission du deuxième terme de l'alternative se retrouve aussi dans la rédaction B.

Autres variantes caractéristiques de T

D'autres variantes caractérisent la rédaction tardive, dont plusieurs se rencontrent aussi dans le groupe R1d ([2]).

4,6   *indulgebit: indulget* T (*)

---

(1) La référence et le lemme cité sont ceux de l'édition de lat-V. Rappelons que dans les listes qui suivent, l'astérisque (*) signale les variantes communes à R1d et à T dans son ensemble — ou à R1d et à l'une des familles de T.
(2) Voir note précédente.

16,7   *feci te per eam expelli*: *fecit te deus propter eam expelli* T
20,1-2   *Ne forte iterum serpens pugnet cum Eua*: *forte serpentes
          uenerunt et pugnant cum Eua* [*ea* T1] T (*)
22,1   *et tulit Adam Euam et puerum et duxit*: *tunc Michael tulit
          Adam et Euam et puerum et duxit* T (*)
24,3   *ecce genui filium pro Abel quem occidit Cain*: *ecce filium
          pro Abel habes* T (*)
25,1-2   *Et dixit Adam ad Seth*: *Audi, fili mi Seth, et referam tibi*:
          Et dixit Adam ad omnes filios suos: *Narrabo uobis* T (*)
29,4-5   *quae per lignum scientiae comedens cognoui et intellexi*: *de
          ligno scientiae comedens cognoui et intellexi* T (*)
29,10-11 *in terra quam parabit illis*: *in terra quae pavit illos* T
          (« sur la terre qui les a nourris »)
34,3   *inducam in corpore tuo*: *inducam corpori tuo* T (*)
34,5-6   *per singula membra torqueris*: *per singula membra torque-
          bunt te* T (*)
37,4-5   *maledicta sum quia non custodiui*: *maledicti sunt qui non
          custodiunt* T (*)
42,2-3   *quinque milia et quingenti anni*: *anni quinque milia et
          ducenti minus uno* [*5199*] *a prima die constitutionis
          mundi* T
48,6-7   *in partibus paradisi*: *in eo qui dicitur Caluarie locus* T.
          Le lieu de la sépulture d'Adam et Abel n'est plus « dans
          les régions du paradis », mais « à l'endroit qui est appelé
          lieu du Calvaire » (emprunt à la *Légende du Bois de la
          Croix*).
49,6-8   *propter praeuaricationes uestras et generis uestri peccata
          inducet dominus iram iudicii sui*: *propter praeuaricationes
          uestras generi uestro superinducet dominus iram iudicii*
          T (*)

Distinction entre les deux familles tardives (T1 et T2) et place particulière du groupe T2d

T1a'	Vienne, Österreichische Nationalbibliothek, *1628* Chartreuse d'Aggsbach	XIVe s.	*Vb*
T1a'	Herzogenburg, Stiftsbibliothek, *43* Abbaye de Herzogenburg	XVe s.	*Hz*
T1a'	Munich, Bayerische Staatsbibliothek, *clm 16472* Monastère St-Zénon, Bad Reichenhall	XIVe s.	*Rz*
T1a	Munich, Bayerische Staatsbibliothek, *clm 23929*	deuxième moitié du XVe s.	*Zp*
T1b	Erfurt, Stadt- und Regionalbibliothek, *CA 8e 8*	milieu du XIVe s.	*Eq*
T1b	Cracovie, Biblioteka Jagiellońska, *2403* (*DD XVII 2*)	1468-1469	*Cb*
T1c	Strängnäs, Domkyrkobiblioteket, *Q 16* (*Op. 1*) Bibliothèque de la Cathédrale	env. 1460	*Sr*

T1c'	Göttweig, Stiftsbibliothek, *306 (344)* Abbaye de Göttweig	xve s.	*Go*
T1c'	Schlägl, Stiftsbibliothek, *156* Abbaye de Schlägl	1473	*Sa*
T1c'	Olomouc, Védecká knihovna, *M II 220* Couvent St-Jacques d'Olomouc	1441	*Ol*
—	Prague, Národní knihovna České republiky, *1914* (*X. E. 13*)	xive s.	*Pv*
T1d	Alba Julia, Biblioteca Naţionalá a României, Filiala Batthyaneum, *R. I. 76*	xve s.	*Aj*
T1d	Cracovie, Biblioteka Jagiellońska, *431*	1441	*Cc*
—	Berlin, Staatsbibliothek zu Berlin − Preußischer Kul- turbesitz, *Theol. lat. qu. 151* Poznań	milieu du xv^e s.	*Ba*
T2a'	Kremsmünster, Stiftsbibliothek, *124* Abbaye de Kremsmünster	xiv^e − xv^e s.	*Kr*
T2a'	Schlägl, Stiftsbibliothek, *198* Abbaye de Schlägl	xv^e s.	*Sh*
T2a'	Berlin, Staatsbibliothek zu Berlin − Preußischer Kul- turbesitz, *Theol. lat. fol. 395* Abbaye de Corvey	xve s.	*Bf*
T2a	Munich, Bayerische Staatsbibliothek, *clm 4756* Abbaye de Benediktbeuern	1471-1480	*Bb*
T2b'	Wolfenbüttel, Herzog-August-Bibliothek, *Cod. Guelf. 415 Helmst.* Abbaye Notre-Dame des Écossais, Vienne	xve s.	*Wo*
T2b'	Munich, Bayerische Staatsbibliothek, *clm 2778* Abbaye d'Alderspach	1432	*Ap*
T2b'	Prague, Národní knihovna České republiky, *2619* (*XIV.G.11*) Monastère des augustins de Borovany	xive-xve s.	*Px*
T2b'	Esztergom, Főszékesegyházi Könyvtár, *II, 7*	xve s.	*Ez*
T2b	Prague, Národní knihovna České republiky, *2032 (XI.C.8)* Monastère des augustins de Třeboň	xve s.	*Pw*
T2b	Munich, Bayerische Staatsbibliothek, *clm 18406* Abbaye de Tegernsee	xve s.	*Tg*
T2c	Erfurt, Stadt- und Regionalbibliothek, *CA 4° 124*	milieu du xive s.	*Ea*
T2c	Munich, Bayerische Staatsbibliothek, *clm 15610* Abbaye de Rott am Inn	xve s.	*Ri*
T2c	Munich, Bayerische Staatsbibliothek, *clm 17668* Abbaye de Semanshausen	xve s.	*Se*
T2d	Olomouc, Védecká knihovna, *M II 157* Chartreuse de Dollein	xve s.	*Oc*
T2d	Donaueschingen, Hofbibliothek, *449*	xve s.	*Do*
T2d	Cracovie, Biblioteka Jagiellońska, *1674 (CC V 17)* St-Florian de Cracovie	début du xve s.	*Ca*
—	Ljubljana, Frančiškanski Samostan, *85 (3859, 9. b. 7)* Couvent franciscain de Ljubljana	1470	*Lj*

T2e	Alba Julia, Biblioteca Naţionalá a României, *35*	xvᵉ s.	*Sz*
T2e	Munich, Universitätsbibliothek, *2° Cod. ms. 678*	1457	*Ig*
	Cathédrale St-Martin de Bratislava		

A l'intérieur de l'ensemble des manuscrits de la rédaction tardive, une première série de lieux variants permet de faire la différence entre la famille T1 et la famille T2 dans sa totalité. Dans ces cas-là, le texte du modèle commun de la rédaction T pourra être trouvé tantôt dans la leçon de T1, tantôt dans celle de T2. Par ailleurs, une autre série de lieux variants fait apparaître des accords entre T1 et T2d — un des cinq groupes de T2 — s'opposant au reste de la famille T2 — les groupes T2a, T2b, T2c et T2e — que nous désignerons par le sigle T2'. On sera tenté de toujours faire remonter à l'hyparchétype de la rédaction tardive ces accords entre T1 et T2d contre T2'. La valeur singulière des manuscrits du groupe T2d — Olomouc *M II 157 (Oc)*, Donaueschingen *449 (Do)* et Cracovie *1674 (Ca)* —, auxquels s'associe souvent le manuscrit de Ljubljana *85 (Lj)*, est confirmée par le fait qu'ils conservent des leçons attestées par les rédactions anciennes de lat-V, mais ignorées aussi bien de T1 que de T2'.

Différences entre T1 et T2 en totalité

Dans une série de lieux variants, T1 diffère de T2 dans sa totalité (y compris le groupe T2d). Certaines différences concernent des sections présentes dans les autres rédactions de lat-V, alors que d'autres portent sur des passages propres à la rédaction tardive ([1]).

Omissions de T1

T1 se distingue de T2 surtout par l'omission de lat-V 37,1 – 40,3, l'histoire de la rencontre de Seth et Ève avec la bête. Il se caractérise aussi par d'autres manques :

23,7-8   *Erat autem Adam tunc annos centum et triginta* T2: om. T1

---

(1) Les références et les lemmes cités sont ceux de l'édition de la rédaction T.

29,29-32   *Et felix est homo qui corrigit animam suam et querit iu-
            dicia et magnalia dei inter homines mortales, inquaerentur
            facta eorum a deo iusto iudice* T2: om. T1
32,1   *audite me filii mei* T2: om. T1
47,1-2   *Et ecce omnes angeli canentes tubis dixerunt: Benedictus
            es, domine deus, pro plasmate tuo, quia misertus es eius*
            T2: om. T1 (par saut du même au même sur *misertus est
            eius*) (¹)

Omissions de T2

21,13   *et mirae uirtutis* T1: om. T2
29,11-12   *et postquam hoc fecerint* T1: om. T2
44,2-3   *et quale responsum dederat eis angelus dum orarent ad
            dominum pro oleo misericordiae* T1: om. T2
44,7-8   *et illi suis et de generatione in generationem* T1: om. T2
46,4-5   *dixerunt: Heu domine pater, ut quid induxisti nobis dolo-
            rem et mortem?* T1: om. T2

Autres variantes distinguant T1 et T2 dans sa totalité

1,1   *Adam et Eua, cum expulsi fuissent de paradiso voluptatis*
            T1: *cum expulsi fuissent Adam et Eua de paradiso* T2
2,3-4   *esurio ualde. Quaere nobis quod manducemus* T1: *esurio.
            Qui respondit: uade et quere quo manducemus* T2. Dans
            T2, c'est Adam qui ordonne à Ève de se mettre en quête
            de nourriture. Cette modification va de pair avec le
            double sujet et l'emploi du pluriel en 3,1.
2,4   *usquequo uideamus si* T1: *usquequo uiuamus* T2
2,5   *reuocet* T1: *reuocabit* T2
3,1   *ambulauit* T1: *circuibant* T2' *circuibat* T2d (*)
3,3   *domine mi* T1: *domine mi esurio* T2
3,4-5   *tunc introduxisset* T1: *forte introduceret* T2 (*)
3,11   *surge cito* T1: *surge* T2
16,7   *uxorem tuam* T1: *mulierem tuam* T2
22,2   *per angelum suum* T1: *per Michael archangelum* T2
23,1   *quadam uero die dixit Eua* T1: *et dixit Eua* T2
26,4   *uoci uxoris tuae* T1: *uoci uxoris tuae plus quam meae* T2
44a,3-4   *tantummodo ramusculum trium foliorum* T1: *ramum* T2
48a,11-12   *in piscinam probaticam lapidibus alligatis mergi* T1: *in
            piscinam probaticam proici* T2

---

(1) Ce saut du même au même est commun à beaucoup de témoins de lat-
V. Mais le fait qu'aucun des témoins de T1 n'ait conservé cette phrase prouve
que l'ancêtre à l'origine de cette famille l'avait déjà perdue.

Accords entre T1 et T2d contre les autres groupes de T2 (T2')

Les manuscrits du groupe T2d, souvent associés à *Lj*, occupent une place particulière dans l'ensemble des témoins de la rédaction tardive. Ils présentent une série de leçons communes avec T1 qui les opposent aux autres groupes de la famille T2 — désignés par le sigle T2'. Ces accords indiquent que T2d se rattache à une branche de la tradition située en amont du modèle qui a donné naissance aux autres groupes de T2. Ils peuvent être attestés par les trois témoins de T2d, ou seulement par une partie d'entre eux — *Oc*, le manuscrit d'Olomouc *M II 157*, est souvent seul à conserver la leçon ancienne.

8,2-3   *et omnia animantia quae circa te sunt* T1 : *et* [om. Do] *omnes bestie circa te* T2d *et omnes bestie quae circa te sunt et in finibus tuis* Lj om. T2a+b+c+e

8,5-8   *luxeruntque pariter secum ululatu et mugitu magno, eo quod transgressus fuerat mandatum creatoris et eiectus de tanta gloria deliciarum* T1 : *lugerunt pariter secum ululatu et gemitu et rugitu magno eo quod transgressus erat mandatum creatoris et eiectus de tanta gloria deliciarum* Oc om. T2a+b+c+e Do Ca Lj

10,3   *prae debilitate nimia* T1 : *prae nimia debilitate* Oc Lj *prae debilitate* Do Ca om. T2a+b+c+e

12,3   *et alienatus sum* T1 Oc Lj : om. T2a+b+c+e Do Ca

14,4-5   *et respondi : ego debeo adorare Adam* T1 : *et respondi : ego non debeo* [*non debeo* om. Lj] *adorare Adam* [*Adam* ad. Do] T2d Lj om. T2a+b+c+e

21,10-11   *quia in herbis uenenosissimis illud comedi* T1 : *quia in herbis uenenosissimis* [*uenenosis* Lj] *comedi illud* Oc Lj om. T2a+b+c+e Do Ca

26,5-6   *et obaudisti illi et uerba mea praeteristi* T1 T2d : om. T2a+b+c+e Lj

28,8 – 29,1   *Et tenens Michael — transiuit mecum* T1 T2d Lj : om. T2a+b+c+e

29,22   *punientur* T1 T2d : *dispergentur* T2a+c Ap *disperguntur* Wo

29,24   *non praeteribunt* T1 T2d : *transgrediuntur* Kr Ap Se *transgredientur* Bb Bf Ri *transgredient* Sh Wo

31,8   *dic nobis* T1 T2d : *dic nobis quia penitus ignoramus* T2a+b+c+e

43a,3   *erat autem flumen uelocissimi cursu* T1 : *erat autem* [*enim* Do] *flumen uelocissimi cursus* [*-mum cursu* Oc] T2d om. T2a+b+c

Leçons anciennes conservées par les témoins du groupe T2d

La position singulière des manuscrits du groupe T2d au sein de la rédaction tardive est confirmée par le fait qu'ils conservent des leçons anciennes, attestées par d'autres rédactions de lat-V, mais ignorées aussi bien de T1 que des autres groupes de T2.

6,2	*quantos ego*: *quantos ego sed tantos fac ut salueris* T2d
18,8-9	*habens in utero foetum*: *habens in utero* [*uentre* Ca] *foetum iam* [om. Lj] *trium mensium* Oc Ca Lj
21,3	*a facie*: *a facie eius* T2d
22,2-3	*semina diuersa*: *semina diuersa et dedit Adae* T2d Lj
29,14	*et iterum*: *et septima* [-*mo* Oc] *die iterum* [*it. die* Ca] T2d Lj
29,20	*hominibus qui sunt in deum credentes* T2d: *hominibus* Lj *qui postea defecit usque ad* 34,7 om. T1 T2a+c Wo Ap
29,24	*mutant*: *mutabunt* T2d
31,8	*domine pater*: *domine pater nescimus* [*eum* add. Do] T2d
32,5-8	*Dominus autem — et occidentis* Oc Ca (Do): om. T1 T2a+b+c+e. Le passage sur la répartition des régions du paradis entre Adam et Ève a disparu dans T1 et T2'; il n'est conservé entièrement que par deux témoins de T2d (*Oc Ca*) et partiellement par un autre (*Do*).
38,1-2	*numquid* [*numquam* Do] *ad nos est malicia* [*maledictio* Lj] [*tua uel* add. Do] *nostra* [*uestra* Ca] T2d Lj: om. T2a+b+c+e [def. T1]
38,4-5	*hinc autem non potes* [*uides* Do] *sed ibi* [om. Do] *comprobare in cetero* Oc Do (*): *hinc autem non potes sed illi probatur* Lj om. T2a+b+c+e Ca [def. T1]. Cette leçon corrompue, qui se retrouve dans R1d, doit être une leçon fossile. Il semble exclu qu'elle résulte d'une contamination avec un témoin d'une autre famille.
41,6	*prae doloribus*: *pro doloribus* T2d Lj
44,2	*in uia*: *in uia et qualiter serpens momordisset* [-*dit* Ca] *Seth* T2d

Les différents groupes de la famille T1

La famille T1 comprend 14 manuscrits. Le texte en est solidement transmis par un ensemble de 11 témoins, répartis en trois groupes: *Vb, Hz, Rz, Zp* (T1a), *Eq, Cb* (T1b), *Sr, Go, Sa, Ol* (T1c), et un témoin singulier (*Pv*). Les particularités individuelles de ces témoins ne sont que des modifications superficielles. Un dernier groupe de trois manuscrits atypiques se distingue de cet ensemble et transmet deux formes du texte nettement individualisées, la première représentée par deux témoins (T1d: *Aj, Cc*) et l'autre par un seul (*Ba*).

Le groupe T1a (*Vb Hz Rz Zp*)

Le premier groupe, T1a, se compose de quatre témoins: *Vb* (Vienne *1628*), du xive siècle, *Hz* (Herzogenburg *43*), du xve, *Rz* (Munich *clm 16472*), du xive, et *Zp* (Munich *clm 23929*), du xve. *Vb, Hz* et *Rz* sont apparentés de près et leurs leçons communes sont signalées dans l'apparat par le sigle T1a'. A l'intérieur de ce sous-groupe, *Hz* et *Rz* ont entre eux une relation particulièrement étroite. *Zp* est relativement indépendant des trois autres et s'écarte moins qu'eux du texte attesté par les autres témoins de la famille T1.

Les principales variantes qui distinguent le groupe T1a des autres témoins de T1 sont les suivantes ([1]):

2,1   *esurire Adam et Eva* T1a Pv Sr Aj Cc: *esurire* T1b Sa Go Ol

2,4   *respiciet*: *recipiet* T1a Go

4,1   *quaesierunt nouem dies*: *quaesierunt* T1a Aj Cc

12,1-2   *inimicitia et inuidia et dolor*: *inimicitia et dolor* T1a Aj (Cc)

12,6   T1a et Eq sont les seuls à conserver les deux participes passés attestés par R, *noscitus aut laesus.*

13,2-3   *et tui causa proiectus sum de terra uiuentium et de gloria caelesti*: om. T1a Aj Cc

16,6   *dolebamus* T1a' Aj Cc: *debeamus* Zp T1b+c

17,5   *euanuit* T1a Aj Cc: *non apparuit* Eq Pv T1c *disparuit* Cb Ba

18,3   *praeuaricata sum et seducta* Zp T1b+d Go Sa Ol: *praeuaricata sum* T1a'

19,7   *per nuntium* [*nutum* Zp] *ipsorum* T1a: *per motum ips.* T1b Sr Go *per cursum ipsarum stellarum* Ap

28,4-5   *tibi dant honorem omnes creature tue* T1a Aj: om. T1b+c Ba

42,5-6   *resuscitare corpus — filius dei*: om T1a Aj (par saut du même au même sur *filius dei*)

44a,5   *cecidit* Cb T1c Aj Ba: *decidit* T1a

44a,12   *plantarent* Zp Pv T1c Aj Ba: *plangerent* Vb Cb *plangerent plantarentque* Hz Rz

---

(1) Le texte cité avant les deux points est le texte retenu dans l'édition de la rédaction T.

Le groupe T1b (Eq Cb)

Les deux témoins de ce groupe sont *Eq* (Erfurt *CA 8° 8*), du
xive siècle, et *Cb* (Cracovie *2403*), de 1468. *Eq* s'interrompt en
29,22, après *rege suo*, et le sigle T1b disparaît dès lors de l'apparat. T1b ne s'écarte du texte commun que par de rares
leçons singulières.

4,4   *ut edant*: om. T1b
9,5   *non plores*: *non plora* T1b
12,2   *a vobis est*: *a uobis est mihi* T1b
12,4   *in medio archangelorum*: *in archangelorum* Eq *in ar-
        changelorum trono* Cb
16,6   *circumueniebamus*: *circumuenientibus* T1b
18,8   *habitaculum*: *tabernaculum* T1b

Le groupe T1c (Sr Go Sa Ol)

Sous le sigle T1c, nous regroupons quatre manuscrits, tous du
xve siècle: *Sr* (Strängnäs *Q 16*), *Go* (Göttweig *306*), *Sa* (Schlägl
156) et *Ol* (Olomouc *M II 220*). *Go, Sa* et *Ol* sont très proches
l'un de l'autre, et leurs leçons communes sont signalées dans
l'apparat sous le sigle T1c'. *Sr* se rattache aussi au groupe T1c,
mais de manière plus libre. Le texte de ce groupe se définit par
le fait qu'il est plus complet que T1a, c'est-à-dire qu'il ne présente pas les variantes et omissions de celui-ci en 2,1; 4,1;
12,1-2; 13,2-3; 18,3; 42,5-6; 44a,5 et 44a,12.

Sr tantôt s'accorde avec les autres témoins de T1c, tantôt
formule le texte à sa manière:

3,8-9   *Noli, Eua. dicere, noli taliter dicere*: *noli Eua talia loqui*
        Sr
4,1   *nouem dies*: *octo diebus* Sr
5,2   *paeniteamus*: *debeamus penitere* Sr
5,5-6   *tamen domine mi*: *tamen dic mihi* Sr
6,2   *ego faciam quadraginta dies ieiunans*: *quia ego qua-
        draginta dies ieiuno* Sr
6,7   *contradicto*: *uetito* Sr
        etc.

Pv, un témoin singulier apparenté à T1c

Pv (Prague *X. E. 13*), du xive siècle, est apparenté à T1c,
mais se caractérise par une volonté permanente de condenser
le texte. L'absence de la phrase *quia propter me — dominus
deus in paradisum* en 3,5-7 est due à un saut du même au

même sur le mot *paradisum*, mais il n'en est plus de même pour les omissions ou abréviations suivantes:

3,10-11   om. *quomodo potest — carnem meam*

6,1-2   om. *non potes tantos dies facere quantos ego*

8,8-9   *et aqua Jordanis stetit ab illa hora non agens cursum suum: et aqua Jordanis non transit*

11,7-8   om. *in gemitu — et inuidiose*

12,4-5   om. *et propter uos eiectus sum in terram*

12,6-7   om. *mea in te — nos persequeris*

14,1-8   *Pv* abrège l'ensemble du paragraphe de la façon suivante: *et egressus angelus uocauit omnes angelos dicens adorate dominum. et primus adorauit et fecit me adorare et ego dixi ego debeo adorare Adam et compellit me Michael et ego dixi non adorabo deteriorem me omni creatura factus sum ante fieret et facit me adorare.*

16,1-9   Le texte est contracté de la façon suivante: *et iratus dominus et iussit me cum angelis meis expelli et proiecti sumus super terram et statim (habuimus) dolorem et tu letitiam et sic dolebamus et ego uxorem tuam uinci et deus fecit te expellere sicut ego expulsus sum a gloria.*

Dans la suite de la copie, cette volonté de condenser le texte s'affirme de plus en plus.

Trois témoins atypiques: le groupe T1d (Aj Cc) et Ba

Ces trois témoins ont conservé pour l'essentiel le texte commun de T1, mais y introduisent quelques singularités.

Le groupe T1d (Aj et Cc)

Nous regroupons sous le sigle T1d deux témoins du xve siècle: *Aj* (Alba Julia, Batthyaneum, *R. I. 76*) et *Cc* (Cracovie *431*). Ces deux manuscrits s'accordent souvent; ils ajoutent à certains passages des compléments inconnus par ailleurs, transcrits plus ou moins intégralement par chacun d'eux. On notera que *Cc* choisit de s'interrompre à la fin du premier verset de la prière d'Adam en 27,3; à la place du texte commun, *non deleatur nomen memoriae tuae maiestatis,* la copie de *Cc* se conclut ainsi: *non deleatur nomen meum usque in seculum seculi sed perduc me in paradisum ut te laudem in secula seculorum amen.* Voici quelques exemples de variantes propres à *Aj* et *Cc*:

1,1   *Adam et Eua cum expulsi fuissent de paradiso uoluptatis: factum est [autem add. Cc] cum Adam et Eua fuissent expulsi [exp. f. Cc] de paradiso uoluptatis* T1d. *Aj* et *Cc*

modifient le début du texte et le complètent par une
évocation détaillée de la douleur des premiers parents
quand ils s'éloignent du paradis (¹).

8,3-4   *non se plangant sed me: non se defleant sed me deplangant*
14,4-5   *et respondi Ego debeo adorare Adam?: ego uero respondi
adorare Adam nolo cum ipse de terra formatus et creatus
sit non adorabo* (Cc); *et Adam Michaeli ego debeo adorari
cum sim de terra sancta formatus et creatus. non adorabor
quia <de>terior sum omni creaturae* (Aj). Ces corrections
du texte s'expliquent difficilement. Celle de *Aj* est particulièrement étonnante: la protestation par laquelle
Satan proclame son refus d'adorer Adam est transformée
en un discours d'Adam affirmant à Michel son indignité:
« Moi je dois être adoré, alors que j'ai été formé et créé
à partir de la terre sainte? Je ne serai pas adoré, car je
suis la plus vile de toutes les créatures. »

16,2   *et tui causa: qua de causa* T1d
24,4   *et tot filias: et totidem filias* T1d

Le cas particulier de Ba

Ba (Berlin *Theol. lat. qu. 151*, du xvᵉ siècle) est parfois proche
de T1d, mais il présente un texte marqué par de très nombreuses variantes de détail.

2,1-2   *post septem dies coeperunt esurire Adam et Eua et quaerebant sibi escas ut manducarent et non habebant: post
septem dies ceperunt sibi querere escas ut manducarent et
non inueniebant nec habebant quid manducarent* Ba
2,3-4   *quaere nobis aliquid ut manducemus usquequo uideamus si
forsitan respiciet: queramus adhuc nobis ut si aliquid inuenire poterimus quid manducamus usque modo uideamus
si forte respiciat super nos* Ba
3,4   *utinam ego: sed utinam ego prius* Ba
3,11   *mittam manum meam in carnem meam: mittam manum
meam et interficiam carnem meam* Ba
4,3   *haec tribuit: haec omnia que inuenimus tribuit* Ba
8,4   *illa non peccauerunt sed ego: eo quod non peccauerunt illa
sed ego peccaui in conspectu dei mei* Ba
12,4   *in medio archangelorum: quia princeps omnium angelorum et archangelorum extiteram* Ba

Ces variantes, qui veulent rendre le récit plus explicite,
l'alourdissent souvent, mais elles n'en modifient guère le sens.
Ba s'est-il inspiré d'un témoin antérieur? Le rapprochement

---

(1) Pour le texte de cet ajout, voir l'apparat de T1 ad loc.

entre son incipit et celui du manuscrit de Graz, témoin singulier de la famille rhénane (*Gz*; cf. p. 157-160), pouvait suggérer
une telle hypothèse. Mais aucune autre variante commune à
Ba et à *Gz* ne l'a confirmée.

Les différents groupes de la famille T2

La famille T2 comprend 19 manuscrits, qui se répartissent en
cinq groupes.

Le groupe T2a (Kr Sh Bf Bb)

Le groupe T2a se compose de quatre manuscrits: *Kr* (Krems-
munster *124*), du xive siècle, *Sh* (Schlägl *198*), *Bf* (Berlin
Theol. lat. fol. 395) et *Bb* (Munich *clm 4756*), tous trois du xv^e
siècle. Le texte de *Kr* est mutilé et s'interrompt à 35,4, par
suite de la perte d'un ou plusieurs folios ([1]). A l'intérieur de ce
groupe, *Kr*, *Sh* et *Bf* sont apparentés plus étroitement, et leurs
leçons communes, différentes de *Bb*, sont signalées sous le sigle
T2a'.

Les variantes propres à T2a sont très peu nombreuses. On
relèvera:

4,4-5   *nostra autem esca angelica erat: nostra autem esca angelica*
          T2a
12,2-3   *expulsus sum a [de Oc] gloria mea et [om. Lj] alienatus*
          sum a claritate mea Oc Lj: expulsus sum a gloria mea et
          alienatus sum T2a

Le groupe T2b (Wo Ap Px Ez Pw Tg)

Le groupe T2b est constitué de six manuscrits, tous du xv^e
siècle: *Wo* (Wolfenbüttel *415 Helmst*), *Ap* (Munich *clm 2778*),
Px (Prague *XIV. G. 11*), *Ez* (Esztergom *II, 7*), *Pw* (Prague
XI. C. 8) et *Tg* (Munich *clm 18406*). A l'intérieur de ce groupe,
Wo, *Ap*, *Px* et *Ez* sont apparentés plus étroitement, et leurs
variantes communes, différentes de *Pw* et *Tg*, sont signalées
dans l'apparat sous le sigle T2b'.

Les variantes propres à T2b sont aussi très rares. On trouve
seulement:

---

(1) A partir de 35,4, le sigle T2a ne regroupe donc plus que les témoins *Sh*,
Bf et Bb.

5,6   *quantum cogitasti paenitere*: *quantum cogitasti paenitere tantum et ego* T2b

12,2-3   *expulsus sum a* [*de* Oc] *gloria mea et* [om. Lj] *alienatus sum a claritate mea* Oc Lj: *expulsus et alienatus sum* [*exp. sum et al.* Ap Tg] *a gloria mea* T2b

Ap et sa relation particulière avec Wo

Ap a la particularité de contenir une double copie de la *Vita* (voir plus bas, p. 233-234). Quelques variantes de détail de *Ap* par rapport au reste du groupe T2b méritent d'être signalées:

1,3   *lugentes et lamentantes*: *lugientes* Ap
3,7   *tunc introduxisset te* T1: *forte introduceret te* T2 *forte intus duceret te* Ap
3,11   *carnem meam*: *te* Ap
5,6   *cogitasti*: *cogisti* Ap
6,6-7   *quoniam labia nostra inmunda sunt facta et polluta de ligno illicito et contradicto*: *quia inmunda sunt nostra facta* Ap
10,4   Ap omet *cum autem uidisset eam Adam* et rend ainsi la phrase incompréhensible.
25,1   *Et dixit Adam ad filios suos*: *et dixit Cayn ad filios suos* Ap (le récit de la vision du Char divin est ici attribué à Caïn; dans la copie incorporée au traité de la pénitence qui précède, il est correctement attribué à Adam.)

L'apparat des variantes de T2 fait apparaître 125 variantes propres au couple *Wo Ap*, ce qui montre que ces deux témoins dépendent d'une source commune.

Le groupe T2c (Ea Ri Se)

Le groupe T2c se compose de trois manuscrits: *Ea* (Erfurt *CA 4° 124*), du xive siècle, *Ri* (Munich *clm 15610*) et *Se* (Munich *clm 17668*), tous deux du xve siècle. *Ea* présente un si grand nombre de maladresses et de fautes qu'il nous a paru inutile de le prendre en compte dans l'apparat. Le sigle T2c ne renvoie donc qu'à *Ri* et *Se*.

Contrairement aux deux premiers groupes, les témoins de T2c se distinguent par de nombreuses variantes propres. On mentionnera à titre d'exemple:

2,4   *usquequo uideamus si* T1: *uiuamus* Sh Bb Bf T2b'+e Tg *ieiunamus* (*-emus* Se) T2c
3,10   *in nos*: *super nos* T2c
5,6   *laborem*: *dolorem* T2c
7,2   *ad flumen Iordanis*: *ad aquam Iordanis* [om. Se] T2c

12,3-4   *in caelis*: om. T2c
27,1   *et cum haec uerba dei audiui*: *et cum haec audisset* T2c
28,4-5   *uera lux — creaturae tuae*: om. T2c
29,31-32 *inquerentur — iusto iudice*: om. T2c
30,5-6   *ante oratorium — ad dominum*: om. T2c

Le groupe T2d (Oc Do Ca) et le manuscrit de Ljubljana (Lj)

Le groupe T2d est constitué par trois manuscrits, tous du xve siècle: *Oc* (Olomouc *M II 157*), *Do* (Donaueschingen *449*) et *Ca* (Cracovie *1674*). Au témoignage de ce groupe se joint souvent celui de *Lj* (Ljubljana *85*, xve siècle) pour les parties de la *Vita* qu'il transmet (1,1 – 29,13; 34,4 – 42,5). Nous avons déjà décrit la place particulière de ce groupe dans le tableau d'ensemble des manuscrits de la rédaction tardive, en particulier ses accords avec T1 contre les autres groupes de T2 et les leçons anciennes qu'il est seul à conserver de tous les témoins de T ([1]).

Nous signalerons encore ici quelques variantes qui distinguent T2d — avec ou sans *Lj* — des autres groupes de T2.

5,6   *quantum cogitasti paenitere*: *quantum cogitasti hoc debemus paenitere* T2d
6,7   *contradicto*: *interdicto* T2d
8,5   *uenerunt et circumdederunt*: *circumdederunt* T2d Lj
10,2   *herba*: *herba pallida* T2d Lj
23,9   *annorum centum uiginti duorum*: *annorum uiginti duorum* T2d (âge d'Abel au moment de sa mort)
31,1-2   *ex quo edebas*: om. T2d
31,2   *dic mihi*: *da mihi benedictionem* T2d
35,1   *ad omnes filios suos*: om. T2d
36,7   *consumor*: *consumor et uiuam* T2d Lj
42,3-4   *a prima die constitutionis mundi*: *a constitutione mundi* T2d
46,2   post *septem* add. *et* [om. Do] *omnia animalia obmutuerunt* T2d
46,5   *Michael apparuit*: *Michael apparuit cum multitudine angelorum* T2d
47,1   *angeli*: *angeli qui uenerunt cum Michaele* T2d
48a,13   *unus*: *unus eger homo* [*homo eger* Ca] T2d

---

(1) Voir plus haut, p. 223-224.

Le manuscrit de Ljubljana (Lj)

Ce témoin transmet un texte dont la plus grande partie est apparentée à celui du groupe T2d, comme l'attestent leurs nombreuses leçons communes. Mais le copiste de *Lj* a réécrit le texte assez librement et a cherché à l'améliorer. On notera en particulier les exemples suivants :

1,3	*lugentes et lamentantes in magna tristitia*: *ibi lugentes et lacrimantes et ualde in magna tristicia* Lj
2,1	*ambulauit* T1 : *circuibant* [*-iebant* Ap] T2a+b'+e Pw *circuibat* T2d *circuibatque querens escam* Lj
3,7	*et forte introducet te dominus deus*: *tunc iubet te dominus introducere* Lj
4,5	*esca angelica erat*: *esca deliciosior erat* Lj
6,7-8	*et esto in aqua fluminis dies triginta*: *et sic stando penitentias in flumine triginta dies* Lj
16,6-7	*et dolo circumueniebamus uxorem tuam*: *et circumueniebamus mulierem tuam dolo et decepimus eam* Lj
35,5	*ego peccaui*: *ego peccaui et ipse non peccauit* Lj
39,2	*obstupe et obmutesce claude os tuum*: *obstruet et obmutescet et concludet os tuum* (*Lj* fait de *dominus deus* le sujet de tous les verbes de la phrase.)

On relèvera ausi des omissions dont il est difficile de déterminer le motif :

6,5-7	om. *et non exeat — et contradicto*
20,1	om. *planctus uenit ad me*
28,5-6	om. *tu facis cum — misericordiae tuae*
29,4-5	om. *reuelata mihi — quae erunt*
41,2-3	om. *ego ad uos missus sum a deo*

Le groupe T2e (Sz Ig)

Le groupe T2e se compose de deux manuscrits, du xve siècle : *Sz* (Alba Julia, Batthyaneum *35*) et *Ig* (Munich *Univ. 2° 678*). T2e se singularise par de nombreuses omissions. Il omet en particulier la prophétie d'Adam sur l'histoire du Temple (ch. 29) dont il ne conserve qu'une phrase relative à l'avenir des hommes : *iusti homines permanebunt sicut sol iustitiae in conspectu dei et in tempore illo purificabuntur homines a peccato per aquam sed nolentes purificari dampnabuntur* (cf. 29,27-29). Ces omissions ne s'expliquent pas toutes par des accidents de transcription et peuvent aussi traduire des intentions précises. On notera par exemple :

4,4-5	om. *nostra autem esca erat angelica hoc digne et iuste*

5,4-5   om. *et auertat — non implemus*
19,5-7   om. *deprecor uos — nuntium ipsorum*

Le cas particulier du Traité sur la pénitence (Ap Ah Ee Te)

Le manuscrit *Ap* (Munich *clm 2778*), qui appartient au groupe T2b, présente une particularité intéressante, car il contient deux copies de la *Vita Adae et Euae*. *Ap* regroupe plusieurs textes sur la pénitence: la Somme sur la pénitence d'Innocent IV, un traité sur les péchés mortels et un troisième traité intitulé *Electula seu formula de creatione Adae et Evae et de eorum lapsu et eorum pena et penitentia et de illo dignissimo psalmo Miserere mei* (¹). Après l'analyse des témoignages de l'Écriture et des Pères sur la pénitence, l'auteur, voulant décrire une démarche exemplaire, présente la pénitence d'Adam et Ève et l'introduit ainsi: *Et quod quilibet homo post peccati lapsum debet penitere satisfaciendo exemplum habemus in ipso Adam et Eua qui cum expulsi de paradiso fuissent...* (²). L'auteur reproduit alors à cet endroit le texte de la *Vita Adae et Euae* jusqu'à 18,6, où il s'arrête sur la proposition *Qui non respondit ei uerbum* dont il tente d'expliciter le sens; il reprend ensuite le cours du récit jusqu'à la fin du chapitre 30. Il passe ensuite directement au récit de la mort d'Adam (45,3) et le poursuit jusqu'après la consigne donnée par l'archange Michel aux témoins de cette mort: *Sicut uidistis similiter sepelite mortuos uestros. Hiis completis angeli discesserunt ab eis* (48,8-10). L'auteur conclut sa longue citation de la *Vita* par ces mots: *Hic memoriatur quomodo Adam et Eua propter transgressionem praecepti dei sui et comestionem pomi uetidi paradisum perdiderunt*.

Trois autres témoins de Munich conservent ce même traité, sous le même titre: *clm 2800 (Ah)*, *clm 5976 (Ee)* et *clm 18597 (Te)* (³). Mais seul *Ap*, après avoir copié l'*Electula seu formula de creatione Adae*, recopie dans sa forme complète la *Vita Adae et Evae* (fol. 264ʳ-270ʳ) en l'introduisant ainsi: *hic iterum*

---

(1) Le traité en question se trouve aux folios 210-264.

(2) La transcription de la *Vita* s'étend de 227ᵛ à 231ʳ.

(3) Voir la liste des témoins de T2, p. 129. Dans la marge du premier folio de *Ap*, un lecteur a noté « *2800, f. 240* » et « *5976, f. 82* ». Il est très vraisemblable que ce lecteur soit W. Meyer lui-même.

*describitur de expulsione Adae et Eue quomodo expulsi sunt de
paradiso.*

Les copies de la *Vita Adae et Evae* incorporées au traité de
la pénitence n'ont pas été incluses dans l'édition de T, d'une
part parce qu'elles ont sans doute subi des corrections qui ré-
pondent à la perspective propre du traité, d'autre part parce
que leurs variantes auraient rendu encore plus volumineux
l'apparat de cette famille. Seule la copie où le texte est cité
pour lui-même dans *Ap* est prise en compte dans l'édition et
analysée ici.

La rédaction des incunables (Inc)

La forme textuelle appelée ici par commodité rédaction des
incunables est représentée par cinq éditions, publiées à Rome
entre 1473 et 1493 ; elle est aussi conservée dans deux manuscrits, qui sont indépendants des éditions imprimées (*Hm* et
Br).

Les éditions portent les numéros 205, 206, 207, 208 et 209
dans le *Gesamtkatalog der Wiegendrucke* et ont été collationnées
sur des photocopies d'exemplaires appartenant à diverses bibliothèques (voir plus haut p. 131-132). Les cinq éditions
incunables présentent un même texte, avec de très rares variantes qui paraissent plutôt des fautes de lecture ou
d'impression que des corrections volontaires. Seules les diffé-
rencient vraiment la mise en pages et la police utilisée ([1]), qui
modifient le nombre de caractères par ligne et le nombre de
lignes par page. Ce sont des éditions successives d'un même
texte ([2]).

---

(1) Trois types d'écriture sont utilisés : l'écriture qu'on peut dire caroline
par 205, 206, 207 ; l'écriture gothique par 208 et une écriture gothique plus
ornée utilisée par 209. — Si on peut se permettre une appréciation esthétique,
la plus belle typographie est celle du 208.

(2) Dans son édition de la *Vita*, Mozley prend en compte, mais de façon
occasionnelle, deux incunables du « British Museum » (48 mentions dans son
apparat critique, dont 31 qui signalent une leçon propre à « *Inc.* »). En se
référant aux variantes citées, il doit s'agir d'exemplaires de l'incunable 205 (=
Proctor 3501) : en 6,1, *Inc.* lit *tu non posses*, et le *tu* n'est attesté que par 205
et 206, et en 23,9 *moniti*, qui n'est attesté que par 205 et 207, les autres
incunables écrivant *muniti*.

En 1933, dans une étude restée confidentielle, Samuel Harrison Thomson faisait connaître le manuscrit conservé à la Huntington Library, *HM 1342* (*Hm* dans notre collection) ([1]). Il présentait ce témoin comme « une cinquième recension » de la tradition manuscrite de la *Vie latine* — cinquième parce qu'elle s'ajoutait aux quatre « classes » de l'édition de W. Meyer. De plus, l'étude de Thomson apportait l'information que cette forme du texte était très proche de celle des cinq éditions incunables parues à Rome.

L'autre témoin manuscrit de cette recension est le manuscrit *IV 715* de la Bibliothèque royale de Belgique à Bruxelles, dont le texte présente de nombreuses variantes par rapport à celui de *Hm*. Il n'a pas été possible jusqu'ici de déterminer l'origine de ces variantes.

Caractéristiques de la famille des incunables

Tous ces témoins présentent deux caractéristiques principales.

- Le texte de la *Vita* est précédé par ce qu'on peut décrire comme une préface, qui est une réflexion sur la place de Satan dans l'histoire des protoplastes ([2]). Sans doute frappé par l'absence du récit de la faute dans la *Vita*, l'auteur en reprend le récit dans Gen. 3, qu'il reproduit largement, et il met en évidence l'opposition entre la bonté de Dieu et la volonté de nuire de Satan : *deus autem summae bonitatis...* (P1,2-3); *diabolus autem carens omni uirtute et bonitate...* (P1,10-11). Cette préface est rattachée au récit de la *Vita* par le rappel initial du défi orgueilleux de Satan (*ponam sedem meam...*; P1,1-2; cf. lat-V 15,4-5) et s'efforce de remettre en perspective le récit de la faute originelle avec les événements rapportés dans la *Vita* ([3]).

---

(1) Cf. S. Harrison THOMSON, « A Fifth Recension of the Latin Vita Adae et Evae », *Studi Medievali*, ser. 3, vol. 6 (1933), p. 271-278, et *supra*, p. 130, pour la bibliographie de ce témoin.

(2) Je remercie très sincèrement D. Poirel, de l'IRHT, de m'avoir aidé à dégager l'intention de ce texte qui fonctionne comme une préface à la *Vita*.

(3) La première phrase, *Post casum Luciferi ... deus ... Adam de terra plasmauit ...* (P1,1-4), suggère que l'auteur de la préface veut corriger la présentation de l'histoire des protoplastes proposée par la *Vita*, puisqu'il affirme d'entrée de jeu que c'est après la chute de Satan que Dieu a créé l'homme. Cette visée est confirmée un peu plus loin : si le diable trompe Ève

La préface est aussi transmise par les deux manuscrits. Ses deux parties sont ici référencées par les sigles P1 et P2, suivis du numéro de ligne.

- Le récit, y compris la préface, est découpé en chapitres de longueur à peu près égale et, dans l'édition imprimée, chaque chapitre est précédé d'un titre qui en résume le contenu. Les témoins manuscrits respectent le découpage en chapitres mais ignorent les titres.

Autre caractéristique de la famille des incunables: elle conserve la structure traditionnelle de l'apocryphe, mais en propose un texte souvent allégé.

- D'une part, le texte de Inc ignore le récit du voyage d'Adam dans les espaces célestes (lat-V 25.1-29.1) et la révélation de l'histoire future d'Israël fondée sur l'histoire du Temple (lat-V 29.2-10). Il ignore aussi le récit concernant la fabrication par Seth des tablettes de pierre et d'argile et leur destinée ultérieure (lat-V 52-54). Il reprend en revanche les éléments empruntés à la *Légende du Bois de la Croix*, et se situe ainsi dans la tradition de la rédaction tardive, T. Il est particulièrement proche de T1, avec qui il partage l'omission de la rencontre de Seth avec la bête (lat-V 37,2 – 40,3).

- D'autre part, Inc allège le récit. Il omet le ch. 12 — peut-être par saut du même au même sur *persequeris* (cf. lat-V 11,8 et 12,7) — et une série d'autres passages tout au long du récit ([1]).

Le groupe des incunables et le groupe des manuscrits
Imprimés

GW 205	Paris, Bibliothèque Mazarine, *Inc. 588*	Rome, vers 1473
GW 206	Troyes, Bibliothèque municipale, *Inc 336*	Rome, vers 1475
GW 207	Melk, Stiftsbibliothèque, *Ink. P. 943*	Rome, vers 1483
GW 208	Amiens, Bibliothèque municipale, *Inc Res 495 A*	Rome, vers 1487
GW 209	Fribourg-en-Br., Universitätsbibliothek, *Ink. K 3471*	Rome, vers 1493

---

en prenant l'apparence du serpent, c'est parce qu'il « souffre du fait que l'homme soit devenu participant de la bonté perdue qui était la sienne » (P1,11-12).

(1) Ces omissions sont signalées dans l'apparat critique de lat-V: 3,1.6.11; 5,4-5; 8,2; 9.6; 11,4-5.7; 14,2; 15,2; 16,3-4; 17,4.6; 20,4-6; 21,1.2-3.5-6.7.7-9; 22,2-3.4-5; 23,6.7-8; 24,2-3; 31,1-9.10; 34,6-7; 40,7-8; 41,3; 42,12; 43,4.6-7; 44,4.5-6; 45,1-2.5; 46,5.7-9; 47,4-5; 48,5-7; 50,3-7.9-10; 51,4-5.

Manuscrits

Bruxelles, Bibliothèque royale de Belgique, *IV 715*	xve s.	*Br*
San Marino (Calif.), Huntington Library, *HM 1342*	xve s.	*Hm*
Westminster (?)		

Les deux témoins manuscrits proposent parfois un texte différent de celui de l'édition imprimée, mais ce sont le plus souvent des variantes de vocabulaire ou d'ordre des mots, qui ne modifient pas le sens du texte. En voici quelques exemples :

P1,28-31   changement dans l'ordre des péchés commis par les protoplastes

P2,26   *uenirent* Inc : *uiuerent* Hm Br

2,3   *quaere* Inc : *uade et quaere* Hm Br

8,5-6   *pariter cum illo planxerunt* Inc : *planxerunt pariter secum* Hm Br

8,7   *quando intrauit Adam* Inc : om. Hm Br

9,3   *egredi* Inc : *egredere* Hm Br

20,5   *nunc sum laetitia* Inc : *laetitia sum* Hm Br

23,8-10   *post hoc per centum — non deficeret genus humanum* Inc : om. Hm Br

Le texte édité plus bas est toujours celui des éditions imprimées (Inc), ou d'une partie d'entre elles. Cette règle ne souffre d'exception que dans les rares cas suivants, où préférence a été donnée à une leçon transmise par les manuscrits.

P1,23   *oculorum* Hm : *oculos* (?) Inc [def. Br]

14,2   *adorate* Hm Br : om. Inc (preuve de la dépendance des cinq éditions)

23,4   *separemus* Hm Br : *seperemus* (?) Inc

42,6   *egressus fuerit* correxi : *egressus est* Hm Br *ingressus fuerit* Inc

44,2   *ei* Hm Br : *sibi* Inc

Quant à l'origine de cette forme textuelle, deux constatations mettent en évidence la proximité entre les deux groupes de témoins. D'une part, les deux manuscrits, même s'ils ne transcrivent pas les titres de chapitre introduits dans les incunables, en respectent le découpage en marquant le début de chaque chapitre d'une majuscule plus ample ; or la tradition manuscrite ne propose aucun autre exemple d'un tel découpage.

D'autre part, l'origine italienne de l'écriture des deux manuscrits ([1]) favorise l'hypothèse que c'est à Rome qu'a été rédigée
cette forme du récit.

Mais il est difficile de croire que les manuscrits dépendent
directement du texte des incunables. L'hypothèse la plus vraisemblable me semble être celle-ci: les incunables et les deux
témoins manuscrits dépendent d'une source commune dont le
texte imprimé est une mise en forme, par l'ajout des titres de
chapitres en particulier.

Particularités du manuscrit Br

Alors que *Hm* copie un texte très proche de celui de l'édition
imprimée, *Br*, tout en respectant le découpage commun, présente de très nombreuses variantes. En exemple, on citera:

des omissions

P1,19-20 *propter hoc — quia scit*
P2,21-22 *donec reuertaris — puluerem reuerteris* (un saut du même
          au même sur *reuerteris* dans la source de *Br* aura con-
          duit celui-ci à supprimer *donec reuertaris* qui n'avait plus
          de sens)
  6,6-7   *quia labia — de ligno uetito*
 13,4-5   *inflauit deus — dei et*
 14,2-3   *et sic — nostri sicut*
          etc.

des développements inconnus par ailleurs

23,1   *quadam uero die: quodam uero tempore quando creuisset*
        Abel
30,10   *male est mihi in doloribus: male habeo et sum in magno*
        dolore corporis mei
32,3-5 *et dixit nobis ut de arbore scientiae boni et mali quae est in*
        medio paradiso non comederemus: sed de arbore scientie
        boni et mali que stat in medio paradisi prohibuit nobis
        quod nequaquam de ea comederemus ne morte moreremur

des modifications du texte

P1,15-16 *de omni fructu lignorum paradisi uescimur: de omni lig-*
          norum fructu comedemus huius paradisi

---

(1) Origine qui m'a été confirmée par les membres de la section de
paléographie latine de l'IRHT, que je remercie de leur aide toujours attentive
et amicale tout au long de la recherche et de l'étude des témoins manuscrits
de la *Vita*.

P1,22-23 *considerauit ergo — oculorum aspectui: considerauit et
inspexit ergo Eua pulchritudinem ligni et fructus eius et*

On peut admettre que l'omission de nombreuses propositions
soit due à la négligence du copiste; mais les variantes qui
augmentent ou seulement modifient le texte incitent à penser
qu'elles résultent de sa volonté de réécrire le texte qu'il copiait
en le rendant plus explicite. Sans doute avait-il sous les yeux le
texte de *Hm*, ce que confirme les nombreuses variantes qu'il a
en commun avec lui, mais il a voulu l'améliorer à son goût.
Dans la tradition manuscrite jusqu'ici recensée, aucun autre
témoin de cette forme textuelle n'a été repéré.

Une édition à Rome

Le fait que les cinq éditions ont été publiées à Rome est particulièrement remarquable. C'est d'abord un phénomène
inattendu, quand on sait le très petit nombre de témoins manuscrits de la *Vita Adae et Evae* conservé dans les bibliothèques italiennes, comme d'ailleurs dans les bibliothèques françaises et espagnoles. Ce sont bien des imprimeurs d'origine
allemande qui ont apporté à Rome ce texte qui était beaucoup
mieux connu dans leur environnement initial. L'hypothèse
d'une rédaction spécifique de la *Vita* pour une édition imprimée à partir de la rédaction T1 reste l'hypothèse la plus
probable. Des recherches ultérieures permettront peut-être de
connaître l'auteur de cette forme du texte ([1]).

Mais c'est aussi la mise en évidence de la popularité du texte
de la *Vita*. Les auteurs d'une étude sur la naissance de l'imprimerie à Rome nous permettent de donner tout son sens à
cette multiplication d'éditions successives; ils écrivent: « Le
secteur hagiographique [un des secteurs favoris des imprimeurs
romains de cette époque] est caractérisé par la présence de
textes brefs anonymes, souvent en langue vulgaire et in octavo,

---

(1) F. Geldner (*Die Deutschen Inkunabeldrucker. Ein Handbuch der
deutschen Buchdrucker des XV. Jahrhunderts nach Druckorten*, vol. 2: *Die
fremden Sprachgebiete*, Stuttgart 1970, p. 49) signale que « die meist ziemlich
umfänglichen juristischen Werke erschienen 'auspicio et favore' (unter der
Leitung und mit der Unterstützung) des Johannes Aloisius Tuscanus, der
schon mit Gensberg zusammengearbeitet hatte ». Les informations apportées
sur la spécialité juridique de ce personnage ne favorise pas cependant
l'hypothèse de son intervention dans cette réécriture de la *Vita*.

éléments qui laissent supposer une production de grande consommation; ces éditions se situent pour l'essentiel dans les
dernières années du siècle, avec une exception particulièrement
visible en 1475, année pendant laquelle les trois éditions de
Gudlinbeck entre avril et juillet font de la *Passio beati Simonis
pueri tridentini* un vrai *best-seller* ([1]). »

La *Vita Adae et Evae* appartenait à ce secteur « hagiographique » de l'édition. La succession de cinq éditions en
l'espace de 25 ans ne permet pas de douter de sa popularité en
cette fin du quinzième siècle, popularité que révélait déjà le
nombre de témoins manuscrits de la famille T. On reste étonné
que, malgré le nombre de leurs exemplaires aujourd'hui conservés dans les bibliothèques occidentales, ces éditions
imprimées ne semblent pas avoir eu de descendance, au point
que Fabricius en ignorait l'existence, puisqu'il ne les cite ni
dans l'un ni dans l'autre de ses deux volumes d'édition des
apocryphes ([2]).

Traduction des éléments empruntés à la *Légende du Bois de la Croix* et introduits dans T et Inc

Les rédactions T et Inc se caractérisent par l'insertion dans le
récit de la Vie d'Adam et Ève d'éléments empruntés à la *Légende du Bois de la Croix*. Ces éléments, signalés par les
numéros 42a, 43a, 44a et 48a dans l'édition de T et celle de
Inc, sont traduits ici en français, avec l'indication de l'endroit
où ils s'insèrent dans l'édition et dans la traduction française de
lat-V (voir plus loin p. 282-386).

---

(1) Cf. G. Castoldi – M. P. Critelli – G. Curcio – P. Casciano –
P. Farenga Caprioglio – A. Modigliani, « Materiali et ipotesi per la
stampa a Roma », dans *Scrittura, biblioteche e stampa a Roma nel Quattrocento.
Aspetti e problemi. Atti del Seminario 1-2 Giugno 1979*, C. Bianca – Farenga
et al., éds, Città del Vaticano 1980, p. 213-244, ici p. 226: « Il settore
agiografico è caratterizzato dalla presenza di brevi opere anonime, spesso in
volgare ed in ottave, elementi questi che lasciano supporre una produzione di
largo consumo; esse si collocano prevalentemente negli ultimi anni del secolo,
con una vistosa eccezione per il 1475, quando le tre edizioni del Gudlinbeck
comprese tra l'aprile e il luglio di tale anno fanno della *Passio beati Simonis
pueri tridentini* un vero *best-seller*. »

(2) On trouvera la référence des éditions de Fabricius *supra*, p. 5, n. 1.

Après « Alors le très aimé fils de Dieu, le Christ, descendra sur terre et introduira ton père Adam au paradis auprès de l'arbre de l'huile de sa miséricorde » (lat-V 42,10-12), T et Inc ajoutent:

42a Et immédiatement après l'ange s'éloigna de lui pour aller au paradis et lui apporta un rameau de trois feuilles détaché de l'arbre de la connaissance du bien et du mal, cet arbre à cause duquel Adam et Ève avaient été expulsés du paradis. Revenu auprès de Seth, il le lui donna en disant: « Porte cela à ton père pour le rafraîchissement et le soulagement de son corps. Hâte-toi, ne tarde pas. »

Après « Seth et sa mère s'en retournèrent et emportèrent avec eux le rameau et des parfums, c'est-à-dire du nard, du safran, de la calaminthe et de la cinnamone » (lat-V 43,5-7), T et Inc ajoutent:

43a Et il advint qu'Ève et Seth, alors qu'ils allaient, traversèrent l'eau du Jourdain, et voici que le rameau que leur avait donné l'ange tomba au milieu du fleuve. Or le cours du fleuve était très rapide.

Après « En entendant cela, Ève se mit à verser des larmes et à gémir » (lat-V 44,8), T et Inc ajoutent:

44a Et Adam dit à son fils Seth: « L'ange ne t'a-t-il pas donné quelque chose pour moi? » Troublé et effrayé de ne pas trouver ce que l'ange lui avait envoyé, Seth dit à son père: « Mais si, l'ange t'a fait envoyer du paradis un rameau de trois feuilles, qui m'a échappé <quand je traversais> au milieu du fleuve Jourdain. » Adam lui répondit: « Va, mon fils, et à l'endroit même où il est tombé tu le trouveras, apporte-le moi, pour que je le voie avant de mourir et que mon âme te bénisse. » Et Seth, retourné au fleuve Jourdain, trouva le rameau au milieu du fleuve, d'où il n'avait jamais bougé. Et Seth tout joyeux le rapporta à son père qui, quand il l'eut reçu et regardé attentivement, se réjouit d'une grande joie et dit: « Voici ma mort et ma résurrection. » Et il demanda à ses fils de le planter à la tête de sa tombe.

Après « comme vous l'avez vu faire, ainsi ensevelissez désormais vos morts » (lat-V 48,8-9), T et Inc ajoutent:

Cela étant accompli, les anges s'éloignèrent d'eux. **48a 1** Alors Seth son fils planta le rameau de l'arbre, comme son père le lui avait demandé, à la tête de sa tombe. Ce rameau grandit jusqu'à devenir un grand arbre. **2** Après de nombreuses années, il fut trouvé par les chasseurs de gibier de Salomon ; il lui fut apporté et fut orné par lui de merveilleux ornements, et par la suite, à cause de la reine du Sud, il fut détruit. Celle-ci était venue des confins de la terre pour entendre et voir la sagesse de Salomon. Il lui montra tous ses secrets et ce bois merveilleusement orné qui était dans le Temple. **3** Aussitôt qu'elle le vit, elle prophétisa que par ce bois seraient détruits tous les royaumes, toutes les onctions des prêtres et toutes les lois des Juifs. **4** Entendant cela, le roi ordonna de dépouiller le bois de tous ses ornements d'or et de pierres précieuses et de l'immerger dans la piscine probatique en lui attachant des pierres. C'est là que par la suite l'ange descendait constamment et agitait l'eau et que chaque jour un homme était guéri, jusqu'à ce que vienne le Christ lui-même, qui ensuite fut suspendu à ce même bois dans le lieu qui est dit du Calvaire, et il fut attaché au tronc même de l'arbre de telle façon que le sang du rédempteur lui-même tombât sur la tête du premier façonné.

LES CONTEXTES ([1])

Les relevés de contenu illustrent des situations variées, depuis un livret de six feuillets (*Dr*), dont le seul texte est la *Vie d'Adam et Ève*, jusqu'à un recueil de près de cinq cents feuillets (*Eb*) ([2]). La copie de la VAE en fin de volume est un phénomène récurrent (19 cas au total), mais d'interprétation délicate : tout se passe comme si les copistes utilisaient cet opuscule, de classement malaisé et d'autorité incertaine, comme une sorte de bouche-trou ([3]).

---

(1) Dans chaque notice de manuscrit, l'auteur a indiqué le contexte où figurait la *Vie d'Adam et Ève*. Mais il n'a laissé que des notes sommaires sur cette question à laquelle il voulait consacrer un développement plus synthétique. Ce qu'on lira ci-dessous correspond à ses propres notes, légèrement mises en forme par la rédaction.

(2) Voir p. 60 (*Dr*) et 64 (*Eb*).

(3) La VAE se trouve en fin de volume dans *Wf* (cf. p. 65), *Sc* (p. 68), *Ve* (p. 74), *Du* (p. 77), *T* (p. 83), *Ne* (p. 84), *Ad* (p. 89), *Zw* (p. 90), *Vd* (p. 90-91),

L'étude des contextes est souvent rendue difficile, voire impossible, parce que les manuscrits, durant leur transmission, ont été mutilés (comme *In*) ou modifiés dans leur composition (comme *Pa*). Dans *T*, qui remonte au xe siècle, une table ancienne restitue le contenu originel, mais une telle situation reste exceptionnelle (^{1}).

D'autre part, durant le Moyen Age comme au début des temps modernes, les bibliothécaires avaient l'habitude de regrouper plusieurs livrets sous une même reliure: *Na* réunit ainsi, depuis le xve siècle, huit éléments différents, et *R* n'a été formé qu'à la fin du xviie siècle par le rapprochement de deux manuscrits distincts (^{2}). Pour analyser les contextes de la VAE, il faudrait donc être en mesure de délimiter avec précision, dans chaque manuscrit, les diverses unités codicologiques, ce que beaucoup de catalogues ne permettent pas de faire. Le sens du mot « contexte » reste donc ambigu: dans les manuscrits homogènes, il renvoie à la sélection délibérée d'un copiste ou d'un chef d'atelier; dans les miscellanées plus ou moins hétérogènes, il peut en fait équivaloir au choix d'un bibliothécaire.

La *Vie d'Adam et Ève* n'est jamais associée, *Lj* excepté, à des livres canoniques de la Bible. En revanche, même si la diversité des contextes est extrême, quelques ouvrages ou types d'ouvrages figurent, avec une certaine régularité, à proximité de la VAE. Si l'on cherche à savoir comment les lecteurs médiévaux recevaient ce texte, les œuvres suivantes méritent de retenir l'attention (^{3}):

(a) La *Légende du Bois de la Croix* (^{4}); des péritextes ou métatextes à propos de la Genèse ou de la Bible en général

---

Ru (p. 95), *J* (p. 99), *Sf* (p. 103), *Bh* (p. 103-104), *Vb* (p. 107), *Hz* (p. 108), *Zp* (p. 109), *Aj* (p. 114), *Ea* (p. 123), *Oc* (p. 125).

(1) Voir p. 85 (*In*), 68-70 (*Pa*) et 83 (*T*).

(2) Voir p. 65-66 (*Na*) et 93-94 (*R*). Autres recueils faits de plusieurs unités codicologiques: *Pa* (p. 68-70), *A* (p. 92), *E* (p. 101), *Pc* (p. 97), *Pw* (p. 122).

(3) Les renvois à des sigles, qui sont faits entre parenthèses, sont donnés à titre d'exemple, sans recherche d'exhaustivité.

(4) Les manuscrits où la *Légende du Bois de la Croix* est associée ou voisine avec la VAE sont mentionnés dans l'édition des extraits de la *Légende du Bois de la Croix* incorporés dans le manuscrit B ci-dessous, p. 536, note 2.

(*Po, Ko, Sc, Gz, Au, Pu, Bp*) (^{1}); des opuscules relatifs à la personne ou à la passion du second Adam (*Mf, Eb, Wf, Sw, Ba*) (^{2}); des textes relatifs à la venue de l'Antichrist et aux signes annonciateurs du jugement dernier (*Du, Pb, Bg, A, Fa, Ez, Ig*) (^{3}).

(b) Spécialement à date haute, deux œuvres fameuses de type eschatologique: la *Navigation de saint Brendan* (*S, T* [xe s.], *Ne, Bg, P*) (^{4}) et le *De novissimis temporibus* du Pseudo-Méthode (*T* [xe s.], *M, Fa, W, A, Pc, P*) (^{5}).

(c) Un certain nombre d'apocryphes néotestamentaires, en particulier l'*Évangile de Nicodème*, de beaucoup le plus fréquent (seize occurrences) (^{6}), l'*Évangile du Pseudo-Matthieu* (*Pa, B, Lm, Bd, Fa*) (^{7}), la *Visio Pauli* (*Up, Vf, Ne, Sz*) (^{8}); les responsables de certains recueils tardifs (*Ma, Du, A*) ont manifestement collecté ce type d'ouvrage (^{9}).

(d) A partir du xive siècle (surtout dans la rédaction tardive), divers traités sur la pénitence, l'un des thèmes majeurs de la VAE (*Mu, Di, J, Bh, Vb, Zp, Cb, Px, Tg*) (^{10}); notre texte, intitulé parfois *De paenitentia Adae* ou *De peccato originali,* fut d'ailleurs au xve siècle inséré au milieu d'un long traité anonyme, consacré à la pénitence: *Formula de creatione Adae prothoplasti et Evae uxoris eius et de eorum lapsu et de eorum poena et de illo dignissimo psalmo Miserere mei* (*Ap* et ses dérivés *Ah, Ee, Te*) (^{11}).

(e) Enfin, de façon peut-être moins significative, des textes hagiographiques du genre *Vita,* mais dans des séries instables

---

(1) Voir p. 59 (*Po*), 64 (*Ko*), 68 (*Sc*), 71-72 (*Gz*), 80 (*Au*), 102 (*Pu*), 104 (*Bp*).

(2) Voir p. 62-63 (*Mf*), 64 (*Eb*), 65 (*Wf*), 66 (*Sw*), 116 (*Ba*).

(3) Voir p. 77 (*Du*), 81 (*Pb*), 78-79 (*Bg*), 92 (*A*), 86 (*Fa*), 122 (*Ez*), 128 (*Ig*).

(4) Voir p. 82 (*S*), 83 (*T*), 84 (*Ne*), 78-79 (*Bg*), 98 (*P*).

(5) Voir p. 83 (*T*), 83-84 (*M*), 86 (*Fa*), 70 (*W*), 92 (*A*), 97 (*Pc*), 98 (*P*).

(6) Voir *Pr* (p. 56), *Ma* (p. 57), *Bc* (p. 62), *Mf* (p. 62-63), *Kb* (p. 72), *Pa* (p. 68-70), *W* (p. 70), *Bg* (p. 78-79), *A* (p. 92), *Os* (p. 93), *R* (p. 93-94), *L* (p. 96), *Ls* (p. 99-100), *Pv* (p. 111), *Sa* (p. 111-112), *Px* (p. 121).

(7) Voir p. 68-70 (*Pa*), 76-77 (*B*), 78 (*Lm*), 79 (*Bd*), 86 (*Fa*).

(8) Voir p. 61 (*Up*), 80-81 (*Vf*), 84 (*Ne*), 127 (*Sz*).

(9) Voir p. 57 (*Ma*), 77 (*Du*), 92 (*A*).

(10) Voir p. 63 (*Mu*), 87-88 (*Di*), 99 (*J*), 103-104 (*Bh*), 107-108 (*Vb*), 109 (*Zp*), 110 (*Cb*), 121 (*Px*), 123 (*Tg*).

(11) Voir p. 120 et 129.

(*Mu, Pa, Ve, B, Ne, C, Aj*, etc.) (¹). Exception faite du *Magnum legendarium austriacum* (*Ad, Zw*), l'absence de date
liturgique était un obstacle à l'insertion de la VAE dans des
légendiers classés très majoritairement *per anni circulum*.

La *Vie d'Adam et Ève* se lit aussi au contact de sermons, de
chroniques, de descriptions de la Terre sainte, de textes gram-
maticaux et scolaires, mais cela doit s'expliquer moins par son
argument propre que par la multiplication, vers la fin du
Moyen Age, des recueils hétéroclites, compilés parfois sur de
longues périodes et destinés à un usage personnel.

_____

(1) Voir p. 63 (*Mu*), 68-70 (*Pa*), 74 (*Ve*), 76-77 (*B*), 84 (*Ne*), 94 (*C*), 114-115
(*Aj*).

ÉDITION ET TRADUCTION SYNOPTIQUES DES RECENSIONS LATINES (LAT-P ET LAT-V)

INTRODUCTION A L'ÉDITION DE LAT-P

Les témoins

L'édition de la recension latine P (lat-P) se fonde sur les manuscrits *Pr* et *Ma*, qui ont été décrits plus haut p. 56-58, et sur les chapitres 1-12 de la rédaction anglaise (E), dont les témoins ont été présentés et étudiés dans la partie consacrées à la tradition manuscrite (p. 92-101 et 199-205) et qui est éditée plus loin avec les différentes familles de lat-V (p. 571-597).

Pr Le manuscrit de Paris, BnF, *lat. 3832* (sigle: *Pr*), du xiiᵉ siècle, p. 181-192, est le témoin le plus complet de la recension latine P — à laquelle il a d'ailleurs fourni son sigle. Comparé aux autres recensions de la *Vie d'Adam et Ève* (arménienne, géorgienne et grecque), son contenu couvre les chapitres suivants: 1-22; 23-24 (gr 1,2 – 5,1); 30-44 (gr 5,2 – 15,1); 45-54 (gr 15-24) et 59-67 (gr 29-37); 70 (gr 40). Le texte a été édité une première fois en 1999, peu après sa découverte (Pettorelli, ALMA 1999).

Ma Le manuscrit de Milan, *Ambros. O 35 sup.* (sigle: *Ma*), daté du xivᵉ siècle, f. 95ʳ-99ᵛ, conserve la partie initiale de la *Vie d'Adam et Ève* (lat-P 1,1 à 23,4). Le texte a été édité une première fois en 1998 (Pettorelli, ALMA 1998, p. 68-103) et reproduit à nouveau sous l'édition de *Pr* en 1999 (Pettorelli, ALMA 1999, p. 10-17).

E Les chapitres 1-12 des manuscrits de la rédaction anglaise (sigle: E) se rattachent à la recension lat-P, alors que la suite du récit, à partir du chapitre 13, appartient à la recension lat-V. La filiation particulière de ces chapitres explique la présence des « propositions additionnelles » signalées par Mozley dans son édition de 1930.

On relèvera que, dans ces chapitres, les variantes de la rédaction anglaise se trouvent non seulement dans l'apparat de lat-P, mais aussi dans celui de lat-V. Les leçons propres à E figurant dans l'apparat de lat-V signalent ainsi aux lecteurs les différences qui séparent les deux grandes recensions latines.

Les relations entre les témoins et leur importance respective pour l'établisseent du texte de lat-P

L'établissement du texte de lat-P obéit à des règles différentes, en fonction de l'ampleur du récit conservé dans les témoins précités. Trois situations doivent ainsi être distinguées: (1) les chapitres 1 à 12, où une comparaison est possible entre *Pr*, *Ma* et E; (2) les chapitres 13,1 à 23,4, où la comparaison ne porte plus que sur *Pr* et *Ma*; (3) le reste du texte, à partir du chapitre 24, où *Pr* est le seul et unique témoin de lat-P.

Chapitres 1–12

Accords entre Pr et E contre Ma

La comparaison entre les trois témoins dans les chapitres 1 à 12 fait apparaître une parenté entre *Pr* et E dans une série de leçons qui les opposent à *Ma*.

Pour une part, ces leçons communes conservent le texte premier de lat-P, qui a été altéré dans *Ma*. C'est notamment le cas des exemples suivants, où la leçon de *Pr* et E est confirmée par lat-V ou/et par tout ou partie des autres recensions (arm, geo, gr II).

1,2-3	*et fecerunt sibi tabernaculum et ibi fuerunt diebus septem* [*sex diebus* E] Pr E: *fecerunt dies sibi septem* Ma
2,1	*coeperunt* Pr E: *ceperant* Ma
3,4-5	*et utinam — dominus deus*: om. Ma
3,8	*ad Adam domine meus* [*mi* E] Pr E: *domine Adam* Ma
4,2-3	*et bestiae edebant* [*comedebant* E] Pr E: *edebant pascentes* Ma
5,3-5	*et non — quod promisimus* Pr E: om. Ma
6,2	*non enim dicam tibi tantos sed tantos fac ut salueris* Pr: *dico tibi tantos fac ut uolueris* E om. Ma
8,1-2	*et congrega — te sunt* Pr E: om. Ma
8,6	*omnia animancia* Pr E: *genera animalium* Ma
9,4-5	*et cum — ipse flere* Pr E: om. Ma
9,7	*de* [om. Pr] *qua sollicita es* Pr E: *quia saluata es tu et uir tuus* Ma

9,10   *educere vos de aqua et dare uobis* Pr E: *ut adducerem uo-*
          bis Ma
10,3   post *terram* add. *eleuauit statim eam seductor* Ma
10,3   *et iacuit ut* [*quasi* E] *mortua paene tota die* Pr E: *Eua*
          uero ut mortua penituit tota die Ma
10,7   *seducta* Pr E: *suasa es et deducta* Ma
11,8   *numquid* Pr E: *non enim* Ma

Mais dans une série d'autres cas, les accords entre *Pr* et E sont
clairement secondaires par rapport à la leçon de *Ma*, qui est
confirmée par lat-V ou/et par tout ou partie des autres recensions (arm, geo, gr II), et qui conserve le texte premier de
lat-P.

3,6   *magna* [*mangna* Ma] *est ira in celo et in omne creatura*
          Ma: *magna est in celo et in terra creatura eius* Pr E
4,7   *indulgeat et misereatur* Ma: *indulgeat* Pr E
5,5-7   *et iterum — et tribulationem* Ma: om. Pr E
6,3   *et tu diebus triginta* <*tribus*> Ma: om. Pr E
6,7   *in altitudine fluminis* Ma: om. Pr E
8,2-3   *ut circumdent* [correxi *circumdes* Ma post correctionem]
          me et lugeant et animalia mecum pariter Ma: [*et* add. E]
          circumdate me et lugete mecum [*me hic* Pr] Pr E
9,8-9   *et nos omnes angeli* scripsi: *et nos omnem (?) angeli* Ma
          nos et omnes angeli Pr E

Accords entre Pr et Ma contre E

Lorsqu'une leçon commune à *Pr* et à *Ma* s'oppose à une leçon
de E, elle est à considérer comme l'expression du texte premier
de lat-P. C'est notamment le cas des exemples suivants, où
l'accord entre *Pr* et *Ma* est confirmé par lat-V ou/et par tout
ou partie des autres recensions (arm, geo, gr II).

2,5   *in locum quo eramus* Pr Ma: *in loco ubi prius fueramus* E
3,1   *surgens Adam per se(c)ptem dies* Ma: *surrexit A. et per*
          septem dies Pr surr. A. post octo dies et E
4,4   *nobis autem escam angelicam* Pr: *nos autem escam ange-*
          lorum utebamur Ma om. E
5,3   [*nos* add. Ma] *non possumus adimplere* Pr Ma: *implere*
          non ualeamus E
8,6   *statim* Pr Ma: *ecce* E
8,8   *et factae sunt ad eum uoces angelicae* Pr Ma: *et raucae*
          factae sunt fauces eius E (reprise du *Ps* 69[68],4 Vulgate)
9,5   *et* Pr Ma: *postea* E
10,3   *ut autem surrexit* Pr: *postea surr.* Ma *et erexit eam diabo-*
          lus de terra E

10,4-5   *duxit eam — cum ea* Pr (Ma): *perrexit ad Adam et dia-*
           bolus cum ea quibus inspectis E
11,5   *et clamauit* [*clamauitque* Pr] *cum gemitu magno* Pr Ma:
           Adam uero exclamauit E
11,6   *expugnas nos gratis* Pr Ma: *nos tam grauiter non desinis*
           expugnare E

Accords entre *Ma* et *E* contre *Pr*

Lorsqu'une leçon commune à *Ma* et à E s'oppose à une leçon
de *Pr*, elle est à considérer comme l'expression du texte premier de lat-P. C'est notamment le cas des exemples suivants,
où l'accord entre *Ma* et E est appuyé par tout ou partie des
autres recensions (lat-V, arm, geo, gr II).

3,8   *interfice* Ma E: *uis interficere* Pr
3,9   *tollar* Ma E: *tollas me* Pr
3,16   *et non deficiamus* Ma E: *ut non male def.* Pr
10,6   *opus* Ma E: *opus uel fructus* Pr
10,5   *quomodo iterum* [om. E] Ma E: *iterum enim* Pr
10,8   *habitatione* [*paradisi* add. E] Ma E: *habitaculo* Pr
11,1-2   *cognouit quia diabolus esset qui* [correxi *quia* Ma] *eam*
           fecit egredere de aqua Ma: *cog. quod d. seduxit eam et de*
           flumine exire persuasit E om. Pr
11,8   *tuam* Ma E: *tuam uel honorem tuum* Pr
12,2-3   *quia* [*quoniam* E] *propter te* Ma E: *propter te enim* Pr

L'examen de ce même groupe de variantes permet également
de repérer des particularités de style propres à *Pr*, qui indiquent qu'un copiste a apporté des retouches au texte de lat-P.
Nous consacrons plus bas une rubrique séparée à la présentation de ces particularités stylistiques.

Chapitres 13,1 – 23,4

Dans cette section, l'établissement du texte de lat-P ne repose
plus que sur deux témoins, *Pr* et *Ma*. Il s'appuie sur la comparaison de leurs leçons respectives avec celles des autres
recensions, notamment avec lat-V, ainsi que sur la prise en
compte des particularités stylistiques de *Pr*. Tantôt le texte de
lat-P est conservé dans *Pr*, tantôt dans *Ma*, tantôt encore il
est difficile de savoir dans lequel des deux témoins il faut le
reconnaître.

Cas où *Pr* est un meilleur témoin que *Ma* du texte de lat–P

L'accord de *Pr* avec tout ou partie des autres recensions amène à lui donner la préférence, notamment lorsque *Ma* omet des éléments du récit. En voici des exemples.

13,4-5	*factus est uultus tuus ut similitudo imaginis dei* Pr: *factus est similis uultus dei* Ma
13,6-7	*Ecce Adam feci* Pr: *Ecce Adam quem fecit dominus* Ma
14,3	*tunc uocauit me* Pr: om. Ma
14,4-6	*cui dixi — me expelleret* Pr: om. Ma
14,8-9	*prior enim omnium factus sum* Pr: *et neque per illum factus sum* Ma
16,5-9	*conuersus sum — de paradiso* Pr: om. Ma
17,4-5	*quaerens animam — quam amisi* Pr: om. Ma
19,1	*coepit turbari* Pr: *coepit contristari* Ma
19,3	*sed non exauditae sunt uoces eius* Pr: *et non audiuit eam deus* Ma
20,2	*uocem orationis eius* Pr: *orationem Ade* Ma
20,4	*quare plorat* Pr: *quapropter tangit illam deus* Ma
20,6-7	*ut uidi te refrigerauit anima mea* Pr: *uideat refrigerium anima mea* Ma
20,8-9	*exurge et deprecare dominum* Pr: om. Ma
21,4-5	*quoniam preces eius auditae sunt* Pr: *quia ipse propter te plorauit ad dominum* Ma
21,8	*ad partum* Pr: *ad pariendum* Ma
21,11-12	*iustus est dominus qui non permisit ut manibus meis caderes* Pr: *iustus dominus qui non permisit in manibus meis te mortuam esse quia tu inquid cauta es* Ma
21,13 – 22,2	*imposuitque nomen — uxorem tuam* Pr: om. Ma
22,3-4	*ad semina diuersa ut daret Adae* Pr: om. Ma
22,4-6	*et ostenderet ei laborare et coleret terram quatinus fructus haberent unde manducarent ipse et omnis generatio quae ex ipso processura erat* Pr: *ut ostenderetur unde uiuerent et colerent terram et aberent fructum et unde uiuerent qui processuri erant* Ma
22,6-7	*consummatis autem tribus annis* Pr: *et post annos* Ma
22,7-8	*Adam genuit Abel quem uocauit Virtus* Pr: *concepit et peperit filium quem uocauit Abel* Ma
23,1-2	*dormiens ego uidi per somnium* Pr: *uidi dormiens uisionem* Ma
23,3-5	*eumque deglutiebat sine ulla misericordia. Ille quidem rogabat eum ut indulgeret ei modicum sed nichil profuit quia uiolenter potauit* Pr: *et degluctiuit eum sine ulla misericordia et cum degluctisset rogabat ille ut indulgeret nec indulsit* Ma et desinit

Cas où *Ma* est un meilleur témoin que *Pr* du texte de lat-P

L'accord de *Ma* avec tout ou partie des autres recensions indique que son texte reflète alors plus fidèlement que *Pr* le texte de lat-P. Outre les cas où *Pr* se distingue par des retouches stylistiques (voir plus loin), le choix en faveur de *Ma* peut être illustré par les exemples suivants.

13,3   *et foras missus sum* Ma : om. Pr

13,5-6   *et fecit te adorare in conspectu domini* Ma : *ante conspectum dei et fecit te adorare dominum* Pr

14,7   *et dixi Michaeli* Ma : *et dixit mihi* Pr

17,2-3   *uita mea in manibus tuis est* Ma : *in manus tuas uitam meam commendo* Pr

17,5-6   *numquam ei amplius diabolus apparuit* Ma : *nusquam comparuit diabolus* Pr

18,2   *neque modo illusus es tu* Ma : *neque nunc ausus est tibi aliqua facere* Pr

18,6   *non sum digna* [*dingna* Ma] *de esca uitae edere* Ma : *indigna sum uiuere* Pr

18,8-9   *habens in utero trium mensium* Ma : *erat autem habens in utero conceptum* Pr

19,5   *ubi est dominus meus Adam ut uideat me* Ma : *ubi es domine meus A. ut me uideas* Pr

19,6-7   *ut ueniat et adiuuet me* Ma : *ut ueniat et me audiat* Pr

21,3   *tetigit circa faciem eius usque ad pectum* Ma : *circumegit eam a facie usque ad pectus* Pr

21,4   *eam beata es Eua propter* Ma : om. Pr

22,8   *et manserunt in unum* Ma : *mansit uero Abel diu una cum fratre suo Cain* Pr

Cas où il est difficile de trancher entre *Pr* et *Ma*

Quand le texte de lat-P n'a pas d'équivalent dans les autres recensions ou quand les deux témoins s'en écartent trop, il est difficile de choisir entre la leçon de *Pr* et celle de *Ma*. Dans ces cas-là, la préférence a généralement été donnée à *Pr* parce qu'il est le témoin le plus complet de lat-P. Donnons quelques exemples de ces choix incertains.

15,1-2   *quod audientes ceteri angeli dixerunt mihi numquam ab illis hoc idem fieri* Pr : *audierunt et alii angeli et ips(i) pariter similiter mecum fecerunt* Ma

16,3-4   *sumus itaque tui causa expulsi de habitaculis nostris* Pr : *et scimus quia causa tui exules facti sumus de clarissima habitacione nostra* Ma

16,10   *non enim pati uolui ut te uiderem unde expulsus sum* Pr:
         sic placuit mihi ut uid. te inde expulsum Ma
17,6-7   *Adam uero orationem suam in aqua Iordanis faciens in*
         paenitentia sua perseuerabat Pr: *A. autem penituit stans*
         in aq. I. in paen. sua Ma
18,1   *qui confessus es* Ma: *cuius conceptus sum* Pr
19,4   *fleuit igitur cum gemitu magno dicens* Pr: *et plorauit cum*
         fletu mangno et dixit Ma
20,1   *orauitque pro ea dominum* Pr: *et deprecatus* [*est* add. su-
         pra lin.] *Adam pro ea ad <d>eum* Ma
20,5-6   *uenit igitur ad eam Adam et inuenit flentem* Pr: *et pergens*
         inuenit eam in lucto mangno Ma
20,11   *clamans ad dominum* Pr: *exclamans et deprecans domi-*
         num deum Ma
21,7   *euadere dolores istos de conceptu adulterii* Pr: *eu. de dolo-*
         ribus istis et de conceptu adu<l>terii istius Ma
21,11   *deditque matri suae manducare* Pr: *et dedit matri sue* Ma

Chapitres 24-70

A partir du chapitre 24, *Pr* est le seul témoin de la recension
latine P, et il le reste jusqu'au chapitre 70, où il s'interrompt
brusquement. Dans cette partie, le texte édité sous le sigle
« Lat-P » reproduit donc celui du manuscrit de Paris, *lat. 3832*,
à l'exception des quelques corrections et conjectures qui nous
ont semblé indispensables.

Les particularités stylistiques de *Pr*

Les particularités de *Pr* sont essentiellement formelles: elles
concernent l'ajout de brefs éléments de transition, l'usage du gérondif, la prédilection pour certaines particules de liaison et la
manière dont sont introduites les répliques des personnages.
Nous signalons ici leurs occurrences non seulement dans les chapitres 1-12, où elles ressortent de la comparaison entre *Pr*, *Ma* et
E, et dans les chapitres 13,1 – 23,4, transmis par *Pr* et *Ma*, mais
aussi dans le reste du texte, attesté uniquement par *Pr*.

La présence de brèves phrases de transition, recourant notamment au verbe *audire*, est une des caractéristiques qui
distingue *Pr* des autres témoins de la *Vie latine* (*Ma*, E et/ou
lat-V).

3,1   *et* Ma E: *quo audito* Pr
10,1   *et tunc* Ma E: *quod ut audiuit* Pr

12,1   *et plorauit diabolus ingemuitque et dixit* Ma: *quod audiens*
         d. pl. et gemendo dixit Pr *cui d. ingemiscens ait* E

17,5   *et statim* Ma lat-V cf. arm geo: *haec autem cum dixisset*
         Pr

21,8   *et* Ma: *cum autem praeparetur Eua* Pr

L'usage du gérondif est un autre trait distinctif de *Pr*.

6,9   *quia manducauimus* E: *manducando* Pr *manducare* Ma

12,1   *et plorauit diabolus ingemuitque et dixit* Ma: *quod audiens*
         d. pl. et gemendo dixit Pr *cui d. ingemiscens ait* E

16,2   *et iussit* Ma lat-V: *iubendo* Pr

18,3   *quia non custodiui mandatum dei* Ma: *mand. dei non*
         custodiendo Pr

Pr a une prédilection pour *uero*, en lieu et place d'une autre particule comme *et, autem, enim*, etc.

3,12   *et dixit* Ma E: *dixit uero* Pr; idem en 4,2; 6,1.

7,2   *et ipse* Ma E: *ipse uero* Pr

9,2   *tunc* E: *tunc uero* Pr *et* Ma

10,4-5   *et cum uidisset* Ma: *cum uero uidisset* Pr

14,9   *antequam ipse fieret* Ma: *antequam uero fieret* Pr

17,6-7   *Adam uero orationem suam in aqua Iordanis faciens in*
         paenitentia sua perseuerabat Pr: *A. autem penituit stans*
         in aq. I. in paen. sua Ma

21,2   *et quae erat* Ma: *quae uero* Pr

21,5   *illius enim* Ma: *illius uero* Pr
         Dans la suite du texte, les autres emplois de *uero* par *Pr*
         sont les suivants (entre parenthèses, l'usage différent de
         lat-V est signalé quand le parallèle existe): lat-P 24,5;
         34,7; 35,3 (lat-V: *et cum uidisset*); 40,1 (lat-V: *Seth au-*
         tem et mater eius); 43,1 (lat-V: *Tu autem*); 45,4; 47,2;
         52,10; 59,2; 59,8; 61,3; 70,4.

De même, le scribe qui est à l'origine de la copie de *Pr* a un goût prononcé pour la conjonction *ergo*, utilisée 17 fois. Dans les cas où la comparaison est possible avec les autres témoins de lat-P (*Ma* et E), *ergo* est propre à *Pr* — sauf en 6,5 et 9,12. Par contraste, *ergo* ne se rencontre qu'une seule fois dans l'édition de lat-V (en lat-V 9,11), et cinq fois dans l'apparat de lat-V (3 fois dans Inc, 1 fois dans B, et en 50,1 dans R2, E et T).

4,1   *et euntes* Ma: *euntes ergo* Pr *euntes* E

6,5   *surge ergo* Pr Ma: *surge* E

9,12   *nunc ergo egredere* Pr Ma E + lat-V

21,8   *exurge ergo* Pr: *surge nunc* Ma *exsurge nunc* lat-V

22,2   *et post hoc accepit* Ma: *accepit ergo* Pr

Dans la suite du texte, les autres emplois de *ergo* sont les suivants (entre parenthèses, l'usage différent de lat-V est signalé quand le parallèle existe): lat-P 38,5 (lat-V: *nunc autem*); 46,1; 46,8; 48,4; 48,8; 48,12; 49,5; 51,3; 60,1; 61,5; 62,13; 67,8.

Quoque est une autre particule de coordination favorite de *Pr* (10 occurrences).

22,3	*et misit dominus Michaelem archangelum* Ma: *misit quoque deus M.* Pr
23,1	*et dixit* Ma: *dixit quoque* Pr
23,8	*dixit quoque Adam* Pr (def. Ma)
23,17	*Erat quoque et Eua condolens nimis* Pr
32,11-12	*mihi quoque tribuens partem orientis* Pr *(et dedit mihi dominus partes orientis* lat-V)

Dans la suite du texte, les autres emplois de *quoque* sont les suivants: lat-P 45,9; 47,3; 51,5; 62,8; 63,6.

Une dernière conjonction particulièrement fréquente dans *Pr* est *itaque* (12 occurrences). Le plus souvent, elle doit être rendue par « et ainsi » ou «ainsi» plutôt que par « c'est pourquoi » (sauf en 51,1): 16,3; 23,16; 24,6; 30,4; 45,9; 46,3; 47,9; 48,10; 50,7; 51,1; 52,5; 59,9.

Enfin, *Pr*, témoin unique de lat-P à partir du chapitre 24, se distingue de lat-V par l'usage fréquent de *cui*, suivi de la désignation de l'interlocuteur, pour introduire une réplique.

14,4	*cui dixi* Pr (lat-P): *et ego respondi ei* lat-V
31,6	*cui pater* lat-P: *respondit Adam et dixit* lat-V
31,8	*cui filius* lat-P: *respondit Seth et dixit* lat-V
32,1	*cui Adam* lat-P: *respondit Adam et dixit* lat-V

La même différence entre *Pr* (lat-P) et lat-V se rencontre encore ensuite en 36,1; 38,1; 39,4 et 44,2. En l'absence de lat-V, cette particularité de *Pr* (lat-P) se retrouve aussi en 46,10; 47,10 et 13; 48,5; 53,3; 54,1; 61,5; 63,2.

Récapitulation

Les règles suivies pour l'édition de la recension latine P diffèrent d'une partie à l'autre en fonction du nombre des témoins. Dans les chapitres 1-12, la comparaison entre les trois témoins fait apparaître l'existence d'une parenté entre *Pr* et E, qui les distingue de *Ma*. Lorsque *Pr* et E s'accordent contre *Ma*, leur leçon commune est retenue si elle est confirmée par le témoignage des autres recensions (lat-V, arm, geo, gr II) et rejetée dans l'apparat si c'est la leçon concurrente de *Ma* qui est appuyée par les autres recensions. Dans les chapitres 13,1 − 23,4, il est souvent possible de choisir entre *Pr* et *Ma* en faisant appel au témoignage des autres recensions; mais il arrive aussi que ce témoignage fasse entièrement défaut ou soit insuffisant, ce qui ne permet pas de trancher avec certitude entre les deux témoins. A partir du chapitre 24, le texte de lat-P se confond pratiquement avec celui de *Pr*, en dehors des quelques corrections et conjectures qui nous ont semblé s'imposer. Le texte ainsi établi a donc nécessairement un caractère hétérogène et ne peut donner qu'une image imparfaite de la nouvelle recension latine, récemment exhumée grâce à la découverte du manuscrit de Paris, *lat. 3832*.

Les relations entre les témoins peuvent être illustrées par le stemma que voici.

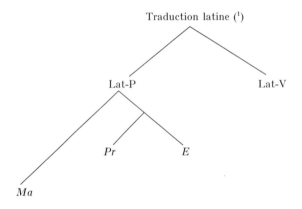

Traduction latine (¹)

Lat-P   Lat-V

Pr   E

Ma

---

(1) Voir plus haut p. 40: « Dans la partie qu'elles ont en commun, les deux recensions ont pour origine une seule et même traduction latine, qui a pu être corrigée, complétée ou progressivement altérée par chacune d'elles. »

INTRODUCTION A L'ÉDITION DE LAT-V

Les témoins et leur degré de proximité avec
le texte premier de lat-V

Le choix de R1 comme texte de base pour l'édition de lat-V tient avant tout au fait que les manuscrits de cette famille transmettent une forme du texte qui reste généralement proche de l'archétype de la *Vie latine* commune ou « Vulgate » (lat-V); autrement dit, c'est un texte qui a subi moins de transformations que celui des autres rédactions.

L'apparat critique de l'édition de lat-V a pour but de donner une vue d'ensemble des principales formes textuelles sous lesquelles la *Vie latine d'Adam et Ève* a circulé durant le Moyen Age. Il signale tous les écarts entre le texte de base retenu et celui des différentes rédactions ou familles, dont chacune fait l'objet d'une édition séparée qui figure dans la partie finale du présent ouvrage. Le lecteur trouvera pour chacune de ces rédactions, dans la partie consacrée à la tradition manuscrite, une description et une classification des manuscrits qui la transmettent. Pour rendre plus aisée la lecture de l'apparat critique et des notes de la traduction, nous présentons maintenant ces mêmes rédactions sous une forme synthétique, en rappelant leurs caractéristiques majeures et en renvoyant aux pages où elles sont présentées et éditées de manière complète. L'ordre adopté pour cette présentation correspond à leur degré de proximité par rapport à la forme première de la recension.

R Rédaction rhénane, texte commun des familles R1 et R2.

R1 Rédaction rhénane, texte de la famille R1, édité plus bas aux p. 439-513. Les manuscrits de la famille R1 sont décrits et étudiés plus haut aux p. 58-73 et 132-162. Cette famille comprend 14 manuscrits, subdivisés en six groupes, ainsi que 6 manuscrits isolés qui lui sont apparentés. Sur ce total, 10 manuscrits, représentant cinq groupes, ont été retenus pour l'établissement du texte et de l'apparat de R1.

R2 Rédaction rhénane, texte de la famille R2, qui fait l'objet d'un apparat critique spécifique signalant ses variantes par rapport au texte de R1 (voir p. 442-512). Les manuscrits de la famille R2 sont décrits et étudiés plus haut aux p. 74-82 et 146-153. Cette famille comprend 11 manuscrits, répartis en trois groupes; 9 d'entre eux ont été retenus pour l'établissement du texte et de l'apparat de R2. Une caractéristique majeure de R2 est l'omission de lat-V 26,1 – 27,4, qu'on retrouve dans la rédaction de Bohême (B).

Pa Texte du manuscrit de Paris, *lat. 5327*, du Xᵉ siècle, réécriture de la rédaction rhénane, étudiée plus haut, p. 154-155 et 162-175, et éditée plus bas, p. 521-534 ([1]).

A Rédaction d'Allemagne du Sud, texte édité plus bas, p. 545-569. Les manuscrits de la famille A sont décrits et étudiés plus haut aux p. 82-92 et 180-199 ([2]). Elle comprend 14 manuscrits, subdivisées en trois groupes (A1, A2 divisé en deux sous-groupes A2a et A2b, A3), ainsi qu'un manuscrit isolé qui se rattache à A. 13 manuscrits ont été retenus pour l'établissement de l'apparat de A. Cette famille de manuscrits correspond à la classe I de MEYER et elle a fourni le texte de base de son édition ([3]). Elle se caractérise par deux importantes omissions. La première porte sur la révélation relative à l'histoire du Temple (lat-V 29.3-10 [= 29,6-31]) et se rencontre dans tous les témoins de A. La seconde omission concerne l'histoire des tablettes où Seth écrit la vie de ses parents (lat-V 52-54): elle figure dans la majorité des manuscrits de A et dans

---

(1) Une première édition des familles rhénanes (R1 et R2) et de la réécriture du manuscrit de Paris (*Pa*) a été publiée dans deux livraisons de la revue *Archivum Latinitatis Medii Aevi* (voir PETTORELLI, ALMA 2001 et PETTORELLI, ALMA 2002). Les apparats critiques de cette édition signalent les variantes de quelques manuscrits qui n'ont pas été retenus dans le présent ouvrage: les trois témoins du groupe R3, *Sw*, Stuttgart *HB XII 20*, *Sg*, Saint-Gall *927*, et *Sc*, Munich *cgm 3866*; *Na*, Namur *162*, du groupe R1e; *Au*, Munich *clm 4350*, et *Pb*, Paris *lat. 590*, du groupe R2c; *Gz*, Graz *904*, manuscrit isolé apparenté à R1.

(2) Une première édition de la rédaction d'Allemagne du Sud a été publiée dans PETTORELLI, ALMA 1998, p. 18-67.

(3) Rappelons cependant que Meyer emprunte aussi certaines leçons à ses classes II et III, et qu'il signale ces emprunts en les mettant en caractères italiques et en plaçant dans l'apparat la leçon des manuscrits de la classe I (cf. MEYER, p. 220, n. 1).

les plus anciens (groupes A1 et A2); seuls les trois témoins de
A3 font exception ([1]).

E Rédaction anglaise, texte édité plus bas, p. 571-597. Les
manuscrits de la famille E sont décrits et étudiés plus haut,
p. 92-101 et 199-205 ([2]). Elle comprend 14 manuscrits, dont le
texte présente si peu de variantes qu'ils ne peuvent pas être
subdivisés en groupes. 2 des 14 manusucrits ne sont cités dans
l'apparat que lorsqu'ils diffèrent de leur modèle (*Ls* est une
copie de *A*, et *It* une copie de *F*). La famille E présente deux
caractéristiques majeures. D'abord, pour les chapitres 1-12, elle
transmet le texte de la recension lat-P ([3]), et c'est seulement
pour la suite du récit, à partir du chapitre 12, qu'elle se rattache à la recension lat-V. Ensuite, elle ajoute aux 54 chapitres
de la *Vita Adae et Evae* traditionnelle plusieurs petites notices
sur Adam : sur les huit parties du corps d'Adam (chap. 55), sur
le modelage d'Adam (chap. 56) et sur le nom d'Adam (chap.
57).

B Rédaction de Bohême, texte édité plus bas, p. 599-628.
Les manuscrits de la famille B sont décrits et étudiés plus, aux
p. 102-107 et 205-214. Elle comprend 8 manuscrits, répartis en
trois groupes. Elle se caractérise notamment par deux omissions : celle de lat-V 26,1 – 27,4, qui se trouve aussi dans la
famille R2 et celle de lat-V 28,10 – 29,5, qui est une erreur
propre à B.

T Rédaction tardive, texte commun des familles T1 et T2.
Les deux familles ont pour principales caractéristiques communes l'insertion d'éléments empruntés à la légende du bois de
la croix en plusieurs endroits du récit de la *Vie latine*, l'omis-

---

(1) Sur ces deux omissions, voir l'Introduction à A, p. 180-182, ainsi que les
notes correspondantes de la traduction de lat-V, ad 29.2 et 52.1.

(2) La rédaction anglaise a été éditée pour la première fois en 1929 par
J. H. Mozley, qui a utilisé 8 manuscrits et a donné la préférence au texte de
A (*Arundel 326*), dont il a notamment reproduit et intégré à son édition deux
passages empruntés à une forme particulière de la *Légende de la Croix*
(cf. apparat de E en 43,4 et 44,10; MOZLEY, p. 142-143).

(3) Dans ces chapitres, les variantes de la rédaction anglaise se trouvent
aussi bien dans l'apparat de lat-P que dans celui de lat-V. Les leçons propres
à E signalées dans l'apparat de lat-V mettent en lumière les différences qui
séparent les deux grandes recensions latines.

sion de lat-V 52-54 — l'histoire de la fabrication des tablettes par Seth et de leur découverte par Salomon — et l'adjonction, à la suite de lat-V 51, d'une phrase conclusive sur la béatitude éternelle future du « huitième jour ».

T1 Rédaction tardive, texte de la famille T1, édité plus bas p. 627-719. Les manuscrits de la famille T1 sont décrits et étudiés plus haut aux p. 107-116 et 224-229. Cette famille comprend 14 manuscrits, répartis en 4 groupes. T1 se distingue de T2 surtout par l'omission de lat-V 37,2 – 40,3 — l'histoire de la rencontre de Seth et Ève avec la bête.

T2 Rédaction tardive, texte de la famille T2, qui fait l'objet d'un apparat critique spécifique signalant ses variantes par rapport au texte de T1 (voir p. 630-719). Les manuscrits de la famille T2 sont décrits et étudiés plus haut aux p. 116-129 et 229-233. Cette famille comprend 19 manuscrits, répartis en 5 groupes. 4 d'entre eux étaient connus de Meyer et constituent la classe III de son édition.

Inc Rédaction des incunables, texte édité plus bas p. 721-741. Les témoins de la famille Inc sont décrits et étudiés plus haut aux p. 129-132 et 234-240. Elle est représentée par cinq éditions incunables, publiées à Rome entre 1473 et 1493, et par deux copies manuscrites. Inc se distingue surtout par une particularité unique : la *Vita Adae et Evae* traditionnelle y est divisée en chapitres, pourvus de titres dans les incunables, et elle est précédée d'une section introductive qui reprend le récit de Genèse 3. En outre, Inc présente les mêmes caractéristiques que T — insertion d'éléments empruntés à la légende du bois de la croix, omission de lat-V 52-54 et adjonction d'une phrase conclusive à la suite de lat-V 51 — et partage avec T1 l'omission de Lat-V 37,2 – 40,3. Enfin, cette rédaction laisse entièrement de côté lat-V 25-29, le récit de l'élévation d'Adam jusqu'au trône divin et la prophétie centrée sur l'histoire du Temple.

Les relations entre les témoins

Plusieurs données importantes sur les relations entre les diverses familles de manuscrits de lat-V et sur leur valeur respective se dégagent déjà de la présentation qui précède. Il convient maintenant de les reprendre et de les compléter par d'autres observations.

Choix de R1 comme texte de base

Le texte retenu pour l'édition de lat-V est presque toujours celui que nous avons reconstitué à partir des manuscrits de la famille rhénane R1. Nous ne nous écartons de ce principe qu'en de rares cas, que nous signalons plus bas. La préférence donnée à la famille R1 tient essentiellement au fait que cette forme textuelle ne présente aucune des caractéristiques secondaires qui définissent les autres familles: omission de lat-V 29,6-31 dans A; omission de 26,1 – 27,4 dans R2 et B; utilisation du texte de la recension lat-P pour les chapitres 1-12 et adjonction de trois chapitres supplémentaires dans E; incorporation d'éléments empruntés à la tradition de la légende de la croix et omission de lat-V 52-54 dans T et Inc.

Proximité entre les deux rédactions les plus anciennes, R et A

L'étude des relations entre les différentes rédactions de la *Vie latine* révèle une grande proximité entre les deux rédactions les plus anciennes, R et A. Dans l'apparat de lat-V, on relève 15 cas où R et A s'accordent contre les autres familles (dont 6 en lat-V 52-54), par exemple en lat-V 6,2; 11,5; 29,4; 42,4-5; 43,1; 52,6-7; 53,3-4. On trouve de même 18 cas d'accord exclusif entre R1 et A contre les autres familles (dont 5 fois en lat-V 52-54), notamment lat-V 14,4; 26,4; 30,7; 30,9; 31,9-10; 50,2-3; 52,2; 52,8-9; 53,3.

Cas où l'édition de lat-V retient une autre leçon que celle de R ou de R1

Le texte retenu pour l'édition de lat-V ne s'écarte que rarement de celui de R ou de R1. Ceux de ces écarts qui affectent le sens du récit méritent d'être expressément signalés. Dans deux cas, la préférence a été donnée à une leçon transmise ou suggérée par la famille A ([1]):

---

(1) Sur ces deux passages, voir les notes correspondantes de la traduction de lat-V, ad 28.2 et 52.2.

28,5-6   *tibi dant honorem et laudem spiritalem* [scripsi: *spiritales*
A] *uirtutes* A: *omnis creatura uiuens tibi dat h. et l. spiritualem* E *tibi dant h. et l. spiritalem* R1 *tibi dant tua l.
et h.* R2 *tibi dant h. omnes creaturae tuae* T *tibi dicam l. et
h. spiritalem* B

52,10-11 *ut scriberet stilo ferreo digito suo lapides istos* A3: *ut scr.
ferro et dig. suo lap. istos* R1 *ut scr. dig. suo cum ferro in
lapidibus* R2 *ut scr. de ferro in lapides istos* B *quando
digito suo cum ferro scripsit tabulas istas* E

Dans deux autres cas, la famille E est seule à avoir conservé
un élément du texte primitif (¹):

38,6-8   *antea quidem— et potestas* E: om. R A B T2
39,6-7   *recessit et Seth plagatum dentibus dimisit* E: *discessit bestia <a Seth>* [correxi *sed* B] *plagato e dentibus* B *rec. a
Seth palpato dentibus* R1 *recessit plaga de dentibus a Seth*
A *rec. placata dentibus* R2 *rec. a Seth* T2

Les autres endroits où l'édition de lat-V s'écarte du texte
transmis par R ou R1 sont les suivants:

3,10   *et quaeramus nobis* A E B T1 Inc: *et q. n. aliquid ad
manducandum* R2 *et* [om. R1] *quaeramus* R1 T2
5,5   *domine mi* R2 A B T Inc: *domine meus* R1
8,1   *et* [*tunc* E] *dixit Adam* [om. T] A E B T: *et ait* R2 *dicens*
R1 *postquam autem ingressus erat Adam ad flumen Ior-
danis dixit* Inc
14,3   *mihi* R2 E B T: *ad me* R1 Inc om. A
15,3   *irascetur* R2 A E T Inc: *irascitur* R1 B
27,5   *spiritus meus* R2 A E B T: *spiritus* R1
29,2   post *rapuit* add. *in paradisum* R1 T *in paradiso* R2
29,10   *suae* R2 E B T: *illius* R1
29,20-21   *plebem saluam facturus* E T2: *plebem fidelem quam sanabit* R1 *pl. fid. quam saluabit* Meyer *pl. suam* R2 *plebi
suae saluatorem* B *saluatorem et pl. suam* T1
29,25   *praecepta domini* [*dei* B] E B: *praeceptum dom.* R T
29,26   *permanebunt* E R2 B T: *fulgebunt* R1
35,4   *domine deus* [*meus* add. A Inc] R2 A E B T1 Inc: *domine meus* R1 *dom. mi* T2
40,6   *dominum deum* A E R2 B: *dominum* R1 T *deum* Inc
47,1   *et ecce: ecce* R1 *et* A

Enfin, dans quelques cas, on pouvait hésiter à retenir dans
l'édition de lat-V, à la place de la leçon de R1, une leçon
bien attestée dans les autres rédactions. Ces leçons peut-être

_____

(1) Sur ces trois passages, voir les notes correspondantes de la traduction
de lat-V, ad 38.4, 39.3 et 49.3.

préférables sont signalées par un astérisque dans l'apparat de lat-V (¹).

La famille B se rattache à un modèle apparenté à R2

La marque la plus évidente de la parenté qui unit B à R2 est l'omission, probablement accidentelle, de lat-V 26,1 − 27,4. Une trentaine d'autres variantes communes viennent confirmer cette parenté, parmi lesquelles on mentionnera:

2,3	*domine mi* R1 A E T Inc: *mi homo* R2 *homo meus* B
13,7	*ecce Adam feci [fecimus* Inc] R1 T Inc: *ecce feci Ad.* E *ecce Ad. feci te* A *ecce Ad.* R2 B
20,4	*et nunc* R1 A T: *nunc autem* R2 B *nunc domine* E
32,3	*omnem [om.* T1] *arborem fructiferam* R1 A E T: *omnes arbores -feras* Inc *omnis arboris fructum [fructum omnis arboris* B] R2 B
32,4	*partitus erat [est* T2d] *mihi paradisum* R1 T2d: *partem dedit -isi mihi* A *partem -isi dederat mihi* R2 B
32,5-6	*et dedit mihi dominus deus partes orientis et boreae quae est contra aquilonem* R1 T2d: [*scilicet* B] *mihi partem orientis et eburie quae est c. aq.* R2 B *dedit mihi potestatem in oriente et in parte quae est c. aq.* E *arborem orientalis partis c. aq. dedit mihi* A
39,1	*ad bestiam* R1 A T2: *ad serpentem* E om. R2 B
46,8-9	*pro [de* E] *plasmate suo quia misertus est eius* R1 E T1: *plasma eius est mis. est ei* A *quia mis. est ei [sui* B] R2 B *quia mis. eius est* T2
49,3	*qui fuerunt cum Seth triginta fratres et triginta sorores* R1: *qui fuerunt Seth cum tr. fratribus et tr. sorores* A *Seth cum tr. fratribus et triginta [totidem* B] *sororibus* R2 B om. E T Inc
50,9	*in* R1 A T Inc: *ad* R2 B *et respiciens in* E
52,2	*et composuit apices litterarum* R1 A: *et cum apposuisset ap. litt.* E om. R2 B
52,17	*tenens [tenente* E] *manum eius angelus [-o* E] *domini* R1 A E om. R2 B
53,3	*milibus* R1 A: *militibus* E om. R2 B

La famille T2 se rattache à un modèle apparenté à R1d

La dépendance de T2 par rapport à un modèle apparenté au groupe R1d est attestée par une série de variantes communes,

---

(1) Voir 4,1-2; 10,5; 13,6; 17,1; 32,8; 32,8; 35,7; 40,1; 51,2-3; 52,6.

qui sont signalées par un astérisque dans l'Introduction de la rédaction R1 (p. 141-142) et dans celle de la rédaction tardive (p. 218-224).

La famille Inc se rattache à un modèle appartenant à T1

La dépendance de la rédaction des incunables par rapport à la famille T1 ressort à l'évidence de leur commune omission de lat-V 37,2 – 40,3 — l'histoire de la rencontre de Seth et Ève avec la bête — et d'une douzaine d'autres variantes qui les distinguent ensemble des autres rédactions.

1,1   *de paradiso* R A E T2: *de paradiso uoluptatis* T1 Inc *de paradisi deliciis* B

3,4   *ego morerer* [*m. e.* R2] R T2: *ego mortua essem* T1 Inc *ego moriar* E B *moriar* A

10,2-3 *cum egressa esset* [*de aqua* add. B T2] R A B T2: *cum egr. fuisset* [*fuerat* Inc] *prae debilitate nimia* [*n. d.* Inc] T1 Inc *dum autem incederet* E

10,5   *fletu*: *magno fletu* T1 Inc

15,4   *post mihi* add. *dominus deus* R2 *deus* B [*scio* add. Inc] *quid faciam* T1 Inc

16,6   *mulierem*: *uxorem* T1 Inc

18,4   *et nunc*: *nunc* T1 Inc

23,1   *et*: *quadam uero die* T1 Inc

40,4-5 *et prostrauerunt se in terram* [*-ra* E] *super faciem suam* R A E B: *et strauerunt se super terram* T1 Inc om. T2

44,2   *quia* [*quod* B] *bestia serpens* [*s. b.* R2 B] *momordit* [*morserat* B] *Seth* R B: *quia et iste s. morsit S.* A *quomodo s. momorsit filium eius S.* E *omnia quae gesta fuerunt in uia* [*in uia* om. Inc] *et quale* [*quod* Inc] *responsum dederat* [*dedit* Inc] *eis angelus* [*dum orarent ad dominum pro oleo misericordiae* add. T1] T1 Inc *omnia quae gesta fuerunt in uia* T2

47,1-2 *et ecce — est eius*: om. T1 Inc

Les relations entre les témoins peuvent être illustrées par le stemma que voici.

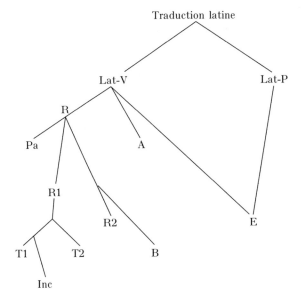

Sigles utilisés dans les éditions de la
Vie latine d'Adam et Ève

Sigles utilisés dans l'édition de latin-P (p. 277-421, page de droite)

Pr Paris, Bibliothèque nationale de France, *lat. 3832*, xiie siècle, p. 181-192: 1-22; 23-24 (gr 1,2 − 5,1); 30-44 (gr 5,2 − 15,1); 45-54 (gr 15-24) et 59-67 (gr 29-37); 70 (gr 40).

Ma Milan, Biblioteca Ambrosiana, *O 35 sup.*; xive siècle, f. 95^r-99^v: 1,1 − 23,4.

E Les chapitres 1-12 des manuscrits de la rédaction anglaise (la suite du récit, à partir du chapitre 13, appartient à la recension lat-V).

Sigles utilisés dans l'édition de latin-V (p. 276-435, page de gauche)

Dans l'apparat de lat-V, les sigles désignent les différentes rédactions et, le cas échéant, leurs groupes. Les sigles des manuscrits appartenant aux différentes familles, à leurs groupes et à leurs sous-groupes figurent dans les listes des sigles des éditions particulières.

R   Rédactions rhénanes
R1 groupe réunissant les sous-groupes R1a, R1b, R1c, R1d et R1e
R2 groupe réunissant les sous-groupes R2a, R2b, R2c et R2d

A   Rédaction d'Allemagne du Sud

E   Rédaction anglaise

B   Rédaction de Bohême

T   Rédactions tardives
T1 groupe réunissant les sous-groupes T1a, T1a', T1b, T1c, T1c' et T1d
T2 groupe réunissant les sous-groupes T2a, T2a', T2b, T2b', T2c, T2d et T2e

Inc Rédaction des Incunables

Sigles utilisés dans les éditions particulières des différentes rédactions de latin-V

Rédactions rhénanes (p. 439-513)

Groupes et manuscrits apparentés

Pa   (édité à la suite des rédactions rhénanes, p. 521-535.)

R1a = *Ws Po*
R1b = *Dr Up*
R1c = *Bc Mf*
R1d = *Mu Eb*
R1e = *Ko Wf Na* (¹)
Gz, Kb

R2a = *Ve Wh As*
R2b = *B Du*
R2c = *Bd Au* (²) *Vf Pb* (²)
R2d = *Lm Bg*

R3 (³) = *Sw Sg Sc*

Manuscrits

As   Aschaffenburg, Hofbibliothek, *44*; xvᵉ s.; R2a
Au(²) Munich, Bayerische Staatsbibliothek, *clm 4350*; 1339; R2c
B   Oxford, Balliol College, *228*; xiv-xvᵉ s.; R2b
Bc   Berlin, Staatsbibliothek zu Berlin − Preußischer Kulturbesitz, *Theol. lat. qu. 316*; vers 1400; R1c
Bd   Berlin, Staatsbibliothek zu Berlin − Preußischer Kulturbesitz, *Theol. lat. qu. 369*; xiiiᵉ s.; R2c
Bg   Barcelone, Biblioteca de Catalunya, *4003*; xivᵉ s.; R2d
Dr   Dresde, Landesbibliothek, *A 182ᶠ*; xivᵉ s.; R1b
Du   Dublin, Trinity College, *509*; xvᵉ s.; R2b
Eb   Munich, Bayerische Staatsbibliothek, *clm 5865*; 1472; R1d
Gz   Graz, Universitätsbibliothek, *904*; env. 1425

---

(1) *Na*, très proche de *Wf*, n'est pas cité dans l'apparat de R1, cf. p. 144

(2) *Au*, très proche de *Bd*, et *Pb*, très proche de *Vf*, ne sont pas cités dans l'apparat de R2, cf. p. 152-153.

(3) Le groupe R3 n'apparaît pas dans l'apparat; ses leçons distinctives sont réunies à la suite de l'édition de la rédaction rhénane, p. 514-519.

Kb   Copenhague, Det Kongelige Bibliotek, *Ny kgl. saml. 123 4°*; 1454-1465

Ko   Cologne, Historisches Archiv, *GB 4° 113*; première moitié du xvᵉ s.; R1e

Lm   Lund, Universitetsbiblioteket, *Medeltidshandskrift 30*; fin du xvᵉ s.; R2d

Mf   Munich, Bayerische Staatsbibliothek, *clm 9022*; xvᵉ s.; R1c

Mu   Munich, Universitätsbibliothek, *4° Cod. ms. 807*; xvᵉ s.; R1d

Na(¹) Namur, Bibliothèque de la Société archéologique, *162*; vers 1450; R1e

Pa   Paris, Bibliothèque nationale de France, *lat. 5327*; xᵉ s.

Pb(²) Paris, Bibliothèque nationale de France, *lat. 590*; fin du xivᵉ s. – début du xvᵉ s.; R2c

Po   Munich, Bayerische Staatsbibliothek, *clm 11601*; xivᵉ s.; R1a

Sc(¹) Munich, Bayerische Staatsbibliothek, *cgm 3866*; 1475-1476; R3

Sg(¹) Saint-Gall, Stiftsbibliothek, *Cod. Sang. 927*; 1435; R3

Sw(¹) Stuttgart, Württembergische Landesbibliothek, *HB XII 20*; 1397; R3

Up   Uppsala, Universitetsbiblioteket, *C 77*; entre 1398-1416; R1b

Ve   Valenciennes, Bibliothèque municipale, *168*; fin du xiiiᵉ s.; R2a

Vf   Vienne, Österreichische Nationalbibliothek, *1629*; xivᵉ s.; R2c

Wf   Wolfenbüttel, Herzog-August-Bibliothek, *Cod. Guelf. 29.7 Aug. 4° (3329)*; milieu du xvᵉ s.; R1e

Wh   Wertheim, Evangelische Kirchenbibliothek, *726*; 1360; R2a

Ws   Munich, Bayerische Staatsbibliothek, *clm 21534*; xiiᵉ s.; R1a

---

(1) Le groupe R3 n'apparaît pas dans l'apparat; ses leçons distinctives sont réunies à la suite de l'édition de la rédaction rhénane, p. 514-519.

(2) *Na*, très proche de *Wf*, n'est pas cité dans l'apparat de R1, cf. p. 144.

Rédaction d'Allemagne du Sud (p. 545-569)

Groupes

A1 = S T M Ne In Lh

A2a = Fa Va

A2b = Di Pn Pg

A3 = Ad Zw Vd

Manuscrits

Ad   Admont, Stiftsbibliothek, *25*; xiiie s.; A3

Di   Munich, Bayerische Staatsbibliothek, *clm 5604*; xve s.; A2b

Fa   Fulda, Hessische Landesbibliothek, *B 3*; entre 1198 et 1208; A2a

In   Munich, Bayerische Staatsbibliothek, *clm 7685*; xv^e s.; A1

Lh   Munich, Universitätsbibliothek, *2° Cod. ms. 103*; vers 1445; A1

M   Munich, Bayerische Staatsbibliothek, *clm 19112*; xii^e s.; A1

Ne   Chicago, Newberry Library, *f 6*; xii^e s.; A1

Pg   Munich, Bayerische Staatsbibliothek, *clm 11796*; xv^e s.; A2b

Pn   Munich, Bayerische Staatsbibliothek, *clm 11740*; xv^e s.; A2b

S   Munich, Bayerische Staatsbibliothek, *clm 17740*; xe s.; A1

T   Munich, Bayerische Staatsbibliothek, *clm 18525b*; xe s.; A1

Va   Vienne, Österreichische Nationalbibliothek, *1355*; xive s.; A2a

Vd   Vienne, Österreichische Nationalbibliothek, *2809*; xve s.; A3

Zw   Zwettl, Stiftsbibliothek, *13*; xiiie s.; A3

Rédaction anglaise (p. 571-597)

Manuscrits

A   Londres, British Library, *Arundel 326*; xiiie s.

Ab   Aberystwyth, National Library of Wales, *Ms 335A*; xive s.

C   Londres, British Library, *Harley 526*; xive s.

E   Londres, British Library, *Harley 275*; xve s.

F   Londres, British Library, *Harley 2432*; xve s.

It (^{1})   Londres, Inner Temple Library, *Petyt 538.36*; xve s.

J   Cambridge, St John's College, *176 (G 8)*; xve s.

L   Londres, Lambeth Palace Library, *352*; fin du xive s. – début du xve s.

Ls (^{2})   Londres, British Library, *Sloane 289*; xve s.

Os   Oxford, Bodleian Library, *Selden sup. 74 (SC 3462)*; xiiie s.

P   Cambridge, Corpus Christi College, *275*; xve s.

Pc   Paris, Bibliothèque nationale de France, *lat. 3768 (olim Baluze 895)*; xive s.

R   Londres, British Library, *Royal 8 F XVI*; milieu du xive s.

Ru   Rouen, Bibliothèque municipale, *U 65 (1426)*; xive s.

Rédaction de Bohême (p. 599-626)

Groupes

B1a = *Sf Bh Bp*
Pu

B1b = *Wu Nu*

B2 = *D Q*

Manuscrits

Bh   Munich, Bayerische Staatsbibliothek, *clm 26630*; xve s.; B1a

Bp   Budapest, Országos Széchényi Könyvtár, *390*; milieu du xve s.; B1a

D   Londres, British Library, *Harley 495*; xive s.; B2

Nu   Nuremberg, Stadtbibliothek, *Cent. IV 82*; vers 1434; B1b

---

(1) *It* n'est signalé dans l'apparat que lorsqu'il diffère de *F*, son modèle.
(2) *Ls* n'est signalé dans l'apparat que lorsqu'il diffère de *A*, son modèle.

Pu   Prague, Národní knihovna České republiky, *798 (V. A. 7)*; xive s.;

Q   Oxford, Queen's College, *213*; 1449; B2

Sf   Munich, Bayerische Staatsbibliothek, *clm 17151*; xive s.; B1a

Wu   Wurtzbourg, Universitätsbibliothek, *M.ch.q.23*; fin du xive s.; B1b

Rédactions tardives (p. 627-719)

Groupes et manuscrits apparentés

T1a = *Vb Hz Rz Zp*
T1a' = *Vb Hz Rz*
T1b = *Eq Cb*
T1c = *Sr Go Sa Ol*
T1c' = *Go Sa Ol*
Pv
T1d = *Aj Cc*
Ba

T2a = *Kr Sh Bf Bb*
T2a' = *Kr Sh Bf*
T2b = *Wo Ap Px Ez Pw Tg*
T2b' = *Wo Ap Px Ez*
T2c = *Ea(*[1]*) Ri Se*
T2d = *Oc Do Ca*
Lj
T2e = *Sz Ig*

Manuscrits

Aj   Alba Julia, Biblioteca Naţională a României, Filiala Batthyaneum, *R I. 76*; xve s.; T1d

Ap   Munich, Bayerische Staatsbibliothek, *clm 2778*; 1432; T2b'

Ba   Berlin, Staatsbibliothek zu Berlin − Preußischer Kulturbesitz, *Theol. lat. qu. 151*; milieu du xve s.

Bb   Munich, Bayerische Staatsbibliothek, *clm 4756*; 1471-1480; T2a

---

(1) *Ea* n'est pas signalé dans l'apparat, cf. p. 230.

Bf   Berlin, Staatsbibliothek zu Berlin − Preußischer Kulturbesitz, *Theol. lat. fol. 395*; xve s.; T2a'

Ca   Cracovie, Biblioteka Jagiellońska, *1674 (CC V 17)*; début du xve s.; T2d

Cb   Cracovie, Biblioteka Jagiellońska, *2403 (DD XVII 2)*; 1468-1469; T1b

Cc   Cracovie, Biblioteka Jagiellońska, *431*; 1441; T1d

Do   Donaueschingen, Hofbibliothek, *449*; xve s.; T2d

Ea (^{1}) Erfurt, Stadt- und Regionalbibliothek, *CA 4° 124*; milieu du xive s.; T2c

Eq   Erfurt, Stadt- und Regionalbibliothek, *CA 8° 8*; milieu du xive s.; T1b

Ez   Esztergom, Főszékesegyházi Könyvtár, *II, 7*; xve s.; T2b'

Go   Göttweig, Stiftsbibliothek, *306 (344)*; xve s.; T1c'

Hz   Herzogenburg, Stiftsbibliothek, *43*; xve s.; T1a'

Ig   Munich, Universitätsbibliothek, *2° Cod. ms. 678*; 1457; T2e

Kr   Kremsmünster, Stiftsbibliothek, *124*; xive − xve s.; T2a'

Lj   Ljubljana, Frančikanški Samostan, *85 (3859, 9. b. 7)*; 1470

Oc   Olomouc, Védecká knihovna, *M II 157*; xve s.; T2d

Ol   Olomouc, Védecká knihovna, *M II 220*; 1441; T1c'

Pv   Prague, Národní knihovna České republiky, *1914 (X.E.13)*; xive s.

Pw   Prague, Národní knihovna České republiky, *2032 (XI. C. 8)*; xve s.; T2b

Px   Prague, Národní knihovna České republiky, *2619 (XIV. G. 11)*; xive-xve s.; T2b'

Ri   Munich, Bayerische Staatsbibliothek, *clm 15610*; xve s.; T2c

Rz   Munich, Bayerische Staatsbibliothek, *clm 16472*; xive s.; T1a'

Sa   Schlägl, Stiftsbibliothek, *156*; 1473; T1c'

Se   Munich, Bayerische Staatsbibliothek, *clm 17668*; xve s.; T2c

Sh   Schlägl, Stiftsbibliothek, *198*; xve s.; T2a'

---

(1) *Ea* n'est pas signalé dans l'apparat, cf. p. 230.

Sr Strängnäs, Domkyrkobiblioteket, *Q 16 (Op. 1)*; env. 1460; T1c

Sz Alba Julia, Biblioteca Naţionalǎ a României, *Ms 35*; xvᵉ s.; T2e

Tg Munich, Bayerische Staatsbibliothek, *clm 18406*; xvᵉ s.; T2b

Vb Vienne, Österreichische Nationalbibliothek, *1628*; xivᵉ s.; T1a'

Wo Wolfenbüttel, Herzog-August-Bibliothek, *Cod. Guelf. 415 Helmst.*; xvᵉ s.; T2b'

Zp Munich, Bayerische Staatsbibliothek, *clm 23929*; deuxième moitié du xvᵉ s.; T1a

Rédaction des Incunables (p. 721-741)

Groupe des manuscrits

Br Bruxelles, Bibliothèque royale de Belgique, *IV 715*; xvᵉ s.

Hm San Marino (Calif.), Huntington Library, *HM 1342*; xvᵉ s.

Groupe des Incunables (= Inc)

205 Paris, Bibliothèque Mazarine, *Inc. 588 (= GW 205)*; Rome, vers 1473

206 Troyes, Bibliothèque municipale, *Inc 336 (= GW 206)*; Rome, vers 1475

207 Melk, Stiftsbibliothèque, *Ink. P. 943 (= GW 207)*; Rome, vers 1483

208 Amiens, Bibliothèque municipale, *Inc Res 495 A (= GW 208)*; Rome, vers 1487

209 Fribourg-en-Br., Universitätsbibliothek, *Ink. K 3471 (= GW 209)*; Rome, vers 1493

Texte et traduction des
deux recensions latines
(lat-P et lat-V)

Vita Adae et Euae

1 1 Cum expulsi fuissent Adam et Eua de paradiso, fecerunt sibi tabernaculum et fuerunt ibi septem dies lugentes et lamentantes in magna tristitia.

2 1 Post septem autem dies coeperunt esurire et quaerebant sibi escam ut manducarent et non inueniebant. **2** Dixit Eua ad

---

Titulus Vita Adae et Euae *R Pa* : de uita A. et E. *T* de A. et E. *A* de paenitentia A. et E. *B* uita protoplasti nostri A. et E. uxoris suae *E* Vita Adae *Inc*
1 1 *ante* cum *add.* factum est autem *E*   cum expulsi fuissent [essent *R2 E B*] Adam et [uxor eius *add. E*] Eua *R E B T2* : cum autem A. et E. expulsi fuissent *Inc* A. et E. cum expulsi fuissent *T1* quando expulsi sunt *A*   de paradiso *R A E T2* : de paradiso uoluptatis *T1 Inc* de paradisi deliciis *B*   *post* paradiso *add.* exeuntes abierunt ad occidentem et *E*   **2** et fuerunt ibi [*om. A T1*] septem dies lugentes et lamentantes *R1 A T* : et ibi f. sex diebus lug. et clamantes *E* et manserunt ibi septem diebus lug. *R2* in quo steterunt per septem dies lug. et lam. *Inc* et fecerunt dies luctus et lamentationis *B*   **3** magna tristitia *R A B T Inc* : maxima tribulatione *E*
2 1 post septem autem [*om. R2 T1* uero *T2*] dies *R A T* : p. d. autem s. *B* et post sex d. *E* et postea *Inc*   coeperunt : inceperunt *Inc*   *post* esurire *add.* Adam et Eua *T1*   **2** sibi : *om. A E Inc*   escam [escas *B T Inc*] ut manducarent *R A B T Inc* : manducare *E*   inueniebant [quid manducarent *add. E*] *R A E B Inc* : habebant *T*   *ante* dixit *add.* tunc *A Inc* et *R2 B*

Vie d'Adam et Ève

1 1 Après qu'Adam et Ève eurent été chassés du paradis, ils se firent un abri et restèrent là sept jours à s'affliger ([2]) et à se lamenter dans une grande tristesse.

2 1 Après sept jours, ils commencèrent d'avoir faim et se cherchaient de la nourriture à manger et n'en trouvaient pas ([3]).

---

(1) En latin, seuls les témoins de lat-P ont conservé ici une indication géographique, également attestée par arm-geo. Mais seul *Pr* parle comme ceux-ci d'un déplacement vers l'Orient; E indique que les protoplastes se dirigent vers l'Occident, alors que *Ma* change le sens du mouvement: ils sont chassés de l'Orient.

(2) A cet endroit commence le récit conservé en grec, sous une forme résumée, dans les manuscrits R et M (gr II). Au lieu d'être à la troisième personne, comme en latin, en arménien et en géorgien, le récit est mis dans la bouche d'Ève et vient en conclusion de la narration qu'elle fait du

Vita Adae et Euae

1 1 Factum est autem cum expulsus fuisset Adam de paradiso et Eua mulier eius, exeuntes abierunt ad orientem[a] et fecerunt sibi tabernaculum, et ibi fuerunt diebus septem, lugentes et clamantes in magna tribulatione.

2 1 Post autem septem dies coeperunt esurire, et quaerebant quid manducarent sed non inuenerunt. **2** Dixit Eua ad Adam:

Titulus Vita Adae et Euae: *titulum non habet Pr* Penitentia Adae *Ma* Vita prothoplasti nostri Adae et Euae uxoris suae *E*

1 1 factum est autem [*om. E*] *Pr E* : factumque est *Ma*   expulsus fuisset *Pr Ma* : expulsi essent *E*   **1-2** Adam de paradiso et Eua mulier eius *Pr* : A. et uxor eius E. de par. *E* A. et E. de par. *Ma*   **2** exeuntes [de paradiso *add. Pr*] *Pr E* : exientes *Ma*   abierunt ad orientem [occidentem *E*] *Pr E* : de oriente permissi *Ma*   **2-3** et fecerunt sibi tabernaculum et ibi fuerunt diebus septem [sex diebus *E*] *Pr E* : fecerunt dies sibi septem *Ma*   **4** clamantes *Pr E* : lamentantes *Ma*   in [*om. Ma*] magna *Pr Ma* : in maxima *E*

2 1 post autem septem dies *Pr* : postquam autem s. perfecerint d. *post corr. in margine Ma* et post sex dies *E*   coeperunt *Pr E* : ceperant *Ma* esurire *E* : exurire *Pr Ma*   **1-2** et quaerebant quid manducarent *Pr* : quaerebant manducare *E* et uolebant manducare *Ma*   **2** sed non inuenerunt *Pr* : et non inueniebant quid manducarent *E* et non habebant *Ma* *ante* dixit *add.* tunc *Pr* et *Ma*

---

a. cf. Gen. 3, 24

Vie d'Adam et Ève

1 1 Il advint qu'après qu'il eut été chassé du paradis, Adam, et Ève sa femme, en sortirent et s'en allèrent à l'Orient[a] ([1]). Ils se firent un abri et restèrent là sept jours à s'affliger ([2]) et à pousser des cris dans un grand tourment.

2 1 Après sept jours, ils commencèrent d'avoir faim et ils cherchaient de quoi manger mais ne trouvèrent pas ([3]). **2** Ève

---

premier péché et de l'expulsion du paradis (versets 7a-13 du chapitre 29 dans les manuscrits R et M, reproduits et traduits plus loin, p. 762-777 et 868-873).

(3) « Ils cherchaient de la nourriture » se trouvent dans le latin (lat-P et lat-V) et les versions orientales, mais « ils n'en trouvaient pas » est propre au latin.

Adam: Domine mi, esurio ualde. Vade et quaere nobis quid manducemus, usque uideamus si forsitan respiciat et miserebi-
5 tur nostri deus et reuocabit nos ad locum in quo eramus.

3 1 Et surrexit Adam et perambulabat septem dies omnem terram illam et non inuenit escam qualem habebant in paradiso. **2a** Et dixit Eua ad Adam: Domine mi, putasne moriemur

---

3 domine mi *R1 A E T Inc* : mi homo *R2* homo meus *B* esurio : esuriui *A* ualde *R1 E T1 Inc* : *om. A R2 B T2* uade et [*om. A*] quaere *R A B* : quaere *T1 Inc* qui respondit uade et quaere *T2* cur non uadis quaerere *E* quid *R1 E Inc* : quod *R2 A T* escas ut *B* **4** usque [usquequo *B T1* quousque *E* donec *R2*] uideamus *R E B T1* : usquequo uidebimus *Inc* usquequo uiuamus *T2 om. A* si forsitan *R1 T1 B* : si forte *E* forsitan *A T2* forte *Inc* si *R2* **4-5** respiciat et — reuocabit nos : introducet nos dominus *Inc* **4** respiciat [-ciet *T* nos *add. R2*] et *R A T* : *om. E B* **4-5** miserebitur nostri [nobis *A E* et recipiat nos *add. B*] *R1 A E B T1* : misereatur nostri *R2 T2* **5** deus *R1 T1* : dominus deus *A R2 E B T2* reuocabit *R1 T2* : reuocet *R2 E B T1* uocabit *A* ad locum *R1* : in locum *A T Inc* in loco *R2 E B* in [*om. A B*] quo [prius *add. A*] eramus *R A B* : ubi prius eramus [fueramus *E*] *E T1* ubi eramus prius et miserebitur nobis *Inc* pristinum *T2*
3 1 et [tunc *Inc*] surrexit Adam [et Eua *add. T2*] *R1 A E B T Inc* : s. autem A. *R2* et perambulabat [ambulauit per *Inc* ambulauit *R2 A T1* circuibant *T2*] septem dies [diebus *R2 T*] *R A T Inc* : et ambulauit dies septem *B* post octo dies et perambulauit *E* **1-2** [in *add. R2*] omnem [totam *E*] terram illam *R A E T2* : per o. terram [patriam *B*] il. *B T1 om. Inc* **2** inuenit *R A E T1 Inc* : inueniebat *B* inueniebant *T2* escam [talem *add. T*] qualem [ante *add. T1*] habebant [-bat *R2 B*] in paradiso *R B T* : e. quam habebant [habuerunt *Inc*] in par. *A Inc* e. ullam qualem primitus habuerunt *E* **3** et [*om. T1* tunc *Inc*] dixit *R1 A B T Inc* : dixit uero *R2* dixit iterum *E* **3-4** putasne [putas *T1*] moriemur [moriamur *B*] fame *R1 B T1* : putas quod fame moriamur *Inc* puto mori fame *R2* moriar fame *E* esurio post mortem fame *T2* putas fac me *A*

---

2 Ève dit à Adam: « Mon seigneur, j'ai grand faim. Va nous chercher de quoi manger jusqu'à ce que nous voyions si peut-être Dieu tournerait son regard vers nous. Et il aura pitié de nous et nous rappellera là où nous étions. »

3 1 Adam se leva et sept jours durant ([4]) il parcourait toute cette terre et ne trouva pas de nourriture semblable à celle qu'ils avaient au paradis. **2a** Et Ève dit à Adam ([5]): « Mon

---

(4) Cette indication chronologique est absente en gr II et en arm. Comme le géorgien, E la met en rapport avec le délai de sept jours mentionné en 1.1 et 2.1: « Et Adam se leva après huit jours et parcourut toute la terre ».

Domine mi, esurio ualde. Quare non uadis et non quaeris nobis quid manducemus, quousque uideamus si forte miserebitur no-
5 bis dominus deus et reuocet nos in locum quo eramus.

3 1 Et surgens Adam per septem dies ambulabat per omnem terram illam et non inuenit escam qualem in paradiso habu-erant. **2a** Et dixit Eua ad Adam: Domine meus, morior fame.

---

3 mi $Ma^{p.c.}$ E : meus $Ma^{a.c.}$ Pr *quare non uadis et non quaeris Pr* : cur non uadis quaerere E quaere Ma **4** quid Pr E : quod Ma quousque Ma E : quoadusque Pr si $Pr E$: ne Ma *post* forte *add.* respicias (*forte pro* respiciat) et Ma (*cf.* R) miserebitur Pr E : misereatur Ma **4-5** nobis dominus deus E : dom. d. nobis Pr nostri d. Ma **5** locum quo eramus Pr Ma : loco ubi prius fueramus E
3 1 et Ma E : quo audito Pr surgens Adam per septem [secptem Ma] dies Ma : surrexit A. et per septem dies Pr surr. A. post octo dies et E ambulabat per Ma : perambulauit E circuiuit Pr omnem Pr Ma : to-tam E **2** escam Ma : escam ullam Pr E in paradiso habuerant Pr : habebant in paradiso Ma primitus habuerunt E **3** et dixit Ma : dixit iterum [autem Pr] Pr E domine meus morior fame Pr : dom. mi moriar f. E putasne moriar f. dom. meus Ma

---

dit à Adam: « Mon seigneur, j'ai grand faim. Pourquoi ne vas-tu pas nous chercher de quoi manger jusqu'à ce que nous voy-ions si peut-être le Seigneur Dieu aura pitié de nous et nous rappellera là où nous étions. »

3 1 Et Adam se leva et sept jours durant (⁴) il parcourait toute cette terre et ne trouva pas de nourriture semblable à celle qu'ils avaient eue au paradis. **2a** Et Ève dit à Adam (⁵):

---

(5) La comparaison entre les différentes recensions éclaire la structure du paragraphe 3.2. Il se compose à l'origine de trois paroles. (1) Ève, en proie à la faim, regrette de ne pas être morte après le premier péché: si elle était morte alors, Dieu n'aurait plus de raison de continuer à punir Adam, puisqu'elle seule est coupable (3.2a). (2) En réponse, Adam élargit la portée de la colère de Dieu — ce n'est pas seulement eux, mais toute la création qui en est l'objet — et il affirme ne pas savoir qui d'Ève ou de lui en est responsable (3.2b). (3) Ève revient à la charge: « Tue-moi, s'il te plaît ! » Il ne s'agit plus seulement de souhaiter la mort, il faut la provoquer pour que cesse la colère divine qu'Ève a provoquée et pour qu'Adam retourne au paradis (3.2c). La réplique d'Adam a disparu de tous les témoins de lat-V — sauf de E, qui suit ici lat-P et qui, en 2a, ajoute à la première réplique d'Ève un élément provenant de la seconde: « Si seulement je mourais et que peut-être j'étais tuée par toi ».

fame? Vtinam ego morerer! forte introduceret te deus denuo
5 in paradisum quia propter me iratus est tibi deus. **2c** Vis interficere me ut moriar? et forte introducet te dominus in paradisum quoniam causa mei expulsus es inde. **3** Respondit Adam:
Noli, Eua, talia dicere, ne forte aliquam iterum maledictionem

---

4 utinam ego morerer [m. e. *R2*] *R T2* : utinam ego mortua essem *T1*
Inc utinam ego moriar *E B* utinam ego moriar *A*   [et *add. A E*] forte *R1 A*
E T2 : forsitan *R2 B* tunc *T1* tunc forsan *Inc*   **4-5** introduceret [-ducat
A -duxisset *T1*] te [dominus *add. R2*] deus [*om. Inc*] denuo [*om. T2*] in
paradisum *R A T Inc* : -cet dom. te denuo in -iso *B* interficerer a te *E*
5 quia : quoniam *A T2*   deus *R1 Inc* : dominus *B* dominus deus *A E T1*
om. R2 T2   *post* deus *add.* et dixit Adam magna est in caelo et in terra
creatura eius aut propter te aut propter me nescio et iterum dixit Eua ad
Adam *E*   **5-6** uis interficere me ut [ego *add. T1*] moriar *R1 A B T* : uis
int. me *R2* domine mi -fice me ut moriar *E* -fice ergo me *Inc*   **6** *post*
moriar *add.* et tollar a facie domini dei et a conspectu angelorum eius ut
obliuiscatur irasci tibi dominus deus *E*   et forte — in paradisum : *om.*
Inc   et forte [*om. R1*] introducet *R1 A B T* : forsitan -ceret *R2* ita forte
ut -cat *E*   dominus *R1 B* : dominus deus *A T* deus *R2 om. E*   **7** quoniam causa mei [mea *T1*] *R1 E T1 Inc* : quia mei causa *T2* mei autem
causa *B* quia propter meam causam *A* quia propter me *R2*   expulsus es
inde [ab eo *E om. Inc*] *R1 A E B T Inc* : inde exp. es *R2*   respondit
Adam [et dixit *add. T Inc*] *R A B T Inc* : et dixit A. *E*   *ante* noli *add.*
noli Eua *R2* noli E. dicere *T2*   **7-8** noli Eua talia [taliter *T*] dicere *R A*
T Inc : noli talia dicere E. *B* n. E. talia loqui *E*   **8** forte *R A B T1 Inc* :
forsitan *T2 om. E*   aliquam [*om. E*] iterum [*om. T2*] maledictionem *R1*
A E T : it. al. mal. *R2 B Inc*

---

seigneur, nous allons mourir de faim, ne le crois-tu pas? Ah, si
seulement j'étais morte ! Peut-être Dieu t'aurait-il introduit de
nouveau au paradis, puisque c'est à cause de moi qu'il s'est ir-
rité contre toi. **2c** Veux-tu me tuer pour que je meure? Et peut-
être le Seigneur t'introduira-t-il au paradis, puisque c'est à
cause de moi que tu en as été expulsé. » **3** Adam répondit:
« Ève, ne dis pas des choses pareilles, de peur que peut-être le

---

(6) *Verum* est d'une lecture assurée dans *Pr*, mais je le corrige en *utrum*,
premier adverbe de l'interrogation double *utrum ... an ...* .

Et utinam ego nunc morerer, si forte introduxerit te dominus
5 in paradisum, quia propter me iratus est tibi dominus deus.
2b Et dixit Adam: Magna est ira in caelo et in omne creatura.
Vtrum propter te an propter me hoc nescio factum est. 2c Et
iterum dixit Eua ad Adam: Domine meus, interfice me ut
moriar et tollar a facie domini dei et a conspectu angelorum
10 eius, ut obliuiscatur irasci tibi dominus deus. Irascitur enim
deus tibi propter me. Forsitan ipse introducet te in paradisum,
quoniam causa mei expulsus es inde. 3 Et dixit Adam: Noli,
Eua, talia loqui, ne aliquam iterum maledictionem super nos

4-5 et utinam — dominus deus : *om. Ma*   **4** et *Pr* : *om. E*   nunc
morerer *Pr* : moriar *E*   **4-5** si forte introduxerit te dominus in paradisum
Pr : et f. interficerer a te *E*   **5** tibi dominus deus *E* : *om. Pr*   **6** *post*
Adam *add.* Eue *Ma alia manu in margine*   magna [mangna *Ma*] est ira
in caelo [celo *Ma*] et in omne creatura *Ma* : magna est in celo et in terra creatura
eius *Pr E*   **7** utrum [*conieci,* uerum *Pr* aut *E*] propter te an [aut *E*]
propter me *Pr E* : propter nos *Ma*   hoc nescio factum est *Pr* : nescio *E*
om. Ma   **7-8** et iterum dixit *E* : et d. *Ma* d. autem *Pr*   **8** ad Adam
domine meus [mi *E*] *Pr E* : domine Adam *Ma*   interfice *Ma E* : uis interficere *Pr*   **9** tollar *Ma E* : tollas me *Pr*   conspectu *Pr E* : spectu *Ma*
10 ut *Pr E* : et *Ma*   irasci tibi dominus deus *Pr E* : mei *Ma*   **10-11** irascitur enim deus tibi propter me *Ma* : *om. Pr E*   **11** forsitan ipse introducet te in paradisum *Pr* : forte -cat te intro in paradiso *Ma* ita forte
ut -cat te in paradisum *E*   **12** inde *Ma* : ab eo *E* *om. Pr*   et dixit *Ma*
E : dixit uero *Pr*   **12-13** noli Eua talia loqui *Pr E* : Euae noli talia dicere
Ma   **13** *post* ne *add.* forte *Ma*   aliquam iterum maledictionem *Pr* : it.
al. m. *E* al. m. it. *Ma*   **13-14** super nos inducat dominus deus *Ma* : introducat super nos dom. d. *E* inducat dom. d. nobis *Pr*

« Mon seigneur, je meurs de faim. Ah, si seulement j'étais déjà
morte ! Peut-être Dieu t'aurait-il introduit au paradis, puisque
c'est à cause de moi que le Seigneur Dieu s'est mis en colère
contre toi. » 2b Et Adam dit: « Grande est la colère au ciel et
dans toute la création. Est-ce (⁶) à cause de moi ou à cause de
toi que c'est arrivé, je ne sais. » 2c Ève reprit et dit à Adam:
« Mon seigneur, tue-moi pour que je meure et que je sois enlevée de devant la face de Dieu et de la vue de ses anges, pour
que le Seigneur Dieu oublie de se mettre en colère contre toi.
Car c'est à cause de moi que Dieu s'est mis en colère contre
toi. Peut-être lui-même t'introduira-t-il au paradis, puisque
c'est à cause de moi que tu en as été expulsé. » 3 Et Adam
lui dit: « Ève, ne dis pas des choses pareilles, de peur que le

inducat super nos dominus deus. Quomodo potest fieri ut mittam
10 manum meam in carnem meam[a]? Surge et quaeramus nobis
unde uiuamus et non deficiamus.

4 1 Et ambulantes quaesierunt nouem dies escam et nihil
inueniebant, nisi hoc tantum quod animalia edebant. **2** Et dixit
Adam ad Euam: Hoc tribuit dominus animalibus et bestiis ut

---

9 inducat : introducat *T*   super nos *R1 E B Inc* : in nos *A T*   nobis
R2   quomodo potest [hoc *add. R2*] *R A E T Inc* : quoniam non potest
B   ut : quod *Inc*   9-10 mittam manum meam in carnem meam : ma-
num mittam in carne mea *E*   10 surge *R T2* : sed surge [eamus *add. E*]
E B surge cito *T1 Inc* sed uiuamus *A*   et quaeramus nobis *A E B T1*
Inc : et q. n. aliquid ad manducandum *R2* et [*om. R1*] quaeramus *R1*
T2   11 unde uiuamus *R A E T Inc* : escas ut manducemus *B*   et non
deficiamus : om. *Inc*
     4 1 et ambulantes : euntes *E*   quaesierunt nouem dies escam [*om. A*]
R1 A : q. n. d. escam talem qualem habebant in paradiso *T* per n. d.
quaes. esc. *Inc* septem diebus talem quaes. escam qualem prius in paradiso
habebant *R2* septem dies *B* quaesierunt *E*   1-2 et nihil inueniebant *R1* :
et [sed *T1*] non inueniebant *T* et non -nerunt *Inc* sed minime -nerunt *R2*
*et non inuenerunt sicut habuerunt [habebant *A*] in paradiso *A E* nihil
-nerunt sicut habuerunt in par. *B*   **2** nisi hoc tantum quod *R1* : nisi
[herbam *add. Inc*] quam *T Inc* sed hoc tantum inueniebant quod *A B* hoc
tamen [autem *R2*] inuenerunt quod *R2 E*   *post* animalia *add.* et bestie *E*
3 ad Euam : om. *E*   hoc : istam herbam *Inc*   dominus : deus *E B*
et bestiis *R A E* : et bestiis terrae *T Inc om. B*   3-4 ut edant *R A B T* :
ad uiuendum *E om. Inc*

Seigneur Dieu ne jette encore une fois sur nous quelque malédiction. Comment se pourrait-il que je porte la main sur ma
propre chair[a]? **4** Lève-toi ([7]) et cherchons-nous de quoi vivre
pour ne pas défaillir. »
     4 1 Et parcourant la terre, ils cherchèrent pendant neuf
jours ([8]) de la nourriture et ne trouvaient rien ([9]), si ce n'est
seulement ([10]) ce que les animaux mangeaient. **2** Et Adam dit

---

(7) Contrairement à lat-P et à lat-V, arm et geo mettent cette exhortation dans la bouche d'Ève.
     (8) L'indication d'une durée pour la quête de la nourriture est ici propre
à lat-V; arm-geo et lat-P l'ignorent. Les deux leçons concurrentes sont attestées par des témoins anciens (*novem* A R1; *septem* R2 Pa), mais « neuf
jours » paraît être une durée moins convenue que « sept jours » — la valeur
du chiffre neuf est cependant difficile à interpréter.

inducat dominus deus. Quomodo potest fieri ut mittam manum
15 in carnem meam[a]? **4** Sed surge, eamus et quaeramus nobis
unde uiuamus et non deficiamus.

4 1 Et euntes quaesierunt et non inuenerunt sicut habuerant
in paradiso, sed hoc tantum inueniebant quod animalia et
bestiae edebant. **2** Et dixit Adam: Hoc tribuit dominus

---

14 potest *Pr E* : (-)est *Ma*   *post* manum *add.* meam *Pr*   **15** carnem
meam *Pr* : meam c. *Ma* carne mea *E*   sed surge eamus *E* : sed surgamus *Pr* eamus igitur *Ma*   **16** et non deficiamus *Ma E* : ut non male
def. *Pr*
4 1 et euntes *Ma* : euntes ergo *Pr* euntes *E*   **1-2** quaesierunt et non
[nihil *E*] inuenerunt sicut habuerant [-uerunt *E*] in paradiso *Pr E* : quaes.
escam et non inu. qualem in par. -uerunt *Ma*   **2** sed : *om. E*   tantum
inueniebant *Ma* : tamen inuenerunt *E* tantum *Pr*   **2-3** et bestiae edebant [comedebant *E*] *Pr E* : edebant pascentes *Ma*   **3** et dixit *Ma E* : d.
uero *Pr*   dominus *Pr Ma* : deus *E*

---

a. cf. Gen. 2, 23

Seigneur Dieu ne jette encore une fois sur nous quelque malédiction. Comment se pourrait-il que je porte la main sur ma
propre chair[a]? **4** Mais lève-toi ([7]), allons et cherchons-nous de
quoi vivre pour ne pas défaillir. »

4 1 Ils se mirent en marche et cherchèrent et ne trouvèrent
rien de semblable à ce qu'ils avaient eu au paradis ([9]), mais ils
trouvaient seulement ([10]) ce que les animaux et les bêtes

---

(9) Le texte original de lat-V faisait-il référence à cet endroit à la
nourriture « comme celle qu'ils avaient au paradis »? Le fait que cette
mention soit présente, rattachée à « ils ne trouvèrent pas » dans R1a, R1e,
A, E et B (voir aussi lat-P, arm, geo), ou rattachée à « ils cherchèrent »
dans R1d, R2 et T, peut inciter à répondre par l'affirmative. Je préfère
supposer qu'il s'agit d'une adjonction secondaire et retenir le texte des témoins anciens de R1 qui ignorent cette mention (R1b, R1c; cf. Pa).

(10) La tradition manuscrite hésite entre *tantum* et *tamen*. Les témoins
les plus anciens (S T M, de la famille A) écrivent *tantum* en toutes lettres,
ce qui incite à lire de la même manière l'abréviation *tm* surlignée dans les
manuscrits plus récents — abréviation qu'on pourrait aussi lire *tamen*.

edant, nobis autem esca angelica erat[a]. **3** Sed iuste et digne
5   plangamus ante conspectum domini dei qui fecit nos, et paeniteamus in magna paenitentia. Forsitan indulgebit et miserebitur nostri dominus deus et disponet nobis unde uiuamus.

5 1 Et dixit Eua ad Adam: Domine mi, dic mihi quid est
paenitentia et qualiter paeniteamus, ne forte laborem nobis
imponamus quem non possumus adimplere, et non exaudiantur

---

4 nobis [nostra *T Inc*] autem esca angelica erat *R A T Inc* : n. a. erat esca
ang. *B om. E qui postea add.* et iterum dixit Adam   **4-5** sed [qua-
propter *B* hoc *T* ergo nos *Inc*] iuste et digne [d. et i. *T2*] plangamus [-gi-
mus *A*] *R1 A B T Inc* : iniusti uero et indigni pl. *R2* lugeamus *E*   **5** ante
conspectum domini [*om. A*] dei [*om. R2* nostri *add. B T Inc*] *R A B T
Inc* : in -ctu dom. dei *E*   **5-6** et [eamus et *add. B*] paeniteamus in [*om.
Inc*] magna paenitentia [diebus quadraginta *add. E*] *R1 E B T Inc* : et p.
m. paen. *R2* -teamur -tiam -nam *A*   **6** forsitan *R A B T* : forte *Inc* si
forte *E*   **6-7** indulgebit [indulgeat *A* indulget *T*] et miserebitur nostri *R
A T* : miserebitur nostri [nobis *Inc*] *B Inc* indulgeat nobis *E*   **7** dominus
[*om. Inc*] deus [*om. B*] *R A E B Inc* : dom. d. noster *T*   et disponet *R A
B* : et disponat *E T1 Inc* ut disponat *T2*   *ante* uiuamus *add.* uescamur et *B*
   5 1 et dixit Eua ad Adam : post haec dixit Eua Adam *Inc*   **1-2** domine mi — est paenitentia: *om. R2*   quid [quae *T2*] est paenitentia *R1
E B T Inc* : quidem penitentiam *A*   **2** et [aut *E*] qualiter paeniteamus
[-tebimus *E B* -team *A*] *R1 A E B T* : equaliter paen. *R2* quam penitere
debemus *Inc*   **2-3** laborem [*om. E*] nobis imponamus *R A E B T* : n. l.
imp. *Inc*   **3** non possumus adimplere [sustinere *A*] *R A T Inc* : sustinere
non possimus *B* implere non ualeamus *E*   **3-4** exaudiantur [exaudientur
T Inc] preces nostrae *R E B T Inc* : exaudiet preces nostras *A*

à Ève: « Cela, Dieu le donne à manger aux animaux et aux
bêtes. Pour nous, il y avait la nourriture angélique ([11]). **3** Mais
il est juste et digne que nous nous frappions la poitrine devant
le Seigneur Dieu qui nous a créés, et que nous nous repentions
d'une grande pénitence. Peut-être le Seigneur Dieu nous mani-
festera-t-il son indulgence et prendra-t-il pitié de nous, et nous
fournira-t-il de quoi vivre ([12]). »

5 1 Et Ève dit à Adam: « Mon seigneur, dis moi, qu'est ce
que la pénitence et comment ferons-nous pénitence? de peur
que peut-être nous nous imposions une tâche que nous ne

---

(11) Dans la Bible grecque, la manne dont Dieu nourrit son peuple dans
le désert est appelée « pain du ciel » (*Ps* 78,24; 105,40), « pain des anges »
(*Ps* 78,25) ou « nourriture des anges » (*Sagesse de Salomon* 16,20). Dans
Joseph et Aséneth, 16,7-8, Aséneth reçoit un rayon de miel dont il est dit:

animalibus et bestiis ut edant, nobis autem escam angelicam[a].

5 **3** Plangamus et lugeamus ante conspectum domini dei qui fecit nos, et paeniteamus in magna paenitentia diebus quadraginta, si forte indulgeat et misereatur dominus deus nobis et disponat nobis unde uiuamus.

5 1 Et dixit Eua ad Adam: Domine meus, dic mihi quid est paenitentia aut qualiter paeniteamus, ne forte laborem nobis imponamus quem non possimus adimplere, et non exaudiantur

---

4 ut edant *Pr* : edere *Ma*   ad uiuendum *E*   nobis autem escam angelicam *Pr* : nos autem escam angelorum utebamur *Ma* om. *E*   **5** *ante* plangamus *add.* dixit autem ad Euam nunc uero *Pr*   et iterum dixit *E*   plangamus et *Pr Ma* : om. *E*   ante conspectum *Pr Ma* : in conspectu *E*   domini : om. *Ma*   **6** diebus quadraginta *Ma E* : q. d. *Pr*   **7** indulgeat et misereatur *Ma* : indulgeat *Pr E*   dominus deus [noster *add. Ma*] nobis *Pr Ma* : n. dom. d. *E*   disponat *Ma E* : donauerit *Pr*

5 1 ad : om. *Ma*   meus *Pr Ma* : mi *E*   **2** aut *Ma E* : et *Pr*   paeniteamus *Pr Ma* : penitebimus *E*   **2-3** laborem nobis imponamus quem *Pr* : labores ponat quos *Ma*   imponamus quod *E*   **3** [nos *add. Ma*] non possimus adimplere *Pr Ma* : implere non ualeamus *E*   **3-5** et non — quod promisimus *Pr E* : om. *Ma*

---

a. cf. Ps. 78 (77), 25; Sap. 16, 20

---

mangeaient. **2** Et Adam dit: « Cela, Dieu le donne à manger aux animaux et aux bêtes, tandis qu'à nous il donna la nourriture angélique ([11]). **3** Frappons-nous la poitrine et affligeons-nous en présence du Seigneur Dieu qui nous a créés, et repentons-nous d'une grande pénitence pendant quarante jours, (et nous verrons) si peut-être le Seigneur Dieu nous manifestera son indulgence et prendra pitié de nous, et nous fournira de quoi vivre ([12]). »

5 1 Et Ève dit à Adam: « Mon seigneur, dis-moi, qu'est-ce que la pénitence ou comment ferons-nous pénitence? de peur que peut-être nous nous imposions une tâche que nous ne

---

« Ce miel, ce sont les abeilles du paradis de délices qui le font, les anges de Dieu en mangent, et quiconque en mangera ne mourra jamais » (*Écrits intertestamentaires*, p. 1587-1588).

(12) Le besoin de recevoir de quoi vivre, exprimé dans le latin sous une forme générale, l'est de manière beaucoup plus précise dans les autres recensions: « pour que (Dieu) nous donne une nourriture meilleure que celle des bêtes » (gr II, arm, geo), « pour que nous ne leur devenions pas semblables » (arm, geo).

preces nostrae, **2** et auertat dominus faciem suam a nobis si, ut
5 promittimus, non adimpleamus. **3** Tu, domine mi, quantum
cogitasti me paenitere paenitebo, quia ego induxi tibi laborem
et tribulationem.

6 1a Et dixit Adam: Non potes tantos dies facere quantos
ego, sed tantos fac ut salueris. Ego enim faciam quadraginta

4-5 et auertat — non adimpleamus : *om. Inc*   **4** et auertat dominus
[deus *E* deus *add. B*] faciem suam a nobis *R A E B* : et a. f. s. a nobis
dom. d. noster *T*   **4-5** si ut promittimus non adimpleamus *R1* : eo quod
sicut promisimus non ad. *R2* si quod promittimus [et *add. T2*] non implemus *T* quia sicut promisimus non adimpleuimus [impleuimus *B*] *A B* si
non impleamus quod promisimus *E*   **5-7** tu domine — et tribulationem:
om. E   **5** tu *R T2* : tamen *B T1 Inc om. A*   domine mi *R2 A B T
Inc* : domine meus *R1*   **5-6** quantum cogitasti me paenitere paenitebo
R1 : q. [inquantum *R2*] cog. paenitere *A R2 T* q. cog. peniteamus *Inc* q.
possum uolo paenitere *B*   **6-7** quia ego — et tribulationem : *om. Inc*
6 quia *R1 B* : quod *A* eo quod *R2* quoniam *T*   induxi tibi *R B T2* : tibi
ind. *A T1*

  6 1 et : *om. R2*   *post* Adam *add.* ad Euam *A T*   **1-2** non potes tantos
[tot *B*] dies facere [paenitentiae *add. R2*] quantos [quot *B*] ego *R B T* :
potes tantas facere quantas ego *A* numquid potes tu tantos dies facere et
non facis *E* tu non posses tantum sicut ego *Inc*   **2** sed tantos [tantas *A*]
fac ut salueris [salua sis *R2*] *R A* : fac tantum quod salua sis *Inc* sed quod
ego praecipio fac ut salueris *B* dico tibi tantos fac ut uolueris *E om. T*
enim *R A E B* : *om. T Inc*   **2-3** faciam quadraginta dies [diebus *A*]
ieiunans [ieiunium *Inc*] *R1 A T Inc* : debeo quadr. diebus -nare *R2* quadr.
dies debeo -nare *B* quadr. et septem dies faciam quia septima die factus
sum et septima die deus omnia consummauit *E*

---

pourrons mener à bien et que nos prières ne soient pas exaucées, **2** et le Seigneur se détournerait de nous, si nous
n'accomplissions pas ce que nous avons promis. **3** Toi, mon seigneur, combien de temps penses-tu que je doive faire
pénitence? Cette pénitence je la ferai ([13]), puisque c'est moi
qui t'ai causé peine et tourment. »

  6 1a Et Adam dit: « Tu ne peux pas y passer autant de
jours que moi, mais fais-en ce qu'il faut pour être sauvée ([14]).

---

(13) Dans lat-P, cet élément du discours d'Ève, absent de *Pr* et E, n'est
conservé que par *Ma*. Les témoins latins se partagent ici entre deux types

preces nostrae, **2** et aduertat deus faciem suam a nobis, si non
5 impleamus quod promisimus. **3** Et iterum dixit: Domine meus,
quantum cogitasti paenitere? Ego enim induxi tibi laborem
istum et tribulationem.

6 1a Et dixit Adam: Numquid tu potes tot dies facere quot
et ego? Non enim dicam tibi tantos, sed tantos fac ut salueris.

---

4 *ante* aduertat *add.* non *Pr*   **4-5** si non impleamus *E* : quia non impleuimus *Pr*   **5-7** et iterum — et tribulationem *Ma* : *om. Pr E*
     6 1 et dixit *Ma E* : dixit uero *Pr*   **1-2** tu [*om. Pr*] potes tot dies facere
[penitere *Ma*] quot et ego *Pr Ma* : p. tu tantos d. f. et non facis *E*
2 non enim dicam tibi tantos sed tantos fac ut salueris *Pr* : dico tibi tantos
fac ut uolueris *E om. Ma*

---

pourrions accomplir et que nos prières ne soient pas exaucées,
2 et le Seigneur se détournerait de nous, si nous n'accomplissions pas ce que nous avons promis. » **3** Et elle ajouta : « Mon
seigneur, combien de temps penses-tu qu'il faille faire pénitence ([13])? C'est moi en effet qui t'ai causé cette peine et ce
tourment. »

6 1a Et Adam dit : « Peux-tu y passer autant de jours que
moi? Je ne te dirai pas combien, mais fais-en autant qu'il faut
pour être sauvée ([14]). Moi j'y passerai quarante jours et toi

---

de leçons. Les uns font suivre le *quantum cogitasti (me) paenitere* d'un
verbe conjugué exprimant une volonté de faire pénitence: *paenitebo* (R1c),
paeniteam (R1b), *paeniteamus* (R1e Inc), *uolo paenitere* (B). Les autres lisent seulement une question, *quantum cogitasti paenitere*: « combien de
temps penses-tu qu'il faille faire pénitence? » (A, R2, T, *Ma*).

   (14) La tradition latine s'accorde sur deux points: Adam déclare qu'Ève
est incapable de faire pénitence autant de jours que lui et lui ordonne de
s'en tenir à ce qui est nécessaire à son salut; arm et geo vont dans le même
sens. La curieuse variante de E (« fais autant de jours que tu voudras »)
substitue l'idée d'un vouloir d'Ève à celle d'un vouloir d'Adam (mauvaise
lecture de *ut uoluerim*?).

dies ieiunans. **1b** Tu autem surge et uade ad Tigrim flumen et
tolle lapidem, et sta super ipsum in aqua usque ad collum in
5 altitudine fluminis, et non exeat sermo de ore tuo, quia indigni
sumus rogare dominum, quia labia nostra inmunda facta sunt

---

3 tu autem [ergo *Inc*] *R A B T Inc* : et dixit ad Euam *E*   surge et :
om. B T2   flumen *R1 E B T1 Inc* : fluuium *A R2 T2*   **3-4** et tolle
[unum *add. Inc*] lapidem [tecum *add. E*] et sta super ipsum [eum *A E Inc*] *R1*
A E B T Inc : et sta super lapidem *R2*   **4** *ante* usque *add.* et esto *T1*
4-5 in altitudine fluminis *R A B T* : *om. E Inc*   **5** exeat *R E T Inc* :
exiet *A* exaudiatur *B*   sermo de ore tuo : de ore tuo ullus sermo *E*
6 dominum : deum *Inc*   quia : quoniam *E B T1*   inmunda [indigna
R2] facta [*om. A E*] sunt *R A E T2* : inm. sunt f. et polluta *T1*   inm.
atque polluta sunt f. *Inc*   polluta sunt *B*

Moi je passerai quarante jours à jeûner (15). **1b** Quant à toi,
lève-toi et va au fleuve Tigre, prends une pierre et tiens-toi
debout sur elle dans l'eau jusqu'au cou, là où le fleuve est profond. Qu'aucune parole ne sorte de ta bouche, parce que nous
sommes indignes de nous adresser au Seigneur, car nos lèvres
ont été rendues impures (d'avoir mangé) de l'arbre interdit et

---

(15) La durée différente fixée par Adam pour sa pénitence et pour celle
d'Ève a donné lieu à de nombreuses variantes, parfois difficiles à expliquer.
Il en est fait mention coup sur coup dans deux passages: en 6.1a, où la
différence reçoit une motivation (mais lat-V ne dit rien de la pénitence
d'Ève, ni de la motivation), et en 6.2 (dans tous les témoins). 40 jours est
la durée indiquée pour la pénitence d'Adam dans tous les témoins, à l'exception de E, A3 et *Pr* (en 6.1a seulement), qui parlent de 47 jours. Les
chiffres varient beaucoup plus pour la pénitence d'Ève: 34 jours, qui doit
être la durée initiale, comme l'atteste l'accord entre grec II, arm, geo et
R1; 33 jours, selon *Pr* (6.2) et selon R2, B, *Pa* (6.2); 30 jours, selon *Ma*
(6.1a et 6.2) et selon T Inc (6.2); 37 jours selon A1 et A2 (6.2); 40 jours
selon E et A3 (6.2). La différence entre les deux durées varie ainsi entre 6
jours, qui est sans doute l'écart primitif (grec II, arm, geo, R1), 7 jours
(*Pr;* R2, B, *Pa;* E, A3), 10 jours (*Ma;* T Inc) et 3 jours (A1-A2). La justification de cette différence, absente dans lat-V, tient à l'écart de temps

Ego enim faciam dies quadraginta, et tu diebus triginta ⟨tri-
bus⟩, quoniam non es plasmata sexto uel septimo die sed ego
5   plasmatus sum, in qua die consummauit deus omnia[a]. **1b** Surge
ergo et uade ad Tigris flumen et tolle lapidem istum tecum, et
sta super eum in aqua usque ad collum in altitudine fluminis,
et non exeat sermo ex ore tuo ullus, quia indigni sumus rogare

3 enim *Ma E* : autem *Pr*   faciam [penitebo per *Ma*] dies quadraginta [et
septem *add. Pr*] *Pr Ma* : quadr. et septem dies faciam *E*   et tu diebus
triginta tribus [tribus *addidi uide 6,10 et adnot.*] *Ma* : *om. Pr E*   4-5 quoniam non es plasmata sexto uel septimo die sed ego plasmatus sum *Pr* :
tu enim non es pl. sexto die sed ego *Ma*   quia septima die factus sum *E*
5 in qua die *Pr Ma* : et septima die *E*   consummauit deus omnia *Pr* :
cons. dominus deus omnia opera sua *Ma*   deus omnia cons. *E*   *ante* surge
add. et dixit ad Euam *E*   6 ergo *Pr Ma* : *om. E*   Tigris flumen
[fluuium *Pr*] *Pr E* : flumen T. *Ma*   lapidem istum [*om. E*] tecum *Pr E* :
t. lap. i. *Ma*   7 super eum *Pr E* : sub eo *Ma*   in aqua usque ad
collum *Pr E* : usque ad collum *Ma*   in altitudine fluminis *Ma* : *om. Pr*
E   8 sermo ex ore tuo ullus *Pr* : de ore tuo ullus sermo *E*   sermo de
hore tuo *Ma*

a. cf. Gen. 2, 2-3

trente-trois ([15]) parce que tu n'as pas été façonnée le sixième
(ou le septième) jour, mais moi, j'ai été façonné le jour où Dieu
acheva toute son œuvre[a]. **1b** Lève-toi donc et va au fleuve
Tigre, prends cette pierre avec toi et tiens-toi debout sur elle
dans l'eau jusqu'au cou, là où le fleuve est profond. Et qu'aucune parole ne sorte de ta bouche, parce que nous sommes
indignes de nous adresser au Seigneur, car nos lèvres en sont

qui sépare la création d'Adam et la création d'Ève : à la différence d'Adam,
elle n'a pas été modelée « le sixième jour » (grec II, geo, *Ma*), « le septième
jour » (E), « le sixième ou le septième jour » (*Pr*). L'origine de cette idée se
trouve dans une tradition exégétique juive, conservée en *Jubilés 3* (*Écrits
intertestamentaires*, p. 647-648): la création de la femme à partir d'une côte
d'Adam (*Gen* 2,21-23) a eu lieu le sixième jour de la deuxième semaine, au
terme de six jours pendant lesquels l'homme a passé en revue et nommé
tous les animaux, en quête d'une « aide qui lui soit accordée » (*Gen* 2,18-20);
cf. *Jubilés* 3,8: « C'est pendant la première semaine qu'Adam fut créé ainsi
que la côte, sa femme; c'est la deuxième semaine qu'il la lui montra ».

de ligno illicito et contradicto[b]. **2** Et sta in aqua fluminis dies triginta quattuor. Ego faciam in aqua Iordanis dies quadraginta, forsitan miserebitur nostri dominus deus.

7 1 Et ambulauit Eua ad Tigrim flumen et fecit sicut dixit Adam. **2** Similiter Adam ambulauit ad flumen Iordanis et stetit super lapidem usque ad collum in aqua.

---

7 *ante* de ligno *add.* quia manducauimus *E*   illicito et contradicto *R1 T* : c. et ill. *B* ill. *E* ill. -dicti *A* uetito *R2 Inc*   et sta *R1 A* : esto *R2 E* et esto *B T Inc*   in aqua fluminis [*om. R2*] *R A B T* : in flumine *Inc* ibi *E*   **7-8** dies triginta quattuor *R1* : per dies trig. tres *R2* trig. tribus diebus *B* trig. septem dies *A* dies trig. *T1* [per *add. Inc*] trig. dies *T2 Inc* diebus quadraginta *E*   **8** [et *add. R2 B*] ego [autem *add. A*] faciam [paenitentiam *add. R2*] *R A B* : et ego *E T Inc*   in aqua Jordanis : in Jordanem *E*   [per *add. R2*] dies quadraginta *R T* : quadraginta dies *A B Inc* diebus q. et septem *E*   **9** forsitan *R A B T* : forsan *Inc* si forte *E* nostri *R A B T* : nobis *E Inc*   dominus deus *R A E* : dom. d. noster *B T* d. noster *Inc*

7 1 et ambulauit Eua *R A B T Inc* : et ipsa perrexit *E*   Tigrim flumen *R1 A B T* : fl. T. *E* fluuium Tigrim *R2* aquas T. *Inc*   et fecit : *om. E*   dixit [ei *add. A Inc*] *R1 A E T Inc* : dixerat *B* praecepit ei *R2* **2** similiter Adam ambulauit *R1 T* : s. amb. A. *A Inc* s. A. perrexit *B* A. uero perrexit *R2* et ipse uenit *E*   ad flumen Iordanis *R A T Inc* : ad Iordanem *B* ad Iordanis flumen *E*   **2-3** et stetit [stetitque *R1* ibi *add. Inc*] super lapidem usque ad collum in aqua [in a. u. ad c. *R2 Inc*] *R A T Inc* : et st. u. ad c. super lap. in a. *B* habens secum lap. et in flumine st. u. ad c. *E post* aqua *add.* et capilli capitis eius exparsi erant super aquas *E*

---

défendu[b]. **2** Et tiens-toi dans l'eau du fleuve trente-quatre jours. Moi, je passerai quarante jours dans l'eau du Jourdain ([15]). Peut-être le Seigneur Dieu aura-t-il pitié de nous. »

7 1 Et Ève s'en alla au fleuve Tigre et fit comme Adam avait dit. **2** De même, Adam s'en alla au fleuve Jourdain et se tint sur une pierre dans l'eau jusqu'au cou.

L'hésitation entre « le sixième ou le septième jour » comme moment où Dieu a modelé Adam et a achevé sa création (*Pr*; cf. *Ma* et E) doit sans doute être mise en relation avec la différence en *Gen* 2,2 entre le texte de la LXX (Dieu acheva l'œuvre qu'il avait faite « au sixième jour ») et le texte massorétique (« au septième jour »); cf. ALEXANDRE, p. 214-215.

dominum, quoniam labia nostra indigna sunt quia manducaui-
10 mus de ligno illicito^b. 2 Esto ibi dies triginta tres. Ego uero ibo
in Iordanem diebus quadraginta, forsitan miserebitur nobis
dominus deus.

7 1 Et abiit Eua ad flumen Tigris et fecit sicut dixit ei
Adam. 2 Et ipse abiit ad fluuium Iordanis, habens et ipse
secum lapidem, et erat intus in flumine usque ad collum, et
capilli capitis eius exparsi erant super aquas.

---

9 quoniam *Ma E* : et *Pr*   indigna *Pr Ma* : inmunda *E*   quia manducauimus *E* : manducando *Pr*   manducare *Ma*   10 esto [inquam *add.*
Pr] ibi *Pr E* : et sta ibi(dem) *Ma*   dies triginta tres *Pr* : triginta diebus
Ma   diebus quadraginta *E*   10-11 ego uero ibo in Jordanem *Pr* : et ego
in J. *E*   ego enim in Giordane paenitebo *Ma*   11 diebus quadraginta *Pr* :
quadr. diebus *Ma*   diebus quadr. et septem *E*   [et *add. Pr*] forsitan *Pr*
Ma : si forte *E*   nobis *Pr E* : nostri *Ma*   12 dominus *Pr E* : *om. Ma*
   7 1 et abiit Eua *Ma* : abiit autem Eua *Pr*   et ipsa perrexit *E*   ad
flumen [fluuium *Ma*] Tigris *Ma E* : ad Tigris flumen *Pr*   et fecit sicut
dixit ei [praecepit ei (ei *post corr.*) *Ma*] *Pr Ma* : sicut dixit *E*   2 et ipse
Ma E : ipse uero *Pr*   abiit [abbiit *Ma*] *Pr Ma* : uenit *E*   ad fluuium
Iordanis *Ma* : ad I. flumen *E*   in I. fluuium *Pr*   habens et ipse *Pr* : habens *E*   et tulit *Ma*   3 erat intus in flumine usque ad collum *Pr* : in
flumine stetit u. ad c. *E*   erat u. ad c. in aqua *Ma*   4 eius *Ma E* : sui
Pr   erant *Ma E* : *om. Pr*

---

b. cf. Gen. 2, 17; 3, 11.17

---

indignes parce que nous avons mangé de l'arbre interdit^b.
2 Tiens-toi là trente-trois jours. Moi, j'irai au Jourdain pour
quarante jours (^15). Peut-être le Seigneur Dieu aura-t-il pitié de
nous. »

7 1 Ève s'en alla au fleuve Tigre et fit comme Adam lui
avait dit. 2 Et lui-même s'en alla au fleuve Jourdain, empor-
tant avec lui une pierre. Et il était plongé dans le fleuve
jusqu'au cou, et ses cheveux s'étalaient à la surface des eaux.

8 1 Et dixit Adam: Tibi dico, aqua Iordanis, condole mihi et segrega natantia quae in te sunt, et circumdent me et lugeant pariter mecum. **2** Non se plangant sed me, quia ipsi non peccauerunt sed ego. **3** Statim omnia animantia uenerunt et
5 circumdederunt eum, et aqua Jordanis stetit ab illa hora non agens cursum suum.

---

8 1 et [tunc *E*] dixit Adam [*om. T*] *A E B T* : et ait *R2* dicens *R1* postquam autem ingressus erat Adam ad flumen Iordanis dixit *Inc*   tibi dico aqua [*om. E*] Iordanis condole mihi [mecum *R2 E*] *R A E T* : a. I. tibi dico c. mecum *Inc* uobis dico aque I. -lete mihi *B*   **2** segrega [congrega *R2 T2* congregentur *T1*] natantia *R T* : segrega mihi omnia natantia *A* congregentur omnes creaturae *Inc* segregamini *B* congrega omnia animantia *E*   natantia quae in [intra *E*] te sunt [et omnia animantia quae circa te sunt *add. T1*] *R1 A E T Inc* : natantia quae sunt in te *R2 om.* *B*   et circumdent me *R A T* : et circumdate me *E B om. Inc*   **2-3** et [ac *A*] lugeant [lugeantque *T*] pariter [*om. Inc*] mecum *R A T Inc* : lugete mecum [pariter *add. B*] *E B*   **3** non se plangant [*om. R2*] sed me *R A T* : non uos sed me *B* non propter uos lugeatis sed propter me *E om. Inc*   **3-4** ipsi [illa *T om. R2*] non peccauerunt sed ego *R A T* : ipsi [uos *B*] non peccastis sed ego *E B* propter peccata mea *Inc*   **4** *post* ego *add.* inique contra dominum iam peccaui neque ipsi delictum commisistis nec defraudati estis ab alimentis uestris sed ego peccaui et ab escis mihi concessis defraudatus sum *E*   [et *add. T2 Inc*] statim *R A B T Inc* : haec dicens Adam ecce *E*   animantia *R1 A E B T1 Inc* : animantia et natantia *T2* natantia *R2*   uenerunt : conuenerunt *Inc*   **5** eum : illum *B* Adam *Inc*   *post* eum *add.* luxeruntque pariter secum ululatu et mugitu magno eo quod transgressus fuerat mandatum creatoris et eiectus de tanta gloria deliciarum *T1* et pariter cum illo planxerunt planctu magno *Inc* Jordanis : fluminis *E*   ab illa hora [quando intrauit Adam *add. Inc*] *R A B T Inc* : in ipsa h. *E*   **5-6** non agens cursum suum : *om. E qui add.* tunc Adam clamauit ad dominum deum et raucae factae sunt fauces eius per singulos dies

---

8 1 Et Adam dit: « Je te le dis, eau du Jourdain, compatis à ma peine et rassemble à part les poissons qui vivent en toi; qu'ils m'entourent et s'affligent ensemble avec moi ([16]). **2** Qu'ils ne pleurent pas sur eux, mais sur moi, car eux n'ont pas péché, mais moi j'ai péché. » **3** Aussitôt tous les êtres animés vinrent l'entourer ([17]) et dès cette heure-là l'eau du Jourdain s'immobilisa et cessa de couler.

---

(16) Les témoins de lat-P présentent le même type de variations que ceux de lat-V: l'ordre donné aux animaux est soit au subjonctif de la 3e personne du pluriel, soit à l'impératif de la 2e du pluriel. Je choisis comme

8 1 Tunc dixit Adam: Tibi dico, Iordanis, condole mihi et congrega omnia animantia quae intra te sunt, ut circumdent me et lugeant et animalia mecum pariter. **2** Non se lugeant sed me, quia ipsa non peccauerunt sed ego, neque admiserunt de-
5 lictum neque fraudati sunt escis suis, sed ego fraudatus sum. **3** Et hoc dicens statim omnia animantia uenerunt et circum-dederunt eum, et aqua fluminis stetit in illa hora. Tunc Adam clamauit ad dominum deum, et factae sunt ad eum uoces an-gelicae per singulos dies.

---

8 1 Iordanis *Pr E* : aqua *Ma*   condole mihi [mecum *E*] *Pr E* : cum dolore *Ma*   **1-2** et congrega — te sunt *Pr E* : *om. Ma*   **2-3** ut circum-dent [*correxi* circumdes *Ma post correctionem*] me et lugeant et animalia mecum pariter *Ma* : [et *add. E*] circumdate me et lugete mecum [me hic *Pr*] *Pr E*   **3-4** non se lugeant [*om. Ma*] sed me *Pr Ma* : non propter uos lugeatis sed propter me *E*   **4** quia [quoniam *Ma*] ipsa [ipsi *Pr*] non pec-cauerunt sed ego *Pr Ma* : quia ipsi non peccastis sed ego inique contra dominum iam peccaui *E*   **4-5** neque admiserunt delictum neque fraudati sunt escis suis sed ego fraudatus sum *Pr* : neque ipsi delictum commisistis nec defraudati estis ab alimentis uestris sed ego peccaui et ab escis mihi concessis defraudatus sum *E om. Ma*   **6** et hoc dicens *Pr* : hec dicens Adam *E* et hoc eo dicente *Ma*   statim *Pr Ma* : ecce *E*   omnia ani-mantia *Pr E* : genera animalium *Ma*   **7** aqua fluminis stetit *Pr E* : aquae f. non fluerunt stantes *Ma*   illa *Ma* : ipsa *E* ea *Pr*   **8** et factae sunt ad eum uoces angelicae *Pr Ma* : et raucae factae sunt fauces eius *E*

---

8 1 Alors Adam dit: « Je te le dis, Jourdain, compatis à ma peine et rassemble tous les êtres animés qui vivent en toi, pour qu'ils m'entourent et que les animaux aussi s'affligent ensemble avec moi ([16]). **2** Qu'ils ne s'affligent pas sur eux, mais sur moi, car eux n'ont pas péché, mais moi. Ils n'ont pas commis de faute et n'ont pas été privés de leur nourriture, mais moi j'en ai été privé. » **3** Il parla ainsi et aussitôt tous les êtres animés vinrent l'entourer ([17]) et à cette heure-là l'eau du fleuve s'im-mobilisa. Alors Adam cria au Seigneur Dieu et les voix des anges se firent entendre pour lui chaque jour.

---

texte de lat-P la première construction, attestée par *Ma* et confirmée par arm-geo. *Pr* passe de l'impératif au subjonctif de façon incohérente: « Je te le dis, Jourdain, pleure avec moi et réunis tous les animaux qui sont en toi. Entourez-moi (vous les eaux?, au pluriel) et pleurez avec moi. Qu'ils (les animaux) ne pleurent pas sur eux, mais sur moi, parce qu'eux-même n'ont pas péché, mais moi ».

(17) Le grec et les versions proche-orientales ajoutent « comme un mur autour de lui », métaphore ignorée de lat-P et lat-V.

9 1 Et transierunt dies decem et octo. Tunc iratus Sathanas transfigurauit se in claritatem angeli[a] et abiit ad Tigris flumen ad Euam. **2** Et inuenit eam flentem, et ipse diabolus quasi condolens ei coepit flere et dixit ei: Egredere de flumine

5   et repausa et de cetero non plores. Iam cessa de tristitia et

---

9 1 et transierunt dies decem et octo *R A B* : per decem et octo dies *Inc* usque dum transirent dies decem et nouem [undeuiginti dies *T2*] *T* et factae sunt dies d. et nouem quod lugentes erant omnia animancia cum Adam *E*   iratus [est *add. A B Inc*] *R A B T1 Inc* : turbatus est aduersarius eorum *E om. T2*   **2** [et *add. B*] transfigurauit se *R B* : et -rabat se *A* [et *add. Inc*] -ratus est *T Inc* et -rans se *E*   angeli : angelorum *A* et : *om. E*   Tigris flumen [fluuium *R2*] *R A T2* : flumen *T. E B T1 Inc*   **3** ad Euam : ubi erat Eua *E*   et inuenit eam flentem *R A B T Inc* : et cum uidisset eam cum ingenti dolore flentem *E*   **3-4** et ipse [ipse autem *R2*] diabolus quasi condolens ei coepit [incepit *R2*] flere *R A T* : et q. cond. ei coepit fl. *B* et ipse cond. ei *Inc* coepit et ipse fl. *E*   **4** dixit ei *R B* : d. ad Euam *A* [postea *add. E*] d. ad eam *E T* dixit *Inc* **4-5** egredere [nunc *add. T2*] de flumine et repausa [pausa *B*] *R1 B T* : eg. de fl. *A* eg. a fluuio *R2* o Eua egredi de fl. et repensa *Inc* exi redi et repausa *E*   **5** et [quia *Inc*] de cetero non plores [plorabis *B* ploremus *Inc*] *R1 A B T Inc* : et de c. noli flere *E* et amplius noli flere *R2*   iam cessa de [a *R2*] tristitia [tua *add. T1*] et gemitu *R B T* : iam [et *Inc*] cessa de tristitia [tua *add. E*] *E Inc* iam tr. et g. *A*

---

9 1 Et dix-huit jours passèrent. Alors Satan se mit en colère et changea son aspect en revêtant la splendeur d'un ange[a] ([19]) et s'en vint au fleuve Tigre auprès d'Ève. **2** Et il la trouva en pleurs, et le diable lui aussi, comme s'il compatissait à sa peine, se mit à pleurer ([20]) et lui dit: « Sors du fleuve et calme-toi, et dorénavant ne pleure plus. Désormais cesse de

---

(18) Les animaux s'affligent-ils « sur Adam » (*Pr*) ou « avec Adam » (*Ma* et E)? Les deux leçons peuvent trouver appui dans le contexte immédiat, puisqu'Adam demande aux animaux de pleurer avec lui (*lugeant ... mecum*: 8,3 lat-P et lat-V), mais aussi de pleurer sur lui (*non se lugeant sed me*: 8,3-4 lat-P; cf. lat-V). L'idée d'une prière des anges et des créatures en faveur d'Adam se trouve aussi dans grec II (29,11c): « Et tous les anges et toutes les créatures de Dieu entourèrent Adam, comme un mur autour de lui, en pleurant et priant Dieu pour Adam, afin que Dieu l'exauce. »

(19) Cf. *2 Cor* 11,14: *ipse enim Satanas transfigurat se in angelum lucis* (Vg). Le récit de la seconde tentation est construit selon un schéma

9 1 Completi sunt autem dies decem et septem, quibus lugentia erant omnia animantia Adam. Tunc conturbatus est
aduersarius Sathanas, et transfigurauit se in claritatem angelicam[a] et abiit ad fluuium Tigris ubi erat Eua. **2** Et cum uideret
5 Euam flentem, cum dolo coepit et ipse flere et dixit ad eam:

---

9 1 completi sunt autem dies *Pr* : et factae sunt dies *E* *om.* *Ma*
decem et septem *Ma* : xviii^tem (*sic*) *Pr* decem et nouem *E* **1-2** quibus
lugentia erant omnia animantia Adam *Pr* : erant enim lugentes pariter
omn. an. cum A. *Ma* quod lugentes erant omn. an. cum A. *E* **2** tunc
E : tunc uero *Pr* et *Ma* conturbatus *Pr Ma* : turbatus *E* **3** *post*
aduersarius *add.* eorum *E* transfigurauit *Pr Ma* : transfigurans *E*
angelicam *Pr Ma* : angeli *E* **4** et : *om.* *E* fluuium [flumen *E*] Tigris
Ma E : T. fluuium *Pr* ubi erat Eua *Pr E* : ad Euam *Ma* **4-5** et cum
— ipse flere *Pr E* : *om.* *Ma* uideret Euam *Pr* : uidisset eam *E*
5 flentem cum dolo *Pr* : cum ingenti dolore flentem *E* *alt.* et *Pr Ma* :
postea *E* *post* eam *add.* Eua Eua *Ma*

---

a. cf. II Cor. 11, 14

---

9 1 Dix-sept jours passèrent, pendant lesquels tous les animaux s'affligeaient sur Adam ([18]). Alors Satan, l'Adversaire,
fut troublé et changea son aspect en revêtant une splendeur
angélique[a] ([19]) et s'en vint au fleuve Tigre, là où Ève se tenait.
2 Et quand il la vit en pleurs, par ruse il se mit lui aussi à
pleurer ([20]) et lui dit: « Sors du fleuve et calme-toi, et ne pleure

---

semblable à celui de la première, qui sera rapportée plus loin. Voir notamment l'apparence angélique du diable en 47 (17).2a.
(20) Satan trouve Ève en train de pleurer et fait semblant de pleurer lui
aussi. Le texte retenu pour lat-P est celui de *Pr*, qui lit *cum dolo* et le
rattache à *coepit et ipse flere*, alors que E lit *cum ingenti dolore flentem*
(Satan voit Ève « en train de pleurer avec une immense douleur »), et que
Ma ignore complètement ce passage. On notera que la confusion entre *dolus et dolor* n'est pas rare dans la *Vie latine d'Adam et Ève* (cf. lat-P 11.2;
12.1; lat-V 12.1). Dans le reste de la tradition, on trouve aussi l'idée que
Satan feint la sympathie pour Ève et pleure de fausses larmes: dans lat-V
(cf. *quasi condolens*), dans grec II, ms. M (« en pleurant, et ses larmes cou-
laient sur la terre et sur son vêtement ») et dans geo (« il pleurait et laissait
couler ses larmes de fausseté sur son vêtement, et depuis son vêtement
jusqu'à terre ») — description que arm rapporte aux larmes d'Ève.

gemitu. Quid sollicita es, tu et Adam uir tuus? **3** Audiuit dominus gemitum uestrum et suscepit paenitentiam uestram, et nos omnes angeli rogauimus pro uobis deprecantes dominum, **4** et misit me ut educerem uos de aqua et darem uobis
10 alimentum quod habuistis in paradiso, pro quo plangitis. **5** Nunc ergo egredere de aqua et perducam uos in locum ubi paratus est uictus uester.

---

6 quid sollicita — uir tuus : de qua sollicita es *E om. Inc*   quid [quo *B*] *R A B* : nec amplius *T1* quoniam ne *T2*   es tu et Adam uir tuus *R A* : sis [es *B*] tu [*om. T1*] et uir tuus Adam *B T*   *post* audiuit *add.* enim *E T Inc*   **7** dominus [deus *add. R2 A B T2*] gemitum uestrum *R A E B T* : g. tuum dominus et Adae uiri tui *Inc*   **8** et nos omnes angeli rogauimus [rogamus *A*] pro uobis deprecantes dominum [deum *add. R2*] *R A B* : et o. ang. -uerunt pro uobis depr. deum *T* et o. ang. orauerunt pro peccatis uestris *Inc* unde nos et o. ang. deprecati sumus eum pro afflictione uestra *E*   **9** et : et dominus *Inc*   ut educerem ... et darem *R A B T Inc* : educere ... et dare *E*   **10** alimentum quod *R1 A T Inc* : alimenta [uestra *add. E*] quae *R2 E B*   in paradiso : *om. E*   **10-12** pro quo — uictus uester : *om. Inc*   **10** [et *add. A*] pro quo [nunc *add. T*] plangitis [planxistis *A*] *R1 A T* : pro quibus fletis *R2* eo quod ita paenitueritis *B* et perdidistis pro uestro peccato *E*   **11** de aqua *R1 A T* : *om. R2 E B*   et : *om. B*   perducam *R A B T* : educam *E*   locum : l. uestrum *E*   **12** *post* paratus est *add.* uobis *B T*   uester *R A E T* : *om. B*

---

t'attrister et de gémir. Pourquoi t'inquiètes-tu, toi et Adam ton mari? **3** Le Seigneur a entendu votre plainte et accueilli votre pénitence, et nous tous les anges, nous nous sommes adressés au Seigneur pour vous et l'avons prié, **4** et il m'a envoyé vous sortir de l'eau et vous donner la nourriture que vous aviez au paradis, pour laquelle vous vous frappez la poitrine. **5** Maintenant donc, sors de l'eau et je vous conduirai à l'endroit où a été préparée votre nourriture. »

---

(21) Le *unde*, attesté par les trois témoins de lat-P, ne peut pas signifier ici « c'est pourquoi ». A la lumière de grec II et de arm, qui lisent « parce que », il faut lui donner une valeur causale (cf. *Mediae Latinitatis lexicon minus*, éd. J. F. NIERMEYER – C. VAN DE KIEFT, Leiden, 1996, *s. v.* unde,

Exi de flumine et quiesce et amplius ne plores. Iam cessa de tristitia tua, de qua sollicita es. **3** Audiuit enim deus gemitum uestrum et suscepit paenitentiam uestram, unde et nos omnes angeli deprecati sumus eum propter afflictionem uestram, **4** et
10 misit me dominus educere uos de aqua et dare uobis alimentum uestrum quod habuistis et perdidistis, pro quo lugetis. **5** Nunc ergo egredere et ducam uos in locum uestrum ubi paratus est nobis uictus uester.

---

6 exi [egredere *Ma*] de flumine *Pr Ma* : exi redi *E*   quiesce et amplius ne plores *Pr* : pausa deinceps ne ploraueris *Ma* repausa et de cetero noli flere *E*   **7** tua : *om. Ma*   de [*om. Pr*] qua sollicita es *Pr E* : quia saluata es tu et uir tuus *Ma*   deus *Pr* : dominus *E* dominus deus *Ma* **7-8** gemitum uestrum *Pr E* : gemitus uestros *Ma*   **8-9** et nos omnes [omnem *ante corr. Ma*] angeli *Ma* : nos et omnes angeli *Pr E* **9** deprecati sumus *Pr E* : rogauimus deprecantes *Ma*   propter [*post correctionem supra lineam Pr*] afflictionem uestram *Pr Ma* : pro -tione uestra *E*   **10** dominus *Ma* : *om. Pr E*   educere uos de aqua et dare uobis *Pr E* : ut adducerem uobis *Ma*   **10-11** alimentum uestrum quod *Pr* : alimenta uestra quae *E* alimentum qualem *Ma*   **11** pro quo lugetis *Pr* : pro uestro peccato *E om. Ma*   **12** ducam *Pr* : deducam *Ma* educam *E*   uestrum : *om. Ma*   **13** nobis uictus uester *Ma* : uicus uester *E* uictus uobis *Pr*

---

pas davantage. Désormais, cesse la tristesse dont tu t'inquiètes. **3** Dieu a entendu votre plainte et accueilli votre pénitence; à ce sujet, nous tous les anges ([21]), nous l'avons prié à cause de votre affliction, **4** et le Seigneur m'a envoyé vous sortir de l'eau et vous donner la nourriture que vous aviez et que vous avez perdue, pour laquelle vous vous affligez. **5** Maintenant donc, sors de l'eau et je vous conduirai à l'endroit où nous avons préparé votre nourriture ([22]). »

2*: à cause de quoi, au sujet de quoi). — La leçon de *Pr* et E, *nos et omnes angeli*, établit une distinction entre deux groupes d'anges (ceux qui dépendent de Satan et les autres) qui semble ici prématurée (cf. ch. 15-16). La double expression de grec II, « nous les anges et toutes les créatures », est une reprise quasi littérale de celle du verset précédent (gr II, 29,11c).

(22) On peut hésiter à corriger le *nobis* de *Ma* en *uobis* (cf. *Pr*) et à comprendre « à l'endroit où votre nourriture a été préparée pour vous ».

10 1 Haec audiens Eua credidit et exiuit de aqua fluminis, et caro eius erat sicut herba de frigore aquae. **2** Et cum egressa esset cecidit in terram. Et erexit eam angelus diabolus et perduxit eam ad Adam. **3** Cum autem uidisset eam Adam et
5   diabolum cum ea, exclamauit cum fletu dicens: Eua, Eua, ubi est opus paenitentiae tuae? Quomodo iterum seducta es ab

---

10 1 [et *add. Inc*] haec audiens [autem *add. A*] Eua credidit et exiuit *R A B T Inc* : et tunc ex. E. *E*   fluminis : *om. R2 E T Inc*   **2** et caro : caro autem *R2*   erat sicut herba *R1 A T Inc* : erat uiridis [u. e. *E*] s. h. *R2 E* uirida erat quasi h. *B*   de frigore [frigoribus *E*] aquae *R A E T Inc* : prae fr. *B*   **2-3** cum egressa esset [de aqua *add. B T2*] *R A B T2* : cum egr. fuisset [fuerat *Inc*] prae debilitate nimia [n. d. *Inc*] *T1 Inc* dum autem incederet *E*   **3** in : super *R2 Inc*   *post* terram *add.* et iacuit quasi mortua paene tota die *E*   et erexit eam angelus diabolus *R1* : et er. eam ang. diaboli de terra *B* ang. uero diabolus er. eam de terra *R2* et er. eam [*om. A*] diabolus [de terra *add. E*] *A E T Inc*   **3-4** et perduxit eam ad Adam *R A B T Inc* : perrexit ad A. *E*   **4-5** cum autem uidisset [audisset *A*] eam Adam et diabolum cum ea *R1 A T Inc* : A. autem cum uidisset eam et Sathan antecedentem illam *B* et diabolus cum ea quibus inspectis *E* tunc *R2*   **5** *post* exclamauit *add.* Adam *R2 E*   fletu : magno fletu *T1 Inc*   dicens : et dixit *Inc*   Eua Eua *R1* : *o Eua o Eua *R2 A B* o Eua *E T Inc*   **5-6** ubi est opus [propositum *R2*] paenitentiae tuae *R A E B* : ubi est paenitentia tua *Inc om. T*   **6** iterum : *om. E* seducta es : *om. A (cf. lin. 8)*   **6-7** ab aduersario nostro [tuo *E B*] : a diabolo *Inc*

---

10 1 Entendant ces paroles, Ève le crut et sortit de l'eau du fleuve. Sa chair était comme l'herbe à cause de la fraîcheur de l'eau. **2** Lorsqu'elle fut sortie, elle tomba par terre. Et l'ange, le diable, la releva et la conduisit à Adam ([23]). **3** Lorsqu'Adam la vit et le diable avec elle, il s'écria en pleurs: « Ève, Ève, où en est ton travail de pénitence? Comment une fois encore as-tu été séduite par notre adversaire, par qui nous avons été

---

(23) Lat-P s'accorde avec arm-geo pour rapporter qu'Ève, une fois tombée à terre « resta là étendue comme morte » et pour préciser que cet abattement a duré « presque toute la journée » (arm-geo: « pendant deux jours »). Il s'agit là d'un topos conventionnel, signe d'un état d'impuissance ou de grande douleur. Cf. *Testament de Job* 30,2 (*Écrits intertestamentaires*, p. 1628; il s'agit des rois qui viennent visiter Job): « Me voyant hocher la tête, ils tombèrent à terre en pleurant. Leurs troupes furent troublées à la

10 1 Et tunc exiuit Eua de aqua, et caro eius uiridis erat sicut herba a frigore aquae. **2** Et dum egrederetur cecidit in terram et iacuit ut mortua paene tota die. Vt autem surrexit duxit eam diabolus ad Adam uirum eius. **3** Et cum uidisset

5   eam Adam et diabolum cum ea, clamauit uoce magna cum fletu dicens: O Eua, ubi est opus paenitentiae tuae? Quomodo

---

10 1 et tunc *Ma E* : quod ut audiuit *Pr*   exiuit Eua de aqua *E* : E. de a. ex. *Pr*   eduxit Euam de aqua *Ma*   caro eius uiridis erat *Pr E* : erat caro eius *Ma*   **2** a frigore *Pr* : de frigore *Ma*   de frigoribus *E*   et dum egrederetur *Pr* : cum egr. E. de aqua *Ma*   dum autem incederet *E*   **3** *post* terram *add.* et eleuauit statim eam seductor *Ma*   et iacuit ut [quasi *E*] mortua paene *Pr E* : Eua uero ut mortua penituit *Ma*   ut autem surrexit *Pr* : postea surr. *Ma*   et erexit eam diabolus de terra *E*   **4-5** duxit eam — cum ea : perrexit ad Adam et diabolus cum ea quibus inspectis *E*   **4** duxit *Pr* : et adduxit *Ma*   eius *Pr* : suum *Ma*   **4-5** et cum uidisset eam Adam *Ma* : cum uero uid. A. Euam *Pr*   **5** clamauit uoce magna *Pr Ma* : exclamauit Adam *E*   **6** opus *Ma E* : opus uel fructus *Pr*   paenitentiae tuae *Ma E* : t. p. *Pr*   **6-7** quomodo iterum [*om.* *E*] *Ma E* : iterum enim *Pr*

---

10 1 Et alors Ève sortit de l'eau et sa chair était verte comme l'herbe à cause de la fraîcheur de l'eau. **2** Et dès qu'elle fut sortie, elle tomba par terre et resta là étendue comme morte presque toute la journée. Quand elle se releva, le diable la conduisit à Adam son mari (²³). **3** Et lorsqu'Adam la vit et le diable avec elle, il s'écria d'une voix forte en pleurs : « O Ève, où en est ton travail de pénitence? Comment une fois encore

---

vue des trois rois, qui restèrent jetés à terre pendant trois heures comme des cadavres ». Dans lat-V, il n'est pas fait mention d'une prostration prolongée d'Ève, et c'est le diable qui se charge de la relever. Dans lat-P (représenté ici par *Pr*), à nouveau en accord avec arm-geo, Ève se relève finalement elle-même, et le diable la conduit auprès d'Adam. Les deux autres témoins de lat-P transmettent chacun un texte qui semble combiner la tradition où Ève se relève seule et celle où Satan la remet debout. *Ma*: « Et lorsqu'Ève fut sortie de l'eau, elle tomba à terre, et aussitôt le séducteur la releva. Et Ève, comme morte, fit pénitence toute la journée [*ut mortua penituit tota die* doit être une mauvaise lecture de *ut mortua paene tota die*]. Ensuite elle se releva, et le diable la conduisit à Adam son mari. » *E*: « Elle tomba à terre et resta là étendue comme morte presque toute la journée. Et le diable la releva de terre; et elle se dirigea vers Adam, et le diable avec elle. »

aduersario nostro, per quem alienati sumus de habitatione paradisi et laetitia spirituali?

11 1 Haec cum audisset Eua cognouit quod diabolus ei suasisset exire de flumine, cecidit super faciem suam in terram, et conduplicatus est dolor et gemitus et planctus. **2** Et exclamauit dicens: Vae tibi, diabole, qui nos expugnas gratis! Quid tibi

---

7 per quem alienati [facti *add. B*] sumus de habitatione [-nibus *B*] paradisi *R1 A E B T* : per quem al. s. de paradiso *Inc* qui eiecit nos de -nibus par. *R2*   **8** laetitia spirituali [spiritali *A*] *R A E T* : de sp. l. *Inc* l. paradisiali *B   post* spirit. *add.* decepta es *A (cf. lin. 6)*

11 1 haec [et *Inc*] cum audisset Eua *R E B T Inc* : haec autem uidendo *A*   **1-2** cognouit quod — de flumine : quod diabolus esset *Inc*   **1** diabolus ei suasisset *R1* : d. suasisset [fecisset *B*] eam *R2 B* eam [*om. A*] d. suasit *A T* d. seduxit eam *E*   **2** exire [egredi *B*] de flumine [fluuio *R2* aqua *T*] *R A B T* : et de flumine exire persuasit *E*   cecidit *R1 Inc* : et cecidit *A E B T* ceciditque *R2*   super ... in [ad *Inc*] : in ... super *A* terram *R1 A B T1 Inc* : terra *R2 E T2*   **3** conduplicatus *R1 T1* : duplicatus *A R2 E B T2 Inc*   dolor [eius *add. T2*] et [*om. R2*] gemitus [eius *add. T1*] et planctus [eius *add. R2 E* ab ea *add. A*] *R A E T* : d. et g. eorum *B* d. et pl. eius *Inc*   **3-4** et exclamauit [clamauit *R2*] dicens *R A T* : Adam uero [autem *B*] excl. d. *E B* tunc excl. Adam d. diabolo *Inc*   **4** uae tibi : uae tibi uae tibi *R2*   diabole : diabolica inuidia *B*   qui nos expugnas gratis *R1* : qui nos tam grauiter non desinis expugnare *E* quid nos exp. gr. *A T Inc* quid expugnas nos *B om. R2*   **4-5** quid tibi apud [contra *B*] nos : *om. Inc*

---

dépossédés de notre demeure au paradis et de la joie spirituelle? »

11 1 Quand Ève entendit ces paroles, elle comprit (²⁴) que c'était le diable qui l'avait persuadée de sortir du fleuve. Elle tomba la face contre terre, et la douleur, les gémissements et les pleurs redoublèrent (²⁶). **2** Elle s'écria: « Malheur à toi,

---

(24) Le texte de A laisse planer un doute sur le sujet de *cognouit* (« Voyant cela, il [ou: elle] comprit que... »), doute que confirme ensuite la précision « ses pleurs redoublèrent à cause d'elle (*ab ea*) ».

(25) Le texte de lat-P retenu ici est celui de *Ma*. Il est en bonne partie confirmé par les autres recensions: Ève comprend que c'est le diable qui l'a trompée ou persuadée de sortir du fleuve (arm-geo, lat-V); elle tombe à terre et devient comme morte devant Adam (arm-geo). En revanche, le lien établi par Ève avec la première tentation est propre à *Ma* (*qui eam prius dolo subplantauerat*). Les deux autres témoins de lat-P sont incomplets: « Entendant cela, Ève tomba la face contre terre et devint comme

iterum seducta es ab aduersario tuo, per quem alienati sumus de habitatione et laetitia nostra?

11 1 Haec audiens Eua cognouit quia diabolus esset qui eam fecit egredere de aqua, qui eam prius dolo subplantauerat, et cadens in terram super faciem suam facta est sicut mortua ante Adam. Et duplicatus est ei dolor et gemitus et planctus,

---

7 seducta *Pr E* : suasa es et deducta *Ma*   tuo *Pr E* : isto nostro *Ma*   **8** habitatione [paradisi *add. E*] *Ma E* : habitaculo *Pr*   et *Ma E* : et de *Pr*   nostra [magna *add. Ma*] *Pr Ma* : spiritali *E*

11 1 haec audiens *Pr Ma* : haec cum audisset *E*   **1-2** cognouit quia diabolus esset qui [*correxi* quia *Ma*] eam fecit egredere de aqua *Ma* : cogn. quod d. seduxit eam et de flumine exire persuasit *E* *om. Pr*   **2** qui eam prius dolo subplantauerat *Ma* : *om. Pr E*   **2-3** et cadens in terram super faciem suam *Ma* : cecidit in f. s. in t. *Pr* cecidit super f. s. in -ra *E*   **3-4** [et *add. Pr*] facta est sicut [uelud *Pr*] mortua ante Adam *Pr Ma* : *om. E*   **4** pr. et *Ma E* : igitur *Pr*   ei [*om. E*] dolor et gemitus et planctus [eius *add. E*] *Ma E* : dolor et planctus Adae *Pr*

---

as-tu été séduite par ton adversaire, par qui nous avons été dépossédés de notre demeure et de notre joie? »

11 1 En entendant ces paroles, Ève comprit que c'était le diable qui l'avait fait sortir de l'eau, lui qui l'avait jadis par ruse fait chuter, elle tomba la face contre terre et devint comme morte devant Adam ([25]). Et sa douleur, ses gémissements et ses pleurs redoublèrent ([26]), **2** et dans un grand gémissement il s'écria: « Malheur à toi, diable, qui nous

---

morte devant Adam » (*Pr*); « Quand Ève entendit cela, elle comprit que le diable l'avait séduite et persuadée de sortir du fleuve » (E).

(26) Qui est le sujet de ces pleurs redoublés et de l'interpellation du diable en 11.2-3? La réponse ne fait aucun doute dans arm-geo: c'est la douleur d'Adam qui redouble à la vue de sa femme effondrée devant lui comme morte, et c'est Adam qui interpelle Satan sur les motifs de sa hargne à leur égard. Il en va de même dans *Pr* où on lit: « Dès lors la douleur et les pleurs d'Adam redoublèrent, et il s'écria... »; les deux autres témoins de lat-P restent plus ambigus, mais E énonce explicitement le changement de sujet en 11.2: « Alors Adam s'écria ». La situation est moins claire dans lat-V, qui ne mentionne pas le fait qu'Ève est prostrée comme morte devant Adam, et où elle semble rester la protagoniste du récit. Mais il est aussi possible de faire d'Adam le sujet d'*exclamauit* en 11.2, comme le font explicitement B et Inc.

5 apud nos? Aut quid tibi fecimus, quoniam dolose nos persequeris? Aut quid nobis est malicia tua? 3 Numquid nos
abstulimus gloriam tuam aut nos fecimus te sine honore esse?
Quid persequeris nos inimice usque ad mortem, impie et inuidiose?

---

5 aut quid — nos persequeris : *om. T Inc*   aut : *om. R2 E*   quoniam
dolose nos persequeris *R A* : quod nos dolose sic p. *E* cur nos tam dolose
sequeris *B*   6 aut quid — malicia tua : *om. R2 Inc*   quid [de *add. T1*]
nobis est malicia tua *R1 T1* : quid nobis de mal. tua *T2* quid est nobis
mal. tua *E* quid mal. tua *B* quid pertinet ad nos mal. tua *A*   nos : *om.*
R2 Inc   7 gloriam tuam *R1 A B T1* : tibi gl. tuam *R2 E T2* gl. tibi
tuam aut nostri causa expulsus es *Inc*   aut nos — honore esse : *om.*
Inc   aut nos [aut nos *om. R2* et *A*] fecimus te sine honore [tuo *add. T1*]
esse *R A T* : aut te s. h. f. esse *E* aut quid fecimus tibi *B*   8-9 quid
persequeris — et inuidiose : numquid inimici tui sumus usque ad mortem
impii et inuidiosi *E* quare usque ad mortem persequeris nos *Inc*   8 persequeris nos *R1 A T1* : n. p. *R2 B T2*   8-9 inimice [*om. T2* in gemitu
T1] usque ad mortem impie et inuidiose *R1 A T* : inimice impie et inuidiose *B om. R2*

---

diable, qui nous combats sans raison (^{27})! Qu'as-tu contre
nous? Que t'avons-nous fait, que tu nous poursuives de ta
ruse (^{28})? ou pourquoi ta méchanceté contre nous? 3 Est-ce
nous qui t'avons enlevé ta gloire, ou qui avons fait que tu sois
privé d'honneur? Pourquoi nous poursuis-tu en ennemi, jusqu'à
nous faire mourir (^{30}), sans piété et avec haine? »

---

(27) A la place de la relative, de nombreux témoins de lat-V ont ici une
question: « pourquoi nous combats-tu sans raison? » (*Dr* R1c R1e; A T Inc
B). La leçon retenue est confirmée par lat-P.

(28) L'adverbe *dolose*, « avec ruse », lu fautivement *dolore* par *Pr* et
ignoré par *Ma* est confirmé par les témoins anciens de lat-V (R, A).

(29) Les phrases placées entre crochets ne figurent que dans *Ma*. Elles
n'ont aucun équivalent dans les autres témoins de lat-P et dans les autres
recensions (lat-V, arm, geo).

(30) La traduction adoptée fait porter le complément *usque ad mortem*
sur l'action persécutrice de Satan; on peut aussi le rapporter à son inimitié

5 **2** et clamauit cum gemitu magno dicens: Vae tibi, diabole, qui
expugnas nos gratis. Quid tibi et nobis[a]? Quid tibi fecimus,
quod nos dolose sic persequeris? Quare in nobis est malicia
tua? **3** Numquid nos abstulimus gloriam tuam fecimusque ut
sine honore esses quem habebas? [Quid curam habes contra
10 nos? Nos non fecimus, sed superbia tua.] Quare iniuste et
inuidiose nos persequeris?

---

5 et clamauit [clamauitque *Pr*] cum gemitu magno *Pr Ma* : Adam uero
exclamauit *E*   **6** expugnas nos gratis *Pr Ma* : nos tam grauiter non
desinis expugnare *E*   et nobis [est *add. Pr*] *Pr Ma* : apud nos *E*
6-7 quid tibi fecimus [*correxi* facimus *E*] quod nos dolose sic persequeris *E* :
quid fecimus quod nos p. *Ma*   uel quid tibi f. quoniam dolore nos insequeris *Pr*   **7** quare in nobis est *Pr Ma* : aut quid est nobis *E*
8 numquid *Pr E* : non enim *Ma*   *post* abstulimus *add.* tibi *E*   tuam *Ma*
E : tuam uel honorem tuum *Pr*   **8-9** fecimusque ut sine honore esses
quem habebas *Pr* : aut nos fecimus quod nunc s. h. es *Ma*   aut te s. h.
fecimus esse *E*   **9-10** quid curam habes contra nos nos non fecimus sed
superbia tua *Ma* : *om. Pr E*   **10-11** quare iniuste et inuidiose nos persequeris *Pr* : quid pers. nos iniuste quid queris nos inpie et inuidiose et
maledicte *Ma*   numquid inimici tui sumus usque ad mortem impii et inuidiosi *E*

---

a. cf. Matth. 8, 29 (Marc. 1, 24; Luc. 4, 34)

---

combats sans raison ([27])! Qu'y a-t-il entre toi et nous[a]? Que
t'avons-nous fait, que tu nous poursuives ainsi de ta ruse ([28])?
Pourquoi ta méchanceté contre nous? **3** Est-ce nous qui
t'avons enlevé ta gloire et qui avons fait que tu sois privé de
l'honneur que tu possédais? [Pourquoi as-tu du zèle contre
nous? Ce n'est pas nous qui avons fait cela, mais ton orgueil ([29]).] Pourquoi nous poursuis-tu sans raison et avec
haine ([30])?»

à l'égard des humains: « pourquoi nous poursuis-tu, toi notre ennemi jusqu'à la mort? ». La variante de E modifie profondément le sens du texte:
« Sommes-nous pour toi des ennemis sans piété et pleins de haine jusqu'à la
mort? ». Dans lat-P, la leçon de *Ma* semble bien être un redoublement
secondaire de l'interrogation: « Pourquoi nous poursuis-tu sans raison?
Pourquoi nous recherches-tu, toi (qui es) sans piété, plein de haine et
maudit? »

12 1 Et ingemiscens diabolus dixit: O Adam, tota inimicitia
et inuidia mea et dolus ad te est, quoniam propter te expulsus
sum de gloria mea et alienatus sum de claritate quam habui in
caelis in medio archangelorum, et propter te eiectus sum in
5   terram. **2** Respondit Adam et dixit: Quid tibi feci? **3** Aut quae
est culpa mea in te? Dum non sis a nobis nocitus nec laesus,
ad quid nos persequeris?

---

12 1-7 et ingemiscens — nos persequeris : *om. Inc*   **1** et [*om. R2*] ingemiscens [gemiscens *B*] diabolus *R A B T* : et cui diabolus ing. *E*
[respondens *add. B*] dixit [ad Euam *add.T2*] *R1 A B T* : ait *R2 E*
o Adam *R A E B* : ad eam *T2 om. T1*   **1-2** inimicitia et inuidia mea [*om.*
B T] *R1 B T* : inim. mea et inu. *A E R2*   **2** dolus [meus *add. B*] *R B* :
dolor *A E T*   ad te est *R1 A* : a te est [sunt *E*] *R2 E B* a uobis est *T*
te *R A E B* : uos *T*   **3** de gloria *R A E* : a gl. *B T*   et alienatus sum
de claritate: *om. A*   de [a *R2 T1*] claritate [mea *add. R1 T1*] *R E B T1* :
om. T2   habui : habebam *B*   **4** archangelorum *R T* : angelorum *A E B*
te : uos *T*   eiectus : proiectus *E*   **4-5** in terram *R1 A B T* : in terra *E*
super terram *R2*   **5** et dixit [ei *add. R2 B*] *R B T* : *om. A E*   quid tibi
feci *R1 A E T* : quid mihi et tibi *R2 om. B*   **5-6** aut [*om. B*] quae est
[*om. T1*] culpa mea in te [in te *om. E B*] *R1 A E B T* : *om. R2*   **6** dum
non sis a nobis nocitus [noscitus *T1*] nec [aut *T1*] laesus *R1 T1* : cum non
sis a nobis natus nec laesus *A* dum non sis a nobis laesus *T2* cum non sis
laesus a me *B* cum non nocuimus tibi quomodo laesus es a nobis *R2* cum
non fueris a me notus *E*   **7** ad [aut *B T om. A*] quid nos persequeris *R1*
A B T : cur nos insequeris *R2 om. E*

---

12 1 Et en gémissant le diable répondit: « O Adam ! toute
mon inimitié, ma haine et ma ruse (³²) sont dirigées contre toi,
parce qu'à cause de toi j'ai été chassé de ma gloire et j'ai été
dépossédé de la splendeur que j'eus dans le ciel au milieu des
archanges, et à cause de toi j'ai été jeté sur la terre. » **2** Adam
répondit et dit: « Que t'ai-je fait? **3** Et quelle est ma faute envers toi? Puisque tu n'as subi ni tort ni dommage de notre
part (³⁴), pourquoi nous persécutes-tu? »

---

(31) La formulation de *Ma* est sans doute celle qui reste la plus proche
de l'original de lat-P. *Quod audiens* et *gemendo* de *Pr* reflètent les habitudes
stylistiques de ce témoin (voir Introduction, p. 253-255). Quant à E, il suit
ici le texte de lat-V.

(32) Les témoins latins sont partagés entre *dolus* (*Up* seulement dans
R1, R2, B dans lat-V ; *Pr* dans lat-P) et *dolor* (R1a+c+d, A, T dans lat-V ;
E dans lat-P). La confusion entre les deux termes se produit facilement (cf.
variante de *Pr* en 11,6-7). La « douleur » est appuyée par arm et geo. Il
paraît cependant préférable de retenir la « ruse », car les trois termes

12 1 Et plorauit diabolus ingemuitque et dixit ad Adam: Tota inimicitia mea et inuidia et dolus a te sunt, quia propter te expulsus sum a gloria mea et claritate mea quam habui in caelis in medio archangelorum. Propter te etiam proiectus sum in terra. **2** Respondit Adam: Quid tibi feci? **3** Aut quae est culpa mea, cum non fueris a me notus?

---

12 1 et plorauit diabolus ingemuitque et dixit *Ma* : quod audiens d. pl. et gemendo dixit *Pr* cui d. ingemiscens ait *E*   ad Adam *Pr* : o Adam *E* *om. Ma*   **2** et dolus *Pr* : et dolor *E* *om. Ma*   a te sunt *Pr E* : ad te est *Ma*   **2-3** quia [quoniam *E*] propter te *Ma E* : propter te enim *Pr*   **3 – 13 2** expulsus sum — tui causa : *om. Ma*   **3** a *Pr* : de *E*   claritate mea *Pr* : alienatus sum de cl. *E*   **4** archangelorum *Pr* : angelorum *E* propter te etiam *Pr* : et propter te *E*   **5** in terra *E* : in tartara *Pr* **5-6** respondit Adam — me notus *E* : *om. Pr*

---

12 1 Le diable pleura, gémit et dit à Adam ([31]): « Toute mon inimitié, ma haine et ma ruse ([32]) viennent de toi, parce qu'à cause de toi j'ai été chassé de ma gloire et de la splendeur que j'eus dans les cieux au milieu des archanges. C'est même à cause de toi que j'ai été jeté sur la terre. » **2** Adam lui répondit ([33]): « Que t'ai-je fait? **3** Quelle est ma faute envers toi, alors que je ne te connaissais pas ([34])?»

---

utilisés par le diable font écho à la plainte qui précède: *inimicitia* et *inuidia* reprennent *inimice* et *inuidiose* (11.3), et *dolus* reprend *dolose* (11.2).

(33) Des trois témoins de lat-P, E est le seul à avoir conservé la réponse d'Adam au diable (12.2-3). *Ma* est très abrégé, peut-être par saut du même au même de *expulsus sum* (12.1) à *proiectus sum* (13.1): « Toute mon inimitié et ma haine sont dirigées contre toi parce qu'à cause de toi j'ai été expulsé ». *Pr* donne à la suite deux paroles du diable à l'adresse d'Adam et ignore la réplique intermédiaire d'Adam (12.2-3). A partir du chapitre 13, E se rattache à lat-V, et le texte de lat-P n'est plus représenté, jusqu'en 23.2, que par deux témoins, *Pr* et *Ma* (voir Introduction, p. 247-253).

(34) Littéralement: « puisque tu n'as pas été lésé par nous ni blessé ». Alors que le second participe (*laesus*) est attesté dans la quasi totalité des témoins de lat-V, le premier est particulièrement instable. Quand il n'est pas absent (R1c, R1b, B, une partie des mss de T), il prend des formes variées, rattachées aux verbes « nuire » (*nocitus*: R1a+d+e, certains mss de T2; *cum non nocuimus tibi*: R2), « connaître » (*notus*: E, avec de nombreuses variantes internes; *non nouimus te*: mss *Bg* et *B* de R2; *noscitus*: T1) ou même « naître » (*natus*: A). Cette variante de A (« puisque tu n'es pas né de nous »), si elle n'est pas une simple corruption de *notus*, pourrait peut-être s'expliquer comme une allusion à la tradition mythique de l'union d'Adam avec Lilith qui donna naissance à de nombreux démons (voir Ginzberg, *Legends*, vol. I, p. 65 et V, p. 87 = *Légendes*, vol. I, p. 50-51 et 210).

13 1 Respondit diabolus ad Adam: Tu, quid dicis? Nihil mihi fecisti? Sed tui causa proiectus sum. **2** In die enim qua tu plasmatus es, ego a facie dei proiectus sum et foras a societate angelorum missus sum. Quando insufflauit deus spiritum uitae
5   in te, et factus est uultus et similitudo tua ad imaginem dei[a],

---

13 1 respondit : -dens enim *Inc*   ad Adam *R1* : Adae *B* et dixit [ad Adam *add. T2*] *T Inc om. R2 A E*   **1-2** tu quid dicis nihil [*om. T*] mihi fecisti *R1 T* : tu quid dicis nihil fecimus tibi *B* Adam tu quid dicis mihi *A* quid est quod loqueris nihil fecisti *E om. R2 Inc*   **2** sed [tamen *add. E*] *R1 E* : et *T* uere *Inc om. R2 A B*   tui causa *R E B T Inc* : propter tuam causam *A*   proiectus [eiectus *B*] sum [inde *add. A*] *R1 A E B* : proiecti sumus de paradiso *R2* proiectus sum [proiecti sumus *T2*] de terra uiuentium et de gloria caelesti *T* expulsus sum de gloria mea *Inc*   in die enim [in *add. R2*] qua *R T* : et die qua *Inc* in die quando *E* quando [enim *add. B*] *A B*   tu : *om. R2*   **3** ego [*om. R2*] a facie dei proiectus sum [foras *add. T1*] *R E B T Inc* : ego pr. sum a f. dei *A*   et [*om. A*] foras a societate *R A B* : et [*om. Inc*] extra -tem *E T Inc*   **4** missus sum [*om. R2*] : *om. Inc*   **4-5** [et *add. Inc*] quando [enim *add. T2*] insufflauit [flauit *B* inflauit *Inc*] deus spiritum uitae [*om. T1 Inc*] in te *R1 A E B T Inc* : quoniam deus sufflauit in te sp. u. *R2*   **5** et [*om. Inc*] factus est uultus [tuus *add. E B*] et similitudo tua ad imaginem dei *R1 A E B T Inc* : et fecit te ad im. et -dinem suam *R2*

---

13 1 Le diable répondit à Adam: « Toi, que dis-tu? Tu ne m'as rien fait? Mais c'est à cause de toi que j'ai été rejeté ([35]). **2** Le jour où tu as été façonné, moi j'ai été rejeté de devant la face de Dieu et hors de la communauté des anges j'ai été chassé. Quand Dieu insuffla le souffle de vie en toi, c'est alors ([36]) que ton visage et ta ressemblance furent créés à

---

(35) A l'origine, le texte ne dit pas de quel lieu le diable a été expulsé, mais certains témoins de lat-V le précisent. Il a été rejeté « de là » (le *inde* de A est vague et pourrait être une corruption du *in die* du début de la phrase suivante), « du paradis » (R2), « de la terre des vivants et de la gloire céleste » (T), « de ma gloire » (Inc). Ces diverses précisions reflètent la conception de l'espace qui caractérise la VAE: par suite de sa faute, Satan a été exclu à la fois de la gloire de sa demeure céleste (cf. 16.1) et des délices du paradis terrestre (cf. 16.3 lat-P; 46 [16].3). Le pluriel « à cause de toi nous avons été rejetés » (R2 et T2) inclut les anges placés sous l'autorité de Satan, qui ne seront explicitement mentionnés qu'en 15.1.

(36) La conjonction *et* devant *factus est* ne peut avoir le sens d'une simple coordination; répondant à la conjonction *quando*, elle renforce le lien entre le don du souffle de vie (cf. *Gen* 2,7) et la création à l'image de Dieu (*Gen* 1,26-27).

13 1 Dixit etiam diabolus ad Adam: Equidem tu mihi fecisti, quod tui causa proiectus sum. **2** Qua die tu plasmatus es, ego a facie dei damnatus sum et foras missus sum. Quando enim in te deus insufflauit spiritum uitae, factus est uultus tuus ut similitudo imaginis dei[a], et adduxit te Michael et fecit te

---

13 2 qua die tu *Ma* : quo die *Pr*   **3** et foras missus sum *Ma* : *om.* *Pr*   **4** in te deus insufflauit spiritum uitae *Pr* : ins. in te sp. sanctum in te *Ma*   **4-5** uultus tuus ut similitudo imaginis dei *Pr* : similis uultus dei *Ma*   **5-6** et fecit te adorare in conspectu domini *Ma* : ante conspectum dei et fecit te adorare dominum *Pr*

---

a. cf. Gen. 2, 7; 1, 26-27

---

13 1 Le diable dit à Adam: « C'est pourtant toi qui as fait qu'à cause de toi j'ai été rejeté ([35]). **2** Le jour où tu as été façonné, moi j'ai été condamné de devant la face de Dieu et j'ai été jeté dehors. Quand Dieu en effet insuffla en toi le souffle de vie, ton visage fut rendu semblable à l'image de Dieu[a]. Et Michel t'amena et te fit adorer en présence du Seigneur ([37]).

---

(37) La proposition *fecit te adorare* est ambiguë: Michel veut-il qu'Adam adore Dieu ou veut-il que les anges adorent Adam? La première interprétation est la plus probable: elle est explicitement affirmée par *Pr* (« Et Michel t'amena en présence de Dieu et te fit adorer le Seigneur »), arm (« Ensuite, Michel vint et il te fit adorer devant Dieu ») et geo (« Alors Michel vint; il te fit paraître et te fit adorer Dieu ») et exprime une autre idée que la première phrase de 14.1, avec laquelle elle constituerait sinon un doublon. La seconde interprétation, qui peut faire valoir l'absence de *te* dans des témoins importants de lat-V (*Up* R1d E B T2: *fecit adorare*), est clairement exprimée dans R1c (« et il fit que tu sois adoré ») et R2 (« et il [Dieu] t'amena à Michel et lui ordonna de t'adorer »). Elle a été défendue par J.-D. KAESTLI, « Le mythe de la chute de Satan et la question du milieu d'origine de la *Vie d'Adam et Ève* », dans *Early Christian Voices In Texts, Traditions, and Symbols. Essays in Honor of François Bovon*, Boston − Leiden 2003, p. 342-354, qui écrit (p. 345, note 20): « Cette adoration de Dieu par Adam s'accorde mal avec le contexte: pourquoi Michel devrait-il conduire Adam devant Dieu qui vient de lui faire don du souffle de vie? A mon avis, la phrase citée ne décrit pas une scène particulière, mais annonce sous une forme résumée le récit détaillé qui suit. » Je ne suis pas d'accord avec cette explication. Je crois au contraire que cette adoration de Dieu par Adam doit être lue comme le signe le plus évident de la dignité de l'homme, authentifiée par Dieu lui-même quand il conclut la scène: « Voici Adam, je l'ai fait à notre image et à notre ressemblance ». Sur ce thème, voir *Genèse Rabba* 8 et 14, en particulier 14,3; *Pirqé de Rabbi Éliézer* 11 (p. 78).

et adduxit te Michael et fecit te adorare in conspectu dei. Et dixit dominus deus: Ecce Adam feci ad imaginem et similitudinem nostram[b].

14 1 Et egressus Michael uocauit omnes angelos dicens: Adorate imaginem dei, sicut praecepit dominus deus. **2** Et ipse Michael primus adorauit. Et uocauit me et dixit mihi: Adora imaginem dei. **3** Et ego respondi ei: Non habeo adorare Adam.
5 Et cum compelleret me Michael adorare, dixi ad eum: Quid

---

6 Michael : ad Michaelem *R2*　　et fecit te adorare *R1 A T1 Inc* : *et fecit adorare *E B T2* et iussit eum adorare te *R2*　　dei *R A E T Inc* : domini *B*　　**7** dominus : *om. E*　　ecce Adam feci [fecimus *Inc*] *R1 T Inc* : ecce feci A. *E* ecce A. feci te *A* ecce A. *R2 B*　　**8** *post* nostram *add.* creatus est adorate eum *B*

　　14 1 et [statim *add. Inc*] : *om. R2*　　dicens : et dixit *E Inc*　　**2** dei *R B Inc* : dei nostri *T2* domini dei *A E T1*　　sicut praecepit dominus deus [*om. R2 E T2* noster *add. T1*] *R A E B T* : *om. Inc* (*cf. infra lin. 4*)　　ipse : sic *Inc*　　**3** Michael primus adorauit *R1 A E B T1* : pr. M. ad. *T2* M. ad. te *R2* M. ad. eum (?) *Inc*　　et uocauit [inuocauit *T2*] me *R A E B T*: *om. Inc*　　mihi *R2 E B T* : ad me *R1 Inc om. A*　　**4** dei *R B* : d. Iesu *A* domini d. [nostri *add. T*] *E T* dei nostri sicut praecepit dominus noster *Inc*　　**4-5** et ego — Michael adorare : et ego *Inc*　　**4** et ego respondi [ei *add. R1*] *R E B* : et r. ego *A T*　　non habeo [ego *add. A*] *R1 A* : non ego non habeo *E* [ego *add. T2*] non debeo *R2 T2* ego nolo *B* ego debeo *T1*　　**5** cum compelleret me [me c. *R2*] *R E B T* : -llit me *A*　　Michael adorare [Adam *add. T2*] *R1 A E T* : adorare M. *B* ut adorarem *R2*　　[et *add. A*] dixi ad eum *R1 A E B T Inc* : dixi *R2*　　**5-6** quid me compellis *R1 A E B* : cur me compellis Adam adorare *R2 om. T Inc*

---

l'image de Dieu[a]. Et Michel t'amena et te fit adorer en présence de Dieu ([37]). Et le Seigneur Dieu dit: "Voici Adam, je l'ai fait ([38]) à notre image et ressemblance[b]."

14 1 « Et Michel sortit et appela tous les anges en disant: "Adorez l'image de Dieu, comme l'a ordonné le Seigneur Dieu." **2** Et Michel lui-même le premier adora. Et il m'appela et me dit: "Adore l'image de Dieu." **3** Et moi je lui répondis: "Je n'ai pas à adorer Adam ([39])." Et comme Michel me pressait d'adorer, je lui dis: "Pourquoi me presses-tu? Je n'adorerai pas

---

([38]) On notera que certains témoins anciens de lat-V (A, R1c) ont compris cette parole comme adressée à Adam: « Voici, Adam, je t'ai fait à notre image et à notre ressemblance ».

adorare in conspectu domini. Et dixit dominus deus: Ecce Adam feci ad imaginem et similitudinem nostram[b].

14 1 Egressus autem Michael uocauit omnes angelos et dixit eis: Adorate imaginem dei, sicut praecepit dominus deus. **2** Ipse quidem adorauit te primus. Tunc uocauit me et dixit mihi: Adora imaginem dei. **3** Cui dixi: Ego non adorabo
5 Adam. Si necesse habeo adorare te. Audiuit autem dominus sermonem quem ego locutus sum dixitque Michaeli ut me

---

7 feci *Pr* : quem fecit dominus *Ma*
14 1 egressus autem *Pr* : et egr. *Ma*   **2** sicut *P* : sicut ipse *Ma* dominus *Pr* : *om. Ma*   **3** ipse quidem adorauit te primus *Pr* : et ipse primus ad. *Ma*   tunc uocauit me *Pr* : *om. Ma*   **4-7** cui dixi — me expelleret *Pr* : *om. Ma*

---

b. cf. Gen. 1, 26

Et le Seigneur Dieu dit: "Voici Adam, je l'ai fait à notre image et ressemblance[b]."

14 1 « Et Michel sortit, appela tous les anges et leur dit: "Adorez l'image de Dieu, comme l'a ordonné le Seigneur Dieu." **2** Lui-même le premier il t'a adoré. Alors il m'appela et me dit: "Adore l'image de Dieu". **3** Je lui dis: "Moi, je n'adorerai pas Adam. Si nécessaire, je pourrai t'adorer." Dieu entendit la parole que j'avais dite, et il dit à Michel de me chasser ([40]). Et je dis à Michel: "Écarte-toi de nous. Pourquoi

---

(39) La leçon de T1 doit être entendue comme une question rhétorique: « est-ce que moi je dois adorer Adam? ».

(40) En 14.3, nous suivons généralement *Pr* pour établir le texte de lat-P. Mais ce manuscrit présente plusieurs singularités. (1) Le refus de Satan est complété par une phrase qui ne se trouve nulle part ailleurs: *si necesse habeo adorare te.* (2) *Pr* ajoute un autre élément inconnu des autres traditions: Dieu entend la réponse de Satan et ordonne à Michel de le chasser (cet ordre n'intervient normalement qu'en 16.1). (3) Suivent alors dans *Pr* deux paroles distinctes, l'une de Michel et l'autre de Satan: « Il me dit (*Et dixit mihi*): "Écarte-toi de nous. Pourquoi nous forces-tu?" Je lui dis (*Cui dixi*): "Je n'adorerai pas le tout dernier de toutes les créatures..." ». Nous supposons que ce texte résulte d'une corruption et le corrigeons, sur la base de *Ma*, en substituant *Et dixi Michaeli* à *Et dixit mihi* et en éliminant *Cui dixi*.

me compellis? Non adorabo deteriorem me et posteriorem
omni creaturae. Prior illi sum. Antequam ille fieret ego iam
factus eram: ille me debet adorare.

15 1 Haec audientes ceteri angeli qui sub me erant noluerunt adorare. **2** Et ait Michael: Adora imaginem dei. Si autem
non adoraueris, irascetur tibi deus. **3** Et ego dixi: Si irascitur
mihi, ponam sedem meam super sidera caeli et ero similis al-
5 tissimo[a].

---

6 non : ego non *E*   6-7 deteriorem me et posteriorem omni creaturae *R1*
B : d. me et p. *R2* d. et p. meum *A* d. me *E T* peiora me *Inc*   7 prior
illi sum *R1* : in creatura illius prius sum *A* quia ante omnem creaturam
prius ego sum *E* omni creaturae prior factus sum *T om. B R2 Inc*   antequam ille : quia a. ipse *Inc*   7-8 ego iam factus eram *R1 A E* : ego
factus sum *R2 T* ego sum *B Inc*   8 ille me debet adorare [non ego illum
add. E cf. Pr] *R1 A E T* : ipse [et ille *B*] d. me ad. *B Inc* ipse autem d.
ad. me *R2*
15 1 [et *add. Inc*] haec audientes *R E B T Inc* : h. uidentes *A*   sub
me [omnes *add. Inc*] erant *R A B T Inc* : sunt mecum *E*   noluerunt *R*
A E B : dixerunt nolumus *T Inc*   2 *post* adorare *add.* Adam *R2 Inc* eum
A   ait : ait mihi *E*   adora imaginem dei : *om. Inc*   adora *R A E*
T1 : adorate *B T2*   dei *R A E T2* : domini dei *B T1*   autem : *om.*
Inc   3 adoraueris [eum *add. Inc*] *R A E T1 Inc* : adoraueritis *B T2*
irascetur *R2 A E T Inc* : irascitur *R1 B*   tibi : uobis *B om. T2*   deus
R1 B Inc : dominus d. *R2 A E* dominus d. noster *T*   et ego dixi *R1 A B*
T1 Inc : et dixi ego *R2* et dixi *E T2*   4 *post* mihi *add.* dominus deus *R2*
deus *B* [scio *add. Inc*] quid faciam *T1 Inc*   super [supra *E*] sidera caeli
[*om. B*] *R E B T Inc* : super sedem c. *A*

---

celui qui est inférieur à moi et le dernier de toutes les créatures ([41]). Je suis le premier par rapport à lui; avant qu'il ne fût,
j'étais déjà fait; c'est lui qui doit m'adorer."

15 1 « En entendant cela, les autres anges qui étaient sous
mon autorité refusèrent d'adorer ([42]). **2** Et Michel dit: "Adore
l'image de Dieu. Mais si tu n'adores pas, le Seigneur Dieu se
mettra en colère contre toi." **3** Et moi, je lui dis: "S'il se met
en colère contre moi, j'installerai mon trône au-dessus des étoiles du ciel et je serai semblable au Très-Haut[a] ([43])."

---

(41) Parmi les diverses manières dont Satan justifie son refus d'adorer
Adam, on peut distinguer deux types d'argument. Le premier, commun à
toutes les traditions, s'appuie sur la chronologie de la création: Satan est
premier (*prior*) par rapport à Adam, ou à toutes les autres créatures;

expelleret. Et dixi Michaeli: Recede a nobis. Quid nos cogis? Non adorabo ultimum omnis creaturae tuae. Prior enim omnium factus sum. Antequam ipse fieret ego iam eram: ille me debet adorare, non ego illum.

15 1 Quod audientes ceteri angeli dixerunt mihi numquam ab illis hoc idem fieri.

---

7 et dixi Michaeli *Ma* : et dixit mihi *Pr*   recede a nobis quid nos cogis *Pr* : sustine te (sustine *post corr.* te *supra lineam*) *Ma*   *post* cogis *add.* cui dixi *Pr* **8** non adorabo ultimum omnis creaturae tue *Pr* : Adam me est posterior et omnes [omne *ante corr.*] creaturae *Ma* **8-9** prior enim omnium factus sum *Pr* : et neque per (*forte legendum* post ?) illum factus sum *Ma* **9** ipse *Ma* : uero *Pr*   ille *Ma* : i. quidem *Pr* **10** non ego illum *Pr* (*cf. E*) : *om. Ma*

15 1-2 quod audientes ceteri angeli dixerunt mihi numquam ab illis hoc idem fieri *Pr* : audierunt et alii angeli et ipsi [ipsi *ante corr.* ipse *post corr.*] pariter similiter mecum fecerunt *Ma*

---

a. cf. Is. 14, 13-14

---

nous forces-tu? Je n'adorerai pas le tout dernier de toutes tes créatures ([41]). J'ai été créé le premier de tous. Avant qu'il ne fût, j'étais déjà. C'est lui qui doit m'adorer, et non moi lui."

15 1 « Ce qu'entendant, les autres anges me dirent que jamais ils ne le feraient ([42]).

Adam a été créé le dernier (*posterior, ultimus*). L'autre argument, qui ne se rencontre que dans les témoins de lat-V, affirme qu'Adam est inférieur (*deterior*) à Satan. Dans lat-V, les deux raisons du refus de Satan sont associées; outre la forme retenue (R1 B), voir la leçon de E: « je n'adorerai pas celui qui m'est inférieur parce qu'avant toutes les créatures je suis le premier ».

(42) Comme geo, lat-P ne précise pas que les « autres anges » qui refusent d'adorer sont placés sous l'autorité de Satan (lat-V) ou sont avec lui (arm).

(43) La menace de Michel et la réponse de Satan qui défie Dieu en utilisant les mots d'*Isaïe* 14,13-14 sont propres à lat-V et ne se trouvent pas dans les autres traditions (lat-P, arm, geo).

16 1 Et iratus est mihi dominus deus et iussit me cum angelis meis expelli et misit nos foras de gloria nostra. Et tui
causa in hunc mundum exules facti sumus de habitationibus
nostris et proiecti sumus in terram. **2** Statim factus sum in
5   dolore, quia exspoliatus sum de tanta gloria, et uidere te dolebam in laetitia deliciarum, **3** et dolo circumueniebam mulierem

---

16 1 et : et sic *Inc*   est mihi : *om. R2*   deus : *om. Inc*   et : *om.*
R2   **1-2** iussit [misit *A Inc*] me cum angelis meis expelli [*om. A*] *R1 A E*
T Inc : i. me exp. cum ang. meis *R2* i. me exp. *B*   **2** et misit nos foras
de gloria nostra *R1* : et m. me [*om. T1*] f. gloriam meam [nostram *T2*] *T*
et mitti f. a gl. mea *R2* et f. mitti de gl. mea *B* foras de gl. nostra *A* de caelo
et a gloria mea *E* de gloria *Inc*   **2-3** [ita *add. R2* sic *Inc*] tui causa *R B T*
Inc : sic c. tui *E* per tuam causam *A*   **3-4** in hunc — factus sum : *om.*
Inc   **3** in hunc mundum exules facti sumus *R1* : ex. f. s. *R2* exul factus
sum *B* in h. m. expulsi sumus *A T1* expulsi sumus in h. m. *T2* expulsi
sumus *E*   **3-4** de habitationibus nostris [meis *B*] *R A E B* : a gloria
nostra et de h. n. *T*   **4** et : *om. T2*   proiecti sumus [*om. E*] *R A E T* :
proiectus sum *B*   statim *R1 B* : et statim *A E T* et ego *R2*   factus
sum [*om. E*] *R1 E B* : facti sumus *A T* positus sum *R2*   **5** quia [quo-
niam *E R2*] exspoliatus sum *R E* : quia [quoniam *A T2 om. Inc*] exspoliati
sumus *A T Inc om. B*   de [*om. A*] tanta gloria [mea *add. B*] *R1 A B T*
Inc : de gl. mea tota *E* a gl. mea *R2*   **5-6** uidere te dolebam in laetitia
deliciarum *R1* : te in l. del. uidere dolebamus [-bam *Inc*] *T Inc* cum te
uiderem in l. del. tuarum *R2* et tanta l. del. *A* quod te uidi in l. del.
mearum tolerare non potui *B* tu in deliciis et laetitia positus ideo tibi
inuidere coepi et non tolerabam te ita gloriari *E*   **6** et [*om. R2 A* sic *add.*
Inc] dolo : *om. E*   circumueniebam *R1 A Inc* : -ueniebamus *T* -ueni *R2*
E B   mulierem : uxorem *T1 Inc*

---

16 1 « Et le Seigneur Dieu se mit en colère contre moi et ordonna de me chasser avec mes anges et nous jeta hors de notre
gloire (⁴⁴). Et à cause de toi, en ce monde nous avons été bannis loin de nos demeures, et nous avons été rejetés sur terre.
2 Aussitôt je fus rempli de douleur (⁴⁶) pour avoir été dépouillé
d'une telle gloire, et je souffrais de te voir dans la joie des délices, **3** et par ruse j'ai abusé ta femme et par elle je t'ai fait

---

(44) Au lieu de deux verbes (« chasser » et « jeter hors de »), il n'y en a
qu'un seul dans A (« il me jeta avec mes anges hors de notre gloire ») et
dans E (« il ordonna que je sois chassé, avec mes anges, du ciel et de ma
gloire »).

16 1 Cum autem in hoc sermone perseueraremus resistentes deo et non adorauimus, iratus est nobis dominus deus et iussit nos expelli et emitti foras. Sumus itaque tui causa expulsi de habitaculis nostris et proiecti in terram. **2** Et tu eras in deliciis 5 paradisi. Dum agnoui quod tui causa expulsus sim, conuersus sum in moerore, quia expulsus sum a tanta gloria, et in laetitia

---

16 1-2 cum autem in hoc sermone perseueraremus resistentes deo *Pr* : et cum fecissemus secundum hunc uerbum et fuissemus resistentes *Ma* **2** et non adorauimus *Ma* : *om. Pr.* dominus deus *Pr* : deus *Ma* et iussit *Ma* : iubendo *Pr* **3** emitti *Pr* : mitti *Ma* **3-4** sumus itaque tui causa expulsi de habitaculis nostris *Pr* : et scimus quia causa tui exules facti sumus de clarissima habitacione nostra *Ma* **4** *post* proiecti *add.* sumus *Ma* et tu eras *Ma* : tu uero cum esses *Pr* **5** dum agnoui quod tui causa expulsus sim *Pr* : et dum cognouimus q. tui c. expulsi exemus *Ma* **5-9** conuersus sum — de paradiso *Pr* : *om. Ma*

---

16 1 « Comme nous avions persévéré dans ce propos et résisté à Dieu, et que nous n'avions pas adoré, le Seigneur Dieu se mit en colère contre nous et ordonna de nous chasser et de nous jeter dehors. Ainsi à cause de toi, nous avons été expulsés de nos demeures et rejetés sur terre. Et toi, tu jouissais des délices du paradis. **2** Quand je compris (⁴⁵) que c'était à cause de toi que j'avais été chassé, je fus plongé dans la tristesse (⁴⁶) pour avoir été chassé d'une si grande gloire. Et je te voyais dans la

---

(45) Le texte de *Ma* correspondant à 16.2-3 est abrégé et se réduit à une seule proposition: « Et quand nous reconnûmes que c'est à cause de toi que nous avions été expulsés, je résolus de te voir expulsé de là ».

(46) Satan parle-t-il ici en « je » ou en « nous »? Le singulier, attesté par R, E, B, *Pr*, arm et geo, est sans doute premier; le pluriel a dû être introduit par souci d'harmonisation avec 16.1 (certains témoins de R1, A, T; *Ma*).

tuam et feci te per eam expelli de deliciis laetitiae tuae, sicut ego expulsus sum de gloria mea.

17 1 Haec audiens Adam a diabolo exclamauit fletu magno et dixit: Domine deus meus, uita mea in manibus tuis est[a], fac ut iste aduersarius meus longe sit a me, qui quaerit animam meam perdere, et da mihi gloriam eius, quam ipse perdidit. 5 **2** Et statim non apparuit diabolus. **3** Adam uero perseuerauit quadraginta diebus stans in paenitentia in aqua Iordanis.

---

7 feci te per eam expelli *R1* : feci te exp. per eam *A* per eam feci te exp. *E* feci te exp. *R2* feci expellere *B* fecit te deus propter eam expelli *T Inc*   de [a *R2*] deliciis [gloriae et *add. T*] laetitiae tuae [*om. T2*] *R A B T Inc* : de deliciis et laetitiis tuis omnibus *E*   **8** [et *add. T1*] ego *R A T Inc* : ego primitus *E om. B*   de [a *R2 T Inc*] gloria mea [causa tui *add. Inc*] *R A B T Inc* : *om. E*

17 1 a᾽ diabolo : *om. R2 E Inc*   fletu magno *R1* : *cum magno fletu *A B T1 Inc* cum fletu magno *T2 E* cum fletu *R2*   **2** meus : *om. E*   uita [anima *R2*] mea in manibus tuis est [*om. R2 Inc*] *R E T Inc* : in m. t. est u. mea *A* in manu tua u. mea *B*   fac : sic *A*   **3** meus : *om. T2*   longe sit : recedat *Inc*   qui : quoniam *Inc*   **4** et da — ipse perdidit: *om. Inc*   et da mihi : da mihi domine *E*   eius [*om. R2*] quam ipse perdidit *R A T* : meam quam per ipsum perdidi *B* de qua proiectus sum *E*   **5** non apparuit diabolus [ei *add. A*] *R1 A B T2* : d. non apparuit *R2* euanuit d. *T1* d. [ab oculis eius *add. E*] euanuit *E Inc*   perseuerauit [-rabat *E*] *R A E B* : permansit *T Inc*   **6** quadraginta diebus [dies *B*] stans in paenitentia [in p. st. *R2 B*] *R A B* : in p. [eius *add. T1*] q. d. st. *T* in p. sua per q. dies *Inc* in p. d. q. et septem *E*   in aqua Iordanis: *om. Inc*

---

chasser des délices de ta joie, comme moi-même j'ai été chassé de ma gloire. »

17 1 Adam, entendant cela du diable, s'écria avec de grands pleurs: « Seigneur mon Dieu, ma vie est entre tes mains[a] ([47]). Fais que mon adversaire s'éloigne de moi, lui qui cherche à perdre mon âme, et donne-moi sa gloire, celle que lui-même a perdue. » **2** Et aussitôt le diable disparut. **3** Adam lui persévéra quarante jours debout en pénitence dans l'eau du Jourdain.

([47]) La prière d'Adam s'inspire du langage des Psaumes. La leçon de lat-P (*Ma*) et de lat-V (*uita mea in manibus tuis est*), qui s'accorde avec celle d'arm et geo, est proche du *Ps* 119 (118),109 dans la forme attestée par des témoins de la LXX et par la Vetus Latina (*anima mea in manibus*

deliciarum uidebam te. **3** Circumueni igitur te dolo per mulierem tuam et feci te expelli a deliciis paradisi, quia sicut
expulsus sum a gloria mea, ita egi ut expulsus fuisses de para-
10   diso. Non enim pati uolui ut te uiderem unde expulsus sum.

17 1 Cum autem audiret haec Adam a diabolo, exclamauit
cum fletu magno et dixit: Domine deus meus, uita mea in
manibus tuis est[a]. Precor ut aduersarius meus longe sit a me,
quaerens animam meam perdere. Rogo etiam, domine, da mihi
5   gloriam, quam amisi. **2** Et statim numquam ei amplius diabolus apparuit. **3** Adam uero orationem suam in aqua Iordanis
faciens in paenitentia sua perseuerabat.

---

10 non enim pati uolui ut te uiderem unde expulsus sum *Pr* : sic placuit
mihi ut uiderem te inde expulsum *Ma*
17 1 cum autem audiret haec *Pr* : et cum hec audisset *Ma*   **2** magno : *om. Ma*   **2-3** uita mea in manibus tuis est *Ma* : in manus tuas
uitam meam commendo *Pr*   **3** precor ut *Ma* : quatinus *Pr*   **4-5** quaerens animam — quam amisi *Pr* : *om. Ma*   **5** et statim *Ma* : haec autem
cum dixisset *Pr*   **5-6** numquam ei amplius diabolus apparuit *Ma* : nusquam comparuit diabolus *Pr*   **6-7** Adam uero orationem suam in aqua
Iordanis faciens in paenitentia sua perseuerabat *Pr* : A. autem penituit
stans in aq. I. in paen. sua *Ma*

---

a. cf. Ps. 119 (118), 109

---

joie des délices. **3** Par ruse donc, je t'ai abusé avec l'aide de ta
femme et je t'ai fait chasser des délices du paradis. Ainsi, de
même que j'ai été chassé de ma gloire, j'ai agi pour que tu sois
chassé du paradis. Je n'ai pas voulu souffrir de te voir là d'où
j'avais été expulsé. »

17 1 Après avoir entendu le diable parler ainsi, Adam s'écria
avec de grands pleurs: « Seigneur mon Dieu, ma vie est entre
tes mains[a] ([47]). Je prie pour que mon adversaire s'éloigne de
moi, lui qui cherche à perdre mon âme. Et même, je t'en prie,
Seigneur, donne moi la gloire, que j'ai perdue. » **2** Et aussitôt,
jamais plus le diable ne lui apparut. **3** Et Adam, restant en
prière dans l'eau du Jourdain, persévérait dans sa pénitence.

---

tuis semper). La leçon de *Pr* est une reformulation influencée par le *Ps 31*
(30),6 (*in manus tuas commendo spiritus meus*).

18 1 Et dixit Eua ad Adam: Viue tu, domine mi! Tibi concessa est uita, quoniam nec primo nec secundo praeuaricatus
es nec seductus, sed ego praeuaricata et seducta sum, quia non
custodiui mandatum dei. Et nunc separa me de lumine uitae

---

18 1 et : post haec *Inc*   uiue tu domine mi [meus *B om. Inc*] *R B T
Inc* : uiue tu deo meo *A* uiuit dominus deus meus *E*   **1-2** tibi [enim *add.
Inc*] concessa est uita : t. -sum est uiuere *B*   **2-3** quoniam nec — seducta
sum : nam ego primo et secundo seducta sum a diabolo *Inc*   nec primo
nec secundo praeuaricatus es nec seductus *R B T* : nec p. nec s. pr. es *E*
tu nec -mam nec -dam praeuaricationem fecisti *A*   **3** sed ego [ego autem
R2] praeuaricata et seducta sum *R A E T2* : sed ego pr. sum et sed. *T1*
ego sed. sum et pr. *B*   **3-4** quia non — mandatum dei : *om. Inc*
3 quia : quoniam *B*   **4** mandatum dei [domini mei *B*] *R1 A B* : mandata
dei *E T* praeceptum domini *R2*   et nunc : nunc *T1 Inc*   **4-5** de lumine
uitae istius [u. huius *E T1* huius u. *T2*] *R A E T* : de flumine u. i. *B* a te
et de lumine uiuentium *Inc*

---

18 1 Et Ève dit à Adam: « Vis toi, mon seigneur ! La vie t'a
été accordée ([48]), parce que ni la première ni la deuxième fois
tu n'as désobéi ni n'as été séduit, mais moi j'ai désobéi et j'ai
été séduite, parce que je n'ai pas gardé le commandement de
Dieu. Maintenant donc sépare-moi de la lumière de cette
vie ([49]) et j'irai vers le coucher du soleil et je resterai là jusqu'à

---

(48) La vie promise à Adam, qui a échappé à la seconde transgression
comme à la première, s'oppose à la mort qu'Ève appelle de ses vœux parce
qu'elle s'est laissée séduire. Le texte de lat-V, « La vie t'a été accordée »
(*tibi concessa est uita*), semble parfaitement clair. Nous ne pouvons suivre la
traduction proposée par G. A. Anderson (ANDERSON-STONE, *Synopsis, ad
loc.*), *long may you live, my lord, to you is my life submitted*, car elle dépend
de son hypothèse selon laquelle c'est à un ordre d'Adam, et non de Dieu,
qu'Ève a désobéi lors de la deuxième tentation (cf. *Literature on Adam and
Eve*, p. 24 ss.), et elle est contredite par la proposition suivante qui explicite la relation entre les deux pénitences. A l'inverse, les deux témoins
de lat-P sont loin de donner un texte clair: *qui confessus est* (*Ma*); *cuius
conceptum sum* (*Pr*). La leçon de *Pr* est difficile à comprendre: « Vis, toi
dont je suis le fruit » pourrait à la rigueur évoquer la création d'Ève,
façonnée à partir d'une côte prise à Adam (*Gen* 2,21-23). Si l'on donne à
confiteor le sens de « reconnaître, avouer, confesser », la leçon de *Ma* peut
suggérer que c'est en avouant son péché qu'Adam obtient la vie: « Vis, toi
qui as reconnu (ta faute) ». L'idée serait alors peut-être à rapprocher de la

18 1 Dixit autem Eua ad Adam: Viue tu, qui confessus es, quoniam nec prima praeuaricatione neque modo illusus es tu. Et ego seducta sum quia non custodiui mandatum dei. Et nunc separa me de luce mundi huius, et ad solis occasum ubi
5   sunt tenebrae uadam, ibique ⟨ero⟩ herbam comedens triduo

---

18 1 dixit autem *Pr* : et dixit *Ma*   ad : *om. Ma*   qui confessus es *Ma* : cuius conceptus sum *Pr*   **2** nec prima praeuaricatione neque modo illusus es tu *Ma* : neque in pr. praeu. neque nunc ausus est tibi aliqua facere *Pr*   **3** et ego [*add. in marg.*] seducta sum quia non custodiui mandatum dei *Ma* : ego uero sum sed. mand. dei non custodiendo *Pr*   **3-4** et nunc separa me de luce mundi huius et *Ma* : separata etiam de luce uite eius nunc autem *Pr*   **4-5** ad solis occasum ubi sunt tenebrae uadam ibique <ero> [*addidi*] herbam comedens triduo *Pr* : uadam ubi sim° sola [*post corr.* solam *ante corr.*] ubi sunt tenebre et ero ibi edens herbam *Ma*

---

18 1 Et Ève dit à Adam: « Vis, toi qui as reconnu ([48]), parce que tu n'as été trompé ni lors de la première désobéissance ni maintenant. Mais moi j'ai été séduite et n'ai pas gardé le commandement de Dieu. Maintenant sépare-moi de la lumière de ce monde ([49]). Et j'irai vers le coucher du soleil, là où règnent les ténèbres, et je resterai là à manger de l'herbe pendant trois jours jusqu'à ce que je meure, parce que je ne

---

réécriture de *Pa*: *Senior meus, ut opinor, opitulante domino tibi concessa aderit uenia, quia nec semel nec demum u<l>troneus preuaricatus es,* qu'on traduira: « Mon seigneur, à mon avis, avec l'aide du Seigneur, le pardon te sera accordé, parce que ni la première fois ni plus tard tu n'as librement transgressé ». Mais *confiteor* peut aussi signifier « être avoué, être reconnu »: on comprendrait alors qu'Adam « est reconnu », qu'il a fait la preuve de son innocence (cf. arm).

(49) Comme en 3.2c, Ève exprime son désir de mourir. Sa mort sera le résultat d'une double privation: en quittant l'Orient pour l'Occident, elle va vers les ténèbres et se coupe de la lumière qui fait vivre; elle va se nourrir d'herbe comme les bêtes et renonce à recevoir une nourriture meilleure, « la nourriture de la vie ». On notera que ce motif de la nourriture est absent dans lat-V, tandis que l'impératif « sépare-moi de la lumière » se trouve dans les textes latins, mais pas dans arm et geo.

5 istius, et uadam ad occasum solis et ero ibi usque dum moriar.
2 Et coepit ambulare contra partes occidentis, et coepit lugere
et amare flere cum gemitu magno, **3** et fecit sibi habitaculum,
habens in utero conceptum trium mensium.

19 1a Et cum appropinquasset tempus partus eius, coepit
conturbari doloribus et exclamauit ad dominum dicens: **1b** Miserere mei, domine, et adiuua me. Et non exaudiebatur nec
erat misericordia circa eam. **2** Et dixit in se: Quis nuntiabit

---

5 et *R A E B Inc* : ut *T2* uel *T1*   ad : usque ad *Inc*   usque dum :
donec *R2 Inc*   *post* moriar *add.* qui non respondit [-debat *Inc*] ei [unum
add. T2] uerbum *T Inc*   **6** et : tunc *R2* hoc uidens Eua *T Inc*   coepit
ambulare contra [ad *B T Inc*] partes occidentis [-tales *Inc*] *R1 A E B T
Inc* : pergens ad occidentis partes *R2*   *all.* et : *om. R2*   coepit : *om. B*
6-7 lugere et : *om. R2*   **7** amare *R A E B* : amarissime *T Inc*   cum
gemitu magno : *om. B Inc*   et : et ibidem *Inc*   sibi *R E T1* : ibi *A B
T2 om. Inc*   habitaculum : paruum tabernaculum *Inc*   **8** habens in —
trium mensium : et stetit ibi *Inc*   conceptum [puerum *R2*] trium mensium *R E* : semen suum *A* trium mensium Cain *B* foetum *T*
19 1 et cum : cum autem *E*   coepit : tunc c. *Inc*   **2** conturbari doloribus [*om. Inc*] *R1 A T Inc* : c. prae dolore *R2* dol. c. *E B*   dominum :
deum *Inc*   **3** mei [mihi *B*] domine [meus *add. R2*] *R A E B T* : mei deus
Inc   *pr.* et : *om. R2 A*   et non : nec *B*   **3-4** exaudiebatur nec erat
misericordia [dei *add. A*] circa eam *R A T* : -bantur preces eius et non fuit
mis. apud deum *Inc* exaudiebatur nec erat ei requies ulla *B* ex. nec erat
qui adiuuaret eam *E*   **4** et : tunc *Inc*   in se *R1 T2* : ipsa in se *A* intra
se *R2 E B T1 Inc*   **4-5** quis nuntiabit [hoc *add. E T*] domino meo Adam
[*om. E T2* dolores meos *add. R2*] *R A E B T* : o quis annuntiabit domino
A. dolorem partus mei *Inc*

---

ce que je meure. » **2** Et elle se mit en marche vers les régions
occidentales et commença à s'affliger et à pleurer amèrement
dans de grands gémissements. **3** Et elle se fit un abri, car elle
avait dans son ventre un fœtus de trois mois ([50]).

19 1a Et comme approchait le temps de son accouchement,
elle commença à se troubler à cause des douleurs ([51]) et cria au
Seigneur: **1b** « Aie pitié de moi, Seigneur, aide-moi ! » Mais
personne ne l'entendait et aucune compassion ne l'entourait. **2** Et

---

(50) La désignation de l'enfant qu'Ève portait en elle est très variée:
conceptum, fœtus, puer, proles, filius. Cette variété même semble indiquer
qu'à l'origine le texte ne précisait pas ce qu'Ève « avait dans son ventre ».
D'ailleurs, *habens in utero* peut être une traduction littérale du grec ἐν

usque moriar, quoniam non sum digna de esca uitae edere.
2 Et coepit ire contra occidentalem partem cum gemitu magno,
3 et fecit sibi habitaculum, habens in utero trium mensium.

19 1a Sed cum appropinquasset eius partus, coepit turbari
clamauitque ad dominum deum: **1b** Miserere mei, domine, adiuua me. Sed non exauditae sunt uoces eius neque circa illam
misericordia uenit. **2** Fleuit igitur cum gemitu magno dicens:

---

6 usque *Pr* : usque dum *Ma*   non sum digna [dingna *Ma*] de esca
uitae edere *Ma* : indigna sum uiuere *Pr*   **7** et coepit ire contra occidentalem partem *Ma* : uenit igitur ad occidentem et coepit lugere et flere
Pr   **8** sibi *Pr* : ibi *Ma*   habens in utero trium mensium *Ma* : erat autem habens in utero conceptum *Pr*
    19 1 sed *Pa* : et *Ma*   eius partus *Pr* : tempus pariendi *Ma*   turbari
Pr : contristari *Ma*   **2** clamauitque *Pr* : et clamauit *Ma*   deum *Pr* :
om. Ma qui addidit et dixit   adiuua *Pr* : et ad. *Ma*   **3-4** sed non
exauditae sunt uoces eius neque circa illam misericordia uenit *Pr* : et non
audiuit eam deus neque ulla m. erat cum illa *Ma*   **4** fleuit igitur cum
gemitu magno dicens *Pr* : et plorauit cum fletu mangno et dixit *Ma*

---

suis pas digne de manger de la nourriture de la vie. » **2** Et elle
se mit en marche vers la région occidentale avec de grands gémissements. **3** Et elle se fit là un abri, car elle était enceinte de
trois mois (⁵⁰).

19 1a Mais comme approchait son accouchement, elle
commença à se troubler (⁵¹) et cria au Seigneur Dieu: **1b** « Aie
pitié de moi, Seigneur, aide-moi ! » Mais ses appels ne furent
pas entendus et aucune compassion ne vint l'entourer. **2** Elle
pleura donc avec de grands gémissements en disant: « Où est

γαστρὶ ἔχειν, qui signifie « être enceinte, porter (un enfant) dans son sein »
(voir dans le Nouveau Testament: *Mt* 1,18; 1,23, citation d'*És* 7,14; 24,19
et par. *Lc* 21,23; *1 Thess* 5,3; *Apoc* 12,2). La leçon *habens in utero trium
mensium* pourrait bien être primitive (« étant enceinte de trois mois »).

(51) Il faut comprendre qu'Ève ne connaît pas le sens de la douleur qui
l'étreint. C'est un thème récurrent de la *Vie d'Adam et Ève* que de mettre
en avant les interrogations des premiers humains devant les difficultés et
les peines de la vie terrestre. De même qu'aux premiers jours de leur vie
sur la terre les protoplastes n'avaient pas compris que la nourriture para-
disiaque leur était désormais inaccessible, de même ici, bien qu'elle en ait
été prévenue par sa condamnation, Ève ne comprend pas immédiatement
que sa douleur annonce l'enfantement de son premier-né. De même encore,
les fils d'Adam l'interrogeront sur ce qu'est la maladie ou la souffrance (ch.
30-31).

5 domino meo Adam? Deprecor uos, luminaria caeli, dum
reuertimini ad orientem, nuntiate dolores meos Adae domino
meo.

20 1a Et dixit Adam: Planctus uenit ad me. Ne forte iterum
serpens pugnet cum Eua. 2a Et ambulans inuenit eam in luctu

---

6 reuertimini *R1 A E T Inc* : uertimini *B* recurritis *R2*   6-7 dolores meos
Adae domino meo [dom. meo Ad. *B*] *R1 B* : domino meo Ad. dolores meos
R2 E [hoc *add. T1 Inc*] domino meo Adae [Adam *Inc om. T*] *A T Inc*
postea quod ita factum est *add. E* et dum luminaria reuerterentur [-terent
T2 uenerunt *Inc* ad orientem *add. T1*] per nuntium [nuntiamenta *T2*
meatum *Inc*] ipsorum intellexit Adam quod Eua [in *add. T2*] graui dolore
torqueretur *add. T Inc*
     20 1 et dixit [autem *add. R2*] Adam [intra se *add. R2 B*] *R E B* : et
dixit [ait *T2*] *T Inc* in illa autem hora dixit A. *A*   planctus [Euae *add.*
A E] uenit ad me *R1 A E T Inc* : pl. ueniet [euenit *B*] mihi *R2 B*
1-2 [timeo *add. R2*] ne [*om. A*] forte iterum serpens [s. it. *E*] pugnet cum
Eua [ea *A E*] *R A E B* : forte ne serpens ueniet et pugnet contra Euam
Inc forte serpentes uenerunt et pugnant cum Eua [ea *T1*] *T*   2 *post* Eua
[ea *E*] *add.* uado uisitare illam *E*   ambulans *R1 A E B* : pergens ad
occidentem *R2* continuo surgens ambulauit A. et *T1* continuo surgens ue-
nit ad Euam et *T2* continuo surgens ambulauit et uenit ad occidentem et
Inc   2-3 eam [Euam *Inc*] in luctu [et gemitu *add. B*] magno *R A B T*
Inc : eam in magno dolore lugentem *E*

---

elle se dit en elle-même: « Qui l'annoncera à mon seigneur
Adam? Je vous en prie, astres du ciel, lorsque vous retournerez à l'Orient, annoncez mes douleurs à mon seigneur Adam. »

20 1a Et Adam dit: « Des pleurs sont venus jusqu'à moi.
Peut-être une fois encore le serpent combat-il avec Ève ([54]). »
2a Et il se mit en marche et la trouva dans un grand chagrin.

---

(52) L'accord de *Ma* avec arm-geo indique que l'adresse directe de *Pr*
ne peut pas être retenue: « Où es-tu, mon seigneur Adam? puisses-tu me
voir plongée dans ces grandes douleurs ».

(53) L'acceptation de la pénitence d'Adam est mentionnée par lat-P,
arm et geo, mais pas par lat-V. Les versions proches-orientales la font
suivre immédiatemnent du don des semences, que les deux recensions latines font figurer en 22.2, en conclusion de l'épisode de la naissance de
Caïn. Le don des semences s'insère mal au milieu du récit du premier accouchement et paraît en meilleure situation au moment où Adam, désormais chef de famille, retourne avec Ève et son fils en Orient, où pourront
fructifier les semences reçues de l'ange Michel.

5 Vbi est dominus meus Adam, ut uideat me in magnis doloribus? Quis nuntiabit ei? Numquid uentus nuntiet ei, ut ueniat
et adiuuet me? Deprecor uos, luminaria caeli, dum reuertimini
ad orientem, nuntiate Adae dolores meos quos patior.

20 1a Audiuit autem Adam planctum Euae orauitque pro ea
dominum. **1b** Et exaudiuit dominus deus uocem orationis eius
et Adae paenitentiam suscepit. **1c** Et dixit Adam: Exurgam et
uadam ad Euam ut uideam quare plorat. Ne forte diabolus
5 iterum eam inpugnet. **2a** Venit igitur ad eam Adam et inuenit

---

5 ubi est dominus meus Adam ut uideat me *Ma* : ubi es domine meus
A. ut me uideas *Pr*   **6** *post* doloribus *add.* positam sed *Pr*   nuntiabit ei
Ma : enunciabit *Pr*   uentus nuntiet ei *Ma* : ei uentus annuntiabit *Pr*
7 adiuuet me *Ma* : me audiat *Pr*   *post* deprecor *add.* autem *Pr*
8 nuntiate Adae dolores meos quos patior *Pr* : ut nuntietis dol. meos A. *Ma*
qui iterauit precor uos celi {celi} ut nuntietis Ade dolores meos quos patior
   20 1 audiuit autem Adam planctum [plantum *Pr*] Euae orauitque pro
ea dominum *Pr* : et aud. A. plantus Eue et deprecatus [est *add. supra lin.*]
Adam pro ea ad <d>eum *Ma*   **2** uocem orationis eius *Pr* : orationem Ade
Ma   **3** Adae paenitentiam suscepit *Pr* : susc. paen. eius *Ma*   *alt.* et
Ma : tunc uero *Pr*   exurgam *Pr* : surgam *Ma*   **4** Euam *Pr* : eam
Ma   ut *Pr* : et *Ma*   quare plorat *Pr* : quapropter tangit illam deus
Ma   **4-5** diabolus iterum *Pr* : iterum serpens *Ma*   **5** eam inpugnet *Pr* :
pungerit° eam uel pungnans cum ea *Ma*   **5-6** uenit igitur ad eam Adam
et inuenit flentem *Pr* : et pergens inuenit eam in lucto mangno *Ma*

---

mon seigneur Adam? puisse-t-il me voir dans ces grandes douleurs ([52]) ! Qui (le) lui annoncera? Est-ce le vent qui (le) lui
annoncera pour qu'il vienne m'aider? Je vous en prie, astres
du ciel, lorsque vous retournerez à l'Orient, annoncez à Adam
les douleurs dont je souffre. »

20 1a Adam entendit la plainte d'Ève et pria le Seigneur
pour elle. **1b** Et le Seigneur Dieu écouta la voix de sa prière
et accueillit la pénitence d'Adam ([53]). **1c** Et Adam dit: « Je
me lèverai et je m'approcherai d'Ève pour voir pourquoi elle
pleure. Pourvu que peut-être le diable ne la combatte pas une
fois encore ([54]) ! » **2a** Adam vint donc auprès d'elle et la trouva

---

(54) Lat-V a ici un texte beaucoup plus bref que les autres recensions
(lat-P, arm, geo), qui rapportent qu'Adam entend les pleurs, les reconnaît
comme venant d'Ève et décide de se mettre en route pour en vérifier la
cause. Certains témoins de lat-V ont cherché à rendre le texte plus explicite (voir notamment les variantes de A et E, ainsi que celles de *Bc* et
Mf dans la rédaction R1).

magno. Et dixit Eua: Ex quo uidi te, domine mi, refrigerauit
anima mea in dolore posita. **2b** Et nunc deprecare dominum
5   pro me, ut exaudiat te et respiciat ad me et liberet me de doloribus meis pessimis. **3** Et deprecatus est Adam dominum pro
Eua.

---

3 *post* magno *add.* et contristatus Adam stetit et fleuit amare *Inc*   et
[quo uiso *E*] dixit Eua [ad Adam *add. T1*] *R A E B T* : cum autem Eua
uidisset Adam dixit in magna nunc sum laetitia *Inc*   uidi te domine mi
R A B : te uidi d. mi *T Inc*   uidit me dominus meus *E*   **3-4** [et *add. Inc*]
refrigerauit [infrigerauit *A* refrigerata est *R2 Inc*] anima mea in dolore
[doloribus *A R2*] posita [meo *B*] *R A B T Inc* : a. m. in dol. p. refrigerata
est *E*   **4-6** et nunc — meis pessimis : *om. Inc*   **4** et nunc *R1 A T* : nunc
autem *R2 B* nunc domine *E*   **4-5** deprecare dominum [deum *add. A E*
T1] pro me *R A E B T1* : pro me dep. dom. *T2*   **5** ut exaudiat te et
respiciat ad [*om. R2 B T*] me *R A B T* : ut me adiuuet *E*   de : a *T1*
6 meis : *om. T2*   *post* pessimis *add.* quibus consumor *T*   **6-7** deprecatus
est Adam [*om. T2* ad *add. T1*] dominum [deum *add. Inc*] pro Eua [ea *T2*]
R1 A B T Inc : dep. est dominum A. *R2* A. orauit dominum pro ea *E*

Et Ève lui dit: « Dès que je t'ai vu, mon seigneur, mon âme,
plongée dans la douleur, a été soulagée. **2b** Et maintenant prie
le Seigneur pour moi, pour qu'il t'écoute et tourne son regard
vers moi et me libère de mes affreuses douleurs (⁵⁷). » **3** Et
Adam pria le Seigneur pour Ève.

---

(55) La venue d'Adam apporte à Ève un premier apaisement (*ut uidi te
refrigerauit anima mea*), mais elle a encore besoin de son intercession pour
être libérée de ses douleurs (*exurge et deprecare dominum creatorem tuum*).
Ces deux moments successifs sont annoncés en 19.2 (*ut ueniat et adiuuet
me*). *Ma* transmet ici un texte remanié: « puisse mon âme trouver le rafraîchissement, plongée que je suis dans une si grande douleur ».

(56) La question d'Ève — « Les astres du ciel et les oiseaux ne te l'ont-
ils pas fait savoir? » — fait écho à l'appel au secours qu'elle a lancé en
19.2 et se trouve aussi, sous une forme plus complète, en arm-geo.

(57) La parenté entre lat-P et arm-geo est confirmée par leur accord
quasi littéral sur la proposition « Lève-toi et prie le Seigneur ton créateur »;

flentem. Dixit autem Eua: Domine mi Adam, ut uidi te refrigerauit anima mea, in tanto dolore posita. Numquid tibi
nuntiauerunt caeli luminaria et uolatilia? **2b** Exurge et deprecare dominum creatorem tuum, ut respiciat et misereatur
10 mei meque liberet de doloribus istis pessimis. **3** Videns uero
Adam plangentem Euam coepit et ipse flere, clamans ad dominum pro ea.

---

6 dixit autem *Pr* : et dixit *Ma*   mi *Ma* : meus *Pr*   **6-7** ut uidi te
refrigerauit anima mea *Pr* : uideat refrigerium anima mea *Ma*   **7** tanto
Ma : trino (?) *Pr*   posita *Pr* : posita sum *Ma*   **7-8** numquid tibi nuntiauerunt caeli luminaria et uolatilia *Pr* : et nuc (?) tibi annuntiaue-
runt lum. c. *Ma*   **8-9** exurge et deprecare dominum *Pr* : *om. Ma*
9-10 creatorem tuum ut respiciat et misereatur mei meque liberet de doloribus istis pessimis *Pr* : ut creator tuus respicieret super me et misertus
esset mei et liberaret me de omnibus his penis *Ma*   **10-11** uero Adam
plangentem Euam *Pr* : eam A. flentem *Ma*   **11** coepit et ipse *Pr* : et
ipse cepit *Ma*   clamans ad dominum *Pr* : exclamans et deprecans dominum deum *Ma*   **12** ea *Pr* : Eua *Ma*

---

en pleurs. Et Ève lui dit: « Mon seigneur Adam, quand je t'ai
vu, mon âme, plongée dans une si grande douleur, a été soulagée ([55]). Les astres du ciel et les oiseaux ne te l'ont-il pas fait
savoir ([56])? **2b** Lève-toi et prie le Seigneur ton créateur, pour
qu'il tourne son regard, qu'il ait pitié de moi et qu'il me libère
de ces affreuses douleurs ([57]). » **3** Voyant qu'Ève se frappait la
poitrine, Adam se mit lui aussi à pleurer et il priait à grands
cris le Seigneur pour elle.

---

elle est remplacée dans lat-V par « et maintenant prie le Seigneur pour
moi », où les deux termes les plus significatifs de cette phrase commune
sont ignorés (« lève-toi » et « ton créateur »). *Ma* s'écarte du texte commun
à *Pr* et arm-geo: il omet la demande de prière et conserve le texte
suivant (je lis *num* au lieu de *nu<n>c*): « Les astres du ciel t'ont-ils annoncé
que ton créateur porterait son regard sur moi, aurait pitié de moi et me
libérerait de toutes ces peines? »

21 1 Et ecce uenerunt duodecim angeli et duae uirtutes stantes a dextris et a sinistris Euae, **2** et Michael erat stans a dextris eius. Et tetigit eam a facie eius usque ad pectus et dixit ad eam: Beata es, Eua, propter Adam, quoniam preces eius
5 magnae sunt. Et ex illius oratione missus sum ad te, ut

---

21 1 ecce : *om. B*   duodecim : duo *B*   et duae [duo *A*] uirtutes [de caelis *add. B*] : *om. Inc*   **2** stantes : et steterunt *Inc*   a dextris et : *om. A alt.* a : *om. B Inc*   Euae : *om. A R2*   **2-3** et Michael — dextris eius : *om. A*   **2** et Michael *R1 E B T Inc* : M. autem *R2*   **2-3** erat [*om. R2 E B*] stans a dextris eius [*om. R2 B*] *R E B T* : *om. Inc*   **3** et tetigit *R1 A B T* : tetigit *R2 E Inc*   eam [*om. B*] a facie eius [*om. T*] usque ad pectus *R B T* : faciem e. usque ad p. *A E* eam *Inc*   **4** *post* dixit *add.* uirtus *B add.* angelus *E*   ad eam *R1 T* : ad Euam *A om. R2 E B Inc*   preces : orationes *B*   **5** *post* magnae sunt *add.* et orationes *A add.* ante deum *B add.* coram deo [domino *T2*] *T Inc*   et ex illius oratione *R1* : et causa illius orationis [*om. Inc*] *T Inc* ad deprecationes ipsius *E* et *B om. A R2* missus sum : uenimus *T2*   **5-6** ut accipias adiutorium nostrum *R A B T* : ut ac. adi. ab angelis dei *E om. Inc*

---

21 1 Et voici que vinrent douze anges et deux Puissances qui se tinrent à droite et à gauche d'Ève. **2** Et Michel se tenait à sa droite, et il la toucha du visage jusqu'à la poitrine [58] et lui dit: « Bienheureuse es-tu, Ève, grâce à Adam, parce que ses prières sont puissantes. Grâce à sa prière, je suis envoyé auprès de toi pour que tu reçoives notre aide. Lève-toi et prépare-toi

---

(58) Seul lat-P précise que la *Virtus* de droite touche Ève alors que celle de gauche lui adresse une parole la proclamant bienheureuse. Geste et parole sont attribués à l'archange Michel dans lat-V, et à « l'une des Puissances » dans geo. Quant à arm, il ignore le geste et rapporte seulement le discours, prononcé par les deux Puissances. L'action de la *Virtus* de droite est décrite par les verbes *circumegit* (*Pr*), *tegit circa* (*Ma*$^{a.c.}$) ou *tetigit circa* (*Ma*$^{p.c.}$). *circumago* avec le sens *faire faire le tour* ou *retourner* ne paraît pas en situation: doit-on alors corriger et lire *circumtegit?* ou *circumtetigit?* L'accord entre lat-V, « la toucha du visage à la poitrine », et geo, « toucha le visage d'Ève et sa poitrine », conduit à retenir le *tetigit circa faciem eius usque ad pectum* de *Ma*. On comprendra que l'ange, en touchant Ève, veut lui communiquer une force supérieure. Un geste analogue (ἅπτομαι εἰς τὸ πρόσωπον) est mentionné en *Actes de Philippe* VI,18.

(59) Aucun des deux témoins ne transmet exactement le texte de lat-P que nous reconstituons ici. Dans *Pr*, le message de la Puissance de gauche

21 **1** Venerunt autem duodecim angeli de caelo et duae uirtutes, una a dextris et altera a sinistris. **2** Et quae erat a
dextris tetigit circa faciem eius usque ad pectum. Illa quidem a
latere dixit ad eam: Beata es, Eua, propter Adam, quoniam
5 preces eius auditae sunt. Illius enim orationes fecerunt ut
acciperes adiutorium nostrum. Nisi enim illius oratio interce-

---

21 **1** uenerunt autem *Pr* : et uen. *Ma*   de caelo *Pr* : *om. Ma*   **2** et
quae erat *Ma* : quae uero *Pr*   **3** tetigit [*post corr. altera manu supra lineam* tegit *ante corr.*] circa faciem eius usque ad pectum *Ma* : circumegit
eam a facie usque ad pectus *Pr*   **3-4** illa quidem a latere *Pr* : et altera
Ma   **4** eam beata es Eua propter *Ma* : *om. Pr*   **4-5** quoniam preces
eius auditae sunt *Pr* : quia ipse propter te plorauit ad dominum *Ma*
5 *ante* illius *add.* dixit etiam ad Euam *Pr*   enim *Ma* : uero *Pr*   orationes fecerunt *Pr* : oratio fecit *Ma*   **6** nostrum *Pr* : *om. Ma*   inter-
cederetur *Pr* : fieret *Ma*

---

21 **1** Vinrent alors du ciel douze anges et deux Puissances,
l'une à la droite et l'autre à la gauche d'Ève. **2** Et celle qui
était à sa droite la toucha autour du visage jusqu'à la poitrine (⁵⁸). Celle qui était à gauche lui dit: « Bienheureuse es-
tu, Ève, grâce à Adam, parce que ses prières ont été exaucées.
Ce sont ses prières en effet qui ont obtenu que tu reçoives notre aide (⁵⁹). Si, en effet, sa prière n'était pas intervenue,
d'aucune façon tu n'aurais pu te sauver de ces douleurs d'un
enfantement adultérin (⁶⁰). Lève-toi donc et prépare-toi à

---

a subi une altération: « Celle qui était à gauche dit à Adam que ses prières
étaient exaucées. Elle dit aussi à Ève: Ce sont ses prières qui ont obtenu
que tu reçoives notre aide ». Le texte correspondant de *Ma* a lui aussi été
altéré: « L'autre lui dit: Bienheureuse es-tu, Ève, grâce à Adam, parce que
c'est lui qui a pleuré à ton sujet auprès du Seigneur. C'est sa prière en effet
qui a obtenu que tu reçoives notre aide. »

(60) Cette phrase reflète la tradition selon laquelle Caïn a été conçu par
suite d'une relation d'Ève avec Satan. On en trouve aussi la trace dans la
leçon propre à la famille T de lat-V (Ève à Adam): « Mon seigneur, tue
ceci, de peur que nous ne soyons peut-être tués par cela, car j'ai mangé
cela parmi des herbes très vénéneuses ». Sur cette tradition, attestée notamment par le *Targum du Pseudo-Jonathan* ad *Gen* 4,1 et *Pirqé de Rabbi
Éliézer* 21, voir GINZBERG, *Legends*, vol. I, p. 105 et vol. V, p. 133-134 =
Légendes, vol. 1, p. 79 et 250).

accipias adiutorium nostrum. Exsurge nunc et praepara te ad
partum. **3a** Et peperit filium et erat lucidus. **3b** Et continuo
infans exurgens cucurrit et manibus suis tulit herbam deditque
matri suae, **3c** et uocatum est nomen eius Cain.

---

6 exsurge [exurge *R1 E B T2*] *R1 A E B T* : [et *add. Inc*] surge *R2
Inc*   nunc : *om. E B Inc*   praepara te *R T Inc* : para te *A E* parare
B   7 *post* partum *add.* et parauit se *E* et fecit sic *T Inc*   et erat
[eratque *R1 T*] lucidus *R1 A B T* : et erat lugidus *E* lucidum *R2 om.
Inc   post* lucidus *add.* Eua uero ignorans et admirans [et ad. *om. Inc*]
quid hoc esset quod pepererat [peperit *Inc*] dixit ad Adam domine mi interfice hoc ne nos [*om. Inc*] forte interficiamur per illud quia in herbis uenenosissimis illud comedi [quia — comedi *om. T2 Inc*] respondit Adam et
dixit nequaquam quia sanguis [enim *add. T2*] et caro nostra [c. et s. noster
Inc] est *T Inc*   7-9 et continuo — matri suae : *om. Inc*   8 infans ex-
surgens [exurgens *R1 E* surgens *R2 om. T*] cucurrit *R A E T* : surrexit
infans et cucurrit *B*   et manibus suis [*om. R1*] tulit herbam *R1 A* : et in
m. s. tollens herbam *R2* et tollens in m. s. herbam *E* et in m. s. tollens
herbam dulcissimam [et mirae uirtutis *add. T1*] *T* animalibus suis tollere
herbas *B*   8-9 deditque [et dedit *A* dedit *R2 E T2* dedit eam *T1*] matri
suae *R A E T* : *om. B*   9 et uocatum est *R1 A E B Inc* : et uocauit *R2
T   post* Cain *add.* angelus autem [uero *T2*] domini [*om. T2*] ostendit
Euae qualiter puerum lactare et nutrire deberet *T Inc*

à accoucher. » **3a** Et elle enfanta un fils et il était brillant (⁶²).
3b Et aussitôt l'enfant se leva, se mit à courir et de ses mains
prit de l'herbe et en donna à sa mère (⁶³), **3c** et il reçut le nom
de Caïn.

---

(61) Dans ce passage, *Ma* apporte deux notations qui sont absentes de
Pr, l'une qui peut être conservée, l'autre qui paraît prématurée. (1) *Ma*
précise que la puissance qui soutient Ève est celle de droite (*uirtus a dextris*); cette précision, bien qu'ignorée par arm-geo, est à conserver, puisque
les deux témoins de lat-P ont précédemment distingué le rôle de chaque
Virtus (21.2). (2) *Ma* indique aussitôt que le nouveau-né s'appelle Caïn;
dans *Pr*, arm et geo, ce nom lui sera donné un peu plus loin par la Puissance angélique, dans un passage omis par *Ma*.

(62) L'apparence lumineuse de Caïn à sa naissance témoigne de son
origine extraordinaire. Elle peut être partiellement mise en parallèle avec
la description de Noé par son père Lamech en *1 Hénoch* 106,2-107,3 (*Écrits
intertestamentaires*, p. 621-623): « Il m'est né un enfant étrange, ne ressem-
blant pas aux hommes, mais aux enfants des anges du ciel, d'une apparence toute particulière et différente de nous; ses yeux sont comme des
rayons du soleil, et son visage resplendit. »

deretur, nullo modo posses euadere dolores istos de conceptu
adulterii. Exurge ergo et praepara te ad partum. **3a** Et tenuit
eam uirtus a dextris, et peperit filium, eratque ut stella luci-
10 dus. **3b** Qui continuo cucurrit suisque manibus herbam euulsit
deditque matri suae manducare. **3c** Dixit ad Cain uirtus: Iustus est dominus, qui non permisit ut manibus meis caderes.
Imposuitque nomen eius Cain, quoniam est dispersio. Vnde

7 posses euadere dolores istos *Pr* : potuisses euadere de doloribus istis et
Ma **8** adulterii *Pr* : adulterii [aduterii *Ma*] istius *Ma* exurge ergo et
praepara te ad partum *Pr* : surge nunc et para te ad pariendum *Ma* et
Ma : cum autem praeparetur Eua *Pr* **8-9** tenuit eam Virtus a dextris et
peperit *Ma* : Virtus tenuit peperitque Eua *Pr* **9** *post* filium *add.* nomine
Cain *Ma* eratque ut stella lucidus *Pr* : erat luc. sicut st. *Ma* **10** qui
Pr : et *Ma* suisque manibus herbam [erbam *Pr*] euulsit *Pr* : et euellit
herbam *Ma* **11** deditque *Pr* : et dedit *Ma* manducare *Pr* : *om.*
Ma dixit ad Cain [*conieci* Euam *Ma*] Virtus *Ma* : dixit autem ad
Euam Adam *Pr* **11-12** iustus est *Pr* : iustus *Ma* **12** ut manibus meis
caderes *Pr* : in manibus meis te mortuam [te m. *add. in margine*] esse quia
tu inquid cauta es *Ma* **13 – 22 2** imposuitque nomen — uxorem tuam *Pr* :
om. *Ma*

accoucher. » **3a** Et la Puissance à sa droite la soutint, et elle
enfanta un fils (^{61}), et il était brillant comme une étoile (^{62}).
3b Aussitôt il se mit à courir et de ses mains arracha de l'herbe
et en donna à manger à sa mère (^{63}). **3c** La Puissance dit à
Caïn: « Juste est le Seigneur, qui n'a pas permis que tu tombes
dans mes mains. » Et elle lui donna le nom de Caïn, c'est à dire

(63) Un élément est présent dans l'ensemble des témoins: aussitôt né,
Caïn s'échappe et cueille de l'herbe de ses mains. Mais le lien qu'ils éta-
blissent ensuite entre Ève et l'herbe cueillie est différent: selon lat-V et
lat-P, Caïn la donne à sa mère (*Pr* précise qu'il la lui donne « à manger »);
les versions proche-orientales disent seulement que « dans la hutte de sa
mère il y avait de l'herbe qui poussait » (geo) ou « (il arracha) l'herbe de la
terre dans la hutte de sa mère » et que « les infertilités devinrent nombreuses en ce lieu-là » (arm). Le motif de l'herbe renvoie clairement à la
problématique de la nourriture et à la quête d'une nourriture meilleure que
celle des animaux (cf. 4.1-2 et 18.1). Au moment de la naissance de Caïn, il
n'y a toujours pas d'autre nourriture que l'herbe, ce qui confirme la chronologie de la tradition latine (lat-P et lat-V), qui situe le don des semences
à la fin du récit de la naissance de Caïn (22.2), alors qu'arm et geo le placent au tout début de ce récit (20.1b).

22 **1** Et tulit Adam Euam et puerum et duxit eos ad orientem. **2** Et misit dominus per Michaelem angelum semina

---

22 **1** et tulit Adam [A. uero t. *R2*] Euam et puerum [p. et E. *B*] et duxit [perduxit *B*] *R A B* : et A. accipiens E. cum puero d. *E* tunc [post haec *Inc*] Michael tulit [t. M. *Inc*] A. et E. et p. et d. *T Inc* **2-3** et misit — dedit Adae: *om. Inc* **2** dominus *R1 E T1* : dominus deus *A R2 B T2* per Michaelem angelum [archangelum *R2 T2*] *R T2* : per angelum suum *T1* Michael angelum *A* Michaelem *E* ad Adam angelum Michael *B* **2-3** semina diuersa et dedit Adae *R1* : diuersa semina et dedit Adae *R2* causa seminis diuersa et dedit Adae *A* cum seminibus diuersis et dedit illi *B* semina diuersa *T om. E*

---

22 **1** Et Adam prit Ève et l'enfant et les conduisit vers l'Orient (⁶⁵). **2** Et le Seigneur, par l'ange Michel, envoya des

---

(64) La fin du chapitre 21 présente des divergences importantes dans les différents témoins. Elle rapporte des déclarations de la Puissance angélique qui a assisté Ève lors de son accouchement, soit trois paroles selon lat-P et deux selon arm et geo. L'édition de lat-P doit se fonder ici sur *Pr* seul, car *Ma* ne conserve que la première phrase du texte, mais sous une forme manifestement altérée: « La Puissance dit à Ève: 'Juste est le Seigneur qui n'a pas permis que tu sois morte dans mes mains parce que, dit-il, tu es protégée' ». L'introduction de la première déclaration dans *Pr* (« Adam dit à Ève ») doit être corrigée en « La Puissance dit à Caïn », comme le montrent le contenu de la parole et le passage parallèle d'arm-geo. La Puissance s'adresse d'abord à Caïn. Le fait qu'il ne soit pas resté dans ses bras, mais s'en soit échappé aussitôt pour courir arracher de l'herbe, correspond à la volonté de Dieu (« Juste est le Seigneur qui n'a pas permis que tu tombes dans mes mains »). Caïn reçoit alors de la Puissance son nom, qui est interprété, sous forme d'un commentaire du narrateur dans lat-P, ou d'une explication de la Puissance dans arm-geo. Sur les étymologies du nom de Caïn, voir R. GRAVES – R. PATAI, *Hebrew Myths. The Book of Genesis*, (Londres 1964) New York 1966, p. 85 et 88 (cité par B. MURDOCH, *Adam's Grace. Fall and Redemption in Medieval Literature*, Cambridge – Rochester, N.Y., 2000, p. 33, n. 46). Dans lat-P, la deuxième parole de la Puissance, adressée à Adam, fait référence à *Gen* 2,7 (« il souffla sur son visage un souffle de vie ») pour expliquer le fait que le diable ne s'en est pas pris à Adam, mais à Ève. Cette parole n'a aucun rapport avec ce que la Puissance dit à Adam dans arm (« Reste auprès d'Ève, pour qu'elle fasse ce que je lui ai ordonné ») et geo (« Reste auprès d'Ève jusqu'à ce qu'elle fasse pour l'enfant ce que je lui ai ordonné »). Le contenu de la troisième parole, qui n'est attestée que dans lat-P, indique qu'elle est adressée à Ève:

dixit Adae: Inspirauit deus spiritum uitae in faciem tuam[a].
15 Ideo non ausus est diabolus aggredi te sed Euam, quia non in
faciem Euae spiritus datus est. Sine autem uoce dixit ⟨Euae⟩:
Non est in te spiritus uitae, sed eris in partu et districtu[b], et in
aedificatione non eris.

22 (1) 1 Dixit autem Virtus ad Adam: Tolle etiam uxorem
tuam. Et post hoc accepit Adam Euam et puerum et duxit eos
ad orientem. **2** Et misit dominus Michaelem archangelum ad

---

15 aggredi te *correxi* : agredi Adam *Pr*   Euae : *addidi*
22 (1) 2 et post hoc accepit *Ma* : accepit ergo *Pr*   Euam *Ma* : uxorem suam *Pr*   et puerum et duxit eos *Ma* : et puerum eius eduxit *Pr*
3 et misit dominus Michaelem archangelum *Ma* : misit quoque deus Michaelem *Pr*   **3-4** ad semina diuersa ut daret Adae *Pr* : *om. Ma*

---

a. cf. Gen. 2, 7
b. cf. Gen. 3, 16

« Dispersion ». Puis elle dit à Adam: « Dieu a soufflé sur ton
visage le souffle de vie[a]. C'est pourquoi le diable n'a pas osé
t'attaquer, mais il s'est attaqué à Ève, parce que le souffle n'a
pas été mis sur le visage d'Ève. » Sans élever la voix, elle dit
‹à Ève›: « Le souffle de vie n'est pas en toi, mais tu seras dans
l'enfantement et la douleur tenaillante[b], et tu ne seras pas dans
l'édification ([64]). »

22 (1) 1 La Puissance dit à Adam: « Prends aussi ta
femme! » Et après cela Adam prit Ève et l'enfant et les
conduisit vers l'Orient ([65]). **2** Et le Seigneur envoya l'archange
Michel avec des semences diverses pour qu'il les donne à

---

elle reprend la référence à *Gen* 2,7 (Ève ne possède pas « le souffle de vie »)
et semble renvoyer, sous une forme certes assez obscure, à la malédiction
de *Gen* 3,16, à la condition douloureuse et instable de la femme qui enfante
et dépend entièrement de son mari.
(65) *Pr* insère un point médian entre *uxorem suam* et *et puerum eius
eduxit*, comme si seul l'enfant était conduit vers l'Orient. Sans doute *eius*
est-il une mauvaise lecture de *et eos*. Le groupe *R1d* et les rédactions tardives (T Inc) lisent ici « Et Michel prit Adam et Ève et l'enfant et les
conduisit vers l'Orient ». Cette variante peut être rapprochée d'une particularité du texte de lat-P (*Pr*) 22.1, où le retour en Orient d'Adam et de sa
famille obéit à un ordre de la *Virtus* angélique: « La Puissance dit à
Adam: "Prends aussi ta femme!" ».

diuersa et dedit Adae, et ostendit ei laborare et colere terram,
ut haberent fructum unde uiuerent ipsi et omnes generationes
5 post eum. 3 Concepit iterum Eua et genuit filium nomine Abel,
4 et manebat Cain cum Abel in unum.

    23 1 Et dixit Eua ad Adam: 2 Domine mi, cum dormiebam
uidi per uisum quasi sanguinem filii nostri Abel quem manibus

---

3 et [post hoc *B*] ostendit ei [illi *B*] laborare et colere terram *R B* : et ost.
Adae [eis *Inc*] qualiter deberet lab. [lab. deb. *T2* lab. -rent *Inc*] et col.
terram *T Inc* et ost. ei laborem et colorem terrae *A* ut doceret Adam laborare in terra *E*   4 ut [et *T2*] haberent [habeant *A*] fructum [fructus
Inc om. R2] *R A B T Inc* : et tollere fructum *E*   unde : et *B*   uiuerent : uiuere possent *E*   4-5 ipsi et omnes generationes post eum *R1 E*
B : ipsi et omnes [*om. R2*] gen. eorum [post eos *add.* *T*] *A R2 T*
om. Inc   5 concepit iterum *R2 E B* : concepit *R1* postea enim c. *A* post hoc
c. *Inc* c. autem *T*   et genuit : et peperit *T2 om. B*   [secundum *add.*
Inc] filium nomine *R B T Inc* : f. cui nomen *A* f. et uocabant nomen eius
E   6 et manebat Cain cum Abel in unum *R E B* : et manebant C. et A.
in unum *T om. A Inc*
    23 1 et : quadam uero die *T1 Inc*   dixit Eua ad Adam *R E B T2*
Inc : E. dixit ad A. *T1* dixit E. A. *A*   cum dormiebam *R1* : dormiebam
et *B T Inc* dormiens *A E om. R2*   2-3 uidi per — suo deglutiens : uidi
per sompnium Cain glucientem sanguinem filii nostri Abel *R2*   2 uidi per
uisum *R1 E* : uidi uisum *A* uidi uisionem *T Inc* et uidi *B*   quasi sanguinem *R1 A B T* : quia sang. *E* sanguinis *Inc*   filii nostri *R1 A B T* :
n. f. *Inc* f. tui *E*   2-3 quem manibus suis Cain prodebat ore suo deglutiens *R1* : Cain manibus suis perducebat ore suo deglutiuit *E* ingredi
in ore fratris sui Cain et deglutiuit *B* [in *add. T2*] manibus Cain prodire *T*
in manibus Chaim *Inc* in manu Cain *A* qui *postea add.* propterea dolorem
habeo a dolore suo crucians eum

---

semences diverses et les donna à Adam (⁶⁶), et il lui montra
comment travailler et cultiver la terre pour en avoir le fruit,
dont ils vivraient eux et toutes leurs descendances après lui.
3 Ève conçut et engendra un fils du nom d'Abel, 4 et Caïn demeurait avec Abel en un même lieu (⁶⁷).

    23 1 Et Ève dit à Adam: 2 « Mon seigneur, pendant que je
dormais, j'ai vu en songe pour ainsi dire le sang de notre fils

---

(66) Les deux recensions latines s'accordent pour situer le don des semences et l'apprentissage de l'agriculture après la naissance de Caïn et le
retour à l'Orient. Narrativement, l'épisode s'insère mieux en cet endroit
qu'en 20.1b, où le font figurer arm et geo; dans ce sens, voir KAESTLI,
« Enchaînement », p. 329. Dans le grec, le don des semences est reporté

semina diuersa ut daret Adae et ostenderet ei laborare, et
5 coleret terram quatinus fructus haberent unde manducarent
ipse et omnis generatio quae ex ipso processura erat. 3 Consummatis autem tribus annis Adam genuit Abel, quem uocauit
uirtus. 4 Et manserunt in unum.

23 (2) 1 Et dixit Eua ad Adam: 2 Domine meus, dormiens
ego uidi per somnium sanguinem filii nostri Abel ingredi in os
Cain fratris sui, eumque deglutiebat sine ulla misericordia. Ille

---

4-6 et ostenderet ei laborare et coleret terram quatinus fructus haberent
unde manducarent ipse et omnis generatio quae ex ipso processura erat
Pr : ut ostenderetur unde uiuerent et colerent terram et aberent fructum
et unde uiuerent qui processuri erant *Ma*   6-7 consummatis autem tribus
annis *Pr* : et post annos *Ma*   7-8 Adam genuit Abel quem uocauit Virtus
Pr : concepit et peperit filium quem uocauit Abel *Ma*   8 et manserunt in
unum *Ma* : mansit uero Abel diu una cum fratre suo Cain *Pr*
23 (2) 1 et dixit *Ma* : dixit quoque *Pr*   meus *Pr* : mi *Ma*
1-2 dormiens ego uidi per somnium *Pr* : uidi dormiens uisionem *Ma*
2 nostri *Pr* : tui *Ma*   os *Ma* : ore *Pr*   3 eumque deglutiebat *Pr* : et
degluctiuit eum *Ma*   *post* misericordia *add.* et cum degluctisset *Ma*
3-4 ille quidem rogabat eum *Pr* : rogabat ille *Ma*

Adam (⁶⁶) et lui montre comment travailler, et pour qu'il
cultive la terre afin d'en avoir les fruits, dont ils mangeraient
lui et toute la descendance qui procéderait de lui. 3 Après trois
ans, Adam engendra Abel, qui fut ainsi appelé par la Puissance. 4 Et ils demeurèrent dans un même lieu (⁶⁷).

23 (2) 1 Ève dit à Adam: 2 « Mon seigneur, je dormais et
j'ai vu en songe le sang de notre fils Abel entrer dans la bouche de Caïn son frère et celui-ci l'avalait sans aucune pitié. Il le

---

brièvement en 29,5-6, au moment où Adam, chassé du paradis, reçoit, avec
les aromates que Dieu lui permet d'emporter, « des semences pour sa
nourriture »; cet ajout ne se trouve ni dans arm-geo, ni dans lat-P. Je fais
l'hypothèse que c'est l'amputation de la première partie de la VAE, avec la
perte subséquente de l'épisode du don des semences, qui a obligé l'auteur
de la *Vie grecque* à le mentionner dans un autre contexte, au moment de
l'expulsion du paradis.
(67) La leçon de *Ma*, qui s'accorde avec arm-geo et partage avec lat-V
l'expression *in unum*, doit être préférée à celle de *Pr*: « Et Abel demeura
longtemps avec son frère Caïn ». Cette formulation répond au besoin de
préciser le sujet du verbe *manere*, qui sous-tend également le texte de
lat-V: « et Caïn demeurait avec Abel en un même lieu ».

suis Cain prodebat, ore suo deglutiens. **4a** Et dixit Adam: Vae mihi! Ne forte interficiat Cain Abel, separemus eos ab inuicem et faciamus eis singulas mansiones. **4b** Et fecerunt Cain agricolam et Abel pastorem[a] ut essent ab inuicem separati. **5** Et post hoc interfecit Cain Abel. Erat autem tunc Adam annorum centum et triginta. Interfectus est autem Abel cum annorum centum et uiginti duorum esset[b].

---

3 *post* Adam *add.* ad Euam *T2*   **3-4** Vae mihi *R1* : Vae *B* Vere *A om. E R2 T Inc*   **4** ne forte interficiat Cain Abel *R1 B T Inc* : forsitan [*om. A*] -ciet C. A. *A R2* f. -ciet eum *E*   *ante* separemus *add.* sed forte *A* sed *E B T*   separemus : separamus *A*   **5** et faciamus eis : et habent *Inc*   **6** et Abel pastorem *R1 E* : A. fecerunt pastorem *A* A. uero pastorem [ouium *add. B*] *R2 B T Inc*   ut essent [ut ita fuissent *A* et sic erant *E*] ab inuicem separati *R A E T* : et separauerunt eos ab inuicem *B om. Inc* **6-7** et [*om. R2*] post hoc : postea tamen *E*   **7** *ante* interfecit *add.* cum ambo offerent deo hostias *Inc* dum off. hos. domino *T1*   interfecit Cain Abel [cum hostias offerent domino *add. T2*] *R A B T Inc* : C. interf. A. fratrem suum *E*   **7-8** erat autem — et triginta : *om. T1*   **7** tunc Adam [A. t. *A*] *R1 A E T2* : Cain *R2* tunc *Inc om. B*   **7-8** Adam annorum — est autem : *om. Inc*   annorum centum et triginta [centum trig. *B*] *R1 A E B T2* : c. et tr. an. *R2*   **8-9** interfectus est autem Abel [a Cain *add. E*] cum annorum centum et uiginti duorum esset *R1 E* : int. est autem [*om. T2*] Abel cum esset ann. c. et uig. duorum [duo *T2*] *T* cum int. est Abel erat ann. c. uig. duorum *A* Abel uero centum et uiginti octo quando int. est *R2* Abel centum et uig. duorum an. *Inc om. B*   **9** *post* duorum annorum *add.* post hoc per centum lugebant filium suum Abel et noluerunt magis commisceri inuicem, donec moniti fuerunt per angelum, ut non deficeret genus humanum *Inc*

Abel que Caïn extrayait avec ses mains et qu'il avalait avec sa bouche ([69]). » **4a** Adam dit: « Malheur à moi ! Pour éviter que peut-être Caïn ne tue Abel, séparons-les l'un de l'autre et faisons-leur à chacun une maison. » **4b** Et ils firent de Caïn un cultivateur, et d'Abel un berger[a], de sorte qu'ils étaient séparés l'un de l'autre. **5** Et après cela Caïn tua Abel. Adam alors avait 130 ans. Quand Abel fut tué, il avait 122 ans[b] ([70]).

---

(68) Le texte de *Ma* s'interrompt à cet endroit, après les mots suivants: « et tandis qu'il [Caïn] avalait, il [Abel] lui demandait d'être clément, et il ne fut pas clément ». A partir d'ici, *Pr* est le seul témoin connu de la recension latine que nous appelons lat-P et la seule base de l'édition. L'apparat signalera les quelques corrections de *Pr* qui paraissent s'imposer.

(69) La vision nocturne prémonitoire d'Ève repose sur une interprétation du sang d'Abel qui se rattache à *Gen* 4,10-11 (cf. *Mt* 23,35; *Hébr*

quidem rogabat eum ut indulgeret ei modicum, **3** sed nihil
5 profuit quia uiolenter potauit. **4a** Dixit igitur Adam: Ne forte
occidat eum, segregemus eos alterutrum eisque singulas mansiones faciamus, occasionemque maligno minime largiamur.
4b Dixit quoque Adam ad eos: Ecce quidem singulas mansiones habetis, ut sitis in pace.

---

4 *post* indulgeret *add.* nec indulsit *Ma et desinit*

---

a. cf. Gen. 4, 2
b. cf. Gen. 4, 8 et 5, 3

---

priait de lui en laisser un peu, **3** mais cela ne servit à rien ([68]),
parce que (l'autre) le but avec violence ([69]). » **4a** Alors Adam
dit: « Pour éviter que peut-être il ne le tue, séparons-les l'un
de l'autre et faisons-leur à chacun une maison et n'offrons pas
la moindre occasion au Mauvais. » **4b** Et Adam leur dit encore:
« Voici que vous avez chacun une maison pour rester en paix. »

12,24). A l'origine elle comporte cinq éléments (voir Synopse): (a) le sang
d'Abel entrait dans la bouche de Caïn son frère; (b) celui-ci l'avalait;
(c) Abel le suppliait de lui en laisser un peu; (d) il ne l'écouta pas, mais le
but entièrement; (e) le sang ne resta pas dans son ventre, mais ressortit de
sa bouche. Seuls gr et geo conservent tous les éléments, alors que arm et
lat-P omettent le dernier. Lat-V se présente comme une réécriture qui
conserve seulement les éléments (a) et (b) et les reformule d'une manière
qui semble influencée par *Gen* 4,11 (cf. Vulgate: *Nunc igitur maledictus eris
super terram, quae aperuit os suum et suscepit* sanguinem fratris tui de manu
tua). Le caractère cru de la vision est atténué par un *quasi*: « J'ai vu pour
ainsi dire le sang d'Abel ... ». Sous sa forme première, lat-V contenait les
deux motifs du sang d'Abel versé par les mains de Caïn et de la bouche de
Caïn avalant ce sang (cf. E R1b R1c *Ko* R3). Le deuxième motif seul est
conservé dans R2 (« j'ai vu en songe Caïn qui avalait le sang de notre fils
Abel ») et le premier seul dans certains témoins de R1 (R1d *Wf Na*) et
dans T (« j'ai vu en vision pour ainsi dire le sang de notre fils Abel sortir
par les mains [ou: des mains] de Caïn »). Fait étonnant à relever: B
conserve ici une leçon sans équivalent dans les autres rédactions de lat-V,
qui l'apparente à lat-P et arm: « je dormais et j'ai vu pour ainsi dire le sang
de notre fils Abel entrer dans la bouche de son frère Caïn (*ingredi in ore
fratris sui Cain*), et il l'avala ». Sur la leçon énigmatique de A, cf. p. 182.
(70) Cette indication chronologique est propre à lat-V, où elle figure
entre la mention du meurtre d'Abel par Caïn et celle de la naissance de
Seth. Elle a donné lieu à de multiples variantes, dues aussi bien à l'habituelle instabilité de la transmission des chiffres qu'à la variété des

24 1 Et post hoc cognouit Adam uxorem suam et genuit filium et uocauit nomen eius Seth. **2** Et dixit Adam ad Euam:
Ecce genui filium pro Abel quem occidit Cain^a. **3** Et postquam

---

24 1 et post hoc *R1 A T* : post hoc *R2 B Inc* postea *E*   *post* hoc *add.*
scilicet in ipso anno in quo occisus est Abel *R2*   *post* genuit *add.* ex
ea *E*   **2** et uocauit : uocauitque *T1*   **2-3** et dixit — occidit Cain :
om. Inc   **2** ad Euam *R1 A B T* : Euae *R2 om. E*   **3** ecce genui filium
pro Abel quem occidit Cain *R A E B* : ecce filium pro Abel habes *T*
3-4 et postquam genuit Adam [A. g. *R2*] Seth uixit annos octingentos [-nis
-tis *R2 T2* ann. trecentos *B*] *R A B T* : et uixit Adam postquam genuit
Seth -gentis annis *E* et post hoc uixit A. annos octingentos *Inc*

---

24 1 Et après cela Adam connut sa femme et engendra un
fils et lui donna le nom de Seth. **2** Et Adam dit à Ève: « Voici ! j'ai engendré un fils à la place d'Abel, qu'a tué Caïn^a. »
3 Et après qu'Adam eut engendré Seth, il vécut huit cents ans

---

supputations sur la chronologie de l'histoire des origines. Dans les meilleurs
témoins, elle comporte deux chiffres qui indiquent l'âge d'Adam à deux
moments de sa vie. (a) Lorsqu'il engendre Seth, il a 130 ans, conformément
à la donnée de *Gen* 5,3 selon le texte hébraïque et la Vulgate (la LXX et
la Vetus Latina ont ici un chiffre différent: 230 ans; cf. ALEXANDRE, p. 386-
387). (b) Lorsqu'Abel est tué par Caïn, Adam a 122 ans (102 ans selon E).
La différence entre les deux dates correspond à la période de deuil et
d'abstinence sexuelle vécue par Adam et Ève après la mort d'Abel. La
durée de cette période d'abstinence diverge d'une tradition à l'autre. Elle
est de 8 ans selon le texte de lat-V que nous avons retenu (R1d, A2a, T2).
Selon E, elle est de 28 ans, ce qui s'accorde avec la tradition conservée
dans *Jubilés* 4,7: « Adam et sa femme continuèrent de pleurer Abel quatre
semaines d'années [28 ans]. Dans la quatrième année de la cinquième semaine, ils se réjouirent: Adam connut de nouveau sa femme, et elle lui
donna un fils. Il lui donna le nom de Seth ». Des témoins isolés mentionnent explicitement une période d'abstinence de 100 ans (*Dr* [R1b], *Ba*
[T1], Inc), ce qui se rapproche des 130 ans dont parle le *Targoum du
Pseudo-Jonathan* (ad *Gen* 4,25): « Adam connut à nouveau sa femme au
bout de cent trente ans après le meurtre d'Abel et elle enfanta un fils. Elle
l'appela du nom de Seth. » (voir aussi *Genèse Rabba* 20,11, ad *Gen* 3,20,
p. 234; 23,4, ad *Gen* 4,23, p. 263). L'idée d'une période d'abstinence sexuelle
après la mort d'Abel est expressément rejetée par R2 en 24,1: « Après cela,
c'est-à-dire dans l'année même où Abel fut tué, Adam connut sa femme »
(voir aussi la variante de *Gz* en 24,1, p. 159). Une partie des témoins de

10   **23 6 (3 2a)** Dixit autem dominus ad archangelum: Vade et
dic Adae secreto: Vide ne dixeris Euae. Ecce Cain filius
tuus, quoniam filius diaboli est, occidet Abel fratrem suum.
7 (3 2b) Verum inde ne tristeris quia tibi faciam surgere filium
pro eo, imagini meae consimilem[c], tibique annuntiabit omnia
15   quae agere debes. Esto memor, ne dicas unquam Euae et Cain.
8 (3 3) Haec itaque Adam cognoscens firmiter ea tristis in
corde suo retinuit. Erat quoque et Eua condolens nimis.

24 (4) 1 Cognouit autem Adam uxorem suam concepitque et
peperit filium et uocauit nomen eius Seth. **2** Et dixit Adam:
Ecce quidem filium habemus pro Abel, Seth, quem occidit
Cain[a]. **3 (5 1)** Hii autem genuerunt filios et filias centum uiginti

---

17 retinuit *correxi* : retinute *Pr*
24 3 (5 1) 4-5 centum uiginti quattuor *correxi* : CXXIII *Pr*

---

c. cf. Gen. 5, 3
a. cf. Gen. 4, 25

---

23 6 (3 2a) Le Seigneur dit à l'archange: « Va et dis à Adam
en secret: "Veille à ne rien dire à Ève. Voici: ton fils Caïn,
parce qu'il est le fils du diable, va tuer Abel son frère.
7 (3 2b) Mais ne t'en attriste pas, car à sa place je ferai naître
pour toi un fils, qui aura la ressemblance de mon image[c], et il
t'annoncera tout ce que tu dois faire. Souviens-t'en. Ne dis rien
ni à Ève ni à Caïn." » **8 (3 3)** En apprenant ainsi cela, Adam
tout triste le conserva fermement dans son cœur. Et Ève aussi
compatissait totalement avec lui.

24 (4) 1 Alors Adam connut sa femme et elle conçut et en-
fanta un fils et lui donna le nom de Seth. **2** Et Adam dit:
« Voici ! nous avons un fils, Seth, à la place d'Abel, qu'a tué
Caïn[a]. » **3 (5 1)** Et ils engendrèrent cent vingt-quatre fils et filles. Le

---

lat-V ne conserve qu'un seul des deux âges d'Adam: 130 ans (A2b; B);
122 ans (A1+3; T1; Inc). D'autres encore rapportent le second chiffre à
l'âge d'Abel au moment de sa mort: 22 ans (R1e); 30 ans (*Sw Sg* [R3]), ce
qui se rapproche de la chronologie de *Jubilés* 4,1-2: Abel devait avoir entre
22 et 28 ans à l'heure de sa mort, puisqu'il naît dans la 4ème semaine du
2ème jubilé [entre 71 et 77 A. M.] et est tué la 1ère année du 3ème jubilé [99
A. M.]. Enfin, R2 donnent deux chiffres très proches (130 et 128 ans) qui
renvoient à l'âge de Caïn et à l'âge d'Abel au moment du meurtre.

genuit Adam Seth, uixit annos octingentos et genuit[b] filios
5 triginta et filias triginta, simul sexaginta tres filios et filias. Et
multiplicati sunt super terram in nationibus suis.

25 1 Et dixit Adam ad Seth: Audi, fili mi Seth, et referam
tibi quae uidi et audiui. **2** Postquam eiectus sum de paradiso,
ego et mater tua cum essemus in oratione, uenit ad me
Michael archangelus dei nuntius. **3** Et uidi currum tanquam

---

4-5 filios triginta et filias triginta [duas *add. E*] *R A E* : f. tr. [tr. f. *T1*] et
tot [totidem *B*] filias *B T Inc*   **5** simul sexaginta tres filios et filias *R1* :
s. sex. tres *A* sic simul sexaginta filios et filias genuerunt *B* praeter [extra
T absque *Inc*] Cain Abel et Seth *R2 T Inc om. E*   **5-6** et [qui *E*] multiplicati — nationibus suis *R A E B* : *om. T Inc*
25 1 – 29 31 *om. Inc*   **1** et dixit : dixit autem *R2*   Seth : filium
suum Seth *E* [omnes *add. T1*] filios suos *T*   **1-2** audi fili mi Seth [mi Seth
om. E] et [ut *A* quae *E*] referam tibi *R1 A E B* : referam tibi f. mi *R2*
narrabo uobis *T*   **2** quae uidi et audiui [a. et u. *A T2*] : *om. E*   **2-3** eiectus
sum de paradiso ego et mater tua [nudi *add. E*] *R1 A E* : eiecti sumus de
p. ego et m. tua *B* ego et m. tua [uestra *T*] eiecti [proiecti *T2*] sumus de
p. *R2 T*   **3-4** ad me Michael archangelus [angelus *B*] dei nuntius [n. dei
A] *R A E B* : M. arch. n. dei ad me *T*   **4-5** currum tanquam uentum
[uentus *A* uelocem *add. T*] *R A T* : currus tamquam uentos *B* choros
tanquam uentos *E*

---

et engendra[b] trente fils et trente filles, en tout soixante-trois
enfants ([71]). Et ils se multiplièrent sur la terre selon leurs nations.

25 1 ([72]) Et Adam dit à Seth ([73]): « Écoute-moi, Seth mon
fils, et je te rapporterai ce que j'ai vu et entendu. **2** Après
avoir été chassé du paradis, un jour que moi et ta mère étions
en prière, l'archange Michel messager de Dieu vint jusqu'à moi.
3 Et je vis un char (qui était) comme le vent et dont les roues

---

(71) Le décompte des enfants d'Adam, trente fils et trente filles, est attesté dans lat-V, gr, arm et geo. Il apporte une précision à *Gen* 5,4, « il
engendra des fils et des filles ». Dans lat-V, le chiffre de soixante-trois résulte de l'addition au chiffre précédent des trois fils expressément nommés
dans la *Genèse*, Caïn, Abel et Seth. Les chiffres deux fois plus élevés indiqués par lat-P (52 fils et 72 filles, soit 124 enfants) sont étonnants; on attendrait plutôt 72 fils et 72 filles, comme dans la réécriture versifiée de la
Vie d'Adam et Ève du *Saltair Na Rann* : « Il naquit à Adam — on l'a entendu — sans risque après la transgression, soixante-dix fils avec ces deux-
là et un nombre exactement égal de filles » (chant XI, v. 1969-1972).
Cf. B. MURDOCH, *The Apocryphal Adam and Eve in Medieval Europe*.

5 quattuor. Numerus uero filiorum Adam quinquaginta duo
eiusque filiarum septuaginta duo. Multiplicati sunt itaque super terram in turbam et in nationes.

---

b. cf. Gen. 5, 4

---

nombre des fils d'Adam fut de cinquante-deux et le nombre de
ses filles de soixante-douze ([71]). Et ils se multiplièrent sur la
terre en grand nombre et en nations.

Vernacular Translations and Adaptations of the Vita Adae et Evae, Oxford,
2009, p. 61.

(72) Les chapitres 25-29, qui rapportent les révélations d'Adam à son
fils Seth, sont propres à lat-V. Cette section a été insérée dans un récit
premier qui passait sans transition de la mention des 930 ans de la vie
d'Adam et de la multiplication de sa descendance (lat-V lat-P arm geo
24.3; gr 5.1) à la mention de la maladie qui conduira à sa mort (lat-V
lat-P arm geo 30.1; gr 5.2), comme l'avait bien reconnu M. Nagel (cf. NAGEL,
1, p. 200: « le récit des visions d'Adam se trouve inséré dans un ensemble
où la recension suivait étroitement la section de la vie grecque IV à XIV.
Il suffirait de joindre les versets XXIV,1 et XXX,1 de la version latine
pour retrouver la suite du texte grec. »). La révélation d'Adam à Seth se
compose de deux éléments distincts: le récit du ravissement d'Adam jusqu'au « paradis de justice » et de sa rencontre avec le Seigneur siégeant sur
son char glorieux (25.1-29.1); la révélation prophétique des mystères de
l'histoire à venir, en particulier de l'histoire du Temple, qu'Adam a reçue
quand il a mangé de l'arbre de la connaissance (29.2-29.10). Ces deux éléments faisaient-ils corps dès l'origine, ou bien la prophétie provient-elle
d'une autre source que le récit de la vision céleste? La question a été
examinée par NAGEL, 1, p. 207-209: il conclut clairement qu'il s'agit de
deux parties d'origine différente et que les chapitres 25-29 « représentent
deux interpolations succcessives ».

(73) Ici comme dans d'autres textes pseudépigraphiques et dans de
nombreux écrits gnostiques, Seth joue un rôle éminent comme porteur et
médiateur de la révélation, ce qui contraste avec la réserve de la littérature rabbinique à son égard (cf. GINZBERG, *Legends*, vol. V, p.149, note 52
= *Légendes*, vol. I, p. 265).

5 uentum et rotae illius erant igneae et raptus sum in paradisum
iustitiae. Et uidi dominum sanctum, et aspectus eius erat sicut
ignis[a] incendens intolerabilis, et multa milia angelorum antecedebant currum dei et alia multa milia angelorum erant a
dextris et a sinistris currus illius.

26 1 Hoc uidens perturbatus sum et timor comprehendit me
et adoraui coram deo super faciem terrae. **2** Et dixit mihi

---

5 rotae illius erant igneae : rota i. erat ignea *E*   **6** iustitiae : *om. T2*
sanctum *R1 B* : deum *R2* sedentem *A T om. E*   aspectus eius erat [*om.*
E] : in conspectu eius erat *B*   **6-7** sicut [ut *T om. A B*] ignis incendens [et
add. T] intolerabilis *R A B T* : intolerabilis radiis incendens *E*   **7** multa
milia : multitudo *E*   **7-8** antecedebant currum — milia angelorum :
om. T   antecedebant currum dei *R B* : ant. eum *A* radios ant. *E*
8 multa milia *R1 A B* : mul. mirabilia *E* plurima mul. *R2*   **9** currus illius
[dei *B*] *R1 A B T* : *om. R2 E*
26 1 — 27 4 hoc uidens — maiestatis sed : et dixi *R2 B*   **1-2** hoc uidens — faciem terrae *R1 A T* : *om. E*   **1** comprehendit *R1 A T1* : apprehendit *T2*   **2-3** mihi deus [dominus *T1* dom. deus *T2*] *R1 A T* :
dom. ad me *E*

étaient de feu ([74]), et je fus enlevé jusqu'au paradis de justice ([75]). Et je vis le Seigneur saint, et son apparence était
comme un feu[a] ([76]) ardent insupportable, et de nombreux milliers d'anges ([77]) précédaient le char de Dieu et de nombreux
autres milliers d'anges se tenaient à droite et à gauche de ce
char.

26 1 ([78]) « En voyant cela je fus troublé et la crainte me sai-
sit et j'adorai en présence de Dieu sur la face de la terre, **2** et

---

([74]) Le ch. 25 semble mentionner deux chars différents. Le premier est
le véhicule céleste qui transporte Adam jusqu'au paradis de justice, où il
verra la gloire divine. Il a la même fonction que « le char de feu et les
chevaux de feu » qui emportent Élie vivant au ciel « dans la tempête »
(*2 Rois* 2,11), ou que « le char du vent » qui enlève Hénoch vivant hors du
monde des humains (*1 Hénoch* 70,2), ou encore que « le char des Chérubins » sur lequel l'archange Michel emmène Abraham pour lui faire découvrir le monde céleste (*Testament d'Abraham* 10). Le second est le char
entouré de myriades d'anges qui sert de trône et de véhicule au Seigneur
lui-même. Ce « char de Dieu » tire son origine de la vision de la Gloire divine du livre d'*Ézéchiel* (*Éz* 1,4-28); il fait notamment l'objet d'une description détaillée dans la *Liturgie angélique* de Qumran (cf. *Écrits*
intertestamentaires, p. 439-440). En dehors de lat-V 25-29, ce char-trône
divin est explicitement mentionné en deux occasions dans le récit: lors de
la venue de Dieu au paradis pour juger Adam et Ève après leur faute

[uacat]

---

a. cf. Ez. 1, 27; 8, 2

(52 [22].3) et au moment de sa descente sur terre pour prendre soin du corps d'Adam (68 [38].3; 72.2 arm). Il est possible que le char de lumière mû par quatre aigles qu'Ève voit après la mort d'Adam soit aussi à identifier avec le char de Dieu, mais cela n'est pas dit clairement (33.2-3 gr; 63.2-3 lat-P geo). Lat-V ignore ces autres mentions du char divin.

(75) En lat-V 25,1-29,1, Adam est enlevé dans un lieu céleste appelé « paradis de justice » (25.3) et « paradis de la visite et de la vision de Dieu » (28.3), où il voit la gloire divine. Ce paradis est clairement distingué du paradis terrestre d'où Adam a été chassé (25.1). La même distinction est également présente en dehors des ch. 25-29 de lat-V: d'un côté, les très nombreuses mentions du « paradis » se réfèrent au domaine terrestre planté d'arbres où Adam a séjourné et dont il a été exclu; de l'autre côté, il y a le paradis situé « dans le troisième ciel », où l'âme d'Adam est enlevée par Michel et doit demeurer jusqu'au jour du jugement (37.5 gr; 67.5 lat-P geo), et d'où le même Michel doit rapporter trois linceuls d'une qualité extraordinaire (40,1 gr; 70,1 arm geo). L'expression singulière « paradis de justice » se rencontre dans deux passages des livres d'Hénoch: en *1 Hénoch* 32,3-6, elle désigne une région située à l'est de la terre, où se trouvent deux arbres magnifiques, ainsi que l'arbre de la connaissance dont Adam et Ève ont mangé; en *1 Hénoch* 77,3, elle se rapporte à la troisième des régions entre lesquelles se divise la terre.

(76) Les termes employés font écho à la description de la vision divine d'Ézéchiel dans la Bible latine (VL et Vg); *Éz* 1,27: *uelut adspectum ignis*; *Éz* 8,2: *quasi adspectus ignis*.

(77) Dans plusieurs des famille de lat-V, des témoins nombreux parlent seulement des milliers d'anges qui se tenaient à droite et à gauche du char, et ignorent la mention de ceux qui le précédaient (cf. R1b+c+e; *Pa*; A1 A3 *Va*; T). Nous considérons comme première la double mention des anges, bien qu'elle soit moins souvent attestée (R1d; R2; A2 *Fa*; B), car le texte court peut s'expliquer par des sauts du même au même sur *milia angelorum*.

(78) R2 et B ignorent le chapitre 26 et le début du chapitre 27, à savoir la réaction de crainte et d'adoration d'Adam face à la vision divine, la parole du Seigneur qui lui annonce sa mort comme conséquence de sa désobéissance, l'adoration renouvelée d'Adam et les premiers mots de sa supplication. A la place de cette section, R2 et B ont seulement « Et je dis: Restaure mon âme ... » (*Et dixi: conuerte* [*domine* add. B] *animam*

deus: Ecce tu morieris, quare praeteristi mandatum meum,
quia in primis audisti uocem uxoris tuae quam tibi dedi in
5 potestatem, ut haberes eam in uoluntate tua, et oboedisti illi
et uerba mea praeteristi.

27 1 Et cum haec uerba dei audiui, procidens in terram
adoraui dominum et dixi: Domine, omnipotentissime et misericordissime deus, sancte et pie, non deleatur nomen memoriae
tuae maiestatis, sed conuerte animam meam[a], quia moriar et
5 spiritus meus exiet de ore meo. **2** Ne proicias me a facie tua[b],

---

3 quare *R1 T* : quia *A E*   meum : dei *A*   4 quia in primis [prius *A*]
audisti uocem *R1 A* : et a. uocem *E* quia [et *T2*] obedisti uoci *T*   *post*
tuae *add.* plus quam meae *T2*   tibi dedi *R1 A T* : d. t. *E*   5 potestatem : -tate *T2*   uoluntate tua *R1 E T* : -tatem tuam *A*   5-6 et oboedisti — mea praeteristi : *om. T2*   5 oboedisti [obaudisti *T1*] illi [ei *E*] *R1 E*
T1 : et audisti illam *A*   6 uerba mea praeteristi *R1 A T1* : non mihi *E*
    27 1 uerba dei audiui *R1 E T* : aud. u. dei *A*   2 adoraui dominum *R1* :
oraui ad [*om. E*] dom. *E T om. A*   et dixi *R1 A E T2* : dicens *T1*
2-3 domine omnipotentissime et [*om. T1*] misericordissime deus *R1 E T* :
dom. mi omnipotens deus et misericors *A*   3 non *R1 T* : ne *A E*
3-4 memoriae tuae maiestatis *R1 A T* : mem. mai. tuae *E*
4 conuerte *R A E T* : conuertere domine *B*   moriar *R1 T* : morior *R2 A E*
B   5 spiritus meus *R2 A E B T* : spiritus *R1*   exiet *R1 T* : exibit *A B*
exit *R2 E*   *post* tua *add.* deus *R2*

---

le Seigneur me dit: "Voici que tu vas mourir, puisque tu as négligé mon commandement, que tu as avant tout écouté la voix
de ta femme, que j'avais mise en ton pouvoir pour que tu lui im-
poses ta volonté, et tu lui as obéi et tu as négligé mes paroles."

27 1 « Et lorsque j'entendis ces paroles de Dieu, je me proster-
nai sur le sol et j'adorai le Seigneur et je lui dis: "Seigneur,
Dieu tout-puissant et très miséricordieux ([79]), saint et bienveillant, que ne soit pas effacé le nom qui fait mémoire de ta
majesté ([80]), mais restaure mon âme[a] ([81]) parce que je vais
mourir et que mon esprit va sortir de ma bouche. **2** Ne me
rejette pas loin de ta face[b] ([82]), moi que tu as façonné à partir
du limon de la terre[c] ([83]), et n'abandonne pas celui que tu as

[uacat]

---

a. cf. Ps. 23 (22), 3
b. cf. Ps. 51 (50), 13

---

meam). La lacune ne doit pas être due à une omission intentionnelle, mais bien à un accident de transmission, peut-être par saut du même au même sur *maiestatis* dans l'ancêtre de R2 (voir Introduction aux rédactions rhénanes, p. 147). L'omission est antérieure à l'an mil, puisqu'elle figurait déjà dans le modèle utilisé par le remanieur de *Pa*, qui a cherché à y remédier à l'aide d'une phrase de transition: « De ce fait l'idée me vint que j'allai rapidement émigrer loin de ce monde, et ainsi me tournant vers le Seigneur je dis: Ne me rejette pas... » (*Vnde mihi uidetur quod cito migraturus adero de hoc seculo, sicque conuertens ad dominum dixi: Ne proicias me...*).

(79) Une recherche dans CLCLT 6 montre que le double superlatif au vocatif, *omnipotentissime et misericordissime*, ne se rencontre, en dehors de notre passage, que chez Augustin, dans la très riche invocation inaugurale des *Confessions* (I, 4), ainsi que dans une addition du manuscrit *A* de la rédaction anglaise E en 44,10 (cf. infra p. 591).

(80) Littéralement: « que ne soit pas effacé le nom de la mémoire de ta majesté ». L'expression *memoriae maiestatis tuae* rappelle l'invitation faite aux saints ou aux justes à célébrer Dieu et « la mémoire de sa sainteté »; cf. *Ps* 30 (29),5 et 97 (96),12 (VL): *confitemini memoriae sanctitatis eius*. Si le nom d'Adam était effacé, si l'homme disparaissait, il n'y aurait plus personne pour faire mémoire de la majesté divine; cf. *Ps* 6,6: *quoniam non est in morte qui memor sit tui; in inferno quis confitebitur tibi?* cf. *Ps* 115 (113),17-18.

(81) Cf. *Ps* 23 (22),3: *animam meam conuertit*.

(82) Reprise du *Ps* 51 (50),13.

(83) Façonné à partir du limon de la terre: cf. *Gen* 2,7.

quem de limo plasmasti^c, ne postponas quem nutristi gratia
tua. 3 Ecce uerbum tuum incendit me. Et dixit ad me deus:
Quoniam figura cordis tui facta est diligens scientiam, propter
hoc non tolletur de semine tuo usque in saeculum ad minis-
10 trandum mihi.

28 1 Et cum ista uerba dei audiui, prostraui me in terram et
adoraui dominum dicens: Tu es deus aeternus et summus, et
omnes creaturae tibi dant honorem et laudem. 2 Tu es super
omne lumen fulgens, uera lux et uita incomprehensibilis,

---

6 quem de limo [terrae *add.* R2 A E] plasmasti [*add.* domine B] R A E
B : quoniam de l. t. pl. me T   6-7 ne postponas — incendit me : *om.*
T   6 ne [nec A] postponas R A E : nec despicias B   6-7 quem [quam
R1] nutristi gratia tua R E B : gratiae tuae quem n. A   7 ecce : et e. A
B   incendit me R1 E B : incedit mihi [in me R2] A R2   ad me [do-
minus *add.* B] deus R1 B T : dominus ad me R2 A   dominus deus E
8 quoniam : cum T2   figura [-ratio B] cordis tui facta est R1 E B T : in
transfiguratione cordis tui factus es R2 figurantur dies tui factus es A
9 tolletur R E B T : tollatur A   de semine tuo R1 A E T : semen tuum B
a te femina R2   saeculum : -cula B   10 mihi R1 A E B T : tibi R2
28 1 ista [haec A R2 B] uerba dei [domini E *om.* A B] audiui [audirem
R2 audissem E B] R A E B : a. haec u. dei [*om.* T2] T   prostraui me in
terram et R A E B : *om.* T   2 deus aeternus [a. d. T] et summus R E B
T : aeternus A   3 omnes creaturae [tuae *add.* R2] tibi dant [d. t. B]
honorem et laudem R B : o. c. tibi dant laudem [l. d. T2] et hon. T o. c.
tuae dent hon. et laud. A omnis creatura tua tibi dat hon. et laud. E
3-4 super omne lumen fulgens [refulgens T2] uera lux [l. u. R2] R A E T :
lux s. o. l. f. B   4-5 et uita incomprehensibilis magnitudinis uirtus uiuens
R1 : uita uiuens inc. matutina uirtus A uite et inc. o magnitudo uirtutis
dei uiuentis E inc. uirtus R2   lux inc. uirtus uiuens B irreprehensibilis
magnitudinis uirtus uiuens [uiuens uirtus T1] T

---

nourri de ta grâce (^84). 3 Et voici que ta parole m'en-
flamme (^85)." Et Dieu me dit: "Puisque la forme de ton cœur
a été créée en sorte qu'il aime la connaissance (^86), celle-ci ne
sera pas enlevée à ta descendance, jusqu'à l'éternité, pour
qu'elle soit à mon service (^87)."

28 1 « Et lorsque j'ai entendu ces paroles de Dieu, je me suis
prosterné à terre et j'ai adoré le Seigneur en disant: "Tu es le
Dieu éternel et très-haut (^88), et toutes les créatures te donnent
honneur et louange. 2 Tu es celui qui brille plus que toute lumière, la véritable lumière et la vie insaisissable, la puissance

[uacat]

---

c. cf. Gen. 2, 7

---

(84) « Ne prive pas de ta grâce celui que tu as nourri » selon la leçon de A, éditée par Meyer.

(85) Selon la leçon retenue (R1 E B), la requête d'Adam se conclut par une déclaration sur l'effet que la parole de Dieu exerce sur lui. La leçon de A (*incedit mihi uerbum tuum*), très proche de celle de R2 (*incedit in me uerbum tuum*), a été comprise comme s'adressant non à Dieu, mais à Seth: « Voici qu'une parole te concernant survient pour moi, et Dieu me dit: ... ».

(86) Une recherche dans CLCLT 6 montre que la seule autre occurrence de l'expression *figura cordis* se trouve dans le *Livre des Antiquités Bibliques* (LAB), 3,9, qui est une réécriture de *Gen* 8,21: *Et dixit Deus: Non adiciam iam maledicere terre pro homine, quoniam figura cordis hominis desipit* [correction pour *desiit*] *a iuuentute sua, et ideo non adiciam simul disperdere omnes uiuentes sicut feci*. Le parallèle est éclairant: dans les deux textes, *figura cordis* désigne le cœur de l'homme qui a été « modelé » ou « formé » lors de la création d'Adam (référence à *Gen* 2,7, où VL a *plasmauit* et Vg *formauit*); dans les deux textes, la causale introduite par *quoniam figura cordis* va de pair avec une principale dans laquelle Dieu formule une sentence qui concerne la destinée future des humains. Mais l'expression est au service de deux vues anthropologiques bien différentes: le cœur de l'homme tel qu'il a été créé est porté au mal (*Gen* 8,21) ou s'est fourvoyé (LAB 3,9); il aime la connaissance (VLAE 27; *scientia*: cf. *Gen* 2,9; 2,17).

(87) En réponse à la prière d'Adam (« que ne soit pas effacé le nom qui fait mémoire de ta majesté »), Dieu lui assure que ses descendants ne cesseront jamais de le servir, c'est-à-dire de célébrer sa majesté. *Ministrare* au sens du service perpétuel des prêtres et des lévites dans le Temple est fréquent dans les *Chroniques* (cf. par ex. Vg *1 Chr* 15,2; 23,13; *2 Chr* 8,14; 13,10). La permanence de ce service est fondée dans l'amour de la connaissance que Dieu a imprimé dans le cœur d'Adam dès sa création. L'expression *figura cordis tui* a manifestement fait difficulté. Elle a disparu dans A, où *quoniam figurantur diei tui* reste incompréhensible, et a été remplacée par *transfiguratio* dans la profonde réécriture de R2: « Puisque grâce à la transformation de ton cœur tu es devenu quelqu'un qui aime la connaissance, à cause de cela la femme ne te sera jamais enlevée, jusqu'à l'éternité, pour qu'elle soit à ton service ». L'amour de la connaissance est un privilège accordé au seul Adam et fonde la subordination d'Ève et de ses descendantes.

(88) Sur l'ensemble des invocations de 28,1-2, cf. M. Cambe, *Kerygma Petri* (CCSA 15), Turnhout 2003, p. 150-151, fragment 2a et son commentaire, p. 201-203. Je remercie très sincèrement Michel Cambe de m'avoir aidé à reconnaître les caractéristiques de cette prière de lat-V. Il

5 magnitudinis uirtus uiuens, tibi dant honorem et laudem spiritalem
   uirtutes, ut facias cum humano genere magnalia misericordiae
   tuae. 3 Et postquam oraui dominum, statim Michael archangelus apprehendit manum meam et eiecit me de paradiso
   uisitationis et uisionis dei. 4 Et tenens Michael uirgam in manu
10 sua tetigit aquas quae erant circa paradisum, et gelauerunt,
   29 1 donec pertransiui, et Michael pertransiuit mecum et reduxit me in locum unde me rapuit.

5-6 tibi dant honorem et laudem spiritalem [*scripsi* spiritales *A*] uirtutes
A : omnis creatura uiuens tibi dat hon. et laud. spiritualem *E*   tibi dant
hon. et laud. spiritalem *R1*   tibi dant tua laud. et hon. *R2* tibi dant hon.
omnes creaturae tuae *T* tibi dicam laud. et hon. spiritalem *B*   **6-7** ut [tu
A T] facias [facis *T*] cum humano genere [g. h. *A T*] magnalia misericordiae tuae *R1 A T* : uiuentem me facias et omne genus humanum multitudine mis. t. *B* cum feceris genus humanum magna uirtute *E om. R2*
7 oraui dominum *R1* : adoraui [ad *add. A*] dominum [*om. R2*] *R2 A B* ad
dom. or. *T1* hoc or. ad dom. *T2* haec or. *E*   Michael archangelus [dei
add. A E B] *R1 A E B* : Michael *R2 T*   **8** eiecit me de paradiso *R A B*
T1 : iecit me in medio paradisi *E*   **9** uisitationis et uisionis [iussionis *A*]
R1 A E T1 : uisionis et uisitationis *R2* uisionis *B T2*   **9 — 29 1** et tenens
— pertransiuit mecum : *om. T2* (*excepto T2d*)   **9-10** uirgam in manu sua
R E : in m. sua u. *B T1* in m. sua uirtute *A*   **10** tetigit : et tet. *B*
10 — 29 5 circa paradisum — quae erunt : *om. B*   **10** circa paradisum : in
circuitu paradisi *E*   et gelauerunt [congelauerunt *E*] *R E* : et celauerunt
A et ligauerunt *T1* et rigauerunt *T2d*   **29 1** donec [et *R2 A*] pertransiui
R A : et transiui super eas *E om. T1*   pertransiuit [transiuit *E T*] *R1 A*
E T: om. R2   **1-2** et reduxit me in *R1 A E T* : -cens me ad *R2*   **2** locum unde me rapuit *A* : loc. unde me rapuit [rap. me *R2 T2*] in paradisum [paradiso *R2*] *R T* loc. paradisi unde rapuit me *E*

---

vivante de la grandeur ([89]). C'est à toi que les puissances
donnent honneur et louange spirituelle ([90]) pour que tu accom-
plisses pour le genre humain les merveilles de ta miséricorde."
3 Et après que j'eus prié le Seigneur, aussitôt l'archange Michel
me prit la main et me fit sortir du paradis de la visite et de la
vision de Dieu ([91]). 4 Et Michel, tenant dans sa main une ba-
guette, en toucha les eaux qui entouraient le paradis, et elles
gelèrent **29 1** jusqu'à ce que je les traverse, et Michel les tra-
versa avec moi et me ramena au lieu d'où il m'avait pris ([92]).

[uacat]

m'écrit: « Il me semble que l'originalité thématique de la Vita, ch. 28, est d'intégrer aux expressions plus "passe-partout" de la transcendance divine, celles de la lumière et de la vie. Ceci me rappelle d'abord l'Apocalypse d'Abraham, 17,8-18 : "Toi, Lumière, tu brilles avant la lumière du matin sur ta création 16. Et dans tes demeures célestes il n'est point besoin d'autre lumière que l'éclat ineffable venant des lumières de ta face". De même le fragment III des Oracles Sibyllins: "Celui qui est la Vie, qui est l'impérissable et éternelle Lumière, et qui, pour les hommes, verse une joie plus douce que le miel, devant lui seul, courbez vos fronts". » Sur ces textes, cf. *Écrits intertestamentaires*, p. 1715 et p. 1044.

(89) Cette série d'invocations se présente sous des formes variées, et sa forme première est difficile à établir. Dans le texte retenu, on peut distinguer quatre éléments. Les deux premiers ont pour objet la lumière divine et sont transmis de manière assez homogène. Les deux derniers (*vie* et *puissance*) sont beaucoup plus instables. L'expression « puissance vivante » (*uirtus uiuens*) est bien attestée; mais les termes qui précèdent — « vie », « insaisissable » (*incomprehensibilis* ou *irreprehensibilis*) et « grandeur » — se combinent de manière variée, dans des leçons qui résultent manifestement d'une révision, d'une simplification ou d'une corruption: « lumière véritable, puissance insaisissable » (R2); « véritable lumière, vie vivante, puissance insaisissable du matin » (A); « lumière véritable et insaisissable de la vie, ô grandeur de la puissance du Dieu vivant » (E); « lumière insaisissable, puissance vivante » (B). Face au texte retenu, avec *uita incomprehensibilis*, qui est attesté par quatre témoins de R1 (*Up* R1c *Ko*), il faut signaler l'intérêt de la leçon de R1d et T, qui ne mentionne pas la vie et qui lie *irreprehensibilis* à *magnitudinis:* « véritable lumière, puissance vivante de la grandeur insaisissable ». A relever également la variante de R1c, *magnitudine uirtutis uiuens* (« vivant de la grandeur de ta puissance »), dont le génitif est étayé par E, *o magnitudo uirtutis dei uiuentis* (« ô grandeur de la puissance du Dieu vivant »). Certaines formulations font penser à une influence du prologue johannique: la « véritable lumière » provient sans doute de *Jn* 1,9; le fait que la « vie » soit mentionnée sitôt après la « lumière » (dans *Up* R1c *Ko,* A et E) s'explique peut-être à partir de *Jn* 1,3; l'association « lumière insaisissable » (E B) peut faire écho à *Jn* 1,4.

(90) L'absence de sujet dans la majorité des témoins de R témoigne sans doute d'un accident de transmission et semble avoir été comblée de diverses manières dans les autres rédactions: *angelicae uirtutes* (*Pa*), *spiritales uirtutes* (A), *tua* (R2), *omnis creatura* (E), *omnes creaturae* (T), introduction d'un verbe à la première personne (B). L'ancienneté de *Pa* et A conduit à retenir *uirtutes* comme sujet. L'accord entre R1, E et B indique que l'adjectif *spirit(u)alis* se rapporte à la louange des puissances célestes.

(91) Autre nom du « paradis de justice », qui est un lieu céleste, différent du paradis terrestre d'où Adam a été chassé (voir note à 25.3).

(92) Le texte retenu est celui de A. La leçon des autres rédactions, précisant que ce lieu est situé dans le paradis, est en contradiction avec le fait que la révélation rapportée par Adam en 25.1-29.1 prend place après l'expulsion du paradis (25.2).

29 2 Audi iterum, fili mi Seth, caetera mysteria futura sacramenta mihi reuelata, quae per lignum scientiae comedens
5 cognoui et intellexi, quae erunt in hoc saeculo temporali, **3** quae
facturus est deus creaturae suae generi humano. **4** Apparebit
deus in flamma ignis[a], ex ore maiestatis suae dabit omnibus

---

29 3 *ante* audi *add.* et dixit iterum Adam *E*   iterum : *om. A E*   *ante*
caetera *add.* et *A* ˈ   mysteria futura [et *add. R2*] sacramenta *R* : mys. et
sac. fut. *E* mys. fut. *A* fut. sac. *T1* alia sancta sac. *T2*   **4** mihi reuelata
R1 E : r. m. *R2 T* quae mihi sunt r. *A*   quae *R* : qui *A* quia *E om. T*
per lignum scientiae comedens *R A* : per l. sc. de quo comederam *E* de
ligno sc. com. *T*   **5** erunt *R E T1* : erant *A T2*   in hoc seculo temporali [a tempore *R2* futura *add. R1 T*] *R E T* : in hoc seculo *A B*
6-31 quae facturus — iusto iudice : *om. A*   **6-7** quae facturus — flamma
ignis : in quo daturus est deus flammam ignis *R2* et dixit in tempore quo
missurus est deus filium suum in terris generi humano saluando tunc apparebit in flamma deus *B*   **6** creaturae suae generi humano *R1 T* : circa
genus humanum *E*   **7** ex ore *R E T* : et ex sede *B*   dabit *R1 B* : et
dabit *R2 E T*   omnibus : o. gentibus *R2*

---

29 2 « Écoute encore ([93]), Seth mon fils, les autres mystères
futurs et les secrets ([94]) qui m'ont été révélés, que j'ai connus et
compris grâce à l'arbre de la connaissance, en le mangeant ([95]),
ce qui se produira dans ce monde soumis au temps, **3** ce que
Dieu accomplira pour sa créature, le genre humain.
4 « Dieu apparaîtra dans une flamme de feu[a] ([96]), et de la
bouche de sa majesté il donnera à tous des commandements

---

(93) La section 29.2-29.10 contient une révélation prophétique liée à la
manducation de l'arbre de la connaissance et se distingue nettement de la
précédente (25.1-29.1), qui décrit une rencontre d'Adam avec la majesté
divine dans le monde céleste, une vision de la Merkabah, comme l'a justement relevé M. Nagel (NAGEL, I, p. 201-203, avec les notes, II, p. 215-218).
La prophétie porte sur les mystères de l'histoire à venir, et en particulier
sur l'histoire du Temple; elle peut être comparée à d'autres prophéties *ex
eventu* du même genre, par exemple à *Jubilés* 1,5-18 (*Écrits intertestamentaires*, p. 636-638). Alors que le texte de la première section (25.1-
29.1) diffère peu d'une recension à l'autre, celui de la deuxième section
(29.2-29.10) présente des divergences telles qu'il est difficile d'en retrouver
la forme originale. On relèvera que MEYER, p. 230-231, a réservé à cette
section, absente de sa classe I (notre famille A), un traitement singulier: il
l'édite en petits caractères, sans apparat critique et sans l'inclure dans la
numérotation des lignes de son édition. Il donne la liste des manuscrits à

[uacat]

---

a. cf. Ex 3, 2 (Vg)

---

partir desquels il a établi son texte, quatre témoins appartenant à sa classe II, soit *Sc* (R3), *Eb* (R1d), *Mf* (R1c), *Sf* (B1), et trois autres appartenant à sa classe III, soit *Ap*, *Bb* et *Ri* (T2). Dans la réécriture de *Pa*, le texte de cette section est simplifié (il est traduit plus haut, p. 165).

(94) Sous sa forme première, le contenu de la révélation reçue par Adam est défini par deux substantifs au sens très proche, *mysteria* et *sacramenta* (on notera que plusieurs témoins — R1d A T — n'en ont conservé qu'un seul), ainsi que par l'adjectif *futura*, qui est rattaché tantôt à *mysteria* (R1e R2 A), tantôt à *sacramenta* (R1b+d E T). Ces diverses leçons expriment une même idée: la révélation concerne les mystères de l'histoire à venir. — Dans A, seule l'introduction est conservée, sous une forme particulière: « Écoute, mon fils Seth, les autres mystères à venir qui m'ont été révélés, moi qui ai connu et compris en mangeant, grâce à l'arbre de la connaissance, les choses qui étaient en ce monde-ci »; la suite du texte, la révélation elle-même (29.3-29.10), est omise.

(95) C'est grâce à la consommation du fruit de l'arbre de la connaissance — donc à la transgression de l'interdit divin — qu'Adam a reçu la révélation des secrets de l'histoire à venir. Cette interprétation de la transgression de l'interdit de *Gen* 2-3 est singulière. Elle peut certes être rapprochée de *1 Hénoch* 32,6: « Raphaël, le saint ange qui m'accompagnait, m'a répondu alors: "C'est l'arbre de la connaissance, ton aïeul et ton aïeule, qui étaient avant toi, en ont mangé. Ils ont acquis la connaissance, et leurs yeux se sont ouverts, ils ont su qu'ils étaient nus et ils ont été chassés du paradis" » (*Écrits intertestamentaires*, p. 103). Mais ailleurs dans la tradition juive les révélations reçues par Adam sont antérieures à la transgression. Ainsi en *2 Baruch* 4,3-4, Dieu a montré la Jérusalem céleste à Adam « avant qu'il ne péchât. Quand il eut enfreint l'ordre, elle lui fut enlevée avec le paradis » (*Écrits intertestamentaires*, p. 1482). Il en va de même dans le *Livre des Antiquités bibliques*, 13,8: « Voici le lieu que j'ai fait voir au premier-formé en disant: "Si tu ne transgresses pas ce que je t'ai ordonné, toutes les choses te seront soumises..." » (*Écrits intertestamentaires*, p. 1271-1271). Voir aussi *Livre des Antiquités bibliques*, 26,6 (*Écrits intertestamentaires*, p. 1308); *Avot de Rabbi Nathan A*, 31, p. 216. L'idée qu'Adam a bénéficié d'une révélation prophétique propre est restée bien vivante dans le christianisme; cf. D. A. BERTRAND, « Adam prophète » dans *Figures de l'Ancien Testament chez les Pères* (*Cahiers de Biblia Patristica* 2), Strasbourg 1989, p. 61-81.

(96) L'apparition « dans une flamme de feu » évoque la manifestation de Dieu à l'Horeb dans le buisson ardent (*Ex* 3,2 Vg: *apparuitque ei dominus in flamma ignis*), et le don des préceptes et commandements par « la bouche de sa majesté » rappelle la révélation de la Loi au Sinaï.

mandata et praecepta, et sanctificabunt eum in domo habitationis illius maiestatis, et ostendet illis deus locum mirabilem
10 maiestatis suae. **5** Et ibi aedificabunt domum deo suo in terra
quam parabit illis. Et ibi praeteribunt praecepta eius et incendetur sanctuarium eorum et terrae eorum deserentur, et ipsi
dispergentur propter quod exacerbabunt dominum. **6** Et septimo die iterum saluos faciet illos de dispersione eorum, et iterum
15 aedificabunt domum dei et exaltabitur domus dei plus quam prius[b].

8-9 sanctificabunt eum [*om. R1*] in domo habitationis illius maiestatis [m. i.
T] *R T* : sanctificabunt illi domum hab. m. eius *B* sanctificabit eum in
domo m. illius *E*   **9** ostendet illis [eis *T*] *R E T* : ostendit *B*   **10** suae
R2 E B T : illius *R1*   ibi aedificabunt *R E* : aed. ibi *B* ibi sanctificabunt
T   domum : *om. T1*   *ante* deo *add.* domino *R2 B T1*   **10-11** in terra
quam parabit illis *R1* : in t. q. parauit eis *R2* in t. qui apparuit illis *B* in t.
quae pauit illos *T om. E*   **11** ibi praeteribunt praecepta *R E T* : praeteribunt praeceptum *B*   *alt.* et : et postquam hoc fecerint *T1 om. T2*
incendetur *R E B* : accendetur *T*   **12** *pr.* eorum : eius *B T2*   terrae
eorum deserentur *R E T* : terrae e. disserebuntur *B*   **13** propter quod *R1*
T : eo quod *E* propterea [quod *add. B*] *R2 B*   exacerbabunt dominum
R : exacerbauerunt dom. [deum *E* deum *add. T2*] *E B T*   **13-14** et septimo die *R1* : septima d. *E* die tertio *B* et *T* ut *R2*   **14** iterum: *om. B*
illos de [a *E T1*] dispersione eorum *R1 E T1* : eos de [a *T2*] disp. illorum
R2 T2 illos de desperatione illorum *B*   **15** iterum : *om. T2*   dei *R B T* :
deo suo *E*   et exaltabitur *R1* : et eleuabitur *R2* et altiabitur nouissime *B*
et saluabitur nouissima *E* aedificabitur autem nouissima [-issime *T2*] *T*
15-16 plus [magis *R2 E B*] quam prius *R E B* : maior quam prior erat *T*

---

et des préceptes, et ils (les hommes) le sanctifieront dans la
maison où demeure sa majesté ([97]). Et il leur montrera le lieu
merveilleux (où réside) sa majesté. **5** Et là, ils construiront une
maison pour leur Dieu sur la terre qu'il aura préparée pour
eux ([98]). Et là ils négligeront ses préceptes et leur sanctuaire
sera incendié ([99]) et leurs terres seront abandonnées, et eux-
mêmes seront dispersés parce qu'ils auront provoqué la colère
de Dieu.

6 « Le septième jour, il les sauvera de nouveau de leur dispersion, et ils construiront de nouveau la maison de Dieu, et cette
maison de Dieu s'élèvera plus haute que la première[b] ([100]).

[uacat]

b. cf. Agg. 2, 9

(97) Il faut préférer le pluriel *sanctificabunt* (R B T) au singulier *sanctificabit* (E), autrement dit l'apparition inattendue d'un sujet pluriel (les hommes) entre deux phrases qui ont pour sujet Dieu. Dans la Vulgate, le verbe *sanctifico* a toujours un objet. A part les deux témoins de R1c qui donnent la leçon *sanctificabunt* sans complément d'objet, toutes les autres branches de la tradition ont un complément: les hommes sanctifieront Dieu (*eum*: *Up* 2Ra+d *B*, T; cf. E), plutôt que les préceptes (*ea*: R1e) ou la maison de Dieu (*domum*: B).

(98) L'indication du lieu où le Temple est édifié est mal assurée. Absente de E et de B, où on lit « pour leur Dieu qui leur était apparu », elle se présente sous des formes différentes dans R et dans T, avec les verbes *paro* ou *praeparo*, *planto* ou *pasco:* « sur la terre qu'il aura (ou: avait) préparée pour eux » (*Up Mu* R2); « sur la terre qu'il aura formée pour eux » (R1e; cf. *4 Esd* 3,4: *tu dixisti in initio quando plantasti terram*); « sur la terre où il les a fait paître » (*Eb*) ou « sur la terre qui les a nourris » (T).

(99) Sur le motif de l'incendie du sanctuaire, cf. *2 Rois* 25,8 (*Jér* 52,12); *Ps* 74 (73),7; *És* 64,10.

(100) Cf. *Aggée* 2,9: « La gloire dernière de cette Maison dépassera la première, dit le Seigneur » (Vg: *Magna erit gloria domus istius nouissimae plus quam primae, dixit Dominus*); *1 Hénoch* 90,29: « Et j'ai vu le moment où le Maître du troupeau apporta une Demeure neuve, plus grande et plus haute que la précédente... »; *Testament de Benjamin* 9,2: « Le Temple de Dieu sera dans votre lot, et le dernier sera plus glorieux que le premier ».

7 Et iterum superabit iniquitas aequitatem. Et post hoc habitabit deus cum hominibus in terris uisurus^c, et tunc incipiet aequitas fulgere et domus dei in saeculum honorabitur, et non poterunt aduersa amplius nocere hominibus qui sunt in deo
20 credentes. Et suscitabit sibi deus plebem saluam facturus in saecula saeculorum. Et impii punientur a deo rege suo, qui noluerunt amare legem illius. **8** Caelum et terra, noctes et dies et omnes creaturae oboediunt deo et non praeteribunt praecepta eius nec mutabunt opera sua, et homines mutabuntur

---

16 superabit [exsup. *B*] iniquitas aequitatem *R1 E B* : sup. [exsup. *R2 T1*] iniq. iniquitatem *R2 T*   **16-17** et [*om. R2*] post hoc *R B T* : et post *E*   **17** in terris *R1 B T* : in terra *R2 E*   uisurus *R E T* : *om. B*   **18** tunc : *om. E*   aequitas *R1 E B T* : iniquitas *R2*   et : tamen *R2*   domus dei in saeculum *R1 T* : domus dei *R2* domus dei saeculorum *B* in domum dei saeculorum *E*   **19** poterunt aduersa [aduersarii *R2*] amplius [ampl. aduersa *T2*] *R T* : poterunt amplius *B* poterit aduersarius *E*   **19-20** hominibus qui sunt in deo credentes *R1 E B T2* : h. qui in deo credunt *R2 om. T1*   **20** sibi : *om. B*   **20-21** plebem saluam facturus *E T2* : plebem fidelem quam sanabit *R1* pl. fid. quam saluabit *Meyer* pl. suam *R2* plebi suae saluatorem *B* saluatorem et pl. suam *T1*   **21** saecula saeculorum [amen *add. B*] *R E B* : saeculum saeculi *T*   **21-22** et impii — legem illius : et impii ponent Adam regno suo et qui uoluerunt amare regnum illius *E*   **21** et [*om. T2*] impii *R1 E B T* : i. autem *R2*   punientur *R B T1* : dispergentur *T2*   **21-22** a deo rege suo : *om. B*   **22** legem *R B T1* : praecepta *T2*   terra : terram *E*   **23** oboediunt [obaudiunt *T1*] deo *R T1* : obedient deo [domino *E* ei *B*] *E B T2*   **23-24** non praeteribunt praecepta eius [praeceptum e. *B T1*] *R1 E B T1* : seruant praecepta e. *R2* non transgredient praeceptum e. *T2*   **24** mutabunt *R1 B* : mutant *R2 T* mutent *E*   et homines *E* : h. uero *R2* h. autem *R1 T* sed et hii omnes *B*   mutabuntur : mutabunt *T1*

---

7 « Et de nouveau l'injustice l'emportera sur la justice (^{101}). Et après cela Dieu habitera avec les hommes et sera vu sur la terre^c (^{102}); et alors la justice commencera de briller, et la maison de Dieu sera honorée pour l'éternité, et les malheurs ne pourront pas nuire aux hommes qui croient en Dieu. Et Dieu se suscitera un peuple qu'il sauvera (^{103}) pour les siècles des siècles. Et les impies seront punis par Dieu leur roi, eux qui auront refusé d'aimer sa loi (^{104}).

8 « Le ciel et la terre, les jours et les nuits et toutes les créatures obéissent à Dieu; ils ne négligeront pas ses préceptes et

[uacat]

---

c. cf. Bar. 3, 38

---

(101) On notera la variante curieuse de R2 et T: « l'injustice l'emportera sur l'injustice ».

(102) Cf. *Baruch* 3,38: *Post haec in terris uisus est et cum hominibus conuersatus est* (Vg).

(103) La variante de B (« Dieu suscitera un sauveur pour son peuple ») est manifestement secondaire, car le texte a déjà mentionné la venue salvatrice et visible de Dieu parmi les hommes — l'incarnation du Christ. Ici, il est question du salut définitif du peuple, qui contraste avec le châtiment des impies. Le texte édité par Meyer et régulièrement suivi par les traducteurs, « Dieu se suscitera un peuple fidèle qu'il sauvera (*saluabit*) », n'est pas attesté; il doit s'agir soit d'une mauvaise lecture de *Mf* (R1c), qui a « un peuple fidèle qu'il guérira (*sanabit*) », soit d'une correction, non signalée, qui lui semblait aller de soi.

(104) Le texte de E est incompréhensible: « Et les impies placeront Adam dans leur royaume, et ceux qui auront voulu aimer son royaume ».

25   derelinquentes praecepta domini. **9** Propter hoc repellet
     dominus a se impios, et iusti permanebunt sicut sol in con-
     spectu dei et in tempore illo purificabuntur per aquam a
     peccatis. †Consecuti† autem erunt nolentes purificari per
     aquam. **10** Et felix est homo qui corrigit animam suam, quan-
30   do erit iudicii magni dies in omnes mortales et inquirentur
     facta eorum a deo iusto iudice[d].

---

25 derelinquentes : qui derelinquerunt *B*   praecepta domini [dei *B*] *E B* :
praeceptum dom. *R T*   propter hoc *R1 E T* : et ideo *R2* in die illa *B*
25-26 repellet dominus [deus *R2 B*] a se *R B T1* : rep. a se deus *T2* repulit
dom. *E*   **26** permanebunt *R2 E B T* : fulgebunt *R1*   sol [iustitiae *add.*
T] *R B T* : iustitia *E*   **27** dei : domini *T*   **27-28** et in tempore illo purificabuntur per aquam [per a. *om. E*] a peccatis *R1 E* : et in t. illo pur.
homines a peccato per aquam *T* et pur. in t. illo a pec. suis consequentes
gratiam per aquam *R2* et in tempore illo *B*   **27-29** purificabuntur per
aquam — per aquam : *om. B*   **28-29** consecuti [condemnati *T*] autem
erunt nolentes purificari per aquam *R1 T* : consequenti autem uolentes
purificari per aquam *E* nolentes uero purificari per aquam punientur in
iudicio magni dei a deo iusto iudice *R2*   **29-31** et felix — iusto iudice :
om. R2 (at cf. supra lin. 28-29) T1   **29** et : *om. B*   homo *R1 B T2* :
omnis homo *E*   corrigit *R1 E T2* : correxerit *B*   **29-30** quando erit iudicii magni dies *R1* : quia iud. m. d. erit *E* quando erit iudicium magnum
dei *B* et quaerit iudicia et magnalia domini *T2*   **30** in omnes mortales *R1*
B : inter homines mort. *E T2*

---

ils ne changeront pas leurs œuvres. Les hommes, eux, changeront et abandonneront les préceptes du Seigneur ([105]).

9 « C'est pourquoi le Seigneur repoussera les impies loin de
lui, et les justes demeureront comme le soleil en présence de
Dieu ([106]), et en ce temps-là ils seront purifiés par l'eau de leurs
péchés. Mais ceux qui ne voudront pas être purifiés par l'eau
seront † ..... † ([107]). **10** Et heureux est l'homme qui corrige son
âme, lorsque le jour du grand jugement viendra pour tous les
mortels et qu'il leur sera demandé compte de leurs actes par
Dieu le juste juge[d] ([108]). »

---

(105) Un contraste analogue se rencontre dans *1 Hénoch* 2-5 (*Écrits intertestamentaires*, p. 473-475), entre le comportement de toute la création,
et en premier lieu des astres (« Considérez les corps célestes: ils ne modifient pas leur parcours ») et celui des humains (« Or vous vous avez changé
vos œuvres »). Sur ce passage, voir M. PHILONENKO, « 'Les cieux et la terre
obéiront à Son Messie' (4Q521, 2, II, 1 et *Vie latine d'Adam et Ève*) », *Revue
d'histoire et de philosophie religieuses* 82 (2002), p. 115-122.

[uacat]

---

d. cf. Ps. 7, 12; II Mach. 12, 5; II Tim. 4, 8

---

(106) La leçon « les justes resplendiront comme le soleil », attestée par les deux manuscrits de R1c et par *Pa*, reprend littéralement *Mt* 13,43 (*iusti fulgebunt sicut sol*) et est sans doute secondaire. Il est difficilement imaginable que le *fulgebunt* du texte évangélique ait été remplacé par le pâle *remanebunt*, qui figure dans tous les autres témoins de lat-V.

(107) Pour le sens, il est possible de suivre la leçon de T: par opposition aux justes qui, par l'eau du baptême, seront purifiés de leurs péchés, ceux qui refuseront le baptême « seront condamnés » (*condemnati autem erunt*). Mais il s'agit là d'une tentative parmi d'autres d'améliorer un passage corrompu, caractérisé par l'emploi d'une forme du verbe *consequor*, dont le sens reste obscur dans R1 (R1d: *consecuti ... erunt*) et dans E (*consequenti*, placé entre croix par Mozley). Les autres témoins ont cherché à clarifier le passage de diverses manières. (1) Certains l'ont purement et simplement omis (*Pa*, R1e, B). (2) R2 l'a réécrit, en le combinant avec les termes du verset suivant (29.10): « Ils [les justes] seront purifiés en ce temps-là de leurs péchés, en obtenant la grâce par l'eau (*consequentes gratiam per aquam*). Mais ceux qui ne veulent pas être purifiés par l'eau seront châtiés lors du jugement du grand Dieu par Dieu le juste juge ». (3) *Up* (R1b) établit aussi une opposition claire entre « ceux qui en ce temps-là seront purifiés de leurs péchés par l'eau et obtiendront le Royaume de Dieu (*regnum dei consequentur*) » et « ceux qui ne veulent pas être purifiés par l'eau de sanctification [et] iront dans le feu éternel ». (4) Le texte de R1c témoigne d'une autre tentative de clarification: « Après cela d'autres se lèveront, qui veulent être purifiés par l'eau » (*consequor* devient *consurgo*, et *nolentes* est remplacé par *uolentes*).

(108) Dieu le juste juge: cf. *Ps* 7,12; *2 Macc* 12,5; *2 Tim* 4,8; *4 Esd* 14,32.

30 1 Et postquam factus est Adam nongentorum et triginta
annorum[a], **2** sciens quod dies uitae eius finiuntur dixit ad
Euam: Congregentur ad me omnes filii mei et benedicam eis
antequam moriar et loquar cum eis. **3** Et congregati sunt in
5   tres partes ante conspectum patris eorum, ante oratorium ubi
orabat dominum deum. **4** Et cum congregati fuissent omnes
una uoce dixerunt: Quid tibi est, pater, ut congregares nos? Et

---

30 1 et [om. *A R2*] postquam [uero *add. R2*] factus est [esset *T2*] Adam
R A E B T : cum Adam factus esset *Inc*   **1-2** nongentorum et triginta
annorum *R* : annorum nong. [noning. *T Inc*] et trig. [uno *add. B*] *E B T*
Inc annos nongentos trig. *A*   **2** sciens : quod nesciens *A*   quod *R1 T2*
Inc : quoniam *R2 A E B* quia *T1*   dies uitae [om. *A*] eius [eius uitae *B*]
finiuntur [finientur *R2*] *R A E B* : dies [eius *add.* T2 *Inc* uitae suae *add.*
T1] finirentur *T Inc*   **2-3** ad Euam *R1 E T Inc* : om. *A R2 B*   **3** ad me
omnes [uniuersi *B*] filii mei [et filiae *add. R2*] *R A B T* : coram me f. m. *E*
o. f. m. ante me *Inc*   **3-4** et [ut *A*] benedicam eis [eos *A*] antequam
moriar et loquar cum eis *R A B* : ut loq. cum eis [ipsis *Inc*] et ben. eis a.
m. *E T Inc*   **4** congregati sunt : conuenerunt *E*   **5** ante conspectum [in
-ctu *E B*] patris eorum *R E B T Inc* : ante c. eius *A*   ante oratorium
ubi [in quo *R2*] *R E B T* : coram oratorio ubi *A* ante oraculum ubi *Inc*
6 orabat [Adam *add. R2*] dominum deum [om. *R2*] *R* : A. orabat ad dom.
d. *E* adorabat A. dom. *B* adorabant dom. d. *A* orare consueuerat [ad dom.
d. *add. T1*] *T1 Inc* consueuerunt orare ad dom. *T2*   *ante* et cum congregati *add.* erant autem numero [om. *Inc*] quindecim milia uirorum exceptis [absque *Inc*] mulieribus et pueri *T Inc*   cum congregati [coadunati
R2] fuissent *R B T Inc* : congregati *E* om. *A*   **6-7** omnes una uoce dixerunt *R E B T Inc* : interrogauerunt eum *A*   **7** quid tibi est pater [om.
R B] *R A E B T* : pater quid est tibi *Inc*   ut congregares nos *R1 A* :
cur [ut quid *B* et quare *Inc*] congregasti nos *R2 B Inc* quia -gasti [-gas *T*]
nos *E T*   et : aut *B*

---

30 1 Après qu'Adam eut atteint 930 ans[a], **2** sachant que les
jours de sa vie allaient à leur fin ([109]), il dit à Ève: « Que se
rassemblent auprès de moi tous mes fils, je les bénirai avant
de mourir, et je leur parlerai. » **3** Et ils se rassemblèrent en
trois groupes en présence de leur père devant l'oratoire où il
priait le Seigneur Dieu ([110]). **4** Et lorsqu'ils furent rassemblés,
tous d'une seule voix dirent: « Que t'arrive-t-il pour que
tu nous réunisses? Et pourquoi es-tu couché sur ton lit? »

---

(109) Si Adam réunit ses fils, c'est parce qu'il sait qu'il est sur le point
de mourir. Ce motif, propre à lat-V et à lat-P, mais absent de grec, arm et
geo, est typique du genre littéraire du discours d'adieu ou testament

30 1 (5 2) Consummatis igitur nongentis et triginta annis[a],
2 sciens Adam quia appropinquaret dies consummationis eius
dixit: Congregentur ad me omnes filii mei ut eos uideam
antequam moriar. **3** Congregati sunt itaque ad eum filii
5   eius erantque in tribulatione obseruantes ante lectum patris
sui in oratorio ubi adorabant dominum deum. **4** Dixerunt
autem ad eum filii eius: Quid tibi est, pater? Cur iacis?

---

a. cf. Gen. 5, 5

---

30 1 (5 2) Quand furent accomplies 930 années[a], **2** Adam,
sachant qu'approchait le jour où il achèverait sa vie ([109]), dit:
« Que se rassemblent auprès de moi tous mes fils pour que je
les voie avant de mourir. » **3** Et ses fils se rassemblèrent ainsi
auprès de lui, et ils étaient dans un grand tourment et se
tenaient attentifs devant le lit de leur père, dans l'oratoire
où ils adoraient le Seigneur Dieu ([110]). **4** Et ses fils lui
dirent: « Père, que t'arrive-t-il? Pourquoi es-tu couché? »

(voir par ex. *Testament de Lévi* 1,2; *Testament de Joseph* 1,1; *Testament de
Job* 1,1-4). Il est difficile d'expliquer l'origine de la variante de A, *quod
nesciens*. L'ignorance d'Adam contredit non seulement sa volonté de voir
ses fils « avant de mourir », mais aussi l'annonce que le Seigneur lui a faite
en lat-V 26.2 (« Voici que tu vas mourir »).

(110) L'oratoire d'Adam, mentionné ici dans toutes les recensions, a un
rôle central dans l'histoire des tablettes, qui est propre à lat-V: Seth y dé-
pose les tablettes de pierre et d'argile où il a écrit la vie de ses parents
(52.1); Salomon apprend, grâce aux tablettes de pierre, que le lieu où il les
a trouvées était aussi celui de l'oratoire d'Adam et que c'est à cet endroit
qu'il devra construire la « maison de Dieu », le Temple du Seigneur (52.2).
Pour l'auteur de notre texte, le Temple de Jérusalem est bâti sur l'emplacement de l'oratoire où Adam et Ève adoraient Dieu après leur expulsion et leur installation « à l'Orient » du paradis. Selon certaines traditions
juives, Adam fut enterré sur le mont du Temple, là où Dieu avait ras-
semblé la poussière dont il l'avait façonné (cf. GINZBERG, *Legends*, vol. I,
p. 101 et la note 137, vol. V, p. 126 = GINZBERG, *Légendes*, vol. 1, p. 76 et
244-246). Un des commentaires scripturaires retrouvés parmi les manuscrits de Qumrân, *Florilège* (4Q 174), 1,6 (*Écrits intertestamentaires*, p. 410),
évoque la construction d'un « sanctuaire d'homme » ou « sanctuaire
d'Adam » (*mqdš 'dm*). L'interprétation de ce texte est très discutée; voir
Michael O. WISE, « *4QFlorilegium* and the Temple of Adam », *Revue de
Qumrân*, 15/1-2 (1991) (= *Mémorial Jean Starcky*), p. 103-132.

quare iaces in lecto tuo? **5** Respondens Adam dixit: Filii mei,
male est mihi doloribus. Et dixerunt ad eum omnes filii eius:
10 Quid est, pater, male habere doloribus?

31 1 Tunc filius eius Seth dixit: Domine pater, forte desiderasti de fructu paradisi ex quo edebas, et ideo contristatus
iaces. **2** Dic mihi et uadam prope ianuas paradisi et mittam
puluerem in caput meum et proiciam me in terram ante portas
5 paradisi et plangam lamentatione magna deprecans dominum

---

8 lecto : lectulo *T2*   tuo : sic *Inc om. B T1*   [et *add. A*] respondens
Adam dixit *R1 A B* : -dit A. et dixit *R2 E T* -dit A. *Inc*   mei : *om. A*
9 male est mihi [mihi est *A*] doloribus *R1 A* : quia male est mihi in dol.
Inc malum est mihi in dol. meis *R2* mihi male est in dol. *T* male mihi est
dol. afficior *B* male mihi est et dol. sum uexatus *E*   **9-10** et dixerunt —
habere doloribus : *om. R2*   **9** ad eum omnes [*om. E*] filii eius *R1 A E* :
omnes filii [eius *add. T*] *B T* omnes *Inc*   **10** quid est [domine *add. T2*
hoc *add. Inc*] pater *R1 A B T Inc* : pater quid est *E*   male habere [in
add. T Inc] doloribus *R1 A T Inc* : male hab. *B* malum hab. et doloribus
uexari *E*
31 1 tunc filius eius Seth dixit *R A B T* : t. d. f. e. S. *E* post hoc d.
S. *Inc*   **1-9** domine pater — et dixit : *om. Inc*   **1** domine [mi *add. R2*]
pater *R E T* : dom. *A* pater *B*   forte [forsitan *R2 E*] *desiderasti R A E* :
ne f. desiderasti [desideras *B*] *B T*   **2** de fructu *R1 A B T* : comedere de
f. *E* fructum *R2*   **2-3** ex quo — ianuas paradisi et : *om. R2*   **2** ex quo
edebas *R1 A T* : unde ed. *B* de quo olim comedisti *E*   **2-3** ideo [*om. T*]
contristatus iaces [i. c. *A*] *R1 A E T* : contristaris desiderio eius *B*   **3** dic
mihi : indica ergo pater mihi si ita est *B*   et [ego *add. T*] uadam *R1 A B T* :
si uis quod uadam *E*   prope ianuas paradisi *R1 E* : ad [proximas *add. A*]
i. par. *A T* prope paradisum *B*   **4** in caput meum *R1 A B T* : in capite
meo *R2 E*   proiciam : prosternam *B*   in terram ante portas *R A E B* :
ad portas [ianuas *T2*] *T*   **5** [in *add. A E T1*] lamentatione magna
[maxima *B*] *R A E B T1* : in m. l. *T2*

---

5 Adam leur répondit: « Mes fils, je suis mal à cause des douleurs. » Et tous ses fils lui dirent: « Qu'est-ce, père, qu'être mal
à cause des douleurs? »

31 1 Alors son fils Seth dit: « Seigneur mon père, peut-être
as-tu désiré du fruit du paradis, dont tu mangeais, et c'est pour
cela que tu es couché là tout triste? **2** Dis-le moi et j'irai près
des portes du paradis, je mettrai de la poussière sur ma tête
et je me prosternerai contre terre devant les portes du paradis et je me frapperai la poitrine dans une grande lamentation en priant le Seigneur Dieu. Peut-être m'entendra-t-il et

5 Dixit autem Adam: Mihi quidem male est. Qui responderunt ei: Pater, quid est male habere?

31 (6) 1 Dixit autem filius eius: Pater, ne forte de paradisi fructu gustare desideres? 2 Dic mihi si ideo tristeris. Vadam equidem proxime ante paradisi portas mittamque puluerem in capite meo, dominum deum cum magna lamentatione deprecans.

---

5 Adam leur dit: « Je suis mal. » Et ils lui répondirent: « Père, qu'est-ce qu'être mal? »

31 (6) 1 Son fils dit: « Père, ne désires-tu pas peut-être goûter du fruit du paradis? 2 Dis-moi si c'est pour cela que tu es triste. 2 J'irai moi-même le plus près possible devant les portes du paradis et je mettrai de la poussière sur ma tête en priant le Seigneur Dieu dans une grande lamentation. Peut-être

deum. Forsitan audiet me et mittet angelum suum et afferet
mihi de fructu quem desideras. 3 Respondit Adam et dixit:
Non hoc desidero, fili, sed infirmor et dolores habeo magnos in
corpore meo. 4 Respondit Seth et dixit: Quid est dolor, domine
10 pater, nescio, sed noli nobis abscondere, pater, dic nobis.

    32 1 Respondit Adam et dixit: Audite me, filii mei! Quando
fecit nos dominus, me et matrem uestram, posuit nos in paradisum et dedit nobis omnem arborem fructiferam ad edendum

---

6 deum : *om. A*   forsitan audiet — angelum suum : *om. R2*   forsitan
audiet *R1 A* : [et *add. E B*] forte [forsitan *B*] exaudiet *E B T*   **6-7** et
afferet mihi *R1 B T* : et [ut *E*] adferat m. *A E* et afferam *R2*   **7** de
fructu : fructum *T2*   quem desideras : quod -rasti *A*   *post* desideras
add. ut manduces et obliuiscaris *B*   **7-9** respondit Adam — corpore meo :
om. T   **7** respondit Adam et dixit [ad Seth *add. R1*] *R A E* : respondit
A. *B*   **8** non hoc desidero fili *R1* : non fili mi non d. *A B* non fili non hoc
d. *R2* fili non d. *E*   **8-9** infirmor et dolores habeo magnos [d. m. habeo
R2] in corpore meo *R E* : infirmitatem et dolorem magnum h. in c. meo *A*
dolores patior *B*   **9** respondit Seth et dixit *R B* : r. S. *A E* [et *add. T2*]
dixit iterum S. *T*   **9-10** quid est [sit *R1*] dolor domine pater nescio *R1*
A : nescio quid est dolor *E* q. est dolor dom. [*om. B T1*] pater *R2 B T*
pater q. est dolor dic nobis *Inc*   **10** sed noli — dic nobis : *om. Inc*   sed
noli nobis abscondere pater [sed *add. A*] dic nobis *R1 A* : noli n. absc.
quidquam *R2* noli a nobis absc. [sed *add. B*] dic nobis [quia penitus ignoramus *add. T2*] *B T* non uis dicere quare abscondis a nobis *E*
    32 1 [et *add. A*] respondit Adam et dixit *R1 A T Inc* : et -dens A. d. *B*
[et *add. E*] dixit A. *R2 E*   audite me [omnes *add. E*] filii mei *R1 A E B*
T2 : filii mei *Inc* fili mi *R2 om. T1*   **2** fecit nos dominus [deus *R2 B*
deus *add. T2*] me et matrem uestram *R B T2* : f. me deus [dom. *T1*] et m.
u. *A T1 Inc* dom. d. f. me et m. u. *E*   posuit *R1 B T2 Inc* : et posuit
R2 A E T1   paradisum *R1 A T1* : -iso *R2 E B T2 Inc*   **3** omnem [*om.
T1*] arborem fructiferam *R1 A E T* : omnes arbores -feras *Inc* omnis arboris fructum [fr. omnis arb. *B*] *R2 B*

---

enverra-t-il son ange qui m'apportera du fruit que tu désires. »
3 Adam répondit et dit: « Non, mon fils, je n'en désire pas,
mais je suis malade et j'ai de grandes douleurs dans mon
corps. » 4 Seth répondit et dit: « Ce qu'est la douleur, seigneur
mon père, je ne le sais pas; mais ne nous le cache pas, père,
dis-le nous. »

    32 1 Adam répondit et dit: « Écoutez-moi, mes fis! quand le
Seigneur nous fit, moi et votre mère, il nous installa dans le paradis et nous donna à manger tout arbre portant du fruit à manger

5 Ipse enim me forsitan audiet fructumque de quo desideras mihi mittet. 3 Cui pater: Noli, inquit, fili, quia nec illud desidero, sed male infirmor, dolores utique habens magnos. 4 Cui filius: Quid sunt, domine, dolores? Noli mihi abscondere, pater.

32 (7) 1 Cui Adam: Quando dominus deus me et matrem uestram in paradiso posuit, dedit nobis omnem arborem ⟨fructiferam ad edendum et dixit nobis ut arborem⟩ quae

---

32 (7) 3 fructiferam ad edendum et dixit nobis ut arborem *addidi* : *om. Pr*

---

m'entendra-t-il et me fera-t-il apporter du fruit que tu désires. » 3 Son père lui dit: « Non pas, mon fils, car ce n'est pas cela que je désire, mais je suis très malade et surtout j'ai de grandes douleurs. » 4 Son fils lui dit: « Que sont les douleurs, seigneur? Ne me le cache pas, père. »

32 (7) 1 Adam lui dit: « Quand le Seigneur Dieu nous installa, moi et votre mère, dans le paradis, il nous donna à manger tout arbre <portant du fruit, et c'est de l'arbre> ([111]) seulement

---

([111]) Correction d'après lat-V de l'omission accidentelle de *Pr* (saut du même au même sur *arborem*).

et dixit nobis ut de arbore scientiae boni et mali, quae est in
5   medio paradisi, ne comederemus[a]. **3b** Dominus autem partitus
erat mihi paradisum et matri uestrae et dedit mihi dominus

---

4 dixit : interdixit *A*   ut : ne *R2 om. A*   **5** medio paradisi : m. -iso *T2*
ne [non *T Inc om. R2 (cf. lin. 4)*] comederemus : ne comedatis ex eo *A*
5-8 dominus autem — et occidentis: *om. T1 T2 (excepto T2d) Inc*
5 dominus autem *R E T2d* : deus autem *A* et ipse dom. noster *B*
5-6 partitus erat — matri uestrae : posuerat nos in paradiso *E*   partitus
erat [est *T2d*] mihi paradisum *R1 T2d* : partem dedit -isi mihi *A* partem
-isi dederat mihi *R2 B*   **6-7** et dedit mihi dominus deus [*om. T2d*] partes
orientis et boreae quae est contra aquilonem *R1 T2d* : [scilicet *B*] mihi
partem orientis et eburie quae est c. aq. *R2 B* dedit mihi potestatem in
oriente et in parte quae est c. aq. *E* arborem orientalis partis c. aq. dedit
mihi *A*

---

et il nous dit de ne pas manger de l'arbre de la connaissance du bien et du mal, qui est au milieu du paradis[a] ([112]).
3b Le Seigneur avait partagé le paradis, entre moi et votre
mère; le Seigneur me donna les parties de l'orient et du

---

(112) Toutes les recensions s'accordent pour rappeler l'ordre divin de ne
pas manger de l'arbre de la connaissance (32 [7].1), mais elles divergent
ensuite dans leur manière de présenter les éléments du récit de la transgression: (1) le paradis a été partagé entre Adam et Ève; (2) les anges
montent au ciel pour adorer Dieu; (3) Ève, trompée par Satan, mange du
fruit défendu; (4) elle en donne à Adam qui le mange à son tour. Le tableau est le suivant:

lat-V	1-2-3-4
lat-P	2-3-4-1-2-3
gr	2-3-4
arm	2-3-4-1-2-3-4
geo	2-3-4-1-2-3-4

La mention du partage géographique du paradis (élément 1) est primitive
— elle explique pourquoi Adam et Ève étaient séparés au moment de la
tentation — et son absence dans le grec résulte d'une omission, contrairement à ce que pensait NAGEL (I, p. 125). La répétition de la séquence 2-3-4
dans arm-geo et 2-3 dans lat-P fait problème. On hésitera entre deux ex-
plications. D'un côté, on peut considérer que la structure plus fluide de
lat-V est première et que la répétition présente dans lat-P, arm et geo est un
doublon. De l'autre, on peut mettre en évidence le fait que la première
séquence se termine par la mention qu'Adam était *dans l'ignorance* lorsqu'il

erat in medio paradisi, scientiae boni et mali arborem, tan-
5 tummodo non ederemus[a]. 2 Sed aduersarius Sathanas, quando
angeli in caelum per consuetudinem ascenderunt adorare dominum deum, ea hora seducendi matrem uestram locum
adinuenit, dicens ut illicita de arbore comederet. 3a Quae
manducauit mihique porrexit. Ego quidem manducaui[b] ne-
10 sciens, 3b quod partierat mihi deus et matri uestrae ut paradisum custodiremus, et angelis simul nobiscum, mihi quoque

a. cf. Gen. 2, 15-17
b. cf. Gen. 3, 4-6

qui est au milieu du paradis, l'arbre de la connaissance du bien
et du mal, qu'il nous dit de ne pas manger[a] ([112]). 2 Mais Satan
l'adversaire, à l'heure même où les anges selon l'usage montèrent adorer le Seigneur, trouva l'occasion de tromper votre
mère en lui disant de manger de l'arbre interdit. 3a Elle en
mangea et me l'offrit. Et moi j'en mangeai[b], sans savoir ([113]),
3b parce que le Seigneur avait partagé le paradis, entre moi
et votre mère, pour que nous le gardions, et les anges (le gar-
daient) avec nous; il m'attribua à moi la région de l'orient et

a mangé du fruit donné par Ève (32.3a lat-P arm geo) et que la seconde
séquence a pour fonction de préciser pourquoi Satan a réussi à tromper
Ève, en mettant à profit un moment où il savait que ni Adam ni les anges
ne se trouvaient auprès d'elle (32.3b-33.3).
   (113) Le texte de lat-P confirme celui d'arm-geo. Si Adam a mangé du
fruit de l'arbre défendu, c'est par ignorance, parce qu'il n'en connaissait pas
l'origine, à cause du partage des régions du paradis entre les deux protoplastes. Sur le motif de l'ignorance d'Adam, voir G. A. ANDERSON. « The
Original Form of the *Life of Adam and Eve*: A Proposal », dans G. A.
ANDERSON – M. E. STONE – J. TROMP, éds, *Literature on Adam and Eve.
Collected Essays* (*Studia in Veteris Testamenti Pseudepigrapha* 15), Leiden
2000, p. 215-231 (p. 219-220). On notera la variante isolée de la rédaction
A en 30.1, qui porte sur un autre aspect de l'ignorance d'Adam: *quod nes-
ciens quoniam dies eius finiuntur.*

deus partes orientis et boreae quae est contra aquilonem, et matri uestrae partem austri et occidentis.

33 1 Et dedit nobis dominus deus angelos duos ad custodiendum nos. **2** Venit hora ut ascenderent angeli in conspectu dei adorare. Statim inuenit locum aduersarius diabolus, dum absentes essent angeli dei, et seduxit matrem uestram ut
5 manducaret de arbore illicita et contradicta, **3** et manducauit et dedit mihi[a].

---

7 et matri : m. autem *R2*   **8** uestrae *R1* : *uestrae dedit *A E B T2d* u. dederat *R2*   partem austri et occidentis *R* : *partem austri et partem occidentis [occidentalem *A*] *A B* austrum et partem occidentis *E*   austri et occidentis *T2d*.

33 1 et : *om. A*   dominus deus *R A B* : dominus *T1 om. E T2 Inc*
1-2 angelos duos [duos a. *E T*] ad custodiendum [-dos *A*] nos *R A E T Inc* : duos ang. ad nos -dos *B*   **2** uenit : et ut u. *B* u. autem *Inc*   ut ascenderent : ut [*om. B*] -derunt *A B*   **2-3** in conspectu dei [domini *B T*] adorare [ad orandum *R2*] *R A B T* : adorare in c. dom. *Inc* in -tum dei ut adorarent eum *E*   **3-4** statim inuenit — matrem uestram : st. uenit dyabolus et seduxit m. u. *Inc*   **3** statim : et st. *T2*   **3-4** inuenit locum — angeli dei : cum absentes erant angeli inu. locum diabolus *R2*
3 inuenit : habuit *B*   aduersarius [noster *add. T*] diabolus *R1 A B T* : diabolus in matrem uestram *E*   **3-4** dum absentes essent [fuissent *T2*] angeli dei [*om. A*] *R1 A T* : absentibus angelis dei *B om. E*   **4** *post* seduxit *add.* diabolus *A*   matrem uestram : eam *E*   **4-5** ut manducaret *R A B T Inc* : et fecit eam manducare *E*   **5** illicita et contradicta *R A B* : ill. et prohibita *E* ill. et interdicta *T* ill. *Inc*   **6** dedit mihi : porrexit mihi et manducaui *E*

---

nord qui est face à l'aquilon, et à votre mère la partie du sud et de l'occident ([114]).

33 1 « Et le Seigneur Dieu nous donna aussi deux anges pour nous garder. **2** L'heure vint où les anges montèrent en présence de Dieu pour l'adorer. Aussitôt l'adversaire, le diable, trouva l'occasion pendant que les anges de Dieu étaient absents, il trompa votre mère pour qu'elle mange de l'arbre interdit et défendu, **3** et elle en mangea et m'en donna[a].

tribuens partem orientis et boreae quae est aquilo, matrique
uestrae partem austri et occidentis.

33 1 Habentes igitur duodecim angelos nobiscum, **2** dum
ascenderunt angeli adorare dominum deum, locum inuenit se-
ducere eam diabolus, quia non praesens eram neque angeli.

---

a. cf. Gen. 3, 6

---

du nord qui est l'aquilon, et à votre mère la partie du sud et
de l'occident ([114]).

33 1 « Et nous avions donc douze anges avec nous. **2** Quand
les anges montèrent adorer le Seigneur Dieu, le diable trouva
l'occasion de la tromper, car ni moi ni les anges n'étions présents.

---

(114) Dieu a réparti entre Adam et Ève la tâche de garder le paradis.
Ici, la distribution est purement géographique, selon le témoignage commun de lat-V, lat-P, arm et geo (le grec manque): à Adam, l'orient et le
nord, à Ève le sud et l'occident. En 45 (15).3-4, la distribution dépend du
sexe: les animaux mâles sont dans le lot d'Adam et les femelles dans celui
d'Ève, avec charge à chacun d'eux de les nourrir (lat-P, gr, arm et geo).

34 1 Et statim iratus est nobis dominus deus et dixit ad me: **2** Quoniam dereliquisti mandatum meum et uerbum meum quod statui tibi non custodisti, ecce inducam in corpore tuo septuaginta plagas diuersis doloribus, ab initio capitis, oculo-
5 rum et aurium usque ad ungulas pedum, et per singula membra torqueris. Haec deputauit in flagellationem dolorum una cum ardoribus. Haec omnia misit dominus ad me et ad omne genus nostrum.

34 1 et : *om. R2*   nobis [mihi *Inc*] dominus deus *R1 A B T Inc* : nobis dom. d. in furore *R2* nobis in furore dom. d. *E*   ad me [dominus *add. A*] : mihi *R2 om. Inc*   **2-3** quoniam dereliquisti — non custodisti : quoniam der. mandatum quod statui tibi *B* ex quo non custodisti mandatum meum *Inc*   **2** quoniam *R E T1* : eo quod *A* quare *T2*   uerbum meum *R A E* : uerbum *T*   **3** ecce : *om. Inc*   in corpore tuo *R E B* : in corpus tuum *A* corpori tuo *T Inc*   **4** diuersis doloribus *R A T* : de diu. dol. *E Inc* doloris *B*   ab initio : a summitate *E*   **4-5** [et *add. A*] oculorum et [atque *R2*] aurium *R A E* : oculorum ab ore *T om. B Inc*   **5-6** et per singula membra torqueris [torqueberis *R2*] *R* : et per s. m. torquimini *A* ut per s. m. torquaris *B* [qui *add. Inc*] per s. m. torquebunt te *T Inc* et in singulis membris torquemini *E*   **6-7** haec [hoc *T*] deputauit in flagellationem [-onibus *T*] dolorum una cum ardoribus [arboribus *T2*] *R1 E T* : hoc dep. mihi in inflammatione dol. meorum una cum ard. *R2* hic putauit in flagellationem dolori uno cum arboribus *A* et deputati sumus inflationem doloribus una cum ard. *B om. Inc*   **7** haec omnia *R E B T Inc* : h. autem omnia *A*   dominus ad me *R1 A B* : dom. ad nos *E* dom. in me *T Inc* mihi dom. *R2*   **7-8** ad [in *T Inc*] omne genus nostrum [humanum *B*] *R1 B T Inc* : ad omnem generationem nostram *E* omnes generationes nostras *A* omni genere nostro *R2*

34 1 « Et aussitôt le Seigneur Dieu se mit en colère contre nous et me dit: **2** "Parce que tu as abandonné mon commandement et que tu n'as pas gardé la parole que je t'avais prescrite, voici que j'introduirai dans ton corps soixante-dix plaies, avec des douleurs différentes, depuis le sommet de la tête, des yeux et des oreilles jusqu'aux ongles des pieds, et dans chacun des membres tu seras tourmenté." C'est cela qu'il a préparé comme fléau des douleurs, en même temps que les fièvres. C'est tout cela que le Seigneur m'a envoyé, à moi et à toute notre race (116). »

(115) Je supprime la majuscule initiale de *Diuersos* et je corrige *nuntio* en *initio*. La mention de la mort comme châtiment de la transgression est un motif ajouté; elle ne figure pas dans lat-V, gr et arm, mais elle a un pendant dans geo: *Dieu me fit ceci pour me faire périr.*

34 (8) 1 Dum autem manducaremus, continuo iratus est nobis dominus deus. Et dixit ad me: **2** Quoniam derelinquisti mandata mea, et uerba mea quae statui tibi non custodisti, ecce iam induxi mortem tibi, uiginti et unum diuersos etiam
5 dolores, ab initio capitis et oculorum et aurium usque ad ungulas pedum, et per singula membra torquemini. Quae deputauit in flagellatione †una cum interioribus†. His uero me tetigit dominus deus in nouissimis temporibus.

---

34 (8) 4-5 uiginti et unum diuersos etiam dolores ab initio *conieci* : XXI Diuersos etiam dolores nuntio *Pr*   **7** deputauit *correxi* : deputaui *Pr*

---

34 (8) 1 « Dès que nous eûmes mangé, aussitôt le Seigneur Dieu se mit en colère contre nous. Et il me dit: **2** "Parce que tu as abandonné mes commandements et que tu n'as pas gardé les paroles que je t'avais prescrites, voici que j'ai introduit pour toi la mort, et aussi vingt et une douleurs différentes, depuis le sommet de la tête (115), des yeux et des oreilles, jusqu'aux ongles des pieds, et dans chacun des membres vous serez tourmentés." C'est cela qu'il a préparé comme fléau † ... †. C'est par cela que le Seigneur m'a frappé dans les derniers temps (116). »

---

(116) Traduction hypothétique d'un passage difficile à interpréter et obscur dans toutes les recensions. Nous prenons le verbe *deputo* au sens postclassique d'« assigner, destiner, préparer ». La 1ère personne *deputaui* de *Pr* doit sans doute être corrigé en *deputauit* sur la base de lat-V et arm (« Cela a été compté pour moi [?] ») — à moins de donner à *deputo* un autre sens qu'en lat-V: « c'est cela que j'ai considéré comme un fléau ». Dans A, que W. Meyer a édité en mettant une croix devant *dolori uno cum arboribus*, la mention des arbres reste incompréhensible. Il en va de même dans *Pr* (lat-P) de l'expression *una cum interioribus*. Le contexte nous incite à traduire *ardores* par « fièvres ». Dans les traductions de VLAE, *flagellatio* est habituellement rendu par « châtiment », mais il est préférable de retenir le sens premier de « supplice du fouet, tourment, fléau ». En lat-V, l'expression *flagellatio dolorum* reprend la désignation double qui précède, *septuaginta plagas diuersis doloribus*, « soixante-dix plaies avec des douleurs différentes »; elle évoque la « douleur de la plaie » d'*És* 30,26 dans la LXX (τὴν ὀδύνην τῆς πληγῆς σου ἰάσεται; VL: *dolorem plagae tuae sanabit*), qu'Irénée cite et interprète en *Adv. haer.* 5,34,2: « La "douleur de la plaie",

35 1 Haec dicens Adam ad omnes filios suos comprehensus est magnis doloribus, et clamans magnis uocibus dicebat: Quid faciam, infelix, positus in tantis doloribus? **2** Et cum uidisset eum Eua flentem, coepit et ipsa flere dicens: Domine deus, in
5 me transfer dolores eius, quoniam ego peccaui. Et dixit ad Adam: Domine mi, da mihi partem dolorum tuorum, quoniam mea culpa haec tibi accesserunt.

---

35 1 haec dicens : et cum hoc dixisset *Inc*   ad : et *B*   **1-2** comprehensus est : comprehendit *B*   **2** et clamans magnis uocibus dicebat *R A E* : et [*om. Inc*] exclamans magna uoce [u. m. *Inc*] dicebat [dixit *Inc*] *T Inc* et cl. m. doloribus constrictus d. *B*   **2-3** quid faciam infelix positus *R1 A E B* : inf. q. f. pos. *R2* q. f. inf. et miser ego pos. *T1* q. f. ego miser et inf. pos. *T2* o quam ego inf. et miser pos. sum *Inc*   **3** tantis : talibus *A post* doloribus *add.* et plangebat lacrimabiliter *Inc*   et cum *R1 A E B* : cum autem [*om. T2*] *R2 T Inc*   **3-4** uidisset eum *R A B T Inc* : haec audisset *E*   **4** flentem : *om. E*   coepit et ipsa flere dicens *R A B T* : c. fl. et lamentare dic. *Inc* fl. c. et dixit *E*   domine deus [meus *add. A Inc*] *R2 A E B T1 Inc* : domine meus *R1* dom. mi *T2*   **4-5** in me transfer dolores [-rem *A*] eius [ipsius *E*] *R A E B T1* : tr. in me dolores e. *T2 Inc*   quoniam ego [*om. A*] peccaui *R1 A E T Inc* : quia ego p. et non ipse *B* quem ego pecando laesi *R2*   dixit : d. Eua *A*   **6** mi : *om. T2 Inc*   partem [par *A*] dolorum tuorum *R A E B T* : d. t. p. *Inc*   **7** [a *add. T*] mea culpa haec [*om. R2*] tibi accesserunt [*acciderunt E T*] *R E T* : haec mea c. acciderunt tibi *B* a me culpa haec tibi accessit *A* c. mea est *Inc*

---

35 1 Pendant qu'Adam parlait ainsi à tous ses fils, il fut saisi de grandes douleurs, et poussant de grands cris il disait : « Que ferai-je, malheureux que je suis, plongé dans de si grandes douleurs ? » **2** Et lorsqu'elle le vit pleurer, Ève se mit elle-même à pleurer en disant : « Seigneur Dieu, fais passer en moi ses douleurs, car c'est moi qui ai péché. » Et elle dit à Adam : « Mon seigneur, donne-moi une part de tes douleurs, parce que c'est par ma faute qu'elles t'ont atteint ([117]). »

---

c'est celle de cette plaie dont fut frappé l'homme à l'origine, lorsqu'il désobéit en Adam; cette plaie, qui est la mort, Dieu la guérira en nous ressuscitant d'entre les morts et en nous établissant dans l'héritage des pères .... »; cf. D. R. SCHULZ, « The Origin of Sin in Irenaeus and Jewish Pseudepigraphical Literature », *Vigiliae Christianae* 32 (1978), p. 164-166.

35 (9) 1 Haec autem dum diceret Adam ad filios suos, apprehendens eadem hora dolores clamabat uoce magna dicens: Quid infelix faciam in tantis doloribus positus? **2** Cum uero uidisset Eua flentem eum, coepit et ipsa flere cum lacrimis dicens: Domine deus, in me transfer dolores eius, quoniam ego peccaui. Deinde dixit ad Adam: Domine meus, da mihi mediam partem dolorum tuorum, quoniam mei causa haec tibi acciderunt.

---

35 (9) 8 acciderunt *conieci* : acceperunt *Pr*

---

35 (9) 1 Pendant qu'Adam parlait ainsi à ses fils, à ce moment même il ressentit des douleurs et il criait d'une voix forte en disant : « Que ferai-je, malheureux que je suis, plongé dans de si grandes douleurs ? » **2** Quand elle le vit pleurer, Ève se mit elle-même à pleurer en disant avec des larmes : « Seigneur Dieu, fais passer en moi ses douleurs, car c'est moi qui ai péché. » Ensuite elle dit à Adam : « Mon seigneur, donne-moi la moitié de tes douleurs, parce que c'est par ma faute qu'elles te sont arrivées ([117]). »

Mais on relèvera que dans l'interprétation qu'Irénée donne de la « douleur de la plaie » d'*És* 30,26, Adam est frappé par une plaie unique, qui est la mort, alors que VLAE parle de « soixante-dix plaies avec des douleurs différentes », c'est-à-dire de l'ensemble des maladies singulières qui affectent chaque partie du corps humain.

(117) La prière adressée à Dieu, « fais passer en moi ses douleurs car c'est moi qui ai péché », est propre aux recensions latines. Les autres recensions (gr, arm, geo) ne connaissent qu'une demande d'Ève adressée à Adam pour qu'il partage avec elle les douleurs qui l'accablent.

36 1 Et dixit Adam: Surge et uade cum filio meo Seth prope ad portas paradisi, et mittite puluerem in capita uestra et prosternite uos et plangite ante conspectum domini dei. **2** Forsitan miserebitur et transmittet angelum suum ad arborem misericordiae, de qua currit oleum uitae, et dabit uobis ex ipso modicum, ut ungatis me ex eo et quiescam ab hiis doloribus quibus consumor.

37 1 Et abierunt Seth et mater eius contra portas paradisi, et dum ambularent, ecce subito uenit serpens bestia et impetum

---

36 1 Adam *R1 E* : ad eam A. *B* A. ad Euam *A T Inc* A. Euae *R2* surge [cito *add. Inc*] *R T Inc* : exsurge *A* exurge *E B*   meo *R1 A T1* : tuo *E R2 B Inc* nostro *T2*   **1-2** prope ad portas *R1* : et uade prope p. *B* ad p. [portam *T2*] *T Inc* iuxta p. *E* ad proximas partes *R2* ad proximum *A*   **2** et mittite : inmittite *B*   in [super *Inc*] capita uestra *R1 A E T Inc* : in -te -tro *B* in -tibus -tris *R2*   **3** *post* uos *add.* in terram *A B Inc*   et : atque *R2*   ante conspectum domini dei *R E B Inc* : in -tu dei *A* in -tu dom. [d. nostri *add. T1*] *T*   forsitan : et f. *E*   **4** miserebitur *R1 A B* : m. mei *R2 Inc* m. nostri *T* m. uestri *E*   transmittet *R1 T Inc* : mittet *B* iubet [iubebit *R2*] transmittere *R2 A E*   suum : *om. Inc*   **4-5** ad arborem misericordiae : de -re m. suae *A*   **5** de qua currit [stillat *T2*] oleum uitae *R A E B T* : ex qua fluit oleum *Inc*   **5-6** ex [de *Inc*] ipso modicum : m. ex eo *T2 om. B*   **6** ungatis me *R B T Inc* : unguatis me *E* me unguatis *A*   ex eo [ipso *T1*] *R1 A E B T* : *om. R2 Inc*   et *R T Inc* : ut *A E B*   **6-7** quiescam ab — quibus consumor : recedent dolores a me quibus patior *Inc*   **7** [ex *add. A*] quibus consumor *R A B T* : ex q. crucior fatigatus *E*

37 1 mater eius : m. e. Eua *E*   contra portas *R1 A* : ad portas *R2 T Inc* uersus [in *B*] partes *E B*   *post* paradisi *add.* sicut dixit eis Adam *T1*   **2 – 40 3** et dum ambularent — Adam infirmum : *om. T1 Inc* **2** ambularent *R A E B* : in uia a. *T2*   ecce : *om. E*   uenit : *om. B* bestia : *om. R2*   **2-3** et [*om. R2 B*] impetum faciens *R A B T2* : impietatis et faciem *E*

---

36 1 Et Adam lui dit: « Lève-toi, et va-t-en avec mon fils Seth près des portes du paradis; mettez-vous de la poussière sur la tête et prosternez-vous et frappez-vous la poitrine en présence du Seigneur Dieu. **2** Peut-être aura-t-il pitié et enverrat-il son ange jusqu'à l'arbre de miséricorde, d'où coule l'huile de vie, et vous en donnera-t-il un peu, pour que vous m'en fassiez des onctions et que je me repose de ces douleurs qui m'épuisent. »

37 1 Et Seth et sa mère s'en allèrent vers les portes du paradis, et pendant qu'ils marchaient, voici qu'arriva tout à coup

36 1 (9 3) Cui Adam: Exurge et uade cum filio meo proxime paradiso terramque in capite uestro mittite et
prosternite uos et plangite in conspectu domini. **2 (9 4)** Forsitan deus miserebitur mihi angelumque suum ubi est arbor
5   misericordiae transmittet, de qua currit oleum uitae, dabitque
inde modicum unguere me, ut quiescam ab his doloribus quibus consumor.

37 (10) 1 His auditis abiit filius cum matre eius contra paradisum. Dum autem ambularent, uidit Eua quoniam subito

---

36 1 (9 3) Adam lui dit: « Lève-toi, et va-t-en avec mon fils
Seth au plus près du paradis; mettez-vous de la terre sur la
tête et prosternez-vous et frappez-vous la poitrine en présence
du Seigneur. **2 (9 4)** Peut-être Dieu aura-t-il pitié de moi et enverra-t-il son ange là où est l'arbre de miséricorde, d'où coule
l'huile de vie, et il vous en donnera un peu pour m'en oindre,
afin que je me repose de ces douleurs qui m'épuisent. »

37 (10) 1 A ces paroles, le fils avec sa mère s'en alla vers le
paradis. Pendant qu'ils marchaient, Ève vit arriver tout à coup

faciens momordit Seth. **2** Et cum uidisset Eua fleuit dicens: Heu me misera, quoniam maledicta sum, quia non
5 custodiui praeceptum domini. **3** Et dixit Eua uoce magna ad
serpentem: Bestia maledicta, quomodo non timuisti te mittere
in imaginem dei et ausa es pugnare cum ea? Aut quomodo
praeualuerunt dentes tui?

   38 1 Respondit serpens bestia uoce humana: O Eua, Eua,
numquid ad nos est malicia nostra? Nonne contra uos est dolor

---

3 momordit [morsit *A B*] Seth *R A B* : Seth momorsit *E om. T2*   et *R1*
A B : quod *R2 E* hoc *T2*   uidisset : audisset *A*   **3-4** fleuit [amare *add.*
E] dicens *R E B T2* : saeuit *A*   **4** me [*om. R2*] misera *R* : sum misera *B*
mihi -rae *A T2* me -ram *E*   **4-5** quoniam maledicta sum quia non custodiui praeceptum domini [praecepta dei *A*] *R A* : maledicta quia non
cust. praecepta *B* quoniam mal. sum et omnes qui non custodiunt -cepta
dom. dei *E* quam maledicti sunt qui non -diunt praeceptum domini *T2*
5-6 Eua uoce magna ad serpentem *R1* : Eua ad s. u. m. *A* u. m. Eua ad
s. *T2* ad s. u. m. *E* ad s. [bestiam *add. B*] *R2 B*   **6** [o *add. E*] bestia maledicta *R A E T2* : heu te -cte *B*   quomodo *R1 A E* : cur *R2* quare *B*
T2   **6-7** te mittere in *R1* : m. te ad *A E* dentes tuos m. in *T2* inmittere
te in *B* laedere *R2*   **7** et ausa — cum ea : *om. B*   et [cur *R2*] ausa es
R : sed ausus es *A* [et *add. T2*] quomodo ausus es *E T2 om. B*   **7-8** aut
quomodo — dentes tui : *om. A*   **7** quomodo *R1 E T2* : cur *R2* quare *B*
   38 1 respondit serpens [*om. A*] bestia [*om. R2*] uoce humana *R A* :
respondens s. b. dixit u. h. *B* respondit s. et dixit uoce magna *E* -dit b. et
dixit *T2*   o Eua Eua *R1* : o Eua *R2 A B T2 om. E*   **2** numquid ad —
malicia nostra : *om. T2*   ad nos est malicia nostra *R1* : non ad nos m.
uestra *R2* non ad uos est malicia nostra *A B* non coram domino m. uestra *E*   nonne : numquid *B*   **2-3** est dolor furoris nostri *R B T2* : est
furor noster *A* excitauit furores nostros *E*

---

un serpent, une bête; et il se lança à l'attaque et mordit Seth.
2 A cette vue, Ève pleura et dit: « Malheur à moi, car je suis
maudite parce que je n'ai pas gardé le commandement du Seigneur ([118]). » **3** Et d'une voix forte, Ève dit au serpent: « Bête
maudite, comment n'as-tu pas craint de t'attaquer à l'image de
Dieu et as-tu osé combattre contre elle? Et comment tes dents
ont-elles eu le dessus? »

   38 1 Le serpent, la bête, répondit d'une voix humaine ([119]):
« Ève, Ève, est-ce que notre méchanceté nous concerne?

---

(118) Après l'exclamation d'Ève (« Malheur à moi »), la tradition textuelle de lat-V se partage entre deux leçons: « car je suis maudite parce
que je n'ai pas gardé le commandement du Seigneur » (leçon de R1c, R2,

uenit bestia impetum faciens filiumque eius momordit et filius
pugnabat cum ea. **2** Quod cum uidisset Eua plorauit dicens:
5 Miserere, fili mi, quoniam cum uenero in die iudicii omnes me
maledicent, quia non custodiui praeceptum domini dei.
3 Deinde uoce magna bestiae dixit: Maledicte, quoniam
praeualuisti te mittere imagini dei et ausus es pugnare cum ea.
An quia eiecti sunt filii tui, an quoniam praeualuerunt dentes
10 tui ad pugnam?

38 (11) 1 Cui bestia: O Eua, numquid non est ad maliciam
uestram et hic dolor furoris uestri, quoniam initium bestiarum

---

une bête qui se lançant à l'attaque mordit son fils, et celui-ci
se battait avec elle. **2** A cette vue, Ève pleura et dit: « Pitié,
mon fils ! car quand j'arriverai au jour du jugement, tous me
maudiront parce que je n'ai pas gardé le commandement du
Seigneur Dieu. » **3** Puis d'une voix forte, elle dit à la bête:
« Maudite sois-tu, car tu as eu l'audace de t'attaquer à l'image
de Dieu et tu as osé combattre contre elle. Est-ce parce que
tes fils ont été jetés dehors, ou bien parce que tes dents ont
eu le dessus au combat? »

38 (11) 1 La bête lui répondit: « O Ève, n'est-elle pas en
rapport avec votre méchanceté, cette douleur due à votre

A, B; cf. lat-P, grec, arm-geo) et « car ils sont maudits ceux qui n'ont pas
gardé le commandement du Seigneur » (leçon de *Up* R1d+e et T2). E
donne un texte intermédiaire: « car je suis maudite, et aussi ceux qui n'ont
pas gardé les commandements du Seigneur Dieu ». Au lieu de *quoniam
maledicta sum* [*maledicti sunt*], on peut hésiter à lire *quam maledicta sum*
[*maledicti sunt*] avec un sens exclamatif: « combien suis-je maudite »
(« combien sont-ils maudits ») — la proximité entre l'abréviation de *quam*
et celle de *quoniam* rend possible une telle lecture.

(119) La précision « d'une voix humaine » est propre aux plus anciens
témoins de lat-V et se trouve déjà dans *Pa*, qui précise l'origine de l'information (*ut ferunt physici*). La leçon « d'une voix forte » (E et certains témoins de R), plus banale, est sans doute secondaire.

furoris nostri? **2** Dic mihi, Eua, quomodo apertum est os
tuum, ut manducares de fructu quem praecepit dominus non
5 manducare? **3** Nunc autem non potes portare, si tibi coepero
exprobrare. **4** Antea quidem non habui potestatem in uos, sed
postquam praeteristi mandatum domini, tunc incepit audacia
nostra et potestas.

---

3 Eua : *om.* T2   **4-5** de fructu quem praecepit [tibi *add.* E] dominus
non manducare *R1 E* : fructum quem dom. interdixit tibi ne comederes *R2*
fructum de quo praecepit tibi deus ne comederes *B* de ligno illicito et interdicto nisi per me *T2 om. A*   **5-6** nunc autem non potes portare si tibi
coepero exprobrare *R1* : nunc a. non potes portare si tibi incepero pungnare *B* nunc a. non potes portare Seth *A* hinc autem non potes sed ibi
comprobare in cetero *T2d om. R2 E T2 (excepto T2d)*   **6-8** antea quidem — et potestas *E* : *om. R A B T2*

N'est-elle pas contre vous la douleur due à notre fureur ([120])?
2 Dis moi, Ève, comment ta bouche s'est-elle ouverte pour que
tu manges du fruit que le Seigneur t'avait donné l'ordre de ne
pas manger? **3** Maintenant, tu ne peux pas le supporter si je
commence à te faire des reproches ([123]). **4** Auparavant je
n'avais pas de pouvoir sur vous, mais après que tu as négligé
le commandement du Seigneur, alors ont commencé notre audace et notre pouvoir ([124]). »

---

(120) Les deux questions qui ouvrent la réplique de la bête sont propres
à lat-V. Il y a une seule question dans lat-P, et une seule phrase affirmative dans gr, arm et geo. Le texte de lat-V est difficile à établir et à interpréter, notamment à cause de la fréquente hésitation des manuscrits
entre *ad nos* et *ad uos*, et entre *malicia nostra* et *malicia uestra*. Dans la
première question, nous retenons *ad nos*, bien attesté dans R et appuyé par
le πρός ἡμᾶς du grec, et nous le comprenons dans le sens de « qui nous
concerne », « qui nous importe » (cf. *Mt* 27,4: τί πρὸς ἡμᾶς; Vg: *quid ad
nos?*): la méchanceté des bêtes n'est pas leur affaire, mais tire son origine
de la transgression d'Ève. Dans la seconde question, *dolor furoris nostri* est
la leçon la mieux attestée et la plus difficile. Jusqu'ici, les traducteurs se
sont fondés soit sur le texte de A: « N'est-ce pas contre vous que s'exerce
notre méchanceté? N'est-ce pas contre vous qu'est dirigée notre fureur? »,
soit sur le texte de E: « N'est-ce pas devant Dieu que s'est manifestée votre méchanceté? N'est-ce pas lui qui a provoqué nos fureurs contre vous? ».
L'unique question de *Pr* (lat-P) est obscure: ne faut-il pas corriger *furoris
uestri* en *furoris nostri*, et comprendre « n'est-elle pas en rapport avec votre
méchanceté, cette douleur due à notre fureur »?

ex te factum est? **2** Quomodo fieri potest ut apertum os tuum
fuisset ut manducares de ligno illicito quod tibi prohibuit do-
5   minus deus? **3** Nunc ergo, quid tibi dicam uel quomodo
probare possum?

---

38 (11) 3 fieri potest *Pr post corr. supra lineam* : factum est *Pr ante
corr.*   **3-4** apertum os tuum fuisset ut manducares *conieci* (*uide adnot.*) :
apertum paradisi hostium fuisset postquam manducasti *Pr*

égarement ([120]), puisque c'est de toi qu'est venue l'origine des bêtes
sauvages ([121])? **2** Comment se peut-il que ta bouche se soit ouverte pour que tu manges de l'arbre défendu ([122]), que le
Seigneur Dieu t'avait interdit? **3** Maintenant donc que te di-
rais-je, ou comment puis-je t'approuver? »

(121) L'expression *quoniam initium bestiarum ex te factum* est une traduction exacte du grec ἐπειδὴ ἡ ἀρχὴ τῶν θηρίων ἐκ σοῦ ἐγένετο, où le
terme ἡ ἀρχή peut signifier aussi bien « le commencement, l'origine » que
« le pouvoir, le règne ».

(122) Nous corrigeons ici le texte de *Pr*, *quomodo fieri potest ut apertum
paradisi hostium fuisset postquam manducasti de ligno illicito*, qui peut à la
rigueur se comprendre: « comment pourrait-il se faire que la porte du paradis (te) fût ouverte après que tu as mangé de l'arbre défendu? ». Il faut
très probablement y voir une corruption du texte de lat-V: *os tuum*, « ta
bouche », a été lu *ostium* (*hostium*) « la porte », ce qui a entraîné l'ajout de
la précision *paradisi* et le changement de *ut manducares* en *postquam manducasti*.

(123) Cette phrase, attestée par gr, arm et geo, appartient certainement
au texte primitif; en latin cependant, elle n'est conservée sous cette forme
que dans quelques témoins de R1. Elle n'a pas d'équivalent en lat-P. Elle
est absente de R2, de E et de presque tous les témoins de T2. Ailleurs, elle
a subi des métamorphoses: « maintenant, tu ne peux pas combattre si je
commence à l'emporter sur toi » (B); « maintenant, tu ne peux pas soutenir
Seth » (A). La leçon conservée à la fois dans R1d et dans T2d reste incompréhensible: *hinc* (ou: *huic*) *autem non potes sed ibi comprobare in cetero*.

(124) Je fais l'hypothèse que, dans le texte originel de lat-V, cette
phrase, conservée seulement dans E, faisait suite à « Maintenant tu ne
peux pas le supporter si je commence à te faire des reproches » attesté par
R1 (cf. A et B). Elle explicite l'idée exprimée par lat-P et gr en 38 (11),1:
la violence des bêtes sauvages contre les humains, ou leur pouvoir sur eux,
est une conséquence de la transgression d'Ève.

39 1 Tunc dixit Seth ad bestiam: Increpet te dominus deus, stupe et obmutesce, claude os tuum, maledicte, inimice ueritatis, confuse, perdite, recede ab imagine dei usque in diem quando dominus deus iusserit in comprobationem te perducere. **2** Et dixit bestia ad Seth: Ecce recedo, sicut dixisti, a facie imaginis dei. **3** Et statim recessit et Seth plagatum dentibus dimisit.

---

39 1 ad bestiam *R1 A T2* : ad serpentem *E om. R2 B*   increpet te : imperet tibi *R2*   dominus : *om. B*   **2** stupe : recede a conspectu hominum *E*   et [*om. R2 A*] obmutesce claude os tuum *R A T2* : cl. os t. et obm. *E* et obm. cito *B*   **2-3** maledicte inimice ueritatis [*om. R2 B*] confuse perdite [confusio perditionis *A*] *R A B T2* : inimice maledicte confusio ueritatis *E*   **3** ab [de *A*] imagine dei *R A B T2* : a conspectu -nis dei *E*   **4** dominus [*om. B*] deus iusserit *R1 A B T2* : i. dom. deus *R2* i. te dominus *E*   in comprobationem te perducere [adduci *A*] *R1 A T2* : in compr. perduci *E* in comprobatione te perdere *R2* te perducere in probationem *B*   **5** bestia : *om. E*   sicut [ut *B*] dixisti : *om. R2*   **5-6** a facie imaginis [domini *add. E*] dei *R A E B* : ab imagine dei *T2*   **6** et [*om. A*] statim *R1 A E* : statimque *B T2* et *R2*   **6-7** recessit et Seth plagatum dentibus dimisit *E* : discessit bestia sed plagato e dentibus *B* rec. a Seth palpato dentibus *R1* recessit plaga de dentibus a Seth *A* rec. placata dentibus *R2* rec. a Seth *T2*

---

39 1 Alors Seth s'adressa à la bête: « Que le Seigneur Dieu te rabroue sévèrement. Reste immobile et tais-toi, ferme la bouche, maudit, ennemi de la vérité, signe de confusion et de perdition; retire-toi loin de l'image de Dieu, jusqu'au jour où le Seigneur Dieu ordonnera de t'amener au jugement. » **2** Et la bête dit à Seth: « Voici, je me retire, comme tu l'as dit, loin de la face de l'image de Dieu. » **3** Aussitôt elle se retira et laissa Seth frappé par la morsure de ses dents ([125]).

---

(125) La mention de la blessure laissée à Seth par la morsure de la bête appartient au texte originel. La leçon de E est celle qui explique le mieux les diverses variantes à l'intérieur de lat-V. Elle est à l'arrière-plan de la réécriture de *Pa*, où la bête répond: « Oui, moi je m'en irai comme tu le réclames, mais toi tu t'en retourneras blessé par mes dents ». Le texte de A

39 (12) **1** Tunc dixit eius filius: Claude os tuum et obmutesce, maledicte et inimice ueritatis, et recede ab imagine
dei usque in diem quo te dominus deus in exprobationem iu-
beat adduci. **2** Cui bestia: Ecce recedo, sicut tu dicis, a facie
inmaginis inuisibilis dei. **3** Statimque effugit bestia eumque
dentibus suis uulneratum dimisit.

39 (12) **1** Alors son fils dit: « Ferme la bouche et tais-toi,
maudit et ennemi de la vérité, et retire-toi loin de l'image de
Dieu, jusqu'au jour où le Seigneur Dieu ordonnera que tu sois
amené au jugement. » **2** La bête lui dit: « Voici, je me retire,
comme tu le dis, loin de la face de l'image du Dieu invisible. »
3 Aussitôt la bête s'enfuit et le laissa blessé par la morsure de
ses dents ([125]).

introduit l'idée d'une guérison miraculeuse: « aussitôt la blessure due aux
dents s'éloigna de Seth ». Un peu plus loin, Ève et Seth, de retour auprès
d'Adam, lui rapportent la morsure infligée par la bête (44.1 lat-V; cf.
lat-P; geo: « Adam pleurait sur la blessure de la bête ».

40 1 Seth autem et mater eius ambulauerunt ad portas paradisi propter oleum misericordiae ut ungerent Adam infirmum. Et peruenientes Eua et Seth ad portas paradisi tulerunt puluerem terrae et posuerunt super capita sua et prostra-
5 uerunt se in terram super faciem suam et coeperunt plangere cum gemitu magno, deprecantes dominum deum ut misereatur Adae in doloribus suis et mittat angelum suum dare eis oleum de arbore misericordiae.

---

40 1 autem *R1 A B T2* : uero *R2 E*   ambulauerunt *R1 A E B* : perrexerunt *R2* abierunt *T2*   ad [contra *R1*] portas *R T2* : ad partes *E* *in partes *A B*   **2-3** propter oleum — portas paradisi : *om. E B* **2** oleum : o. ligni *R2*   **2-3** *post* Adam infirmum *rursus inc. T1*   **3** et peruenientes [p. autem *T*] *R1 A T* : et peruenerunt *R2*   *post* portas paradisi *rursus inc. Inc*   tulerunt : tuleruntque *E B* et tul. *Inc*   **4** terrae : de terra *A*   capita sua : caput suum *A*   **4-5** et prostrauerunt se in terram [-ra *E*] super faciem suam *R A E B* : et strauerunt se super terram *T1 Inc om. T2*   **5-6** et coeperunt plangere [et lugere *add. T2*] *R1 A E T Inc* : et planxerunt *B* plangentes *R2*   **6** cum gemitu magno : cum m. g. *R2* dominum deum *R2 A E B* : dominum *R1 T* deum *Inc*   **7** misereatur *R E T1 Inc* : misereretur *A B T2*   in doloribus suis *R A B T* : in dol. constituti *E om. Inc*   **7-8** et mittat — arbore misericordiae : *om. Inc* **7** [ut *add. T2*] mittat *R E T* : mitteret *A B*   dare : ut daret *B*   **8** eis *R B* : ei *A T* sibi *E*   oleum de arbore misericordiae [suae *add. A* dei *add. E*] *R A E B* : oleum [de oleo *T2*] mis. de a. uitae *T*

---

40 1 Seth et sa mère marchèrent vers les portes du paradis à la recherche de l'huile de miséricorde pour en oindre Adam malade (¹²⁶). Arrivés aux portes du paradis, Ève et Seth prirent de la poussière, se la versèrent sur la tête et se prosternèrent à terre sur leur face; ils se mirent à se frapper la poitrine avec de grands gémissements et ils priaient le Seigneur Dieu d'avoir pitié d'Adam dans ses douleurs et d'envoyer son ange leur donner de l'huile de l'arbre de miséricorde.

40 (13) 1 Mater uero et filius eius coeperunt ambulare et uenerunt ante portas paradisi. Tuleruntque puluerem et miserunt in capite suo et prosternauerunt se in facies suas, cum gemitu magno dominum deum deprecantes, quatinus in magna
5 misericordia sua condoleret, archangelum suum iubens eis dare oleum misericordiae suae.

40 (13) 1 La mère et son fils se mirent en marche et arrivèrent devant les portes du paradis. Ils prirent de la poussière et se la mirent sur la tête et ils se prosternèrent la face contre terre et avec de grandes lamentations ils priaient le Seigneur Dieu jusqu'à ce que dans sa grande miséricorde il compatisse à leur douleur et ordonne à son archange de leur donner l'huile de sa miséricorde.

(126) La première phrase de ce paragraphe 40 devrait plutôt être placée à la fin du paragraphe précédent: le récit de la rencontre avec la Bête se conclut par des notations sur le sort des trois protagonistes. C'est ainsi qu'ont dû la comprendre les témoins de lat-V qui omettent cette rencontre (T1 Inc) et reprennent le cours du récit à la phrase suivante, *Et abierunt Seth et mater eius ad portas paradisi.*

41 1 Orantibus autem eis horis multis et deprecantibus, ecce angelus domini Michael apparuit eis dicens: Ego missus sum a domino et ego constitutus sum super corpus humanum. **2** Tibi dico, Seth homo dei, noli lacrimare orando et deprecando
5   propter oleum misericordiae, ut perungas patrem tuum Adam pro doloribus corporis sui.

42 1 Dico enim tibi quia nullo modo poteris accipere, nisi in nouissimis diebus quando completi fuerint quinque milia et

---

41 1 autem : *om. Inc*   eis [illis *T1 om. T2*] horis multis [horas multas *A*] et deprecantibus [deum *add. T1* dominum *add. T2*] *R1 A T* : eis et depr. horis multis *B* illis sic multis horis *Inc* ipsis et depr. orationibus multis *E* eis foras multum et depr. *R2*   **2** domini *R E T Inc* : *om. A B* apparuit eis [illis *Inc*] dicens *R1 E T Inc* : apparens eis [*om. B*] dixit *R2 A B*   *post* dicens *add.* Seth quid queris *E*   **2-3** ego missus sum [s. m. *R1*] a domino *R A B* : ego ad uos missus sum [s. m. *Inc* a deo *add. T1 Inc*] *T Inc* ego sum archangelus Michael *E*   **3** et ego constitutus sum super corpus humanum *R1* : [et *add. T1*] ego sum const. a domino [deo *T1*] s. c. h. *A T1* ego const. sum super corpora mortuorum humanorum *T2* [et *add. R2*] const. super c. h. [h. c. *R2*] *R2 B* a dom. super corpora hominum const. *E om. Inc*   **3-4** tibi dico Seth *R A E B* : [et *add. Inc*] d. t. S. *T Inc*   **4** homo dei : *om. B*   lacrimare [-ari *R2*] orando et deprecando *R A E B T* : plangere deprecando *Inc*   **5** propter : *om. B*   oleum *R1 T Inc* : ol. ligni *R2 A E* ol. de ligno *B*   misericordiae : mirrae *Inc*   ut : ut inde *E*   **6** pro [prae *T*] doloribus corporis [cordis *T2*] sui *R T* : pro dol. quos patitur in corpore suo *E* pro dol. suis *A* propter dolores [corp. sui *add. Inc*] *B Inc*
42 1 dico enim [*om. E Inc*] tibi [*om. B*] *R1 A E B T Inc* : *om. R2* quia : quod *B*   [nunc *add. B*] nullo modo : non *Inc*   poteris [hoc *add. T*] accipere *R1 A T Inc* : ex ipso [eo *R2 B*] pot. ac. *R2 E B*   nisi in *R1 A T Inc* : donec in *R2* usque in *E* sed *B*   **2** quando : cum *E*   completi fuerint : consummati fuerunt *B*   **2-3** quinque milia et quingenti anni *R B* : quinque milia ducenti uiginti et octo a. *E* anni quinque milia et ducenti minus uno a prima [-mo *T2*] die [pr. d. *om. Inc*] constitutionis [-ne *Inc*] mundi *T Inc* sex milia et quinquaginta anni *A*

---

41 1 Ils prièrent et supplièrent pendant de nombreuses heures; et voici que l'ange du Seigneur Michel leur apparut et leur dit: « Je suis envoyé par le Seigneur, et j'ai la charge du corps humain. **2** Je te le dis, Seth homme de Dieu, ne verse pas de larmes en priant et suppliant pour l'huile de miséricorde, afin d'en oindre ton père Adam pour (calmer) les douleurs de son corps.

42 1 « Je te le dis, en effet, d'aucune façon tu ne pourras en obtenir, si ce n'est dans les derniers jours, quand auront été

41 1 **(13** 2a**)** Et ecce angelus Michael qui est constitutus super animas hominum dixit ad Euae filium: 2 **(13** 2b**)** Homo dei, noli laborare lacrimis orando causa olei misericordiae, unde ungues patrem tuum Adam.

42 1 **(13** 3a**)** Nunc enim inpossibile est ut accipias de eo, nisi in nouissimis diebus quando completi fuerint ab Adam usque

---

41 1 **(13** 2a**)** Et voici: l'ange Michel, qui a la charge de l'âme des hommes, 2 **(13** 2b**)** dit au fils d'Ève: « Homme de Dieu, ne te fatigue pas à verser des larmes en priant pour l'huile de miséricorde, dont tu oindras ton père Adam.

42 1 **(13** 3a**)** « Maintenant, en effet, il t'est impossible d'en obtenir, si ce n'est dans les derniers jours, quand auront été

quingenti anni. **2** Tunc ueniet super terram amantissimus
Christus filius dei resuscitare corpus Adae et cum eo multa
5 corpora mortuorum[a]. **3** Et ipse Christus filius dei ueniens baptizabitur in flumine Iordanis[b]. Et cum egressus fuerit de aqua
Iordanis, tunc de oleo misericordiae suae perunget omnes credentes in se. **4** Et erit oleum misericordiae in generationem et
generationem hiis qui renascendi sunt ex aqua et spiritu sancto

---

3 tunc : t. enim *E*   **3-4** amantissimus [rex *add. A*] Christus filius dei
R1 A T : am. dei fil. Chr. Iesus *R2 B* Chr. am. fil. dei *E* filius dei *Inc*
4-5 resuscitare corpus — corpora mortuorum : resuscitare c. m. *B*   **4** resuscitare [suscitare *Inc*] corpus Adae [patris tui *add. T Inc*] *R T Inc* : ad
resuscitandum corpus Ad. *A* resurgere et cum eo corpus Ad. *E*   **4-5** et
cum eo [cum eo *om. R2*] multa [*om. A*] corpora mortuorum *R A* : et resuscitabit c. m. *T1* et tunc resuscitabit c. multorum m. *T2* et alia c. m. *Inc*
et corpora omnium mortuorum resuscitare *E*   **5** ipse [*om. T2*] Christus
filius dei [d. f. *E*] *R1 E T* : ipse Chr. *R2* ipse filius dei [d. f. *B*] *A B Inc*
ueniens *R1 A B T* : *om. R2 E Inc*   **6-7** et cum egressus fuerit de aqua
Iordanis *R1 B* : et [*om. E*] cum [dum *T1*] egr. [ingr. *Inc*] f. de a. *E T1 Inc*
et cum baptizabitur *R2 om. A T2*   **7** tunc : *om. A*   **7-8** de [cum *Inc om.*
T] oleo misericordiae suae perunget [unget *Inc*] omnes credentes in se [in
se cr. *T Inc*] *R1 T Inc* : per. de ol. mis. omnes cr. in se *R2* ex ol. mis. suae
per. patrem tuum et omnes cr. in se *E* ol. mis. suae unguere gentes *A* de
ol. mis. suae omnes in se cr. accipient *B*   **8** erit *R1 A E B T Inc* : da-
bitur *R2*   **8-9** in generationem et generationem *R B* : in -ione et -ionem
E T in -iones et -iones *A* a -ione in -ionem *Inc*   **9** hiis [illis *R2* omnibus
E] qui renascendi sunt *R E T* : qui renati sunt *A* hiis qui renati fuerint
Inc hiis qui renascentur *B*   sancto : *om. E*

---

accomplis cinq mille cinq cents ans (¹²⁷). **2** C'est alors que viendra sur terre le très aimé Christ, Fils de Dieu, pour ressusciter
le corps d'Adam et avec lui les corps de nombreux morts[a] (¹²⁹).
3 Et le Christ lui-même, Fils de Dieu, quand il viendra, sera baptisé dans le fleuve Jourdain[b]. Et, quand il sera sorti de l'eau du
Jourdain, alors il oindra de l'huile de sa miséricorde tous ceux
qui croiront en lui (¹³⁰). **4** Et il y aura de l'huile de miséricorde
génération après génération pour ceux qui renaîtront de l'eau

---

(127) Le chiffre présuppose l'idée que le monde aura une durée de 6000
ans (six millénaires, correspondant aux six jours de la création) et il porte
sur le temps qui doit s'écouler depuis la création du monde jusqu'à l'incarnation du Christ. Attesté par de bons témoins (*Pa;* R1d + e; R2a+b+d;
B), il correspond à la chronologie chrétienne ancienne, remontant à Hip-
polyte de Rome et à Jules Africain (*Annus Mundi I*). Les chiffres de 5199

in institutionem consulis sub Constantino imperatore anni
.accc.lxxxii. **2** Tunc quidem ueniet super terram altissimus do-
5 minus deus filius dei suscitare corpus Adae. **3** Et ueniens in
Iordane baptizabitur in eo^b. Dum autem egressus fuerit de
aqua, ueniam ad eum cum oleo misericordiae et perunguam.

---

a. cf. Matth. 27, 52
b. cf. Matth. 3, 13 (Marc. 1, 9)

---

accomplis, depuis Adam jusqu'à l'institution du consul sous
l'empereur Constantin, cinq mille trois cents quatre vingt-deux
ans (¹²⁸). **2** C'est alors que viendra sur terre le très haut
Seigneur Dieu, le Fils de Dieu, pour ressusciter le corps
d'Adam (¹²⁹). **3** Et il viendra au Jourdain et y sera baptisé^b.

---

ans (R1c; T; Inc) et de 5200 ans (R1b; R2c) se fondent sur la nouvelle
chronologie d'Eusèbe, popularisés par Jérôme, qui date la passion du Christ
de l'an 5228 après la création (*Annus Mundi II*). Il en va de même des
5228 ans de E. Le chiffre de A (6050) reste inexpliqué. Sur les calculs liés à
l'âge du monde et leurs rapports avec les attentes apocalyptiques, voir R.
LANDES, « Lest the Millenium be fulfilled: Apocalyptic Expectations and
the Pattern of Western Chronography 100-800 CE » dans W. VERBEKE –
D. VERHELST – A. WELKENHUYSEN (éds), *The Use and Abuse of Eschato-
logy in the Middle Ages* (*Mediaevalia Lovaniensa* Series 1, Studia 15), Leuven 1988, p. 137-211.
  (128) *Ab Adam usque in institucionem consulis sub Constantino imperatore anni accc.lxxxii.* Comment faut-il comprendre cette indication chronologique de *Pr*, et en particulier le nombre des années, *anni. accc.lxxxii*,
« cinq mille trois cent quatre-vingt deux ans »? Elle reste complètement
énigmatique. Nos recherches dans CLCLT 6 n'ont fourni aucun parallèle,
ni pour l'association entre *institutio* et *consul*, ni pour l'expression *sub
Constantino imperatore*, ni pour le chiffre des années.
  (129) Selon lat-P, arm et geo, le Fils de Dieu vient sur terre pour
« ressusciter le corps d'Adam ». Selon lat-V, il vient ressusciter « le corps
d'Adam et avec lui les corps de nombreux morts ». L'expression *multa corpora mortuorum*, attestée par R (cf. T2), s'inspire de *Mt* 27,52, où les corps
de nombreux saints défunts ressuscitent à l'heure de la mort de Jésus sur
la croix (*multa corpora sanctorum qui dormierunt surrexerunt*). D'autres témoins mentionnent la résurrection des « corps des morts » (*corpora mortuorum*: A; T1; cf. B), ou des « corps de tous les morts » (E).

10   in uitam aeternam. **5** Tunc descendens in terram amantissimus
filius dei Christus introducet patrem tuum Adam in paradisum
ad arborem misericordiae suae.

43 1 Tu autem, Seth, uade ad patrem tuum Adam, quoniam
completum est tempus uitae eius. Adhuc sex dies et exiet anima eius de corpore, et uidebis mirabilia magna in caelo et in
terra et in luminaribus caeli. **2** Haec dicens Michael statim

---

10-11 tunc descendens [d. t. *T*] in terram amantissimus filius dei Christus
R1 T : tunc [enim *add. E*] descendet [in terris *add. B*] am. fil. dei [d. f. *E*]
Chr. [*om. E B*] et *A E B* t. -det in terram Chr. f. d. et *R2* et ipse filius dei
Inc   11 Adam : *om. E Inc*   in paradisum : *om. B*   12 ad arborem misericordiae suae [*om. A*] : *om. Inc*   *post* misericordiae suae *add.* et continuo discessit angelus ab eo in paradisum et attulit ei ramusculum trium
foliorum fractum de arbore scientiae boni et mali [b. et m. *om. T2*] per
quam fuerunt expulsi Adam et Eua de paradiso reuersusque ad Seth dedit
ei dicens hoc porta patri tuo ad refrigerium et solacium corporis sui *T* et
tunc recessit angelus in paradisum et attulit ei ramusculum trium foliorum
de arbore scientiae boni et mali dedit ei dicens porta patri tuo in refrigerium corporis sui *Inc*
43 1 tu autem Seth uade ad patrem tuum *R A B* : tu uero uade ad p.
t. *E* festina ne tardes uade ad p. t. *T* uade et festina *Inc*   Adam *R A* :
om. E B T Inc   *ante* quoniam *add.* et dic ei *E*   2 completum *R A B* :
impletum *E T Inc*   eius : illius *A* suae *T Inc*   [restant *add. Inc*] adhuc
sex dies [sunt *add. R2*] *R A B T Inc* : *om. E*   2-3 et [tunc *A*] exiet [exibit
A T2] anima eius [*om. B*] *R1 A B T* : ut exiat a. e. *Inc* et cum exierit a.
e. *E* post quos a. e. exiet *R2*   3 *post* corpore *add.* eius *B* suo *T*   et [*om.*
E tunc *add. B*] uidebis : uidens *R2* et cum exierit u. *A*   mirabilia magna
[*om. B Inc*] *R E B T Inc* : m. mir. *A*   4 et in luminaribus caeli : et luminaria c. *E om. Inc*   4-5 haec dicens Michael [angelus *T2* archangelus
add. E] statim discessit [recessit *A B T*] a Seth [a S. *om. E*] *R A E B T* :
et sic recessit angelus ab eis *Inc*

---

et de l'Esprit Saint pour la vie éternelle. **5** Alors le très aimé
Fils de Dieu, le Christ, descendra sur terre et introduira ton
père Adam au paradis auprès de l'arbre de sa miséricorde ([131]).

43 1 « Toi, Seth, va auprès de ton père Adam, parce que le
temps de sa vie est accompli. Encore six jours et son âme sor-
tira de son corps, et tu verras de grandes merveilles dans le
ciel, sur la terre et dans les astres du ciel. » **2** Après ces paroles,

5 Post haec quidem introducetur in paradisum, tuusque pater perunguetur oleo uitae.

43 1 (13 6) Nunc uero ad patrem tuum uade, quia conpletum est tempus uitae eius, adhuc aliis sex diebus restantibus, ut exeat de corpore. Audi, inquam, fili; uidebis enim

Quand il sera sorti de l'eau, je viendrai vers lui avec l'huile de miséricorde et je l'oindrai ([130]). **5** Après cela il sera introduit au paradis et ton père Adam sera oint de l'huile de vie ([131]).

43 1 (13 6) « Maintenant donc va auprès de ton père, car le temps de sa vie est accompli. Il reste encore six autres jours avant qu'il ne sorte de son corps. Écoute, je te le dis, mon fils,

(130) A la différence du grec, les deux recensions latines, l'arménien et le géorgien ont en commun un passage qui associe le don de l'huile de miséricorde avec la venue du Christ sur la terre et son baptême dans le Jourdain. Mais les témoins de ce passage christologique divergent sur des points importants: qui donne l'onction, et qui la reçoit à la suite du baptême dans le Jourdain? Pour les uns, c'est le Christ qui, une fois baptisé, oint « tous ceux qui croiront en lui » (lat-V) ou Adam et « tous ses descendants » (geo). Pour les autres, c'est Michel qui, au moment du baptême, vient donner l'onction au Christ (lat-P) ou à Adam, puis à ses descendants (arm).

(131) La mention du retour d'Adam au paradis et de son accès à l'huile de miséricorde (ou de vie) est propre aux deux recensions latines et absente d'arm-geo. Dans lat-V, 42.2-4 et 42.5 font figure de doublet: la venue ou la descente sur terre du « très aimant Christ fils de Dieu » (répétition de la même titulature) conduit dans le premier cas à la résurrection du corps d'Adam et de beaucoup de corps de morts, et dans le second cas à l'introduction d'Adam au paradis auprès de l'arbre de la miséricorde. Ces deux manières d'exprimer le salut d'Adam se rattachent sans doute à des étapes différentes de la composition du message de Michel.

5 discessit a Seth. 3 Et reuersi sunt Eua et Seth et tulerunt secum odoramenta, hoc est nardum et crocum et calamitem et
cynamomum.

44 1 Et cum peruenissent Eua et Seth ad Adam, dixerunt ei
quia bestia serpens momordit Seth. 2 Et dixit Adam ad Euam:
Ecce quid fecisti? Induxisti nobis plagam magnam, delictum et
peccatum in omnem generationem nostram. 3 Et hoc quod

---

5 et : sed *A* quando *Inc*   Eua et Seth : S. et E. *B*   et [*om.T1 Inc*]
tulerunt secum *R1 T1 Inc* : t.que s. *T2* et [*om. A*] attulerunt s. *R2 A* attulerunt autem s. *B* attulit autem s. Seth *E*   *post* tulerunt secum *add.*
ramusculum et *T add.* ramusculum *Inc*   6-7 odoramenta hoc — et cynamomum : *om. Inc*   6 odoramenta *R E B T* : -tum *A*   hoc : id *B*
nardum : nardo *A*   *ante* crocum *om.* et *E R2*   et [*om. R2*] calamitem *R* :
calamite *E* et calamine *A* et calamum *B* et calamitas *T*   7 cynamomum *R B T* : cin. *E* crionum *A*   *post* cynamomum *add.* et factum est
dum irent Eua et Seth transierunt aquam Jordanis ecce ramus quem dederat ei angelus cecidit in medio flumine erat autem flumen uelocissimi
cursus *T add.* et factum est cum uenerunt ad aquam Jordanis ecce ramus
quem dedit eis angelus cecidit in flumen erat enim flumen in uelocissimo
cursu *Inc*

44 1 et [sed *T2*] cum *R1 A E B T Inc* : cum autem *R2*   peruenissent
R A B T1 : -nisset *T2* -nerunt *E* uenissent *Inc*   Eua et Seth *R* : Seth
et mater eius *A E T Inc om. B*   ei *R B T* : sibi *Inc om. A E*   2 quia
[quod *B*] bestia serpens [s. b. *R2 B*] momordit [morserat *B*] Seth *R B* :
quia et iste serp. morsit S. *A* quomodo serp. momorsit filium eius S. *E*
omnia quae gesta fuerunt in uia [in uia *om. Inc*] et quale [quod *Inc*] responsum dederat [dedit *Inc*] eis angelus [dum orarent ad dominum pro oleo
misericordiae *add.* T1] *T1 Inc* omnia quae gesta fuerunt in uia *T2*   et
[*om. T2*] dixit : d. autem *Inc*   ad Euam : Euae *R2* ad uxorem suam *E*
3 ecce quid fecisti [nobis *add.* B] *R B T* : e. quae f. nobis *E* ecce Eua
quid fecisti *Inc* quid f. *A*   nobis : *om. E*   plagam magnam *R A E B* :
plagas magnas *T Inc*   3-4 delictum et peccatum [magnum *add.* T1] *R1 A*
B T : et p. atque d. *R2* peccatum maximum *Inc* et peccata *E*   4-5 in
omnem — filiis tuis : *om. R2*   4 nostram : istam *B*   4-5 et hoc quod
fecisti *R1 A B T* : uerumtamen haec quae fecisti et omnia quae facta sunt
nobis *E om. Inc*

Michel s'éloigna de Seth. 3 Ève et Seth s'en retournèrent et
emportèrent avec eux des parfums, c'est-à-dire du nard, du safran, de la calaminthe et de la cinnamome ([132]).

44 1 Revenus auprès d'Adam, Ève et Seth lui racontèrent
que la bête, le serpent, avait mordu Seth. 2 Et Adam dit à
Ève: « Voici, qu'as-tu fait? Tu as introduit pour nous une
grande plaie ([133]), la faute et le péché dans toute notre descendance. 3 Ce que tu as fait, fais-en le récit à tes fils ([134]),

mirabilia magna in caelo et in terra et in luminaribus caeli.
5 **2 (14 1a)** Postquam autem angelus discessit, **3 (14 1b)** redie-
runt ad Adam filius et mater eius.

44 1 Indicauitque Eua domino suo quia bestia se in
filium erexerat. **2** Cui Adam: Quid fecisti? Induxisti plagam
magnam in omnem generationem nostram. **3** Delictum quid
fecisti? Nunc quidem narra filiis tuis quoniam in timore

car tu verras de grandes merveilles dans le ciel, sur la terre et
dans les astres du ciel. » **2 (14 1a)** Après que l'ange se fut éloi-
gné, **3 (14 1b)** le fils et sa mère revinrent auprès d'Adam.

44 1 Et Ève révéla à son seigneur que la bête s'était dres-
sée contre son fils. **2** Et Adam lui dit: « Qu'as-tu fait? Tu
as introduit une grande plaie ([133]) dans toute notre descendance. **3** Pourquoi as-tu commis la faute? Maintenant
raconte à tes fils que tu l'as commise dans la crainte ([135]).

(132) La mention à cet endroit des parfums rapportés du paradis s'explique par le fait que lat-V a omis la confession d'Ève de 45-60 (gr 15-30),
mais a voulu conserver cet élément du récit, rapporté en 59 (29).3-6.

(133) L'expression *plaga magna* est typique de la Vulgate, où elle rend
souvent le grec πληγὴ μεγάλη (cf. *Nombr* 11,33; *Deut* 28,59; *Jug* 11,33;
1 Sam 4,10; 6,19; 19,8; 23,5; *2 Chr* 13,17; 21,14).

(134) Selon le texte grec, confirmé par lat-P, arm et geo, c'est sitôt
après qu'Ève exécute l'ordre et fait le récit de sa faute à ses fils, en présence d'Adam (45-60; gr 15-30). Dans lat-V, seul R1 (R1c et R1e) garde
l'idée d'une exécution immédiate de l'ordre d'Adam, ce qui contredit le fait
que cette recension a laissé de côté le récit d'Ève. Les autres témoins ont
éliminé la contradiction soit en omettant le passage en question (R2), soit
en introduisant de diverses manière l'idée d'un délai: le récit devra être fait
après la mort d'Adam par Ève (E B) ou par son fils (R1d), ou bien il sera
transmis d'une génération à l'autre après la mort des protoplastes (T Inc).
Dans A, le verbe *refero* revêt un sens différent: « Ce que tu as fait, après
ma mort (cela) concerne tes fils ».

(135) Le rédacteur de *Pr* veut-il excuser Ève en mettant son péché sur
le compte de la crainte? Lat-V et geo suggèrent plutôt de lire *quod* au lieu
de *quid* et de comprendre « La faute que tu as commise, raconte-la donc
maintenant à tes fils, car c'est dans la crainte que tu l'as commise ».

5 fecisti, refer filiis tuis, quoniam qui exurgent ex nobis laborantes non sufficient sed deficient et maledicent nos dicentes:
4 Quoniam haec mala intulerunt nobis parentes nostri qui fuerunt ab initio. 5 Haec audiens Eua coepit lacrimari et ingemiscere.

---

5 refer filiis tuis *R1* : post mortem meam refer [referes *B*] filiis tuis *E B*
post mortem meam refert filios tuos *A* post mortem nostram referent filii
nostri filiis suis [et illi suis et de generatione in generationem *add. T1*] *T*
quia post mortem referant filii nostri filiis suis *Inc*   5-6 quoniam qui
exurgent [exs. *A* ins. *T1* surgent *T2*] ex [in *R1*] nobis laborantes [-tibus (?)
A] non sufficient [-ciunt *A*] sed deficient [-ciunt *A*] *R1 A T* : quoniam qui
ex. ex nobis lab. [non *add. B*] def. *R2 B* qui enim exurgent ex nobis plagas
et labores suos sufferre non ualentes execrabunt *E om. Inc*   6 et : sed *B*
nos *R A B* : nobis *E T Inc*   7 quoniam : quia *Inc om. E B*   haec :
ista *E* omnia *A* multa *Inc*   7-8 qui fuerunt — et ingemiscere : et maledicent nobis *Inc*   fuerunt ab initio : ab in. f. *A*   8 lacrimari [-are *A B T2*]
et ingemiscere *R1 A B T* : -ari gemendo *R2* ing. et lacr. *E*   *post* ingemiscere *add.* et dixit Adam filio suo Seth : numquid angelus non misit mihi
aliquid conturbatus uero Seth et perterritus quod non inuenit quod miserat
ei angelus dixit patri suo tantummodo ramusculum trium foliorum misit
tibi angelus de paradiso qui cecidit mihi in medio Jordanis flumine cui
respondens pater ait uade fili mi et in ipso loco ubi cecidit inuenies et affer
mihi ut uideam antequam moriar et benedicat tibi anima mea reuersusque
Seth ad flumen Jordanis inuenit ramum in medio flumine numquam de
loco motum et gauisus Seth tulit patri suo quem cum accepisset et uidisset
diligenter gauisus est gaudio magno et dixit ecce mors et resurrectio mea
rogauitque filios suos ut plantarent eum ad caput sepulchri sui *T Inc*

---

car ceux qui naîtront de nous ne pourront se suffire par leur travail mais seront en manque, et ils nous maudiront en disant:
4 "Ces malheurs, ce sont nos parents qui, au commencement,
nous les ont apportés." » 5 En entendant cela, Ève se mit à
verser des larmes et à gémir ([136]).

---

(136) C'est ici exactement, sur les mêmes mots, que prend fin le récit
commun à lat-P et à lat-V. Dans cette dernière recension, le récit par Ève
de la première transgression a été laissé de côté. Il était inconnu en latin
jusqu'à la récente découverte de *Pr*.

5 fecisti. **3b** Quia qui ex nobis exsurgent laborantes non suffe-
rentes deficient et maledicent nobis dicentes **4** quod haec
omnia parentes nostri qui fuerunt ab initio intulerunt nobis.

45 (15) 1 His auditis Eua coepit lacrimare et ingemiscere
dicens: Audite, filii mei, uobisque referam quomodo domini dei
praeceptum transgressi fuimus in paradiso. **2** Pater quidem
uester orientis partes et boreae custodiebat, ego uero partes
5 austri et occidentis. **3** Venit autem diabolus in partes patris
uestri ubi erant bestiae et omnes masculi, et uocauit inde serpentem et dixit ei: Quid facis hic? **4** Nam bestias et pecora
partierat nobis dominus deus, patri uestro omne masculum
tribuens, mihi quoque feminam. Vnusquisque nostrum itaque
10 pascebat quae sibi fuerant credita.

---

45 (15) 2 filii mei *correxi (cf. 60,1)* : fili mi *Pr*

Car ceux qui naîtront de nous, ne pouvant se soutenir par leur
travail, seront en manque et nous maudiront en disant:
4 "Tout cela, ce sont nos parents, ceux qui furent au commencement, qui nous l'ont apporté." »

45 (15) 1 En entendant cela, Ève se mit à verser des larmes
et à gémir ([136]), et elle disait: « Écoutez-moi, mes fils, et je vais
vous rapporter de quelle manière nous avons transgressé le
commandement du Seigneur Dieu au paradis. **2** Votre père
avait sous sa garde les parties de l'orient et du nord, et moi,
les parties du sud et de l'occident. **3** Le diable vint dans les
parties de votre père, où étaient les bêtes et tous les mâles, et
de là il appela le serpent, et lui dit: "Que fais-tu ici?" **4** Dieu,
en effet, avait partagé entre nous les bêtes et le bétail; à votre
père il avait confié tous les mâles, et à moi les femelles. Et
ainsi chacun de nous nourrissait ceux qui lui avaient été
confiés.

[uacat]

46 (16) 1 Ibi ergo malignus in patris uestri parte serpenti locutus est dicens: Exurge et ueni usque ad me, et dicam tibi sermonem in quo lucra habebis. Venit itaque serpens. **2a** Et ait illi: ⟨Audiui quia tu sapientior es⟩ inter omnes bestias. Veni ut
5   cognoscam sapientiam tuam, et qualis est sapientia tua[a]. Adam tibi porrigit escas sicut omnibus bestiis, **2b** et ueniunt et adorant eum. Tu autem cum eis adoras Adam, qui prior illo fuisti. Quare ergo maior minorem adorat? **3** Vel quare manducas de manibus eius? Audi, inquam, consilium meum, eosque

---

46 (16) 4 audiui quia tu sapientior es *addidi* (*uide adnot.*) : *om. Pr*

---

a. cf. Gen. 3, 1

---

46 (16) 1 « C'est donc là, dans la partie de votre père, que le malin s'adressa au serpent en disant: "Lève-toi et viens près de moi, et je te dirai une parole dont tu tireras profit." Et ainsi le serpent s'approcha. **2a** Et il lui dit: "<J'ai entendu que tu es plus sage> que toutes les bêtes ([137]). Je suis donc venu pour connaître ta sagesse et (savoir) quelle est ta sagesse[a]. Adam t'offre la nourriture comme à tous les animaux, **2b** et ils s'approchent et ils l'adorent. Et toi, avec eux, tu adores Adam, toi qui existas avant lui ([138]). Pourquoi donc le plus ancien adore-t-il le plus jeune? **3** Et pourquoi manges-tu de ses mains? Écoute, dis-je, mon projet, et nous les ferons chasser

---

(137) *Pr* écrit seulement *ait illi inter omnes bestias*. On suppose l'oubli de *audiui quia tu sapientior es*, dont témoigne gr-arm-geo, et on retient le comparatif, traduit ici par *sapientior*, même si la Septante, en *Gen* 3,1, emploie le superlatif — le comparatif est en effet attesté par tous les témoins grecs de la *Vie d'Adam et Ève* sauf un, et par arm-geo. Mais l'expression *inter omnes bestias* peut suggérer de lui donner un sens superlatif: « tu es la plus sage d'entre toutes les bêtes ».

(138) Le passage qui va d'« Adam t'offre la nourriture » à « toi qui existas avant lui » n'a de correspondance dans aucun manuscrit de la *Vie grecque*, mais il est présent, avec quelques variantes, en arménien et en géorgien. On relèvera le parallélisme entre l'argument utilisé ici par Satan pour convaincre le serpent de ne pas se soumettre à Adam et celui par lequel il a lui-même refusé de l'adorer en 14.3. La parenté entre les deux passages a été justement relevée par H. G. Leder, « Sündenfallerzählung und Versuchungsgeschichte. Zur Interpretation von Mc 1,12f. », *Zeitschrift für die neutestamentliche Wissenschaft* 54 (1963), p. 188-216 (p. 200).

[uacat]

.

10 faciemus expelli de paradiso et nos magis possideamus eam.
4a Cui serpens: Quomodo possum expellere eos? **4b** Tunc diabolus: Esto mihi habitaculum, et per os tuum loquar quae
necessaria fuerint loqui.

47 (17) 1 Consilio autem facto ad me uenerunt, et suspendit
se in pariete paradisi. In ipsa uero hora quando angeli ascenderunt adorare dominum, Sathanas quoque transfiguratus est
ut angelus[a] et coepit laudes deo dicere. **2a** Vidi quidem eum ut
5 angelum, et postea non comparuit. **2b** Abiit inde et uocauit

---

a. cf. II Cor. 11, 14

---

du paradis, et nous, nous le posséderons davantage ([139])."
4a Le serpent lui dit: "Comment puis-je les chasser ([140])?"
4b Alors le diable dit: "Sois pour moi une demeure, et par ta
bouche je dirai ce qui sera nécessaire."

47 (17) 1 « Une fois leur projet établi, ils vinrent près de moi,
et (le serpent) se suspendit au mur du paradis. A l'heure même
où les anges montèrent adorer le Seigneur, Satan lui aussi prit
l'apparence d'un ange[a] et se mit à louer Dieu. **2a** Je le vis tel
un ange, et ensuite il n'apparut plus ([141]). **2b** Il s'en alla de là et

---

(139) *Pr* lit *possideamus eam,* où le pronom renvoie à *paradisus,* ici em-
ployé, comme cela arrive parfois, au féminin. La question du diable au
serpent (« pourquoi manges-tu de ses mains? ») s'éclaire à la lumière des
parallèles de grec, arm et geo, qui opposent deux nourritures à l'ère para-
disiaque: celle que les animaux reçoivent des mains d'Adam, qui n'est autre que l'herbe (cf. 4.2; 18.2 geo), et les fruits du paradis, ou la nourriture
angélique (4.2) qui est le lot de humains. Les allusions de 4.2 et 46 (16).2-3
supposent une conception particulière du statut des animaux et d'Adam,
défini par leur nourriture. Ici, le diable tente le serpent et veut l'amener à
convoiter une nourriture supérieure à celle que Dieu lui a attribuée à
l'origine.
(140) Cette réaction du serpent en forme de question se trouve aussi en
arm et geo. Elle est différente en grec, où le serpent dit « Je crains que
Dieu ne s'irrite contre moi » et où le diable lui répond « Ne crains pas ».
Dans le grec, cet échange entre le tenté et le tentateur revient encore
comme un refrain en 18.2-3 et en 21.4 (cf. 51.4 geo).
(141) Plusieurs éléments du récit, conservés dans lat-P, arm et geo, sont
absents du grec: après s'être manifesté à Ève sous l'apparence d'un ange,
Satan s'éloigne d'elle et s'adresse au serpent pour qu'il lui serve de demeure
et de porte-parole; le serpent accepte, se rend auprès d'Ève et l'appelle à
venir vers lui; elle s'approche et le dialogue s'engage.

[uacat]

serpentem, **2c** factusque est serpens habitaculum eius. Venit
igitur ad me et dixit mihi serpens: O mulier, quae es in paradiso in deliciis uitae sed tamen contrita et sine sensu, surge et
ueni ad me, tibi uolo sermonem dicere. **2d** Surgens itaque ueni
10 ad eum, et dixit mihi: Quid in paradiso esse est? **3** Cui ego:
Dominus meus posuit nos sic ut custodiamus eam^b. **4** Tunc
serpens: Bene, inquit, habetis de omnibus lignis paradisi praeter unum. Cur prohibuit deus unum? **5** Cui ego: Prohibuit deus
nobis ne manducemus de eo, ne morte moriamur^c.

48 (18) 1 Tunc serpens: Sicut enim bruta animalia estis sine
sensu. Verumtamen si manducaueritis de hoc ligno, eritis sicut
dii scientes bonum et malum. Ideo noluit deus uos cognoscere
bonum et malum^a. Vade ergo et manduca ex eo, uidebisque

---

47 (17) 12 lignis *correxi* : ligni *Pr*

---

b. cf. Gen. 2, 15
c. cf. Gen. 3, 1-3 (Gen. 2, 16-17)
a. cf. Gen. 3, 4-5

---

appela le serpent, **2c** et le serpent devint sa demeure. Le serpent vint donc vers moi et me dit: "Femme, toi qui es au
paradis dans les délices de la vie, mais pourtant sans force ni
intelligence, lève-toi et viens près de moi, je veux te dire
une parole." **2d** Et ainsi je me levai et vins près de lui, et
il me dit: "Qu'est-ce qu'être dans le paradis?" **3** Je lui dis:
"Mon Seigneur nous y a installés pour que nous le gar-
dions^b (¹⁴²)." **4** Alors le serpent dit: "Bien, dit-il, vous pouvez
(prendre) de tous les arbres du paradis, sauf un. Pourquoi Dieu
en a-t-il interdit un?" **5** Je lui dis: "Dieu nous a interdit d'en
manger, de peur que de mort nous ne mourions^c."

48 (18) 1 « Alors le serpent dit: "Comme des animaux bruts,
vous êtes sans intelligence. Et pourtant, si vous mangez de cet
arbre, vous serez comme des dieux, connaissant le bien et le
mal^a. C'est pourquoi Dieu n'a pas voulu que vous connaissiez

---

(142) *Pr* lit *custodiamus eam*, où comme en 46,8, *eam* renvoie à *paradisus*. Cf. grec: « Dieu nous y a placés pour le garder et en manger (les
fruits) ».

[uacat]

5 claritatem quae uos circumdat. **2** Cui ego: Timeo quidem ne
moriar. **3** Tunc serpens: Respice arborem uidebisque quali gloria circumdata est, **4** sed inuidia non uult uos manducare ex
ea. **5** Igitur ego intendens uidi quam admirabilem gratiam circa
arborem et dixi: Numquid ante me haec bona arbor esse debet
10 ceterisque in uisione oculorum meorum gratior^b? **6** Veniens itaque ad arborem ut pomum caperem ex ea, timor in toto
corpore meo concussit me. Dixi ergo ei: Timeo quidem tangere
pomum. Sed si non times, ueni in paradisum, et uadens ad arborem tolles pomum ex ea dabisque mihi, et ego manducabo
15 ut uideam si uerum est quod dicis. ⟨Et respondit mihi⟩: Aperi
ergo mihi ianuam paradisi, et introiens tollam pomum ex ea
tibique dabo, et tu manducabis.

---

48 (18) **7** inuidia *correxi* : inuida *P*   **15** et respondit mihi *addidi* : *om.*
Pr

---

b. cf. Gen. 3, 6

---

le bien et le mal. Va donc et manges-en, et tu verras la splendeur qui vous entourera." **2** Je lui dis: "J'ai peur de mourir."
3 Alors le serpent: "Regarde l'arbre, et tu verras de quelle
gloire il est entouré. **4** Mais par jalousie (^143) il ne veut pas
que vous en mangiez." **5** Alors j'ai tourné le regard et j'ai vu
combien était admirable la grâce qui entourait l'arbre. Et je
dis: "Cet arbre-là devant moi ne doit-il pas être bon? Et
n'est-il pas à mes yeux plus agréable que les autres^b?" M'ap-
prochant ainsi de l'arbre pour en prendre un fruit, la crainte
me fit tressaillir dans tout mon corps. Je lui dis donc: "Je
crains vraiment de toucher ce fruit. Mais toi, si tu n'as pas
peur, entre dans le paradis et approche-toi de l'arbre; tu en
prendras un fruit et tu me le donneras, et moi je le mangerai
afin de voir si ce que tu dis est vrai." **6** ⟨Il me répondit⟩:
"Ouvre-moi donc la porte du paradis, j'entrerai et j'en prendrai
un fruit, je te le donnerai et toi tu le mangeras."

---

(143) Je corrige *inuida* de *Pr* en *inuidia*. Cf. grec 18.4: « Il a agi par
jalousie envers vous »; geo 48 (18).1: « Dieu a été jaloux de vous ».

[uacat]

49 (19) 1a Deinde cucurri et paradisi ianuam aperui, et serpens ingressus est in paradisum. Quando autem ueni ad
arborem ille antecedebat me, et stetit et aspexit in faciem
meam 1c et ait: Nescio si do tibi omnino. † Hic autem prius
5 mihi iurauerat, ut ab eo petissem. † 3 Ascendens ergo in eam
dedit mihi pomum et manducaui^a.

50 (20) 1 Et in illa hora alienatum est cor meum statimque
bonum et malum cognoui. Agnoscens autem quia nuda facta
fueram^a, quando ⟨gloriam qua induta eram⟩ prius consideraui,
2 fleui fletu magno dicens: Diabole, quod in me uoluisti agere
5 fecisti. Nunc quidem corde meo doleo, quae numquam prius

---

49 (19) 5 iurauerat : inescauerat *prop. Dolbeau*
50 (20) 3 gloriam qua induta eram *addidi (uide adnot.)* : *om. Pr*

---

49 a. cf. Gen. 3, 6
50 a. cf. Gen. 3, 7

---

49 (19) 1a « Ensuite, je courus et j'ouvris la porte du paradis,
et le serpent entra dans le paradis. Quand je me suis approchée
de l'arbre, il me précédait. Il s'arrêta et me regarda dans les
yeux, 1c et il dit: "Je ne sais pas si je vais te le donner vraiment." † Or celui-ci me l'avait juré auparavant (¹⁴⁴), de sorte que je
l'en avais prié (¹⁴⁴). † 3 Il monta donc dans l'arbre, il me donna
le fruit et je mangeai^a.

50 (20) 1 « Et à cette heure-là, mon cœur devint étranger, et
aussitôt je connus le bien et le mal. Reconnaissant que j'avais
été rendue nue^a, quand j'ai considéré ⟨la gloire dont j'étais re-
vêtue⟩ auparavant (¹⁴⁵), 2 je pleurai à chaudes larmes et je dis:
"Diable, ce que tu as voulu faire contre moi, tu l'as fait. Maintenant je souffre dans mon cœur, moi qui ne souffrais jamais

---

(144) *Hic autem prius mihi iurauerat, ut ab eo petissem.* Passage corrompu: si la première proposition peut avoir un sens (« or celui-ci auparavant
m'avait juré »), la deuxième reste incompréhensible (on pourrait traduire:
« de sorte que je l'en avais prié »). Cette phrase renferme sans doute les
vestiges de l'épisode attesté en grec et dans les versions orientales: le serpent refuse de donner à Ève du fruit de l'arbre à moins que celle-ci ne jure
d'en donner aussi à Adam; Ève prononce alors le serment demandé (gr
19.1d-2; arm-geo 49.1d-2).
(145) Le texte de *Pr* est défectueux. La restitution proposée se fonde sur
le grec (20.1), « je sus que j'étais nue de la justice dont j'avais été vêtue »,
et sur l'arménien (50.1), « Je sus par mes yeux que j'étais dénudée de la
gloire dont j'avais été revêtue ».

[uacat]

dolebam. Ardet enim in me quasi ignis quod mihi dedisti. Cur
itaque per singulas horas die noctuque in me pugnas? Quia illud quod mihi dedisti totos homines in infernum mergit.
Inimicus qui me adulterauit non me amat. **3** Serpens autem
10   abscondit se in paradiso, et quaerens eum in paradisi parte qui
mihi erat credita ut cum furore eum de paradiso pellerem.
4 Quaesiui igitur folia ut tegumentum faciens turpitudinem
meam tegerem, sed non inueni. In illa enim hora nudatae sunt
omnes arbores paradisi amissis foliis praeter unam, id est ar-
15   borem fici. **5a** Tunc de ea folia accipiens, de illis feci succi-
sionem^b et secus uitae arborem steti. **5b** Serpens autem, quando mihi pomum dedit, suaserat mihi inde dare patri uestro.

    51 (21) 1 Clamaui itaque eum ad me et dixi ei: Adam, surge
et ueni ad me celeriter et indicabo tibi mysterium nouum quod

---

    10-11 parte ... credita *scripsi* : pariete ... creditus *Pr*   **15** succisionem :
succinctionem *prop. Dolbeau*

---

    b. cf. Gen. 3, 7

---

auparavant. Ce que tu m'as donné brûle en moi comme le feu.
Pourquoi me combats-tu ainsi à toute heure du jour et de la
nuit? Car ce que tu m'as donné précipite tous les hommes en
enfer. L'ennemi qui m'a débauchée ne m'aime pas." **3** Le serpent, lui, se cacha dans le paradis; je le cherchais dans la
partie du paradis qui m'était confiée (¹⁴⁶) pour, dans ma fureur,
le chasser du paradis. **4** Je cherchai alors des feuilles pour m'en
faire un vêtement et couvrir ma honte, mais je n'en trouvai
pas. A cette heure-là en effet, tous les arbres furent dépouillés
et perdirent leurs feuilles sauf un, le figuier. **5a** Alors prenant
de ses feuilles, j'en fis un pagne^b et je me tins à côté de l'arbre
de vie. **5b** Or le serpent, quand il m'avait donné le fruit,
m'avait persuadée d'en donner à votre père.

    51 (21) 1 « C'est pourquoi je l'appelai auprès de moi et je lui
dis: "Adam, lève-toi et viens vite près de moi et je te révèlerai

---

(146) Le texte de *Pr* signifie « dans le mur (ou dans l'enclos) du paradis
qui m'était confié ». Mais la correction est fortement recommandée par les
autres versions: elles ne mentionnent pas la recherche par Ève du diable
disparu, mais rejoignent ensuite lat-P pour situer la recherche d'un feuil-
lage pour se couvrir « dans ma partie » (grec 20.4), « dans ma partie du
paradis » (arm 50.4).

[uacat]

agnoui. 2a Venit ergo ad me celeriter, putans me dicere ei aliquid. 5 Dedi autem ei manducare, et manducauit et factus est
5 nudus statim sicut ego. Ipse quoque folia fici accipiens succinxit se[a].

52 (22) 1 Et ecce audiuimus dominum dicentem Gabrieli
archangelo: Canta nobis tubam et congregentur omnes angeli
et archangeli de septem caelis. 2 Iterum dixit dominus deus
dominator omnium: Venite mecum omnes in paradisum, ut
5 audiatis iudicium quo iudicaturus sum Adam. Audiuimus itaque angelum cum tuba dicentem quia dominus nos iudicare
uenturus erat. Timore igitur magno timuimus et inter ligna
paradisi abscondimus nos[a]. 3 Dominus autem deus sedens super

---

51 (21) 6 succinxit *scripsi* : succinsit *Pr*

---

51 a. cf. Gen. 3, 6-7
52 a. cf. Gen. 3, 8

---

le nouveau mystère que j'ai appris. » 2a Il vint près de moi rapidement en pensant que je lui dirai quelque chose ([147]). 5 Je
lui donnai à manger, et il mangea et aussitôt il fut rendu nu
comme moi. Et lui aussi prit des feuilles de figuier et s'en cei-
gnit[a].

52 (22) 1 « Et voici, nous entendîmes le Seigneur dire à l'archange Gabriel: "Sonne-nous de la trompette, et que se
rassemblent tous les anges et les archanges depuis les sept
cieux." 2 Et le Seigneur Dieu, Souverain de l'univers, dit encore:
"Venez tous avec moi au paradis pour entendre le jugement
par lequel je vais juger Adam." Nous entendîmes ainsi l'ange
sonner de la trompette pour annoncer que Dieu allait venir nous
juger. Nous fûmes donc remplis d'une grande crainte et nous
nous cachâmes au milieu des arbres du paradis[a]. 3 Le Seigneur

---

(147) Attesté sous des formes différentes en grec (21.2b-4) et en géorgien
(51.2b-4), le dialogue par lequel Ève amène Adam à manger du fruit de
l'arbre interdit est absent dans lat-P et en arménien. Les deux recensions
l'ont probablement laissé de côté de manière indépendante, comme l'indique leur formulation respective de la phrase qui précède le passage
manquant: dans lat-P, « pensant que je lui dirai quelque chose » évoque
« je lui dis des paroles d'iniquité » de gr 21.2b; dans arm, « Adam vint auprès de moi avec sa grande gloire » fait écho à « qui nous ont fait déchoir
d'une grande gloire » de gr 21.2b.

[uacat]

Hirumphim[b] descendit, et duo angeli ante eum tuba canentes.
10 Illa uero hora quando ad paradisum uenit, omnia ligna pro-
tinus usque ad terram se humiliauerunt, dominum adorantia.
4 Thronus quidem eius in medio paradisi est positus, iuxta arborem uitae.

53 (23) 1 Deinde uocauit deus Adam dicens: Vbi est
Adam? 2 Qui ait: Hic ego sum, domine meus, ante te uolens
ire sed non possum. 3 Cui dominus: Cur fregisti pactum meum,
et cur manducasti de ligno uitae quod tibi prohibui? 4 Res-
5 pondens autem Adam ait: Haec mulier quam mihi dedisti
seduxit me, quae mihi fructum dedit, et manducaui[a].

54 (24) 1 Cui dominus: Quia obedisti uoci uxoris tuae plus
quam meae, maledicta terra in opere tuo, 2 et in sudore uultus

---

b. cf. I Reg. 4, 4; II Reg. 6, 2; IV Reg. 19, 15; I Par. 13, 6; Ps. 80 (79), 2; 99 (98), 1; Is. 37, 16

a. cf. Gen. 3, 9-12

Dieu siégeant sur les Chérubins[b] descendit, et deux anges devant lui jouaient de la trompette. Au moment même où il
arriva au paradis tous les arbres se prosternèrent jusqu'à terre
et adoraient le Seigneur. 4 Son trône vint se placer au milieu
du paradis, à côté de l'arbre de vie.

53 (23) 1 « Ensuite, Dieu appela Adam en disant: "Où est
Adam?" 2 Celui-ci dit: "Je suis ici, mon Seigneur, je voudrais
me présenter devant toi mais je ne le peux pas." 3 Le Seigneur
lui dit: "Pourquoi as-tu rompu mon pacte, et pourquoi as-tu
mangé de l'arbre de vie, ce que je t'avais interdit?" 4 Adam
répondit: "Cette femme que tu m'as donnée m'a séduit, elle
m'a donné le fruit et j'ai mangé[a] ([148])."

54 (24) 1 « Le Seigneur lui dit: "Puisque tu as obéi à la voix
de ta femme plutôt qu'à la mienne, maudite sera la terre dans

---

(148) L'échange entre Dieu et Adam de 53 (23).1-4, qui correspond à
Gen 3,9-12, a une forme réduite en lat-P par rapport à gr, arm et geo.
L'échange entre Dieu et Ève de 53 (23).5, correspondant à *Gen* 3,13, est
absent de lat-P.

[uacat]

tui pane tuo uesceris. **3** Labor quidem tuus erit in aerumna et tribulis et spinis, donec reuertaris in terram, de qua sumptus es. Terra enim es et in terram ibis[a]. Tu etiam et filii tui in inferno eritis usque in diem iudicii.

55-58 (25-28)

59 (29) 1 Haec autem dominus dicens iussit angelos nos expellere foras. **2** Pater uero uester Adam fleuit ad angelos qui nos expellebant dicentes: Damus gloriam deo. Et dixerunt: Quid faciemus tibi? **3** Quibus Adam ait: Ecce proicior, sed rogo ut permittatis me tollere mecum odoramenta, quibus faciem meam odorem in conspectu domini, forsitan deus exaudiet me.

---

a. cf. Gen. 3, 17-19

---

ton travail, **2** et c'est à la sueur de ton visage que tu te nourriras de ton pain. **3** Ton travail se fera dans la peine, les chardons et les épines, jusqu'à ce que tu retournes à la terre, d'où tu as été pris. Tu es terre et tu iras en terre[a]. Toi et tes fils, vous resterez dans l'enfer jusqu'au jour du jugement ([149])."

55-58 (25-28)

59 (29) 1 « Ayant dit cela, Dieu ordonna aux anges de nous jeter dehors. **2** Mais votre père Adam pleura en s'adressant aux anges, eux qui nous chassaient en disant: "Nous rendons gloire à Dieu!" Et ils dirent: "Que pouvons-nous faire pour toi?" **3** Adam leur dit: "Voici que je suis jeté dehors, mais, je vous en prie, permettez-moi de prendre avec moi des parfums, dont je parfumerai mon visage en présence du Seigneur. Peut-être alors Dieu m'exaucera ([150])." **4 (29 6)** Ils lui permirent

---

(149) Lat-P reformule et abrège considérablement la sentence prononcée contre Adam; il laisse entièrement de côté la condamnation d'Ève, celle du serpent, et la démarche vaine d'Adam auprès de Dieu pour avoir part à l'arbre de vie avant d'être expulsé (55-58 = gr 25-28). La phrase « Vous resterez dans l'enfer jusqu'au jour du jugement » est sans doute à mettre en parallèle avec la sentence de Dieu en 58 (28).3-4, dont elle pourrait être une reformulation. Elle exprime la même idée que lat-V 47.3 (cf. n. 164).

(150) Lat-P, arm et geo ignorent la demande que les anges adressent à Dieu au nom d'Adam pour qu'il soit autorisé à emporter des parfums du paradis — demande qui est propre au grec (29.4-5).

45 1 Et sicut praedixit Michael, post sex dies uenit mors Adae. **2** Et cum cognouisset Adam quia uenit hora mortis suae,

---

45 1-2 et sicut — mors Adae : et ecce aduenit dies mortis *A.* sicut praedixit Michael archangelus dei *E om. Inc*   **1** et sicut praedixit [-ixerat *R2*] Michael [archangelus *add. T1*] *R A T1* : et sicut praedixerat ei angelus *T2 om. B*   sex : s. uero *B*   **1-2** uenit mors Adae *R A* : aduenit mors *T* uenit ad Adam mors *B*   **2** et [*om. A*] cum cognouisset Adam *R A E* : cum autem c. [agnouisset *T1*] *T Inc* qui dum c. *B*   quia [quod *E Inc*] uenit hora *R1 A E B T Inc* : horam *R2*   suae *R A B T* : eius *E* sui *Inc*

---

45 1 Et comme l'avait prédit l'archange Michel, après six jours la mort vint à Adam. **2** Lorsqu'il sut qu'était venue

4 (29 6) Permittentes autem eum tollere, tulit secum quatuor odoramenta, nardum, crocum et calamum et cinamomum. Cum uero extulisset, expulsi sumus de paradiso^a. Sumus itaque
10 expulsi super terram.

60 (30) 1 Nunc ergo, filii mei, indico uobis quoniam seducti sumus a diabolo. Vos autem solliciti estote ut non deseratis iustitiam eius, sed bonum operamini.

61 (31) 1 Haec dixit Eua sedens in medio filiorum. Iacebat enim Adam in infirmitate sua.

Alia uero die exiturus erat de corpore, **2** et dixit Eua ad Adam: Ecce quidem non morior, tu moreris et ego uiuo?

---

60 (30) 1 quoniam *Pr* : quomodo *corrigendum ? (uide adnot.)*

---

a. cf. Gen. 3, 23

---

d'en prendre, et il prit avec lui quatre parfums: du nard, du safran, de la calaminthe et de la cinnamome. Une fois qu'il les eut pris, nous fûmes chassés du paradis^a. Et ainsi nous fûmes chassés sur la terre.

60 (30) 1 « Maintenant donc, mes fils, je vous révèle que (¹⁵¹) nous avons été séduits par le diable. Vous-mêmes ayez souci de ne pas négliger la justice (de Dieu) (¹⁵²), mais faites le bien. »

61 (31) 1 Ainsi parla Ève assise au milieu de ses fils. Adam, lui, restait couché à cause de sa maladie (¹⁵³).

Le jour suivant, il était sur le point de sortir de son corps. **2** Ève dit à Adam: « Voici que je ne vais pas mourir? Toi tu

---

(151) Au lieu de *quoniam,* on s'attendrait à lire *quomodo,* comme en grec (τὸν τρόπον ἐν ᾧ), arm et geo; on attendrait aussi un temps passé au lieu du présent *indico.*

(152) Littéralement: « ne pas négliger sa justice » (*iustitiam eius*). Le pronom ne peut renvoyer qu'à Dieu, et non au diable, nommé dans la proposition précédente. On peut supposer la perte accidentelle d'un premier membre de phrase qui mentionnait Dieu, à l'instar de l'arménien (« n'abandonnez pas le commandement de Dieu et ne vous écartez pas de sa miséricorde »), par exemple *solliciti estote ut <non derelinquatis praeceptum dei et> non deseratis iustitiam eius.*

(153) Après *in infirmitate sua,* le copiste de *Pr* a laissé un blanc et est passé à la ligne suivante; il indique ainsi que ces mots marquent pour lui la fin de la scène où Ève rapporte les circonstances de la première transgression.

dixit ad omnes filios suos: Ecce sum annorum nongentorum et
triginta[a] et, cum mortuus fuero, sepelite me contra hortum dei
5 in agro habitationis illius. **3** Et factum est cum cessasset loqui
omnes sermones suos, tradidit spiritum.

---

3 ad omnes filios suos : omnibus filiis suis *R2*   **3-4** ecce sum — et triginta : ecce nunc morior et est numerus annorum meorum in hoc mundo
nongenti triginta anni *E*   **3** ecce : ego *B*   **3-4** nongentorum et triginta
[unius *add. B*] *R A B T* : noningentorum et tr. *Inc*   **4** et cum *R* : cum
[enim *add. E*] *E Inc* et si *A B* si *T*   **4** contra hortum (ortum) dei *R1 A E
T1* : contra ortum diei *T2* contra orientem *Inc* contra deum *B* coram deo
R2   **5** in agro [agrum *E B*] habitationis illius [eius *E*] *R E B T* : magnum habitationibus *A om. Inc*   **5-6** factum est cum cessasset loqui omnes sermones suos [eius *T1*] tradidit *R1 T1* : f. e. cum c. [cessaret *R2*] l.
trad. *R2 B T2 Inc* f. e. cum finisset o. s. illius trad. *A* cum hoc dixisset
emisit *E*

---

l'heure de sa mort, Adam dit à tous ses fils: « Voici que j'ai 930
ans[a]; lorsque je serai mort, ensevelissez-moi tout près du jardin
de Dieu dans le champ de sa demeure ([154]). » **3** Et il arriva que,
quand il eut fini de dire toutes ses paroles, il rendit l'esprit.

---

(154) Avant de mourir, Adam donne à ses fils une double indication sur
le lieu où ils devront l'ensevelir. La première se présente sous deux formes
principales. La forme la mieux attestée, en R1, A, E et T1, est *contra
hortum* (le plus souvent écrit *ortum*) *dei*, « face au jardin de Dieu », c'est-à-
dire à proximité du paradis. De fait, Adam sera enseveli par les anges Michel et Uriel « dans les régions du paradis » (lat-V 48.3: *in partibus paradisi*), ce qui correspond à l'indication du grec: sa sépulture est préparée
« dans les régions du paradis (εἰς τὰ μέρη τοῦ παραδείσου), dans le lieu où
il avait pris de la poussière et modelé Adam » (gr 40.6; cf. arm-geo 70.6).
L'autre leçon, *contra ortum diei*, « face au lever du jour », c'est-à-dire en
direction de l'Orient, est transmise par R1c et T2, ainsi que par Inc (*contra
orientem*) et, chose étonnante, elle a été unanimement préférée par les traducteurs modernes. Pour le sens, les deux expressions ne sont pas très
éloignées, puisque pour les chrétiens occidentaux le paradis se trouvait à
l'Orient (cf. J. Daniélou, « Catéchèse pascale et retour au Paradis », *La
Maison-Dieu* 45 (1956), p. 99-119). Deuxièmement, la sépulture doit avoir

5   Quare ergo non uado, per quam mors data est? **3** Cui inquit
Adam: Ne sollicita sis. Non enim post me diu tardabis erisque
posita ubi ego. Dum autem mortuus fuero, aliquis me non
contingat aut corpus meum de loco moueat, quoadusque prae-
cipiat dominus, **4** quia non obliuiscetur me. Sed surge et
10 deprecare dominum quoadusque animam meam in manibus
eius iudicet esse, quam mihi commendauit, quia nescio si dominus deus et pater irascetur et non misereatur nostri.

a. cf. Gen. 5, 5

meurs et moi je vis? Pourquoi donc ne m'en vais-je pas, moi
par qui la mort a été donnée? » **3** Adam lui dit: « Ne t'inquiète
pas. Tu ne tarderas pas longtemps à me suivre et tu seras dé-
posée là où je serai. Quand je serai mort, que personne ne me
touche ni ne déplace mon corps de l'endroit où il est, jusqu'à
ce que Dieu donne un ordre, **4** parce qu'il ne m'oubliera pas.
Mais lève-toi et prie le Seigneur, jusqu'à ce qu'il juge bon que
soit dans ses mains mon âme, qu'il m'a confiée, parce que je ne
sais pas si le Seigneur Dieu et Père sera en colère contre nous
et ne nous fera pas miséricorde (¹⁵⁵). »

lieu *in agro habitationis illius*, « dans le champ de sa demeure », autrement
dit dans le lieu où se trouve l'oratoire d'Adam et où sera construite la
« maison de Dieu », le Temple de Jérusalem (voir lat-V 30.3 et 52.1-2). Le
terme *habitatio* pour désigner la demeure terrestre de Dieu se rencontre
dans la Vulgate en *Ps* 76 (75),3 (*et erit in Salem tabernaculum eius et habitatio eius in Sion*) et en *1 Chr* 29,1.

(155) Lat-P suit d'assez près le texte grec dans les paroles d'Ève et
d'Adam du ch. 31. Mais la question d'Ève, « Pourquoi donc ne m'en vais-je
pas, moi par qui la mort a été donnée? », est sans équivalent en gr, arm et
geo. Dans la dernière phrase, l'alternative attestée en gr, arm et geo est
absente de *Pr*. Mais il suffit pour la retrouver de remplacer *et non* par *uel
si*: « je ne sais si le Seigneur Dieu et Père sera en colère contre nous ou s'il
nous fera miséricorde ».

[uacat]

62 (32) 1 Haec audiens Eua surrexit et cum lacrimis ait: **2** Dominator domine deus[a], qui fecisti nos, peccaui, peccaui quidem. Magnifice, miserere corpori meo, quia in conspectu tuo peccaui. Remitte mihi peccatum meum, quod feci coram
5 electis angelis tuis. Peccaui quidem in sanctis Hyruphim et Seraphim, peccaui in base altaris et in luminibus caeli magis quam tota creatura quae est in terra. Sed deprecor, domine, esto mihi propitius. Vos quoque qui domini praeceptis obeditis, qui estis in creatura caeli et terrae, deprecamini dominum de-
10 um pro me. **3** Haec autem dicens plorauit, et ecce subito uenit archangelus Michael, qui est super animas hominum constitutus, et dixit: **4** Surge Eua de paenitentia tua, quia Adam exiuit de corpore. Exurge ergo et uidebis animam portari ad dominum qui eam fecit.

---

62 (32) 5 sanctis *correxi* : sancto *Pr*   **6** base *scripsi* : uase *Pr*

---

a. cf. Ex. 34, 6 (Vg)

---

62 (32) 1 A ces paroles, Ève se leva et en larmes dit: **2** « Souverain Seigneur Dieu[a] ([156]), toi qui nous a faits, j'ai péché, oui, j'ai péché. Ô Généreux, aie pitié de mon corps, parce que j'ai péché en ta présence. Remets-moi mon péché, que j'ai commis devant tes anges élus. J'ai péché envers les saints Chérubins et les Séraphins, j'ai péché envers la base de l'autel ([157]) et envers les lumières du ciel plus que toutes les créatures qui sont sur la terre. Mais je t'en supplie, Seigneur, sois bienveillant à mon égard. Vous aussi qui obéissez aux commandements du Seigneur, vous qui appartenez aux créatures du ciel et de la terre, priez le Seigneur Dieu pour moi ([158]). » **3** En parlant ainsi, elle se mit à pleurer, et voici que tout à coup l'archange Michel, celui qui a la charge de l'âme des hommes, vint et lui dit: **4** « Lève-toi, Ève, de ta pénitence, parce qu'Adam est sorti de son corps. Lève-toi donc et tu verras son âme emportée jusqu'au Seigneur qui l'a faite. »

---

(156) La triple invocation *Dominator domine deus*, qui revient en lat-P 67 (37).2, se trouve seulement en *Ex* 34,6 (Vg) et dans de rares textes qui en dépendent.

(157) La base de l'autel: l'expression se trouve en *Lév* 4,7 et 4,18.

(158) La demande d'Ève aux autres créatures pour qu'elles intercèdent en sa faveur se trouve en arm et geo, mais pas en grec.

[uacat]

63 (33) 1 Quae surrexit, et posuit manum suam super faciem eius. Cui angelus inquit: **2** Eua faciem tuam ad caelos extende uidebisque uenientes aquilas. Non enim potes uidere claritatem earum. Tunc angeli procedentes **3** uenerunt ad
5   locum ubi erat Adam. Stetit autem currus et Seraphim, **4** uideturque ala aurea. Venerunt quoque angeli in claritate super altare, carbonesque tulerunt et miserunt in turibula, et posuerunt odoramenta in eis, et fumus odoris operuit firmamentum. **5** Tunc quidem processerunt angeli in facies suas et
10   adorauerunt dominum deum clamantes: Domine, dimitte Adae peccata sua, quoniam imago et plasma tuum est.
     64-66 (34-36)

---

63 (33) **4** procedentes *correxi* : procidentes *Pr*   **8** operuit *correxi* (*uide adnot.*) : aperuit *Pr*

---

63 (33) 1 Elle se leva, et elle mit la main sur son visage. L'ange lui dit: **2** « Ève, dirige ton visage vers le ciel, et tu verras venir des aigles. Tu ne peux pas en effet voir leur clarté. » Alors les anges s'avancèrent **3** et vinrent à l'endroit où était Adam. Le char s'arrêta, et les Séraphins, **4** et on vit une aile d'or. Les anges aussi vinrent dans la clarté au-dessus de l'autel, et ils prirent des charbons et les mirent dans les encensoirs, et ils y déposèrent des parfums, et la fumée du parfum voila le firmament ([159]). **5** Alors les anges se prosternèrent face contre terre et adorèrent le Seigneur Dieu, et ils clamaient: « Seigneur, pardonne à Adam ses péchés, parce qu'il est ton image et ton œuvre façonnée ([160]). »
64-66 (34-36)

([159]) La correction de *aperuit* en *operuit* se fonde sur le grec (ἡ ἀτμὶς τοῦ θυμιάματος ἐκάλυψεν τὰ στερεώματα) et le géorgien (« la fumée montait et cacha les firmaments du ciel »). En gardant le texte de *Pr*, on pourrait à la rigueur comprendre que la fumée de l'encens « ouvrit le firmament » pour laisser monter la prière jusqu'au trône divin.

([160]) Lat-P n'a pas l'équivalent des ch. 34-36 du grec et du géorgien, à savoir le dialogue entre Ève et Seth au sujet du contenu de la vision céleste qu'ils contemplent.

46 1 Vnde obscuratus est sol et luna et stellae per dies septem. Et cum esset Seth amplectens corpus patris sui lugens
super eum, et Eua cum esset respiciens super terram, intextans
manus super caput et caput super genua ponens, et omnes filii
5 eius flerent amarissimas lacrimas, **2** ecce Michael archangelus
apparuit stans ad caput Adae et dixit ad Seth: Exsurge a

---

46 1 unde *R1* : tunc *R2* et *E Inc* et ecce *T om. A B*   **1** obscuratus
[obtenebratus *A T* tenebratus *B*] est sol et luna et stellae per dies septem
[s. d. *R1*] *R1 A E B T Inc* : sol et l. et st. p. d. septem obscurati sunt
R2   **2** et cum esset Seth [ibi *add. T1*] amplectens [amplexans *A* amplexatus est *T1*] *R1 A T1* : Seth amplexatus esset *R2* et [ecce *add. B*]
Seth -xatus est *B Inc* et Seth -xatus *T2* cum autem Seth et mater eius
-xati essent *E*   patris sui : Adae *E*   **2-3** lugens super eum *R* : l. desuper
A B lugendo s. e. *T Inc* et luxissent s. illud *E*   **3-4** et Eua — super genua ponens: *om. T Inc*   **3** et Eua cum esset respiciens super [in *A*] terram [s. t. *om. B*] *R1 A B* : et E. suspirans *R2*   respicientes in terram *E*
3-4 intextans manus super caput *R1* : intextas m. s. c. eius habens *A* -tas
m. habens s. c. *B* intextis manibus suis super c. suum *R2* intextis manibus
super capitibus *E*   **4** et caput super genua ponens *R1* : et posuisset illud
s. genua *R2* et super genua *B* et capita super genua posuissent *E om. A*
5 flerent amarissimas lacrimas *R1* : essent [*om. B*] flentes -issime *R2 B*
fletibus amarissimis lacrimassent *A* flentes amarissime [-mis *T2*] lacrimis
[dixerunt heu domine pater ut quid induxisti nobis dolorem et mortem
add. T1] *T* similiter -issime lacrimarentur *E om. Inc*   **5-6** [et *add. A*] ecce
Michael archangelus [M. ang. *A* ang. M. *B*] apparuit [eis *E*] *R A E B T* :
app. M. *Inc*   **6** caput : corpus *T1*   **6-7** exsurge a corpore *R1* : surge de
c. *E T* exsurge [exurge *B*] desuper corpus *R2 A B* surge *Inc*

---

46 1 Dès lors, le soleil, la lune et les étoiles s'obscurcirent
pendant sept jours. Et comme Seth serrait dans ses bras le
corps de son père et s'affligeait sur lui, comme Ève, le regard
dirigé vers la terre, gardait les mains jointes sur la tête et la
tête posée sur ses genoux ([161]), et que tous ses fils pleuraient
des larmes très amères, **2** voici que l'archange Michel apparut;
il se tenait au chevet d'Adam et dit à Seth: « Lève-toi de

---

(161) Le geste de « poser sa tête sur ses genoux » est un topos fréquent
de la douleur; voir *Pélagie la Pénitente. Métamorphoses d'une légende, t. I,
Les textes et leur histoire*, Paris 1981, ch. 7 et 8, p. 24 (français), p. 79 et 98
(textes grecs), p. 233-234 et 260 (textes latins).

[uacat]

corpore patris tui et ueni ad me, ut uideas patrem tuum, quid disposuit pro eo dominus deus, pro plasmate suo, quia misertus est eius.

47 1 Et ecce omnes angeli canentes tubis dixerunt: Benedictus es, domine deus, pro plasmate tuo, quia misertus es ei. **2** Tunc uidit Seth manum domini extensam tenentem Adam,

---

7 ad me : mecum *R2*   ut uideas patrem tuum *R1 E T1* : et uideas *T2* et uide *A B Inc* et uidebis *R2*   **7-9** quid disposuit — est eius: *om. Inc* **7-8** quid disposuit pro eo dominus deus *R1* : quid [quod *A*] de patre tuo [de eo *A*] disponat dom. d. *R2 A B* et quid disponat facere dom. d. *E* quid de eo dom. [*om. T2*] deus fecit [fecerit *T2*] *T*   **8-9** pro [de *E*] plasmate suo quia misertus est eius *R1 E T1* : plasma eius est misertus est ei *A* quia mis. est ei [sui *B*] *R2 B* quia mis. eius est *T2* **47 1-2** et ecce — es ei : *om. T1 Inc*   **1** et ecce : ecce *R1* et *A* canentes tubis [*om. R2*] *R A E B* : cantantes t. *T2*   **2** domine deus [*om. A B*] *R1 A E B T2* : deus *R2*   pro [*om. T2*] plasmate tuo quia misertus es ei [eius *R1*] *R E T2* : quia mis. es plasmae tuae *A* qui mis. es prothoplasto tuo Adam *B*   **3** tunc [et *Inc*] uidit Seth *R A E Inc* : t. S. u. *T* et cum uidisset *B*   **3-4** tenentem Adam et [quem *T2 om. B T1*] *R A B T Inc* : animam patris tui tenentem quam *E*

---

dessus le corps de ton père et viens vers moi, afin que tu voies ton père, ce que Dieu a disposé pour lui, pour son ouvrage façonné, car il a eu pitié de lui ([162]). »

47 1 Et voici tous les anges, sonnant leurs trompettes, dirent: « Béni sois-tu, Seigneur Dieu, pour ton ouvrage façonné, car tu as eu pitié de lui ! » **2** Alors Seth vit la main étendue du Seigneur qui tenait Adam, et il le remit à Michel

---

(162) L'ordre de l'archange Michel à Seth ne fait pas vraiment dfficulté pour ce qui est du sens. Mais la construction de la phrase introduite par *ut uideas* est assez heurtée (présence dans tous les témoins, sauf E, de deux compléments non coordonnés dépendant du verbe *disponere, pro eo* et *pro plasmate suo*), et elle a donné naissance à plusieurs variantes. La forme la plus ancienne est conservée par R1 (« afin que tu voies ton père, ce que le Seigneur Dieu a disposé pour lui, pour son ouvrage façonné, car il a eu pitié de lui ») et, sous une forme proche, par E (« afin que tu voies ton père et ce que le Seigneur Dieu se proposa de faire au sujet de son ouvrage façonné, car il a eu pitié de lui »). A a changé la construction en introduisant des propositions indépendantes (« voici ce que le Seigneur Dieu se propose à son sujet. Il est son ouvrage façonné, il a eu pitié de lui »), tandis que R2, B et T2 l'ont allégée en laissant de côté *pro plasmate suo*.

67 (37) 1 Sed angelus magnus tuba cecinit, et surrexerunt omnes angeli clamaueruntque uoce terribili dicentes: **2** Benedicimus te, omnium dominator domine deus[a], quoniam misertus es plasmati tuae. **3** Quando autem haec clamauerunt angeli, ecce subito uenit Seraphim, sex alas habens, et rapuit Adam, duxitque eum in stagno Acherusio, ibique eum baptizauit. Deinde eum adduxit in conspectu domini dei, eratque prostratus in facie sua tribus horis. **4** Extendit ergo dominus deus manum suam sedens super thronum claritatis eius, et eleuans Adam tradidit eum Michaeli archangelo dicens: **5** Pone eum in paradiso in tertio caelo usque in diem dispensationis, qui

---

67 (37) 6 stagno Acherusio *nos* : stanno cerosio *Pr*

---

a. cf. Ex. 34, 6 (Vg)

---

67 (37) 1 Mais le Grand Ange sonna de la trompette, et tous les anges se levèrent et crièrent d'une voix terrible en disant: **2** « Nous te bénissons, Souverain de l'univers, Seigneur Dieu[a], parce que tu as eu pitié de ton ouvrage façonné. » **3** Quand les anges eurent ainsi crié, voici que tout à coup vint un Séraphin qui avait six ailes, et il enleva Adam, le conduisit au lac achérusien ([163]), et là il le baptisa. Ensuite, il l'amena en présence du Seigneur Dieu; et il resta là étendu la face contre terre pendant trois heures. **4** Alors le Seigneur Dieu, siégeant sur le trône de sa splendeur, étendit la main, releva Adam et le remit à l'archange Michel en disant: **5** « Dépose-le dans le paradis au troisième ciel, jusqu'au jour de la dispensation, c'est-à-dire de l'économie ([164]), quand je ferai à tous

---

(163) La leçon de *Pr, in stanno cerosio*, doit être lue *in stagno Acherusio*.

(164) L'intervention de Michel détermine le sort réservé à Adam pendant toute une période, dont le terme est exprimé de la même manière dans les différentes recensions: « jusqu'au jour de la dispensation » (*usque in diem dispensationis*, expression identique dans lat-V et lat-P), « c'est-à-dire de l'économie » (lat-P); « jusqu'à ce grand jour de l'économie » (gr 37.5); « jusqu'au jour de l'économie » (geo 67.5). Mais la nature du sort d'Adam et la manière de comprendre le « jour de l'économie » divergent d'un texte à l'autre. Selon gr, lat-P et geo, Adam est installé « dans le paradis au troisième ciel », alors que selon lat-V, il doit demeurer « dans

et tradidit eum Michaeli dicens: **3a** Sit in custodia tua usque in
5 diem dispensationis in suppliciis, usque ad annos nouissimos
3b in quibus conuertam luctum eius in gaudium[a]. Tunc sedebit
in throno illius qui eum supplantauit.

48 1a Et dixit iterum dominus ad Michaelem et Vrielem angelos: Afferte mihi tres sindones bissinas **1b** et expandite super
corpus Adae, **1c** et aliis sindonibus uestite filium eius Abel, et
sepelite Adam et filium eius. **2** Et processerunt omnes uirtutes

---

4 eum *R B Inc*: *om. A E T*   Michaeli *R1 A T1 Inc* : M. archangelo
R2 E B T2   *post* sit *add.* haec anima *E*   **4-5** usque in diem dispensationis [defensionis *A* aspirationis *B*] in suppliciis *R A B T* : in suppl.
u. in diem disp. *E om. Inc*   **5** usque ad annos nouissimos [*om. Inc*] *R A*
T Inc : usque in annis -mis *B* in -mis diebus *E*   **6** in quibus : quando *A*
donec *Inc*   luctum : luctus *T1*   tunc : t. enim *E* et t. *Inc*   **7** in
throno [loco *Inc*] illius [eius *A T*] *R1 A E T Inc* : in [super *R2*] thronum
i. *R2 B*   qui eum supplantauit *R1 E B* : qui seduxit eum *R2* qui eum
seduxit *T Inc* quoniam eum plantaui *A*
48 1-4 et dixit — filium eius : et accepit Michahel syndonem et inuoluit
corpus Adae et filii sui Abel et sepeliuit eos in ualle Ebron *Inc*   **1** iterum
[*om. R2*] dominus *R A E T* : *om. B*   **1-2** et [ad *add. T1*] Vrielem angelos
afferte : affer *E*   **2** mihi : *om. B*   sindones bissinas [byssinas *A* et -nos
T2] et expandite *R A B T* : pannos de sindone bissinos et expande unum
E   **2-3** super [*om. B*] corpus Adae *R E B T* : s. Adam *A*   **3** [cum
add. T] aliis sindonibus [aliis sindonis *B* alia sindone *R2*] uestite filium
eius Abel [Abel f. e. *R2 B T*] *R B T* : alias sindones super Abel f. e. *A*
alium super corpus f. e. Abel *E*   **3-4** et sepelite Adam et filium eius *R1*
T : *om. R2 A E B*   **4-5** omnes uirtutes angelorum ante Adam [eum *T1*
om. T2] *R A E B T* : ante eum o. u. ang. *Inc*

---

en disant: **3a** « Qu'il soit sous ta garde jusqu'au jour de la dispensation, dans les supplices, jusqu'aux années dernières ([164]),
3b quand je changerai son affliction en joie[a]. Alors il siégera
sur le trône de celui qui l'a fait tomber ([166]). »
  48 1a Et le Seigneur dit encore aux anges Michel et
Uriel ([167]): « Apportez-moi trois linceuls de lin **1b** et déplo-
yez-les sur le corps d'Adam, et revêtez d'autres linceuls son fils
Abel, et ensevelissez Adam et son fils. » **2** Alors toutes les

---

les supplices ». Pour les uns, le « jour de l'économie » se rapporte au temps
de l'incarnation du Christ, à la venue salutaire du « Fils bien-aimé » (lat-P,
geo), tandis que pour les autres il renvoie plutôt au temps du jugement
dernier et universel (grec, et probablement lat-V).

dicitur oeconomia, quando faciam omnibus misericordiam per dilectissimum filium meum. **6** Tunc angeli omnes hymnum dixerunt laudesque mirabiles in remissionibus Adae cecinerunt.

68–69 (38–39)

70 (40) 1 Ait autem dominus ad Michaelem archangelum in paradiso: Affer mihi tres sindones mirificos et fortissimos, **2** expandensque sindones inuolue corpus Adae, eum perfondens de olei misericordiae odoramento. **3** Quibus uero factis ait

---

67 (37) 12 oeconomia *conieci* : feci omnia *Pr*

---

a. cf. Ier. 31, 13

---

miséricorde par mon fils bien-aimé. » **6** Alors tous les anges dirent un hymne et chantèrent des louanges admirables pour le pardon accordé à Adam ([165]).

68–69 (38–39)

70 (40) 1 Le Seigneur dit alors à l'archange Michel dans le paradis ([168]): « Apporte-moi trois linceuls merveilleusement faits et très solides, **2** déploie ces linceuls pour en envelopper le corps d'Adam, après l'avoir baigné du parfum de l'huile de miséricorde. » **3** Cela étant fait, le Seigneur dit à l'archange:

---

(165) Lat-P n'a pas l'équivalent des ch. 38-39 du grec et des recensions proche-orientales, à savoir le déplacement du char divin jusqu'au lieu où se trouve le corps d'Adam et le discours que Dieu lui adresse.

(166) *Supplantare* doit être pris ici dans son sens premier de « faire un croc-en-jambe », « faire tomber », et non pas de « supplanter », ce qui correspond au grec « je te ferai asseoir sur le trône de celui qui t'a trompé » (39.2; cf. 69.2 arm-geo). Le texte de A est très différent: « Alors il siégera sur son trône, car je l'ai formé ».

(167) E ignore l'ange Uriel et s'accorde en cela avec l'ensemble des autres recensions (gr, lat-P, arm, geo).

(168) On peut aussi comprendre, en rattachant *in paradiso* à l'impératif qui suit, comme c'est le cas en grec et en arménien: « Dans le paradis apporte-moi trois linceuls... »

5 angelorum ante Adam, et sanctificata est dormitio illius mortis. **3a** Et sepelierunt Adam et Abel Michael et Vriel in partibus
   paradisi, uidente Seth et matre eius et alio nemine. **3b** Et dixerunt ad eos Michael et Vriel: Sicut uidistis, similiter sepelite
   mortuos uestros.

5-7 et sanctificata — partibus paradisi : *om. Inc*   **5** et sanctificata est
dormitio illius mortis [m. illius *R2* m. eius *E* eius m. *T2*] *R E T* : ut
sanctificarent dormitionem mortis illius *B* et sanct. est dormitatio mortuorum *A*   **6** et sepelierunt : s. autem *R2*   Adam et Abel Michael et
Vriel [angeli *add. A* angeli dei *add. T*] *R1 A T* : M. et V. Adam et Abel
R2 eum et Abel *B* archangeli corpus Adae et corpus filii eius Abel *E*
6-7 in partibus paradisi *R B* : in paradiso *E* partis paradisi *A* in eo qui
dicitur Caluariae locus *T*   **7** uidente [-tibus *A B Inc*] Seth et [*om. Inc*
Eua *add. B T*] matre eius [m. e. *om. T*] *R A B T Inc* : uidentes Seth et
mater eius quae fiebant per angelos et admirati sunt ualde *E*   et [*om. B*]
alio nemine *R1 B* : et alius nemo *R2* et nulli alteri *T1* et nullis aliis *T2* et
nullo alio *Inc om. A E*   **7-8** et dixerunt ad eos [angeli *add. B*] Michael et
Vriel [angeli *add. T1*] *R1 B T1* : et dix. M. et V. *R2 A* et [*om. T2*] dix.
angeli ad eos *T2 Inc* quibus ang. dix. *E*   **8** *post* uidistis *add.* nos sepelire
R2 add. istos [illos *Inc*] sepeliri *E Inc*   **8-9** similiter [ita *B* sic de cetero
Inc] sepelite [de caetero *add. T1*] mortuos uestros *R A B T Inc* : sim. m.
u. sep. *E*   **9** *post* uestros *add.* hiis expletis angeli discesserunt ab eis Seth
uero filius eius plantauit ramum arboris sicut rogauerat eum pater eius
Adam ad caput sepulchri sui qui creuit in arborem magnam post multos
uero annos inuenta est a uenatoribus Salomonis et sibi allata et ab ipso
miris modis ornata et postmodum propter reginam Austri destructa quae
uenit a finibus terrae audire et uidere sapientiam Salomonis cui etiam ipse
ostendit omnia secreta sua et hoc lignum mirifice in templo ornatum quo
uiso statim prophetauit per hoc lignum omnia regna et unctiones sacerdotum et leges iudeorum destrui quo audito rex hoc lignum auro et lapidibus
preciosis exornari praecepit et in piscinam probaticam lapidibus alligatis
mergi ubi postmodum semper descendit angelus et aquam turbabat et
cottidie sanabatur unus usque ad ipsum Christum qui postmodum in ipso
ligno suspensus est in eo qui dicitur Caluariae locus et in ipso stipite arboris posito ita ut sanguis ipsius redemptoris in caput primi plasmatis
descenderet *T et similiter Inc* (*cf. ed. Inc infra pag. 739-740*)

---

puissances angéliques se présentèrent devant Adam et ainsi fut
sanctifié le sommeil de cette mort. **3a** Et Michel et Uriel ensevelirent Adam et Abel dans les régions du paradis, sous les
yeux de Seth et de sa mère, et de personne d'autre ([170]). **3b** Et
Michel et Uriel leur dirent: « Comme vous l'avez vu faire, ainsi
ensevelissez vos morts. »

5   dominus ad archangelum: Afferte corpus Abel filii eius aliasque tres sindones ei praeparate, **4** quoniam in sepulcro erit, ex
quo exilibit corpus eius de terra.

« Apportez le corps d'Abel son fils et préparez pour lui trois
autres linceuls. **4** En effet, il sera dans un sépulcre, hors duquel
son corps bondira de la terre ([169])... »

(169) Comment expliquer la fin abrupte du texte de *Pr*? On notera que
le dernier mot (*terra*) est suivi d'un *punctus eleuatus*, qui est le plus faible
des signes de ponctuation utilisés dans le manuscrit. Il indique que le scribe n'a pas voulu signaler ainsi la fin de sa copie. Aurait-il buté sur la signification du double futur (*in sepulcro erit ex quo exilibit corpus eius de
terra*) et interrompu son travail pour ne plus le reprendre? A la place du
futur, les autres versions ont ici l'imparfait et décrivent la situation qui
prévalait entre la mort d'Abel et celle d'Adam. Tant qu'Adam n'avait pas
été mis en terre, aucun autre cadavre ne pouvait être enseveli, et c'est
pourquoi Abel était resté sans sépulture: chaque fois que Caïn voulait enterrer le corps de son frère, celui-ci « bondissait hors de la terre ». Si l'on
voulait corriger le texte de *Pr* à la lumière de ces parallèles, on rétablirait
ici deux imparfaits et on lirait ceci: *quoniam sine sepulcro erat et exiliebat
corpus eius de terra*. Sur cette tradition, voir *Genèse Rabba* 22,9, ad *Gen*
4,10, p. 256: « [Le sang d'Abel] ne pouvait pas monter vers l'en-haut parce
que jamais âme n'y était encore montée, il ne pouvait pas non plus résider
dans l'en-bas parce que jamais homme n'y avait été enseveli. Alors son
sang resta jeté sur les arbres et les pierres. »
(170) L'absence de tout autre témoin en dehors de Seth et de sa mère
trouve son explication dans le récit plus complet des autres recensions: au
moment du passage du char divin dans le paradis, toutes les plantes sont
agitées et exhalent leur senteur, « si bien que tous les hommes nés d'Adam
s'endormirent sous l'effet du parfum, à l'exception du seul Seth, parce qu'il
était devenu contemplateur de Dieu » (gr 38.4; arm-geo 68.4; passage absent de lat-P). Faute d'être compris, ce détail narratif isolé a souvent été
omis (A, E, R1c, R1e, *Cb Sr Aj* [T1], *Tg Do* [T2]), ou changé en son
contraire, *et multis aliis* (*Sh Bf* [T2]). Dans les témoins où il est conservé,
on le trouve sous une douzaines de formes différentes, qui illustrent son
instabilité (R1: *alio nemine, nullo alteri*; R2: *alius nemo, alio nemine, aliis
nemo, aliis non*; B: *alio nemine*; T1: *nulli alteri, nulli alii, nullus alter*; T2:
nullis aliis, nullus alius, nullo altero; Inc: *nullo alio*). Cela rend tout choix
textuel problématique. Nous avons finalement retenu *alio nemine*, qui est
attesté par B, R1b (R1) et *B* (R2), et indirectement par R2a+d.

49 1 Post sex uero dies, postquam mortuus est Adam, cognoscens Eua mortem suam congregauit omnes filios suos et filias, qui fuerunt cum Seth triginta fratres et triginta sorores. Et dixit ad omnes: **2** Audite me, filii mei, et referam uobis:
5 postquam ego et pater uester transgressi sumus praeceptum domini, dixit nobis Michael archangelus: **3** Propter praeuaricationes uestras et generis uestri peccata inducet dominus iram iudicii sui, primo per aquam secundo per ignem. In hiis duobus iudicabit dominus genus humanum.

---

49 1 post sex [septem *T2* multos *Inc*] uero [*om. E*] dies *R E B T Inc* : post sex dies uero *A*   postquam [quam *R2* quod *A B*] mortuus est Adam *R A E B T1* : *om. T2 Inc*   **1-2** cognoscens Eua : E. c. *R2* cognouit E. *B*   **2** *post* suam *add.* imminere *E* postquam mortuus esset Adam *T2* congregauit : et congr. *B* -gare fecit *E*   **3** *post* filias *add.* suas *A B T2 Inc*   qui fuerunt cum Seth triginta fratres et triginta sorores *R1* : qui fuerunt Seth cum tr. fratribus et tr. sorores *A* Seth cum tr. fratribus et triginta [totidem *B*] sororibus *R2 B om. E T Inc*   **4** et [*om. R1*] dixit ad omnes [Eua *add. A*] *R1 A B* : et d. Eua *R2* et d. eis *E T Inc*   me [*om. R2*] filii mei [et filiae *add. E*] *R A E* : me filii mei [*om. T1*] carissimi *T Inc* me *B*   et *R1 B T* : ut *A* quod *R2 E om. Inc*   **5** postquam : quod *A* ego et pater uester *R A B T Inc* : p. u. et ego *E*   **5-6** praeceptum domini [dei *A* dei *add. E R2*] *R A E B* : mandatum dom. *T* mandata dei *Inc* **6** dixit nobis [*om. B*] : tunc d. *Inc*   archangelus : angelus *B*   **7-8** et generis uestri peccata [*om. R2*] inducet [indicabit *R2*] dominus iram iudicii sui *R* : et peccata inducet dominus iram iudicii in genus uestrum *E* generi uestro superinducet dominus [noster *add. T2*] iram iudicii *T (cf. R1d)* generi uestro superinduxit peccatum dominus noster in iudicio suo *A* generi uestro peccatum super indicastis dominus iram iudicii sui ostendet *B* inducit dominus iudicii iram super uos *Inc*   **8** primo *R E B* : primum *A T Inc*   secundo *R* : secundum *A T Inc* postea *E B*   in hiis duobus *R E B* : his d. *A* in hiis d. iudiciis [iud. d. *Inc*] *T Inc*   **9** genus humanum [h. g. *T*] *R B T Inc* : omne g. h. *E* omne g. *A*

---

49 1 Six jours après la mort d'Adam, Ève, sachant qu'elle allait mourir, rassembla tous ses fils et ses filles, c'est-à-dire Seth et ses trente frères et ses trente sœurs. Elle leur dit à tous: **2** « Écoutez-moi, mes fils, je vais vous rapporter ceci: Après que moi et votre père nous avons transgressé le commandement de Dieu, l'archange Michel nous dit: **3** "À cause de vos désobéissances et des péchés de votre descendance, le Seigneur appliquera la colère de son jugement ([171]) d'abord par l'eau, ensuite par le feu. C'est par ces deux moyens que le Seigneur jugera le genre humain."

[uacat]

(171) Je retiens le texte des témoins de R dans leur majorité, qui attribuent la responsabilité des jugements à venir à la fois aux péchés des
premiers parents et à ceux de leurs descendants. Le texte de E implique en
revanche que les transgressions d'Adam et Ève sont seules responsables de
la colère divine qui frappera leur descendance. Deux théologies distinctes
du péché originel, cause du jugement, se profilent derrière ces variantes.
L'une insiste sur la responsabilité partagée des protoplastes et des généra-
tions à venir: « A cause de vos désobéissances et des péchés de votre descendance, le Seigneur appliquera la colère de son jugement » (R). L'autre
rend Adam et Ève seuls responsables de la colère divine qui frappera leurs
descendants: « A cause de vos désobéissances et de vos péchés, le Seigneur
appliquera la colère de son jugement à votre descendance » (E; cf. R1b
R1d T). Un sens analogue se trouve dans A (« A cause de vos désobéissances, notre Seigneur a fait retomber le péché sur votre descendance
lors de son jugement ») et dans B (« A cause de vos désobéissances, vous
avez imposé aussi le péché à votre descendance; le Seigneur manifestera la
colère de son jugement »).

50 1 Sed audite me, filii mei, facite ergo tabulas lapideas et alias tabulas luteas de terra, et scribite in eis omnem uitam meam et patris uestri, quam a nobis audistis et uidistis. **2** Si per aquam iudicauerit dominus genus humanum, tabulae illae
5 de terra luteae soluentur et tabulae lapideae permanebunt. Si autem per ignem iudicabit dominus genus nostrum, tabulae lapideae soluentur et de terra luteae coquentur et permanebunt. **3** Et cum haec dixisset omnibus filiis suis, expandit

---

50 1 sed audite me [*om. B*] filii mei *R1 A B* : audite ergo me f. m. *R2 Inc* nunc ergo [autem *T2*] audite me f. m. *T* audi ergo fili mi Seth *E* facite ergo *R1 A B* : fac. uobis *R2 Inc* facite *T* facito *E*   [duas *add. R1*] tabulas lapideas *R A E B T1 Inc* : l. t. *T2*   **2** alias tabulas [*om. T2*] luteas de terra *R1 T* : al. tab. luteas *A* luteas de t. *R2* al. de t. salateas (?) *B* al. de t. *Inc* tab. de t. lucidas *E*   in eis [his *A*] : *om. B*   **2-3** omnem uitam meam et patris uestri *R1 A* : totam uitam p. u. et meam *E* omn. uitam p. u. *B* uitam nostram *T Inc* omn. uitam patrum uestrorum *R2* **3** quam *R T* : quae *A* et ea quae *E* et quod *Inc* sicut *B*   a nobis audistis et uidistis *R A B* : de n. uid. et aud. [ne pereat memoria primorum parentum uestrorum in aeternum *add. Inc*] *T Inc* a n. audisti et uidisti *E* **3-7** si per — et permanebunt : *om. Inc*   **3-4** si [sed *A*] per aquam iudicauerit [-cabit *A B*] dominus genus humanum [nostrum *A R2* uestrum *B*] *R A B* : cum enim iudicauerit dom. gen. nostrum per aqua *E* sed in aquae iudicio primo -cabit dom. gen. hum. *T*   **4-7** tabulae illae — et permanebunt : *om. A*   **4-5** tabulae illae de terra luteae soluentur *R1* : tab. luteae de t. diss. *R2* tab. luteae soluentur *B* et tabula illa de t. lutea soluitur *T* tabulae de t. lucide soluentur *E*   **5** tabulae [illae *add. T2*] lapideae permanebunt *R E T* : tab. lap. non soluentur *B*   **5-7** si autem — et permanebunt : *om. B T*   **5-6** si autem per ignem iudicabit dominus genus nostrum [dom. gen. n. *om. R2*] *R* : cum autem per ignem iudicauerit *E*   **7** soluentur *R1 E* : dissoluentur *R2*   de terra luteae coquentur et permanebunt *R1* : l. de t. c. *R2* et tabulae de t. lucidae quae coquuntur permanebunt *E*   **8** et cum haec dixisset omnibus [*om. R2*] filiis suis *R* : et cum h. omnia d. Eua f. s. *E B* h. omnia cum d. Eua f. s. *T* h. cum d. f. s. *Inc* tunc Eua *A*

---

50 1 Mais écoutez-moi, mes fils! Faites des tablettes de pierre et d'autres tablettes d'argile faite de terre ([172]), et écrivez sur elles toute ma vie et celle de votre père, telle que par nous vous l'avez entendue et que vous l'avez vue. **2** Si c'est par l'eau que le Seigneur va juger le genre humain, les tablettes d'argile faite de terre seront dissoutes et les tablettes de pierre demeureront; mais si c'est par le feu que le Seigneur va juger notre race, les tablettes de pierre seront détruites et celles d'argile

[uacat]

---

(172) De bons témoins de R1 lisent ici *duas* devant *tabulas*: « Faites deux tablettes de pierre et d'autres tablettes d'argile faite de terre » (R1c); « Faites deux tablettes de terre en argile et deux tablettes de pierre » (R1b). De même en 52.1, R1c donne une leçon particulère: « Alors Seth fit deux tablettes de pierre et deux d'argile », qui s'apparente à celle de *Pa*: « Alors Seth fit deux tablettes, de grandes (tablettes) en pierre et des (tablettes) de terre en argile ».

manus suas in caelum orans, et inclinans genua sua in terram,
10   adorans dominum deum et gratias agens tradidit spiritum.

51 1 Et postquam factus est fletus magnus sepelierunt eam
omnes filii eius. Et cum essent lugentes quattuor dies, apparuit
Michael archangelus Seth dicens: **2** Homo dei, non amplius
quam sex dies lugeatis mortuos uestros, quia septimus dies

---

9 suas : *om. A*   in *R1 A T Inc* : ad *R2 B* et respiciens in *E*   **9-10** et
inclinans — dominum deum : *om. Inc*   **9** et : *om. E*   inclinans : in-
clinauit *B*   terram *R1 A E T1* : terris *B* terra *R2 T2*   **10** adorans *R E*
B T : et adorans *A*   et : *om. T1*   *post* agens add. deo *Inc*
   51 1 et postquam [p. autem *R1 T*] factus est fletus magnus *R1 E B T* :
postea cum magno festo *A* et *R2 Inc*   eam : Euam *E B*   **2** omnes
[*om. E*] filii eius [et filiae *add. E*] *R A E B T* : omnes filli et filiae iuxta
Adam uirum suum *Inc*   et [*om. A*] cum essent lugentes [mortem eius
add. E] quattuor dies [per dies qu. *E* diebus qu. *B* septem diebus *R2*] *R A
E B T* : tunc autem factus est fletus magnus et fecerunt planctum magnum per triginta dies cum autem in luctu fuerunt per quattuor dies *Inc*
   2-3 apparuit Michael archangelus Seth dicens *R1* : [tunc *add. A*] *apparuit
eis M. arch. [ang. M. *T2*] dicens ad Seth *A T* app. eis [*om. E*] M. arch. dic. *E
R2* app. angelus Seth dic. *B* app. eis M. et dixit ad Seth *Inc*   **3** homo dei
R1 A T Inc : homines dei *R2 om. E B*   **3-4** non [ne *E T*] amplius quam
[per *add. E*] sex [septem *T*] dies lugeatis mortuos uestros *R1 E T* : ne
amp. [amp. non *R2*] lugeatis [lugeas *A* lugetis *Inc*] mortuos uestros quam
[per *add. Inc*] sex dies [septem diebus *R2*] *R2 A B Inc*   **4-5** quia septimus — saeculi requies : *om. Inc*   septimus dies [d. s. *R2* septima dies *B*]
signum resurrectionis est [est res. *R1*] *R E B* : septima die signum res. est
A septima die res. est *T*

---

faite de terre seront durcies par la cuisson et demeureront ([173]). »
3 Après avoir ainsi parlé à tous ses enfants, Ève tendit les
mains vers le ciel pour prier; et s'agenouillant sur la terre elle
adora le Seigneur Dieu, rendit grâces et rendit l'esprit.

51 1 Et après avoir fait une longue lamentation, ses enfants
l'ensevelirent. Ils demeurèrent dans l'affliction quatre jours durant, puis Michel l'archange apparut à Seth et dit : **2** « Homme
de Dieu, ne vous affligez pas sur vos morts plus de six jours,
car le septième jour est le signe de la résurrection et

[uacat]

---

(173) Une tradition semblable est mentionnée par FLAVIUS JOSÈPHE, *Antiquités judaïques*, I, 70-71 ; texte, traduction et notes par É. NODET, Paris, 1990, p. 18. Évoquant les découvertes faites par Seth, il relève : « Pour éviter que leurs découvertes ne soient perdues pour l'humanité et détruites avant d'être connues — car Adam avait prédit une destruction générale, soit par un feu violent, soit par la force d'un déluge d'eau —, ils firent deux stèles, l'une de brique, l'autre de pierre, et y inscrivirent leurs découvertes sur les deux. » Sur la place de ce récit dans la tradition irlandaise, voir P.-Y. LAMBERT, « L'invention de l'écriture d'après les auteurs irlandais du Moyen-Âge », dans *Langues de l'Histoire, Langues de la Vie, Mélanges offerts à Fanch Roudant,* éd. J.-F. SIMON, Brest, Université de Bretagne Occidentale, 2005, p. 21-38.

5 signum resurrectionis est et futuri saeculi requies, et in die
   septimo requieuit dominus ab omnibus operibus suis[a].

   52 1 Tunc Seth fecit tabulas magnas lapideas et tabulas de
   terra luteas, et composuit apices litterarum et scripsit in eis
   uitam patris sui Adae et matris suae Euae, quam ab eis audiuit et quam oculis suis uidit. Et posuit tabulas in medio domus
5 patris sui, in oratorio ubi orabat Adam dominum. Et post diluuium a multis uidebantur hominibus tabulae illae scriptae et

---

5 et [*om. A*] futuri seculi requies *R A T* : et req. fut. saec. *E om. B*
5-6 et in die septimo requieuit dominus ab omnibus operibus suis *R A E* :
et in die -ima req. dom. ab omni opere suo [quod patrarat *add. B*] *B T*
nam in sex diebus dom. omnia creauit et req. die -ima ab opere suo *Inc*
6 *post* operibus suis *addunt* octauus uero dies futurae et aeternae beatitudinis est in qua omnes beati cum Christo creatore et saluatore nostro [suo
T2] simul cum corpore et anima numquam de cetero morituri regnabunt
per infinita secula seculorum amen *et desinunt T Inc*
   52 *solum R A E B*   **1** post fecit tabulas *des. A1 A2b*   **1-2** tabulas
magnas lapideas et tabulas de terra luteas *R1* : tab. magnas lap. *R2 A3*
lap. tab. [tab. lap. *Va*] et tab. [*om. Va*] luteas *A2a* tab. et luteas *B* tab.
lap. et tab. de terra lucidas *E*   **2** et composuit apices litterarum *R1 A3* :
et cum apposuisset ap. litt. *E om. R2 A2a B*   et scripsit in eis *R1 A2a*
A3 E B : in quibus scr. *R2*   **3** uitam patris sui Adae et matris suae Euae
R1 A3 B : uitam p. sui et m. suae *R2 E* omnem uitam patris et matris
A2a qui postea des.   **3-4** quam ab eis audiuit [didicit *R2*] et quam [*om.
R2*] oculis suis uidit *R* : omne quod aud. ab eis ipsis referentibus et quod
ipse oc. suis uidit *A3* sicut ab eis referentibus audierat et oc. suis uiderat *E*
om. B   **4** et : *om. E*   tabulas *R1 A3 E* : eas *R2 B*   domus : domo
B   **5** *ante* in *add.* id est *A3*   oratorio *R A3 E* : -rium *B*   dominum
[deum *add. A3*] *R1 A3 B* : ad dom. [deum *add. E*] *R2 E*   et *R A3* : et
adhuc *B* quae *E*   **6** a multis uidebantur hominibus [*om. E*] *R1 A3 E* : a
mult. hom. uid. *R2* uisae sunt a multis *B*   tabulae illae scriptae *R1* :
*lapides illi scripti *R2 A3 om. E B*   **6-7** et a nemine legebantur *R A3* : et
minime leg. *E om. B*

---

le repos du siècle à venir. Et le septième jour, le Seigneur s'est
reposé de toutes ses œuvres[a]. »

52 1 ([174]) Alors Seth fit de grandes tablettes de pierre et des
tablettes d'argile faite de terre et il prépara les tracés des lettres ([175]), et il y écrivit la vie de son père Adam et de sa mère
Ève, telle qu'il l'avait apprise d'eux et qu'il l'avait vue de ses
propres yeux. Il déposa les tablettes au milieu de la maison de
son père, dans l'oratoire où Adam priait le Seigneur. Et après

[uacat]

---

a. cf. Gen. 2, 2

---

(174) La section finale de la Vie latine, qui raconte l'histoire de la fabrication des tablettes par Seth et de leur destinée ultérieure, est conservée dans les rédactions R, B et E, ainsi que dans le groupe A3 de la rédaction A. Les rédactions tardives (T1 et T2) et la famille des incunables (Inc) ignorent les chap. 52-54 et se terminent en lat-V 51.2 par la phrase suivante: « le septième jour, le Seigneur se reposa de toute son œuvre. Le huitième jour est celui de la béatitude future et éternelle, où tous les bienheureux, avec le Christ notre créateur et sauveur, dans leur corps comme dans leur âmes, ne mourront jamais plus et règneront pour l'éternité des siècles des siècles. Amen. » Les plus anciens témoins de la rédaction d'Allemagne du Sud s'achèvent au tout début de 52.1 par les mots, « Alors Seth fit des tablettes » (A1 et A2b), ou par les mots, « il écrivit sur elles toute la vie de son père et de sa mère » (A2a). Sur la question de cette fin abrupte, voir Introduction de la rédaction A, p. 181-182. On relèvera que MEYER, dans son édition, p. 244, a réservé à cette section, absente de sa classe I (notre famille A), le même traitement qu'à lat-V 29.3-10: il l'édite en petits caractères, sans apparat critique et sans l'inclure dans la numérotation des lignes. Il donne seulement la liste des quatre manuscrits de sa classe II à partir desquels il a établi son texte, soit *Sc* (R3), *Eb* (R1d), *Mf* (R1c), *Sf* (B1); il en reproduit le texte jusqu'à *os eorum locutum est superbiam* (53,7) et passe entièrement sous silence la notice chronologique sur le séjour d'Adam au paradis (ch. 54) qui suit pourtant immédiatement la phrase précitée dans trois de ses quatre témoins (*Sc, Eb, Mf*). Ce traitement superficiel a incité les traducteurs modernes à négliger cette section: elle n'est l'objet d'aucune mention chez FUCHS (1900) et chez MEISER (1998), et seulement signalée, sans indication sur son contenu, chez WELLS (1913); JOHNSON (1985) la traduit, avec quelques notes, en la présentant comme « an appendix, certainly a late and separate tradition » (p. 294). Seuls FERNÁNDEZ MARCOS (1983) et ROSSO UBIGLI (1989), qui se fondent sur l'édition de Mozley, l'intègrent à leur traduction, mais sans aucune annotation.

(175) L'expression *apices litterarum* désigne les formes ou les tracés des lettres, les caractères d'écriture (voir par ex. AULU-GELLE, *Noctes Atticae*, XIII,31,10; JÉRÔME, *Epistulae*, 46,4; 62,1). Le récit attribue ainsi à Seth la fabrication des premières tablettes et l'invention de l'écriture, que d'autres traditions assignent aux fils de Seth ou à Hénoch. A ce sujet, voir A. A. ORLOV, « Overshadowed by Enoch's Greatness: "Two Tablets" Traditions from the *Book of Giants* to *Palaea Historia* », *Journal for the Study of Judaism* 32 (2001), p. 137-158, en particulier p. 141-142.

a nemine legebantur. **2** Salomon autem sapientissimus uidit lapides scriptos et deprecatus est dominum ut ostenderet ei quid significarent. Et apparuit ei angelus domini dicens: Ego
10 sum qui tenui manum Seth ut scriberet stilo ferreo digito suo lapides istos. Et ecce tu eris sciens scripturam, ut cognoscas et intelligas ubi sunt lapides isti et ubi oratorium erat ubi Adam et Eua adorabant dominum deum. Et oportet te ibi aedificare domum orationis domumque esse dei[a]. **3** Tunc Salomon

7 Salomon autem [uir *add. A3*] sapientissimus *R A3* : Sal. namque sap. *B* sed sap. Sal. *E*   **7-8** [ut *add. R2 A3*] uidit lapides scriptos et [*om. R2 A3*] *R A3* : postquam u. tabulas lapideas scriptas *E* inuentis eisdem tabulis *B*   **8-9** ut ostenderet [ostendere dignaretur *A3*] ei quid significarent *R1 A3* : ut aperiret ei sensum ut intelligeret ea quae in tabulis scripta essent *E om. R2 B*   **9** et : tunc *E*   **10** *post* sum *add.* angelus *E*   **10-11** ut scriberet stilo ferreo digito suo lapides istos *A3* : ut scr. ferro et dig. suo lap. istos *R1* ut scr. dig. suo cum ferro in lapidibus *R2* ut scr. de ferro in lapides istos *B* quando digito suo cum ferro scripsit tabulas istas *E*   **11** et ecce tu eris sciens scripturam *R1* : et ecce eris sciens scripturas has *A3* et ecce sciens scripturam *E* et eris sciens scr. *R2* et ecce cognosce scr. *B*   **11-12** ut cognoscas et intelligas *R A3 E* : ut scias *B*   **12** ubi sunt [omnes *R2*] lapides isti *R* : ubi lap. i. sunt *E* ubi sunt lap. *B* quid significent lap. i. omnes *A3*   et ubi oratorium erat [erat or. *R2*] *R* : et ubi oratorium *B* fuerunt autem in oratorio Adae *E* et oratorium erat *A3*   **12-13** ubi [in quo *R2*] Adam et Eua adorabant dominum deum *R* : ubi A. et E. dom. deum orabant *A3* ubi ipse et uxor sua ador. dom. deum *E* ubi ador. dom. *B*   **13** et oportet te [*om. A3*] ibi aedificare *R1 A3* : et ibi op. aed. *R2* op. autem te aed. ibidem *E* et ibi -cabis *B*   **14** domum orationis domumque [et domum *R2*] esse dei *R A3* : domum orationis domino deo *E B*   *post* Salomon *add.* ut uerba angeli audiuit compleuit omnia quod didicit ab eo et in hoc loco *A3*

le déluge, beaucoup de gens virent ces tablettes écrites, mais personne ne pouvait les lire.

2 Mais Salomon le très sage vit les pierres écrites ([176]) et supplia le Seigneur de lui dévoiler ce qu'elles signifiaient. Un ange du Seigneur lui apparut et lui dit : « Je suis celui qui a tenu la main de Seth pour écrire sur ces pierres de son propre doigt avec un stylet de fer ([177]). Et voici, tu auras connaissance de cette écriture, afin que tu saches et que tu comprennes où sont

[uacat]

---

a. cf. Is. 56, 7

---

(176) Après le jugement par l'eau, le déluge, seules ont été conservées les tablettes de pierre (cf. 50.2). Le jugement par le feu n'aura lieu qu'à la fin des temps.

(177) Le passage a fait difficulté parce que l'inscription sur les pierres est attribuée à la fois au « stylet de fer » (*stilo ferreo*) ou au « fer » (*cum ferro* ou *de ferro*) et au « doigt » de Seth (*digito suo;* cf. 52,3: *digito Seth*). Une manière de résoudre la difficulté a été d'éliminer l'un ou l'autre des termes (omission du « doigt » dans *Pa*, R2c et B; omission du « fer » dans R1c) ou tous les deux (R1e). La double mention a été conservée dans des témoins de R (R1b, R1d, R2a, *Bg*, R2b, R3), dans A3 et dans E, mais sous des formes variées. Je retiens la leçon « avec un stylet de fer de son propre doigt » (A3, R3), de préférence à « de son doigt avec le fer » (R2a, *Bg*, *Du* et E). On relèvera encore deux variantes singulières: l'inscription sur les pierres a été faite par Seth « avec son doigt de fer » (R1d) ou « de son doigt sans le fer » (R2, ms *B*).

15 suppleuit templum domini dei. Et uocauit litteras illas achiliacas, quod est latine illabicas, hoc est sine labiorum doctrina
scriptas digito Seth, tenens manum eius angelus domini.

53 Et in ipsis lapidibus inuentum est quod prophetauit septimus ab Adam Enoch, dicens ante diluuium de aduentu
Christi domini: Ecce ueniet dominus in sanctis milibus suis facere iudicium et arguere omnes impios de omnibus operibus
5 suis, quibus locuti sunt de eo peccatores et impii, murmuratores

---

15 suppleuit templum domini [*om. R2*] dei *R B* : templum domino aedifi-
cabat *A3* uouebat aedificare ibi domum orationis domino deo *E*   **15** et
uocauit [Salomon *add. E*] litteras illas *R E B* : tulit ad se litt. et uoc. eas
A3   achiliacas *R1* : achillicas *R2* achilicas *B* achilaicas *A3* achiliacos *E*   **16** quod est latine [in latino *R2*] illabicas *R* : q. est lat. lapideas
B om. A3 E   hoc est *R1 A3* : id est *R2 E B*   **16-17** sine labiorum
doctrina scriptas digito Seth *R1 A3 E* : sine lab. doctr. inscriptas digito
R2 sine labiis doctrina scripta dig. Seth *B*   **17** tenens manum eius angelus domini *R1 A3* : tenente m. eius angelo dei *E om. R2 B*
53 1 in ipsis *R A3 E* : hiis *B*   inuentum est quod *R1 A3 E B* :
inuenta sunt que *R2*   prophetauit *R A3 E* : prophetabat *B*   **1-2** septimus ab Adam Enoch *R1 A3 E B* : Enoch s. ab A. *R2*   **2-3** ante diluuium
de [in *E*] aduentu Christi domini [Iesu *E om. B*] *R1 A3 E B* : *om. R2*
3 milibus *R1 A3* : militibus *E om. R2 B*   **3-4** facere iudicium *R A3* : f.
iud. de hominibus *E* faciens iud. de omnibus *B*   **4** et arguere omnes impios *R1 A3 E* : et arguet impios *B om. R2*   omnibus *R E B* : malis
A3   **4-5** operibus suis [*om. R2 B*] *R A3 B* : operibus quae operati sunt
E   **5-7** quibus locuti — superbiam : quibus praeuaricati sunt super terram *B*   **5** quibus locuti sunt de eo *R* : et de omnibus quae locuti sunt de
eo *E* quibus locutus est deus *A3*   et impii *R E* : impii *A3*   **5-6** murmuratores et querelosi [querulosi *R1*] *R* : murm. querent loqui *E* murm. et
A3

---

ces pierres et où était l'oratoire où Adam et Ève adoraient le
Seigneur ([178]). Et il faut qu'à cet endroit tu édifies une maison
de prière et qu'elle soit la maison de Dieu[a] ([179]). »

3 Alors Salomon acheva le temple du Seigneur Dieu. Et il
appela ces écrits "achiliaques", qui se dit en latin "illabiques",
c'est-à-dire écrits sans enseignement des lèvres ([180]), par le
doigt de Seth, alors que l'ange du Seigneur lui tenait la main.

53 Et c'est justement sur ces pierres que fut trouvé ce
qu'avait prophétisé Hénoch, le septième depuis Adam, en parlant dès avant le déluge de la venue du Christ Seigneur ([181]):
« Voici que viendra le Seigneur avec ses saints milliers (d'anges), pour exercer le jugement et pour confondre tous les

[uacat]

---

(178) L'ange annonce à Salomon qu'il pourra lire le texte inscrit sur les tablettes de pierre — c'est-à-dire la *Vita Adae et Evae* — et qu'il comprendra ainsi que le lieu où il les a trouvées n'est autre que le lieu où se trouvait l'oratoire d'Adam et Ève. C'est là en effet que Seth les avait déposées (52.1), et c'est là que Salomon devra construire le Temple du Seigneur. Le texte de A3 efface la coïncidence entre lieu de la découverte des tablettes et emplacement de l'oratoire d'Adam: « Et voici tu auras connaissance de ces écritures, afin que tu saches et comprennes ce que signifient toutes ces pierres. Et il y avait un oratoire où Adam et Ève priaient le Seigneur ».

(179) Cette expression désignant le Temple de Jérusalem que construira Salomon fait écho à la prophétie d'*És* 56,7 (« Ma maison sera appelée maison de prière pour tous les peuples »), citée dans l'épisode des marchands chassés du Temple (*Mt* 21,13; *Mc* 11,17; *Lc* 19,46).

(180) Derrière la transcription *achiliacas* et les diverses graphies proches (*achillicas, achilicas, achilaicas, achiliacos*), on peut reconnaître l'adjectif grec « sans lèvres », ἀχείλωτος (dans Bailly, une seule référence à Philon de Byzance; pas d'entrée dans Liddell-Scott-Jones, Lampe, Sophoclès) ou ἀχείλος (une seule entrée, dans STEPHANUS, *Thesaurus linguae graecae, s. v.* ἀχείλος, *labiis carens, cui non sunt labia*). L'équivalent latin *illabicas*, conservé dans les manuscrits de la famille R, ne se trouve pas dans les lexiques, mais sa composition à partir de *labia* et du préfixe privatif ne laisse guère de doute sur son sens. Le *sine labiorum doctrina* de R, A et E se retrouve dans le *sine labore doctrina* de *Pa*, sans doute par suite d'une mauvaise lecture. Le mot *doctrina* doit avoir ici un sens proche de « dictée », *dictatio* ou *dictamen*. Les écrits rédigés par Seth l'ont été « sans paroles », « sans mouvement des lèvres ». Le texte contient ici une réflexion sur une forme particulière d'inspiration : le « prophète » écrit non seulement sans comprendre ce qu'il écrit, mais ce qu'il écrit n'est pas la transcription d'une parole; seule sa main, guidée par l'ange, forme les lettres, et lui-même n'en comprend le sens qu'après les avoir relues. Sur le sens de *dictatio, dictamen*, voir DOM J. LECLERCQ, *L'amour des lettres et le désir de Dieu. Initiation aux auteurs monastiques du moyen âge*, Paris 1957, p. 166, qui renvoie à A. ERNOUT, « Dictare, 'dicter', allem. 'Dichten' », *Revue des études latines* 29 (1951) p. 155-161. On trouve d'autres exemples d'écriture sous la dictée dans *4 Esdras* 14,41-44 (*Écrits intertestamentaires*, p. 1464), où il est dit que les scribes d'Esdras écrivaient « à l'aide de signes qu'ils ne comprenaient pas » (14,42), et dans *2 Hénoch* 22,8-23,4 (*Écrits intertestamentaires*, p. 1187-1188).

(181) Citation d'un passage de la lettre de *Jude* (*Jude* 14-16), qui cite elle-même une prophétie d'Hénoch figurant dans *1 Hénoch* 1,9. Le motif des tablettes de pierre qui ont survécu au déluge est utilisé en conclusion pour expliquer la conservation dans l'épître de *Jude* d'une prophétie du patriarche antédiluvien Hénoch (ch. 53), ainsi que celle des données chronologiques sur le séjour d'Adam au paradis (ch. 54). Lat-V considère le v. 16 de *Jude* comme partie intégrante de la prophétie d'Hénoch, alors que celle-ci se limite en réalité aux v. 14-15 et que le v. 16 est un commentaire

et querelosi, qui secundum concupiscentias suas ingrediuntur, et os eorum locutum est superbiam[a].

54 Adam uero post quadraginta dies introiuit in paradisum et Eua post octoginta. Et fuit Adam in paradiso annos septem. Et in ipso die in quo peccauit Adam omnes bestiae mutauerunt se.

---

6 qui secundum concupiscentias suas ingrediunur *R1 A3 E* : *om. R2* **7** et os eorum *R1 A3 E* : et quorum os *R2*

54 **1-2** Adam — septem *R2 A3 E (cf. Pa)* : Adam post lx dies introiuit in paradisum anno vii° *R1 qui sic des.* Adam uero postquam passus est Iesus intrabit in paradisum *B qui sic des.* **1** uero *R2 (cf. Pa)* : *om. A3 E* introiuit in paradisum *A3 E (cf. Pa)* : intrauit paradisum *R2* **3** annos septem *A3 (cf. Pa)*: annis s. *R2* per annos s. *E   post* septem *des. A3* **4-5** Et in ipso die in quo peccauit Adam omnes bestiae mutauerunt se *R2 (cf. Pa*: et sub die mouerunt omnem bestiarum): et habuit dominium omnium bestiarum *E qui postea add. capitula de Adam (cap. 55-57) et des. (cf. pag. 596-597)*

---

impies de toutes leurs œuvres, et des paroles qu'ont proférées à son sujet les pécheurs et les impies, les gens qui murmurent et qui se plaignent sans cesse, eux qui marchent selon leurs convoitises, et leur bouche parle avec orgueil[a]. »

54 Adam entra dans le paradis après quarante jours, et Ève après quatre-vingts jours. Et Adam demeura sept ans dans le paradis. Et le jour même où Adam pécha, toutes les bêtes changèrent ([182]).

---

de l'auteur de l'épître de Jude. Comme le montre le tableau qui suit, le texte cité n'est pas emprunté à la Vulgate:

Vita Adae et Evae lat-V 53	*Jude 14-16 (Vulgate)*
Et in ipsis lapidibus inuentum est quod prophetauit septimus ab Adam Enoch,	**14** prophetauit autem et his septimus ab Adam Enoch dicens
dicens ante diluuium de aduentu Christi domini:	
Ecce ueniet dominus in sanctis millibus suis	Ecce uenit dominus in sanctis milibus suis
facere iudicium et arguere omnes impios de omnibus operibus suis,	**15** facere iudicium contra omnes et arguere omnes impios de omnibus operibus impietatis eorum quibus impie egerunt et de omnibus duris
quibus locuti sunt de eo peccatores et impii,	quae locuti sunt contra eum peccatores impii.
murmuratores et querelosi, qui secundum concupiscentias suas ingrediuntur, et os eorum locutum est superbiam.	**16** hii sunt murmuratores querelosi secundum desideria sua ambulantes et os illorum loquitur superba mirantes personas quaestus causa.

[uacat]

a. cf. Iudae 14-16

Il se rapproche du type textuel T de la Vetus Latina (éd. W. Thiele, *Vetus Latina, Epistulae Catholicae*, Freiburg, Herder, 1956-1969, p. 426-428). On notera que le texte de la famille E présente des variantes qui tendent à harmoniser la citation avec le texte de la Vulgate : *iudicium* R A : *iudicium de hominibus* E ; *operibus suis* R A B : *operibus quae operati sunt* E ; *quibus locuti sunt* R : *et de omnibus quae locuti sunt* E. Cette famille se caractérise aussi par la lecture fautive de *querelosi qui* en *querent loqui ;* des manuscrits de R ont aussi buté sur le terme *querelosi* et lu *irreligiosi* (les deux témoins de R1c ; *Bg*, témoin de R2d).

(182) La présence de cette notice chronologique en conclusion de la recension traditionnelle de la *Vita Adae et Evae* est attestée, sous une forme plus ou moins complète, dans toutes les familles de manuscrits qui ont conservé l'histoire des tablettes fabriquées par Seth et de leur destinée ultérieure (voir note à 52.1). Elle est transmise dans la réécriture du manuscrit de Paris, lat. 5327, le plus ancien témoin de la rédaction rhénane (voir le ch. 54 de *Pa*, édité p. 535) et dans les diverses branches de cette rédaction (voir p. 512-513 pour R1 et R2 ; p. 519 pour R3 ; p. 155-157 pour W et *Bk*). Elle se trouve aussi dans la rédaction anglaise (E, voir p. 595), dans le groupe A3 de la rédaction A (voir p. 569) et dans le groupe B2 de la rédaction de Bohême (voir p. 626). Toutes les données réunies dans cette notice ont leur source dans le chapitre 3 du *Livre des Jubilés* (*Écrits intertestamentaires*, p. 648-652). Pour l'entrée au paradis des protoplastes à des dates différentes, voir *Jubilés* 3,9 : « Après qu'Adam eut passé quarante jours sur la terre où il avait été créé, nous l'avons fait entrer dans le jardin d'Éden pour qu'il le cultive et le garde. Mais sa femme, on la fit entrer le quatre-vingtième jour. C'est après ce (jour) qu'elle entre dans le jardin d'Éden. » Pour la durée de sept ans du séjour d'Adam au paradis, voir *Jubilés* 3,17 : « Une fois passé le terme de sept ans qu'(Adam) avait accompli en ce lieu — sept ans exactement —, le dix-septième jour du deuxième mois, le serpent vint auprès de la femme. » Pour le changement affectant les animaux après la transgression, voir *Jubilés* 3,28 : « Ce jour-là, se ferma la bouche de tous les animaux sauvages et domestiques, des oiseaux, de tout ce qui marche et tout ce qui rampe, car (jusque-là) ils avaient conversé en une seule langue, en un seul parler. » D'après une recherche dans la *Library of Latin Texts*, ces données provenant du *Livre des Jubilés* ne semblent avoir laissé aucune trace dans la littérature latine en dehors de lat-V 54. En grec, il est intéressant de noter que ces mêmes données ont été intégrées dans la *Chronographie* de Georges Syncelle (éd. A. A. Mosshammer, *Georgii Syncelli Ecloga Chronographica*, Leipzig 1984) ; voir respectivement dans cette édition, p. 5,4-25 (Dieu a introduit Adam dans le paradis 40 jours après l'avoir modelé, et Ève 80 jours après. C'est pourquoi Dieu a ordonné par Moïse, dans le Lévitique, qu'une femme est impure durant 40 jours quand elle enfante un garçon et durant 80 jours quand elle enfante une fille [*Lév* 12,2-5]) ; p. 7,29 (« La septième année il transgressa, et la huitième année ils furent chassés du paradis ») ; p. 8,1-2 (« Les bêtes sauvages, les quadrupèdes et les reptiles parlaient la même langue que les protoplastes avant la transgression, comme le disent Josèphe [*Antiq.* I, 41. 50] et la Petite Genèse [*Jubilés* 3,28]. »).

TABLE DES MATIÈRES

CCSA 18

Édition et traduction synoptiques des recensions latines (lat-P et lat-V)

Printed in Belgium – Imprimé en Belgique
D/2012/0095/225
ISBN 978-2-503-54543-1 HB – relié
ISBN 978-2-503-41000-5 series – série